绎以除七

建行南東

贺教务印

知攻向项目

心至主化

李召科
晓山方八

教育部哲学社会科学研究重大课题攻关项目

构建城乡一体化的教育体制机制研究

CONSTRUCTING INTEGRATED EDUCATIONAL SYSTEM AND INSTITUTIONS OF URBAN AND RURAL AREAS OF CHINA

李 玲

等著

经济科学出版社
Economic Science Press

图书在版编目（CIP）数据

构建城乡一体化的教育体制机制研究/李玲等著．
—北京：经济科学出版社，2015.3
教育部哲学社会科学研究重大课题攻关项目
ISBN 978 - 7 - 5141 - 5494 - 8

Ⅰ．①构…　Ⅱ．①李…　Ⅲ．①教育体制改革 - 研究 -
中国　Ⅳ．①G521

中国版本图书馆 CIP 数据核字 （2015） 第 036083 号

责任编辑：刘　茜　庞丽佳
责任校对：杨　海
责任印制：邱　天

构建城乡一体化的教育体制机制研究

李　玲　等著

经济科学出版社出版、发行　新华书店经销

社址：北京市海淀区阜成路甲 28 号　邮编：100142

总编部电话：010 - 88191217　发行部电话：010 - 88191522

网址：www. esp. com. cn

电子邮件：esp@ esp. com. cn

天猫网店：经济科学出版社旗舰店

网址：http://jjkxcbs. tmall. com

北京季蜂印刷有限公司印装

787 × 1092　16 开　31.5 印张　600000 字

2015 年 12 月第 1 版　2015 年 12 月第 1 次印刷

ISBN 978 - 7 - 5141 - 5494 - 8　定价：79.00 元

（图书出现印装问题，本社负责调换。电话：010 - 88191502）

（版权所有　侵权必究　举报电话：010 - 88191586

电子邮箱：dbts@ esp. com. cn）

编审委员会成员

课题组主要成员

首席专家　李　玲

主要成员　宋乃庆　郑家福　朱德全　张辉蓉
　　　　　　韩玉梅　杨舒涵　黄媛媛　卢锦珍
　　　　　　闫德明　何霖俐　周兴平　刘方林
　　　　　　陶　蕾　陈宣霖　李　伟　周安毅
　　　　　　杨顺光　黄　宸

总　序

哲学社会科学是人们认识世界、改造世界的重要工具，是推动历史发展和社会进步的重要力量。哲学社会科学的研究能力和成果，是综合国力的重要组成部分，哲学社会科学的发展水平，体现着一个国家和民族的思维能力、精神状态和文明素质。一个民族要屹立于世界民族之林，不能没有哲学社会科学的熏陶和滋养；一个国家要在国际综合国力竞争中赢得优势，不能没有包括哲学社会科学在内的"软实力"的强大和支撑。

近年来，党和国家高度重视哲学社会科学的繁荣发展。江泽民同志多次强调哲学社会科学在建设中国特色社会主义事业中的重要作用，提出哲学社会科学与自然科学"四个同样重要"、"五个高度重视"、"两个不可替代"等重要思想论断。党的十六大以来，以胡锦涛同志为总书记的党中央始终坚持把哲学社会科学放在十分重要的战略位置，就繁荣发展哲学社会科学做出了一系列重大部署，采取了一系列重大举措。2004年，中共中央下发《关于进一步繁荣发展哲学社会科学的意见》，明确了新世纪繁荣发展哲学社会科学的指导方针、总体目标和主要任务。党的十七大报告明确指出："繁荣发展哲学社会科学，推进学科体系、学术观点、科研方法创新，鼓励哲学社会科学界为党和人民事业发挥思想库作用，推动我国哲学社会科学优秀成果和优秀人才走向世界。"这是党中央在新的历史时期、新的历史阶段为全面建设小康社会，加快推进社会主义现代化建设，实现中华民族伟大复兴提出的重大战略目标和任务，为进一步繁荣发展哲学社会科学指明了方向，提供了根本保证和强大动力。

1

高校是我国哲学社会科学事业的主力军。改革开放以来，在党中央的坚强领导下，高校哲学社会科学抓住前所未有的发展机遇，紧紧围绕党和国家工作大局，坚持正确的政治方向，贯彻"双百"方针，以发展为主题，以改革为动力，以理论创新为主导，以方法创新为突破口，发扬理论联系实际学风，弘扬求真务实精神，立足创新、提高质量，高校哲学社会科学事业实现了跨越式发展，呈现空前繁荣的发展局面。广大高校哲学社会科学工作者以饱满的热情积极参与马克思主义理论研究和建设工程，大力推进具有中国特色、中国风格、中国气派的哲学社会科学学科体系和教材体系建设，为推进马克思主义中国化，推动理论创新，服务党和国家的政策决策，为弘扬优秀传统文化，培育民族精神，为培养社会主义合格建设者和可靠接班人，做出了不可磨灭的重要贡献。

自 2003 年始，教育部正式启动了哲学社会科学研究重大课题攻关项目计划。这是教育部促进高校哲学社会科学繁荣发展的一项重大举措，也是教育部实施"高校哲学社会科学繁荣计划"的一项重要内容。重大攻关项目采取招投标的组织方式，按照"公平竞争，择优立项，严格管理，铸造精品"的要求进行，每年评审立项约 40 个项目，每个项目资助 30 万 ~ 80 万元。项目研究实行首席专家负责制，鼓励跨学科、跨学校、跨地区的联合研究，鼓励吸收国内外专家共同参加课题组研究工作。几年来，重大攻关项目以解决国家经济建设和社会发展过程中具有前瞻性、战略性、全局性的重大理论和实际问题为主攻方向，以提升为党和政府咨询决策服务能力和推动哲学社会科学发展为战略目标，集合高校优秀研究团队和顶尖人才，团结协作，联合攻关，产出了一批标志性研究成果，壮大了科研人才队伍，有效提升了高校哲学社会科学整体实力。国务委员刘延东同志为此做出重要批示，指出重大攻关项目有效调动各方面的积极性，产生了一批重要成果，影响广泛，成效显著；要总结经验，再接再厉，紧密服务国家需求，更好地优化资源，突出重点，多出精品，多出人才，为经济社会发展做出新的贡献。这个重要批示，既充分肯定了重大攻关项目取得的优异成绩，又对重大攻关项目提出了明确的指导意见和殷切希望。

作为教育部社科研究项目的重中之重，我们始终秉持以管理创新服务学术创新的理念，坚持科学管理、民主管理、依法管理，切实增强服务意识，不断创新管理模式，健全管理制度，加强对重大攻关项目的选题遴选、评审立项、组织开题、中期检查到最终成果鉴定的全过程管理，逐渐探索并形成一套成熟的、符合学术研究规律的管理办法，努力将重大攻关项目打造成学术精品工程。我们将项目最终成果汇编成"教育部哲学社会科学研究重大课题攻关项目成果文库"统一组织出版。经济科学出版社倾全社之力，精心组织编辑力量，努力铸造出版精品。国学大师季羡林先生欣然题词："经时济世　继往开来——贺教育部重大攻关项目成果出版"；欧阳中石先生题写了"教育部哲学社会科学研究重大课题攻关项目"的书名，充分体现了他们对繁荣发展高校哲学社会科学的深切勉励和由衷期望。

创新是哲学社会科学研究的灵魂，是推动高校哲学社会科学研究不断深化的不竭动力。我们正处在一个伟大的时代，建设有中国特色的哲学社会科学是历史的呼唤，时代的强音，是推进中国特色社会主义事业的迫切要求。我们要不断增强使命感和责任感，立足新实践，适应新要求，始终坚持以马克思主义为指导，深入贯彻落实科学发展观，以构建具有中国特色社会主义哲学社会科学为己任，振奋精神，开拓进取，以改革创新精神，大力推进高校哲学社会科学繁荣发展，为全面建设小康社会，构建社会主义和谐社会，促进社会主义文化大发展大繁荣贡献更大的力量。

教育部社会科学司

序言（一）

《构建城乡一体化的教育体制机制研究》这部著作，是西南大学教育学部李玲教授作为首席专家完成的教育部人文社会科学重大攻关招标课题"构建城乡一体化的教育体制机制研究"的研究成果。这本书的体系和内容有以下几个鲜明的特点。

第一，这本书对"构建城乡一体化的教育体制机制"的研究框架进行了清晰的界定。书中研究"城乡一体化的教育"不是指所有的教育，而是选取了义务教育、学前教育、职业技术教育（中等）和继续教育四个方面的教育。书中所指教育体制机制不是指所有的教育体制机制，而是选取了这四种教育中的人事调配、经费投入与使用、硬件等资源配置、人才培养及评价四个方面的体制机制进行研究。全书围绕这四种教育和这四大教育体制机制展开论述，显得重点突出、脉络清晰。

第二，全书采用理论与实践相结合的方式展开论述。在理论部分，先对构建城乡一体化教育的体制机制中的概念，如城乡一体化、城乡教育一体化、教育体制、机制等概念进行界定，然后对城乡教育一体化的理论基础，如教育公平理论、教育系统控制理论、共同体理论、二元经济结构理论、和谐社会理论，以及教育体制机制改革的理论基础，如结构功能主义、冲突理论、社会控制理论、公共选择理论、新公共管理理论、多重制度逻辑理论进行了论述。在实践部分，作者对城乡一体化的义务教育、学前教育、职业技术教育（中等）、继续教育的人事调配、经费投入及使用、硬件等资源配置、人才培养及评价的体制机制，联系当前中国教育改革的实际，从这四个方面的体制机制的现状、存在的问题及原因进行了分析，并有针对地提出了改进和完善的对策。

这里特别要指出的是，作者构建城乡一体化的教育体制机制研究的课题，其落脚点或重心是构建城乡一体化的教育体制机制。为抓住这一重点或落脚点，作者对教育体制、教育机制有全面深刻的理解，并将这种理论具体运用到对城乡一体化教育体制机制理论研究的实践探讨中。在对教育体制的理解和运用中，作者在对教育体制是教育机构和教育规范（制度）的结合体，教育机构是教育体制的载体，教育规范（制度）是教育体制的核心这一基本理论理解的基础上，把对城乡一体化教育体制的探讨重心放在教育体制的核心——教育制度上。为此，在对城乡一体化的义务教育、学前教育、职业技术教育（中等）、继续教育中的人事调配、经费投入及使用、硬件等资源的设置、人才培养及评价体制研究中，紧紧抓住这四个体制中的制度进行研究，分析了这些制度中的现状、问题，提出完善这些制度的对策。在对教育机制的理解和运用中，作者对教育机制是教育现象各部分的相互关系及其运行方式这一基本理论理解的基础上，不仅抓住了义务教育、学前教育、职业技术教育（中等）、继续教育各部分之间的相互关系及其运行方式，而且还系统分析了这四种教育中的人事调配、经费投入与使用、硬件等资源设置、人才培养及评价各种关系及其运行方式，比较系统全面地分析了这四种教育四个方面的运行机制。不仅如此，作者还深刻全面地分析了教育体制改革与教育机制创新中的体制与机制之间在产生过程、结构、功能及范围方面的相互关系，在分析四种教育体制机制中对人事调配、经费投入与使用、硬件等资源设置、人才培养及评价体制改革与机制创新存在的问题同步进行了分析探讨，构成了一个比较完整的城乡一体化的教育体制机制的系统。

第三，由于作者对教育体制机制的理论把握得比较准，又通过调查对中国现实义务教育、学前教育、职业技术教育（中等）、继续教育的实际有深入的了解，对这四种教育中的人事调配、经费投入与使用、硬件等资源设置、人才培养及评价体制机制存在的问题分析比较透彻，因而所提出的解决和完善这四种体制机制的对策对构建中国城乡一体化的体制机制有重要的参考价值。例如，作者对构建城乡一体化教育中的义务教育教师补充体制机制的若干建议：科学测算教师工作量、调整城乡义务教育阶段编制补充政策、建立人事、财政、教育行政部门联动的管理机制、建立农村教师补偿性的制度、以法规形式明确教师编制、县管校用制度、建立农村教师补充公平与衡量协调机制、强化师资需求预测、科学合理调配教师、改革完善师范生政策、强化对农村师资补充的政策等，这些建议对我国小学初中教师总量比较充足，但部分科目师资紧缺，农村偏远贫困地区教师补充困难等问题的解决具有重要意义。

第四，本书在理论和实践两方面所取得的研究成果，首先与作者所带领的研究团队在研究方法上的创新有关。在整个研究过程中，作者和她的研究团队从经济学、统计学、管理学、信息科学等学科的视角，采用量化和质化相结合的研究方法，运用宽阔的研究视野，全面可行的研究方法，使研究获得大量的数据，例如，义务教育研究，作者调查了 1 129 所学校，获取了 26 万组数据，而且也有足够的鲜活的案例。正是因为研究用充实的数据和具体案例说明问题，使构建城乡一体化教育体制机制研究这一理论问题变成一个大家都容易理解的教育现实的具体的问题，增强了理论说服力。另外，在每一个体制机制的对策部分，作者都为这些对策建构了一些理论模型，这不仅增强了这些对策的理论性，更增强了这些对策的实际操作性。

作者在本书中所取得的丰硕的成果，与以李玲教授为首的研究团队周密精心设计、夜以继日地工作精神及认真的研究态度有关。据了解，团队自接受教育部人文社会科学重大攻关招标课题以来，作者及研究团队的足迹踏遍了重庆市、浙江省、江苏省、山东省、河北省、吉林省、山西省、河南省、湖北省、湖南省、安徽省、云南省、贵州省、四川省、广西壮族自治区、宁夏回族自治区、新疆维吾尔自治区、西藏自治区等全国多个省市自治区，实地调查对象包括教育政策制定者、城乡教育统筹部门、教育人事部门、教育经费部门、教育评价部门、教育质量监督部门、考试与招生部门的管理工作人员、学校的校长及管理人员、教师、学生和家长。其研究范围之广，工作量之大可以想见。正是因为这些扎实深入广泛而卓有成效的研究，才成就了这部高质量的研究成果。

3

　　本项目的首席专家李玲教授是一名留学加拿大多伦多大学的博士。回国后的短短几年不仅连续拿到三项国家重大的攻关课题，而且在国内外有影响的杂志上频频发表高质量的学术论文，学术研究可谓成效卓著。她给我的印象是一个擅长将西方和中国的科学研究方法结合一体、认真、执着、踏实的学术研究者，有极大的学术发展潜力。我为李玲教授所取得的学术成就而感到由衷的高兴，祝李玲教授在以后的研究中取得更大的成绩。

孙绵涛

2014 年 11 月 24 日

序言（二）

　　李玲教授领衔撰写的《构建城乡一体化的教育体制机制研究》一书是教育部重大攻关项目的成果，该书从制度视角，对"城乡教育一体化"这一重大现实问题进行了全面、深入、细致的研究，取得了丰硕的成果，是当前城乡教育一体化研究的力作。

　　一、城乡教育一体化研究何以重要？

　　推进城乡一体化是国家战略。2008 年 10 月十七届三中全会决议《中共中央关于推进农村改革发展若干重大问题的决定》指出，要建立促进城乡经济社会发展一体化制度，尽快在城乡规划、产业布局、基础设施建设、公共服务一体化等方面取得突破，促进公共资源在城乡之间均衡配置、生产要素在城乡之间自由流动，推动城乡经济社会发展融合。

　　城乡教育一体化是城乡一体化的衍生概念。城乡教育一体化是指统筹城乡教育发展，整合城乡教育资源，打破城乡二元经济结构和社会结构的束缚，构建动态均衡、双向沟通、良性互动的教育体系和体制机制，促进城乡教育资源共享、优势互补，推动城乡教育相互支持、相互促进，缩小城乡之间的教育差距，有效消除地域、经济等原因导致的教育不公平，使均衡化的公共教育服务覆盖城乡全体居民，实现城乡教育均衡发展、协调发展、共同发展。

　　城乡二元结构是中国的基本国情。我国城乡分割的二元结构有着特殊的历史背景和发展历程。新中国为了把一个贫穷的农业国建设成为强盛的工业国，只能依靠农业和农村为工业化、现代化提供资金积累。为了国家工业化战略的实现，1953 年开始实行的统购统销政策和 1958 年开始实行的城乡分割的户籍制度，使农业和农村处于被剥夺状态，使农民被固定在农村。此后，在这种二元经济结构的长期影响下，我国二元社会结构相继形成，城乡在政治、经济、文化、教育等各个方面的差距越来越大[①]。改革开放以后，尽管我国农村改革取得很大成效，但城乡二元结构没有根本改观，甚至随着城市化的推进，又产生了农民失地、农民工权益受损、流动人口教育等问题，并使"三农"问题突显。

与城乡二元经济结构和社会结构相对应，教育在城乡间也形成了二元结构。城乡教育二元结构有两种形态。一种是传统的形态，它与新中国成立后形成的城乡二元经济结构和社会结构相对应，主要结果是城乡存在的巨大教育差距，城市成为优质教育资源的集聚地，城乡学校在办学条件、师资水平、教育质量等方面差距显著，城乡居民法定的平等的受教育权不能得到保障，造成了城乡之间人的发展的差距和社会发展的差距。

另一种是伴随城市化进程而产生的城乡教育二元结构的新形态。农民进城务工成为农民工，是对传统城乡二元结构的突破，是对户籍制度的松动，也是农民摆脱土地的束缚走向城市化的重要通道，它解决了农村大量剩余劳动力的就业问题，为城市补充了大量劳动力，促进了城乡经济发展。但农民工是农民与市民间的第三个社会群体，是伴随着城市化进程新生的社会第三元，依此为基础，有的学者提出"三元社会结构"的概念[②]。当前社会的三元结构日渐清晰，教育的"三元结构"也随之显现，这种教育的"三元结构"本质上是在城市内部形成的新的城乡教育二元结构，其外在表现是城市内部教育的双轨制，是对于农民工及其随迁子女身份的制度歧视，是以流动人口为代表的弱势群体教育的边缘化。

解决上述问题的思路是城乡统筹，2003 年，党的十六大提出要"统筹城乡经济社会发展，建设现代农业，发展农村经济，增加农民收入"。同年党的十六届三中全会提出"五个统筹"的要求，并把

---

① 刘豪兴. 农村社会学 [M]. 北京：中国人民大学出版社，2008. 466 - 467.
② 李强. 农民工与中国社会分层 [M]. 北京：社会科学文献出版社，2004.

"统筹城乡发展"作为首要内容。我国总体上已经进入了"以工补农、以城带乡"的发展阶段，通过农业和农村为工业和城市提供积累的时期已经结束，实施"工业反哺农业、城市带动农村"成为调整城乡关系的政策取向。2008 年，党的十七届三中全会明确提出"要建立促进城乡经济社会发展一体化制度"，对于城乡关系的认识和处理达到了一个新的高度，在城乡一体化的认识逻辑和政策框架下，农村不再是被剥夺的对象，也不再仅仅是被城市反哺、照顾、带动的一个被动的、消极的弱者，而是具有自身优势、不可替代的发展主体，城市和农村成为支撑中国发展的两个共同支点。

城乡一体化是一种重要的理论与政策视角，我国城市化进程中的种种不如人意的现象可归咎于诸多原因，但无论如何不应否认，城乡一体化没能及早地成为我国经济社会发展的指导思想是难辞其咎的主要原因。尽管人们现在对城乡一体化的称谓和指涉已不陌生，许多地区也正渐行渐近地与之归伍，但总体上看，力度不够，势头不强，还没有进入政府绩效考核、官员施政约束的评价体系，还没有出现从思想理念到社会行为的全民参与和监督评价的氛围，还没有将其作为一种时代标志来阐释经济社会的健康发展。城乡一体化之所以如此重要，还在于它对我国的工业化、城市化乃至现代化既带来机遇，又提出挑战，是一种成败得失的考量。因此，反观多年来脍炙人口的城市化、区域经济协调发展，如果不是以城乡一体化为核心内容和基本支撑，无疑会或因不得要领或举措失当而付出沉重代价①。

与城乡教育二元结构的两种形态相应，城乡教育一体化有两种类型，一种是城乡之间的，另一种是城市地区内部的。但学界在讨论城乡教育一体化时，往往忽略后者。在我国城市化快速发展进程中，只从城市与乡村两个"空间维度"来推进教育一体化是不够的，由于农村人口向城市地区的大规模迁移，以及新生代农民工的出现，城市地区内部的"人口维度"的教育一体化、农民工的市民化和社会融入对于教育公平、社会公正以及社会稳定关系重大，其重要程度丝毫不亚于"空间维度"的城乡教育一体化。

---

① 张国平. 我国城市化必须重视城乡一体化 [J]. 社会科学战线，2008，（8）.

城乡教育二元结构是我国基本的教育国情，是当前推进教育公平政策的主要障碍。"城乡教育一体化"是对于教育发展的新思维，是为破解城乡教育二元结构提出的新发展观。城乡教育一体化是保障城乡教育均衡发展、促进教育公平的必然要求。城乡教育一体化对于城乡一体化国家总体战略的实现具有重要意义。我国城乡教育一体化研究还处于起步阶段，尽管一些学者作了有益的探索①，但已有研究主要是摸索性、零散的，对城乡教育一体化基本问题的研究有待深化，还未形成相对成熟的理论分析框架，这对指导我国城乡教育一体化实践十分不利。

可喜的是，《构建城乡一体化的教育体制机制研究》一书的面世，很好地回应了教育改革与发展的重大现实需求，大大改变了已有的研究格局，使得我国学界对于"城乡教育一体化"的研究跨入新阶段，其研究的系统性值得称道，可谓集现有研究之大成，并在集成创新的基础上，还实现了研究方法技术的创新和思想观点的创新，可圈可点之处不胜枚举，该书的理论意义与实践价值都非常彰显。

尤其需要强调的是，该书对于城乡教育一体化的研究是从"制度研究"的视角切入和展开的。而制度研究，很重要，也很困难。

二、城乡教育一体化的制度研究何以重要？

要解决城乡教育差距问题，必须追寻城乡教育二元结构的制度根源和思想根源。城乡二元结构是人为的制度设计导致的（尽管这种制度的产生有其客观原因），有学者指出，有 14 种城乡二元制度支撑着城乡二元结构②。城乡二元结构是指由市民组成的城市社会和由农民组成的农村社会的对立结构，这种二元结构以二元户籍制度为核心，包括二元就业制度、二元福利保障制度、二元教育制度、二元公共事业投入制度在内的一系列社会制度体系，这是由身份壁垒、不平等交换、城市化滞后乃至包括户口、粮食供应、住宅等制度组成的不平等

---

① 周小山，等．"成都市构建城乡教育一体化发展模式研究"的研究报告（摘要）[J]．成都教育学院学报，2006，（7）；邓晖．优化教育资源配置、促进城乡教育一体化 [J]．湖南教育，2001，（22）；王克勤．论城乡教育一体化 [J]．普教研究，1995，（1）．

② 郭书田，刘纯彬．失衡的中国——城市化的过去、现在与未来 [M]．石家庄：河北人民出版社，1990．

现象。

城乡二元结构是人为的制度设计导致的，因此，化解城乡教育二元结构、实现城乡教育的一体化，首先要从教育内部和教育外部打破维系教育二元结构的制度瓶颈。城乡教育二元结构既有教育内部的制度根源，如城乡分治的教育管理体制、城乡失衡的教育投入体制、城乡显失公平的教育人事制度等；还有教育外部的制度根源，如城乡分割的户籍制度（对流动人口子女教育的身份歧视）、就业制度，等等。

本书重点是要从理论上构建城乡一体化的教育体制机制，所以，可以把本书看作以城乡教育一体化为话题进行的教育制度研究，本书的重心是制度研究。本书中的"教育体制机制"就是教育制度，指的是正式制度，是各级政府、教育机构和社会组织按照一定的目的和程序所制定的、用以激励和约束人们行为的规则体系，不包括价值信念、道德规范、风俗习惯等非正式规则。我们一般所说的公共政策、法律法规、规章制度都可以归入其中。

制度研究在社会科学各分支学科中越来越受重视，制度理论已经成为跨学科的显学。在发展经济学中，制度不再被视为外生变量，而是被看作直接影响经济发展的内生变量，经济发展中的首要选择是制度的选择，即，在经济发展中，"制度至关重要"（Insitutions do matter）。在教育发展中，制度也至关重要。自1985年《中共中央关于教育体制改革的决定》颁布以来，我国教育体制机制改革取得显著成就，但依然需要进一步深化。《国家中长期教育改革和发展规划纲要（2010—2020年）》把改革创新作为教育发展的强大动力，认为："教育要发展，根本靠改革。要以体制机制改革为重点，鼓励地方和学校大胆探索和试验，加快重要领域和关键环节改革步伐。"

教育领域的制度研究滞后于经济学、政治学、社会学等学科，也滞后于教育发展的客观要求，亟待改进。

本书以"城乡一体化的教育体制机制"为研究对象，将教育制度的研究向前推进了一步，做出了富有成效的尝试。这种尝试，既表现在研究内容所具有的广度和深度方面，也表现在研究视角的跨学科性方面，还表现在研究方法的规范性和多样性方面。

三、本书何以重要？

本书之所以重要，取决于其不可替代的学术贡献。

本书对于城乡一体化的教育体制机制研究，具有几个显著的优点：

第一，从破解教育的"三元结构"或者"双二元结构"入手，建构城乡一体化的教育体制机制。本书从广义上理解城乡教育一体化，要求不仅统筹当地城乡教育发展，也统筹当地城市地区本地居民和农民工及其子女的教育问题，要求同时破解教育二元结构的两类制度瓶颈。本书中，城乡教育一体化中的"城乡"不仅指"城市"和"乡村"两个空间概念，也指共同生活在城市地区的"城市人口"和"乡村人口"两个人口概念，城乡教育一体化不仅要求缩小城市与乡村的教育差距，也要求缩小城市内部"城里人"与"乡下人"的教育差距。城乡教育一体化的制度建设不仅要求缩小城乡间的教育制度落差，更要求打破城市内部针对农民工及其随迁子女的教育制度歧视。

第二，对城乡一体化的教育体制机制进行了非常系统、全面的建构。城乡教育一体化的目标是实现城乡教育公平。人们在讨论城乡教育均衡发展、城乡教育一体化时，关注更多的是教育条件（人、财、物等）的公平和教育起点（受教育机会）的公平，但对于教育过程公平和教育结果公平关注和研究不够。教育过程公平指城乡学校在教育教学过程中课程设置、先进教学方法使用等的公平，教育结果公平指城乡教育质量的公平。本书对于这四类公平都予以了充分研究，值得嘉许。我认为，四种公平的重要性是不同的，城乡教育差距在本质上是质量差距，破解城乡教育二元结构、实现城乡教育一体化的"最后目标"是质量公平或者说结果公平，而教育投入、办学条件、教育机会等方面的公平尽管也都是城乡教育一体化追求的重要目标，但却是为实现教育质量公平服务的。《国家中长期教育改革和发展规划纲要（2010～2020年）》把与教育质量直接相关的制度作为核心制度，明确提出："深化教育体制改革，关键是更新教育观念，核心是改革人才培养体制，目的是提高人才培养质量。"

可见，城乡教育一体化的目标并不仅仅是简单的、外显的办学条件的公平，它更追求实质性的教育质量（结果）的公平。因此，城乡教育一体化追求的最后目标是"有质量的公平"，公平本身包含质量的要求，促进公平和提高质量是合二为一的目标。从根本上讲，所有的制度安排和制度创新都是为促进公平、提高质量服务的，而与"城乡教育质量的公平"直接相关的学生培养制度和教育质量评价制度必然是最核心的制度。

从现状看，城乡在教育投入、办学条件、教育机会、课程设置、教学方法、教育质量等方面均存在显著差距，与这些问题相对应，教育投入制度、教育人事制度、入学招生制度、学生培养制度、教育质量评价制度等方面需要改革。但是，不论在政策实践中还是在理论研究中，人们对于外围制度关注多，而对于核心制度关注少。很多的制度建设和学术研究所关注的是解决城乡教育投入、办学物质条件、师资配置等的公平问题，这些问题当然重要，然而相对于质量公平这一根本问题而言，都属于表层问题。本书显然弥补了这些缺憾。

除上述与各种教育公平相关的制度外，还应该把教育管理制度和办学制度（体制）纳入到促进城乡一体化的教育制度的清单之中。城乡教育二元结构的外在表现就是城乡分割、分离、分治，要实现城乡教育的一体化，首先在教育管理制度上必须统筹管理城乡教育，一体规划，终止分治。同时在办学制度上必须打破城乡壁垒，促进城乡教育的双向沟通和良性互动，探索城乡学校交流合作的新模式，探索城市教育支持农村教育发展的新机制。

学生培养制度、教育质量评价制度、教育投入制度、教育人事制度、入学招生制度都与某种教育公平有直接关联，而教育管理制度和办学制度相对而言更属于手段性的和保障性的制度，因为城乡教育一体化要求"用城乡教育一体化的手段实现城乡教育一体化的目标"（如同用民主的方式实现民主的目标一样），而这句话又可以进一步被诠释为"用统筹规划、终止分治的管理制度，用双向沟通、良性互动的办学制度，促进城乡教育公平"，因此，教育管理制度和办学制度也应该被纳入于城乡教育一体化的教育制度体系之中。

第三，研究重点突出，没有不分轻重地研究所有教育类别的制度变革，而是把城乡"义务教育"一体化的体制机制作为研究的重中之重。我国的教育体系包括基础教育、职业教育、高等教育和继续教育

7

四大类别，其中基础教育包括学前教育、义务教育和普通高中教育，职业教育包括中等职业教育和高等职业教育。城乡教育一体化主要涉及基础教育、职业教育和继续教育三个类别，涉及的广度和深度在程度上依次递减。基础教育是整个教育体系的基础，也是农村地区教育的主要类型，在城乡教育一体化中的地位排在首位。而基础教育又包括学前教育、义务教育和普通高中教育三种类型。

本书对于学前教育、义务教育、中等职业教育和继续教育的城乡一体化的体制机制构建，都进行了研究。但是，学前教育、中等职业教育和继续教育各自只占一章的篇幅，而义务教育则占了五章的篇幅，这在结构比例上是合理的。本书把义务教育作为研究重点，反映了城乡一体化进程中义务教育的重要地位。《教育规划纲要》把义务教育均衡发展作为战略性任务，明确要求"建立城乡一体化义务教育发展机制，在财政拨款、学校建设、教师配置等方面向农村倾斜。率先在县（区）域内实现城乡均衡发展，逐步在更大范围内推进"，同时要求"确保进城务工人员随迁子女平等接受义务教育"。

第四，研究方法规范而且多样，特别是用量化方法测量、分析教育制度，难度很大，做出了卓有成效的尝试。这是本书一个重要的贡献。通过大量的实证调查，建构了若干模型对一些制度变量进行统计分析，这些探索是难能可贵的。

除以上优点外，本书还有许多优点，如理论综述详实，政策梳理清楚，问题描述具体，分析细致周到，整个研究非常用心，几乎对于每一个体制机制问题都进行了认真的研究与细致的分析。

本研究涉及面宽，属于多学科、跨学科研究，需要大兵团、多兵种作战，任务艰巨，工作量大，需要做大量的协调工作和大量的研究工作。本课题的负责人李玲教授具有很强的使命感、责任感，不辞辛劳，兢兢业业，率领其研究团队奋力攻关，取得了可喜的成果，在此，由衷表达对于她及其研究团队的祝贺与敬意！

当然，由于城乡一体化的教育体制机制本身的研究难度很大，如果吹毛求疵的话，本书也存在一些需要改进之处，例如，研究设计的整体性需要加强，不同的教育体制机制间的关系如何协调需要进一步探索；实证研究的内容没有完全展开、展现，实证研究与其他研究的关系需要进一步明确；对一些问题的研究还需要进一步深化，等等。尽管如此，但瑕不掩瑜，本书的学术贡献是不言而喻的，是不可替代的。

希望本书的作者们对于城乡教育一体化进程中的教育制度改革问题开展持续性的研究，进一步细化、深化本书提出的研究成果，做出更大的学术贡献。

褚宏启
（北京教育科学研究院副院长、北京师范大学教授）
2015 年 1 月

前　言

　　课题组获得2010年教育部哲学社会科学研究重大课题攻关项目"构建城乡一体化的教育体制机制研究"，并于2010年12月批准立项。作为课题首席专家，回首当初拿到立项书的一刻，激动兴奋之余更多的是忐忑，更多的是压力，更多的是踌躇。毕竟自己回国工作才一年多，对中国的具体实际问题缺乏足够了解与准确把握，不认识课题所需要调查的任何教育行政部门的人，而且学科背景主要在教师教育和比较教育学领域，对于构建城乡一体化教育体制机制这个需要运用管理学、经济学、社会学、政策学、法学、统计学、教育学等多学科知识进行系统研究的项目来说，真可谓荆榛满目，踞炉炭上，寸步难行，不知所往。此时此刻，手捧33万余字的结项书稿、11份咨询报告、50余篇中外文学术论文，不感岁月不居飞逝去、四载年华空如流之快，不叹行走十余省、脚踏百余县、访谈千余人之辛，不憾寒来暑往、昼夜交替、依窗而坐、推文敲字之劳；只念拙作对城乡一体化教育体制机制的设计者有所导航，只盼浅论对城乡一体化教育体制机制的决策者有所参考，只愿鄙言对城乡一体化教育体制机制的践行者有所裨益。如此，我心悠悠，幸甚至哉！

　　诚然，时至今日，我国城乡教育二元结构、城乡教育差距、城乡教育不公问题的解决仍步履维艰，究其根因就在于尚未形成一套运行有效的城乡一体化的教育体制机制。2010年，中共中央、国务院颁布的《国家中长期教育改革和发展规划纲要（2010—2020年）》吹响了"建立城乡教育一体化，尤其是义务教育阶段的城乡教育一体化体制机制"的战略号角，正式开启了构建城乡一体化教育体制机制的探索之路，并在接下来的一系列国家政策文件和重要部署中得到强有力推动与试点实施。课题组也正是基于这样一个现实背景和前景规划，启动了对城乡教育一体化体制机制问题的科学研究与探索之路。

翻开关于城乡教育发展的文献资料，接踵排衙而来的是对城乡教育一体化社会背景、概念、理论、实践、评估指标的研究，甚少涉及城乡教育一体化的体制机制问题，即便探讨到此问题，多以思辨研究为主，实证研究占少数，而且主要是对各级各类教育的具体体制机制方面进行了一定的探讨，缺乏对城乡教育一体化体制机制全局变革做出整体方略的把握和研究。这些在给予本课题研究理论参考与宝贵经验的同时，也显示出本课题拟待从研究内容、研究视角、研究方法和研究范畴等方面开展工作的着力点，以及实现一定程度的突破与创新之处。

城乡教育一体化是城乡一体化的重要组成部分，是城乡教育通过双向沟通、资源共享、优势互补、互动互助来缩小城乡教育差距，实现城乡教育公平的具有中国特色的教育改革与发展模式。在明晰基础概念的基础上，课题组从横向角度选取城乡教育一体化所涉及的人事调配体制机制、经费投入体制机制、办学与硬件资源配置体制机制、人才培养与质量评价体制机制四大维度；在纵向角度上以义务教育层次为主，兼有学前教育、中等职业教育和继续教育三个层次。在确定横向维度与纵向层次的分析框架下，分项梳理关于四层次教育体制机制发展的政策脉络，并基于大规模实地调查、大量质化与量化数据分析，以及指标体系和评价模型的构建，逐步分析四层次教育在四大体制机制方面存在的问题、影响因素，以及如何构建理论模型和对策建议。由于城乡教育一体化主要表现在义务教育阶段，所以，本书在重点研究城乡一体化义务教育体制机制构建的同时，分别以"四县一市"为案例样本，展开对"YY县圈层战略"、"XS县三步走战略"、"ZX县三轴联动战略"、"ST县多点辐射"、"国家统筹城乡综合配套改革省级试验区A市"的典型经验介绍，从而为城乡一体化义务教育体制机制构建研究提供实践分析素材。

具体来讲，本研究共分为四块主要组成部分：第一部分为绪论，主要是在提出问题、分析现有研究现状的基础上，确立本书的研究视角、研究方法、研究框架，从而为后续研究提供思路指引；第二部分为第一章，主要是探讨城乡一体化教育体制机制的核心概念、内涵、外延及其理论基础，从而为后续研究提供理论指导；第三部分包括第二章、第三章、第四章、第五章、第六章，是本书的核心部分，主要就城乡义务教育的人事调配、经费投入、办学与硬件资源配置、人才培养与质量评价等体制机制存在的问题及其城乡一体化体制机制的构建展开研究和论述，并以四个县和一个国家统筹城乡综合配套改革省级试验区为案例样本，分别介绍其改革办法与典型经验，探讨城乡一体化义务教育体制机制在县域层次和在省域层次的不同构建模式，为构建城乡一体化义务教育体制机制提供实践参考蓝本。第四部分包括第七章、第八章、第九章，主要是对城乡学前教育、中等职业教育和继续教育的人事调配、经费投入、办学与硬件资源配置、人才培养与质量评价等体制机制存在的问题及其城乡一体化体制机制的构建展开分项研究与论述。

本书拟突破的创新点主要体现在四个方面：

第一，采用跨学科研究视角。由于城乡教育一体化内涵属性的复杂性与中国本土特色，城乡一体化教育体制机制研究是一项集复杂性、特殊性、整体性、丰富性、开拓性、实践性和理论性于一体的系统工程，所以，以理论和文献为基础与导向的研究视角难以对城乡一体化教育体制机制进行有效的把握和推进。基于此，课题组以教育学、管理学、经济学、人口学、社会学、政治学、统计学等学科为研究视角，综合不同学科的特色之处，并在这一范式指导下完成了具有独创性的国内外学术研究成果和为各级政府采纳的咨询报告。

第二，采用量化与质化相结合的研究方法。课题组运用因子分析、基尼系数、差异系数、博弈论模型、效用函数、马奎斯特（Malquist）生产率指数、数据包络分析、人口预测、阶层线性模型等量化分析方法，结合对全国各地教育行政管理人员、教师、学生、家长等进行的大量深度访谈、结构性与半结构性访谈、焦点组访谈和课堂观察，深度挖掘了城乡教育体制机制存在的问题并提出了对策建议，同时，构建起了一套科学的、可操作的县（区）域内城乡一体化义务教育指标体系、评价模型及测算方法，用以评估和监测县（区）域内城乡义务教育一体化的程度；构建并验证了城乡教师交流博弈论模型、农村教师补充阶层线性模型、县域内城乡教育资源一体化配置模型及农村教育经费投入绩效动态评价模型。

第三，运用云计算技术，设计和研发了基础教育质量监测评价平台，打破了传统的城乡学生评价手段和技术，采用先进的云计算技术和信息测评技术实时提取城乡学校内部教育质量监测数据；同时，也突破了传统的城乡学生评价机制，建立学生成长档案库，追踪学生成长历程，实现政府、学校、家长、社区等多方共同参与教育质量评价过程，进而实现了城乡一体化义务教育评价体制机制的创新。

第四，在研究内容方面，横向上确立人事调配体制机制、经费投入体制机制、办学与硬件资源配置体制机制以及人才培养与质量评价体制机制这四大作用于各级各类教育活动的分析维度；纵向上确立以义务教育主导的，兼顾学前教育、中等职业教育和继续教育（民族教育和特殊教育涵盖于其中）的分析层级或类型。在此框架的指引下，运用数据包络分析（DEA）、阶层线性模型（HLM）、人口预测模型（CPPS）等统计分析工具诊断城乡教育体制机制存在的问题并做归因分析，探究四大教育体制机制的内外部影响因素，并构建城乡教育一体化指标体系和数据库雏形，进而提出我国构建城乡一体化教育体制机制的路径框架与对策建议。

四年来，本课题之所以能够顺利开展，并取得丰硕成果，得益于社会各界、全国十余省、百余县教育行政部门的鼎力协助与配合；取决于西南大学学校各部门、西南大学社科处、西南大学教育学部、西南大学统筹城乡教育与发展研究中心、西南大学教育政策研究所所提供的各项硬件、软件资源的支撑与保障；归功于课题组成员，以及我的博士生、硕士生们不畏辛劳、精诚合作、团结协同。此外，在课题的立项、进行过程中和结题验收时，教育部社科司张东刚司长、马建通处长、徐青森处长、孙绵涛教授、范先佐教授、高宝立研究员、杨天平教授、王鉴教授、褚宏启教授、邬志辉教授等均对课题提出了建设性的建议，在此深表感谢！

　　在此书即将付梓之际，希望本书对我国城乡教育一体化体制机制的构建有所参考，更希望我国城乡教育早日实现公平与和谐发展。同时，对于书中的不足之处恳请并期待各位批评指正！

李玲

2015 年 1 月

摘　要

《国家中长期教育改革和发展规划纲要（2010－2020年）》提出"建立城乡一体化义务教育发展机制"，"构建城乡一体化的教育体制机制"是我国为缩小城乡教育差距、促进教育公平和均衡发展的重要战略，也是我国建立整个城乡经济社会一体化发展体制机制的重要组成部分。本研究从制度视角，对"城乡教育一体化"这一重大问题进行了研究。运用教育学、管理学、经济学、人口学、统计学、计算机信息科学等学科视角，将量化与质化研究方法相结合，基于大量实地调查数据，建立若干理论模型并进行实证分析检验。通过城乡一体化教育硬件资源配置、经费投入、人事调配、人才培养和评价体制机制等要素间的相互关系、作用机理和模式，以及城乡一体化教育体制机制所需要的外部支持系统，从制度角度突破城乡二元结构瓶颈，探究城乡一体化义务教育办学与硬件资源配置、经费投入、人事调配、人才培养和评价体制机制存在的主要问题并提出了对策建议。以城乡义务教育阶段为主，同时兼顾学前教育、职业教育和继续教育阶段中的四大教育体制机制中存在的问题和内外部影响因素，并尝试探索构建我国城乡一体化教育体制机制的路径框架与对策建议。

本研究系统梳理了国内外相关文献，并在实证研究基础上，提出城乡教育一体化的概念体系、八大特征、三阶段理论。研究发现，在义务教育阶段，构建城乡一体化的人事调配体制机制，需要着重建立城乡一体化的教师补充体制机制、教师交流体制机制和待遇制度。具体包括：应在科学测算教师工作量及师资需求的基础上调整城乡义务教育阶段教师编制补充政策，建立人事、财政和教育行政部门联合管理机制；要对边远地区农村教师岗位实行生活补贴制度；设立专项经费，完善补贴配套机制；降低免费师范生培养层级；建立城乡教师互动机制、师范生顶岗实习以补充农村音、体、美教师；建立教师编制卡管理制度，及时清退占编不在岗教师。修订《教师法》，将教师身份变为"政府雇员"，实施"县管校用"人事体制，充分考虑教师的流动意愿，建立人性化教师派送机制，设立教师交流专项经费，完善教师交流补偿和奖励机制，采取多种模式实现城乡教师交流。要建立省域内统一的绩效工资标准，同时加强对农村地区的转移支付力度，建立农村教师补偿性工资制度，设立农村教师津补贴专项经费，建立各级政府按地区、按比例分担的经费保障制度。加强对农村教师的培训，注重专业发展，职称评定向农村学校倾斜。

构建城乡一体化义务教育经费投入体制机制，应加强省级统筹，有效落实义务教育经费投入向农村、薄弱和民族地区倾斜政策；关注城市内部和农村内部学校之间的差异；解决少数地区城市与农村学校拨款标准倒挂问题；加大对贫困生资助范围；在生均拨款机制中，重新定位县一级政府统筹权；完善绩效评估的管理体制机制；建立规范的县（区）教育经费核算中心，加大地方教育经费投入力度，完善配套措施，提高经费使用效益和投入绩效，完善评估制度。

构建城乡一体化义务教育办学与硬件资源配置体制机制，须分类统筹城乡生均标准，优先满足农村寄宿制学校的物资配置需求。基于城乡人口预测，提出"义务教育学校标准化建设政策持续向农村倾斜存在风险。建议引入第三方评价机制，加强对标准化建设项目的监测与评价"，建立风险评估指标体系和预警机制。

构建城乡一体化义务教育人才培养与评价体制机制需要着重构建城乡一体化的义务教育入学招生制度、课程制度和质量评价体制机制。具体包括，应改革就近入学为就地入学，加快薄弱学校改造，缩小校际间质量差距，实现区域内师资顺畅流动，完善招生信息公开制度，分步推进升学制度改革，以及完善两为主政策的系统化配套政策；应完善民主课程管理制度，健全课程问责机制，规范教材教辅资料市场，开发建设配套的城乡课程资源共享平台，探索建立城乡共进、均衡发展的教研制度；应完善城乡中小学教育质量综合评价标准，采用云计算技术和信息测评技术以突破传统评价机制，建立各级教育质量监测专家系统，健全质量监测与评价机构体系，建立督学资格证书制度，加强城乡督导机构和督学队伍建设，完善问责机制，尤其要提高农村义务教育督导工作效果。

本研究选取国家级统筹城乡教育综合改革试验地和几个区县作为样本，在大量实地调查和大规模数据采集与统计分析的基础上，探索了一些典型的城乡一体化义务教育体制机制构建模式，如"圈层战略"、"三步走战略"、"三轴联动战略"、"多点辐射战略"等。

构建城乡一体化学前教育体制机制，应采用多种形式补充合格的农村幼儿师资，加大对农村幼儿教师的继续教育；应强化和完善各级政府责任，重视学前教育财政投入，提高学前教育的普惠性，科学核算办园成本，完善收费管理体制，加大对中西部学前教育的转移支付力度和对农村地区及薄弱家庭的经费投入力度；应发挥公办乡镇中心幼儿园的示范作用，完善城乡幼儿园布局调整，鼓励市场、社会与家庭力量办园，严格办园准入制度，健全学前教育立法和管理规范；应防止幼儿教学内容"小学化"倾向，制定符合学前教育特征的质量评价机制。

构建城乡一体化中等职业教育体制机制，需要创新教师管理体制，优化教师队伍；完善城乡中等职业教育经费保障机制，转变农村职业教育服务模式；整合城乡中等职业教育资源，优化办学结构，建立以企业为主体的"集团化"职业教育办学长效机制，鼓励社会力量投资办学，创新城乡中等职业教育专业管理和扶持机制；构建中职教育"立体化"人才培养模式，制定中等职业教育评价指标体系。

构建城乡一体化继续教育体制机制，需要加快继续教育立法，制定农村继续教育教师编制标准，建立区域教师共享和农村继续教育教师准入制度，完善继续教育教师培训进修制度；应加大农村继续教育经费投入力度，落实政府、企业、个人多元投入机制，完善农村继续教育经费分配、管理和监督机制；应建立城乡继续教育独立的监管与评价机构和认证制度，落实并完善灵活多样的"市、县（区）、镇（乡）"三级培训模式，完善与企业、职业学校合力培养人才的体制机制。

Abstract

To construct an integrated educational system for rural and urban areas is an urgent strategic plan to enclose the gap between rural and urban education as well as to enhance educational equity and equilibrium development in current China. It is also part of the national strategy for constructing a full rounded integrated system for rural and urban society. Based on large scale of empirical studies and mixed method studies, big data analysis and multi-disciplinary modeling, the team for the "Constructing Integrated Education System for Rural and Urban Areas Research Project" explored issues and influencing factors of the education personnel system, education financing system, resource distribution system, and education quality evaluation system on compulsory, early childhood, vocational and continuing education phases, and also put forth series of suggestions for constructing an integrated education system in rural and urban areas.

Findings from the study on the compulsory education phase include: A) The task of constructing integrated education personnel system for rural and urban areas should be focused on constructing integrated rural and urban teacher compensation system, integrated rural and urban teacher exchange system, and integrated rural and urban teacher payment system. Specifically, rural and urban teacher quota system should be adjusted based on scientific prediction of teachers' working capacity and needs, collaborated management mechanism should be established among personnel, finance and administration departments, county level teacher management system should be legitimized, establishing equal rural teacher compensation system should be prioritized, internal and external mechanisms should be designed and established for rural and urban teacher exchanging system, merit pay standards should be established on a provincial level, transfer payment mechanism should be strengthened for rural areas, rural teachers' compensation and payment system should modified, regional and proportional copay system should be established. B) In order to construct integrated education financing system for rural and urban areas, county-level accounting center should be founded, local education units, especially those in remote, less resourced and minority areas, should be given more adequate funds, efficiency of funds using should be promoted and supervision and evaluation of educational expenditure should be systemized. C) In order to construct integrated schooling and education resource distribution system in rural and urban areas, rural and urban teacher resource must be reallocated reasonably and scientifically, rural and urban per-student resource standards should be differentiated, resource allocation in rural boarding schools should be prioritized, risk warning system should be established for the standard schooling strategy. D) The integrated rural and urban student assessment system could be divided into constructing admission system, curriculum system and education quality evaluation system in rural and urban areas. Specifically, admission should be adjusted on the regional basis rather than distance basis, more emphasis should be paid on turn-over schools, more efforts should be made to shorten interschool gaps, student recruitment information system should be more transparent, promotion system should be reformed, supporting system should be established for the migrant labors' children schooling, curriculum management system should be more democratic, accountability system should be improved, teaching material markets must be regulated, curriculum resource sharing systems should be established among rural and urban schools, teaching research system should be explored and designed to promote rural and urban education development, elementary and secondary education quality assessment and evaluation standards should be developed for rural and urban schools, cloud computing technology and information assessment technology should be adopted to transform the traditional assessment strategy, expert pooling system should be established and specialized institute for education quality evaluation should be developed, supervisor certification and accountability system should be regulated, rural education supervision efficiency should be especially promoted.

In some provinces and regions in China, local governments and educators have already explored successful experiences of addressing certain rural-urban education gap issues on the compulsory education phase. The team selected sample regions and conducted large amount of longitudinal empirical studies in these sample fields. Based on statistic analysis of collected data, the team concluded four typical models or strategies for constructing integrated education system in rural and urban areas, which include "three circles cooperation strategy", "three steps strategy", "three region continuum strategy", and "center to periphery radiation strategy".

Findings from the study on the integrated rural and urban early childhood education system include: recruiting adequate qualified teachers for rural early childhood education and enhance professional development for current teacher force, strengthening government accountability, increasing funds for early childhood education, enhancing accessibility of early childhood education to all kids, counting kindergarten costs scientifically and improving management system, increasing financial aids for mid-east areas and less resourced families, enhancing leadership of township center public kindergartens, regulating consolidation of rural and urban kindergartens, encouraging market, social agents and family engagement in establishing kindergartens, regulating registration system, promoting early childhood education legislation and management norms, preventing elementary characteristics of the teaching contents to the kids, establishing quality assessment system specialized for early childhood education.

Findings from studies on constructing the integrated rural and urban vocational education system include: teacher force management system should be innovated, teacher force should be optimized among rural and urban vocational schools, vocational education funds should be guaranteed for rural and urban areas. Other suggestions include: transferring rural vocational education service model, redistributing education resource between rural and urban vocational schools, optimizing vocational school structures, promoting entrepreneurship for vocational schools, encouraging social entities' engagement in funding and establishing vocational schools, establishing multi-dimensional student learning system and evaluation standards.

Findings from studies on constructing the integrated continuing education system in rural and urban schools include: expediating continuing education legislation, establishing rural teacher quota system for continuing education, encouraging teacher mobility among rural and urban continuing education, regulating teacher entrance system to rural continuing education, improving continuing education teachers training system, increasing funds into rural continuing education, encouraging diverse stakeholders' engagement in funding, improving funds distribution, management and supervision system for continuing education, founding independent institutes and accreditation systems, implementing flexible three-level training models, enhancing collaboration system between enterprise and vocational schools.

目 录

Contents

1

Contents

3

绪　论[①]

城乡二元结构形成于新中国成立初期以农补工、实现农业国向工业国转型的特殊历史时期，对我国的工业化、现代化进程起过不可磨灭的推动作用，但长期以来无形拉大和加剧了城乡之间在社会、经济、文化、教育等方面的差距与分割。城乡一体化是在改革开放以后，我国面临全球化、城市化挑战和城乡差距不断拉大等问题时做出的新时期战略抉择，其本质是要在根源上打破城乡二元结构的制度障碍，重构城乡融合的体制机制，促进城乡在社会、经济、教育等各方面的协同发展。

一、问题提出

2008年10月，党的十七届三中全会审议通过的《中共中央关于推进农村改革发展若干重大问题的决定》（以下简称《决定》）中，第一次从国家战略层面明确了"城乡一体化"的目标：到2020年，基本建立城乡经济社会发展一体化体制机制。体制机制的革新是社会经济中从宏观的制度、规范层面到微观的各要素运行方式所进行的最深层、最根本、最全面、最重大的改革。《决定》中有关城乡一体化目标的规定体现了党和政府代表人民的利益和意志，也体现了其对当前社会经济形势及其未来发展趋势的科学把握和合理规划。作为培养和储备高效、高素质人力资本的最基本途径，教育可以推动并服务于社会、经济等领域的城乡一体化。

2010年，中共中央、国务院颁布的《国家中长期教育改革和发展规划纲要

---

① 部分内容详见李玲，宋乃庆，龚春燕等：《城乡教育一体化：理论、指标与测算》，载《教育研究》2012年第2期，第41～48页。

(2010～2020 年)》① (以下简称《教育规划纲要》) 吹响了"建立城乡教育一体化,尤其是义务教育阶段的城乡教育一体化体制机制"的战略号角,正式开启了构建城乡一体化教育体制机制的探索之路,并在接下来的一系列国家政策文件和重要部署中得到强有力推动与试点实施 (见表 0 - 1)。"构建城乡一体化的教育体制机制研究"课题组 (以下简称"课题组") 正是在这样的政策形势下启动了科学研究与探索之路。

表 0 - 1　　　　　城乡教育一体化相关政策文本与内容提要

政策文本	相关政策内容提要
中共中央关于推进农村改革发展若干重大问题的决定 [2008]	√ 到 2020 年,基本建立城乡经济社会发展一体化体制机制。
国家中长期教育改革与发展规划纲要 (2010～2020) [2010]	√ 加快缩小城乡差距,建立城乡一体化义务教育发展机制,在财政拨款、学校建设、教师配置等方面向农村倾斜; √ 率先在县 (区) 域内实现城乡均衡发展,逐步在更大范围内推进; √ 要在人才培养体制、考试招生制度、现代学校制度、办学体制、管理体制、教育开放等方面进行教育体制改革。
国务院办公厅关于开展国家教育体制改革试点的通知 (国办发 [2010] 48 号)	√ 推进义务教育学校标准化建设; √ 探索城乡教育一体化发展的有效途径。
十八大报告 [2013]	√ 推动城乡发展一体化; √ 城乡发展一体化是解决"三农"问题的根本途径,要加大统筹城乡发展力度,增强农村发展活力,逐步缩小城乡差距,促进城乡共同繁荣; √ 加快完善城乡发展一体化体制机制,着力在城乡规划、基础设施、公共服务等方面推进一体化,促进城乡要素平等交换和公共资源均衡配置,形成以工促农、以城带乡、工农互惠、城乡一体的新型工农、城乡关系。

① 中国网. 国家中长期教育改革和发展规划纲要 (2010～2020 年) [EB/OL]. http://www. china. com. cn/policy/txt/2010 - 03/01/content_19492625_3. htm. 2010 - 03 - 01/2013 - 10 - 10.

续表

政策文本	相关政策内容提要
两会精神［2013］	√ 一些长期未能解决的问题，如城乡二元化等依然在困扰着民众； √ 中国的结构调整是一个整体，除了经济和产业结构外，还包括城乡结构、区域结构和分配结构等。
教育部袁贵仁部长在 2013 年全国教育工作会议上的讲话［2013］	√ 加强农村特别是偏远地区农村教育； √ 注重城乡教育一体化。

二、研究意义

（一）理论意义

本书将教育公平理论、系统论与控制论、共同体理论、城市发展理论、和谐社会理论等多学科的相关理论及视角运用于教育体制机制的研究中，拓展了教育学研究范畴。通过教育体制与政治、经济、社会等体制相互关系与作用模式的研究，创新教育科学研究范式与场域，从跨学科视角探究城乡一体化的人事调配体制机制、经费投入体制机制、办学与硬件资源配置体制机制、人才培养与质量评价体制机制等各要素间相互作用的机理和模式，建立了理论分析框架和模型，提出并验证了城乡教师交流博弈论模型、农村教师补充阶层线性模型、县域内城乡教育资源一体化配置模型、城乡教育经费投入差异的泰尔指数与基尼系数评价模型、农村教育经费投入动态绩效评价马奎斯特生产率指数模型，等等。此外，还设计并推广了基于云计算的城乡教育质量评价平台。这些为打破城乡二元结构教育体制机制提供了科学、可量化、可操作的依据。上述城乡教育一体化系列指标体系和模型、平台以及所提出的城乡教育一体化的概念体系、特征、阶段理论，都将为我国和其他国家城乡教育问题的研究提供借鉴。

（二）实践意义

《教育规划纲要》提出要"建立城乡一体化义务教育发展机制"的重要战略决策，党的十八大报告中再次强调要"推动城乡发展一体化"、"大力促进教育公平"。城乡一体化教育体制机制的构建是城乡一体化总战略从教育领域推进一体化、缩小城乡差距的必要环节。本课题旨在突破城乡教育体制机制发展的内部瓶颈，从人事调配体制机制、经费投入体制机制、办学与硬件资源配置体制机制、入学与招生体制机制及人才培养与质量评价体制机制等方面分别提供科学的、可操作化的指标体系和评价模型。

本书提出修订《教师法》，将教师身份变为"政府雇员"身份，通过"县管校用"教师人事体制改革实现教师交流。通过对我国四种不同类型区县的深度案例研究，以及国家统筹城乡综合配套改革省级试验区典型经验的研究，提出"圈层"、"三步走"、"三轴联动"和"多点辐射"等城乡一体化义务教育体制机制构建战略，为我国其他地区城乡一体化教育体制机制的构建提供了可操作的借鉴经验。

课题组构建的由3个目标层、6个准则层和23个指标组成的一套用于测量和评价县域内城乡义务教育学校一体化进程的指标体系和评价模型，可用于监控和评价县（区）义务教育学校城乡一体化水平。

把教育资源分为"粒型"和"块型"资源，并以此构建模型，破解城乡教育资源配置不均的体制机制问题并提出对策。通过该模型，以几个县（区）的几十万组数据实证计算出在教育投入总量一定的条件下，县（区）级政府按照该模型进行配置后县（区）域内城乡教育资源能够达到的较为优化的状态。以此状态为参考值，与政府未按该模型进行配置所达到的县（区）域内城乡教育资源状态进行对比，发现二者的差距，这一差距可以作为教育投入总量一定的条件下，省（市）级政府对县（区）级政府推进城乡一体化教育资源配置工作绩效的主要考核依据。

基于大量数据和博弈论模型，探究教育行政机构、城乡学校与城乡教师三方的博弈关系和实现各自效用最优及博弈均衡的条件。基于对城乡教师流动体制机制影响要素的探究，提取出与三方效用相关的核心要素并进行组合形成变量，来建立三方博弈的效用函数。根据构建的三方博弈模型，结合教育计划的供需状况和个体实际情况，确定各个具体变量值的区间，并找寻到区间范围内使三方均等的均衡点。该博弈论模型探究教育行政机构、城乡学校与城乡教师三方实现各自效用最优及博弈均衡的条件，剖析阻碍城乡教师流动体制机制的深层次原因，提出构建城乡一体化教师流动体制机制的对策建议。

运用数据包络分析（DEA）、泰尔指数、基尼系数等方法评估我国30个省（自治区、直辖市）城市和农村以及东、中、西部城市和农村义务教育经费投入配置差异和效率状况，并利用马奎斯特生产率指数衡量我国城市和农村义务教育经费投入生产效率的变动，对城乡义务教育经费投入配置效率进行动态评价，提出改革城乡义务教育经费投入体制机制的对策建议。

本书还运用阶层线性模型，探究农村教师补充的影响因素；运用人口模型预测城乡学前教育和义务教育学龄人口数，为城乡教育资源配置体制机制改革提供科学依据。

此外，本书运用云计算技术，设计和研发了基础教育质量监测评价平台，实现了城乡义务教育评价体制机制改革，该平台已在重庆市 875 所学校得到应用和推广。运用云计算基础教育质量监测与评价平台，改革传统的城乡义务教育评价手段和技术，为构建城乡一体化义务教育人才培养与质量评价体制机制提供了技术平台。

以上研究有助于打破城乡教育二元结构，促进教育公平和均衡发展，对于构建城乡一体化的教育体制机制，提供了科学、可操作的依据。

三、国内外关于城乡教育的研究

（一）国内关于城乡教育的研究

1. 关于"城乡一体化"社会经济背景的研究

在我国，城乡二元结构内生于新中国成立初期以户籍制度为核心的城乡分割体制和农业支持工业的发展战略。"城市"指的是以非农业产业和非农业人口集聚形成的较大行政区划单位；"乡村"则是指以从事农业经济活动为基本内容的、人口较分散的地方；镇、乡、街道办事处为最低行政区划。"城乡二元结构"形成于新中国成立初期的工业化战略时期，此后，我国城乡在政治、经济、文化、教育等多方面的差距越来越大。改革开放后，农村改革取得成效，但城乡差距仍未得到改观，"三农"问题凸显[①]。为此，2002 年，党的十六大第一次明确提出"统筹城乡"的战略，并逐渐形成了"城乡一体化"的思想[②]。2008 年，《决定》第一次从国家战略层面明确了"城乡一体化"的目标，即到 2020 年基本建立城乡经济社会发展一体化体制机制。随后，我国很多学者对"城乡一体化"的概念与内涵进行了深入研究，并从不同视角提出了不同的理解。陈光庭认为，为城乡一体化下定义要注意五点，即"在生产力高度发达的条件下，城市与乡村实现结合，以城带乡，以乡补城，互为资源，互为市场，互相服务，达到城乡之间经济、社会、文化、生态等协调发展的过程"[③]。谭炳才认为，"城乡一体化是一个国家和地区在生产力水平或城市化水平发展到一定程度时，城市与

① 褚宏启：《城乡教育一体化：体系重构与制度创新——中国教育二元结构及其破解》，载《教育研究》2009 年第 11 期，第 3～11 页。

②③ 陈光庭：《城乡一体化——中国特色的城镇化道路》，载《中国特色北京特点城市发展研讨会专辑》2008 年，第 42～51 页。

乡村相互融合形成一体的过程；城乡一体化实质上是体制机制的一体化"；从"城乡统筹"提升到"城乡一体化"，不是简单的文字变化，而是蕴含着深刻的变革内容，标志着我国农村改革站在了一个更高的历史起点上，预示着我国工农业关系、城乡关系进入了一个新阶段①。褚宏启认为，"城乡一体化是指一定区域范围内城市与乡村在政治、经济、文化等方面发展的有机结合，形成以城带乡、以乡促城、相互依存、互补融合、协调发展的关系，逐步消除城乡二元结构格局，实现城乡共同发展、共同繁荣"②。2012 年 11 月，党的十八大报告提出城乡一体化的新型城镇化发展道路，成为我国教育改革和发展的重大主题。杨东平认为，我们需要在城乡一体化的发展实践中，围绕建设覆盖城乡居民的公共教育服务体系这一目标，深化城市教育改革，探索农村教育的科学发展之路③。

2. 关于"城乡教育一体化"概念的研究

城乡一体化涉及社会经济、人类发展、生态环境、文化生活、空间景观等多方面，教育也是其中必不可少的重要组成部分④⑤⑥。从收集到的文献来看，王克勤是较早系统论述"城乡教育一体化"概念及其意义的学者之一，他认为，"城乡教育一体化是指在教育发展中，把城乡教育置于由城市和乡村所构成的同一个大系统之中，打破城乡二元经济结构和社会结构的束缚，把它们视为同一个整体，以系统思维方式，推动城乡教育相互支持、相互促进、协调发展，共同实现教育的现代化。"⑦ 高书国提出，"城乡教育一体化就是指城乡教育空间的布局、教育体系、教育制度、教育政策、发展目标和发展战略等方面实现融合、融通，城乡教育相互促进、融合发展。"⑧ 从学者们有关"城乡教育一体化"概念内涵的表述可以发现几点共识：一是，城乡教育一体化是城乡一体化理念在教育领域的具体体现，不能脱离城乡一体化背景；二是，城乡教育一体化是通过城乡教育

① 谭炳才：《城乡一体化的制度盲点》，载《南方日报》2008 年 10 月 22 日。

② 褚宏启：《城乡教育一体化：体系重构与制度创新——中国教育二元结构及其破解》，载《教育研究》2009 年第 11 期，第 3～11 页。

③ 杨东平：《新型城镇化道路对教育的挑战》，载《教育发展研究》2013 年第 5 期，时评。

④ 廖其发：《关于我国农村义务教育阶段学生辍学问题的研究》，载《国家教育行政学院学报》2004 年第 2 期，第 26～37 页。

⑤ 陈光庭：《城乡一体化——中国特色的城镇化道路》，载《中国特色北京特点城市发展研讨会专辑》，2008 年，第 42～51 页。

⑥ 褚宏启：《城乡教育一体化：体系重构与制度创新——中国教育二元结构及其破解》，载《教育研究》2009 年第 11 期，第 3～11 页。

⑦ 王克勤：《城乡教育一体化》，载《普教研究》1995 年第 1 期，第 6～8 页。

⑧ 高书国：《"后普及教育时代"的典型特征——知识社会发达国家和地区教育发展的新趋势》，载《教育理论与实践》2006 年第 6 期，第 13～16 页。

共通互助的路径打破城乡二元对立的社会经济结构；三是，城乡教育一体化是推动全民教育向更高目标和谐发展的必经之路；四是，城乡教育一体化需要依靠合理的政策、制度、体制、机制和组织形式来实现。

3. 关于"城乡教育一体化"的理论研究

为实现城乡教育一体化的目标，我国学者从理论和实践层面做过许多有益的探讨。从理论研究方面，王克勤探讨了城乡教育一体化的内涵，分析了我国经济建设、全国统一性市场和教育改革的深化为城乡教育一体化推进提供的优越条件，剖析了城乡教育一体化的深远战略意义，继而提出了一套全方位的、具有战略性特征的推进策略，为后来的研究提供了一个全景式的理论指导[①]。邓卓明探究了教育在城乡统筹、城乡一体化发展中具有的基础作用、引领作用、推动作用和保障作用，从城乡一体化的背景上明确了教育发展的定位和方向[②]。褚宏启为城乡教育一体化的体系重构与制度创新提供了一套理论框架，指出了当前城乡教育体系存在的问题，如城乡教育体系定位不清晰、发展不均衡、缺乏统筹、滞后于城市化进程等，继而倡导推进城乡教育一体化必须从改革制度入手，包括改革教育管理制度、投入制度、人事制度、质量保障制度和行政问责制度等，在理论层面为我国推进城乡教育一体化的改革做出了突破性的贡献[③]。高书国基于对世界各国城乡教育转型的分析，提出了分析城乡教育转型模式和转型程度的定量研究方法，构建了一套推动我国城乡教育转型的模式，在理论和方法论层面上为学者们进一步科学、系统地探索和研究城乡教育一体化的实现路径指明了方向[④]。雷万鹏、钟宇平以人力资本与社会资本理论视角，基于实证数据研究了中国高等教育需求中的城乡差异，并为教育财政和招生制度创新提出了建议[⑤]。另外，也有许多学者从不同的视角对城乡教育一体化的理论进行了研究，包括城乡教育公平[⑥][⑦][⑧]、

---

① 王克勤：《城乡教育一体化》，载《普教研究》1995 年第 1 期，第 6 ~ 8 页。

② 邓卓明：《论教育在城乡统筹发展中的作用》，载《重庆大学学报（社会科学版）》2008 年第 3 期，第 11 ~ 13 页。

③ 褚宏启：《城乡教育一体化：体系重构与制度创新——中国教育二元结构及其破解》，载《教育研究》2009 年第 11 期，第 3 ~ 11 页。

④ 高书国：《"后普及教育时代"的典型特征——知识社会发达国家和地区教育发展的新趋势》，载《教育理论与实践》2006 年第 6 期，第 13 ~ 16 页。

⑤ 雷万鹏、钟宇平：《中国高等教育需求中的城乡差异——人力资本与社会资本理论的视角》，载《北京大学教育评论》2005 年第 3 期，第 48 ~ 57 页。

⑥ 彭智勇：《直辖十年重庆教育改革发展的主要成就》，载《决策导刊》2007 年第 11 期，第 17 ~ 20 页。

⑦ 褚宏启：《教育公平与教育效率：教育改革与发展的双重目标》，载《教育研究》2008 年第 6 期，第 7 ~ 13 页。

⑧ 杨东平：《教育公平与政府责任》，载《中国党政干部论坛》2012 年第 9 期，第 11 ~ 13 页。

城乡教育均衡①②③、城乡教育文化建设④⑤、城乡教育信息化⑥⑦⑧等。还有一些学者以不同的教育层次为对象来研究微观领域内城乡教育一体化发展的理论框架，包括基础教育⑨⑩⑪、职业教育⑫⑬⑭、高等教育⑮⑯⑰⑱⑲、继续教育⑳㉑等。

---

① 宋乃庆、程广文：《用科学发展观审视基础教育课程改革》，载《中国教育学刊》2008 年第 7 期，第 1～7 页。

② 姜晓萍、黄静：《构建城乡基础教育均衡发展的制度体系：以成都试验区为例》，载《中国行政管理》2013 年第 6 期，第 27～31 页。

③ 凡勇昆、邬志辉：《社会转型背景下农村教育发展新走向》，载《中国教育学刊》2014 年第 5 期，第 28～32 页。

④ 李敏、万正维：《城乡教育一体化进程中的文化建设初探》，载《成都大学学报（教育科学版）》2007 年第 4 期，第 9～11 页。

⑤ 邬志辉：《城镇化背景下我国义务教育发展面临的挑战与改革议题》，载《"城乡教育一体化发展的国际经验与本土实践"国际学术研讨会论文集》，2013 年 9 月 28～29 日。

⑥ 熊才平：《以信息技术促进基础教育信息资源配置城乡一体化研究》，载《中国电化教育》2006 年第 3 期，第 17～20 页。

⑦ 熊才平、朱爱芝，黄萍萍：《教育信息资源"区域共建共享"开发应用模式研究》，载《开放教育研究》2010 年第 1 期，第 40～44 页。

⑧ 宋乃庆、杨欣，李玲：《以教育信息化保障城乡教育一体化》，载《电化教育研究》2013 年第 2 期，第 32～36 页。

⑨ 李玲、单新涛：《美国"城市化"进程中师资培养计划个案研究及启示》，载《比较教育研究》2010 年第 9 期，第 82～86 页。

⑩ 教育对重庆经济发展贡献研究课题组：《教育对经济发展的贡献测度：重庆的证据》，载《改革》2009 年第 5 期，第 81～87 页。

⑪ 褚宏启、高莉：《义务教育均衡发展评估指标的制定》，载《教育研究与评论（中学教育教学）》2013 年第 8 期，第 91～92 页。

⑫ 朱德全、杨鸿：《职业教育城乡均衡发展问题表征与统筹保障——以重庆市为例》，载《教育研究》2012 年第 3 期，第 57～65 页。

⑬ 李兴洲：《职业教育有效推进城乡统筹发展的理论研究》，载《教育学报》2009 年第 5 期，第 115～120 页。

⑭ 俞启定：《统筹城乡发展战略指导下的职业教育改革》，载《教育研究》2012 年第 4 期，第 70～76 页。

⑮ 庞丽娟：《促进高等教育均衡发展》，载《教育研究》2004 年第 4 期，第 15～16 页。

⑯ 雷万鹏、钟宇平：《中国高等教育需求中的城乡差异——人力资本与社会资本理论的视角》，载《北京大学教育评论》，载《教育研究》2005 年第 3 期，第 48～57 页。

⑰ 徐辉：《国外农村教育发展与改革的历史经验及启示》，载《西南师范大学学报（人文社会科学版）》2005 年第 6 期，第 96～101 页。

⑱ 丁小浩、梁彦：《中国高等教育入学机会均等化程度的变化》，载《高等教育研究》2010 年第 2 期，第 1～5 页。

⑲ 褚宏启：《构建教育现代化指标体系的思考》，载《中国高等教育》2013 年第 11 期，第 14～17 页。

⑳ 闫红梅：《统筹城乡发展下的农民继续教育问题研究》，载《继续教育研究》2008 年第 7 期，第 4～6 页。

㉑ 刘义兵：《论扫盲和扫盲后继续教育的监测与评估》，载《西南师范大学学报（哲学社会科学版）》1999 年第 2 期，第 76～80 页。

4. 关于城乡教育的实践研究

自《决定》发布以来，我国越来越多的学者致力于城乡教育一体化的实践研究，通过探讨城乡教育现状中存在的实际问题，探索促进城乡教育一体化发展的对策。袁振国等通过分析全国各省市的教育统计数据，发现城乡教育差距主要体现在义务教育阶段，并指出城市与农村的教育差距大于经济差距[①]。廖其发等通过对中西部多省的实证调查研究，深入探究了农村教师发展、流动儿童与留守儿童教育、农村学生高等教育机会、农村教育财政政策等焦点问题[②]。熊才平、吴瑞华通过对浙江省台州市的实地调查，分析了当地城乡基础教育信息化均衡发展的问题与原因并提出了相应的对策[③]。雷万鹏以湖北省为例，用指标工具考察了该省城乡义务教育差距现状，在大量访谈基础上分析了城乡差距的问题，继而从根源上探讨了造成城乡差距的内在机制，并建构了促进义务教育均衡发展的新机制[④]。靳玉乐[⑤]根据河南信阳城乡基础教育发展现状提出了统筹发展的建议与对策。此外，还有不少学者如朱德全[⑥]、邬志辉[⑦]、周谊[⑧]等则更关注职业教育在城乡教育统筹发展中的现实地位与作用、存在的问题及改革对策。

5. 关于教育体制和机制的研究

我国学者关于教育体制与教育机制的研究取得了一定的成果。孙绵涛自20世纪90年代初至今就有关教育体制、教育机制的主题进行了持续性的研究，对教育体制和机制的理论进行了深入的探讨和诠释，做出了突出的贡献。孙绵涛于2004年发文提出，教育体制是教育机构与教育规范的结合体或统一体，并详细阐述了教育机构和教育规范各自的功能及相互关系，有效地厘清了教育理论中的重要概念[⑨]。继而，孙绵涛和康翠萍又在2006年发文对教育机制和社会机制理论进行了详细的诠释，他们认为教育机制是教育现象各部分之间的相互关系及其

---

① 袁振国：《缩小差距——中国教育政策的重大命题》，载《北京师范大学学报（社会科学版）》2005年第3期，第5~15页。

② 廖其发：《关于我国农村义务教育阶段学生辍学问题的研究》，载《国家教育行政学院学报》2004年第2期，第26~37页。

③ 熊才平：《以信息技术促进基础教育信息资源配置城乡一体化研究》，载《中国电化教育》2006年第3期，第17~20页。

④ 雷万鹏：《寻求义务教育均衡发展的新机制——基于湖北省的实证研究》，载《教育研究与实验》2006年第2期，第11~16页。

⑤ 靳玉乐、赵永勤：《校本课程发展背景下的课程领导：理念与策略》，载《课程·教材·教法》2004年第2期，第8~12页。

⑥ 朱德全、杨鸿：《职业教育城乡均衡发展问题表征与统筹保障——以重庆市为例》，载《教育研究》2012年第3期，第57~65页。

⑦ 邬志辉：《中国农村职业教育的战略转型》，载《社会科学战线》2012年第5期，第194~199页。

⑧ 周谊：《国际视野下的中国职业技术教育》，载《比较教育研究》2005年第9期，第64~69页。

⑨ 孙绵涛：《教育体制理论的新诠释》，载《教育研究》2004年第12期，第17~22页。

运行方式，包括层次机制、形式机制、功能机制三种基本类型，相互之间存在紧密联系①。2010年，孙绵涛在探讨我国教育改革重大问题时指出，教育体制改革及其与教育机制的关系是我国教育改革的重大理论问题②。此外，王长乐驳斥了"教育体制完全决定教育"的理论误区，提出了建立教育机制理论作为克服误区、防止教育体制改革陷入停滞的思路③。国家教委教育体制专题调研组在社会主义市场经济体制改革的背景下探讨了经济改革与教育体制改革的相互关系和改革对策④。劳凯声探讨了我国计划经济体制改革以来相伴而生的公共教育体制改革中存在的伦理问题⑤。就具体某一方面或某个教育层级的教育体制机制改革而言，赵连华探讨了高等教育的观念创新与体制创新，认为其体制创新就是要实行高等教育管理体制创新、办学体制创新和投资体制创新⑥。张学敏⑦、杨挺⑧从投资保障机制、政府责任分权机制、城乡融合政策、评估与预警系统建设等方面提出了建构义务教育均衡发展的新机制。胡小勇⑨研究了区域教育资源的协同共建与有效应用的机制与途径。在关于城乡一体化教育体制机制的研究中，除了少数研究者外，如褚宏启⑩、彭智勇⑪等提出了要推进和实现城乡教育一体化，需要在教育管理制度、教育投入制度、人事制度、教育质量保障制度和教育行政问责制度几个方面进行深入的改革和制度创新，这一研究领域才刚刚开始，需要在广泛的教育体制机制研究中汲取相关成果，结合城乡教育一体化的特殊背景，进行深入的探索。

---

① 孙绵涛、康翠萍：《教育机制理论的新诠释》，载《教育研究》2006年第2期，第22~28页。

② 孙绵涛：《中国教育体制改革若干重大理论问题的探讨》，载《华南师范大学学报（社会科学版）》2010年第1期，第27~33页。

③ 王长乐：《试论"教育体制决定教育"的局限性》，载《南京师大学报》（社会科学版）2000年第1期，第16~21页。

④ 国家教委教育体制专题调研组：《社会主义市场经济与教育体制改革》，载《教育研究》1994年第1期，第3~12页。

⑤ 劳凯声：《公共教育体制改革中的伦理问题》，载《教育研究》2005年第2期，第3~11页。

⑥ 赵连华：《论高等教育的观念创新与体制创新》，载《高等教育研究（成都）》2007年第1期，第10~11页。

⑦ 张学敏：《合理配置资源，促进城乡义务教育均衡发展——基于重庆市的调查与思考》，载《新课程研究（教育管理）》2007年第1期，第4~7页。

⑧ 杨挺、习勇生：《失衡与制衡：教育政策时滞问题分析》，载《国家教育行政学院学报》2010年第1期，第27~31页。

⑨ 胡小勇、刘琳、胡铁生：《跨区域优质教育资源协同共建与有效应用的机制与途径》，载《中国电化教育》2010年第3期，第67~71页。

⑩ 褚宏启：《教育公平与教育效率：教育改革与发展的双重目标》，载《教育研究》2008年第6期，第7~13页。

⑪ 彭智勇：《直辖十年重庆教育改革发展的主要成就》，载《决策导刊》2007年第11期，第17~20页。

6. 关于衡量"城乡教育一体化"的指标体系研究

有关城乡一体化评估指标体系的研究，我国学者进行了一些有益的探索。如顾益康借鉴社会福利指数，以完备性、可比性和可行性为原则，构建了包括城乡一体化发展度、城乡一体化差异度、城乡一体化协调度三大维度共 42 个指标的评估城乡一体化进程的指标体系①。朱颖构建了包括城乡社会发展融合程度、城乡经济发展融合程度、城乡生态环境融合程度等三个维度方面共 16 个指标的城乡一体化进程评价指标体系，探讨了确定指标权重和计算综合指数的方法，为评估我国城乡一体化发展水平提供了参考②。李志杰以自然基础、经济、社会、基本公共服务以及动态发展 5 大子系统作为一级指标，构建了包括 27 个二级指标的城乡一体化评价指标体系，并基于时间序列数据和截面数据综合考察了我国城乡一体化进程③。从广义上的教育发展评价指标体系研究来看，翟博建构了由教育机会、教育资源配置、教育质量、教育结果四大维度、25 个一级指标、45 个二级指标组成的我国基础教育均衡发展指标体系，并分析了教育均衡度的测算方法④。邬志辉从农村教育发展的贡献率、农村义务教育阶段绩效工资、学校标准化建设以及农村家庭教育支出四个维度，构建了我国农村教育效益的理论内涵与指标体系⑤。杨雪虹从效果指标体系、职能指标体系、素质指标体系三大方面建构了评估继续教育的综合指标体系⑥。以上这些无论是对城乡一体化进程，还是对各级各类教育发展进行评估的指标体系的构建都对本课题中创建城乡教育一体化评价指标体系奠定了坚实的基础。

7. 国内有关"城乡教育一体化"研究的特点与不足

第一，研究方法上，思辨研究为主，实证研究占少数。从已有相关文献来看，研究者们多倾向于通过理性思辨的方法对城乡教育进行研究，对某地区或全国性的城乡教育现状或发展状况进行论述或理论构建。少数学者以实地调查、统计分析等方法对某些省市的城乡义务（基础）教育、农民工子女教育、高等教育等现状进行了科学的探究和剖析。他们为后来学者的研究奠定了基础，在方法论和实证操作上指引了方向。总体而言，目前我国有关城乡教育一体化的系统、

---

① 顾益康、许勇军：《城乡一体化评估指标体系研究》，载《浙江社会科学》2004 年第 6 期，第 95 ~ 100 页。

② 朱颖：《城乡一体化评价指标体系研究》，载《农村经济与科技》2008 年第 7 期，第 51 ~ 53 页。

③ 李志杰：《我国城乡一体化评价体系设计及实证分析——基于时间序列数据和截面数据的综合考察》，载《经济与管理研究》2009 年第 12 期，第 95 ~ 101 页。

④ 翟博：《均衡发展：我国义务教育发展的战略选择》，载《教育研究》2010 年第 1 期，第 3 ~ 8 页。

⑤ 凡勇昆、邬志辉：《我国农村教育效益的理论内涵与指标体系研究》，载《教育与经济》2012 年第 2 期，第 13 ~ 16 页。

⑥ 杨雪虹：《构建科学的继续教育评估指标体系》，载《中国成人教育》2001 年第 12 期，第 33 ~ 34 页。

科学的实证研究不多，有待进一步研究。

第二，理论研究中，视角多样，但缺乏系统、完整的城乡教育体制机制研究。在目前多数理论研究中，普遍存在两个共同特点：一是理论与实践的脱离，理论的建构往往没有扎实的实证研究作支撑，而是建构在思辨分析和单纯的学理探讨上；二是学者们的研究虽然包括教育的方方面面，如公平、均衡、质量等，也包括各级各类教育，如义务教育、职业教育、高等教育等，但往往没有突破原有的整个教育体制机制框架。我国学者在教育体制、教育机制和各级各类教育的具体体制机制方面都进行了一定的探讨，但缺乏对城乡教育一体化体制机制全局变革做出整体方略的把握和研究。

第三，注重本土探索，较少借鉴国际经验。由于城乡二元结构是中国的基本国情，且中国的城市化进程、城乡概念范畴、城乡教育发展并不能完全契合于国外的发展状况，因此大多相关研究都基于本土研究，较少借鉴国外的城乡教育、城乡统筹发展经验。国外在城市化进程中经历过或正在经历的类似教育问题，可为我们的本土研究提供国际视野，在比较研究中可提供有益的启示与借鉴，而国内研究在这方面存在明显的不足。

第四，实践研究多集中于微观小规模范围，宏观的大规模研究占少数。我国学者倾向于以特定省市地区为例进行区域内的城乡教育发展状况研究，或城乡教育一体化的实践研究，其中，重庆、成都作为我国统筹城乡综合配套改革试验区，是学者们进行实践探索的焦点地区。但由于各种条件的限制，全国范围内大规模的实证调查和研究尚不多见。然而，建构具有普适性的我国城乡一体化教育体制机制必将有赖于全国范围内的大规模实地调查研究，这也是目前国内相关文献显现出的又一不足之处。

第五，城乡教育一体化指标体系建构亟待探索和突破。从近几年的相关研究来看，已经有一些学者开始对城乡一体化的进程尝试性地建构评估指标体系，也有一些学者通过构建指标体系评估各级各类教育的发展水平。作为一个综合、复杂的动态发展进程，为城乡教育一体化的发展设立科学的、易于操作的、量化的指标体系是必需的。

构建城乡一体化的教育体制机制研究是一项巨大且复杂的工程，需要多领域学者的协作。已有研究，包括本课题组成员的大量前期成果，为本书提供了重要的理论支撑与宝贵经验。本书将基于已有研究，并着重从研究内容、研究视角、研究方法和研究范畴等方面实现一定程度的突破与创新。

（二）国外关于城乡教育的研究

由于国情和发展水平的差异，国外文献中很少有与中国特色的"城乡一体化"完全对等的概念和相关的系统研究。但不同发达国家和发展中国家在城市化进程、城乡迁移乃至到目前的社会经济发展阶段中，都经历过或正经历着城乡教育差距问题，这些都为本研究提供了宝贵的国际视野和经验。

1. 关于"城乡"发展背景的研究

国外文献对"城乡"（urban-rural）概念的界定与我国对"城乡"概念的界定并非等同。不同于我国以是否从事农业产业为衡量标准的界定，国外多以人口数量为统计口径作为城乡划分的标准。例如，美国人口普查局（United States Census Bureau）将农村地区（rural areas）定义为低于 2 500 个定居人口数量的地区，将城市（urban areas）定义为较大的、有密集人口（高于 2 500 人）居住的地区。在美国，城乡没有严格边界，主要以聚居人口密集度为标准来衡量[①]。英国环境、食物与农村事务部（Department of Environment，Food and Rural Affairs，DEFRA）将农村定义为每个市镇（market town）中 26% 以下的人口居住的地区；墨西哥以 2 500 人为界定标准；印度以 5 000 人为标准；尼日利亚以 10 000 人为标准来区分城乡[②]。

虽界定标准各异，但随着各国城市化不同程度的变化，传统意义上的城乡界限都在趋于模糊。城乡融合（urban-rural continuum）、城乡迁移（urban-rural migration）、城乡互动（urban-rural interaction）、城乡互依（rural-urban interdependencies）、城乡联接（urban-rural linkage）、城乡互补（urban-rural complementation）、城乡合作（urban-rural partnership）等概念在国外社会经济领域的研究文献中不断涌现，或多或少地与我国"城乡一体化"概念存在着本质上的共性与交叉。与此同时，城乡差异（urban-rural disparity，urban-rural divide，urban-rural rift，urban-rural gap）也不可能完全消解，并在不同国家有着不同程度的表现。另外，强调城乡各自特色的城市性（urbanicity）和农村性（rurality）也不同程度地在国外研究中得到彰显。

2. 关于"城乡教育"的内涵界定

在以上综述的"城乡"发展背景下，城乡教育也有着各异的内涵和界定，城乡问题对各国城乡发展起着举足轻重的作用。美国学校系统根据学校坐落的地址和规模对学校进行分类，大体分为城市、郊区、镇县和农村四类学校；其中城市和郊区类学校按规模进一步分为大型、中等和小型学校，镇县和农村学校按照与城市化地区的距离划分为边缘（fringe）、远距（distant）和偏远（remote）学

---

① USDA United States Department of Agriculture，Economic research service，Measuring rurality：What is rural？http：//www. ers. usda. gov/Briefing/Rurality/WhatisRural/

② UNESCO International Research and Training Centre for Rural Education（INRULED），Education for Rural Transformation—Towards a Policy Framework. Sep. 2001.

校。早在 20 世纪 50 年代就开始的城市化进程①使得美国大都市社会形成了以经济发达程度和种族为划分依据的阶级分层②，而教育体系，尤其是城市教育，也自然在那时起就按照这种阶级分层形成了不同阶级或种族人群聚集的学校种类③，且这种阶级分层延续至今。

一些学者对当前美国学校中存在的阶层矛盾问题，尤其是贫困的工人阶层子女受教育的问题，进行了大量调查和社会学视角的理论探索，并指出在全球经济新形势下，教育是破除阶层对立取得融合的途径④。学者威廉姆·品克（William Pink）和乔治·诺波利特（George Noblit）在《国际城市教育手册》（International Handbook of Urban Education）一书的前言中提出了包括美国在内的全球城市教育的共性：城市教育是社会问题聚积的、贫富两极并存的复杂教育体系，解决城市教育内的各种不均衡问题是实现教育公平的重要环节⑤。国际农村教育与培训研究中心（International Research and Training Centre for Rural Education，IN-RULED）在其报告《农村转型中的教育：一个理论框架》（Education for Rural Transformation：A Conceptual Framework）⑥ 中，归纳了多种有关农村教育内涵的观点：农村教育是由扫盲教育、基础教育、职业教育和成人（继续）教育构成的自成一体的完整教育体系；农村教育是学术知识和实践技能两大部分构成的统一体；农村教育是农村社会经济发展的不可分割的部分，是全面变革的载体（comprehensive change agent）；农村教育应以基础教育和功能性扫盲为农村人口的基本权利和职责；农村学校是当地农村社区的文化中心，是农村发展的焦点；农村教育需要教育、劳动、农业、卫生、福利、贸易等部门内部和部门间协调合作以促进其发展。

国外大多文献倾向于分别从城市教育和农村教育两个分支进行研究，实际上，城市教育和农村教育已经成为了国外学术界独立的研究领域⑦。对于城乡教

① Kalantaridis, C. In-migration, entrepreneurship and rural-urban interdependencies：The case of East Cleveland, North East England. Journal of Rural Studies, 2010, pp. 1 – 10.

② Havighurst, R. J. Urbanization and education in the United States. International Review of Education, 1967, 13（4）.

③ Pink, W. & Noblit, G. International Handbook of Urban Education. Dordrecht, The Netherland：Springer. 2007. pp. 15 – 30.

④ Van Galen, J. & Noblit, G.（2013）. Late to class：Social class and schooling in the new Economy. Albany, NY：SUNY Press.

⑤ 同③, pp. 3 – 6.

⑥ UNESCO International Research and Training Centre for Rural Education（INRULED）, Education for Rural Transformation—Towards a Policy Framework. Sep. 2001.

⑦ Pink, W. & Noblit, G. International Handbook of Urban Education. Dordrecht, The Netherland：Springer. 2007, P. 6.

育的差异研究和对比研究往往分别隐含在两个研究领域中，而系统的城乡教育一体化研究并不多见。

3. 关于"城乡教育"发展差距问题的研究

不论发达国家还是发展中国家在区域间、城乡间依然存在着教育不均衡发展的问题。城市偏见（urban bias）① 是城乡发展中固有的价值观念问题。俄亥俄环境教育基金组织（Ohio Envrionmental Education Fund）一份有关教育政策的调查报告中将农村教育比喻为"丑小鸭"②，反映出农村教育很少得到关注的现状。教育研究，尤其有关学校改革的研究，主要集中在城市学校。20 世纪初的美国学者普遍认为，城市教育制度中有最好的教学实践和管理，落后的农村教育中是没有的。农村留守人员被认为是"落后的人"，农村教育被认为是"落后的教育"③。而近年来美国城乡教育中的学生成绩显示，农村学生成绩并不低于城市学生，甚至略高于城市学生，但略低于郊区学生；现存的最大差距在于完成高等教育的比率，原因在于大多农村地区的市场和就业不要求高中后学历，这使得一些意在农村工作的学生丧失进入高等教育的动力④。贫困、性别差异、城乡教育投入不均等、教师质量与学生学习质量不均衡等问题在许多国家依然存在⑤。学者那拉萨（Narasaiah）探究了津巴布韦教育体系中的殖民主义根源和由此引发的意识形态与政治在城乡教育中的潜在作用⑥。万格兰（Van Galen）等用数据展现了西班牙教育体制下区域发展的不均衡现状⑦。埃里克森（Eriksson）分析了英国境内英格兰、北爱尔兰、苏格兰和威尔士各自不同的教育体系与政策之间的力量抗争⑧。从以上分析可见，城乡教育差异在各国都有着不同的表现。

---

① Bezemer, D. & Headey, D. Agriculture, development, and urban bias. World Development, 2008, 36 (8), 1342 –1364.

② Sher, J. P. Education's ugly duckling: Rural schools in urban nations. Phi Delta Kappan, 1983, 65 (4), 257 –62.

③ Gibbs, R. M., Swaim, P. L. & Teixeira, R. Rural education and training in the new economy: The myth of the rural skills gap. Ames: The Iowa State University Press. 1998.

④ United States Department of Agriculture, Economic Research Service. （2003）. Rural development research report: Rural education at a glance。

⑤ UNESCO International Research and Training Centre for Rural Education （INRULED）, Education for Rural Transformation—Towards a Policy Framework. Sep. 2001.

⑥ Narasaiah, M. L.. Urbanization and education. New Delhi: Discovery Publishing House. 2006.

⑦ Van Galen, J. & Noblit, G.. Late to class: Social class and schooling in the new Economy. Albany, NY: SUNY Press. 2013.

⑧ Eriksson, L., & Forsberg, A.. The part played by popular education in local development processes in suburban and rural areas of Sweden. International Journal of Lifelong Education, 2013, 29 （3）, 323 –341.

4. 关于解决"城乡教育"发展问题的理论和实践研究

为解决各种城乡教育不均衡发展的问题，研究者们也提出了一些有关教育改革的理论，或者在实践中为此进行着不懈的努力。上文提到的国际农村教育与培训研究中心报告强调了教育在农村向城市化转型的过程中所起的重要推动作用，呼吁国际范围内在新的农村发展形势下进行教育体制改革，并为各国提供了旨在促进教育公平、质量和效率的教育转型理念与路径，倡导各国在进行城乡教育体制改革时要符合农村的新变化和多样性①。斯卡雷特·艾伯斯坦（Scarlett Epstein）提出了"城乡合作伙伴发展范式"（rural-urban partnership development paradigm），提倡将城市中心与农村经济增长区结合，保证两地均衡、互惠发展，这包括教育领域的合作，鼓励农村的参与、城乡均衡发展的政策机制、教育与当地农业发展和市场需求紧密结合等②。斯万纳·抽提斯坎（Suwanna Chotisukan）③以泰国某农村为案例，从人力资本、市场经济、教育投资与回报及就业的角度探究了教育政策在城乡迁移过程中的直接和间接影响，并为改革教育政策提出建议④。买买提·勿录八索格鲁（Mehmet Ulubasoglu）和布力·卡达克（Buly Cardak）以 56 个国家的大规模实证调查为基础，以城乡平均受教育年限为指标，研究了国与国之间城乡教育绩效的差异和不均衡发展的影响因素——劳动力市场运行机制、人力资本投入机制、信誉体系、基础设施配置机制、制度保障体系等，继而针对这些要素提出促进城乡教育均衡发展的对策建议⑤⑥。

此外，也有一些学者从微观视角探索当地城乡教育发展问题、影响因素及对策。吉博司（Gibbs）等指出，除社会经济条件因素外，学生住地与学校的距离也是造成城乡学生学习成绩差异的一大因素，作者以巴西某州的村庄为案例，分析了当地的教育现状和自 20 世纪 60 年代开始实施的农村学校交通系统的进展情况，从政策角度提出完善的交通系统机制可以更好地为选择去城市上学或在当地较远的农村学校上学的农村学生提供便利，从而更好地促进城乡教育择校公平和

① UNESCO International Research and Training Centre for Rural Education（INRULED），Education for Rural Transformation—Towards a Policy Framework. Sep. 2001.

② Epstein，T. S.．Development—There is another way：A rural-urban partnership development paradigm. World Development，2001，29（8），1443 – 1454.

③④ Chotisukan，S. The role of education in rural-urban migration：A case study in Chiangmal，Thailand. Doctoral dissertation. Hilo：University of Hawaii，1994.

⑤ Ulubasoglu，M. A. & Cardak，B. A. Urbanization and education. New Delhi：Discovery Publishing House. 2006.

⑥ Ulubasoglu，M. A. & Cardak，B. A. International comparisons of rural-urban educational attainment：Data and determinants. European Economic Review，2006，51，1828 – 1857.

教育公平①。克里斯托·卡兰达里迪斯（Christos Kalantaridis）以英格兰东北部的某个农村地区为案例，分析了受教育水平较低的外来者的迁入对于城市发展有一定的限制作用②。安吉妮·可卡（Anjini Kochar）采用印度国家抽样调查组织（NSS）的三套五年期调查报告数据，研究了印度迁入的农村人口接受教育对城市发展产生的影响③。哈罗德·奥德曼（Harold Alderman）等基于在巴基斯坦城乡地区进行的实验，探索了以促进城乡可持续发展为目标的城乡共建贫困女童私立学校项目的有效性，发现城乡师资质量、学生数量、学生家庭经济方面的差异使得该项目在城市可以顺利开展下去，而不适宜在较低发展水平的农村地区进行④。艾莉森·巴克乐（Alison Buckler）通过分析官方数据强调要重视非洲撒哈拉（Sub-Sahara Africa）地区的城乡教育差异，并以两个非洲撒哈拉地区的农村女教师作为研究对象，采用叙事法、民族志法研究她们的培训和个人发展需求，以此倡导农村教师教育政策的改革和推进，以更好地促进城乡师资差异的改善⑤。

5. 关于"教育均衡"评估指标体系的研究

从搜集到的文献来看，虽然，国外有关城市与乡村教育均衡度的评估指标体系研究并不多见，但一些机构或学者对本国特色的区域性、种族性或群体性教育差异、教育均衡进行评估和构建指标体系的研究同样对我国评估城乡教育均衡度或一体化程度有一定的启示。如美国圣母大学拉丁美洲研究中心构建了"拉丁美洲学生教育均衡指标体系"（Latino Education Equity Index），专门用于量化与评估美国各大州内拉丁美裔学生与非拉丁美裔学生学习成绩差异、学习资源差异、学习环境差异的程度。学者古哈-哈斯诺比（Guha-Khasnobis）以加州大学、南加州大学和加州州立大学等为样本地区，基于实地调查，构建了由高等教育入学率（access）、巩固率（retention）、精英毕业生比重（excellence）、高等教育学校行政体制（institutional receptivity）4个一级指标、12个

① Gibbs, R. M., Swaim, P. L. & Teixeira, R. Rural education and training in the new economy: The myth of the rural skills gap. Ames: The Iowa State University Press. 2013.

② Kalantaridis, C. In-migration, entrepreneurship and rural-urban interdependencies: The case of East Cleveland, North East England. Journal of Rural Studies, 2010, xxx, 1 – 10.

③ Kochar, A. Urban influences on rural schooling in India. Journal of Development Economics, 2004, 74, 113 – 136.

④ Alderman, H., Kim, J. & Orazem, P. F. Design, evaluation, and sustainability of private schools for the poor: the Pakistan urban and rural fellowship school experiments. Economics of Education Review, 2011, 22, 265 – 274.

⑤ Buckler, A. Reconsidering the evidence base, considering the rural: Aiming for a better understanding of the education and training needs of Sub-Saharan African teachers. International Journal of Educational Development, 2014, 4 (3), 1 – 7.

17

二级指标组成的公立高等教育结果公平指标体系，并编制了公立高等学校教育结果公平的指数[①]。USC 加州政策研究中心基于学者巴比利（Barbieri）所建构的指标体系和指数标准建立了一套加州高教质量保障和问责策略供加州教育机构参考。以上研究在如何构建教育均衡评价指标体系、如何编制教育均衡指数、如何将指标体系应用于相关机构的政策制定等方面都为本研究提供了宝贵的借鉴[②]。

6. 国外有关"城乡教育"研究的特点与不足之处

第一，研究立场上，强调教育在城乡发展中的核心作用。各个国家对教育在社会经济发展、缩小城乡差距、推动农村发展和城乡融合中所起到的关键作用达成了共识。站在 21 世纪全民教育和全人类发展的视角，分析农村教育，特别是发展中国家的农村教育，通过对占整个世界将近半数的农村人口的人力资本投入，通过与经济社会等因素的互动，对农村向城市化、向新农村的转型发挥着巨大的作用，因而应给予特别的关注[③]。

第二，研究内容上，强调城乡教育的发展和改革要符合农村当地的特点。农村相对城市和郊区具有独特性和特殊性。农村教育应既符合全国大教育背景，又应保持当地的传统特色和优势，以满足当地产业和市场的实际需要，这是很多研究中所共同倡导的[④]。

第三，研究范畴上，城市、农村教育自成独立研究体系，少有把城乡教育作为一个整体的研究。从收集到的国外文献来看，大多数研究局限于或侧重城市教育或农村教育的范畴。城市教育是一个研究领域[⑤]；而学者也在不断为农村教育的发展提供理论指导[⑥][⑦]。城市与农村教育往往分别在两个领域内进行研究，把城乡教育作为一个整体的研究较为少见。

第四，研究对象上，多是关注零散的微观教育实践，较少研究整体的教育体

---

① Guha-Khasnobis, B., & James, K. S. Urbanization and the South Asian Enigma: A case study of India. World institute for Development Economics Research Working Paper. 2013, 37.

② Barbieri, A. F. & Carr, D. L. . Gender-specific out-migration, deforestation and urbanization in the Ecuadorian Amazon. Global and Planetary Change, 2012, (47), 99 – 110.

③⑦ UNESCO International Research and Training Centre for Rural Education (INRULED), Education for Rural Transformation—Towards a Policy Framework. Sep. 2001.

④ Chotisukan, S. The role of education in rural-urban migration: A case study in Chiangmal, Thailand. Doctoral dissertation. Hilo: University of Hawaii, 1994.

⑤ Pink, W. & Noblit, G. International handbook of urban education (Vol. 19). Dordrecht, The Netherland: Springer. 2007.

⑥ Gibbs, R. M. , Swaim, P. L. & Teixeira, R. Rural education and training in the new economy: The myth of the rural skills gap. Ames: The Iowa State University Press. 1998.

制。国外文献中有关城市、农村教育的研究多以某个地区的教育为案例①②。国外多数学者往往通过对某地教育的调查研究或项目实验的微观分析作为一个缩影来透视整个城市或农村教育中存在的问题。然而，系统地以整个国家的宏观教育政策、教育体制机制或不同层级的教育体制为对象进行的研究较为少见。

第五，研究方法上，思辨研究与实证研究相结合，但缺乏系统、科学的、大规模的实证调查。从以上收集到的国外文献来看，由于城乡教育并非全国范围典型的体制性问题，因此国外研究者们会通过理论或思辨研究提出一些关于城乡教育的问题、现状、改善策略和未来发展框架等③④，也往往会结合特定范围如某一农村地区、某一项目地区等进行深入的实地调查研究⑤，尤其是针对农村特定群体的深度质性研究。只有少数学者在全国范围或更大规模进行了系统的实地调查研究⑥。

第六，研究手段上，国外尽管采用过指标体系研究教育问题，但是研究目标较为单一，多数局限于教育公平等问题，尚需完善。国外研究中，在研究方法上多倾向于静态地探讨城市或农村教育中存在的问题或进行理论探索，也有许多采用静态的官方数据进行分析的研究⑦⑧。有少数学者进行实验、实地案例调查等；也有学者采用质性研究方法研究农村教师生存状态。但这些研究较为零散，系统的、科学的大规模实证研究在国外有关城乡教育的文献中并不多见。

总之，国外相关研究为本书提供了宝贵的视角和理论指导，同时也为探索我国城乡教育一体化体制机制路径提供了宝贵的经验和国际视野。

① Chotisukan, S. The role of education in rural-urban migration: A case study in Chiangmal, Thailand. Doctoral dissertation. Hilo: University of Hawaii, 1994.

②⑤ Kalantaridis, C. In-migration, entrepreneurship and rural-urban interdependencies: The case of East Cleveland, North East England. Journal of Rural Studies, 2010, 1 – 10.

③ Epstein, T. S.. Development—There is another way: A rural-urban partnership development paradigm. World Development, 2001, 29 (8), 1443 – 1454.

④ Narasaiah, M. L.. Urbanization and education. New Delhi: Discovery Publishing House. 2006.

⑥ Ulubasoglu, M. A. & Cardak, B. A. International comparisons of rural-urban educational attainment: Data and determinants. European Economic Review, 2006, 51, 1828 – 1857.

⑦ Kochar, A. Urban influences on rural schooling in India. Journal of Development Economics, 2004, 74, 113 – 136.

⑧ Buckler, A. Reconsidering the evidence base, considering the rural: Aiming for a better understanding of the education and training needs of Sub-Saharan African teachers. International Journal of Educational Development, 2010, 4 (3), 1 – 7.

四、研究设计

构建城乡一体化教育体制机制是具有中国特色的一项巨大且复杂的工程。前人已有成果为本课题提供了重要理论支撑与宝贵经验。本书打破传统的教育研究范式，通过跨学科的视野和方法，基于大规模实地调查、大量质化与量化数据分析及指标体系和评价模型的构建，重点研究城乡义务教育人事调配、经费投入、办学与硬件资源配置、人才培养与评价体制机制问题及其城乡一体化体制机制的建构，同时兼顾学前教育、职业教育和继续教育城乡一体化体制机制的构建，从而为相关制度体系的建立提供对策建议。

（一）跨学科研究视角

由于城乡教育一体化内涵属性的复杂性与中国本土特色，城乡一体化教育体制机制研究是一项集复杂性、特殊性、整体性、丰富性、开拓性、实践性和理论性于一体的系统工程。随着对城乡教育一体化及其体制机制问题认识的不断深入，课题组深刻地感受到，以往单一视角的以理论和文献为基础和导向的研究方法难以对城乡一体化教育体制机制进行有效的把握。正如叶澜教授所指出的，在一定意义上，教育研究需集人类研究方法之大成；[1] 又如约翰森和欧文格布兹（Johnson，R. B. & Onwuegbuzie，A. ）[2]、维阿德罗·德布拉（Viadero，Debra）[3]等指出，为了解决教育研究中的问题，研究者们必须了解每种范式的功用，在同一研究中采用一种以上的研究方法，综合运用量化和质化研究的技术、方法、手段，形成一种整体的、综合性的教育研究范式。

课题组不断借鉴、学习、摸索，在实践中积累了跨学科研究方法，并在这一范式指导下完成了一批具有独创性的国内外学术研究成果，并为各级政府提供了重要咨询。课题组还希望对这一范式进行总结，以促进学者们的对话与探讨，从而推进我国教育研究范式的自主创新和应用推广。

1. 经济学视角和方法的运用

运用了经济学概念、理论与工具模型，如基尼系数（Gini）、泰尔指数（Theil）、马奎斯特指数（Malmquist）、数据包络（DEA）分析等来探究城乡教

---

① 叶澜：《教育研究方法论》，上海教育出版社 1999 年版。

② Johnson，R. B. & Onwuegbuzie，A. Mixed Methods Research：A Research Paradigm whose Time has Come. Educational Researcher，2004，33（7），pp. 12 – 26.

③ Viadero，Debra. Mixed Methods. Research Examined Researchers See Prosand Cons of Mixed Methods' Studies. Education Week，2005，24（20），P. 20.

育经费分配不均问题和评估城乡教育经费使用绩效。此外，构建了县（区）域内城乡一体化"粒型"和"块型"教育资源配置模型，为构建城乡一体化义务教育经费投入和硬件资源配置体制机制提供了对策建议。相关研究详见本书第三章"构建城乡一体化义务教育经费投入体制机制研究"。

2. 人口学、管理学视角和方法的运用

为解决城乡义务教育阶段标准化办学带来的资源闲置问题，课题组基于教育学、人口学、管理学等学科视角，探究了教育资源配置的风险预警机制；基于我国城乡学龄人口的预测，分析了未来 7 年城乡义务教育和学前教育的资源需求，结合目前城乡义务教育和学前教育存在的问题，提出了构建城乡一体化义务教育和学前教育体制机制的对策建议。相关研究详见本书第四章"构建城乡一体化义务教育办学与硬件资源配置体制机制研究"。

3. 统计学视角和方法的运用

统计学方法的运用贯穿整个课题研究中，如在城乡中小学教师交流机制问题和根源的探究中，采用了博弈模型和效应函数来探究教育行政机构、城乡中小学校和教师三方的博弈关系，并探究了三方各自效用最优的条件和优化流动的模型。相关研究详见本书第二章"构建城乡一体化义务教育人事调配体制机制研究"。

4. 社会学视角和方法的运用

以社会学中的社会建制理论为分析框架，用阶层线性模型（HLM）研究城乡一体化教育体制的社会支持系统内外部要素之间的关系、作用方式和模式，将阶层线性模型用于中西部农村教师补充机制与城乡义务教育教师绩效工资政策实施效果的研究之中。相关研究详见本书第二章"构建城乡一体化义务教育人事调配体制机制研究"。

5. 信息科学视角和方法的运用

通过对 A 市 875 所义务教育学校发放大型问卷，了解义务教育阶段城乡基础教育质量监测与评价现状及问题。研究发现，城乡义务教育质量标准、监测评估体系和问责制度不健全，缺乏农村基础教育质量监控特色指标，缺乏有效的信息技术评价手段，监测评价的方法单一等问题。因此，课题组运用云计算技术，设计和研发了基础教育质量监测评价平台，实现了城乡义务教育评价体制机制创新。该软件平台的构建实现了以下功能：第一，打破传统的城乡学生评价手段和技术，采用先进的云计算技术和信息测评技术，实时提取城乡学校内部教育质量监测数据；第二，突破传统的城乡学生评价机制，建立学生成长档案库，追踪学生成长历程，实现政府、学校、家长、社区等多方共同参与教育质量评价过程；第三，创新测评体系，从根本上改革传统的教育质量和人才评价制度，从而促进

学生全面发展。该平台已在 A 市 875 所学校得到应用和推广，并得到好评①。相关研究详见本书第五章"构建城乡一体化义务教育人才培养与评价体制机制研究"。

（二）研究方法

本书实地调查区域包括国家统筹城乡教育综合改革试验地 A 市（BB 区、BN 区、BS 县、CS 区、DZ 区、FD 县、FL 区、FJ 县、JJ 区、KA 县、LP 县、PS 县、QJ 县、QJB 区、RC 县、SPB 区等）、B 省（BI 市、NY 县、MJ 县、QDN 自治州、ST 县、ZY 市等）、C 省（KM 市、QJ 市、YL 县、ZX 县等）、D 省（BC 县、CD 市、NC 市、YB 市等）、E 省（BH 市、BS 市、CZ 市等）、H 省（GH 市、SL 市）、J 省（HF 县、JZ 市、ES 自治州等）、L 省（LS 县、JZ 市、GS 县）、M 省（HY 县、LD 市、ZZ 市）、N 省（HF 市、TL 市、FX 县）、O 省（JZ 市、YC 市、LF 市等）、P 省（AK 市、XY 市、YL 市等）、S 省（BZ 市、DZ 市、YT 市等）、V 省（HZ 市、AJ 县、XS 县）、W 省（DH 县、QZ 市）、X 省（TY 县）、Z 省（GZ 市、LJ 市、ZJ 市）、GS 省（LZ 市、TS 市）等全国多个省市和地区。实地调查对象涉及众多利益相关者，具体包括城乡教育统筹部门、教育人事部门、教育经费部门、教育评估部门、教育质量监测部门、考试与招生部门等的管理者和决策者以及学校校长、教师、学生和家长。实地调查方法包括专家咨询、深度访谈、焦点组访谈、观察法、问卷法等。实地调查的程序包括：一是前期研究和调查工具（问卷或访谈提纲）编制；二是根据具体研究问题所涉及的范畴（如学前教育、义务教育、职业教育、继续教育）、地域分布特征（如留守儿童义务教育问题在西南地区特别突出）和研究设计，参考《国务院办公厅关于开展国家教育体制改革试点的通知》中指定的试点省份，选择调研的样本省、市、县（区）；三是在样本地区中随机抽取学校和教育行政部门与机构进行实地调查与访谈；四是在样本学校和机构中随机抽取样本进行个人访谈和焦点组访谈，同时根据可获取性原则和考虑到不同类型学校与机构样本的结构差异及调查对象的类型差异，对抽样对象进行问卷调查与深度访谈；五是资料处理，对搜集到的官方数据与政策文本、访谈录音、调查数据、图片、影像等资料进行定性分析与定量研究。

1. 量化研究方法

（1）因子分析。

基于 1 129 所学校约 26 万组调查数据，采用因子分析方法，构建了一套科

---

① 详见李玲、何霖俐、张辉蓉等：《云计算基础教育质量监测与评价平台的设计与实现》，载《中国电化教育》2013 年第 5 期，第 113～116 页。

学的、可操作的县（区）域内城乡一体化义务教育指标体系、评价模型及测算方法，用以评估和监测县（区）域内城乡义务教育一体化程度，为我国城乡一体化教育体制机制研究提供了有效的监测评估工具。相关研究详见本书第五章"构建城乡一体化义务教育人才培养与质量评价体制机制研究"。

（2）基尼系数、差异系数。

基于大量数据，构建了县（区）域内城乡一体化教育资源配置模型，用以指导县（区）教育行政部门科学、公平、均衡地配置区域内教育资源。一方面，运用"差异系数"测算城乡学校某项教育资源存量的生均数据离散程度；另一方面，借用"基尼系数"测算某项城乡教育资源生均存量的总体差异状况。根据教育资源投入的特征，本书提出了"粒型资源"与"块型资源"的概念。其中，"粒型资源"指可以按生均定期地进行投入的资源，如生均图书、生均计算机、生均实验设备值等；"块型资源"指不定期地投向学校的资源，如学校用地、建筑设施、体育场地等。相关研究详见本书第三章"构建城乡一体化义务教育经费投入体制机制研究"。

（3）博弈论模型与效用函数。

借鉴博弈论模型，本书分析教育行政机构、城乡学校与城乡教师三方的博弈关系和实现各自效用最优及博弈均衡的条件。通过对城乡教师流动体制机制影响要素的探究，提取出与三方效用相关的核心要素并进行组合形成变量建立三方博弈的效用函数。根据构建的三方博弈模型，结合教育的供需状况和实际情况，确定各个具体变量值的区间，找寻到区间范围内使三方均衡的点。基于此，从制度建设、组织管理、经费投入、激励机制、选派机制和流动模式等方面为构建城乡教师流动体制机制以推进城乡教育一体化提出了对策建议。相关研究详见本书第二章"构建城乡一体化义务教育人事调配体制机制研究"。

（4）马奎斯特指数（Malmquist）与数据包络分析（DEA）。

运用数据包络分析（Data Envelovment Analysis，DEA）方法评估我国30个省（自治区、直辖市）城市和农村以及东、中、西部城市和农村义务教育经费投入配置效率状况，并利用马奎斯特生产率指数（Malmquist Productivity Index，MPI）来衡量我国城市和农村义务教育经费投入生产效率，对改善我国城乡义务教育经费投入、提高义务教育生产效率和规模效益以及完善义务教育经费保障机制提供了科学合理的建议。相关研究详见本书第三章"构建城乡一体化义务教育经费投入体制机制研究"。

（5）人口预测。

以人口预测软件（CPPS）为工具，以2009年人口数据作为基点，对我国2013～2020年城乡义务教育和学前教育阶段学龄人口数进行了预测，同时对未来 7 年城乡义务教育和幼儿学校（园）数、教师数、教育经费和硬件设施等需求量进行了推算，为城乡义务教育和学前教育的发展战略制定提供了重要参考依据。相关研究见本书第四章"构建城乡一体化义务教育办学与硬件资源配置体制机制研究"。

（6）阶层线性模型分析（HLM）。

以武陵山、乌蒙山连片特困地区为样本，采用随机抽样法，在该地区的 A、C、B、M、J 5 省选取 16 个县共计 304 所中小学作为调查样本，采用两水平阶层线性模型（Hierarchical Linear Models，HLM）分析了学校办学条件和县发展状况以及县和学校两层自变量交互作用对偏远贫困地区中小学校教师补充的影响机理，以期通过外部环境变量的分析为农村教师补充提供新的解决途径。此外，通过随机抽样，在全国 6 个省、直辖市（V、S、U、A、C、B）选取 36 个区（县）74 所中小学进行了有关城乡义务教育教师绩效工资政策实施效果的问卷调查，并根据 HLM 理论构建了包含教师特征变量和学校特征变量的两水平线性模型。通过零模型、随机效应协方差模型、非随机截距模型的递进分析，探讨了不同学校的不同教师对绩效工资满意度的差异，厘清了教师特征和学校特征的影响机制。相关研究详见本书第二章第一部分的"构建城乡一体化义务教育教师补充体制机制"和第二部分的"构建城乡一体化义务教育教师交流体制机制"。

2. 质化研究方法

质化研究是在自然情境下，采用访谈、观察等多种方法，对个体或小规模研究对象进行深入细致考察，并对研究现象或行为得出开放性、建构性、解释性理解或结论的一种研究方法。它是一种自然的、归纳性的、描述性的、整体性的研究①。课题组对全国各地教育行政管理人员、教师、学生、家长等进行了大量的深度访谈、结构性与半结构性访谈、焦点组访谈和课堂观察，同时结合官方政策的文本分析，深度挖掘了城乡教育体制机制存在的问题并提出了对策建议。

艺术取向教育研究方法是一种新的质性研究方法。它将文学艺术、视觉艺术、表演艺术等多种艺术形式引入教育研究领域，使研究媒介和材料呈现方式超越传统文本、超越语言和国界，从而促进不同文化背景的人们相互理解与尊重，增强教育研究功能的深入性和延展性，并推动教育研究由技术理性向人文关怀转型。本书也采用了艺术取向教育研究方法，通过对照片和访谈记录的质化研究方法，从视觉艺术的角度，分析城市化进程中民族地区、偏远地区学校、学生以及

---

① 李玲：《论质性研究伦理审查的文化适应性》，载《比较教育研究》2009 年第 6 期，第 7～11 页。

教师的学习和生活状况，探究将民族文化传统和日常生活习俗融入地方和校本课程的机制与路径，从而提出适应这些地区和学校的城乡一体化人才培养体制机制策略①。

3. 案例分析

调研发现，在我国一些省市和地区，当地政府已经就某一教育阶段的一些教育问题进行了有益的探索。针对我国义务教育发展不平衡的状况，课题组通过四个县的典型案例研究，提出以"圈层战略"、"三步走战略"、"三轴联动"、"多点辐射"等途径推进县域内城乡一体化义务教育体制机制构建的对策建议。课题组还研究了国家统筹城乡综合配套改革省级试验区的城乡一体化义务教育体制机制问题和对策建议，为我国在全国范围内推进城乡一体化义务教育体制机制的构建提供借鉴参考。相关研究详见本书第六章"构建城乡一体化义务教育体制机制的案例研究"。

（三）总体框架

首先从整体上梳理新中国成立以来城乡教育政策、制度、法规等的发展脉络；其次，纵向贯穿城乡教育中最主要的四个教育层级或类型：学前教育、义务教育、职业教育和继续教育（民族教育和特殊教育涵盖于其中），横向涵盖直接作用于这四类教育活动的四大教育体制机制：人事调配体制机制、经费投入体制机制、办学与硬件资源配置体制机制以及人才培养与评价体制机制；然后，运用数据包络分析（DEA）、结构方程模型（SEM）、阶层线性模型（HLM）、人口预测模型（CPPS）等统计分析工具探究城乡教育体制机制存在的问题并做归因分析，构建城乡教育一体化指标体系和大型数据库；最后，提出我国构建城乡一体化教育体制机制的路径框架与对策建议。

总体框架如图0-1所示：

1. 关于我国教育体制相关政策的历史研究

梳理我国城乡教育政策、制度和法规的历史变迁是构建城乡一体化教育体制机制的前提和基础。城乡教育政策、法规是特定历史时期的产物，以往城乡教育政策及其社会经济背景、总体目标、实施的路径与进程、取得的成效以及对当代社会、经济和教育发展产生的意义与影响都对构建城乡一体化教育体制机制具有重要的指导作用，从中可以摸索规律，获得启示。

---

① 详见李玲：《论艺术取向教育研究方法》，载《教育研究》2011年第12期，第11～15页；Susan Finley，Li Ling & Morgan A. Parker：*School days in China*，载 *Journal of Qualitative Studies in Education*，2012年第25卷第2期，第177～182页。

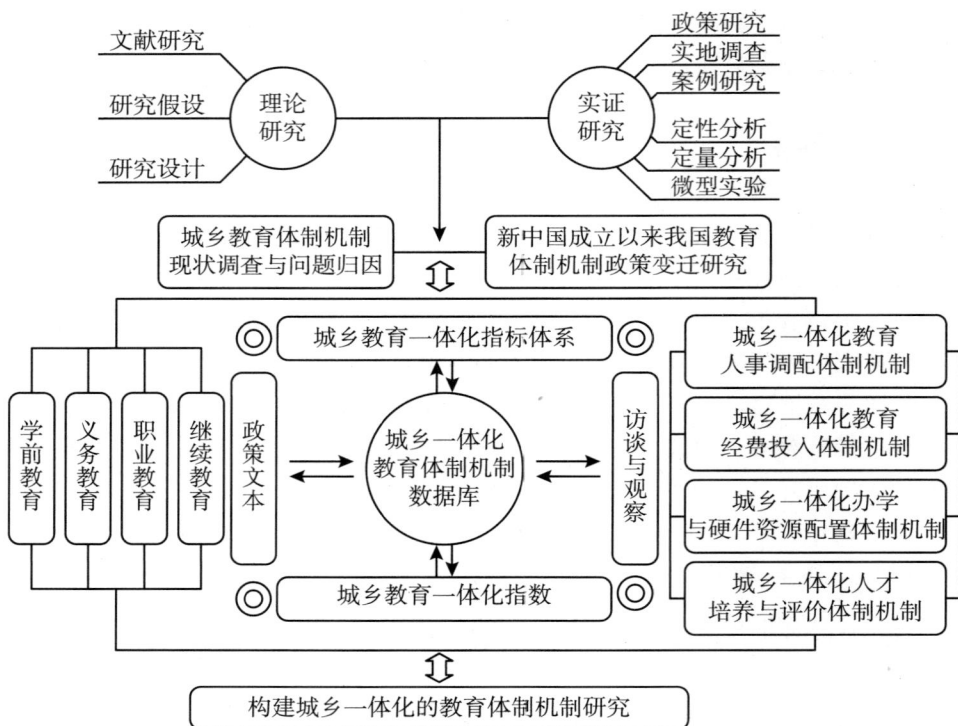

图 0 - 1 总体框架图

2. 关于纵向四大教育层级或类型的选择

2010 年颁布的《教育规划纲要》对各个教育层级或类型未来 10 年的改革与发展规划做了专题性的论述，其中包括学前教育、义务教育、高中阶段教育、职业教育、高等教育、继续教育、民族教育、特殊教育。本研究主要包括学前教育、义务教育、中等职业教育和继续教育，民族教育或特殊教育贯穿其中。由于高中阶段教育、高等职业教育和高等教育大多位于城市，因此不在本书范围内。

3. 关于横向教育体制与机制要素的选择

虽然，我国有关教育体制机制构成要素的论述并无定论，且各级各类教育领域中涉及的具体教育体制机制要素也各有侧重和差异，但它们在很大程度上也存在着共性。因《教育规划纲要》中所提出的六大体制机制要素在整体教育改革中具有核心和优先战略地位，所以，本书以《教育规划纲要》为指导思想，依据其第三部分"体制改革"中提及的六大体制，并结合本书研究的特点来构建我国城乡一体化教育体制机制框架，具体包括人事调配体制机制、经费投入体制机制、办学与硬件资源配置体制机制、人才培养与评价体制机制四大要素。

第一章

城乡一体化教育体制机制的
概念探索与理论基础

城乡教育一体化是实现城乡一体化的重要内容之一，理解和把握城乡一体化教育体制机制的概念内涵及其理论基础，是构建城乡教育一体化的前提和基础。本章在探索城乡一体化教育体制机制概念的基础上，以教育公平理论、教育系统与控制论、共同体理论、城市发展理论、二元经济结构理论、和谐社会理论、结构功能主义理论、冲突理论、社会控制理论、公共选择和新公共管理理论、多重制度逻辑理论等为支撑，从深层次的体制机制和内在机理方面初步探究了我国城乡一体化教育体制机制的理论，有助于促进城乡教育二元体制问题的剖析和指导城乡教育体制机制的改革实践。

一、城乡一体化教育体制机制的概念探索

（一）城乡一体化的概念界定

"城乡一体化"的思想形成于我国20世纪80年代末，是党和政府在新的历史时期，为打破我国长期形成的城乡二元对立结构，继2004年"统筹城乡"战略后明确提出的又一新的社会经济发展战略。目前学术界对城乡一体化概念的界定不一，但存在着本质上的共性。本书一方面借鉴具有代表性的陈光庭[①]的定

---

① 陈光庭：《城乡一体化——中国特色的城镇化道路》，载《中国特色北京特点城市发展研讨会专辑》2008年，第42~51页。

义，即"城乡一体化是在生产力高度发达的条件下，城市与乡村实现结合，以城带乡，以乡补城，互为资源，互为市场，互相服务，达到城乡之间在经济、社会、文化、生态等方面协调发展的过程"；另一方面参考党的《十八大报告》精神，即"城乡一体化指的是'在城乡规划、基础设施、公共服务等方面的一体化'，是'城乡要素平等交换和公共资源均衡配置'的一种状态，是'以工促农、以城带乡、工农互惠、城乡一体'的一种'新型工农、城乡关系'"。在此基础上，本书认为城乡一体化是指在特定的社会发展阶段，通过城乡经济、社会、文化、生态等全方位资源与要素的重新统筹与调配，消弭城市与农村差距、解除城市与农村二元结构桎梏，实现城乡协调发展、互为补充、互惠共进，一体联动的全新城乡发展状态和可持续发展过程。

（二）城乡教育一体化的概念界定

1. 城乡教育一体化的内涵界定

国内学者虽对城乡教育一体化的内涵持有不同的观点，但也有一些共识：第一，从教育与经济、社会发展的关系来看，城乡教育一体化是城乡一体化的重要组成部分，是城乡一体化的衍生概念；第二，城乡教育一体化是破除城乡教育二元结构，统筹整合城乡教育，使城乡教育良性互动发展的一种体制与机制；第三，城乡教育一体化不是一蹴而就，而是一个动态、可持续发展的过程；第四，城乡教育一体化的目标是实现教育公平与城乡教育资源合理配置[1][2][3][4]。

结合学术界的各种诠释以及课题组在调查中形成的认识，本书认为城乡教育一体化是在公平正义的核心价值取向下，打破城乡二元结构桎梏，建立城乡教育共同体，在保持与发挥城乡教育区域性特色与优势的基础上，促进城乡教育互动联结、以城带乡、相互促进、相互影响，重新分配和调整城乡教育资源与要素，以缩小城乡区域教育差距的过程；是一种构建新型教育结构与关系的动态过程；是实现城乡教育在教育人事调配、经费配置、硬件资源配置、人才培养与评价等各个方面的共生共荣、协调发展的长期、综合的系统工程。它是符合城市与教育发展规律的，也是实现城乡教育和谐均衡发展的手段与目标。

---

① 高书国：《中国城乡教育转型模式》，北京师范大学出版社2006年版。

② 褚宏启：《教育制度改革与城乡教育一体化——打破城乡教育二元结构的制度瓶颈》，载《教育研究》2010年第11期，第3~11页。

③ 褚宏启：《城乡教育一体化：体系重构与制度创新——中国教育二元结构及其破解》，载《教育研究》2009年第11期，第3~10页。

④ 范先佐：《教育公平与制度保障——进城务工人员子女接受义务教育的现状分析》，载《教育发展研究》2007年第12A期，第5~9页。

2. 城乡教育一体化的外延界定

根据《教育规划纲要》的指导思想，城乡教育一体化的外延可以从以下几个层次来理解：从宏观教育体制机制范畴看，它包括城乡教育人事调配体制机制的一体化、城乡教育经费投入体制机制的一体化、城乡教育办学与硬件资源配置体制机制的一体化、城乡教育人才培养与评价体制机制的一体化等；从中观的教育层级与类别看，包括城乡学前教育一体化、城乡义务教育一体化、城乡职业教育一体化、城乡继续教育一体化等；从微观的教育组成要素看，包括城乡学校师资一体化、城乡学校课程模式一体化、城乡学校资源配置一体化、城乡教育信息一体化等。此外，城乡教育一体化还涵盖中国城市化进程中产生的新生元素，如"社会第三元"[1]，即农民工随迁子女和留守儿童的教育及其与普通城乡学生教育的一体化。总之，城乡教育一体化是一个复杂的、动态的综合系统，它将城、乡教育两大组成部分，从宏观到微观、从内部到外部，通过持续的、有效的相互联动构成一个利益共享、责任共担的共同体。

3. 城乡教育一体化与城乡教育均衡、城乡教育统筹的概念辨析

要理解城乡教育一体化的概念，还要特别注意避免与另外两个概念混淆，即城乡教育均衡和城乡教育统筹。三者间既有内涵上的交叉与联系，又存在范畴上的区别。城乡教育均衡（equilibrium）主要指在城乡教育机构和教育群体之间平等地分配教育资源和份额，达到教育需求与教育供给的相对均衡，并最终落实在人们对教育资源的分配和使用上[2]。城乡教育统筹是在承认城乡教育差别的前提下，借由政府外力从总体上规划区域经济、社会和教育的发展，致力于城市与农村教育发展的良性互动和双赢共进，以不断提升区域的核心竞争力，促进区域经济、社会和教育的协调和谐发展。三者承担着共同使命，即缩小城乡教育差距，促进城乡教育公平与和谐发展；均衡是城乡教育一体化的阶段性目标，统筹是城乡教育一体化的技术手段；城乡教育一体化顺应当前特殊的时代特色与城乡教育发展需求，既包含了均衡之外的系统整合与良性互动特性，又在政府统筹调控之外具备独特的城乡教育系统自组织功能。

总之，要有效推进我国城乡教育的改革与可持续发展，必须基于我国城乡教育发展的实际现状，以教育公平与公正为价值指向，正确理解和处理城乡教育均衡发展、统筹城乡教育发展与城乡教育一体化理念的关联与矛盾，优化调整城乡教育各要素间的关系，逐步实现均衡中有互动、互动中有均衡、自发中有统筹、

---

[1] 褚宏启：《教育制度改革与城乡教育一体化——打破城乡教育二元结构的制度瓶颈》，载《教育研究》2010 年第 11 期，第 3～11 页。

[2] 翟博：《教育均衡发展——理论、指标及测算方法》，载《教育研究》2006 年第 3 期，第 16～28 页。

统整中有自治、稳中有优质、优中有和谐的城乡教育一体化。

4. 城乡教育一体化的特征

基于城乡教育被视为一个共同体的理论假设，本书认为城乡教育一体化具有以下几个特征。一是城乡教育目标共识，即城乡教育分别作为一个系统的结构部分及共同体中的成员，持有共同的教育目标——缩小城乡教育差距，促进城乡教育公平，提升城乡教育质量，最终实现城乡学生的全面综合发展；二是城乡教育观念互通，即城乡教育机构、学校、教师、学生等应消除城乡偏见，对教育理论、教学方法、管理方法、课程模式、培养理念与方式等进行开放的、定期的、持续的交流；三是城乡教育地位互认，指教师身份、教师资格、教师职称等在城市与农村教育机构中的公正、规范与自由灵活的认证制度，通过开放的认可政策促进师资在城乡间的自由良性流动，并落实流动过程中的权益保障；四是城乡教育资源共享，即教育经费、硬件资源、软件资源、隐性资源、信息资源等在城乡学校间进行合理优化配置、有效流通与共享共用；五是城乡教育责任共担，指城乡教育机构管理部门与人员、学校与教师对城乡教育质量、教育绩效、教育差距等有明晰的责任分担与问责机制；六是城乡教育优势互补，即城乡教育在经济、文化、生态等方面的个性特色与优势进行相互渗透、补充、传播与推广；七是城乡教育困难互助，即城乡优质学校与薄弱学校间施行强弱帮扶、支持、结对和带动；八是城乡教育活动共与，指城乡校长共同参与领导管理，城乡教师共同参与教研活动、教学活动，城乡学生共同参与学习活动、实践活动等。

5. 城乡教育一体化的基本原则

城乡教育一体化不等于城乡教育一样化，为了避免出现偏离，要推进并实现城乡教育一体化发展，就必须规定一些基本原则以适应城乡教育一体化的特性及其发展规律，否则，城乡教育改革的事业将背道而驰。

第一，城乡教育一体化要遵循需要与充足原则。由于均等的配置意味着有少量需求一方的资源浪费和严重需求一方的资源依然匮乏，不能从根本上解决实际问题，因此城乡教育一体化发展不能满足于城乡教育资源的标准化、均等化配置，而应该切实了解与量度城乡在教育资源等存量方面的需求量与缺少额度，以实际调查数据为依据，按照个性化需求提供满足其发展的基本条件的资源。

第二，城乡教育一体化要在一定时期内遵循补偿与倾斜原则。城乡教育间巨大的差距使得农村教育普遍成为弱势一方，在许多方面无法与城市教育相提并论，更无法相互作用、相互影响。为了使城乡教育形成未来可持续的良性互动一体化局面，在城乡教育一体化开展的初期阶段政府宏观调控需要对农村教育做出多方面的倾斜与补偿①，鼓励以城带乡、城市优质教育资源流向农村，以期实现城市、农村教育在起跑线上的公平。需要注意的是，政府对农村教育的倾斜与补偿原则应合理控制，使之既能够产生补偿与倾斜的实际效益，又能确保两方权益的平等与效率。

第三，城乡教育一体化要遵循差异与优势原则。城市与农村是具有多方面差别的两个不同区域，因而使得城乡教育成为各具特性的不同教育类别。城乡教育一体化的目标并不在于消解城乡教育的差别，相反，要保存和发扬各自的个性化差异与特色，挖掘各方的优势特长，并通过优势的互相渗透、互为补充，进而促进城乡教育整体提升②。

第四，城乡教育一体化要遵循科学发展原则。城乡教育一体化不是一蹴而就的，而是一个长期持续的动态发展过程。在这一发展变化的进程中，需要有科学的依据来监测与评价城乡教育一体化发展的程度，调整与规划城乡教育持续性发展的策略与方案。因此，我们需要构建监测评价体系，将城乡教育一体化的理念转变为科学的、可操作的方法，并以此为基础推动教育理念转变，完善制度和政策。

总之，城乡教育一体化的推进需要遵循教育、社会、城市发展的各种客观规律与相应的原则，从而确保这一历史性进程的推进不会偏离航向。在本书以后的各章节中所呈现的研究过程与结果都是对上述原则和特征的具体体现。

6. 城乡教育一体化的阶段性

基于系统论的自组织特性与城市发展规律的理论指导，本书提出城乡教育一体化发展的三阶段论。

第一个阶段是自发型的城乡教育一体化阶段。在这一阶段，城市教育与农村教育按照市场的竞争性原则进行自发的联结与互动，如农村教师向城市学校的流动。这一阶段中城市与农村教育呈现无序、零散、无组织的联动。

第二个阶段是政府干预型的城乡教育一体化阶段。在这一阶段，由于城乡二元结构的矛盾日益凸显，政府不得不介入干预，进行宏观调控，以打破城乡教育不公造成的社会与经济的不稳定局面。当城乡教育矛盾日益激化而无法改善时，解决教育平等问题的职责应交给政府，因为政府具有政治上的权利，可以对社会利益进行有效协调。此外，由于教育是一种准公共性服务，作为社会或国家所追求的共同需要和公共利益，应主要由代表公共利益的政府来满足和实现，因此，

---

① 牛利华、邬志辉：《利益补偿：实现教育平等的阶段性尝试》，载《教育科学》2003 年第 4 期，第 16～17 页。

② 褚宏启、杨海燕：《教育公平的原则及其政策含义》，载《教育研究》2008 年第 1 期，第 10～16 页。

政府应该在城乡教育资源配置和城乡教育互动中起主导性干预作用。在这一阶段，政府干预主要体现在制定统筹城乡教育发展规划，宏观调控城乡教育资源的合理配置，对薄弱农村教育实施大力度的政策倾斜与补偿，激励城市对农村教育实行捆绑式帮扶，以及政府进行新的教育体制机制改革，从政策、法规和运行方式上尽量缩小城乡教育间的巨大鸿沟，促进双方的良性互动与发展。这一阶段中，政府的政策行为虽具有一定的强制性，但符合教育市场的供给规律，是建立在教育系统内部自组织活动基础上的。因此这一阶段具有政府干预、制度保障、补偿帮扶的鲜明特色，其目标是实现城乡教育间基本的均衡与规范化互动联结。

第三个阶段是高度自主型的城乡教育一体化阶段。这是城乡教育一体化的高级阶段，其理想状态是政府进行弱干预，而城市教育与农村教育自主互补。当上一阶段中政府建立健全了城乡教育一体化的体制机制、确保了城乡教育间的基本均衡，为城乡教育互动提供了规范化模式与成功示范后，政府有形的大手退居幕后，再次由教育市场来主导教育系统的发展与演进，而城乡教育则充分发挥其自组织特性，维持着二者内外部各教育因素与环节间规范化的互动机制。这一阶段的城乡教育进入高度自治、高度自主、高度规范、良性互动、共生共荣的高级境界，基本实现一体化。

目前我国城乡教育尚处于由第一阶段向第二阶段过渡的时期，无序散乱的城乡教育在二元对立的严峻局势下引起了中央政府的高度关注。在此背景下，"十二五"教育规划和《教育规划纲要》等制定了统筹城乡教育、城乡教育一体化的战略。政府已经并正在投入大量财力、物力与智力对城乡教育进行强制性干预，这无疑是缩小城乡二元差距的必要手段，是促进城乡教育在未来进入自主自治一体化阶段的强有力保障。然而，城乡教育的每一个发展阶段需要多长的时间期限，每一阶段中城乡教育的差距实现了何种程度的缩减，城乡教育实现了何种程度的发展，关于这些问题，需要用一套可量化、可操作的指标体系以及在这套指标体系指导下的实践调查才能探索出答案。

（三）体制与教育体制的概念界定

"体制"被公认为是有关组织或事物、事业的体系和相关的制度与规范。"教育体制"则是"教育体系和制度的总称"[①]。具体而言，教育体制就是指在一定社会条件下，经过制度化、法规化的教育体系的要素配置原则和教育运行原

---

① 历以贤：《社区教育、社区发展、教育体制改革》，载《教育研究》1994 年第 1 期，第 13～16 页。

则及其总和[1]，是一种教育组织体系与教育保障体系有机结合的管理制度[2]。教育体制包括各级各类教育机构和各种教育规范或教育制度，以及包括由各级各类教育机构与相应教育规范相结合而成的各级各类教育体制[3]。其中，教育机构或教育组织体系，包括教育办学、管理、实施机构等，是体制的载体；规范，或教育保障体系，包括教育方针、政策、法规、规章制度等，是体制的核心[4][5]。

根据《教育规划纲要》中的精神，我国教育体制范畴主要集中在基础教育、职业教育、高等教育、继续教育等各类教育层级中相应的教育机构，以及维持或保障各级各类教育机构正常运转的规范和制度，具体包括人事调配体制、经费投入体制、办学与硬件资源配置体制，人才培养与评价体制四大体制要素。

（四）机制与教育机制的概念界定

查阅《辞海》可知，"机制"本意上是指"机器的构造和动作原理、内在的工作方式"。该概念现已广泛应用于自然现象和社会现象，涵义引申为"有机体的构造、功能和相互关系"、"内部组织和运行变化的规律"、"一个工作系统的组织和部分之间相互作用的过程和方式"等。机制在任何一个系统中都起着基础性作用。教育机制即是指教育系统内"教育现象各部分之间的相互关系及其运行方式"[6]。具体而言，"教育机制就是由教育内、外部与教育活动有关的社会要素和教育要素，在与教育密切联系、相互作用的原则下，有机结合成的一种多维度、多层面、自调控、自平衡、非稳定的社会与教育互动系统和关系结构，它能规范、控制、推动、引导教育按照非此不可的路线、速度、规模、形式及趋势运动和发展"[7]。孙绵涛[8]认为教育机制包括教育的层次机制、形式机制和功能机制三种基本类型，其中层次机制分为宏观、中观和微观机制，形式机制分为行政——计划、指导——服务和监督——服务式机制，功能机制分激励、保障和制约机制。

基于已有文献，本书中的教育机制具体是指义务教育、学前教育、职业教

---

① 王克勤：《论城乡教育一体化》，载《普教研究》1995 年第 1 期，第 6~8 页。

② 方慈：《关于我国高等教育体制内涵、外延与改革的理论思考》，载《江苏高教》1998 年第 2 期，第 8~10 页。

③⑥⑧ 孙绵涛，康翠萍：《教育机制理论的新诠释》，载《教育研究》2006 年第 12 期，第 22~28 页。

④ 孙绵涛：《中国教育体制论》（The Concept of Tizhi（System）in Chinese Education），辽宁人民出版社，2004 年版。

⑤ 方慈：《关于我国高等教育体制内涵、外延与改革的理论思考》，载《江苏高教》1998 年第 2 期，第 8~10 页。

⑦ 王长乐：《试论"教育体制决定教育"的局限性》，载《南京师大学报（社会科学版）》2000 年第 1 期，第 16~21 页。

育、继续教育等的诸多相关要素，如师资队伍、学生群体、课程设置、教育经费、教育资源、信息技术、行政管理等，结合教育外部的诸多社会、经济、政治、文化、环境要素，在不同教育层级内发挥的不同功能、组合方式、相互作用关系及综合构造形成的变化着的动态运行方式和规律，包括教育人事调配机制、教育经费投入机制、教育办学与硬件资源配置机制、人才培养与评价机制和信息共建共享机制等。它们在根本上决定着各个教育层级系统的现行状态和未来发展趋势。

（五）教育体制与教育机制的关系

教育体制与教育机制是两个不同的概念范畴，但它们之间又是紧密相关的。第一，二者产生发展的过程是紧密相关的。第二，二者在结构上是相融的。王长乐[1]认为教育体制是教育机制的组成部分；孙绵涛和康翠萍[2]则认为教育机制包括教育体制和教育体制包含教育机制的看法都是成立的。第三，在一定条件下，二者之间会发生转化。当教育机制经过政策、法规确立后就成了教育体制；而教育体制本身的功能、运行原理、运行方式又是一种教育机制。第四，教育体制与教育机制在性质和功能上是互补的。

教育体制只规定着教育活动的范围、性质和要求，它对教育活动的作用并不是直接的，而是要通过教育机制起作用；而教育机制需要借助于教育体制所规定的范围和要求，再以一定的方式对教育活动发生作用[3][4]。此外，教育机制是动态的、不断变化的，而教育体制一经形成便具有一定的稳定性。因此，这对既相互包含又相互区别的矛盾统一体需要在相互适应、相互协调的情况下，才能促进整个教育系统的健康发展[5]。因此，教育体制和教育机制是紧密相连，相互依存的。

（六）城乡一体化教育体制机制的概念探索

1. 城乡一体化教育体制机制的内涵和范畴

在以上对城乡教育一体化和教育体制机制的概念阐述的基础上，我们便可以总结城乡一体化教育体制机制的内涵。城乡一体化教育体制即为突破城乡二元社

---

① 王长乐：《试论"教育体制决定教育"的局限性》，载《南京师大学报（社会科学版）》2000年第1期，第16~21页。

② 孙绵涛、康翠萍：《教育机制理论的新诠释》，载《教育研究》2006年第12期，第22~28页。

③ 陈恩伦：《高等教育政策法规》，重庆出版社2006年版。

④⑤ 孙绵涛：《中国教育体制改革若干重大理论问题的探讨》，载《华南师范大学学报（社会科学版）》2010年第1期，第27~32页。

会经济结构，实现城乡在经济、社会、文化、生态等方面的全方位一体化而服务的，对城乡基础教育、职业教育、继续教育等进行各种教育活动所制定的一系列制度和规范的总称。根据《教育规划纲要》中的体制机制改革框架和城乡教育特征，城乡一体化教育体制主要涵盖城乡教育人事调配体制、经费投入体制、办学与硬件资源配置体制、人才培养与评价体制等制度组合。城乡一体化教育机制是指城乡教育的诸要素为促进城乡教育的一体化所形成的相互关系和运行方式，具体包括如城乡教育质量保障机制、城乡人才评价机制、城乡教师流动机制、城乡教育经费投入机制、城乡人才激励机制、城乡教育资源配置机制等。

2. 城乡一体化教育体制机制的属性与特征

实现城乡教育的一体化，其终极任务是要构建一套全新的、完善的城乡一体化教育体制机制。在城乡教育一体化中，教育体制改革与教育机制创新不能混为一谈或相互替代，二者应配套进行，不可顾此失彼[①]。改变目前城乡二元对立的教育规范和制度，建立一套革新的、系统的、一体的政策、制度、规范体系，以及破除城乡教育管理机构各自分离的现象[②]，建立能统筹城乡教育一体化改革与发展的、自上而下的、系统完备的教育机构将是实现城乡教育一体化的体制保障。而从层次、形式和功能方面全面革新固有的城乡教育机制，新生一系列科学的、操作性强的、能有效发挥城乡教育内外部要素功能并使之形成稳固和谐关系的运行方式是实现城乡教育一体化的机制保障。只有同步进行和共同实现原有城乡教育体制的突破性改革和旧有城乡教育机制的突破性创新，才能从根本上动摇城乡教育二元结构的顽固根基，重构城乡教育一体化的新格局。然而，城乡一体化教育体制机制并非是一个独立体，而是一个庞大的、动态的、综合的、系统的工程。这一工程涉及教育内部各个部门之间的协调和统筹，涉及城与乡之间的互动参与，涉及教育、经济、政治、社会、人口等不同领域的支持，更需要教育政策制定者、教育一线工作者、教育研究者和社会各界力量的广泛参与和行动。因此，城乡一体化教育体制机制的构建将是一个跨学科、跨领域、跨区域的建设工程，需要教育内部和外部系统组成联盟来共同完成的事业。

二、城乡一体化教育体制机制研究的理论基础

（一）城乡教育一体化的理论基础

1. 教育公平理论

城乡教育一体化是在城乡教育差距愈加拉大的背景下提出的，其终极目标就

---

①② 孙绵涛：《我国城乡教育一体化体制改革与机制创新研究》，载《教育理论与实践》2011 年第 8 期，第 16～19 页。

是要实现城市、农村两大区域在教育领域的公平、均衡与整体高效发展。教育公平是城乡教育一体化的核心价值诉求，在当前，它被摆在了特别重要的位置。教育公平（equity）不同于教育均等（equality），前者主要是一种质的规定性，强调公正、正义（justice）；后者主要是一种量的规定性，强调平均、等量（equalization）①②③。二者虽有差别，却并非互不相容。在一些情境下，教育公平指无视个体差异的人人平等，并以量的均等划分来实现公平；在另一些情境下，教育公平与均等未必具有同一指向，一味追求量的均等反而会打破公平，基于个体差异的量的区别划分反而可能更好地促进公平④。公平是一种基于需求、尊重差异、鼓励特色与优势、促进多元共生共荣的价值取向。

不同情境下量的均等或非均等划分是实现公平的手段，而公平是量的分配通过赋值最终实现的价值诉求。从衡量教育公平的三大标准，即起点公平、过程公平、结果公平来看，起点公平，也就是教育的入学机会公平，是实现城乡教育一体化的基础与前提。有研究表明，全国小学生入学率已经基本上趋于均衡状态，⑤ 也就是说，全国范围内在学龄儿童的入学起跑线上已经基本实现教育公平。因此，城乡教育一体化更应注重教育过程与教育结果的公平：在教育过程层面表现为制定城乡有所区别的课程及培养模式和目标，充分发挥学生的地区特长与优势，优化利用不均等的教育资源；在教育结果层面表现为制定综合的、包容个性化发展及城乡区域适切性的人才评价模式和标准，使城乡学生均能够最大限度地享受高质高效又各具特色的教育。这一理论为本书在制定城乡义务教育一体化的指标体系时如何在人才培养和评价维度下凸显课程培养和考试成绩以外的教育质量评价指标和在办学维度下凸显教育资源的利用率等指标提供了指导。

2. 教育系统论与控制论

城乡教育一体化实质上是要构建一个不同于旧有城乡对立的全新教育系统⑥，积极消除城乡二元对立，因此，在进行城乡一体化建设过程中，还应树立系统化的思维方式。系统科学从事物的部分与整体、局部与全局以及层次关系的角度来研究客观世界。系统是由一些相互关联、相互影响、相互作用的组成部分所构成的具有某种功能的整体，而这一整体具有其组成部分所没有的性质。城乡

---

① 褚宏启、杨海燕：《教育公平的原则及其政策含义》，载《教育研究》2008 年第 1 期，第 10~16 页。

② 安晓敏、邬志辉：《教育公平研究：多学科的观点》，载《上海教育科研》2007 年第 10 期，第 22~25 页。

③ 约翰·罗尔斯：《正义论》，中国社会科学出版社 1988 年版。

④ David Miller. *Principles of Social Justice*, Cambridge, London：Harvard University Press, 1999.

⑤ 翟博：《中国基础教育均衡发展实证分析》，载《教育研究》2007 年第 7 期，第 22~30 页。

⑥ 邬志辉：《关于农村教育三个理论问题的探讨》，载《理论月刊》2009 年第 9 期，第 5~10 页。

教育一体化是将城市与农村教育视为一个整体进行系统发展的目标模式。城市和农村教育作为城乡教育系统的组成部分构成城乡教育的系统结构，与我国的政治、经济、文化等外界系统环境相互制约、相互促进，并在系统内部通过空间层次的调整与规划、资源的配置与共享、文化的互渗与传播而相互关联、相互影响、相互作用、相互协调，使城乡教育系统由不稳定向稳定的状态发展，使城乡教育作为一个整体系统实现其超越城乡各自优势的整体功能。此外，城乡教育系统还具有自组织的系统特性，即一定程度的自创性、自生长性、自适应性和自相似性[①]。目前，政府作为组织对教育进行的宏观调控也是在系统自组织活动基础上施行的系统干预。这一理论指导我们对城乡教育一体化的深度和宏观的把握，也为城乡教育一体化指标体系中彰显城乡系统联动的指标项提供了理论指引。

3. 共同体理论

共同体是指人们基于一定的目的和需要，通过一定的形式结合在一起共同活动和共同交往，并由此结成具有一定共通性和稳定性关系的组织形式，是人类历史存在的基本方式[②]。从群体角度看，共同体是指基于一定的利益关系和共同的价值取向而结成的集体或联盟，该共同体的成员间相互帮扶，互通有无，共担责任，形成具有相对稳定状态的组织形式。

城乡教育一体化致力于将城市与农村教育两个独立的教育主体融合统整为一个教育共同体。在这个城乡教育共同体中，城市与农村教育基于共同的目标——为了城乡学生的综合、全面发展以及教育共同体作为一个整体的提升，而相互关联、互动，相互维系、帮扶。城乡教育作为共同体的两个成员，互相兼顾另一方的利益，并能够将自己的利益与集体利益统筹规划，取得超越单个成员的功能。

4. 城市发展理论

城乡教育一体化的理念也是顺应城市发展理论的。马克思早年提出要消灭三大差别，城乡差别即是其中之一；而城乡差别的消除必须经历城乡依存、城乡分离和对立、城乡融合三个辩证的历史阶段。中国学者周加来[③]也认为城乡发展的历史大致会经历这样的演变过程：乡育城市——城乡分离——城乡对立——城乡融合——城乡一体，这与马克思、恩格斯的观点是一致的。我国的教育经历了二元对立到城乡均衡和城乡统筹，再到如今的城乡一体，这与城市发展进程中城乡

---

① 刘展宏等：《城乡系统的特征分析及其发展目标》，载《山东财政学院学报》2008年第1期，第60~63页。

② 胡群英：《共同体：人类存在的基本方式及其现代意义》，载《甘肃理论学刊》2010年第1期，第73~76页。

③ 周加来：《城市化·城镇化·农村城市化·城乡一体化——城市化概念辨析》，载《中国农村经济》2001年第5期，第51~53页。

关系的客观历史规律是相契合的。

5. 二元经济结构理论

西方经济学家威廉·刘易斯（Wiliam Lewis）[1][2]于 1954 年提出了关于第三世界国家二元经济结构的著名理论，该理论提出了城市所代表的以制造业为中心的现代部门和农村所代表的以农业、手工业为主的传统部门组成的二元经济结构的形成根源、运行过程和未来发展趋势。根据刘易斯二元经济发展模型，在劳动力无限供给的假设下，资本越多，就可以将更多的劳动者从自给农业部门吸收到城市工业部门中来，当剩余劳动完全吸收到现代工业部门中时，伴随着劳动力从农村向城市的转移和流动，二元结构将逐渐消失，变成一元结构。1961 年，由约翰·费景汉（John C. H. Fei）和古斯塔夫·拉尼斯（Gustav Ranis）建立的费景汉－拉尼斯模型（Ranis-Fei Model）[3][4]针对刘易斯模式的缺陷做了进一步发展。该模型认为刘易斯对农业促进工业增长作用有所忽视，肯定了农业在生产率提高的前提下促进了劳动力向城市工业部门流动的现实，并从动态角度研究了农业和工业的均衡增长模式和城乡二元结构向一元的演变。这一理论解释了我国在农业不断发展、大量农村剩余劳动力逐渐流向城市的趋势下城乡二元经济和社会结构朝向一体化结构变化发展的必然性。经济结构是社会结构的根本决定因素[5]，城乡经济二元结构向一元结构发展转化的趋势也必将带动教育和社会一体化发展。这一理论为城乡教育一体化提供了经济学视角的理论根基。

6. 和谐社会理论

在教育领域，我国城乡教育一体化的战略规划，其自身蕴含着化解城乡教育二元矛盾，妥善处理城乡教育之间的利益冲突，既尊重和保存二者的个性与优势差异，又以有效的手段促成二者的利益融合，以合二为一的模式统筹规划一体化新路径。因此，和谐社会理论也为城乡教育一体化奠定了理论基础。教育是推动经济、社会稳定的核心力量，教育公平是实现社会公平与稳定的重要基础，也是构建和谐社会的重要基石[6]。我国城乡教育的巨大差距加剧了城市与农村在经济

---

① 史继红：《刘易斯二元经济理论与我国二元经济结构转化的相关性分析》，载《特区经济》2007年第 9 期，第 278～280 页。

② Hirofumi Uzawa. *On a two-sector model of economic growth*. The Review of Economic Studies，1961，29（1），第 40～47 页.

③ 郭剑雄：《农业人力资本转移条件下的二元经济发展——刘易斯－费景汉－拉尼斯模型的扩展研究》，载《陕西师范大学学报（哲学社会科学版）》2009 年第 1 期，第 93～102 页。

④ Paul Mosley. et al.，*Growth and development from an evolutionary perspective*，Oxford：Basil Blackwell，1997.

⑤ 甘伦知：《教育与经济增长的研究》，西南财经大学，2008 年。

⑥ 翟博：《教育均衡发展——理论、指标及测算方法》，载《教育研究》2006 年第 3 期，第 16～28 页。

发展水平、社会文化建设和人民综合素质方面的区域性失衡，导致城乡间的矛盾在无形中演化为一大社会矛盾。2013 年，两会精神中强调，城乡二元化等长期未解决的问题依然在困扰着民众，这与我国构建和谐社会的目标渐行渐远。由此可见，建立以城带乡、城乡互惠的新型城乡关系的战略无疑是符合和谐社会的价值取向与发展规律的。

总之，教育公平与公正理论为城乡教育一体化明确了价值取向，系统论与控制论为城乡教育一体化的构建提供了方法论思想，共同体理论为城乡教育一体化提供了实现模式，城市发展理论为城乡教育一体化确保了发展方向，二元经济结构理论为城乡教育一体化提供了经济学视角，而和谐社会理论为城乡教育一体化设立了远景目标。这些理论根基在不同层面为城乡教育一体化的概念体系提供了理论支撑。

（二）教育体制机制改革的理论基础

教育体制的建立与变革不是孤立的，而是与国家和社会的其他诸多方面如政治、经济、科技、文化等发展有着复杂关系，需要持续不断地进行调整和改革[①]。国内外学者们从理论层面作了许多有益的探讨，这些阐释与指引教育体制改革的理论主要包括结构功能理论、冲突理论、社会控制理论、公共选择理论、多重制度逻辑理论等。

1. 结构功能主义理论

结构功能主义（Structural Functionalism）者认为，现代社会是一个高度分化的社会，包括水平方向的分化（劳动分工）和垂直方向的分层（阶级结构），这种高度分化直接或间接地推动了公共教育的发展。他们特别强调教育与职业之间的关系，认为发达的工业社会"依赖于科学研究的成果，依赖于熟练的、有责任心的劳动力的供给，因此依赖于教育制度的效率"。换句话说，社会结构及其功能会在很大程度上依赖于教育所提供的科学技术成果及劳动者水平，同时在社会结构及功能方面的调整也会直接或间接地牵动公共教育制度的发展、调整与变革[②]。

我国当前正处于深化结构改革的关键时期。2013 年两会精神中提到，中国的结构调整是一个整体，除了经济和产业结构外，还包括城乡结构、区域结构和分配结构等。其中城乡结构调整是牵制其他结构调整的重要因素。依据结构功能主义理论，旧有的教育体制机制要适应结构改革需求的调整。因此，城乡一体化

---

① 王欣：《从系统的观点看我国高等教育体制改革》，载《高等教育研究》1994 年第 2 期，第 35 ~ 39 页。

② Archer, M. S. Social origins of educational systems, London：Sage, 1979.

的教育体制机制的构建无疑是适应我国新的城乡社会结构调整、改革固有的城乡二元教育结构的必经之路。城乡一体化的学前教育、义务教育、职业教育和继续教育体制机制的建立将有助于培养新型的、适应城乡社会发展需求的人才，改善城乡人才的就业观念、就业布局和层次，从而更好地为城乡结构调整提供高水平的劳动力供给。

2. 冲突理论

冲突理论（Conflict Theory）认为社会分层产生了相互竞争的社会集团。教育之所以成为角逐的场所，是因为教育能促进人们的社会成功，同时争取教育的控制权能保证本集团的文化霸权。持冲突理论的学者从利益集团的相互作用来解释教育变化，认为由于控制教育集团追求自己的目标，教育就具有利益集团相互作用的特征。因为掌握权力的集团改变了先前教育追求新的目标，所以教育就发生了变化。在利益集团相互作用的过程中，力量的转变有两种模式：限制和替换。所有的教育制度都具有四个特征：统一化（unification）、制度化（systemati-zation）、特殊化（differentiation）和专业化（specialization）。前两个特征反映了教育与国家之间的关系，后两个特征反映了教育与社会之间的关系。以限制的方式实现教育权转换的教育制度往往具有明显的统一化和制度化的特征（国家介入早且有力），以替换的方式实现教育权转换的教育制度则带有更强烈的特殊化和专业化特征（更突出地反映了社会的需求）。

简言之，冲突理论认为社会分层产生了相互竞争的社会集团，各集团通过夺取教育的控制权以保证本集团的文化霸权。在利益集团相互作用的过程中，以限制和替代为主的两种力量转变模式很大程度上决定着教育体制改革的模式和方向[1]。城乡一体化的教育体制机制改革从本质上而言就是为解决城乡居民和社会在城乡二元分层的固有体制中存有的长期冲突，重新分配优质教育资源在城乡居民中的占有权力和份额的改革，是破除城市教育霸权、用制度化的形式替换旧有二元教育利益分配制度的改革，是适应新时代和谐社会、公平社会价值取向的改革。

3. 社会控制理论

社会控制理论（Social Control Theory）将教育与工业化等更为广泛的社会伴生物联系在一起，如工业化和城市化带来的雇佣劳动新形式、家庭经济变迁和一系列新的社会问题。这些社会伴生物在一定程度上控制和决定着教育供给形式的改革、教育结构与功能的调整及教育体制的深层次和综合性改革[2]。社会控制论

---

① Halsey, A. H. *Education, economy, and society: A reader in the sociology of education*, Michigan, MI: Free Press of Glencoe, 1961.

② Hirschi, T. Causesof delinquency, Berkeley, California: University of California Press, 1969. Hobbes, T. Leviathan. Part1 and Part2. Indianapolis: Bobbs-Merrill, 1958.

的支持者认为，不断发展的城市化和劳动者的无产阶级化通过各种渠道影响了教育。一方面，雇佣劳动的新形式及其所带来的家庭经济的变迁影响了传统的家庭和社区教育形式，使旧有的教育形式陷入混乱或受到削弱，需要新的力量去创建新的教育形式和机构。另一方面，工业化和城市化带来了一系列新的社会问题，公共教育被视为一种解决问题的重要手段。他们相信，学校教育的推动者认为学校制度有助于解决五种资本主义副产品，即工业化、城市化所带来的新的社会问题：（1）城市犯罪和贫困；（2）不断增加的文化异质性（移民）；（3）培训城市工业劳动力的必要性；（4）19世纪城市青年的危机；（5）中产阶级对自身社会地位不稳定性的焦虑。

这一理论非常贴切地为在我国工业化、城镇化快速推进的背景下而发起的城乡一体化教育体制机制改革做出了理论阐释，并提供了强有力的依据。随着城市化的快速发展，我国城市人口已在2011年首次超过了农村人口，占总人口的比例超过了51%[1]，实现了城乡结构的巨大转折，但同时也面临着城市化快速发展所带来的各种新的挑战。大量农民工的雇佣导致了农村家庭经济的变迁和儿童受教育形式的转变；城市中大量农民工流动人口的增加造成了整个社会人口分布和教育版图的转变，导致了新的第三元问题，即流动人口和农民工子女的教育问题，留守儿童的教育问题等，这些都是城市化和工业化的必然结果。农民工子弟学校的建立是解决这些问题的新的教育形式和机构，但它们的存在并不能解决所有问题。城乡一体化的教育体制机制改革被赋予了时代的使命和期望。

4. 公共选择理论和新公共管理理论

公共选择理论（Public Choice Theory）和新公共管理理论（New Public Management）是世界诸多国家自20世纪90年代以来的教育改革中所普遍采用的两大主要理论。前者从市场经济的视角来审视教育体制中政府和不同层级教育主体间的关系及利益诉求，主张将教育产品作为一种公共选择，建立教育公共服务的自由市场，削弱政府垄断，加强问责[2]。后者试图将私营企业管理的思想和实践策略移植到教育体制中，以工具理性和技术理性将教育产业化、教师职业化，强调层级间的管控，注重结果、效率、成效而不是过程，以业绩来评定和问责校长等行政管理领导者[3]。虽然以上这两种教育改革理论取向及其带来的实际效果受到了一定质疑，但这些理论指导了西方教育体制改革并提高了政策执行效率，或许也能够为我国的教育体制改革提供一定理论启示和实践指导，尤其是如何调整

---

① 2011年我国城镇人口首超农村，http：//news.163.com/12/0118/06/7O1HJSRB00014AED.html。

② Udehn，L. The Limits of Public Choice：A Sociological Critique of the Economic Theory of Politics，London：Routledge，1996.

③ Managerialism and Education，www.vusst.hr/ENCYCLOPAEDIA/Managerialism.htm.

41

教育层级的分权和问责，如何提高行政管理的效率，如何处理教育体制中政府、公众、教育机构、市场等的诉求与关系都可以在这两大理论中探寻依据。

5. 多重制度逻辑理论

多重制度逻辑（Multiple Systematic Logics）是指某一领域长期稳定的制度安排和与之相适应的行动机制。特定制度逻辑是在与其他制度逻辑互动过程中发挥作用的，因而，实施和推进体制改革，需要识别和定位其中所包含的多重制度要素及其相互间错综复杂的关系，通过调查分析特定领域的表象和行为方式来推测其背后的制度逻辑及其运行机理，揭示其对体制改革的作用，提出合理可行的顶层设计[①]。教育体制综合改革是一项系统工程，包含了多重教育制度的改革和变迁。中央政府、基层教育部门、学校和课堂等均包含了不同制度逻辑的参与和相互作用，教育的经费、人事、人才培养等也分别具有不同的制度逻辑并产生相互制约作用。因而在稳定存在的多重教育制度安排和运行机制作用下，要进行城乡教育体制综合改革，必然要求对其所涉及的多重制度逻辑及其机制进行全面辨析和把握，通过对微观教育现象和行为进行调查研究来对更为宏观的多重制度逻辑及其变迁路径和轨迹进行推测和延伸。此外，该理论也指导我们对教育体制在不同区域、不同制度领域所具有的内生性特征和差异性演变轨迹给予关注和重视。

依据上述各种理论支撑，城乡教育一体化的教育理念顺应了当前社会与教育综合改革的时代要求，而城乡一体化教育体制机制改革是我国培养新型高水平人力资本、更新教育观念、革新固有教育结构、解决现有教育问题的必要途径。在以上理论分析基础上，本书对"城乡一体化的教育体制机制"进行了系统研究。

[①] 周雪光、艾云：《多重逻辑下的制度变迁：一个分析框架》，载《中国社会科学》2010 年第 4 期，第 132～150 页。

第二章

构建城乡一体化义务教育人事调配体制机制研究

《教育规划纲要》在其"加强教师队伍建设"一章明确提出"建设高素质教师队伍"、"加强师德建设"、"提高教师业务水平"、"健全教师管理制度"和"提高教师地位待遇"五点要求。其中,"提高教师业务水平"要求"以农村教师为重点,提高中小学教师队伍整体素质。创新农村教师补充机制,完善制度政策,吸引更多优秀人才从教。积极推进师范生免费教育,实施农村义务教育学校教师特设岗位计划,完善代偿机制,鼓励高校毕业生到艰苦边远地区当教师";"健全教师管理制度"要求"逐步实行城乡统一的中小学编制标准,对农村边远地区实行倾斜政策……建立健全义务教育学校教师和校长流动机制。城镇中小学教师在评聘高级职务(职称)时,原则上要有一年以上在农村学校或薄弱学校任教经历。加强教师管理,完善教师退出机制";"提高教师地位待遇"要求"依法保证教师平均工资水平不低于或者高于国家公务员的平均工资水平,并逐步提高。落实教师绩效工资。对长期在农村基层和艰苦边远地区工作的教师,在工资、职务(职称)等方面实行倾斜政策,完善津贴补贴标准。建设农村艰苦边远地区学校教师周转宿舍。研究制定优惠政策,改善教师工作和生活条件。关心教师身心健康。落实和完善教师医疗养老等社会保障政策。国家对在农村地区长期从教、贡献突出的教师给予奖励"。本章以"城乡义务教育人事调配体制机制"为主线,基于大量教育统计数据和实地调研,主要探讨了城乡义务教育教师补充、教师交流及教师待遇体制机制存在的问题,提出了构建城乡一体化义务教育人事调配体制机制的对策建议。

一、构建城乡一体化义务教育教师补充体制机制

（一）城乡义务教育教师补充政策

《教育规划纲要》提出了建立城乡一体化义务教育发展机制的战略任务，并在实现战略任务的"保障措施"方面，将加强教师队伍建设放在了首位。可见，为城乡义务教育学校配备数量充足、质量较高的教师是当前我国教育发展中的一项重要任务。目前，国家层面对此问题给予了充分重视，出台了诸多相关配套政策，并取得了一定的效果。然而，课题组在实际调研中发现，当前我国的义务教育教师补充仍面临一些问题，其中，农村教师补充难问题尤为突出。

1. 教师补充的基本政策

按照1993年10月发布的《中华人民共和国教师法》（以下简称《教师法》），我国实行教师资格制度和教师职务制度，各级学校和其他教育机构要逐步实行教师聘任制，而实施教师聘任制的步骤、办法则由国务院教育行政部门规定。依据《教师法》，公开招聘逐渐成为教师补充的常规方式，其通常的做法是：教育行政主管部门代表所管辖学校，根据编制部门所下达的当年进人指标，面向具有教师资格的社会人士及高校毕业生统一发布招聘信息，在按一定程序和标准招聘教师后，根据各学校教师缺员情况将统一招聘的教师分配到各学校，包括农村学校。作为该种方式的一种补充，教育行政部门授权当地部分学校到高校直接招录毕业生任教。2011年11月24日，国务院法制办公布《事业单位人事管理条例（征求意见稿）》，面向社会各界征求意见。征求意见稿中特别强调事业单位新进人员必须通过考试。根据这一意见稿的精神，各地教师补充进一步强化了公开招聘的地位。2014年5月15日，《事业单位人事管理条例》由国务院正式发布，并于2014年7月1日起正式施行。随着该条例的实施，通过考试面向全社会公开招聘教师的制度日趋完善。

2. 农村学校教师补充政策

在我国构建城乡一体化教育人事调配体制机制、推动城乡教育一体化发展的进程中，首要问题是如何构建农村教师补充体制机制，以实现城乡教育发展在教师补充环节上的公平。国家为解决该问题所出台的政策可归纳为如下两个方面：

（1）应届师范毕业生直接补充农村教师。

① "特岗教师"计划。

教育部、财政部、人事部、中央编办于2006年出台的《关于实施农村义务教育阶段学校教师特设岗位计划的通知》规定，每年公开招聘一定数量高校毕

业生到西部地区"两基"攻坚县以下农村学校任教，聘期3年；从2006年起，用5年的时间实施该计划。"特岗计划"享受一系列优惠政策，包括国家专项保证人均每年1.5万元的工资收入；省级财政负责地方性补贴、必要的交通补助、体检费和当地社会保障待遇应缴纳的相关费用以及岗前培训等费用；各受援县（市）和学校提供周转住房、必要的生活条件。服务期满自愿留在本地学校的，当地政府负责落实工作岗位，工资发放纳入当地财政。

特岗计划虽然是公开招聘的一种，但与一般公开招聘不同的是，该计划面向特殊群体（高校毕业生）并为特殊对象（特定农村学校）服务。在当前就业困难的背景下，该计划对特定的师范毕业生群体有一定的吸引力，对解决农村教师补充困难这一问题发挥了较大作用。2009年，中西部农村地区共招聘特设岗位教师63 416人[①]；2010年中央财政用于"特岗计划"经费达到30.5亿元，招聘农村教师60 898人[②]；2011年中央财政用于"特岗计划"经费达到34.7亿元，招聘农村教师49 870人[③]；2012年，中央财政为"特岗计划"拨付工资性补助经费45亿元[④]，招聘特岗教师约6万名[⑤]。2006～2012年，中央财政为农村义务教育阶段学校特岗教师拨付的工资性补助经费累计达153亿元，共对52.3万名特岗教师给予工资性补助[⑥]。"特岗教师"计划的实施为我国农村教师队伍建设、农村教育事业发展输送了新鲜血液。

②师范生免费教育计划。

国务院办公厅转发教育部等部门《关于教育部直属师范大学实施办法（试行）的通知》要求：从2007年起，部属师范院校招收一定数量免费教育师范生。这部分学生在校学习期间可免除学费和住宿费，并补助生活费，入学前与学校和生源所在地省级教育行政部门签订协议，承诺毕业后从事中小学教育十年以上，且服务期内一般不能报读脱产研究生，如分配到城镇学校工作，必须先到农村义务教育学校任教两年。但2010年针对免费师范生就业出台的新规定，则变为"到城镇学校工作的免费师范毕业生不强制头两年一定到农

---

① 佚名：《中央财政下达2009～2010学年农村义务教育阶段学校特设岗位教师工资性补助经费22.2亿元》，载《农村财政与财务》2010年第1期，第41页。

② 张春铭：《数字看变化 图说新亮点 聚焦教育规划纲要实施一周年》，载《中国教育报》2011年8月5日。

③ 王庆环：《教师发展的春天来了——教育规划纲要颁布两年来教师队伍建设发展综述》，载《光明日报》2012年9月7日第6版。

④⑥ 中国新闻网：《中央财政7年补助逾52万名农村特岗教师》，http://www.chinanews.com/edu/2013/01-05/4460440.shtml.

⑤ 教育部办公厅，财政部办公厅：《关于做好2012年农村义务教育阶段学校教师特设岗位计划有关实施工作的通知》，http://www.moe.gov.cn/publicfiles/business/htmlfiles/moe/s7143/201205/xxgk_136540.html.

45

村任教"。

③大学生志愿服务西部计划。

国务院办公厅《关于做好 2003 年普通高等学校毕业生就业工作的通知》提出，从 2003 年开始，按照公开招募、自愿报名、组织选拔、集中派遣的方式，每年招募一定数量的普通高等院校应届毕业生，以志愿服务的方式到西部贫困县的乡镇从事为期 1~2 年的教育、卫生、农技、扶贫以及青年中心建设和管理等方面的工作。这一计划的实施，对偏远地区解决师资补充困难有一定作用，但由于支教志愿者数量极少，只能作为一种"非主流"补充形式。

（2）城镇在岗教师支援农村学校。

教育部《关于大力推进城镇教师支援农村教育工作的意见》提出：要以推进城镇教师支援农村教育为重点，积极做好大中城市中小学教师到农村支教工作，支教时间一般 1~2 年，支教教师除获得生活费和交通费补贴外，其余待遇与在原单位任教时相同。

（二）我国城乡义务教育教师配置状况

1. 全国小学教师总量充足，但农村学校部分科目教师缺编

以 2012 年的数据为例，当年全国小学在校学生数为 96 958 985 人，班级数为 2 566 539 个，教师数为 5 121 626 人[①]。根据教育部《关于贯彻〈国务院办公厅转发中央编办、教育部、财政部关于制定中小学教职工编制标准意见的通知〉的实施意见》的要求，按照《中小学班标准额与每班配备教职工数参考表》规定的"小学阶段 22.2~25∶1 的生师比"（指学生数与专任教师之比）计算，2012年全国范围内小学阶段所需教师数约为 4 367 521~3 878 359 人。而当年全国小学实际教师数为 5 121 626，可见，就数量而言，全国小学阶段有充足的教师资源。

虽然总量上不缺教师，但却存在结构性缺编现象。如体育学科按小学阶段每班每周 3~4 学时计算，全国小学每周体育课学时总数为 7 737 279~10 316 372（班级数 2 579 093×班周学时 3~4），若以小学专任教师每周任教 16 学时[②]估算，所需体育教师数为 481 226~641 635 名，而全国实际体育教师数却仅为 253 766 人[③]，体育教师缺口数量达 20 万~40 万人。如按现有教师数量计算，每

---

① 教育部 2012 年教育统计数据，http://www.moe.edu.cn/publicfiles/business/htmlfiles/moe/s7567/list.html。

② 国家并未规定小学教师的每周工作量，该值为咨询小学教师而得。为保证估算数有意义，取了一个较高值（16 学时）。

③ 同①。本节所提到的初中和小学各课程实际教师数均同样取自教育部 2012 年教育统计数据。

名体育教师一周平均需要承担 30~40 学时工作量，这无疑是超负荷运转。以类似的方法估算，科学、音乐、美术、综合实践活动、外语等课程所需教师数和实际数相比，大致都有约 10 万~25 万人的师资缺口（见表 2-1）。如完全按照课程计划开课，这些学科的现有教师均需要承担每周 23~30 学时左右的课时量。然而，在上述学科教师出现结构性缺编的同时，其他部分学科教师却出现了结构性超编的现象。以语文学科为例，假设以 14 学时为小学教师每周满额工作量，如果按每班平均周学时 7 学时计算，则 2012 年全国所需小学语文教师为 1 283 270人，而当年小学语文教师实际统计数为 2 111 420 人，后者比前者多出 82 万人，这意味着小学语文教师超编不少。又如数学学科，仍以 14 学时为每周满额工作量，如果小学数学课每班每周平均 5 学时，2012 年全国所需小学数学教师应为916 621人，而当年实际小学数学教师数为 1 703 398 人，这比估算需求数多出近79 万人。可见，小学阶段教师结构性超编问题也不容忽略。

表 2-1 　　　　　　2012 年全国小学部分学科所需教师数

（估算）和实际教师数统计　　　　　　单位：人

科目	每班每周学时数	班级数	所需教师数（估算）	实际教师数
体育	3~4	2 566 539	4 286 120~641 635	253 766
科学	1.67~2	2 566 539	267 883~320 817	176 931
音乐	1.67	2 566 539	267 882	179 132
美术	1.67	2 566 539	267 882	154 845
综合实践活动	2	2 566 539	320 817	170 831
外语	1.33~1.67	2 566 539	373 752~428 291	214 871

注：班级数和实际教师数来源于教育部 2012 年教育统计数据，http://www. moe. edu. cn/publicfiles/business/htmlfiles/moe/s7567/list. html；各科每班每周学时数参考 X 省和W 省义务教育阶段课程计划①，因部分课程未在所有年级开设或不同年级学时数不同，因此，每班每周平均学时不都是整数；各科所需教师估算数为各科每班每周学时数与班级数之乘积。

2. 全国初中教师总量充足，但农村学校部分学科师资紧缺

以 2012 年的数据为例，当年全国初中在校学生数 47 630 607 人，其中城市14 410 251 人，县镇 23 479 363 人，农村 9 740 993 人；全国普通初中班数

---

① 《X 省义务教育阶段新课程计划表》，http：//www. chinaret. com/user/article. aspx？pid = 470&cid =4694cbc4 - 7eb8 - 4fdc - a578 - 7bf559fb5b21；《W 省义务教育课程实施计划》，http：//www. fjlylc. gov. cn/wsbs/ggfw/jyly/czjy/201110/t20111028_5735. htm。

947 575 个，其中城市 291 023 个，县镇 453 567 个，农村 202 985 个；全国教师数 3 504 363 人，其中城市 1 021 532 人，县镇 1 701 220 人，农村 781 611 人[①]。根据教育部《关于贯彻〈国务院办公厅转发中央编办、教育部、财政部关于制定中小学教职工编制标准意见的通知〉的实施意见》中的《中小学班标准额与每班配备教职工数参考表》计算，初中阶段城市、县镇、农村的生师比均为16.7～18.5：1。按此标准，2010 年度全国初中阶段所需教师数为 2 574 627～2 852 132 人，其中，城市所需数为 778 932～862 889 人，县镇所需数为1 269 155～1 405 950 人，农村所需数为 526 540～583 293 人。将需求数与当年实际教师数比，无论是城市、县镇或农村，初中阶段总量上均不缺教师（见表2－2）。

表 2－2　　　　　2012 年全国初中学生数、班级数、所需教师数
（估算）和实际数统计

		全国	城市	县镇	农村
在校学生数（人）		47 630 607	14 410 251	23 479 363	9 740 993
班级数（个）		947 575	291 023	453 567	202 985
实际（统计）教师数（人）		3 504 363	1 021 532	1 701 220	781 611
所需教师数（人）	下限	2 738 812	778 932	1 269 155	526 540
	上限	2 574 627	862 889	1 405 950	583 293

资料来源：教育部 2012 年教育统计数据，http：//www.moe.edu.cn/publicfiles/business/htmlfiles/moe/s7567/list.html。其中城市和县镇、农村初中所需教师数均按文件规定折算的生师比计算。

虽然如此，初中阶段少数学科也存在教师数量偏紧的问题，如体育和综合实践活动课程。按初中阶段体育学科每班每周 2～3 学时计算，全国初中每周体育学时数为 1 895 150～2 842 725（班数 947 575×班周学时 2 或 3），若以初中专任教师每周任教 14 学时[②]计算，全国初中所需体育教师数为 135 368～203 052 人，而全国实际体育教师数为 177 514 人，若按照教育部印发的《切实保证中小学生每天一小时校园体育活动的规定》的精神，即每班每周 3 学时的情况下，体育教师数量有大约 3 万人的缺口。以类似方法计算，综合实践活动课程所需教师数为 135 368 人（以平均每班周学时数 2 学时计算），实际教师数仅有 128 675 人，

---

①　教育部 2012 年教育统计数据，http：//www.moe.edu.cn/publicfiles/business/htmlfiles/moe/s7567/list.html。

②　国家并未规定初中教师的每周工作量，该值为咨询初中教师而得。为保证估算数有意义，取了一个较高值。

教师数量有将近 1 万人的缺口。

（三）我国农村义务教育教师补充体制机制存在的问题及原因分析

1. 农村义务教育教师结构性缺编问题突出

调研发现，教师结构性缺编问题在农村中小学尤其突出。一些农村中小学音、体、美、英语和信息技术等科目教师缺编严重。如 W 省 NA 县一所学校 20 个班仅有 2 名音乐教师，没有美术教师，因此高年级一般不开设这门课程。而在同属该省 DH 县一所山区初中，虽然教师总量超编，但却无美术、音乐教师，只能向周边小学借用。而在 O 省 YC 市 YJX 县，大多数农村义务教育学校连小学语文、数学任课教师也紧缺，为了保障教学工作的顺利开展，多数教师身兼多门课程。如 YJX 县 HY 镇中心小学一位教师每周负责全校 5 个年级（每个年级 2 个班）的美术教学，同时负责 2 个班级的语文教学，周课时达到 30 节。

总体而言，农村义务教育教师结构性缺编的原因主要来自两个方面。一是教师编制测算未充分考虑学校和班级规模。当前我国的教师编制是按生师比配备的，这种方式简便易行，但容易脱离农村学校实际。一些学校在生源减少的情况下，教师编制数仍按国家规定的生师比计算，造成政策性超编。而在素质教育推进和新课程改革的背景下，课程设置不断调整，不仅强调开足原先被忽略的音体美等课程的课时，而且还新增了科学、信息技术、综合实践活动等课程，结果造成原来只勉强够用的师资陷入匮乏状态。一位县（区）教育人事部门负责人在访谈中提到，"有的农村学校就一个班，或一个学校只有 10 余名或几名学生，如果按生师比规定给它 1 个教师编制，很明显不够用。" D 省 YB 市一名访谈者也谈到，有些地方乡镇小学教师由中心校统筹，若某一乡镇有几所小规模学校，即便只满足 1 校 1 名教师，全乡镇师资也捉襟见肘。二是部分学科教师供不应求。这一问题又具体表现为两方面：其一，职前教师培养跟不上课程设置（结构）的变化。新课程改革以来，义务教育阶段新开设不少课程，如科学、信息技术、综合实践课程等，但此前高师院校基本上没有对应专业培养这些课程的教师，如要补上培养缺额，还需要若干年。另外，一些传统课程，如体育课程，在素质教育推进的背景下，其重要性日益凸显，课时的增加使得该课时总量跟不上需求。其二，部分学科教师地位低，相应教师岗位吸引力不足。在应试教育背景下，一些科目长期处于"副科"地位，其中音体美等最突出，这使得愿意选择这些课程教师作为职业的人相对较少。

2. 农村偏远贫困地区教师补充困难

（1）农村学校难以招聘到教师。

在区县范围内，公开招聘中的定点学校尽管包含了农村学校，但应考的人员极少选择村镇学校；部分刚入职教师工作时也不安心，一有更好的机会就离开了。例如，据 W 省 NA 县 GQ 镇某校长介绍，其学校曾经有教师入职后只干了一年就离职了；一些应聘者签约时就明确表示只愿意签一年。在与 A 市 FJ 县多所农村学校教师访谈时，他们表示自己所在学校约有 95% 的教师不愿意扎根农村学校。除了 A 市，C 省的教师招聘中也存在某些学校无人应聘的情况。即便是较发达的 V 省 HZ 市，其所辖的 CA 县和 JD 市等地也有一些农村学校因地处偏僻而招不到教师。

（2）免费师范生计划未实现补充目标。

师范生免费教育计划政策的实施虽对我国农村师资短缺问题的解决起了一定作用，但该政策仍存在诸多不足之处，没能实现为农村学校培养骨干教师的政策目标。据统计，2011 年 10 597 名免费师范毕业生中，虽然有 90% 以上到基础教育较为薄弱的中西部地区中小学校任教，但是，有 16 个省区的 4 480 名首届免费师范毕业生中却仅有 199 名（占 4.44%）到农村学校任教[①]。

（3）特岗计划教师队伍质量不高且不稳定。

根据课题组的实地调研和文献资料发现，我国"特岗计划"教师队伍存在以下突出问题：第一，"特岗"教师学历层次不高。特岗计划中本科及以上学历比例低，专业结构失衡。愿意应聘且最终决定在农村中小学任教的本科生远少于专科生。艰苦地区和个别学科，既招不到本科生，也招不到专科生，满足不了实际需要，如 M 省 2009 年计划面向本科及以上学历招聘 3 687 名特岗教师，但最后实际到岗的只有 2 466 人[②]。第二，特岗教师队伍离岗意愿强。课题组在 E、C 省等地的调研发现，毕业生选择特岗多因就业压力大，然而特岗待遇吸引力不足，因此应聘后并不安心。有学者在对 N 省某县的调查中发现，有离岗想法的特岗教师人数比例占 49%，将近一半[③]。第三，特岗教师留任保障不力。由于编制紧张，个别地方的特岗教师聘期结束后想继续留任却无编制，教育行政部门难以解决。D 省 MY 县的特岗教师就遇到了如此尴尬状况——三年服务期满，想继续留在当地工作却遭拒绝。问及原因，教育局领导表示："政府不批，我们没编制"；政府编制办的领导则说："我们县教师超编了，你们留不下来"[④]。

（4）城乡教师编制配备标准缺乏科学依据。

一是编制配备较少考虑教师专业发展需求。访谈中一些校长提到，教师日常

---

① 刘锦：《陕西首届免费师范生调查：人下去了心能留多久》，载《陕西日报》2011 年 11 月 16 日。
② 郑子莹：《"特岗计划"政策的现实考察与分析》，载《当代教育论坛（综合研究）》2011 年第 3 期，第 63～65 页。
③ 刘祯干：《特岗教师的生存状态研究》，华东师范大学硕士学位论文，2011 年，第 36～37 页。
④ 易海华，刘济远：《"特岗教师"如何更好地落地生根？》，载《湖南第一师范学院学报》2010 年第 3 期，第 14 页。

备课、教研活动、修改作业、课余辅导等耗费的时间很多，甚至有的老师从早上6点开始一直忙到晚上11点。而在强调教师专业化背景下，教师教学需要经常参加学习研修、科研和培训，这使得教师在日常教学工作和专业提升方面顾此失彼。二是教辅和后勤人员配置不足。如寄宿制学校宿舍、食堂管理人员和炊事员，很多学校都未配备编制。相关工作多由专任教师兼任，加重了其工作负担。三是编制调整缺乏灵活性，不能适应教学变动。一方面，教师增编程序烦琐，难于随学生数增加而得到及时补充。如 A 市 CS 区中学近年学生数增长较快，但因增编需经人事和编制部门等多重关卡，造成教师编制无法及时增补。该校2012年仅有教师416名，而按师生比要求则应配备540人。另一方面，机动教师编制不足，临时补缺困难。因病假、产假及脱产进修等各种原因，教师暂时离岗不可避免。由于缺少机动教师编制，结果造成暂时离岗教师的临时补缺成为难题。财力较强的学校或可临时聘用教师，而财力薄弱的学校则只能把工作量分摊给其他教师。四是农村学校教师编制配额小于实际需求数。原因主要是地方因财政紧张压缩了教师编制。如 C 省教育厅一名教育行政人员认为，由于财政无力支持发放更多教师的工资，导致教育部门上报的教师招聘数常被削减。

（5）教育行政部门人事权受限，师资无法在城乡学校间灵活调配。

课题组调研发现，同一区（县）不同学校间的师资难以调配使用，这一问题的主要原因在于教委人事调配权有限。如 A 市 CS 区内既有超编学校也有缺编学校。前文提到的 CS 中学师资严重缺编，而与其合作实施"结对帮扶，捆绑发展"办学的另一所学校 S 中学则超编教师约20人。访谈中，问及是否可以把超编学校的老师调配给缺编学校使用时，相关负责人表示："很困难。教师编制是以学校为单位核定的，而每个学校的教师岗位又按职称分等级，且这些职称岗位也以学校为单位配置"。因此，超编学校的教师能否调拨到缺编学校，首先取决于缺编学校是否能增加编制，其次在于缺编学校是否有与被调配教师匹配的职称岗位。因为，凡涉及教育人事变动，都需经过人事部门和编制部门。虽然 A 市教委提了若干年的教师区（县）管校用，但难于实施。

（6）公平与均衡协调机制不全，农村学校难以补充高素质教师。

在教师补充问题上，公平与均衡的矛盾没有解决。目前，很多地方，如 A 市、E 省等在招聘新教师过程中，为公平起见，一般都按考试成绩排名决定选择学校的优先权。所以，成绩好的一般都选择条件较好的学校，成绩稍差的就只能选择到偏远地方去。这样的程序保证了教师选择权上的公平性，但其结果对义务教育阶段学生而言未必公平，反而加剧了城乡之间新教师的差距。例如，S 省BZ 市2010年各区县从应届毕业生中新补充的教师中，到乡镇学校任教的本科学历的教师占8.6%，专科学历的教师占68.46%（见表2-3）。此外，调研发现，

51

V 省 HZ 市主城区和其他区县所招聘的师资质量也有差异；C 省教育厅行政人员表示，"大部分农村学校虽然能招聘到教师，但好学生一般是不愿意报考这些学校的"。

表 2 - 3　　　　　　S 省 BZ 市 2010 年各县区从应届毕业生中

补充教师情况表　　　　　　单位：人

地区	本科		专科	
	县城以上就业人数	乡镇就业人数	县城以上就业人数	乡镇就业人数
BC 区	19	0	0	20
HM 县	31	0	0	0
YX 县	48	0	0	32
WL 县	60	14	41	0
ZH 县	63	0	0	0
BX 县	51	3	0	34
ZP 县	77	13	0	3
合计	349	30	41	89

资料来源：窦彭波：《BZ 市教育均衡发展的研究》，西南大学，2012 年。

此外，无论是较发达的地区如 V 省和 W 省，或是较落后的地区如西南各省（区），通过考试从农村或郊区选拔优秀教师调入城镇或城市中心区的学校是一种普遍的教育行政行为。访谈发现，虽然这种选调涉及面不广，选调比例一般不超过 3%，但所选调的教师都是农村学校的优秀教师，结果一定程度上人为地加剧了城乡师资水平的差距。

（7）教师退出机制不健全，城乡师资队伍建设。

因当前教师退出机制不健全，目前很多学校存在不少在编不在岗人员，这对师资本已配备不足的各学校来说更是雪上加霜。例如，A 市 FJ 县每年新招聘的 300 名左右教师一般有 40~50 人被上级单位调走，其中，以借调方式调走的教师仍然占原单位的教师编制。A 市 FJ 县 XZ 中学现有教职工 83 人，从数据上看超编 3 人，但事实上只有 40 多名专任教师，在编不在岗教师多达 20 人，20 人当中大部分是被借到城区学校。根据 A 市教委规定的教师工作量标准，2011 年该校教师超课时总量达 3 500 多学时，大部分在岗教师工作负荷极大。S 省 BZ 市的教育行政人员提到，当地一些教师离退休年龄还有 5 年，但已不上班，却要占有 5 年编制。而且，还有一些教师已不能胜任教学任务，因退不出去只好转做行政，但却占着教师编制。

（四）构建城乡一体化义务教育教师补充体制机制的对策建议

针对以上农村教师补充体制机制存在的问题及其形成原因，本书提出以下对策建议。

1. 科学测算教师工作量，调整城乡义务教育教师补充政策

目前已有一些地方针对农村学校情况出台了特殊的教师补充政策，如 K 省编办、教育厅、财政厅于 2007 年联合下文，要求各县采取农村中小学实行两种方法相结合的编制配置方式，即教职工与学生比、教职工与教学点班额比相结合，中心小学以下的教学点按班额配编，确保每班 1.5 名教师；还要求在测算教职工编制时充分考虑寄宿制学校，特别是农村中小学寄宿制学校发展的需要；并充分考虑课程增设的需要①。国家应尽快形成全国性教师补充政策，该政策要针对中小学教育教学改革和学生人数增减情况及时调整师资编制，确保师资既满足需要又不造成浪费。政策的制定应考虑以下几方面：一是考虑学校和班级规模；二是充分考虑教辅和后勤人员需求；三是考虑人员暂时离岗如病假、产假、培训进修所需要的机动编制；四是考虑教师专业化发展对教研、科研的需要。

2. 建立人事、财政和教育行政部门联合管理机制

为解决不在岗或不合格教师占用编制、编制增补滞后以及教师机动编制缺乏所带来的农村学校师资紧张问题，应适当增加教育行政部门的决策权，建立人事、财政和教育行政部门等多部门联合管理的工作机制。教育行政部门应牵头建立三方联合办公小组，主要负责以下工作内容：第一，健全教师退出机制，做好不在岗或不合格教师的清退工作，并及时填补师资空缺；第二，将违规调用的教师退回到原学校，使现有教师资源得以充分利用；第三，按借用的教师编制数给学校补充教师。

3. 建立农村教师补偿性工资制度

农村学校招聘教师难的根本原因之一在于农村工作、生活条件远不如城镇，且教师待遇低。补偿性（工资）差异（Compensating differentials）理论认为，要吸引人们从事需忍受不愉快体验的工作，就需考虑额外补偿他们②。许多发达国家的农村教师工资高于城镇教师已成为趋势。《教育规划纲要》提出对农村教师在工资、职务职称等实行倾斜政策。但是，在地方财政困难的区县，这一政策难于落实。事实上，在《教育规划纲要》出台前，一些地方已进行了实践探索，但因当地财政困难，实施效果并不理想。如 A 市 CS 区曾经拟对山区、村校和乡

---

① 佚名：《K 省调整教师编制倾斜农村教育》，载《中国教育报》2007 年 11 月 3 日第 1 版。
② 曾湘泉：《劳动经济学》，复旦大学出版社 2005 年版，第 227 ~ 230 页。

镇中心校教师每月分别发放 500 元、200 元和 100 元的补贴，但因财政困难，实际补贴远低于计划的补贴金额。A 市 FJ 县计划于 2012 年分三个类别给予农村教师 100～300 元的交通补贴。但该县相关负责人在接受访谈时表示，这一补贴能否真正落实还是未知数，而且他认为仅有这点补贴远远不够，农村教师的住房问题还需要尽快加大投入力度予以解决。

针对以上问题，本书建议应由中央设立专项经费，给予在农村服务一定年限的教师进行补偿，具体包括：一是工资补偿，即农村地区教师享受高于城镇教师的工资，可按偏远程度区分不同的层次；二是住房保障，应为农村教师提供指定标准住房或定额住房补贴，或提供县城的经济适用房；三是子女受教育优惠，使农村教师子女能够无条件入读县城优质中小学；四是培训机会倾斜，增加农村教师参与高层次培训的机会；五是表彰奖励，对有一定服务年限的农村教师授予荣誉或表彰奖励。

4. 以法规形式明确教师编制"县管校用"制度

对不同学校间师资的调配使用，最为关键的是打破现有的体制机制障碍，给予教育行政部门师资编制调配使用权。师资编制应以区县为单位而非以学校为单位进行测算，教育行政部门可以根据各学校人员盈缺情况灵活地调配使用。国内已有一些省（市）在这方面进行了探索，实施教师编制"县管校用"。如 D 省 CD 市"打破学校对教师的'一校所有制'，由区市县教育主管部门在城乡学校之间合理、均衡配置教师资源"[①]。W 省也采取了类似措施[②]。这些实践表明，省、市、自治区层面可以实现教育人事管理的调整，改变教育人事管理制度，从而推进"县管校用"的实施。但一些地方人事部门却不肯放手让教育部门调配学校教师编制和岗位配备，一些教育行政官员害怕调配编制"惹麻烦"。为此，国家层面应出台政策加以推动，以法律法规形式明确教育行政部门在教育人事调配方面的权利和义务，使其能在总量控制范围内调配城乡师资编制与岗位。

教师编制"县管校用"要与教师聘任制度改革同步推进，根据《教师法》的规定，"学校和其他教育机构应当逐步实行教师聘任制。教师的聘任应当遵循双方地位平等的原则，由学校和教师签订聘任合同。"这表明，教师是由具有法人资格的学校所聘用，"县管校用"在一定程度上存在政府越位之嫌。因此，只有同时改革教师聘任制，才能为"县管校用"寻求法理支持。

5. 建立农村教师补充公平与均衡协调机制

一方面，可采用"定点招聘"（即报考时就已明确学校而非考后按成绩排名

---

① CD 市探索教师"县管校用"推进城乡教育一体化调查，http://news.xinhuanet.com/edu/2011 - 08/31/c_121940203_3.htm。

② W 省力推义务教育师资均衡配置公办校人事关系"县管校用"，http://news.workercn.cn/contentfile/2010/03/04/042616746477128.html。

再选择学校）方式减小城市和农村学校间新聘教师间的差距，相对有利于城乡师资的均衡配置。另一方面，对招聘到农村或偏远地区的教师给予较高标准的津补贴和其他倾斜性政策，例如，职称评审和评优优先；对于长期服务于农村地区的教师，如工作年限达到 10 年以上者，可以分等次给予相应的物质奖励和荣誉授予。

6. 建立师资需求预测机制，科学合理配备教师

为解决农村学校教师结构性缺编的问题，教育行政部门应根据国家教育发展规划和地方教育发展规划做好师资需求预测，并根据中小学课程结构做好职前教师培养计划，使师资培养数量和质量能够满足学校的需求。对师资紧缺的课程，短期内可采取多样化措施进行调整，例如，鼓励非师范专业毕业生报考紧缺学科教师资格证书；对专业不对口的相近学科教师进行短期培训等。同时，在工作量计算、培训和升职等方面对各科教师一视同仁，以提高某些传统弱势科目的教师地位。

7. 改革免费师范生政策，强调免费师范生对农村师资补充

从免费师范生就业状况来看，通过实行免费师范生政策吸引优秀人才从教的战略目标已经基本实现，但是免费师范生政策的另一个重要目标——吸引优秀人才到农村任教远未实现。本书认为解决此问题有两种思路：一是适当降低免费师范生培养单位层级。我国师范教育经过长期发展，其师资培养层次已基本形成，即部属师范院校、省属师范院校及其他师范院校。不同层级学校培养的人才面向不同区域。毕业后能在农村学校扎根的绝大多数是省属或其他师范院校培养的师范生。因此，可适当降低免费师范生培养层级，在各省选取一两所师范院校作为面向农村服务的免费师范生培养单位，对其进行宏观上的政策指导，以实现吸引优秀人才到农村任教的战略目标。二是把师范生享受免费学习待遇的权利由"进口控制"转向"出口控制"，即师范生不是在入学时候就享受免费，而是对毕业后愿意到农村任教一定年限的学生补偿其在就读师范期间的学费、生活费。

（五）农村地区义务教育教师补充的影响因素分析及其理论模型

1. 研究思路与方法

根据阶层线性理论模型，本书构建了包含学校自变量（$LEVEL-1$）和县自变量（$LEVEL-2$）在内的两水平阶层线性模型。数据分析依次通过零模型、随机效应协方差模型、完全模型对嵌套的两层数据进行递进分析：（1）零模型是在既不加入学校自变量，也不加入县特征变量的情况下对模型进行方差分解，判定是否有必要构建阶层线性模型；（2）随机效应协方差模型在零模型的基础上加入学校自变量，旨在分析学校自变量对教师补充的影响；（3）完全模型则将学校自变量和县特征变量同时纳入模型，分析不同县不同学校教师补充的差异，厘清学校自变量和县自变量对教师补充的影响。研究数据可通过 SPSS21.0 和 HLM6.06 软件进行处理。

2. 变量解释与描述

本研究主要目的在于探究学校条件和区县条件是如何影响偏远贫困地区教师补充的，指标的选择主要依据已有文献对校长、教师及教育行政管理人员的访谈。具体指标如下：

因变量：学校教师补充程度，其最显著的考察指标就是生均专任教师数的多少。因此，可将学校生均专任教师数作为模型的出口变量（Y_{ij}）。

学校自变量（$LEVEL-1$）包括 5 个指标：X_1 为学校位置（1＝县城，0＝农村）、X_2 为学校层级（1＝中学，0＝小学）、X_3 为生均教育事业经费支出（千元）、X_4 为每位教师拥有教学及辅助用房面积（平方米）、X_5 为学校教师绩效工资水平（千元）五项指标。其中，X_1、X_2 为虚拟变量。

县自变量（$LEVEL-2$）包括 7 个指标：W_1 为人均教育经费支出（万元）、W_2 为人均社会保障与就业支出（万元）、W_3 为城乡居民人均年收入差值（万元）、W_4 为每千人拥有医务卫生人员数（人）、W_5 为人均 GDP 值（万元）、W_6 为公路密度（km/平方公里）、W_7 为电视覆盖率（%）。上述指标分别从县财政、经济发展、居民生活、基础设施建设等方面反映本地区的社会经济发展水平，基本反映了一个县的发展状况。

3. 模型分析原理

（1）因变量生均专任教师数差异的方差分解。

通过零模型分析可以明确学校自变量和县自变量对因变量（学校生均专任教师数）差异的方差成分，其模型公式如下：

$Level-1$ 方程：$Y_{ij}=\beta_0+r$，式中 $r_{ij}-N(0,\sigma^2)$

$Level-2$ 方程：$\beta_0=\gamma_{00}+\mu_0$，式中 $\mu_{0j}\sim N(0,\tau_{00})$

零模型总方程：$Y_{ij}=\gamma_{00}+r+u_0$

上式中，i 表示学校，j 表示县；Y_{ij} 表示 j 县的 i 学校教师补充（即生均专任教师数）的观测值；β_0 是 $Level-1$ 方程的截距，表示学校教师补充的总平均水平；μ_0 表示各县间的残差或随机误差项。

假设通过计算得出，组内相关系数 $\rho=\tau_{00}/(\tau_{00}+\sigma^2)=0.39$，且卡方检验结果达到显著水平，那么结果则表明，所选样本地区的中小学生均专任教师数差异中的 39% 源自县际间的差异，61% 源于学校间的差异，说明有必要构建阶层线性模型进一步分析。

（2）自变量对地区生均专任教师数分析机理。

首先，在 $Level-1$ 方程中加入学校自变量（X_i），分析学校自变量对生均专任教师数的影响；其次，在此基础上，通过在 β_1，…，β_5 方程中加入县自变量（W_i），即构建完全模型分析县级层面社会经济发展状况对不同学校生均专任教师数差异的影响机理，各模型公式如下：

$Level-1$ 方程：$Y_{ij} = \beta_0 + \beta_1 X_1 + \beta_2 X_2 + \beta_3 X_3 + \beta_4 X_4 + \beta_5 X_5 + r_{ij}$

$Level-2$ 方程：$\beta_0 = \gamma_{00} + \gamma_{01} W_1 + \gamma_{02} W_2 + \cdots + \gamma_{07} W_7 + u_0$

$$\beta_1 = \gamma_{10} + \gamma_{11} W_3 + \gamma_{12} W_4 + \gamma_{13} W_5 + \gamma_{14} W_6 + u_1$$

$$\beta_2 = \gamma_{20} + \gamma_{21} W_1 + \gamma_{22} W_3 + \gamma_{23} W_5 + \gamma_{24} W_6 + u_2$$

$$\beta_3 = \gamma_{30} + \gamma_{31} W_1 + \gamma_{32} W_3 + \gamma_{33} W_5 + u_3$$

$$\beta_4 = \gamma_{40} + \gamma_{41} W_1 + \gamma_{42} W_3 + \gamma_{43} W_5 + u_4$$

$$\beta_5 = \gamma_{50} + \gamma_{51} W_1 + \gamma_{52} W_2 + \gamma_{53} W_3 + \gamma_{54} W_5 + u_5$$

β_1，…，β_5 表示学校自变量对方程的偏回归系数，即方程的斜率；X 和 W 分别表示学校自变量和县特征变量；r_{ij} 是表示学校间的随机误差；γ_{00}，…，γ_{50} 表示各方程的固定效应；μ_0，…，μ_5 分别表示各自方程的残差或随机误差。此模型包含两部分，一是"县自变量对学校教师补充的固定效应"；二是"县自变量对学校自变量的影响"，即县自变量与学校自变量的交互作用。

二、构建城乡一体化义务教育教师交流体制机制

（一）"城乡一体化义务教育教师交流"的概念界定

首先，本节对"教师流动"与"教师交流"两个概念的内涵及相互关系予以明确。广义而言，"教师流动"是职业流动的一种，它包括职业内流动和职业外流动，是教师根据个人发展需求，在教育与其他行业之间、教育系统内的不同单位之间以及同一教育单位不同岗位之间所进行的职业或岗位变动的过程。而狭义的"教师流动"仅指教师行业内部流动[①]。就行业内部流动而言，当前国内研究者对"教师流动"的定义和分类大致有两种思路："一般意义上的教师流动"和"教育均衡发展背景下的教师流动"。前者指教师在不同地域和学校之间进行调配；后者是以教育均衡发展为旨归所推动的教师岗位轮换。无论是《教育规划纲要》中提到的"学校教师和校长流动机制"，还是《国务院关于深入推进义

---

① 韩淑萍：《我国教育均衡背景下教师流动问题的研究述评》，载《教育导刊》2009 年第 1 期，第 10 页。

务教育均衡发展的意见》等政策文件中所提到的"教师交流",两者虽然提法上不同,但实际上都应作狭义理解,即以教育均衡发展为宗旨的教师行业内流动,具体是指教师资源在教育系统内部进行合理配置,从而实现教师劳动力优化组合,实现教育资源均衡的过程。

本书关注的"教师交流"是狭义上的教师交流,重点关注城乡中小学教师交流,即在我国城乡一体化义务教育阶段师资条件差距悬殊、教育不均衡发展的现状下,政府采用宏观调控和行政干预来推动城乡中小学现有师资按规定定期进行双向流动的政策行为。其主要形式为城市优质师资向农村薄弱学校的输送与帮扶,以及农村薄弱学校教师到城市学校学习与进修。近年来还出现了支教模式(包括政府发起的支教计划、民间发起的支教行动和高校发起的支教实习)、轮岗模式(系统大轮换模式,如"人走关系动"的刚性流动、"系统人身份"的柔性流动;局部小轮换模式,如"学区制"教师轮换模式、"集团式"教师轮换模式、"帮扶式"教师轮换模式等)、转会模式(教师转会制)等多元化的[1]新型交流模式。其主旨是要加强农村师资队伍建设,促进城乡间教师在一定时空范围内的均衡配置和专业发展,建立城乡一体化的教师共同体系统,并在系统内部构建良性、合理的交流体制机制。

(二)我国城乡教师交流的政策沿革

1999 年中共中央办公厅颁布的《中共中央国务院关于深化教育改革全面推进素质教育的决定》指出:"各地要制定政策,鼓励大中城市骨干教师到农村基础薄弱学校任教或兼职,中小城市(镇)学校教师以各种方式到农村缺编学校任教。"这意味着国家开始把城乡教师交流纳入政策范围。2001 年,教育部印发的《中小学教师队伍建设"十五"规划》中明确提出"建立教师交流制度,合理配置教师资源",要求"城镇中小学教师原则上要有一年以上在农村学校或薄弱学校任教的经历,方可聘任高级教师职务。"2003 年出台的《国务院关于进一步加强农村教育工作的决定》明确提出"建立城镇中小学教师到乡村任教服务期制度",并要求"地(市)、县教育行政部门要建立区域内城乡'校对校'教师定期交流制度"。这些文件的出台都为推动城乡教师交流提供了政策依据,推动了我国城乡教师交流在广度和深度上的不断发展。2006 年,《教育部关于大力推进城镇教师支援农村教育工作的意见》以推进城镇教师支援农村教育为重点,提出了六项支教工作措施,包括做好大中城市中小学教师到农村支教、组织县域

---

① 邬志辉:《区域内城乡一体化义务教育教师一体化流动机制研究》,载《中国农村教育评论》,北京师范大学出版社 2013 年版,第 3~40 页。

内城镇中小学教师定期到农村任教、探索实施农村教师特设岗位计划、积极鼓励并组织落实高校毕业生支援农村教育工作、组织师范生实习支教、积极开展多种形式的智力支教活动（送教下乡、走教等）。这是国家层面第一个关于教师交流的文件，但是，该文件所涉及的主要是由城镇到农村的单向流动。2006 年新修订的《义务教育法》第三十二条规定，"县级人民政府教育行政部门应当均衡配置本行政区域内学校师资力量，组织校长、教师的培训和流动，加强对薄弱学校的建设。"这项规定使校长、教师流动政策具有了法律地位，而且指明了教师流动的目标、方式和范围。上述政策法规体现了教师交流由理念层面上升到政策层面，又由政策层面上升到法律层面的过程。2012 年 8 月出台的《国务院关于加强教师队伍建设的意见》和教育部等五部委于 2012 年 9 月联合发布的《关于大力推进农村义务教育教师队伍建设的意见》等文件进一步提出实行县域内公办学校校长、教师交流制度，再次明确提出"城镇学校教师评聘高级职称原则上要有一年以上在农村学校任教经历。"

（三）城乡义务教育教师交流体制机制存在的问题

1. 城乡义务教育学校教师交流总体规模较小

近几年，国家政策对农村教师的调配与师资队伍建设方面做了很多规定，各地也不断探索城乡教师交流的有效途径和推进模式。例如，Y 省 SY、Q 省 HEB、N 省 TL、HB 省 SJZ、O 省 JZ、D 省 CD、A 市等地陆续出台了城市教师到农村学校支教、扶植农村教师到城市学校学习进修、对口交流、轮岗、晋职与支教捆绑等城乡教师交流措施，形成了较为成熟的教师交流机制，实现了每年约 10% ~ 15% 的教师交流率，较为有效地推进了城乡师资的良性流动，为其他地区建立健全城乡教师交流体制机制提供了宝贵经验。但这些成功范例在全国只是少数，大部分地区的城乡教师交流仍存在诸多问题。

为深入了解地区教师交流政策实施情况，课题组对执行教师交流政策的相关人员进行了深度访谈。如 E 省 CZ 市教育局人事科干部表示，教师交流在当地是一个难题，尤其是城市教师到农村支教，根本没办法，主要原因在于该市大部分县属于山区，农村地方偏远，派城镇教师去支教会遇到很多无法解决的困难，所以，教师交流目前还未实施。J 省 JZ 市 JN 镇的一所村小教师也反映他们那里几乎没有教师交流，学校只请过城区学校的老师来上过半天公开课。在与 A 市教委人事处负责人的访谈中，课题组了解到 A 市 BB 区、PS 县在教师交流的县（区）中算是做得比较好的，但 PS 县教委人事处负责人表示，当地的交流率每年仅在 2.5% 左右；BB 区负责人则表示该区也仅能达到 5% 左右。X 省 TY 县一名教育行政干部表示，当地参与交流的教师比例无法达到教师总数的 10%，只能达到 1.5% ~ 2%。E 省 NN 市 YN 区支教办主任在谈及支教教师数量时说道，"刚开始时每个学校（指城区优势学校）1 个，到现在也就 2 个，再多就不可能了。"O 省 2010 年仅组织 180 名城市教师参加支教。W 省 QZ 市 NA 县一名校长在访谈中提到当地制定了教师交流政策，但落实情况不好，教师交流率基本为零。从调研情况来看，教师交流共同的问题是教师交流面很小，往往为点对点的小范围交流，受访地区政府部门均没有提出交流比例的具体要求。这说明教师交流政策在部分地区实施范围和实施效果并不十分理想。

除访谈外，本书还选取了西部 A 市的部分县（区）进行实地调查，以期了解当地教师交流的情况。该调查将参与城乡中小学教师交流的人数与该县（区）城乡在编中小学教师总数之比设为城乡教师年交流百分比。在所调查的 5 个区县中，2011 年的调查数据显示，A4 县城乡中学的交流率最低，为 2%；A2 县城乡小学的交流率最高，为 7%；各县（区）城乡中小学教师平均交流率为 4.5%，城乡小学教师平均交流率（5.4%）高于城乡中学教师平均交流率（3.6%）（见表 2 - 4）。

表 2 - 4   2010 年西部 A 市五区（县）中小学城乡教师交流率统计表

项目	A1		A2		A3		A4		A5	
	小学	中学	小学	中学	小学	中学	小学	中学	小学	中学
城乡教师年流动率	5%	3%	7%	6%	5%	4%	5%	2%	5%	3%

调查结果显示，该地区教师交流率与上述 SY、HEB、JZ 等地的教师交流模式中计划的 10% ~ 15% 的年交流率相比，尚有较大差距。调查发现，教师交流政策在许多地区仍停滞在文本阶段，难以有效实施。城乡中小学教师交流率低的现状反映了城乡中小学教师交流政策难以执行的困境。

2. 城乡教师交流以支教为主，交流形式单一

课题组在 A、E、B、J、D、W 等省市的访谈调研中发现，目前我国城乡教师交流的主要形式是以城市教师到农村支教、农村教师到城镇学校跟岗学习为主。据悉，全国大多数省、市、自治区都鼓励、支持城市教师到农村学校顶岗支教。如 2010 年，O 省 TY 市选派 11 名（小学教师 1 名，初中教师 10 名）城市教师前往农村支教，其 YC 市组织 28 名（小学教师 10 名，初中 18 名）教师送教下乡。A 市 SPB 区、BB 区、KA 县、QJ 县、PS 县的教师交流开展得较好，但交流形式仍局限在支教和跟岗学习两种。QJ 县是 A 市唯一进行"县管校用"教师

人事管理模式改革的试点区域，但教师交流仍然是以派出城市教师到农村支教为主，支教期限为一年。另外，课题组还了解到，E 省 BS 市 PG 县教师交流的形式主要也是跨区域跟班交流和送教下乡。跨区域跟班交流一年进行 1~2 次，主要是领导或者少数骨干教师参与。

2006 年《教育部关于大力推进城镇教师支援农村教育工作的意见》中提出"开展多种形式的智力支教活动"，如短期支教、兼职支教、特级教师讲学团巡回下乡送教，城镇骨干教师到农村学校"联聘"、城市优秀教师远程示范课等多种形式。然而，很多地方虽然名义上要求开展多种形式的教师交流，但在实际执行中只是"走走过场"，并没有提高农村师资水平。如 E 省 BS 市 PG 县探索了县域内党支部结对交流的形式，一学期组织一到两次两校教师在一起开展教学培训或其他非教学交流活动，这样的教师交流活动具有临时性、短期性特点，对于提高农村师资水平的作用有限。另外，目前有部分地区正在尝试"人走关系走"的教师轮岗交流、建立学校间教育联盟等创新模式，取得了一定成绩，但在推行过程中面临诸多问题，并没有大范围的推广。

3. 教师抵触交流，交流意愿低

课题组为了解教师对交流政策的参与意愿及其满意度，在西部 A 市五个县（区）随机抽取了 450 位教师进行问卷调查和焦点组访谈，通过聆听城乡教师交流政策实施主体的声音，以期了解教师对该政策的接受程度，从而探究影响城乡中小学教师交流的个人因素及深层次的体制机制问题。调研发现，约 53% 的农村教师有意愿从农村学校交流到城市学校工作，约 74% 的教师不愿参加城乡教师交流没，24% 的教师表示无所谓，如果学校让去就会去。

研究中以性别、年龄、学段、任教地区、职称等为变量，考察各个变量影响下教师流动意愿的差异分布（见表 2-5），发现男性教师比女教师更愿意参与教师流动；中学教师的流动意愿高于小学教师；来自农村、乡镇、县城和城市的教师流动意愿依次递减；25~35 岁年龄段的教师流动意愿最为强烈；初级职称教师相较中、高级职称教师有更高的流动意愿。

表 2-5　　城乡中小学教师交流意愿的人口学变量差异分布

变量		样本数	均值	标准差	标准误差
性别	男	150	2.6375	0.52322	0.07399
	女	204	3.0728	0.69636	0.08507
学段	小学	231	3.0335	0.69596	0.08259
	中学	132	2.6648	0.50777	0.07655

续表

变量		样本数	均值	标准差	标准误差
任教地区	省城	45	3.3833	0.88699	0.22902
	县城	63	2.9425	0.61926	0.07802
	乡镇	29	2.6466	0.49559	0.09203
	农村	9	2.5833	0.53765	0.17922
年龄	25 岁以下	4	3.0000	0.87202	0.43601
	25～35 岁	39	2.7885	0.68535	0.10974
	36～45 岁	65	2.9538	0.65758	0.08156
	46 岁及以上	10	2.8250	0.51774	0.16372
职称	初级职称	2	2.7500	0.17678	0.12 500
	中级职称	14	2.8750	0.81453	0.21769
	高级职称	60	2.8667	0.64926	0.08382
	未定级	41	2.9451	0.65374	0.10210

　　教师作为教师交流政策的主要参与者，其对政策的主观接受程度将直接影响政策的执行效果。上述数据表明，教师对于交流的意愿普遍不高，具有很大的被动性。此外，课题组还发现，影响城乡教师交流意愿最为主要的五大因素分别为：个人专业发展空间 = 教学条件与环境（46.6%）＞家庭因素（34.2%）＞职称（21.9%）＞物质待遇（19.8%）（见图 2-1，图中 N 表示其他）。

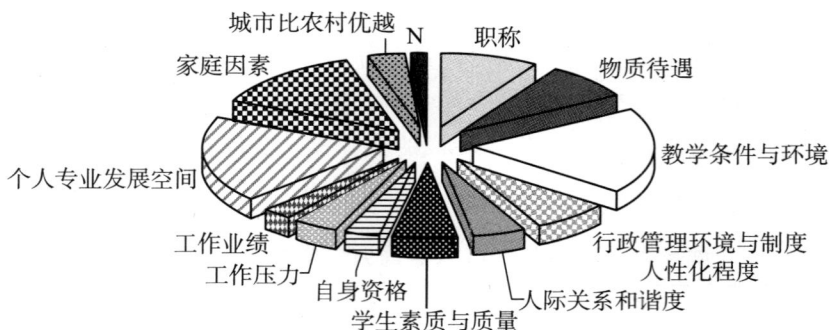

图 2-1　城乡中小学教师流动意愿影响因素比重分布

　　可见，影响教师交流意愿的主要因素首先来自个人专业发展空间和教学条件与环境，其次来自教师的家庭因素。很多教师在访谈中也谈到，交通不便、生活设施缺乏是他们下乡交流存在的主要顾虑。另外有孩子的老师，无论是城里的或是农村的，在一个地方待久了，建立了家庭，适应了一个地方的生活，就希望能够安定下来。这些困难如得不到有效解决，则都会导致教师抵触交流政策，从而影响教师交流政策的实施。

4. 城镇学校未派遣符合要求的教师参与交流

各地教师交流政策中有关教师选拔标准的规定主要可以归纳为三个方面：一是达到一定的教龄；二是业务能力突出，一般要求是本校的骨干教师、"教学能手"、"学科带头人"等；三是有中级以上专业技术职务。但由于监管上的缺失，在实际执行中，城镇学校因为担心优秀教师交流会影响本校的教学水平和升学率，因而并未按规定派遣优秀教师支教。如 A 市某中学体育教师在访谈中谈到其在工作第二年就到乡村支教了，学校对于交流教师的资格没有特别要求。而且，有的学校甚至将教师交流作为惩罚教学业务差的教师的一种手段。如个别管理人员在访谈中谈到，"我们现在基本上是完成任务，相当一部分学校是某个老师不好好干，业务成绩很差，下个学期就被轮去支教了。"总的来看，目前多数城镇学校在派遣交流教师时更多的是选派教学水平低的教师出去交流，这不仅没有实现教师交流的初衷，反而给接收学校带来负担。

此外，据中国教育科学研究院的调查显示，各学校派遣的交流教师类型中，"教学能力强"的仅占 25.37%，"教师个人要求"的占 24.96%，而"不胜任本校教学"的竟然占了 12.23%，"超编学科教师"也占了 11.55%[1]。这一调查结果同本课题组调查结果基本吻合。可见，交流教师选拔标准偏低现象普遍存在，一些交流到农村学校的城镇教师教学水平偏低，无法驾驭农村教学环境，更谈不上对农村学校教师的引导。这种缺乏监督的教师交流终将削弱教师交流的预期效果。对派出学校而言，表面看是甩掉了包袱或优化了师资，但从长远看，把教学能力有待提高的教师派到质量更差的学校既不利于这些教师教学水平的提高，也无法提升本校师资水平；对接收学校而言，由于交流教师教学能力偏低，只能暂时缓解其师资数量的紧缺，而难于提高其师资队伍的整体质量。

目前许多地方教师交流采用自上而下的选派模式，即由教育行政部门通过行政命令的方式要求城镇学校和农村学校派遣教师参加交流，城镇和农村中小学各自按照文件要求上报能够用于交流的岗位和参加交流的教师名单，地方教育行政部门汇总各个学校上报的岗位和教师后进行审核和配对，其将"进城跟岗学习"教师与"下乡支教"教师在数量、科目上进行统筹，最后双向派遣。这种选拔方式要求教育行政部门对于各校上报的参与交流的人员和岗位有非常科学、细致的计划。如果统筹计划不仔细，则极易导致交流教师专业与交流学校需求不对口

---

① 刘芳，武向荣，曾天山等：《教师流动促进学校均衡发展》，载《中国教育报》2012 年 8 月 27 日。

的状况。访谈中，很多交流老师反映自己到交流学校后是缺什么教什么，完全与原专业脱钩。多数教师认为"这种做法既增加了教师自身的工作量，也降低了教学质量"。

5. 地方政府对教师交流政策的推行力度较弱

课题组于 2012 年 6 月在 P 省进行的"教师对交流政策的效果评价调研"结果显示，有关"本地政府对促进教师交流所投入的资金比较大"这一表述的赞同程度，选择"非常符合"的仅有 7%，选择"较为符合"的有 11%，选择"较不符合"和"非常不符合"的有 11% 和 28%。同时，超过 35% 的教师认为学校对促进教师流动的资金、人力、物力等投入力度不够大，有 45% 左右的教师持不确定态度，只有 20% 左右的教师表示赞同。以上数据说明多数教师对政府在教师交流方面的投入情况并不了解或者不满意。访谈发现，造成这一现象的主要原因就是部分地方政府把城乡教师交流政策当成是一个"作秀工程"，宣传和策划做得震天响，一旦需要投入财力、人力、物力时，便开始推三阻四，玩起"踢皮球"的游戏。

除经费保障不足外，城乡教师交流的配套政策也跟进乏力，主要表现在以下几方面。第一，生活保障政策难于让支教教师安心工作。据交流教师透露，饮食、交通、住宿等生活保障问题令他们不满意，尤其是住宿问题，影响了他们的支教情绪。第二，工作保障政策难于让交流教师满意。由于教师交流政策对交流教师的工作量考核没有作出明确规定，结果导致交流教师工作量出现两极分化。如有些交流教师在受援学校感觉太累，承担的教学和辅导任务较重；而有些交流教师则比较清闲，其主要任务是听课和辅导，上课次数较少。第三，待遇补偿政策难以让交流教师满意。

由于缺乏可操作的建议，政策文件规定的优惠政策在兑现时常打折扣。调研发现，只有 36% 的被调查者认为自己在教师交流政策实施后工作热情有所提高。作为经济人，教师也有趋利行为，即所谓"重赏之下必有勇夫"。但如果激励程度不够，则很难调动教师群体参与教师交流的积极性和工作热情。A 市 QJ 县教委基础教育处某科长在接受课题组访谈时谈到，该县每年用于教师交流的经费是 20 万元，对于到偏远地区交流的教师额外补贴是每月 500 元，没有住房补贴和其他配套补贴。A 市 PS 县教委负责人也谈到，对于参与交流的教师补偿为每年每人 4 000 元或者 20 000 元不等的经济补贴，并享受职称评定、英语与计算机考试免考等优惠政策，除此之外无其他激励措施。C 省教育厅干部在访谈中谈到，"交通上有一定的补助，但是在其他如住宿、生活方面的配套保障就没有了，教师交流是教师职称评定的前提条件。"从调研的情况来看，当前各地所采取的补偿措施对促进教师参与交流的力度不够。

6. 城乡教师交流考评主体和标准不合理

对交流教师进行考核和评价是做好交流教师管理的重要环节，对于提高交流教师工作积极性、教师交流成效具有重要意义。课题组调研发现，西部某县规定："教师在交流期间的工作考核由原学校进行。" E省 NN市 SL县 DF镇某中学同样由原学校对交流教师进行考核。这种评价主体和标准与工作场景脱离的做法既给交流学校的日常管理工作带来了不便，也无法对交流教师进行公正合理的评价。有的地方是由接收学校对交流教师进行考评，但由于缺乏有效监管，这种考评流于形式。如 A市某中学体育教师在访谈中谈到其在本市 WS县支教一年，支教结束时是由当地学校进行考评，考评就是走形式，对其没有产生任何约束与压力。不规范的考评机制导致交流教师缺乏责任心，交流效果不理想。

综上所述，目前我国城乡教师交流政策存在执行面小、教师满意度低、形式单一等问题。与此同时，该政策在执行过程中还遭遇了教师抵触、学校敷衍、经费保障不足、岗位需求不对口等具体困难。这些问题的存在影响了教师交流政策的实施效果。

（四）城乡义务教育教师交流体制机制问题的原因分析

1. 全国未形成统一规范的城乡教师交流制度，政策法律效力不足

从上述"国家层面的教师交流制度沿革"可知，自 1999年起，我国多个政策文件提及教师交流问题。如 2006年的《教育部关于大力推进城镇教师支援农村教育工作的意见》、2012年《国务院关于加强教师队伍建设的意见》等。这些文件虽对教师交流工作具有一定指导作用，但却仅只是"意见"。2006年新修订的《义务教育法》提出"县级人民政府教育行政部门应当均衡配置本行政区域内学校师资力量，组织校长、教师的培训和流动。"虽然有了这些制度规定，但是由于未出台配套的实施细则，导致政策实施过程中交流教师条件、交流年限等标准不一，更有一些地方和学校敷衍应对交流，如派出一些教学能力较差的老师支教；另有一些地区，上级教育行政部门虽有相关文件，但下级却完全没有照此执行。如 E省 PG县教育局负责人谈到他们当地教师交流缺乏相应的制度规范，何时调回来不是由文件具体规定，而是由上级决定，有的老师甚至害怕出现调下去支教后就难以调回的情况。这种极端"人治"的管理方式导致当地教师非常抵触下乡支教。因此，教师交流缺乏规范而强有力的制度保障是导致各地做法不一、力度不同、推进效果差异大的原因。

2. 交流活动中存在各利益主体间的博弈，教师利益缺乏有效的外部保障

我国城乡经济的巨大差异是教师交流政策难以有效推进的一个关键因素，这一差异直接导致教师交流政策的各个利益主体在政策执行过程中的利益博弈，当

政策主体在自身利益受损时，其必然会抵制交流政策的施行。因此，在城乡经济差异大的背景下，平衡好政策各主体的利益是政策有效执行的关键。城乡教师交流从本质上说，是一个教育利益再分配的过程，涉及教师、学校和教育主管部门三方的利益，存在着复杂的利益博弈关系[①]。当前的情况是政府专项经费保障不足，多以行政命令进行要求，学校因为没有受到有效监督和补偿便往往应付了事，而处于三方利益博弈关系中最弱势地位的教师则表现得更加被动。

3. 以行政手段强制教师交流与现行教师法律存在冲突

《教师法》第十七条规定："学校和其他教育机构应当逐步实行教师聘任制。教师的聘任应当遵循双方地位平等的原则，由学校和教师签订聘任合同，明确规定双方的权利、义务和责任。"教师聘任制意味着至少以下两方面含义：第一，教师是专业技术人员，不是各级政府机构的公务员，不受行政指令的强制约束；第二，教师聘任合同的双方主体是教师和学校，双方是平等的法律关系。按照这一规定，我国公立学校教师处于与学校的聘任契约关系之中。

我国教师的法律身份和地位虽然目前在学术界争议广泛，但仅以该法条来看，教师身份被打上了"学校雇员"的标签。也就是说，教师与政府（教育行政部门）之间实际上没有直接的法律关系，政府代替学校对教师进行人事调配缺乏法律依据。一方面，在学校与教师签订聘用合同的前提下，政府强制调配教师构成了"越位"行为，剥夺了学校作为教师聘任合同法律关系的主体地位，而成为事实上的"政府—教师"法律关系；另一方面，政府直接下达行政命令要求教师参加流动，与《教师法》中教师聘任制的"双方地位平等的原则"和双向选择的相关内容存在矛盾，是对教师正当权利的剥夺与合法权益的损害。

虽然《义务教育法》第三十二条规定，"县级人民政府教育行政部门应当均衡配置本行政区域内学校师资力量，组织校长、教师的培训和流动，加强对薄弱学校的建设。"但这一规定本身就与教师聘任制的法律精神相悖，与《教师法》第十七条的规定冲突。根据法学基本原理，《义务教育法》与《教师法》两项法律处于同一法律位阶，具有同等法律效力，两个同位阶的法律规定存在如此大的冲突，本身也是我国教育法制不完善的体现，亟须进行修订。另外目前部分地区实现的"人走关系走"的教师轮岗政策赋予行政部门强制将与学校签订了聘任合同且约定服务期尚未到期的教师调走的权利，这也与《劳动法》等有关法律法规相违背。

4. 政府内部行政部门权责划分不当，管理机制障碍仍未突破

目前，部分地区已经开始尝试"县管校用"的教师人事体制改革，"县管校

---

① 蔡明兰：《教师流动：问题与破解——基于安徽省城乡教师流动意愿的调查分析》，载《教育研究》2011 年第 2 期，第 95 页。

用"即教师人事关系全部交由区县教育行政部门进行管理，一般是在教育行政部门中专门成立一个教师人事管理中心，负责教师的聘任、调度、管理等各项事务，教师人事关系由"校管"变为"县管"，教师身份由"单位人"变为"系统人"。

在这一试点的教师人事体制改革模式下，教师由学校聘任转变为政府聘任，较好地解决了前文谈到的政府统筹调度教师缺乏法律依据的问题，同时也使得政府在统筹调配教师流动上拥有更大的权限。但即便在这样的试点区域内，教师交流仍然遭遇制度瓶颈，交流工作仍然难以顺利有效开展。A 市 QJ 县教委基础教育处科长在接受课题组访谈时谈道："'县管校用'政策执行效果不佳的关键问题是编制和岗位设置权限的问题。编制是编委直接核定到学校，岗位设置又是人事部门在管，教委没有这两项权利。在这种情况下，要求教委统筹执行交流政策自然效果不佳。"D 省 CD 市教育委员会人事处科长在访谈中也谈道："教育行政部门'县管校用'的人事管理，触及到编办、人事、财政部门的权限，这些职能部门是直接管理到学校的，教委权限只在于业务管理，在人事岗位设置、编制分配上没有权利，所以即便在做'县管校用'试点的地区，教师依然不好流动。"由此可见，在主要影响交流政策执行的编制、岗位管理职权上，"县管校用"人事管理模式并未体现对以人事部门为主导的教师管理体制的突破。而在未实施"县管校用"人事体制改革的地域内，教育行政部门的统筹调配权利就更小了。这样的体制性问题没有解决，教育行政部门自然难以全面科学统筹教师交流政策，从而无法确保其良好的执行效果。

5. 城乡学生数量结构性失衡，不利于教师交流政策的推行

随着城镇化进程加快，当前政策允许农民工子女在城市学校上学，农村学生越来越少，甚至有的农村学校出现学生少、教师超编的现象。相反，相对学生人数日益增多的城镇学校来说，教师总是不足，城镇教学班级规模越来越大，教师工作压力越来越大。在这种情况下农村学校教师因为城镇学校工作量太大，不愿意流动到城镇学校跟岗学习，而城镇学校教师因工作任务繁重，学校、社会方方面面都会给优秀教师的离岗交流制造阻力。由此可见，城镇农村学生数量失衡导致城市教学压力急剧增大，教师紧缺。在这种情况下，教师交流一方面将引发城市学生家长极大反对，为交流制造压力；另一方面由于在农村就读的儿童数量减少，质量下降，到农村交流的优秀教师优势难以发挥，工作热情也将受到极大的挫伤，导致教师交流的初衷难以实现，这也是城乡教师交流难以推行的根源之一。

6. 教师交流政策欠缺科学性、合理性

从上述在教师交流政策运行过程中凸显的问题分析中可以发现，交流学校不按照规定派遣交流教师、学校片面追求交流比例、交流专业需求不对口、交流形式单一、考评主体不合理、考评标准不统一等执行上的问题实际上源于政策本身存在问题。政策设计的不科学会直接影响政策的执行效果和推广力度。课题组通过调查政策的形成性评价来衡量教师交流政策的科学性。政策的形成性评价是指在特定政策制定和执行过程中从政策制定者等内部人员的视角审视政策目标、内容、执行等方面的科学合理性及存在的问题，从而更好地改善政策以取得更好的效果。课题组在 A 市五县（区）对 50 名教育行政工作人员进行了城乡中小学教师交流政策的形成性评价调查，调查问卷涉及政策目标、政策内容、组织机构、管理和监督机制、运行机制五大维度共 26 项关于政策科学性的表述，以 1 ~ 5 级逆向评级打分方式进行测量，对相关表述的认可度进行评价，1 表示非常符合，5 表示非常不符合。调查结果显示，被访者对政策五大维度全部条目所做出的认可度平均分为 3.6749，普遍趋近于"比较不符合"，说明教育行政工作人员对教师交流政策科学性的认可度较低。总体评价结果见表 2 - 6。由此可见，政策执行者对于政策设计的科学性认可度并不高。结合对 50 位被试和其他各地教育行政干部、教师的访谈，课题组认为教师交流政策设计中存在的组织管理主体不明确、交流比例要求不科学、交流年限规定不科学、交流选派机制不健全、交流考评监督体制不健全等问题是其本身合理性欠缺的原因。

表 2 - 6   城乡教师交流政策科学性五大维度评价的描述性统计

维度	样本数	最小值	最大值	均值	标准差
政策目标	50	1.00	5.00	3.2593	0.60375
政策内容	50	1.00	5.00	3.4577	0.74154
政策机构	50	1.00	5.00	3.5253	0.79136
管理监督机制	50	1.00	5.00	4.1154	0.67364
运行机制	50	1.00	5.00	4.0168	0.74086

以上分析了我国教师交流政策执行效果不理想的根源。此外，还应重视教师交流政策难以避免产生的负效应。在各地教师交流推进中，一些负效应随之产生：其一，削峰却无法填谷。派出优秀教师削弱了派出学校的师资优势，零星优秀教师在受援学校独木难成林，受援学校也很难提供城镇优秀教师发挥优势的条件；其二，短期交流适应难。频繁短期交流给教师、学生和学校的管理带来困扰。因此，教师交流政策的施行必然存在难以克服的负效应，但我们不能因噎废食，相反我们应该进一步总结现有教师交流政策的国内外成功经验，逐步摸索出更科学、更合理的改革思路。

（五）构建城乡一体化义务教育教师交流体制机制的对策建议

从博弈论视角出发，基于模型中影响三方效用函数值优化与均衡的主要变量，结合前文的实证研究和西部 A 市地方现状，课题组认为构建一套城乡教师交流体制机制要遵循以下几大原则：一是合理性原则，即确保城乡交流教师在数量、质量、结构上的对口，以需求为导向，以满足需求为方针，避免"一刀切"式的刚性交流造成的教师人力资本浪费；二是有效性原则，确保交流不只是停留在形式上而要确有其效；三是有序性原则，确保由静止的、单一的、无序的、利益非均衡的交流转变为动态持续的、双向的、有规约的、多方共赢的交流；四是人文性原则，确保交流由工具理性向人本主义的转向，由外力型刚性交流向可持续的内力型交流的转向，强调教师个体意愿与自我发展的价值取向；五是公正性原则，确保交流建立在利益均衡的协商基础上，平等地选派、差异性地配置、充足地补偿所需和损益。此外，城乡教师交流并非解决城乡师资差距的唯一治本途径，就教师个体来说，如何发展是一个核心问题。因此教师交流体制机制的构建应与其他"造血式"农村师资队伍建设措施相结合，如师范生免费教育、"国培计划"、农村教师培训和顶岗支教等项目。针对现阶段城乡一体化战略下的中小学教师交流体制机制的构建，提出以下具体建议。

1. 建立城乡教师交流机制的外部保障制度

（1）厘清政府与教师的法律关系，建立教师政府聘任制。

在教师聘任制背景下，政府对教师的交流只能是引导、鼓励，征询其意愿，而非强制命令，真正的教师调配权应交给了市场。然而在当前城乡经济差异大的背景下，单纯的市场调控可能会使城乡师资差距急剧恶化，同时会给教师交流带来新的法理危机。在实践中，简单借助鼓励、引导、劝说等柔性手段来实现教师交流又是显得如此乏力，市场中各方利益的博弈不足以将教师引向乡村，这也是目前教师交流政策执行力度弱的根源。因此，对教师的调控绝对离不开政府，政府必须取得宏观调配教师的合法依据，配合市场采取更加有效力的措施。

要实现政府对教师调配的合法权力，必须重新定位教师的法律地位，建立政府与教师之间直接的法律关系。这样的直接法律关系的建立有两种途径：一是赋予教师公务员身份，实现教师公务员制；二是赋予教师"政府雇员"的身份，实现政府聘任制。在教师公务员制度下，教师与学校是行政关系，非法定事由教师不得被免职或遭惩罚，教师与国家其他公务员享有同样的权利与待遇，身份终身制，大陆法系国家如德国、法国和日本均采用了这样的体制。而在政府聘任制下，教师身份定位为公务雇员，即教师兼有公务员和雇员的双重身份，教师与地方政府签订雇佣合同，教师与政府的关系也兼具行政隶属关系和民事聘任法律关系，英美法系国家如美国、英国的公立学校教师都是"政府雇员"身份。而我国早在 1993 年《国家公务员暂行条例》颁布之时就将教师明确排除在公务员队伍之外。随后，我国又进行了二十年的教师聘任制的改革尝试。课题组认为目前再倒回去将教师定位为"国家机关工作人员"或者"公务员"已经不可能了。当前最好的出路是，顺应我国教师聘任制改革，保留"教师聘任制"，但将其内涵由教师学校聘任转变为教师政府聘任，将教师身份定位为公务雇员，使双方兼具行政隶属和民事契约双重法律关系。

《教师法》从 1994 年 1 月 1 日生效执行至今已经有接近二十年的历史，其间没有进行过正式的修订，很多方面的内容已经不能符合当前社会发展的要求。课题组建议尽快修改《教师法》第十七条内容，将其中"由学校和教师签订聘任合同"的内容改为"由政府和教师签订聘任合同"。将教师聘任制的内涵界定为聘任双方在平等自愿的基础上，由教育行政部门根据教育教学需要设置工作岗位，聘请具有教师资格的公民担任相应教师职务的一项重要人事管理制度，即将学校排除在教师聘任主体之外，将教师聘任权收归教育行政部门享有。在这样的人事体制构架下，一方面教师交流制度具备了法律依据，政府能据此对教师进行统筹调配；另一方面，政府对于聘任期不合格的教师有解聘权，从而教师队伍又因其公务"雇员"身份而保持了自身的内部竞争性与活力。

（2）科学设计"县管校用"教师人事管理体制。

本书认为教师政府聘任制在实践中已经超前于法律规定，即所谓的"县管校用"人事管理体制。县管校用人事管理体制就是将教师人事关系归属于当地教委主管部门，教师全部由其统一来管理（实践中的一般做法是在试点区县教育行政管理部门设立一个"教师人才管理中心"进行管理），打破教师隶属于学校的人事关系的束缚，使教师由"学校人"转向"系统人"，为实现区域内城乡教师交流奠定了基础。这一改革符合当前国情，顺应时代发展的要求，在上述《教师法》修订的建议被采纳的前提下，也具备了合法性。本书认为，修订《教师法》，明确教师"政府雇员"身份，借助"县管校用"教师人事体制改革，实现政府刚性宏观调控，是教师交流政策突破发展瓶颈的最佳路径。教育主管部门应当进一步加强"县管校用"教师人事管理体制的科学设计并以此为契机实现教师政府聘任制的良好运作。本书对"县管校用"教师人事管理体制设计提出以下建议：

①厘清"县管校用"体制下政府各职能部门教育管辖权限职责。

虽然目前部分地区已经在开始探索"县管校用"的教师人事体制改革，但实际上，这些地区的教育行政部门却没有真正掌握教师的人事权和对本区域教师的编制核定权，相应权利仍然分别属于当地政府人事部门和编制部门。这一现状的结果是，教育行政部门虽然设立管理中心统一与教师签订聘任合同，总体上享有对教师的人事管理权，但其在教师岗位设置、编制核定等影响教师交流顺利进行的重要权限方面却是缺失的。

针对"县管校用"人事管理体制在改革试点中突显的这一矛盾，本书建议应由县级政府统筹协调当地教育主管部门、人社、财政、编制等部门开展教师交流工作。政府可以直接委托教育主管部门对当地教师交流状况进行调研，并在此基础上形成科学合理的规划及方案，在充分论证的基础上，统筹各个部门按照教育主管部门提出的方案推进交流工作。在这一过程中有倾向性地减少教育行政部门在用人管理权上的多部门束缚，扩大其用人自主权，统筹教师资源。改变目前人事部门、编制部门一管到底的现状。如果可能，则将更多的岗位、编制调研工作、核定工作横向放权给教育行政部门，由教育行政部门拥有更多的执行权，统一协调教师资源，人事部门、编制部门进行宏观管理和指导，更多地行使监督权。科学设计政府各个职能部门权限范围，是"县管校用"人事体制改革的关键。

②分层次采用"县管校用"交流模式。

当前，教师交流推进的难易程度呈现多种不同状态，一些发展相对均衡的县（区）容易实现县域内的交流，而一些落后或偏远地区县（区）则不易推动。因此，应针对不同区域具体情况分层次采用"县管校用"交流模式。首先，在各方面发展相对均衡的县（区），采用"县（区）管校用"的教师交流模式，建立县域内城乡一体的教师队伍共同体系统，依据学校师资需求宏观调配师资在城乡学校间的分布与流动，缩小师资在县域内的校际差距。其次，在落后和偏远县（区）推行县域内两级支教模式。这些地区因城乡差异巨大，且县域内交通不便，推动城镇教师到农村支教极其困难，效果也未必好。对此，可以采取一种折中的办法，即以县（区）管校用为基础实施县域内的两级支教模式：教师总体上由县级教育行政部门统一调配，实施县—乡和乡—村两级的交流支教模式，即县城学校对口支援中心校，而中心校及其辖下各村校、教学点的老师统一管理，由县级教育行政部门授权中心校协调安排教师轮流就近支教。在具体实施中，可以参考教师出生地和住处等情况，把可以调派的教师安排到附近村屯支教一段时间，如果距离稍远则要给予一定的补助或补偿。最后，在不同县（区）之间、城市和县（区）之间的教师交流可以参考以上的两种模式来推进。

（3）完善城乡教师交流配套机制。

教师交流政策遭遇发展瓶颈，最为根本的原因是政策三方——政府、学校、教师的利益博弈尚未达到良性平衡。学校、教师在教师交流政策执行中利益无法得到保障甚至受到侵害，自然就会抵触政策，从而导致政府也因政策无法有效推进而难以调控。因此，当前为教师交流政策创造良好的外部环境，形成完善的配

71

套机制是实现三方利益良性平衡的关键。而城乡教师交流配套机制主要体现在教师交通、生活住宿、社保制度、户籍制度、教师激励政策的配套等方面。

从课题组前期调研了解到的情况看，当前我国对交流教师的补偿最多地体现为数百元的经济补偿，另外在职称评定上有的地方采取了计算机、英语免试的优惠政策，然而这样的补偿是不足的。因此，课题组建议：①学规划教师交流专项经费，并监督其落到实处，用于补偿教师的经济收入。如 D 省 CD 市 SL 县财政每年单列城乡教师互动交流奖励资金 40 万元，并在基础绩效中安排足额资金作为城乡教师互动交流的补贴和奖励资金，这样的做法值得借鉴；②将职称评定名额放到农村，城镇教师要评定职称必须交流到农村任教并接受当地学校的考核；③控制城镇学校招生数额，鼓励农村儿童留在户籍地就读；④加强农村学校建设投入，为交流教师提供住宿等生活配套保障；⑤建立城乡教师交流的激励导向机制，通过职称晋级、评优评先等倾斜政策，向派出到农村地区任职任教的干部、教师进行倾斜，增强教师的参与积极性；⑥改革户籍制度，促进教师资源在城乡间的均衡配置和自由流动；⑦对于派出优秀交流教师（以接受学校的高度认可及表彰为依据）的学校，政府给予该派出学校一定经济奖励、评优表彰或优惠政策。

对于弱势方的有效补偿，给予良好的外部配套机制是利益平衡的关键。在城乡经济差异较大的背景下，城市教师到农村学校参加交流，其物质生活及精神生活都将出现较大的落差，这样的落差如不能得到有效弥补，则很难为政策执行提供原始动力。而补偿方式则主要体现在教师交流的外部配套保障机制上，既包括对交流教师的待遇保障和生活保障，也包括物质奖励和精神激励，如在职称晋升、评优评先等教师专业发展上的倾斜，交流教师的交通、住宿、生活等方面，同时还包括户籍制度、社会医疗保障制度等的社会配套体制建设等，这些都是教师交流政策必不可少的配套机制。

（4）建立城乡教师交流联动机制。

教师、校长交流工作要实行"省级统筹、以县为主"的领导体制。在省委政府的统一领导下，省级教育部门会同编制、人社、财政等部门形成联动机制，加强统筹规划和组织领导。省级教育行政部门会同相关部门结合实际情况科学编制教师交流的中长期规划和年度交流计划。

综上所述，在政府、学校、教师三方利益博弈中，教师力量最为薄弱，而目前政府对教师利益给予的保障明显是很有限的，切实地在三方博弈平衡限度内更充分加大对教师利益的保障，让教师自愿参加交流是教师交流机制有效运作的前提和关键，而教师补偿得以充分实现的关键是教师交流专项经费的保障及住房、户籍、社保、职称评定、奖励机制等补偿政策制度的确立与落实。

2. 城乡一体化义务教育教师交流机制的内部制度设计

（1）科学计算教师交流比例。

课题组调研发现，目前许多地方政府并没有对交流比例有硬性的规定，更多的是给予建设性的指导意见。硬性规定交流比例在当前政策执行环境下容易引发交流形式主义等负面问题产生。但是如果在推行"县管校用"人事体制改革的试点区域，由于是由政府部门进行统筹调配交流教师和干部，则科学、客观确定交流比例则非常必要。课题组认为，确定交流比例应该综合考虑多方面因素：一是各校之间现有的师资结构；二是维持学校相对稳定所允许的师资更换比率；三是地方政府财力对交流所需经费的支持能力。

（2）设定灵活性交流时间。

城乡教师流动的时间期限也是影响城乡教师交流意愿与效果的重要因素。自我国城乡教师交流正式启动以来，国家及地方各级政府部门纷纷制定政策文件推进教师交流，并对教师交流年限作出了明确规定，但一般来说年限很短，如 A 市 PS 县规定教师交流时限为 1 年至 1 年半；W 省规定中高级教师至少要在农村支教 1 年；S 省 DZ 市城镇教师到农村支教期限一般为 1~3 年。各地教师交流政策以"一年"期支教形式最为常见。课题组在调研中也了解到，一年的期限时间较短，不能充分发挥城镇教师引、帮、带的先进作用，建议顺应教学周期在"县管校用"教师人事体制试点区域实行教师 3 年、校长 5 年交流期限的要求。

（3）制定交流对象选派标准。

降低条件派遣交流教师是目前教师交流效果不佳、交流形式化的一个主要原因。国家交流政策中必须明确交流对象的条件，并加强监管，从而确保交流教师质量。对交流教师的对象要求、范围进行明确要求非常必要。课题组建议明确将参与交流的教师范围界定为：校级领导干部在同一学校任职 10 年以上，男年龄 53 周岁以下，女 48 周岁以下；教师在同一学校任教 9 年以上，男年龄 50 周岁以下，女 45 周岁以下；其他因工作需要或本人志愿申请交流的。明确规定不需要交流的范围，如妊娠期、哺乳期、近 6 年内已有支教或交流经历，时间累计达到 3 年及以上的、受行政处分期间，等等。同时规定，同一学校党政正职一般不同时交流，同一班子每次交流人数一般不超过班子成员的一定比例。建议以年终考核评优或职称级别明确派遣条件标准，任教未满三年的新聘教师原则上不参加交流，以此确保交流教师质量。

（4）建立科学、人性化的选派机制。

在选派教师时，如果没有科学人性化的选派机制，就容易出现派出学校因缺乏强制要求和有效监督而敷衍应付降低派遣教师标准、因缺乏科学统筹规划而简单配对导致接收学校提供岗位与交流教师专业不对口、教师主动选择权缺失而缺乏交流主动性等问题。因此，教师交流必须发挥"县管校用"教师人事管理体制的优势，由县级政府统筹协调教委、编制、财政、人社等部门，对当地城乡学校师资结构、数量、需求进行充分调研和论证，形成全局性的交流方案。方案在充分调研的基础上，还需要遵循以下几条原则才能更好地确保其科学性：一是需求原则，选派要以派送目标学校的师资结构和数量需求为依据，避免供需不一致造成无谓的人力资本浪费。二是公开标准化原则，即选派的程序、标准和可获得的权益、履行的职责等应透明化，面向全体教师，鼓励符合条件的教师申请，并严格按照选派标准进行筛选和确定。三是双向原则，赋予交流教师一定的选择权，允许教师从自己的方便和喜好出发，选择支教的时间和学校，尊重其意愿。四是合理原则，选派教师时要结合实际情况，具体问题具体分析，在做统筹安排时，应尽量考虑支教对教师家庭生活的冲击，对家庭负担重的教师暂缓下派，综合考虑教师的家庭、交通等因素，选择合适的地点进行交流任职。当然，上述原则的实现比较理想化，在实践操作中则可以此为参考尽可能实现选派的科学、合理。

（5）加强交流教师的考核与建立监管机制。

县级教育行政部门应该是教师监管的主体，接收学校受教育主管部门委托对交流教师进行具体管理与考核。首先，教育主管部门根据不同交流形式制定不同的交流评价标准。接收学校作为受委托的考核执行主体，在统一的考核体系基础上进一步细化考核细则，全面考核交流教师的教育、教学等情况。其次，城镇派出学校的派出教师数量与质量，城镇学校接收农村教师跟岗学习的数量和效果等都直接纳入年终教育主管部门对学校的综合考核指标体系中。考核必须严格落实，杜绝形式主义。另外，年终考核是教育主管部门对教师交流政策执行进行事后监督的主要形式。除此以外，教育主管部门还应加强事前、事中的监督，事前对派出学校派出的教师情况进行了解，审核其资历条件，事中由教育主管部门不定期到各校了解交流教师的任教情况，检查各校交流执行情况，及时对不合格教师进行督促和调整。最终考核与监督结果直接与交流学校的奖惩挂钩，对于考核为优秀的教师给予物质和精神上的奖励，对于考核为不合格的教师给予相应的惩罚。

（六）城乡义务教育教师交流的博弈论模型建构[①]

博弈论是根据信息分析及能力判断，研究多决策主体之间行为相互作用及其

---

① 部分内容详见韩玉梅，李玲：《城乡中小学教师流动体制机制研究——基于博弈论视角的模型建构》，载《教育政策观察》第 4 辑，第 102～118 页。

相互平衡，以使收益或效用最大化的一种决策理论。它主要研究公式化的激励结构间的相互作用，是运筹学的一个重要学科。博弈论考虑特定行为过程中涉及的多元个体的预测行为和实际行为，并研究它们各自为达到利益均衡而做出的优化策略。简单而言，博弈论是研究决策主体的行为在直接相互作用时，人们如何进行决策以及这种决策如何达到均衡的问题。基于上文的调查和分析，我们认为城乡教师交流从本质上说，是一个教育利益再分配的过程，关乎教师、学校和教育主管部门三方的利益，存在着复杂的利益博弈关系。且这种博弈关系交织贯穿于整个教师交流的执行过程和体制机制构建过程，是不容忽视的内在机理。它可以阐释政策执行困境的根源，也可以指导体制机制的构建。从博弈论的视角来看，在城乡中小学教师交流这一系统中，进行教师交流决策和管理的教育行政机构、实施教师交流政策的主体即城乡学校和城乡教师可被视为对弈的三方；城乡教师交流即为三方在博弈各自的付出成本与收益效用而做出决策后形成的一种行为状态。在这一博弈过程中，对弈三方各自所做出的决策或对抗相互影响、相互作用，各自期望实现自身效用的最大化，避免效用的损失和减少。三方在各自效用有所削减或增补的条件下达到效用均衡就成为城乡中小学教师交流博弈顺利维持和推进下去的前提和必要条件，也成为城乡教师交流体制机制构建必须遵循的逻辑起点。基于上文中对城乡教师交流体制机制影响要素的探究，我们提取出三方效用相关的核心要素并进行组合形成变量，来建立三方博弈的效用函数（见图2-2）。

　　首先，教育行政机构为了实现缩小城乡师资差距以促进教育均衡和城乡教育一体化的目标，出台一些鼓励性甚至强制性的政策，规定城乡间教师的交流互动，同时付出一些成本，包括给参与交流活动的学校与教师提供的补偿性经费、奖励性晋职名额等。在此，以 $U_1(x, y)$ 表示行政部门的职能效用与目标实现，那么 x, y 分别表示其决策的规范化水平和投入资源的成本规模这两个变量。当该部门决策越科学化、合理化、规范化、制度化，即规范化水平越高，而投入资源越低，那么它越能推动城乡教师交流系统的有效运行，越能实现其行政职能和目标，且同时越能保全自身的利益。用效用函数表示，即为：

$$U_1(x\quad y) = U_1(0\quad y) + U_1(x\quad 0) = k_1 x^\alpha + k_2 y, \quad k_1 > 0, \quad k_2 < 0, \quad 0 < \alpha < 1$$

$$(1)$$

　　其次，城乡中小学校在博弈三方中作为中间方联结着另外对弈两方的利益，同时自身利益也因对弈两方做出的决策而受到削减或增补。学校既是教育行政部门决策的直接执行者，又是教师资源的直接调配和管理者，在城乡教师交流系统中起到关键的纽带作用。教育质量是学校的立足之本，而教师是学校教育质量的核心要素，因此无论城市还是农村的学校，它们的利益都会受到派送与接收教师

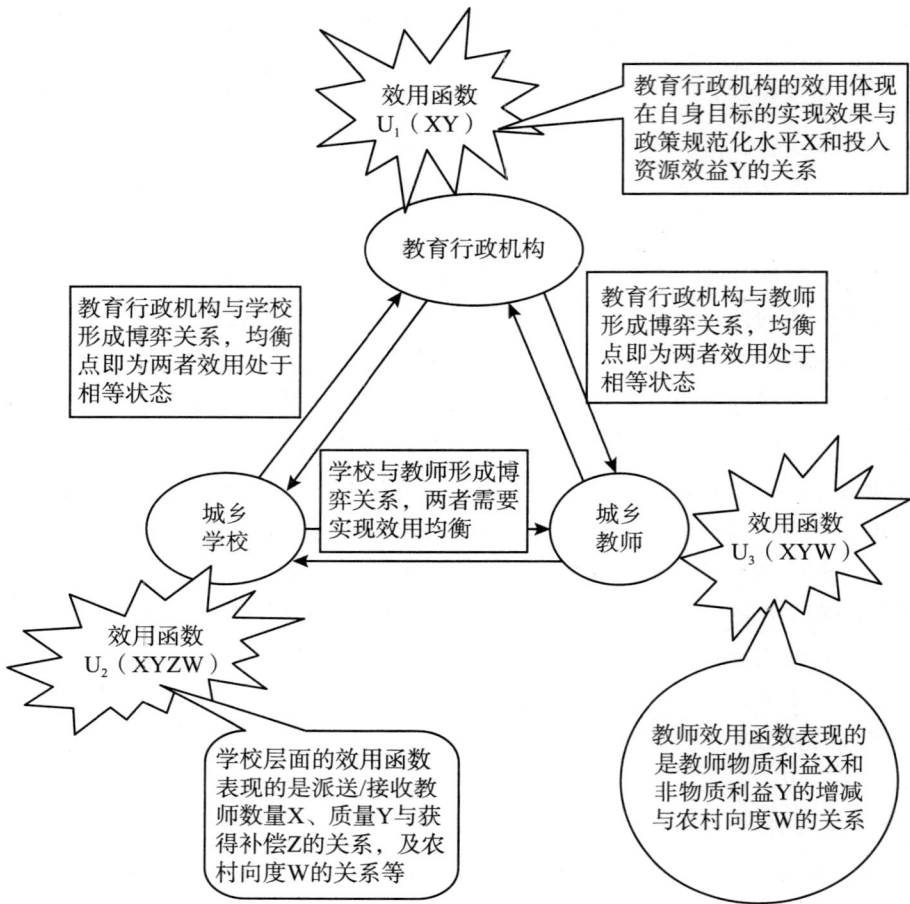

图 2 - 2　教育行政机构、城乡学校、城乡教师间的三方博弈模型

的数量与质量的影响。在此，以 $U_2(x\quad y\quad z\quad w)$ 来表示城乡学校的效用，其中 x 代表派遣与接收教师的数量变量，y 代表派遣与接收教师的质量变量（选取职称代表质量变量），z 代表学校执行任务而得到教育政府部门补偿与激励的变量，w 代表城乡向度变量，若 1 表示城市，0 表示农村，那么 $w(1{\rightarrow}0)$ 表示从城市派往农村，反之就表示从农村派往城市。当城市优质学校派出优质教师的数量越多、质量越高，接收来跟岗农村教师的数量越多、质量越差，却没有得到补偿与激励的情况下，学校在资源和收益方面的损耗度越高，效用也就越低，学校势必不愿意参加城乡教师交流，从而对政府决策进行消极应对，使政策在该校难以有效执行，或在强制执行下引起强烈不满。反之，则情况相反。用效用函数表示，即为：

$$U_2(x\quad y\quad z) = -c_1\mathrm{In}\theta x - c_2 x^p + c_3 z,\ 0 < \beta < 1,\ c_i > 0,\ i = 1,\ 2,\ 3 \tag{2}$$

最后，教师是城乡中小学教师流动系统中的主体，也是博弈三方中最为基本的决定整个系统运行的要素。城乡教师作为政策实施的对象，会根据自身的利益针对教育行政机构和学校所提出的决策而做出相应的对抗性决策。教师是人力资本市场中的一种人力资本类型，因此教师交流会受到内部人力市场中供求关系原则和人力资本论的制约与引导，但城乡教师交流的举措同时是一种政府行为，被赋予了一种非市场化的社会责任感和使命感。因此，在应对这一政策时，如何有效处理政府行为和市场约束力间的张力就成为城乡教师在这一系统的三方博弈中给出决策的基本立场和逻辑起点。基于上文调研发现，课题组将影响教师交流的因素归纳为两类：物质性要素（如薪金报酬、津贴、住房、交通补贴等）和非物质性要素/精神要素（如晋职、教育环境与条件、社会荣誉、个人专业发展空间与机会、家庭因素等）。在此，以 $U_3(x \quad y \quad w)$ 来表示参与交流的城乡教师的效用。其中，x 代表物质类补偿变量，y 代表精神类补偿变量，w 同于城乡学校效用函数中的区位向度变量，城市用 1 表示，农村用 0 表示，w 取值（$w: 1 \rightarrow 0$）表示从城市到农村，从农村到城市则反之。当城市教师被调配到农村学校，获得的物质类和精神类补偿越多，且能够足值抵消 w 值引起的效用削减时，城市教师的效用实现平衡，达成可以参与城乡教师交流的前提条件，超出的值越多，城市教师越有强烈的意愿参加交流政策。反之，城市教师则做出对抗性决策，拒绝参加城乡教师交流项目。用效用函数表示，即为：

$$U_3(x \quad y \quad z) = U_3(x \quad 0 \quad 0) + U_3(0 \quad y \quad 0) + U_3(0 \quad 0 \quad z)$$
$$= a_1 x^\gamma + a_2 \ln y - a_3 z, \ 0 < \gamma < 1, \ a_i > 0, \ i = 1, 2, 3 \tag{3}$$

基于以上对城乡教师交流系统中博弈三方各自效用的分析，以及对其各自推动或参与城乡教师交流政策以实现效用最大化的预测行为和实际行为的解析，我们可以对博弈三方的相互关系进行系统整合，并找寻出现行教师交流体制机制的困境根源和有效推行下去的均衡点与出路。

教育行政机构、城乡学校、城乡教师是城乡教师交流这一博弈过程中紧密的、相互关联又相互对抗的三位局中人。教育行政机构是率先对博弈的规则进行约束，并做出带有强制性政府意志策略的决策人；城乡学校是被动的、行动滞后的，对决策人的策略做出反应的对抗者，是博弈规则的实施者；城乡教师直接应对城乡学校做出的对抗政策，根据自身利益与处境做出被动的或对抗或默认的决定。在这一博弈过程中隐现着政府意志与人力资本市场间的张力，社会与个人价值的对决，以及工具理性与人本主义价值取向间的协商。显然，当各方权衡利弊，发现决策人所做出的决定难以使个人收益获取平衡时，即采取消极对抗的立场。而不论是学校方的对抗还是教师个人方的对抗，都能够造成整个博弈陷入困境，无法继续运行下去。由以上的效用分析来看，当教育行政部门没有制定规范合理的、科学系统的、符合市场规律和人本主义的制度，且没有对对弈者做出足够的成本投入时，当城乡学校需要被动地派出一批优质师资而引进一批资质较差的师资来学习，却又得不到足够补偿时，当城乡教师需要被动地离开熟悉的教学环境和家庭等社会环境，到新的环境中重新积累信息，却得不到充足的物质和精神补偿与激励时，城乡教师交流政策必然只能成为一个美好的愿景，并在执行中陷入僵局。而这与我们所进行的问卷与访谈调查所得到的结果是相符的。由此可见，缺乏制度化的规范保障，以及成本收益间的失衡是造成现行城乡教师交流体制机制困境的根源所在。

根据以上构建的三方博弈模型，要实现公式（1）、（2）、（3）各自的最大值及相互均等，就需要根据教育区划的供需状况和个体实际情况，确定各个具体变量值的区间，并找寻到区间范围内使三方均等的均衡点：

$$U_1(x \quad y) = U_1(0 \quad y) + U_1(x \quad 0) = k_1 x^\alpha + k_2 y$$
$$= U_2(x \quad y \quad z) = -c_1 \ln\theta x - c_2 x^\beta + c_3 z$$
$$= U_3(x \quad y \quad z) = U_3(x \quad 0 \quad 0) + U_3(0 \quad y \quad 0)$$
$$+ U_3(0 \quad 0 \quad z) = a_1 x^\gamma + a_2 \ln y - a_3 z, \ 0 < \gamma < 1, \ a_i > 0, \ i = 1, 2, 3$$

当教育行政机构遵循市场规律和当地教育发展状况、城乡教师供需现状，以人本主义的取向考虑教师个体利益，制定出科学、合理、规范的城乡教师交流制度，并在当地教育经费预算中划拨足额专项交流经费时，当强学校担当帮扶弱学校的社会使命，根据学校师资配置和需求现状做出具体的、合理的人员交流安排与规划，并取得相应的荣誉和补偿时，当教师个人充分彰显其奉献精神，并能够得到足够的物质补偿和精神激励来补偿其在各方面所损耗的有形或无形成本时，城乡教师交流政策才能顺利地实施。

三、构建城乡一体化义务教育教师待遇制度

劳动力市场理论认为，劳动力供给的数量和质量受劳动力供给机制的支配和调节，而这一供给机制表明外部条件变化时劳动力供给相应变化，报酬即是影响供给的一个重要因素[1]。从本质上说，教师也是一种人力资本，与其他资本一样具有趋利性，其自然流向是人才价值较高、同时也是人才相对稀缺或工资较高、条件相对较好的区域和单位[2]。此外，人力资本需要各种激励，而一定的体制机

---

① 廖泉文：《我国劳动力市场的理论与实践》，山东人民出版社2000年版，第26~27页。
② 王志方：《从人力资本角度分析大学教师工资状况》，载《建材高教理论与实践》1999年第4期，第42~43页。

制、组织环境和政策法规等对人力资本的主观能动性，对人才潜能的发挥和价值实现均产生重大影响。基于此，要促进城乡教育一体化发展，就需要建立健全城乡教师待遇制度，使城乡学校能够吸引优秀人才从教，也能够留住现有的优秀人才。

（一）我国城乡教师待遇主要政策

1. 各项法律法规的出台为解决城乡教师待遇问题提供法律保障和政策依据

改革开放以来，党和政府非常重视教师特别是农村教师的待遇问题，为解决这一问题，政府出台了一系列政策法规。早在1987年，《国务院关于提高中小学教师工资待遇的通知》明确提出："进一步提高中小学教师工资水平，将中小学教师和幼儿园教师现行的工资标准提高10%"。1988年，劳动人事部、国家教委下发关于《提高中小学教师工资标准的实施办法》的通知，明确规定"将中小学和幼儿园教师现行的各级工资标准（基础工资、职务工资之和，下同）均提高10%，也可以在不超过工资标准提高10%的增资总额范围内，将增资总额的大部分用于提高工资标准，小部分用于调整中小学教师内部的工作关系。"1993年颁布的《教师法》和1995年颁布的《义务教育法》中也明确规定："教师的平均工资水平应当不低于当地公务员的平均工资水平"，并对如何保障教师工资待遇做出具体的法律规定。此外，《教师法》还指出："地方各级人民政府和国务院有关部门，对城市教师住房的建设、租赁、出售实行优先、优惠。县、乡两级人民政府应当为农村中小学教师解决住房提供方便；教师的医疗同当地国家公务员享受同等的待遇；定期对教师进行身体健康检查，并因地制宜安排教师进行休养。医疗机构应当对当地教师的医疗提供方便。"《义务教育法》则强调："各级人民政府保障教师工资福利和社会保险待遇，改善教师工作和生活条件；完善农村教师工资经费保障机制。在民族地区和边远贫困地区工作的教师享有艰苦贫困地区补助津贴。"随着教育改革的推进，国家进一步加强了对农村教师待遇问题的解决力度。针对农村偏远地区教师福利待遇差的现状，教育部、中央编办、发改委、财政部及人社部于2012年11月联合发布了《关于大力推进农村义务教育教师队伍建设的意见》（以下简称《农村教师建设意见》），其中不仅指出要实行农村教师工资倾斜政策，"切实保障农村教师待遇，保证农村教师的平均工资水平不低于当地公务员平均工资水平"，而且还进一步提出要"推进教师养老保障制度改革，按规定为农村教师缴纳住房公积金及社会保险费"，从各个方面依法保障并逐步提高农村教师的工资福利待遇水平。

2. 改革教师收入分配制度，实施义务教育教师绩效工资制度

为将提高教师待遇落到实处，2008年，人力资源和社会保障部、财政部和教育部三部联合发布《关于义务教育学校实施绩效工资的指导意见》（以下简称

《指导意见》），决定从 2009 年 1 月 1 日起，义务教育学校教师正式实施绩效工资政策，原则上其津补贴水平不低于当地公务员，并强调要"逐步实现县域内义务教育学校绩效工资水平大体平衡，对农村学校尤其是条件艰苦学校给予适当倾斜"。随后，《教育规划纲要》、《国务院关于加强教师队伍建设的意见》、《关于大力推进农村义务教育教师队伍建设的意见》等文件都进一步明确了这些原则。根据这些原则，中央政府从完善教师工资保障制度入手，实行教师工资县级统筹，并加大转移支付力度，力求从根本上解决拖欠教师工资的问题。同时，各级地方政府及有关部门和广大中小学结合本地、本单位实际情况，陆续出台了关于中小学实施绩效工资的具体意见和办法。如 U 省于 2009 年 6 月发布了《义务教育学校绩效工资实施意见》①，规定基础性工资主要体现地区经济发展水平、物价水平、岗位职责等因素，占绩效工资总量的 70%，由县级以上人民政府人事、财政、教育部门按照同一县级行政区域同类人员实行统一发放标准的原则确定，基础性绩效工资一般设立岗位津贴、生活补贴两项，对农村义务教育学校增设农村学校教师补贴；奖励性绩效工资在项目设置上可由学校根据实际情况，设立班主任津贴、一线骨干教师津贴、超课时津贴、教育教育教学奖励等项目，也可自主设立其他项目，并制定具体发放办法。2009 年 7 月，M 省颁布的《义务教育学校绩效工资的实施意见》②指出：基础性绩效工资占政府人事、财政、教育部门核定给学校主管部门掌握的绩效工资总量的 70%，各类人员的具体项目和标准由县级以上政府人事、财政、教育部门根据岗位类别、岗位等级确定，按月发放；奖励性绩效工资主要体现工作量、实际贡献等因素，占学校主管部门掌握的绩效工资总量的 30%，由学校根据本校实际情况，制订具体分配方案，原则上每学期发放一次。《指导意见》实施以来，基础性绩效工资部分在全国各地中小学已基本兑现，并发放至教师手中。

（二）我国城乡义务教育教师待遇状况

1. 国家逐年增加教师工资福利经费投入

由于国家的重视，近几年来，义务教育教师工资待遇逐年提高。2009 年仅中央财政就为义务教育教师绩效工资新增经费 120 亿元；2010 年和 2011 年义务教育学校教师工资福利支出分别达 41 662 967 亿元和 46 702 996 亿元，各比上年

---

① U 省政府办公厅，《省政府办公厅转发省人事厅等部门 U 省义务教育学校绩效工资实施意见的通知》，《U 省人民政府公报》2009 年第 12 期。

② M 省人民政府办公厅转发省人事厅省财政厅省教育厅：《关于 M 省义务教育学校绩效工资实施意见的通知》，http://www.hengshan.gov.cn/main/zfxxgk/xxgkml/fggw/gw/ff42561e - 4f59 - 45b9 - aa5d - 3048323d01bd.shtml。

增加约 466 亿元和 504 亿元。2007～2011 年，全国中小学教师的工资福利收入（财政支付部分）由年均不足 30 000 元上升到接近 45 000 元，小学教师甚至超过了 5 万元（见图 2-3 和表 2-7），上升幅度较明显。由于这种提升，自 2007 年开始，全国普通中学教师年均工资福利水平超过全国各行业人员平均工资水平及公共管理和社会组织行业人员平均工资水平；而全国普通小学教师平均工资福利水平从 2009 年开始高于同年全国各行业从业人员的平均工资（见表 2-7）。

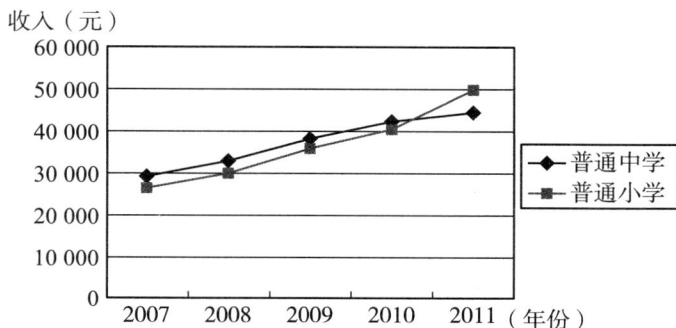

图 2-3   2007～2011 年全国普通中小学教师工资福利收入（财政支付部分）

资料来源：教育部财务司、国家统计局社会和科技统计司编：《中国教育经费统计年鉴》（2008～2011 年），中国统计年鉴出版社历年版。

表 2-7   2007～2011 年全国普通中小学教师工资福利
收入和全国平均工资的比较   单位：元

年份	2007 年	2008 年	2009 年	2010 年	2011 年
普通中学教师年均工资福利	29 379	33 188	38 555	42 944	44 836
普通小学教师年均工资福利	26 611	30 309	36 175	40 831	50 057
全国各行业人员平均工资	27 731	32 296	35 326	38 242	42 062
公共管理和社会组织行业平均工资	24 721	28 898	32 244	36 539	41 799

注：教师年均工资福利＝教师工资福利支出总量/教职工总数。因《中国教育经费统计年鉴》中有关经费数据无法分出初中和高中部分，故此处只能将普通中学教师作为一个整体计算其人均工资福利。

资料来源：教育部财务司、国家统计局社会和科技统计司编：《中国教育经费统计年鉴》（2008～2011 年），中国统计年鉴出版社历年版；中华人民共和国教育部网站 2007～2012 年教育统计数据，http：//www. moe. edu. cn/publicfiles/business/htmlfiles/moe/s7567/list. html。

2. 我国各省教师工资福利收入存在差异

课题组调研发现，在省（市）层面，2010～2011年，S省、E省、B省、A市等地中小学教师工资福利收入水平得到很大的提升，并且工资福利收入均高于同年同省（市）的平均工资水平及教育行业平均工资水平（见表2-8）。

表 2-8 2010 年和 2011 年部分省市中小学教师工资福利收入及横向对比情况

单位：元

省（市）	年份	小学教师人均工资福利	中学教师人均工资福利	省（市）平均工资	教育行业平均工资
S 省	2010 年	36 575	39 530	29 398	34 391
	2011 年	47 749	45 799	37 618	41 988
A 市	2010 年	37 715	40 525	30 499	33 873
	44 029	2011 年	51 775	48 459	39 430
E 省	2010 年	34 342	33 402	27 322	27 220
	32 909	2011 年	36 989	33 708	33 032
B 省	2010 年	34 495	32 513	27 437	28 310
	34 678	2011 年	38 958	35 195	36 102

资料来源：《中国统计年鉴》（2011～2012年）、《中国教育经费统计年鉴》2011年和2012年及表内各省（市）相应年份教育统计年鉴或教育统计数据。各均值由原始数据计算而得。

（三）城乡义务教育教师待遇制度存在的问题

义务教育教师绩效工资改革的实施对于提高城乡教师福利待遇、缩小城乡教师收入差距发挥了重要的作用。绩效工资实施后，农村教师收入虽有较大提高，但城乡教师工资差距却没有缩小，农村教师死守工资，城市教师增收门路多，加上城乡生活设施环境的较大差距，农村教师失落感比以往更大。从课题组的调研结果和相关文献资料来看，目前我国城乡义务教育教师待遇制度主要存在以下问题：

1. 城乡教师工资福利水平差距较大

教育事业的发展需要雄厚的财力和物力基础的支撑，在城乡经济发展不平衡的大背景下，推动新一轮教师工资改革，实行教师绩效工资制度成为缩小城乡教师福利待遇差距、促进义务教育事业均衡发展的良好契机。但就现状而言，全国多地城乡教师福利待遇差距明显，"同省不同酬"、"同工不同酬"现象仍普遍存在，城乡教师之间绩效工资水平仍不平衡。

2. 县域内绩效工资未实现向农村教师倾斜

义务教育学校绩效工资出台后，全国出现了绩效工资改革的热潮，各个省

（市、区）都相继出台了绩效工资实施意见，一些市、县甚至出台了具体的实施办法。但调查发现，在县域范围内，绩效工资难以实现向农村教师的实质性倾斜。

农村教师长期服务农村教育，生活条件相对艰苦，理应享受合理"优厚"的工资待遇。按照国务院于 2012 年 12 月 31 日颁布的《关于加快发展现代农业 进一步增强农村发展活力的若干意见》的规定，应"设立专项资金，对在连片特困地区乡、村学校和教学点工作的教师给予生活补助"。但就现状而言，大多数地区仍将教师津补贴列入奖励性绩效工资中，未建立教师津补贴专项经费。如 M省于 2013 年 5 月出台《M 省人民政府关于对 WLS 片区农村基层教育卫生人才发展提供重点支持的若干意见》，提出在奖励性绩效工资中增设片区农村基层教育人才津贴，按照学校在自然村寨、村委会所在地、乡镇政府所在地（不含县城关镇）三类情况，分片给予每人每月不低于 700 元、500 元、300 元的人才津贴[①]。但这一政策尚处于起步阶段，能否按时足额发放还未可知。而在很多经济尚不发达的地区，奖励性绩效工资中的教师津补贴数额很小。如 A 市 CS 区从2009 年起给一般农村学校教职工每月发 50 元农村教师津贴，偏远地区的农村学校教职工则每月发放 150 元。E 省 NN 市 HE、SL 等县每人每月可领 75 元的边远山区教师补贴。K 省则按最边远和边远两类学校给其中在岗教职工发放农村教师特殊津贴，金额分别为 120 元/月和 70 元/月。N 省 FX 县的农村教师津贴标准则按偏远程度和服务年限分等级，每月发放额度由 50～260 元不等（见表 2－9）。这样的津补贴数额并不能充分体现出国家政策向农村教师的"倾斜"。

表 2－9　　　　　　国内部分地区农村教师特殊津贴发放标准

地区	发放标准
A 市 CS 区	一等（偏远地区）：150 元/月；二等（一般农村）：50 元/月
E 省 NN 市	75 元/月
K 省[②]	第一类（最边远学校）120 元/月；第二类（边远学校）70 元/月
N 省 FX 县[③]	在农村学校工作 5～14 年，Ⅱ类地区每人每月 50 元、Ⅲ类地区 100 元、Ⅳ类地区 200 元；在农村学校工作 15 年以上，Ⅱ类地区每人每月 100 元、Ⅲ类地区 150 元、Ⅳ类地区 260 元

资料来源：课题组调研及互联网资料，互联网资料见相应注释。

① M 省 CL 县扶贫开发网，M 省人民政府关于对 WLS 片区农村基层教育卫生人才发展提供重点支持的若干意见，http：//fpb. chaling. gov. cn/zcfg/ShowArticle. asp？ArticleID = 89，2013 － 11 － 27。

② GZ 市政府网，K 省艰苦边远地区农村中小学教师特殊津贴发放管理办法，http：//xxgk. gan-zhou. gov. cn/bmgkxx/ldshbz/fgwj/qtygwj/200812/t20081216_67688. htm，2008 － 12 － 16。

③ FX 教育网，关于进一步做好农村教师任补贴发放工作的通知，http：//www. fxjyw. net/DocHt-ml/1/2012/12/5/4583982141873. html，2012 － 12 － 5。

3. 绩效工资经费拨付机制不健全，农村义务教育教师工资难提升

截至 2011 年，我国义务教育阶段教职工总数达到 1 200 万人。为保证义务教育阶段教师绩效工资改革的顺利进行，2009 年，中央财政通过转移支付的方式投入 120 亿元用于教师绩效工资的发放。《指导意见》虽明确规定"义务教育学校实施绩效工资所需经费，纳入财政预算。按照管理以县为主、经费省级统筹、中央适当支持的原则，确保义务教育学校实施绩效工资所需资金落到落实到位"，但在实际操作中却困难重重。由于《指导意见》中没有明确指出中央、省、市、县（区）四级政府的财政责任，也没有明确规定各级政府应当承担的比例，最终导致大多数地方出现中央财政支持力度不足、省级财政统筹权责不清、市级财政缺位等问题，造成义务教育学校教师绩效工资所需经费难以落到实处。虽然，一些经济较为发达的地方政府有能力承担起绩效工资改革所需经费，但经济较为落后的地区则难以保障义务教育学校教师绩效工资按时足额发放。即使有些经济落后地区能够按时发放绩效工资，但由于财政困难，最终也造成教师所得绩效工资低于改革初期的工资水平。如 E 省 NN 市 HE 县一名小学教师反映，在绩效工资实施初期每月工资为 3 000 元，但实施不久后因地方财政紧张，每月工资下降了 400 元。

4. 城乡教师福利待遇的相关配套措施不健全

（1）农村教师津补贴发放标准有待科学论证。

按照《指导意见》的规定，农村学校教师补贴应包含在绩效工资里面，但在实际操作中，很多地方 30% 的奖励性绩效工资的确也按此规定设置了农村教师补贴。但访谈发现，很多教师和教育行政管理人员认为这一制度设计并不合理，原因在于：一是奖励性绩效工资的发放主要是依据教师工作量和工作成绩，而农村教师补贴是对教师在艰苦环境工作的补偿，不应纳入奖励性绩效工作，应单列为专项经费；二是地方 30% 的奖励性绩效包括农村教师补贴、班主任津贴和教育教学成果奖励等，农村教师补贴额度受限，不会太大，如上文所提到的 A 市、E 省等地农村教师补贴数额足以说明这一点。另外，绩效工资中的基础性工资是按月发放，但是奖励性绩效工资却不是按月发放。各地基本上是集中发放，即每学期发放一次或是在年底一次性发放。然而，这样的发放机制引发一个新问题：假设奖励性绩效工资平均分摊到每月发放，大多数农村教师的月工资尚达不到需缴纳个人收入所得税的限额，但由于奖励性绩效工资采取集中发放形式，直接导致收入高度集中而使当月收入高出缴税限额，使得原本就不可观的微薄收入再度削减。

（2）农村教师周转房短缺，住房保障仍存在较大缺口。

近年来，各级政府依法采取措施，努力改善教师的福利待遇，但部分地区尤其是农村地区教师住房问题仍未得到解决。原因在于，农村教师住房存在政策盲点，国家现行住房改革政策未能惠及农村中小学教师，大多数农村教师既无建房的宅基地，又不能享受城镇职工经济适用房或廉租房等房改优惠政策。《国务院关于加强教师队伍建设的意见》规定，要将保障教师合法权益予以明确，其中特别提到，中央在基建投资中安排资金，支持加快建设农村艰苦边远地区学校教师周转宿舍；鼓励地方政府将符合条件的农村教师住房纳入当地住房保障范围统筹予以解决。但目前农村教师的住房保障普遍较差。据报道，2011 年 M 省 27.2万名农村教师中，人均在校周转宿舍面积不足 10.5 平方米，成套率不足 40%[①]。此外，农村教师住房公积金普遍较低，难达到足额购房限度。如据 E 省 NN 市HE 县 LJ 镇一名小学教师介绍，他目前所住的房子是自己在村上建的，建房子欠了不少债，而所得住房公积金攒一年不够 1 万元。甚至在一些农村学校，无房教师只能"蜗居"在废弃教室里，严重影响了农村教师的工作积极性，甚至影响到农村教师队伍的稳定。虽然中央和各地政府已经投入资金建设农村教师周转房，但由于投入有限，且需求量太大，很多农村教师尚未享受到这一政策优惠。

（3）代课教师福利待遇无法得到保障。

近年来，尽管中央已经大力推进"民转公"及代课教师清退处理的工作，但目前不少地方和学校仍存在一定数量的代课教师，主要原因在于：城镇学校因城镇化的影响，从农村转入的学生增多但教师增编跟不上；优势学校生源火爆，规模不断扩大，师资数量难解燃眉之急，而农村学校则长期招不到新教师或是教师流失严重导致师资紧缺。这些都使得代课教师这一群体远未消失。然而，由于身份地位差异，代课教师的待遇难以得到保障，其工资远比正式编制的教师低得多。如据 E 省 HE 县一名教师介绍，当地的代课教师工资仅有 1 300 元，比其他教师少很多（当地中级职称教师每月工资为 2 000 元以上）。而 B 省 NY 县几位代课老师的工资单则显示他们每月仅领到 25 元的代课费，这仅是三十年前农村代课教师的工资。同样，D 省 CD 市多数的代课老师和本校的正式老师之间待遇也存在很大差距，代课教师的工资只达到正式教师的 60% 左右。可见，在大力推动绩效工资改革的今天，城乡代课教师的工资待遇问题并没有被纳入绩效工资改革的范畴内，该群体的福利待遇问题亟须得到解决。

（四）构建城乡一体化义务教育教师待遇制度的对策建议

针对上文中城乡教师待遇制度存在的问题，本书提出以下对策和建议：

---

① 中国新闻网：《人大代表张放平：全面启动农村教师周转宿舍建设》，http：//www. chinanews. com/edu/2011/03 - 11/2900136. shtml。

1. 提高统筹层级，建立省域内统一的绩效工资标准

城乡教师待遇差异虽与区域经济发展差异密切相关，但其深层次的原因是体制机制存在问题。按照绩效工资实施意见，城乡教师待遇统筹落脚于县级行政单位，但这有悖于城乡教育统筹发展基本原则，不利于区域教育实现科学发展。各县级行政单位间财力差异普遍存在，甚至很大，市级同样如此。因此，要提高教师待遇统筹层级，着重强调区域教育统筹发展，对义务教育学校绩效工资制度进行修订，明确要求各省级行政单位实现教师待遇"同域同酬"。

2. 加大中央财政对农村地区的转移支付力度，建立农村教师补偿性工资制度

虽然绩效工资的实施在一定程度上保障了同一县域教师工资水平的均衡，但不同省市、区县仍存在明显差距。为了使这些地区的教师福利待遇更具吸引力，补偿因条件艰苦而带来的"留不住教师"的问题，中央财政应进一步向这些偏贫地区倾斜，在财政能力许可的范围内加大对农村落后地区的转移支付力度，使这些地区的教师绩效工资在得到保障的基础上有所提高，进而吸引更多的优秀教师。同时，教师在同等条件下选择到农村地区，尤其是农村偏远地区服务，从经济学角度来看，需要得到适当的"差异性补偿"。因此，国家应高度重视对农村教师的补偿，制定出台针对性政策，建立农村教师补偿性工资制度，从经济待遇等多方面对农村教师给予补偿。建议由中央建立专项经费，为贫困落后地区教师支付各种补偿。其中，经济上的补偿需要特别关注两个方面，一是工资补偿，应使农村教师享受高于城镇教师工资水平的工资，具体高出的幅度需通过调研来确定，并按服务学校偏远程度和服务年限区分等级，工资补偿按农村教师特殊岗贴的形式发放；二是住房保障，可为农村教师提供一定标准的住房或一定额度的住房补贴，或享受在县城购买经济适用房的优惠。此外，在子女接受教育、培训机会和评优评先方面应给予农村教师更多的倾斜和优惠。

3. 设立农村教师津补贴专项配套经费

按照《指导意见》的相关规定，"绩效工资中设立班主任津贴、岗位津贴、农村学校教师补贴、超课时津贴、教育教学成果奖励等项目"。然而，因农村教师津补贴并非对工作量和工作业绩的奖励，其发放所遵循的是补偿原则，将其纳入奖励性绩效工资中并不合理，因此应将其从绩效工资范畴中剥离出来，设立农村教师津补贴专项经费。农村教师津补贴发放可从两个维度来进行：一是将农村教师津补贴整合到农村教师岗位津贴中，整合后不再保留农村教师补贴这一项目；二是实行奖励性绩效工资双轨制，即单独设立农村教师津补贴专项经费，保留农村教师补贴但不放在绩效工资中，与奖励性绩效工资脱离，在全省范围内综合评估，对农村教师给予差异性教师补贴。

4. 建立各级政府分地区、按比例分担的经费保障机制

为解决我国义务教育学校绩效工资兑现标准较低的现状，必须建立科学、合

理、有效的经费保障机制。教育部在《关于 2013 年深化教育领域综合改革的意见》（以下简称《综合改革意见》）中虽提出要"完善投入保障机制，健全各级政府教育经费分担机制，进一步明晰中央和地方的教育事权和财政支出责任"，但其并未提及各级政府如何分担教育经费。就目前我国现状而言，义务教育绩效工资经费省级财政统筹标准不明，县级财政负担过重，从而造成绩效工资兑现水平低。为此，应改变当前经费由县级财政承担的现状，参照各地经济发展水平以及各省、各县的财政实力，分地区制定各级财政应承担的比例。具体而言：首先，应切实加大中央财政的投入和支持力度，占总量 70% 的基础性绩效工资由中央和地方财政共同分担，30% 的奖励性绩效工资则以县级统筹为主。其次，根据各地区经济发展水平和财政实力，并结合当地农村教师占教师总量的比例，将各地分为发达、较发达和欠发达三个等级。发达地区地方财政实力较为雄厚，可按照省级统筹、省市（区）共同分担的原则承担所需经费；较发达地区以中央和省级财政共同承担为主、市（区）县辅助的方式进行分担，中央与地方分担比例为 5∶5；欠发达地区由于财政实力薄弱，因此应遵循中央为主、地方为辅的原则，采用 8∶2 的比例分担绩效工资经费。同时，对于农村偏远落后地区，中央应加大财政支持力度，予以特殊倾斜，甚至由中央政府全额"买单"，进而确保偏贫地区教师的绩效工资经费能够落到实处。

第三章

构建城乡一体化义务教育经费
投入体制机制研究

《教育规划纲要》在其"保障经费投入"一章明确提出"加大教育投入"、"完善投入机制"和"加强经费管理"三点要求。其中,"加大教育投入"要求"严格按照教育法律法规规定,年初预算和预算执行中的超收收入分配都要体现法定增长要求,保证教育财政拨款增长明显高于财政经常性收入增长,并使按在校学生人数平均的教育费用逐步增长,保证教师工资和学生人均公用经费逐步增长。按增值税、营业税、消费税的3%足额征收教育费附加,专项用于教育事业";"完善投入机制"要求"义务教育全面纳入财政保障范围,实行国务院和地方各级人民政府根据职责共同负担,省、自治区、直辖市人民政府负责统筹落实的投入体制。进一步完善中央财政和地方财政分项目、按比例分担的农村义务教育经费保障机制,提高保障水平。尽快化解农村义务教育学校债务","进一步加大农村、边远贫困地区、民族地区教育投入。中央财政通过加大转移支付,支持农村欠发达地区和民族地区教育事业发展,加强关键领域和薄弱环节,解决突出问题";"加强经费管理"要求"加强经费使用监督,强化重大项目建设和经费使用全过程审计","建立经费使用绩效评价制度,加强重大项目经费使用考评"。本章以"城乡义务教育经费投入体制机制"为主线,基于大量教育统计数据和实地调研,主要探讨了城乡义务教育经费投入的政策演变、投入现状、配置效率及其体制机制存在的问题,提出了构建城乡一体化义务教育经费投入体制机制的对策建议。

一、城乡义务教育经费投入政策

教育经费投入是支撑国家长远发展的基础性、战略性投资，是发展教育事业的重要物质保障。党中央、国务院始终坚持优先发展教育，高度重视教育财政投入，先后出台了一系列政策措施。

（一）义务教育经费保障政策

为解决我国农村义务教育经费保障机制中存在的各级政府投入责任不明确、经费供需矛盾较突出、教育资源配置不尽合理、农民教育负担较重等问题，国务院先后发布和出台了一系列重要文件和政策措施，逐步将农村义务教育经费纳入公共财政保障范围，进一步深化了农村义务教育经费保障机制改革。2001 年国务院颁布的《关于基础教育改革与发展的决定》和 2002 年国务院办公厅发布的《关于完善农村义务教育管理体制的通知》中对义务教育财政体制进行了重大调整，建立了"以县为主"的义务教育财政体制，明确规定县级人民政府对义务教育负有主要责任，逐步建立了农村义务教育经费保障机制。

2005 年国务院在《关于深化农村义务教育经费保障机制改革的通知》中要求：省级人民政府要负责统筹落实省及以下各级人民政府应承担的经费，完善"以县为主"的管理体制，建立中央和地方分项目、按比例分担的农村义务教育经费保障机制。具体包括：（1）从 2006 年开始，全部免除西部地区农村义务教育阶段学生学杂费，2007 年扩大到中部和东部地区；对贫困家庭学生免费提供教科书并补助寄宿生生活费。免学杂费资金由中央和地方按比例分担，对贫困家庭学生免费提供教科书的资金，中西部地区由中央全额承担，补助寄宿生生活费资金由地方承担。（2）建立农村义务教育阶段中小学校舍维修改造长效机制，校舍维修改造所需资金，中西部地区由中央和地方共同承担，东部地区主要由地方承担，中央适当给予奖励性支持。（3）对中西部及东部部分地区农村中小学教师工资经费给予支持，确保农村中小学教师工资按照国家标准及时足额发放。2005 年教育部《关于进一步推进义务教育均衡发展的若干意见》规定，要切实落实教育经费"三个增长"和新增教育经费主要用于农村的要求，在经费投入上对薄弱学校的改造采取倾斜政策，城市教育费附加要优先用于薄弱学校改造。重点支持农村地区、贫困地区、少数民族地区的义务教育发展，加大对经济困难地区的教育专项转移支付。

2006 年修订的《中华人民共和国义务教育法》中规定：县级人民政府编制预算，要向农村地区学校和薄弱学校倾斜。国务院和县级以上地方人民政府根据实际需要，设立专项资金，扶持农村地区、民族地区实施义务教育。其中，第四十二条专门规定了"三个增长"："国务院和地方各级人民政府用于实施义务教育财政拨款的增长比例应当高于财政经常性收入的增长比例，保证按照在校学生人数平均的义务教育费用逐步增长，保证教职工工资和学生人均公用经费逐步增长。"2006年财政部、教育部在《农村中小学公用经费支出管理暂行办法》中规定，地方各级财政、教育部门分配农村中小学公用经费，应主要依据在校学生人数，同时又要兼顾不同规模学校运转的实际情况，适当向办学条件薄弱的学校倾斜，保证较小规模学校和教学点的基本需求。同年，财政部、教育部《关于确保农村义务教育经费投入加强财政预算管理的通知》规定，要按照农村义务教育"以县为主"管理体制的要求，对农村中小学经费实行"校财局管"；要建立健全农村中小学校预算编制制度，各项收支都要统一编入县级财政预算，并由县级财政部门按照财政国库管理制度的规定办理资金支付。

2007年财政部、教育部在《关于调整完善农村义务教育经费保障机制改革有关政策的通知》（以下简称《通知》）中明确提出，农村义务教育实行"经费省级统筹、管理以县为主"的体制，具体包括：（1）享受寄宿生生活费补助的家庭经济困难学生的比例，由省级财政、教育部门根据当地实际情况确定。中央财政对中西部地区落实基本标准所需资金按照50%的比例给予奖励性补助。中西部地区地方财政应承担的50%部分，由省级财政统筹落实。中西部地区可在中央确定的基本标准的基础上，根据实际情况调高标准。调高标准所需资金，由地方财政负责解决。东部地区也应加大落实农村义务教育阶段家庭经济困难寄宿生生活费补助政策的力度，所需资金主要由地方财政自行承担。根据东部地区各省市政策落实情况及其财力状况等因素，中央财政给予适当奖励。（2）向全国农村义务教育阶段学生免费提供国家课程的教科书，所需资金由中央财政承担。（3）提高中西部地区部分省份农村义务教育阶段中小学的生均公用经费基本标准。（4）适当提高中西部地区农村义务教育阶段中小学校舍维修改造测算单价标准，对校舍维修改造成本较高的高寒等地区，进一步提高测算单价标准。中央与中西部地区的经费分担比例，仍按《通知》的规定执行。对东部地区，根据其财力状况以及校舍维修改造成效等情况，中央财政继续给予适当奖励。（5）中部六省享受西部大开发政策的243个县（市、区），其免除农村义务教育阶段学生学杂费和提高农村义务教育阶段中小学公用经费保障水平所需资金，中央与地方的分担比例按照8∶2执行。

2010年财政部《关于统一地方教育附加政策有关问题的通知》规定，统一开征地方教育附加；地方教育附加征收标准统一为单位和个人（包括外商投资企业、外国企业及外籍个人）实际缴纳的增值税、营业税和消费税税额的 2%。2011 年国务院办公厅《关于实施农村义务教育学生营养改善计划的意见》提出，中央财政为试点地区农村义务教育阶段学生提供营养膳食补助，标准为每生每天 3 元（全年按照学生在校时间 200 天计算），所需资金全部由中央财政承担；从 2011 年秋季学期起，补助家庭经济困难寄宿学生生活费标准达到每生每天小学 4 元、初中 5 元；中央财政对中西部地区落实基本标准所需资金按照 50% 的比例给予奖励性补助。2011 年国务院《关于进一步加大财政教育投入的意见》提出，"各级教育行政部门和学校在教育经费使用管理中负有主体责任"，"提高财政教育支出占公共财政支出的比重"，"提高预算内基建投资用于教育的比重"，"新增财力要着力向教育倾斜，优先保障教育支出"。除了"统一内外资企业和个人教育费附加制度"，"全面开征地方教育附加"外，还要"从土地出让收益中按比例计提教育资金"，并要求"从 2011 年 1 月 1 日起，各地区要从当年以招标、拍卖、挂牌或者协议方式出让国家土地使用权取得的土地出让收入中，按照扣除征地和拆迁补偿、土地开发等支出后余额 10% 的比例，计提教育资金。"

2012 年国务院《关于加强教师队伍建设的意见》规定，对长期在农村基层和艰苦边远地区工作的教师，实行工资倾斜政策。为教师缴纳社会保险费及住房公积金。中央在基建投资中安排资金，支持加快建设农村艰苦边远地区学校教师周转宿舍。新增财政教育经费要把教师队伍建设作为投入重点之一，切实保障教师培养培训、工资待遇等方面的经费投入。教师培训经费要列入财政预算。幼儿园、中小学和中等职业学校按照年度公用经费预算总额的 5% 安排教师培训经费。2012 年国务院《关于深入推进义务教育均衡发展的意见》提出，"中央财政加大对中西部地区的义务教育投入"，"省级政府要加强统筹，加大对农村地区、贫困地区以及薄弱环节和重点领域的支持力度"，推进义务教育学校标准化建设。省级政府要依据国家普通中小学校建设标准和本省（区、市）标准，为农村中小学配齐图书、教学实验仪器设备、音体美等器材，着力改善农村义务教育学校学生宿舍、食堂等生活设施，妥善解决农村寄宿制学校管理服务人员配置问题。继续实施农村义务教育薄弱学校改造计划和中西部农村初中校舍改造工程，积极推进节约型校园建设。要采取学校扩建改造和学生合理分流等措施，解决县镇"大校额"、"大班额"问题。对长期在农村基层和艰苦边远地区工作的教师，在工资、职称等方面实行倾斜政策。建立和完善鼓励城镇学校校长、教师到农村学校或城市薄弱学校任职任教机制，完善促进县域内校长、教师交流的政策措施，建设农村艰苦边远地区教师周转宿舍，城镇学校教师评聘高级职称原则上要有一年以上在农村学校任教经历。2012 年国务院《关于规范农村义务教育学校布局调整的意见》提出，提高村小学和教学点的生均公用经费标准，对学生规模不足 100 人的村小学和教学点按 100 人核定公用经费，保证其正常运转。鼓励各地采取在绩效工资中设立岗位津贴等有效政策措施支持优秀教师到村小学和教学点工作。2012 年财政部、教育部在《农村义务教育学生营养改善计划专项资金管理暂行办法》明确提出，学校食堂（伙房）的水、电、煤、气等日常运行经费纳入学校公用经费开支。供餐增加的运营成本、学校食堂聘用人员开支等费用，由地方财政负担。规定省级财政部门在收到专项资金预算文件后，应当在 25 个工作日内按财政资金拨付程序将资金分解下达到县级财政部门。县级财政部门收到省级财政部门下达的专项资金后，要制订周密的资金拨付计划，按照财政国库管理制度有关规定及时支付资金，确保营养改善计划国家试点工作顺利实施。2012 年教育部等五部门在《边远贫困地区、边疆民族地区和革命老区人才支持计划教师专项计划实施方案》中提出，"受援县义务教育阶段教师选派工作经费由中央财政和地方财政按照年人均 2 万元标准共同分担"，"西部省份由中央财政负担；中部省份由省级财政和中央财政按 1 : 1 比例分担；东部省份由省级财政自行负担"。2012 年教育部、国家发展改革委、财政部《关于深化教师教育改革的意见》提出，"各地要切实加大教师教育财政支持力度，新增财政教育经费要把教师培养培训作为投入重点之一"，"中小学（幼儿园、中等职业学校）按照年度公用经费预算总额的 5% 安排教师培训经费"。2012 年教育部财政部《关于进一步加强和规范农村义务教育学生营养改善计划学校食堂建设工作的通知》提出，"中央财政对中西部地区和东部困难地区学校食堂建设按照 5 : 5 的比例给予奖励支持"。

2013 年教育部《关于 2013 年深化教育领域综合改革的意见》提出，"健全各级政府教育经费分担机制，进一步明晰中央和地方的教育事权和财政支出责任"。完善均衡发展义务教育机制，建立健全教育资源配置机制，重点向农村、边远、贫困、民族地区倾斜，加快推进义务教育学校标准化建设，逐步消除义务教育薄弱学校、大班额等是今后深化教育领域改革的努力方向。2013 年教育部等五部门《关于加强义务教育阶段农村留守儿童关爱和教育工作的意见》指出，提高义务教育阶段农村寄宿制学校公用经费，加快建立农村寄宿制学校经费保障机制，为寄宿制学校配备必要的生活教师是当务之急。

（二）义务教育经费监督检查政策

为了确保资金落实到位，加强对农村义务教育经费安排和使用情况的监督检查，国家出台了一系列相关政策，以完善义务教育经费监督机制。

2005 年国务院《关于深化农村义务教育经费保障机制改革的通知》提出：各级人民政府在安排农村义务教育经费时要切实做到公开透明，要把落实农村义务教育经费保障责任与投入情况向同级人民代表大会报告，并向社会公布，接受社会监督。各级财政、教育、物价、审计、监察等有关部门要加强对农村义务教育经费安排使用、贫困学生界定、中小学收费等情况的监督检查。各级人民政府要改进和加强教育督导工作，把农村义务教育经费保障机制改革和教育综合改革，作为教育督导的重要内容。

2006 年财政部、教育部在《农村中小学公用经费支出管理暂行办法》中规定，农村中小学要将公用经费使用情况定期在校内外公布，接受师生和群众的监督。各级财政、教育行政部门要严格管理，加强监督，定期组织检查，对不按规定使用公用经费的，要依法严肃查处，并追究相关单位和人员的责任。2006 年财政部、教育部在《关于确保农村义务教育经费投入加强财政预算管理的通知》规定，省级财政部门要定期检查各市县农村义务教育经费落实情况。各级财政、教育部门要加强对农村义务教育经费安排和使用情况的监督检查。中央财政将加强对各地农村义务教育经费保障机制改革落实情况的考评，对工作开展好的地区，给予表彰奖励；对资金落实不到位，管理制度不健全，截留、滞留、挤占、挪用经费的地区，将采取相应手段予以处理。2007 年财政部、教育部《关于调整完善农村义务教育经费保障机制改革有关政策的通知》规定，建立监督检查的长效机制，对弄虚作假、挪用资金等问题，必须及时纠正、严肃处理。

2011 年国务院《关于进一步加大财政教育投入的意见》提出，各地区要加强对落实教育投入法定增长、提高财政教育支出比重、拓宽财政性教育经费来源渠道各项政策的监测分析和监督检查，及时发现和解决政策执行中的相关问题。2012 年教育部在《县域义务教育均衡发展督导评估暂行办法及说明》中对县级人民政府推进义务教育均衡发展工作评估指标及要求进行规定：义务教育经费在财政预算中单列，近三年教育经费做到"三个增长"；推进学校标准化建设，制定并有效实施了薄弱学校改造计划，财政性教育经费向薄弱学校倾斜；农村税费改革转移支付资金用于义务教育的比例达到省级规定要求。2012 年国务院颁布的《教育督导条例》的督导内容包括：校舍的安全情况，教学和生活设施、设备的配备和使用等教育条件的保障情况，教育投入的管理和使用情况，义务教育普及水平和均衡发展情况等。2013 年教育部《关于2013 年深化教育领域综合改革的意见》中提出"加强教育经费使用绩效评价和使用监督"。

二、我国义务教育经费投入状况

(一) 义务教育经费投入持续、快速、稳定增长

2000～2012 年全国教育经费投入情况如表 3-1 所示，2012 年，全国教育总经费达到了 27 695.97 亿元，比 2000 年的 3 849.08 亿元增加了 6.2 倍，平均每年增长 17.68%。2012 年，全国财政性教育经费达到了 22 236.23 亿元，比 2000 年的 2 562.61 亿元增加了 8.68 倍，平均每年增长 19.26%。2012 年，全国公共财政预算教育经费达到了 16 804.56 亿元，比 2000 年的 2 085.68 亿元增加了 7.06 倍，平均每年增长 20.51%。财政性教育经费和预算内教育经费平均年增长率均高于全国教育总经费的年均增长率。从 2005 年开始，全国公共财政预算教育经费投入增长率超过了全国教育总经费的增长率。由图 3-1 可知，财政性教育经费和预算内教育经费占教育总经费的比重从 2005 年开始逐年升高。这说明中央和地方各级政府重视并加大对教育的投入，承担起了政府对教育的投入责任。

表 3-1   2000～2012 年全国教育经费投入情况

年份	教育总经费		财政性教育经费		预算内教育经费	
	总量（亿元）	增长率（%）	总量（亿元）	增长率（%）	总量（亿元）	增长率（%）
2000	3 849.08	14.93	2 562.61	12.04	2 085.68	14.87
2001	4 637.66	20.49	3 057.01	19.29	2 582.38	23.81
2002	5 480.03	18.16	3 491.40	14.21	3 114.24	20.60
2003	6 208.27	13.29	3 850.62	10.29	3 453.86	10.91
2004	7 242.60	16.66	4 465.86	15.98	4 027.82	16.62
2005	8 418.84	16.24	5 161.08	15.57	4 665.69	15.84
2006	9 815.31	16.59	6 348.36	23.00	5 795.61	24.22
2007	12 148.07	23.77	8 280.21	30.43	7 654.91	32.08
2008	14 500.74	19.37	10 449.63	26.20	9 685.56	26.53
2009	16 502.71	13.81	12 231.09	17.05	11 419.30	17.90
2010	19 561.85	18.54	14 670.07	19.94	13 489.56	18.13
2011	23 869.29	22.02	18 586.70	26.70	16 804.56	24.57
2012	27 695.97	16.03	22 236.23	19.64		
平均	12 302.34	17.68	8 876.22	19.26	7 064.93	20.51

资料来源：教育部财务司、国家统计局社会和科技统计司：《中国教育经费统计年鉴》(2000～2012 年)，中国统计出版社各年版。

构建城乡一体化的教育体制机制研究

（百分比）

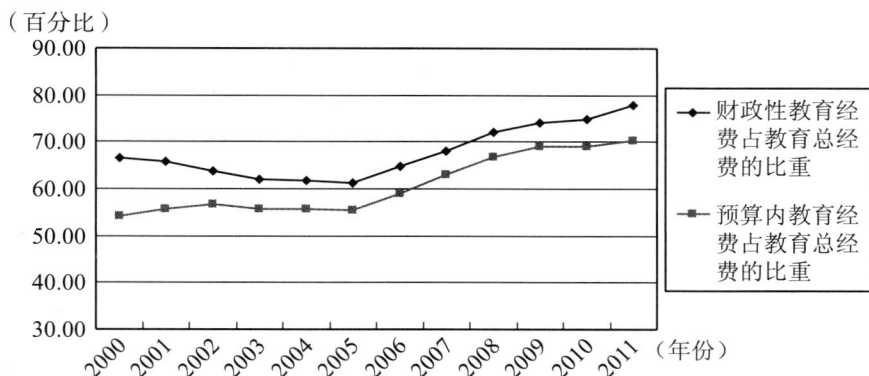

图 3 – 1　2000 ~ 2011 年我国财政性教育经费和预算内教育经费
分别占教育总经费的比重变化趋势

（二）　国家财政性义务教育经费占 GDP 的比例逐年上升

由表 3 – 2 中数据可知，国家财政性教育经费占国内生产总值的比例从 2004 年起保持了连续 8 年的增长态势，从 2000 年的 2.58% 提高到 2012 年的 4.28%。

表 3 – 2　　　　2000 ~ 2011 年我国教育经费占 GDP 的比重

年份	国内生产总值 （亿元）	财政性教育经费 （亿元）	财政教育经费占 GDP 比重（%）
2000	99 214.6	2 562.61	2.58
2001	109 655.2	3 057.01	2.79
2002	120 332.7	3 491.40	2.90
2003	135 822.8	3 850.62	2.84
2004	159 878.3	4 465.86	2.79
2005	183 867.9	5 161.08	2.81
2006	210 871.0	6 348.36	3.01
2007	257 305.6	8 280.21	3.22
2008	300 670.0	10 449.63	3.48
2009	340 903.0	12 231.09	3.59
2010	401 513.0	14 670.07	3.65
2011	472 882.0	18 586.70	3.93
2012	518 942.1	22 236.23	4.28

资料来源：教育部、国家统计局、财政部历年《全国教育经费执行情况统计公告》（2000 ~ 2011），http：//www. moe. edu. cn/publicfiles/business/htmlfiles/moe/moe_83/index. html。

（三）公共财政预算义务教育经费占公共财政支出比例呈增长趋势

由表 3 - 3 中的数据可以看出，公共财政预算内义务教育经费占财政支出比例 2000 ~ 2011 年有逐渐增大的趋势。这说明国家历来重视对教育的投入，保证教育优先发展。

表 3 - 3   2000 ~ 2011 年公共财政预算内教育经费占财政支出比例

年份	公共财政支出（亿元）	公共财政预算内教育经费（亿元）（不包括教育费附加）	预算内教育经费（不包括教育费附加）占财政支出比例（%）	预算内教育经费（包括教育费附加）占财政支出比例（%）
2000	15 886. 50	2 085. 68	13. 13	13. 80
2001	18 902. 58	2 582. 38	13. 66	14. 31
2002	22 053. 15	3 114. 24	14. 12	14. 76
2003	24 649. 95	3 453. 86	14. 01	14. 68
2004	28 486. 89	4 027. 82	14. 14	14. 90
2005	33 930. 28	4 665. 69	13. 75	14. 58
2006	40 422. 73	5 795. 61	14. 34	15. 18
2007	49 781. 35	7 654. 91	15. 38	16. 26
2008	62 592. 66	9 685. 56	15. 47	16. 32
2009	76 299. 93	11 419. 30	14. 97	15. 69
2010	89 874. 16	13 489. 56	15. 01	15. 76
2011	109 247. 79	16 804. 56	15. 38	16. 31

资料来源：教育部、国家统计局、财政部历年《全国教育经费执行情况统计公告》（2000 ~ 2011），http：//www. moe. edu. cn/publicfiles/business/htmlfiles/moe/moe_83/index. html。

三、城乡义务教育经费投入体制机制存在的突出问题

课题组通过采取自主编制的调研工具对 A、C、Q、S、L、N 等省（市）进行了实地调研，获得了大量一手资料和义务教育经费投入数据。基于此，本节分析了城乡义务教育经费投入体制机制存在的突出问题。

（一）城乡义务教育经费管理不规范

自 2005 年以来，我国建立了"经费省级统筹、管理以县为主"的义务教育

经费保障机制。根据前文"城市和农村义务教育经费投入状况"分析结果可知，该保障机制对于有效缩小义务教育经费的城乡差异起到了积极作用。仅以"经费拨付主体"来看，就可以发现其内部管理机制的非规范性。在实施"以县为主"、"校财县管"管理体制的过程中，多数县（区）成立了"教育经费核算中心"，对全县（区）教育经费收支实行"统一管理、集中核算"。由于上级部门没有相关具体规定，各县（区）在管理体制、机构设置、人员配备等方面都不尽相同，如（1）核算中心到底隶属和设办于教育行政部门还是财政部门，个体学校究竟是属于何种层级的预算单位，其主体范围有多大；（2）核算中心的单位性质与单位级别模糊，究竟是普通事业单位还是参公事业单位，是独立法人还是非独立法人，单位在整个科层制组织结构中的位置是什么；（3）核算中心人员组成方式不一，有的县（区）具有独立的（何种）编制，有的县（区）全是借用人员；（4）核算中心人员待遇不一，有的县（区）保持原有待遇不变，有的县（区）按职员工资发放，还有的县（区）参公执行；（5）核算中心日常运行经费拨付来源多样。核算中心集中处理全县（区）学校财务，业务量大，迎接各种检查审计很多，运行费用特别大，但经费来源究竟应该是县（区）财政专项安排，还是使用保障义务教育保障经费或者城市教育附加解决并未明确，各县（区）不尽相同，并且没有相关政策依据。

（二）城乡义务教育经费总量投入整体不足

虽然我国财政教育投入持续大幅增长，但按照城乡一体化的发展战略目标要求，义务教育经费投入仍有较大缺口。

1. 法定"增长"不能保障，新增财力对教育投入不足

2006年新修订的《中华人民共和国义务教育法》明确提出"各级政府应当确保义务教育经费'三增长'，即用于实施"义务教育财政拨款的增长比例"应当高于"财政经常性收入的增长比例"，保证按照"在校学生人数平均的义务教育费用"逐步增长，保证"义务教育教职工工资和学生人均公用经费"逐步增长[1]。但调研发现，有些县（区）（如A市CS区）仍不能保障"用于实施义务教育财政拨款的增长比例应当高于财政经常性收入的增长比例"这一法定"增长"要求。

2011年6月《国务院关于进一步加大财政教育投入的意见》特别强调从"土地出让收益中按比例计提教育资金"、各地区"从当年以招标、拍卖、挂牌或者协议方式出让国家土地使用权取得的土地出让收入中，按照扣除征地和拆迁

---

① 中华人民共和国义务教育法，http://www.gov.cn/ziliao/flfg/2006-06/30/content_323302.htm。

补偿、土地开发等支出后余额 10% 的比例，计提教育资金"，要"提高预算内基建投资用于教育的比重"。这些政策措施在有些地区并未有效落实，主要问题有：（1）部分县（区）（如 X 省 TY 县）没有从土地出让收益中提取教育资金；（2）部分县（区）（如 L 省 LS 县）从土地出让收益中提取教育资金没有达到 10% 的比例；（3）部分县（区）（如 A 市 LP 县）政府想方设法提高土地出让成本，缩小土地出让收益，从而减少教育资金。

2. 贫困地区专项经费中需要地方配套的资金落实不到位

在调研中我们发现，有些县（区）专项经费地方配套资金不到位。如 2012 年教育部、财政部《关于进一步加强和规范农村义务教育学生营养改善计划学校食堂建设工作的通知》提出"中央财政对中西部地区和东部困难地区学校食堂建设按照 5:5 的比例给予奖励支持。要求各地足额落实本地财政应承担资金，满足学校食堂建设需要"。但以 X 省 TY 县为代表的很多区县在薄弱学校改造计划中的"食堂建设专项资金"县级配套资金不到位。2011 年财政部《中央农村危房改造补助资金管理暂行办法》规定："省级财政部门会同发展改革、住房城乡建设部门，根据辖区危房改造任务分配情况，将中央补助资金和本级政府安排的农村危房改造资金，拨付到下级财政部门。市、县级财政部门也要积极安排农村危房改造补助资金"。但 S 省 DZ 市（地级市），危房改造资金缺口高达 3.9 亿元。该市中小学信息化建设的校校通工程由于建设经费短缺，一期工程 500 万元欠款至今没有着落，全市的校校通项目被迫叫停，农村中小学校校通工程就此流产。

3. 由地方本级财政主要承担保障运转的经费不能有效落实

在 2012 年 7 月财政部、教育部印发的《农村义务教育学生营养改善计划专项资金管理暂行办法》中明确规定："供餐增加的运营成本、学校食堂聘用人员开支等费用，由地方财政负担。"而在实际实施中，很多地方财政并没有负担起这部分费用，并由此引起一系列问题。如以 A 市 WZ 区为代表的部分区县学校为了节约经费，并没有给餐饮工作人员办理必要的"五险一金"，学校通常采取聘十个月后即解聘临时工的办法以节约营养改善计划项目中的人头经费开支，由此造成学校营养餐安全问题存在隐忧。

2006 年教育部等五部门在《关于在农村义务教育经费保障机制改革中坚决制止学校乱收费的通知》中规定："从 2009 年开始，农村义务教育阶段免收寄宿生住宿费，所需相关费用从学校公用经费中开支"。在实际落实过程中，农村寄宿制学校公用经费标准和其他学校一样，这无疑增加了寄宿制学校的办学资金负担：一是加大了学校的水、电费和宿舍、食堂、床铺等维修费用开支；二是新增了生活教师和服务人员的工资费用。义务教育阶段学校本来就资金紧张，长此以往，必定会进一步加重学校的资金负担,影响正常的教学投入。一些县(区)(如 A 市 FJ 县)违反公用经费管理规定,只能默许学校用公用经费支付生活教师和新增服务人员工资,致使公用经费使用不规范。这也与学者钟秉林等的研究结果"违规开支学校公用经费的现象普遍存在"相一致[①]。在调研中我们发现,在 B 省和 L 省的一些县级市(区),由于财政困难等原因,城市的生均公用经费比农村生均公用经费低。如 L 省 JZ 市(地级市)JF 区的城市生均公用经费还不到农村生均公用经费的一半(城市小学 210 元,初中 260 元;农村小学 530 元,初中 730 元)。

(三)义务教育经费投入向农村倾斜政策不完善

1. 农村薄弱学校补助经费标准不合理

调查发现,A 市 WZ 区公用经费在实际分配时对偏远、薄弱学校给予了适当倾斜,其倾斜办法是:学生人数小于 500 人统筹 10%,500~1 499 人统筹 20%,大于或等于 1 500 人统筹 25%,其统筹经费集中用于对学校配置教育教学设备,对偏远、薄弱学校进行倾斜,对有寄宿生学校的学生补助 15 元水电费。统筹公用经费对边远和薄弱学校倾斜补助标准是(见表 3-4):学生人数小于 400 人小学补助 5 万元、初中 7.5 万元;大于 400 人小于 500 人小学补助 4 万元、初中 6 万元;对小于 100 人的村小每校另外补助 1 万元。A 市 FJ 县对薄弱学校、有特殊困难学校的倾斜办法为(见表 3-5):学生人数 500~550 人的学校每年补助 1 万元,400~499 人按 500 人预算,另外补助 2 万元,300~399 人按 450 人预算,另外补助 3 万元,299 人及以下按 350 人预算,另外补助 4 万元。对少数因需购置锅炉的学校补助 2 万元、对需要更换变压器的学校补助 15 万元。L 省的 GS 县对一些边远地区(特别是山区)学校的学生人数达不到 100 人按 100 人的标准支付,以维持学校的正常运转。

表 3-4　A 市 WZ 区对边远和薄弱学校公用经费倾斜补助标准

学生人数	补助标准(单位:万元)	
	小学	初中
小于 100	1	—
大于 100 小于 400	5	7.5
大于 400 小于 500	4	6

资料来源:根据访谈数据整理。

---

① 钟秉林,赵应生,洪煜等:《农村义务教育学校公用经费支出实证研究》,载《中国教育学刊》2012 年第 8 期,第 1~8 页。

表 3 - 5　　　A 市 FJ 县对薄弱学校、有特殊困难学校的倾斜补助标准

学生人数	补助标准
299 人及以下	按 350 人预算，另外补助 4 万元
300 ~ 399	按 450 人预算，另外补助 3 万元
400 ~ 499	按 500 人预算，另外补助 2 万元
500 ~ 550	补助 1 万元

资料来源：根据课题组调研访谈数据整理而得。

L 省的 LS 县、S 省的 DZ 市、X 省的 TY 县等都没有明确地对农村薄弱学校补助的标准进行规定。个别地方在每年的教育经费余额中，由教委和财政局研究后，将剩余的经费向农村地区倾斜。由于"僧多粥少"，分配到每个学校的经费极其有限，而且主要投入 100 人以下的学校，这使得农村薄弱学校的发展举步维艰。

2. 对边远、高寒地区教师的补助差距大

国家对长期在农村基层和艰苦边远地区工作的教师的工资、职称等方面实行倾斜政策。调研发现，不同县（区）对农村教师的补助标准不一样。有的县（区）对农村教师没有补助（如 S 省、L 省的一些县），有的区（县）对农村教师每月统一补助 50 元（如 A 市 CS 区、L 省 JZ 市的 JF 区），有的区县按距离县城的远近每月补助 50 元、100 元和 150 元（如 A 市 WZ 区），有的区（县）对农村教师除了边远、高寒补助外，还发交通补助（如 N 省 TL 市）。

3. 到农村支教教师的补助标准有待完善

2012 年国务院《关于深入推进义务教育均衡发展的意见》提出，建立和完善鼓励城镇学校校长、教师到农村学校或城市薄弱学校任职任教机制，完善促进县域内校长、教师交流的政策措施。在政策实施过程中，各地出台了对到农村交流的校长、教师的补助政策。但城里的教师交流到农村，去农村支教，补助标准差别较大，有的地方每年补助 10 000 元，有的地方每年补助 16 000 元。这种补助措施对城乡之间的教师流动起到很好的作用，但影响力较小，很多城市教师仍不愿意去农村交流。

四、构建城乡一体化义务教育经费投入体制机制的对策建议

（一）理顺管理体制，建立规范性的县（区）教育经费核算中心

针对教育经费管理体制不顺的问题，根据"校财县管"的政策要求，建立

县（区）教育经费核算中心。建议教育、财政、人事等部门进行调研，借鉴实验区较为成熟的经验，出台相关政策，明确县（区）教育经费核算中心的性质、职能、级别、人员配备、人员待遇、运行费用等相关事宜，以利于各县（区）建立核算中心开展工作，逐步理顺和完善教育经费管理体制。进一步完善和制定教育核算中心与学校内部财务管理的衔接、内外监控等制度，加强管理，规范国库集中支付制度①。

（二）着力加大地方义务教育经费投入

加大教育经费投入，特别是加大地方教育经费投入，是保障义务教育发展、实施城乡一体、同步发展的重要物质基础。

1. 保障经费法定"增长"，加大公共财政对城乡教育的保障支持力度

根据《中华人民共和国义务教育法》的要求，"各级政府应当确保义务教育经费'三增长'"，加大公共财政对城乡教育的保障支持力度。认真执行教育财政拨款的增长比例应当高于财政经常性收入的增长比例，保证生均教育事业费和公用经费教育费用逐步增长，教育经费占县（区）财政一般预算支出比例逐年提高，教育投入占县（区）所有财政支出比例20%以上的经费保障政策，县（区）级财政每年超收部分按不低于年初确定的教育经费支出占财政支出比例用于教育。上级政府要对下级政府落实法定"增长"的情况进行检查和监督，特别是对"用于实施义务教育财政拨款的增长比例应当高于财政经常性收入的增长比例"这一法定"增长"进行检查和监督。

2. 保障新增财力对教育的投入，确保新增教育经费主要用于农村

根据《国务院关于进一步加大财政教育投入的意见》，有效落实"从土地出让收益中按比例计提教育资金"这项政策要求，确保"各地区要从当年以招标、拍卖、挂牌或者协议方式出让国家土地使用权取得的土地出让收入中，按照扣除征地和拆迁补偿、土地开发等支出后余额10%的比例，计提教育资金。"加强对地方政府土地出让成本的审核，防止地方政府为缩小土地出让收益而提高土地出让成本，切实保障新增财力对教育的投入。要有效落实教育部《进一步推进义务教育均衡发展的若干意见》要求的"新增教育经费主要用于农村"、"重点支持农村地区、贫困地区、少数民族地区的义务教育发展"等相关规定。

3. 多渠道筹措教育经费，加强省级统筹，确保地方教育经费资金到位

要积极拓展教育融资渠道，将政府投入保障与构建社会多元投入相结合，建立有利于教育筹资的配套体系，努力形成以政府财政投入为主，学校自筹、社会

---

① 尹建丽：《从A县实践看义务教育集中核算制度的问题及出路》，广西师范学院，2012年。

捐资助学和社会投资办学并举的教育投入新格局。为了预防专项经费地方配套资金不到位和应由地方提供的资金没有得到落实等问题的出现，可以加强省级统筹，把相应的教育资金统筹到省级政府财政部门统一划拨，或者强化地方教育经费预算，并加强监督，确保地方教育经费资金到位。建立对地方财力状况的监察机制，地方财力短缺，财政确实困难的，上级政府要根据情况进行补助，保障城市的义务教育生均公用经费足额发放。

（三）有效落实义务教育经费投入向农村、薄弱和民族地区倾斜政策

1. 尽快出台对农村薄弱学校倾斜补助标准

县（区）政府要提升城乡一体化义务教育经费投入水平，就要进一步加强对义务教育经费投入的管理，继续把教育作为公共财政支出的重中之重，按要求将新增教育经费主要用于农村义务教育，达到逐步缩小城乡之间义务教育差异、实现城乡一体化义务教育的目的。建立县（区）教育行政部门统筹调配教育经费机制，由县（区）教育行政部门统筹一部分资金支持农村学校的建设和发展；建立县（区）政府统筹投入教育经费机制，根据"按需投入、统筹皆顾、均衡发展"的原则，加大"扶弱济困"的经费支持力度。这也是《教育规划纲要》有关率先在县（区）域内实现义务教育均衡发展的要求。国家应尽快出台对农村薄弱学校倾斜的补助标准。教育行政部门要根据学校的实际情况和需求，提高农村义务教育公用经费标准，特别是提高农村偏远、薄弱、小规模学校的公用经费标准，保证农村义务教育学校日常教育教学活动所需的基本开支。切实落实2012年国务院《关于规范农村义务教育学校布局调整的意见》中关于小规模学校的公用经费政策：对学生规模不足100人的村小学和教学点按100人核定公用经费，保证其正常运转。提高义务教育寄宿制学校公用经费标准，加快建立农村寄宿制学校经费保障机制。

2. 尽快出台对边远、高寒地区教师的补助标准

尽快出台对边远、高寒地区教师的补助标准，落实国家要求对边远、高寒地区教师进行补助的政策。同时也要兼顾考虑城市教师到农村交流的补助标准，以免引起新的不公平。农村薄弱学校的"薄弱"不仅是因为办学条件的落后和教育经费投入的不足，更是因为优质教师的缺乏。加大对边远和高寒地区教师的补助力度，是农村薄弱学校引进和留住优质教师的一个重要保障。落实边远农村地区学校教师继续教育交通补助，完善教师工资和福利待遇保障机制，全面实施绩效工资政策，设立农村教师津贴，实现城乡教师同工同酬，并制定向农村教师倾斜的财政政策。

（四）进一步完善义务教育经费投入配套政策

1. 加大对贫困生的资助力度，建立贫困生资助体系

要改变目前家庭经济困难学生资助标准单一的现状，制定针对学生家庭的困难情况和程度的分级补助标准。要加大对家庭真正贫困的，如孤儿、残疾儿童、有重大疾病的儿童或者是低保家庭的资助力度，提高资助标准。针对贫困生补助资金到位不及时的问题，财政部门应根据问题产生的根源研究解决办法，改革拨款方法，确保贫困生补助资金及时发放到学生手中。

2. 加大一般转移支付力度，规范专项转移支付

一般转移支付是一切专项转移支付制度建立并正常发挥作用的前提，因此，要加大一般转移支付力度，确立一般转移的基础性地位。专项转移支付是纠正地方短期行为、实现国家战略目标的重要手段。克服专项转移支付项目设立的随意性，规范管理，处理好专项非匹配资金与专项匹配资金的关系，建立义务教育专项转移支付制度，加强对专项转移支付资金的绩效评估，提高专项转移资金的使用效率。

3. 提高北方高寒地区相关省（自治区、直辖市）的公用经费标准

2010 年国家义务教育阶段生均公用经费标准为：小学 500 元，初中 700 元。北方高寒地区相关省（自治区、直辖市）的公用经费标准应在国家标准的基础上再加上取暖费，避免取暖费挤占学校公用经费，影响学校日常运转[①]。以 X 省为例来计算冬天取暖费，国家补助每生 90 元，每生实际取暖费约 180 元，假如在国家标准基础上可增加取暖费，则 X 省义务教育阶段生均公用经费标准应为：小学 680 元，初中 880 元。

4. 改进营养餐工程经费管理

针对营养餐试点中经费管理存在的问题，要根据专项经费的管理规定，既要能保证食品的安全，又要注意到农村的客观实际，加强调研，寻找出妥善的解决办法。为了使中小学生营养工程落实得更好，政府部门要结合学校的实际情况和学生数量，确定对相关后勤人员的经费补助标准，落实好中小学生营养工程后勤人员的经费及相关补助金，切实保障这项工程的安全实施，让中小学生及家长真正感受到党和政府对民生的关注、对留守儿童和困难学生关心照顾，让群众满意，让党和政府放心。

[①] 钟秉林等：《农村义务教育学校公用经费支出实证研究——基于对我国 9 个省份 107 所农村学校的调查分析》，载《中国教育学刊》2012 年第 8 期，第 1~8 页。

（五）加强预算监督，完善审计、问责，提高城乡义务教育经费使用效益

第一，严格经费使用，加强农村义务教育学校预算管理。健全学校预算编制制度和预算资金支付管理制度，所有义务教育学校都必须按要求编制预算，并严格按程序报批。预算一经批复，就要保证学校严格按照预算办理各项支出，不得随意调整，且预算调整要报有关部门审批。第二，加强对义务教育学校经费的监督，建立义务教育经费投入评估指标体系（见表3-6）。进一步推进财务公开，将经费的划拨与经费的使用效益挂钩，充分发挥学校资金的使用效益。第三，要强化问责机制，完善义务教育经费的审计制度。对农村及薄弱学校公用经费、免费教科书、补助家庭经济困难寄宿生生活费和校舍维修改造的经费来源给予政策性的保障，足额安排预算资金，不得有"挤出效应"，并做到逐年增加。第四，追查经费投入不到位、挤占、挪用义务教育专项经费等问题的责任，加大对违规违纪使用教育经费行为的惩处力度，对违纪者要追究其经济和行政乃至法律责任。

表3-6　　　　　　　　义务教育经费投入城乡一体化指标体系

一级指标	二级指标	说明
保障	义务教育经费在财政预算中单列	
	近三年教育经费做到"三个增长"	
	从土地出让收益中按比例计提教育资金	
	专项经费地方配套资金和地方财政应负担部分到位	
	推进学校标准化建设，制定并有效实施了薄弱学校改造计划，财政性教育经费向薄弱学校倾斜	
	农村寄宿制学校公用经费标准高于非寄宿制学校	
生均经费投入	生均预算内教育经费	城乡
	生均预算内教育事业费	城乡
	生均预算内公用经费	城乡
效益	生均教学及辅助用房面积	城乡
	生均体育运动场馆面积	城乡
	生均教学仪器设备值	城乡
	每百名学生拥有计算机台数	城乡
	生均图书册数	城乡

（六）完善义务教育经费投入评估制度，提高投入绩效

1. 转变政府在义务教育经费投入评估中的职能

要改变义务教育经费投入评估领域单一的政府行政主导型评估模式，形成政府与非政府组织、民间团体等共同评估、共同管理的格局，使政府与非政府组织、用人单位共同合作协商参与义务教育经费投入评估。同时，政府参与评估的手段也从直接的领导者、组织者逐渐向监控者、合作者转变。在政府职能转变过程中，政府要适当放权，建立和完善保障评估顺利进行的体制机制，发挥对义务教育经费投入评估的服务职能。

2. 健全义务教育经费投入评估的制度保障

要健全义务教育经费投入评估制度，保障义务教育经费投入评估顺利进行。构建预测评估、执行评估和结果评估相结合的完整义务教育经费投入评估体系，建立义务教育经费投入评估组织，创设义务教育经费投入评估基金，建立义务教育经费投入评估信息系统，实施信息公开制度，提高义务教育经费投入评估的科学性和客观性，重视义务教育经费投入评估结论，消化、吸收义务教育经费投入评估成果[①]。

3. 重视第三方评估组织的力量

独立的第三方评估组织应该在整个义务教育经费投入评估中发挥极其重要的作用。第三方评估组织的评估独立于政府行政部门之外，能较大程度地保证义务教育经费投入评估的客观性，有利于评估的科学化[②]。它们为义务教育经费投入发展提供了统一的评估标准，为实现义务教育经费投入评估提供了有力的切入点。第三方评估组织应该广泛参与到义务教育经费投入评估实践活动中，形成与政府共同评估、共同管理的局面[③]。

4. 建立法律法规，保障义务教育经费投入评估

科学、公正的义务教育经费投入评估需要相应的法律法规作保障。义务教育经费投入评估制度的法制化建设体现了我国"依法治教"的原则。《教育督导条例》是我国首部教育督导法规，义务教育经费投入评估是教育督导的重要内容。应制定有关义务教育经费投入评估的法律法规，以保证评估的公正、可信和效率[④]。实现义务教育经费投入督导评估的法制化建设，可以进一步促进教育公

---

①②④　魏真：《建立我国公共教育财政政策评估机制势在必行》，载《2008年中国教育经济学年会会议论文集》，第4页。

③　曾婧：《公共治理视野下中国高等教育评估制度改革创新研究》，中南民族大学，2011年。

平，推动义务教育均衡发展①。在义务教育财政运行监督法中，要依法对投入经费使用的过程与结果进行评估，确保义务教育经费使用的质量和效率②。

五、城乡义务教育经费配置差异分析及农村教育经费配置效率研究

目前，我国义务教育城乡差距和区域差距都比较大③，而教育经费是影响义务教育均衡发展的关键因素④。为了进一步缩小义务教育的城乡差距和区域差距，需要对我国城乡义务教育经费投入状况进行深入研究。本部分根据 2000 年以来数据，对 2000～2012 年我国义务教育经费投入状况进行了分析。义务教育生均经费资料来源于 2001～2012 年《中国教育经费统计年鉴》。由于《中国教育经费统计年鉴》中没有城市学校的数据，因此根据普通小学和初中以及农村学校的生均经费和总经费计算出学生数后，再计算出城市学校的总经费和学生数，从而得出城市生均经费⑤。

（一）研究内容与方法

本书以全国 31 个省（自治区、直辖市）农村和城市的义务教育经费投入为研究对象，分析 2001～2011 年我国城乡以及东、中、西部城乡一体化义务教育经费投入的差异状况。资料来源为 2002～2012 年《中国教育经费统计年鉴》（本研究中的农村与《中国教育经费统计年鉴》中的农村口径一致，农村之外为城市）。

我国义务教育经费投入主要包括教育事业费和基建经费，教育事业费又分为公用经费和人员经费（见图 3－2）。公用经费是满足学校教育教学活动正常进行以及整个学校的正常运转而消耗的物力、人力所产生的费用。由于基建经费没有纳入经常性预算，而是根据需要来确定的，各年份波动比较大，若把基建经费与教育事业费放在一起分析，其结果会产生误导⑥，同时因义务教育预算内教育经

---

① 丁蓓：《我国义务教育均衡发展督导评估政策的演变与走向》，载《教学与管理》2013 年第 10 期，第 3～5 页。
② 张彤华：《我国教育财政法律制度的理论基础与体系构建》，载《太原城市职业技术学院学报》2013 年第 4 期，第 6～9 页。
③ 褚宏启：《城乡教育一体化：体系重构与制度创新》，载《教育研究》2009 年第 11 期，第 3～10 页。
④ 孙素英：《区域义务教育均衡发展影响因素》，载《中国教育学刊》2012 年第 6 期，第 7～11 页。
⑤ 杜育红：《中国义务教育财政研究》，北京师范大学出版社 2009 年版，第 18 页。
⑥ 李祥云：《税费改革前后义务教育投入地区差异及其变化的实证分析》，载《教育研究》2009 年第 10 期，第 6～9 页。

费支出最能反映义务教育政策下的政府（包括中央政府和地方政府）投入取向[1]，故本书主要分析城乡义务教育生均预算内教育事业费支出、生均预算内公用经费支出。

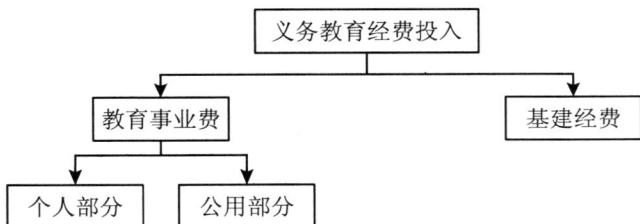

图 3-2　义务教育经费支出关系图

本书中义务教育经费投入差异的测算方法为基尼系数和泰尔指数。

1. 基尼系数（Gini Coefficients）

基尼系数是最常用的定量测定收入分配差异程度的工具，是 20 世纪初由意大利经济学家基尼（Gini）在洛伦茨曲线基础上提出的，其经济学含义是：全部居民收入中用于不平均分配的百分比。它在 0~1 之间变化，基尼系数越大，表明差异程度越高。本书借用基尼系数来测算样本地区义务教育阶段城乡学生生均预算内教育事业费的分配差异程度。计算基尼系数有很多公式和算法。下面是一种较直观简便地计算基尼系数的方法。假定有 n 个省（自治区、直辖市），m_i、w_i、p_i 分别代表第 i（$i=1, 2, \cdots, n$）个省（自治区、直辖市）的生均教育经费、生均教育经费份额、学生人数的频数。对全部样本按生均教育经费（m_i）由小到大排序后，基尼系数（G）的计算公式是：

$$G = 1 - \sum_{i=1}^{n} P_i(2Q_i - w_i)$$

其中，$Q_i = \sum_{k=1}^{i} w_k$ 为从 1 到的累积收入比重；$\sum_{i=1}^{n} p_i = 1$，$\sum_{i=1}^{n} w_i = 1$。

2. 泰尔指数（Theil Index）

泰尔指数是荷兰经济学家泰尔（Theil）提出的用于衡量个人之间或者地区之间收入差距的一个指标。本研究采用泰尔指数来测算样本地区义务教育经费投入的城乡地区差异程度。泰尔指数在 0 时表示绝对均衡（每个省（自治区、直辖市）都得到了平等的资助），在 1 时表示极度不均衡（表示所有的资金全部提供给了一个省（自治区、直辖市））。实际的泰尔指数介于 0 和 1 之间。计算泰

---

[1]　陈朗平等：《免费义务教育政策下教育财政公平性研究》，载《教育研究》2010 年第 12 期，第 8~13 页。

尔指数的公式是：

$$T_r = \sum_i \frac{N_i}{N_r} \ln \frac{\dfrac{N_i}{N_r}}{\dfrac{Y_i}{Y_r}}$$

$$T_u = \sum_i \frac{N_i}{N_u} \ln \frac{\dfrac{N_i}{N_u}}{\dfrac{Y_i}{Y_u}}$$

$$T_b = N_r \times \ln \frac{N_r}{Y_r} + N_u \times \ln \frac{N_u}{Y_u}$$

$$T_w = N_r \times T_r + N_u \times T_u$$

$$T = T_b + T_w$$

其中，T 为总体泰尔指数，T_r 为农村内部的泰尔指数，T_u 为城市内部的泰尔指数，T_b 为城乡之间的差异，T_w 为城乡内部的差异，N_i 为第 i 个省（自治区、直辖市）的在校生数占全国在校生总人数的比例，N_r、N_u 依次为农村和城市的在校生数占全国在校生总人数的比例，Y_i 为 i 第个省（自治区、直辖市）的教育经费占全国教育经费的比例，Y_r、Y_u 依次为农村和城市的教育经费占全国教育经费的比例。

为了分析城市和农村义务教育经费投入差异状况，以引导我们有针对性地探讨其背后隐藏的体制机制层面的制约因素，并为该体制机制的改善、调整和重构提供依据与参考，本书计算了 2001～2011 年城市和农村义务教育生均经费投入的基尼系数和泰尔指数并对泰尔指数进行了分解，同时计算了 2001～2011 年我国东、中、西部城市和农村义务教育生均经费的差异状况。

（二）农村与城市义务教育事业费支出差异

1. 小学生均事业费支出差异

由表 3-7 中的数据可知，2001～2011 年全国农村、城市小学生均预算内教育事业费支出的基尼系数都在 0.18～0.24 之间，其中，城市在各年份均高于农村。就基尼系数、泰尔指数来看，小学的生均预算内教育事业费支出表现的特征有：第一，农村内部的不平等程度在 2001～2002 年间呈下降趋势，2002～2005年间呈上升趋势，2005～2007 年间呈下降趋势，2007～2010 年间呈上升趋势，2010～2011 年间呈下降趋势。第二，城市内部的不平等程度在 2001～2002 年间呈下降趋势，2002～2005 年间呈上升趋势，2005～2007 年间呈下降趋势，2007～2011 年间出现波动，趋势不明显。第三，农村内部的不平等程度在

2001～2011 年间小于城市内部的不平等程度。城市与农村之间的差距在 2007～2010 年间逐年减小。

表 3－7　　　农村与城市小学生均预算内教育事业费支出差异

指标	城乡	2001 年	2002 年	2003 年	2004 年	2005 年	2006 年	2007 年	2008 年	2009 年	2010 年	2011 年
基尼系数	农村	0.1973	0.1822	0.1875	0.1998	0.2082	0.1971	0.1834	0.1949	0.2047	0.2175	0.2071
	城市	0.2113	0.2016	0.2261	0.2312	0.2297	0.2253	0.2147	0.2209	0.2151	0.2235	0.2194
泰尔指数	农村	0.0657	0.0566	0.0589	0.0664	0.0711	0.0645	0.0577	0.0622	0.0685	0.0767	0.0699
	城市	0.0770	0.0695	0.0855	0.0903	0.0893	0.0861	0.0788	0.0834	0.0803	0.0854	0.0815

资料来源：教育部财务司、国家统计局社会和科技统计司：《中国教育经费统计年鉴》（2000～2012 年），中国统计出版社历年版。

2. 初中生均事业费支出差异

由表 3－8 中的数据可以看出，2001～2011 年全国农村、城市初中生均预算内教育事业费支出的基尼系数都在 0.14～0.31 之间，其中，城市在各年份都高于农村。从表中的基尼系数、泰尔指数来看，初中的生均预算内教育事业费支出的变化特征和小学类似，主要有：第一，农村的不平等程度在 2001～2002 年间呈下降趋势，2002～2005 年间呈上升趋势，2005～2008 年间呈下降趋势，2008～2010 年间呈上升趋势，2010～2011 年间呈下降趋势。第二，城市的不平等程度在 2001～2002 年间呈下降趋势，2002～2005 年间呈上升趋势，2005～2008 年间呈下降趋势，2008～2009 年间呈上升趋势，2009～2011 年间呈下降趋势。第三，农村的不平等程度在 2001～2011 年间小于城市的不平等程度。城市与农村之间的差距在2001～2011 年间逐年减小。

表 3－8　　　农村与城市初中生均预算内教育事业费支出差异

指标	城乡	2001 年	2002 年	2003 年	2004 年	2005 年	2006 年	2007 年	2008 年	2009 年	2010 年	2011 年
基尼系数	农村	0.1626	0.1482	0.1630	0.1844	0.1893	0.1782	0.1604	0.1599	0.1738	0.1945	0.1895
	城市	0.3048	0.2224	0.2460	0.2531	0.2556	0.2298	0.2199	0.2045	0.2201	0.2113	0.1942
泰尔指数	农村	0.0467	0.0409	0.0485	0.0613	0.0630	0.0557	0.0476	0.0444	0.0504	0.0621	0.0590
	城市	0.1533	0.0828	0.1001	0.1070	0.1105	0.0924	0.0848	0.0743	0.0855	0.0766	0.0661

资料来源：教育部财务司、国家统计局社会和科技统计司：《中国教育经费统计年鉴》（2000～2012 年），中国统计出版社历年版。

3. 农村与城市公用经费支出差异

（1）小学生均公用经费支出城乡内部差异逐年缩小，城乡之间渐趋平衡。

从表 3-9 中的数据可以看出，2001～2011 年全国农村、城市小学生均预算内公用经费支出的基尼系数都在 0.16～0.49 之间，其中，城市在各年份都高于农村。农村小学生均预算内公用经费支出的基尼系数在 2001～2004 年间都大于 0.36，在 2004～2007 年间从 2004 年的 0.3622 减小到 2007 年的 0.1875，在 2007～2011 年都在 0.15～0.19 之间。与小学生均预算内教育事业费支出相比，小学生均预算内公用经费支出表现出不同的特征：第一，农村和城市的不平等程度在 2001～2011 年间都呈现逐年下降趋势。第二，农村的不平等程度在 2001～2011 年间小于城市的不平等程度。第三，城市和农村的不平等程度，在 2001～2004 年间变化幅度较小，在 2004～2008 年间变化幅度较大，从 2008 年起变化幅度变小。

表 3-9　　　　农村与城市小学生均预算内公用经费支出差异

指标	城乡	2001 年	2002 年	2003 年	2004 年	2005 年	2006 年	2007 年	2008 年	2009 年	2010 年	2011 年
基尼系数	农村	0.3954	0.3826	0.3672	0.3622	0.3074	0.2697	0.1875	0.1730	0.1637	0.1600	0.1764
基尼系数	城市	0.4821	0.4478	0.4527	0.4476	0.3837	0.3194	0.2694	0.2382	0.2186	0.2261	0.2184
泰尔指数	农村	0.2664	0.2418	0.2311	0.2152	0.1563	0.1195	0.0665	0.0564	0.0506	0.0495	0.0560
泰尔指数	城市	0.3991	0.3411	0.3501	0.3417	0.2533	0.1791	0.1414	0.1090	0.0951	0.0981	0.0925

资料来源：教育部财务司、国家统计局社会和科技统计司：《中国教育经费统计年鉴》（2000～2012 年），中国统计出版社历年版。

（2）初中生均预算内公用经费支出城乡内部差异逐年缩小，农村内部差异小于城市。

从表 3-10 中的数据可以看出，2001～2011 年全国农村、城市初中生均预算内公用经费支出的基尼系数都在 0.15～0.47 之间，其中城市在各年份都高于农村。农村初中生均预算内公用经费支出的基尼系数在 2001～2004 年间都大于 0.36，在 2004～2008 年间从 2004 年的 0.3661 减小到 2008 年的 0.1513，在 2009～2011 年间都在 0.17～0.20 之间。就基尼系数、泰尔指数来看，初中的生均预算内公用经费支出和小学类似，表现出以下特征：第一，农村和城市的不平等程度在 2001～2011 年间都呈现逐年下降趋势。第二，农村的不平等程度在 2001～2011 年间小于城市的不平等程度。第三，城市和农村的不平等程度，在 2001～2004 年间变化幅度较小，在 2004～2008 年间变化幅度较大，从 2008 年起变化幅度变小。

表 3 - 10   农村与城市初中生均预算内公用经费支出差异

指标	城乡	2001 年	2002 年	2003 年	2004 年	2005 年	2006 年	2007 年	2008 年	2009 年	2010 年	2011 年
基尼系数	农村	0.3886	0.3618	0.3767	0.3661	0.3230	0.2720	0.1698	0.1513	0.1927	0.1751	0.1939
	城市	0.4453	0.4639	0.4526	0.4530	0.3898	0.3491	0.2620	0.2181	0.2332	0.2208	0.2024
泰尔指数	农村	0.2603	0.2181	0.2389	0.2185	0.1738	0.1227	0.0620	0.0460	0.0651	0.0562	0.0667
	城市	0.3377	0.3631	0.3462	0.3422	0.2607	0.1834	0.1289	0.0902	0.1000	0.0896	0.0732

资料来源：教育部财务司、国家统计局社会和科技统计司：《中国教育经费统计年鉴》（2000～2012 年），中国统计出版社历年版。

4. 城乡生均预算内公用经费差异

城市与农村之间以及城市内部和农村内部的差异泰尔指数分解结果见表 3 - 11 和表 3 - 12。在生均预算内教育事业费支出和生均预算内教育公用经费支出上，农村与城市之间的差异对总不平等的贡献并没有想象中那么大，2003 年以后的各年份，均低于城市内部和农村内部的差异的贡献，而且随时间变化呈现不断降低的趋势。例如，小学生均预算内公用经费，城乡之间差异的贡献率由 2001 年的 28.41% 下降到 2011 年的 2.05%。农村内部对总不平等的贡献都大于城市内部对总不平等的贡献，并且差距比较大。再如，小学的生均预算内公用经费，农村内部的差异对总不平等的贡献率在从 2001 年的 51.20% 上升到 2011 年的 64.21%。城市内部的差异对总不平等的贡献率从 2001 年的 20.39% 上升到 2011 年的 33.73%。

表 3 - 11   2001～2011 年义务教育生均预算内教育
事业费支出城乡差异的泰尔指数分解

年份	小学贡献率（%）			初中贡献率（%）		
	农村内部	城市内部	城乡之间	农村内部	城市内部	城乡之间
2001	42.87	21.81	35.32	34.91	27.99	37.11
2002	49.33	23.82	26.85	35.84	36.19	27.97
2003	49.43	25.84	24.73	40.63	34.92	24.45
2004	54.99	31.03	13.99	44.56	40.28	15.17
2005	55.81	31.46	12.73	48.80	39.62	11.57
2006	60.30	33.90	5.81	52.49	39.72	7.79

续表

年份	小学贡献率（%）			初中贡献率（%）		
	农村内部	城市内部	城乡之间	农村内部	城市内部	城乡之间
2007	54.25	43.12	2.63	47.84	46.80	5.36
2008	54.23	39.50	6.26	48.57	47.94	3.49
2009	53.55	40.17	6.28	53.37	46.51	0.12
2010	49.71	41.12	9.17	51.23	45.59	3.18
2011	48.17	48.48	3.35	51.40	47.74	0.85

资料来源：教育部财务司、国家统计局社会和科技统计司：《中国教育经费统计年鉴》（2000～2012年），中国统计出版社历年版。

表 3－12　　　**2001～2011 年义务教育生均预算内公用费城乡的差异泰尔指数分解**

年份	小学贡献率（%）			初中贡献率（%）		
	农村内部	城市内部	城乡之间	农村内部	城市内部	城乡之间
2001	51.20	20.39	28.41	18.74	62.08	19.17
2002	52.00	21.85	26.15	31.70	38.94	29.36
2003	50.12	25.13	24.74	33.17	40.61	26.22
2004	57.04	27.56	15.40	41.29	41.59	17.12
2005	60.71	26.54	12.75	43.89	41.70	14.40
2006	60.15	30.12	9.73	45.08	37.81	17.11
2007	63.24	30.62	6.14	47.87	40.07	12.06
2008	63.43	32.04	4.53	50.51	42.52	6.98
2009	65.14	30.30	4.56	49.95	48.02	2.04
2010	65.67	30.54	3.80	56.62	38.97	4.41
2011	64.21	33.73	2.05	57.83	38.85	3.31

资料来源：教育部财务司、国家统计局社会和科技统计司：《中国教育经费统计年鉴》（2000～2012年），中国统计出版社历年版。

　　农村与城市之间差异的贡献低于城乡内部差异的贡献，说明从2001年开始实施的义务教育农村经费保障机制起到了一定的效果。农村内部差异的贡献之所以高于城市内部，一方面，可能是由于农村学校所处的地区经济水平的差异造成的；另一方面，从政策层面来看，教育经费分配的农村学校内部差异要更大于城市学校内部的差异。

（三）我国东、中、西部义务教育经费投入状况

1. 义务教育事业性经费投入总量递增，但结构性差异明显

从表 3－13 和表 3－14 中的数据可以看出，义务教育生均预算内教育事业费支出逐年增加，且无论农村还是城市，东部远高于全国的平均水平，而中部和西部均低于全国的平均水平。中、西部地区相比，从 2005 年以后，西部超过中部，并且中、西部差距有逐年增大的趋势，说明 2005 年国家义务教育经费投入新机制对加大西部小学教育经费投入产生了积极作用。因此，国家在加大西部义务教育经费投入的同时，也需要加大对中部农村义务教育经费的投入力度，以防止"中部塌陷"的现象。

从城市与农村的差距来看，东、中、西部的差距都有逐渐减小的趋势。相比而言，东部地区的城乡差距最大，中、西部地区城乡差距较小。这说明一方面，需要警惕中西部地区的"低位均衡"现象；另一方面，还需要缩小东部地区城乡之间的差距。

2. 义务教育公用经费投入状况

从表 3－15 和表 3－16 中的数据可知，义务教育生均预算列入公用经费支出逐年增加，不论农村还是城市，东部地区均高于中、西部地区；中、西部地区的农村差异不明显；中、西部地区城市相比，西部高于中部，且东部地区城市与农村的差距最大。2005 年以后，中部地区的城乡差距最小；西部地区城乡差距变化波动，趋势不明显。因此，政策设计者需要进一步从以下三个方面予以深入考虑：第一，尽管农村义务教育经费保障机制对于增加义务教育公用经费的增量起到了良好作用，但结构性失衡需要警惕，这不仅体现在区域和城乡之间，还体现在城乡和各自单元内部；第二，均衡绝不是冰冷的单向度机械性价值目标，更不是"为均衡而均衡"的低位均衡配置逻辑，因此有必要设置合理的均衡配置浮动区间政策；第三，在强调东部地区内生性财政供给型的教育发展和西部地区外生性财政补偿性的教育发展总体均衡配置的大框架下，中部地区的教育塌陷问题值得重视。

表3-13　　东、中、西部城乡小学生均预算内教育事业费

单位：元

年份	东部			中部			西部			全国		
	农村	城市	农村/城市	农村	城市	农村/城市	农村	城市	农村/城市	农村	城市	农村/城市
2001	653.37	1 177.17	0.5550	443.18	686.68	0.6454	564.40	756.24	0.7463	550.96	922.9	0.5970
2002	856.47	1 408.86	0.6079	601.31	837.2	0.7182	681.05	922.25	0.7385	708.39	1 118.29	0.6335
2003	1 011.78	1 663.88	0.6081	686.51	918.18	0.7477	754.00	1 003.34	0.7515	810.06	1 283.08	0.6313
2004	1 305.58	1 934.56	0.6749	861.32	1 048.97	0.8211	894.37	1 119.31	0.7990	1 013.80	1 453.13	0.6977
2005	1 549.79	2 270.17	0.6827	1 034.38	1 231.25	0.8401	1 045.71	1 284.51	0.8141	1 204.88	1 678.7	0.7177
2006	1 884.60	2 690.58	0.7004	1 278.67	1 477.26	0.8656	1 370.71	1 509.01	0.9084	1 505.52	1 974.39	0.7625
2007	2 622.76	3 396.55	0.7722	1 806.63	1 958.93	0.92	1 855.39	2 025.98	0.9158	2 084.43	2 555.29	0.8157
2008	3 249.77	4 183.72	0.7768	2 208.15	2 345.76	0.9413	2 441.30	2 561.64	0.9530	2 617.62	3 127.38	0.8370
2009	3 904.76	5 024.65	0.7771	2 645.51	2 801.53	0.9443	3 054.22	3 295.52	0.9268	3 178.13	3 810.35	0.8341
2010	4 775.24	5 938.47	0.8041	3 033.54	3 271.97	0.9271	3 711.79	3 963.56	0.9365	3 802.42	4 514.09	0.8423
2011	5 915.91	7 057.19	0.8383	3 866.31	4 013.25	0.9634	4 627.49	4 615.7	1.0026	4 762.92	5 365.36	0.8877

资料来源：教育部财务司、国家统计局社会和科技统计司：《中国教育经费统计年鉴》（2001～2011 年），中国统计出版社 2001～2011 年历年版。

表3－14　东、中、西部城乡初中生均预算内教育事业费

单位：元

年份	东部			中部			西部			全国		
	农村	城市	农村/城市	农村	城市	农村/城市	农村	城市	农村/城市	农村	城市	农村/城市
2001	783.01	1 669.27	0.4691	538.66	817.78	0.6587	654.07	662.98	0.9866	656.18	1 016.92	0.6453
2002	952.10	1 600.22	0.5950	672.52	927.53	0.7251	775.67	956.53	0.8109	795.85	1 237.81	0.6429
2003	1 099.57	1 825.86	0.6022	724.15	980.95	0.7382	810.24	1 038.6	0.7801	871.79	1 373.8	0.6346
2004	1 429.51	2 127.94	0.6718	865.50	1 129.42	0.7663	942.81	1 141.5	0.8259	1 073.68	1 556.23	0.6899
2005	1 731.03	2 593.32	0.6675	1 089.32	1 322.98	0.8234	1 122.23	1 335.33	0.8404	1 314.64	1 843.4	0.7132
2006	2 077.45	3 305.65	0.6285	1 377.64	1 739.06	0.7922	1 415.61	1 999.69	0.7079	1 625.19	2 435.42	0.6673
2007	3 076.38	4 341.09	0.7087	2 138.81	2 425.11	0.8819	2 066.45	2 492.65	0.8290	2 433.71	3 187.67	0.7635
2008	3 998.33	5 272.08	0.7584	2 938.97	3 053.88	0.9624	2 958.47	3 381.72	0.8748	3 303.57	3 993.06	0.8273
2009	4 765.23	5 718.52	0.8333	3 792.38	3 479.82	1.0898	3 735.44	4 215.44	0.8861	4 105.67	4 563.7	0.8996
2010	6 003.80	7 538.33	0.7964	4 235.91	4 345.95	0.9747	4 439.74	5 249.67	0.8457	4 895.71	5 825.76	0.8404
2011	7 548.36	9 102.63	0.8292	5 491.43	5 477.33	1.0026	5 561.28	6 307.85	0.8816	6 198.67	7 084.23	0.8750

资料来源：教育部财务司、国家统计局社会和科技统计司：《中国教育经费统计年鉴》（2001～2011年），中国统计出版社2001～2011年历年版。

表3-15　东、中、西部城乡小学生均预算内公用经费

单位:元

年份	东部			中部			西部			全国		
	农村	城市	农村/城市	农村	城市	农村/城市	农村	城市	农村/城市	农村	城市	农村/城市
2001	40.33	154.64	0.2608	16.96	40.24	0.4215	27.92	56.02	0.4984	28.12	95.23	0.2953
2002	59.26	172.51	0.3435	29.23	49.08	0.5955	41.28	71.84	0.5746	42.73	110.85	0.3855
2003	86.72	235.56	0.3681	47.15	64.63	0.7295	51.60	86.72	0.5950	60.91	148.88	0.4091
2004	136.36	282.8	0.4822	66.16	83.93	0.7883	78.31	107.11	0.7311	95.13	176.63	0.5386
2005	178.39	353.01	0.5053	118.40	135.02	0.8769	131.39	172.58	0.7613	142.25	236.03	0.6027
2006	278.90	446.67	0.6244	175.31	203.83	0.8601	292.38	301.14	0.9709	248.53	330.35	0.7523
2007	495.93	633.04	0.7834	342.87	364.91	0.9396	395.34	369.48	1.0700	403.76	487.77	0.8278
2008	625.91	878.77	0.7123	529.53	561.76	0.9426	597.76	687.38	0.8696	581.88	720.74	0.8073
2009	715.15	1 043.49	0.6853	695.87	704.43	0.9879	675.20	835.10	0.8085	694.78	874.50	0.7945
2010	944.67	1 317.7	0.7169	813.49	885.5	0.9187	836.84	1 050.44	0.7967	862.02	1 100.94	0.7830
2011	1 392.54	1 645.62	0.8462	1 266.89	1 322.02	0.9583	1 172.51	1 349.34	0.8690	1 285.09	1 481.97	0.8671

资料来源:教育部财务司、国家统计局社会和科技统计司:《中国教育经费统计年鉴》(2001~2011年),中国统计出版社2001~2011年历年版。

表 3 - 16　　东、中、西部城乡初中生均预算内公用经费

单位：元

年份	东部			中部			西部			全国		
	农村	城市	农村/城市	农村	城市	农村/城市	农村	城市	农村/城市	农村	城市	农村/城市
2001	63.81	228.01	0.2799	29.62	69.81	0.4243	41.44	91.22	0.4543	44.95	146.57	0.3067
2002	81.52	270.53	0.3013	46.31	77.27	0.5994	77.27	94.85	0.8147	66.58	168.78	0.3945
2003	114.39	321.18	0.3562	60.16	92.12	0.6531	85.85	115.71	0.7419	85.01	200.71	0.4236
2004	180.67	383.96	0.4705	88.20	116.08	0.7598	112.72	131.46	0.8574	125.52	234.45	0.5354
2005	227.95	471.39	0.4836	156.58	175.69	0.8912	199.46	227.55	0.8766	192.75	310.12	0.6215
2006	369.61	642.88	0.5749	236.77	278.81	0.8492	391.00	489.10	0.7994	327.49	482.22	0.6791
2007	698.26	962.65	0.7254	499.97	467.2	1.0702	529.90	625.62	0.8470	576.46	704.58	0.8182
2008	905.22	1 259.42	0.7188	862.59	768.7	1.1221	926.11	1 011.54	0.9155	897.51	1 025.51	0.8752
2009	1 063.52	1 405.97	0.8144	1 228.25	935.88	1.3124	1 124.84	1 255.89	0.8957	1 137.74	1 170.08	0.9724
2010	1 451.80	1 800.06	0.8065	1 332.89	1 254.64	1.0624	1 259.04	1 548.91	0.8129	1 348.29	1 548.88	0.8705
2011	1 979.85	2 132.77	0.9283	2 033.46	1 932.66	1.0522	1 771.82	2 117.44	0.8368	1 932.14	2 071.11	0.9329

资料来源：教育部财务司，国家统计局社会和科技统计司：《中国教育经费统计年鉴》（2001~2011 年），中国统计出版社 2001~2011 年
历年版。

第三章　构建城乡一体化义务教育经费投入体制机制研究

（四）我国农村义务教育经费配置效率实证研究[①]

近年来，随着国家对教育尤其是农村教育投入逐年增大，教育经费配置效率问题，特别是义务教育经费利用效率问题越来越引起政府、公众和学者的关注。栗玉香、马国贤、成刚等从理论上对教育支出评价指标进行了探讨[②]，胡咏梅、杜育红、郭俞宏、韩仁月等使用数据包络分析方法对我国西部农村、中东部地区和全国的教育资源配置效率进行了研究[③]，胡咏梅、杜育红用两水平线性模型分析了不同层面投入对产出的影响[④]，丁小浩用 OLS 方法对我国城镇居民各级教育的收益率及其变化趋势进行了估算[⑤]。由于评价指标难以确定，评价方法没有新的突破，对教育资源配置效率的研究还较少，有关经费配置效率的研究则更少，并且在有限的研究中大多只关注静态效率的测算，而忽视了对效率动态变化的研究。

本部分的研究使用数据包络分析（Data Envelopment Analysis，DEA）方法评估我国东、中、西部[⑥]和全国农村义务教育经费配置效率状况，并利用 Malmquist 生产率指数（Malmquist Productivity Index，MPI）来衡量其动态变化。研究结论将为改善农村义务教育经费配置状况，提高义务教育经费投入技术效率、规模效率和生产率以及完善义务教育经费保障机制提供科学建议。

---

① 部分内容详见李玲、闫德明、黄宸：《我国农村义务教育经费配置效率研究——基于 DEA 和 Malmquist 指数的实证分析》，载《教育与经济》2014 年第 3 期，第 3～8 页。

② 栗玉香：《论义务教育财政绩效管理的目标与指标》，载《上海教育科研》2004 年第 12 期，第 21～25 页；马国贤：《教育支出绩效指标难题的破解路径》，载《华中师范大学学报（人文社会科学版）》2008 年第 5 期，第 110～114 页；成刚，袁佩琦：《构建公共教育支出绩效评价指标体系的研究》，载《继续教育研究》2007 年第 6 期，第 149～151 页；吕炜，王伟同：《我国公共教育支出绩效考评指标体系构建研究——基于绩效内涵和教育支出过程特性的构建思路》，载《财政研究》2007 年第 8 期，第 24～29 页。

③ 胡咏梅，杜育红：《中国西部农村小学资源配置效率评估》，载《教育与经济》2008 年第 1 期，第 1～6 页；郭俞宏，薛海平：《我国义务教育生产效率实证分析：基于 DEA 方法》，载《上海教育科研》2011 年第 3 期，第 24～27 页；韩仁月，常世旺：《中国教育支出效率的地区差异：要素集聚与转移支付依赖》，载《财经论丛》2009 年第 6 期，第 19～24 页；胡敏，卢振家：《基于 DEA 模型的教育财政支出效率研究——以广东省为例》，载《肇庆学院学报》2010 年第 1 期，第 9～13 页；张淑翠：《我国城乡一体化义务教育投入绩效分析》，载《湖北经济学院学报》2012 年第 10 期，第 123～127 页；杨斌，温涛：《中国各地区农村义务教育资源配置效率评价》，载《农业经济问题》2009 年第 1 期，第 29～37 页。

④ 胡咏梅，杜育红：《中国西部农村小学教育生产函数的实证研究》，载《教育研究》2009 年第 7 期，第 58～67 页。

⑤ 丁小浩等：《中国城镇居民各级教育收益率及其变化研究：2002～2009 年》，载《北京大学教育评论》2012 年第 10 期，第 73～84 页。

⑥ 本研究按照统计局网站上的划分标准，东部地区包括北京、天津、河北、辽宁、上海、江苏、浙江、福建、山东、广东、海南 11 个省（市）；中部地区包括山西、吉林、黑龙江、安徽、江西、河南、湖北、湖南 8 个省；西部地区包括内蒙古、广西、重庆、四川、贵州、云南、西藏、陕西、甘肃、青海、宁夏、新疆 12 个省（市、自治区）。

1. 研究方法

（1）数据包络分析法（DEA）。

数据包络分析方法是由美国著名的运筹学家亚伯拉罕·查恩斯（Abraham Char-nes）和威廉·威格·库珀（William Wager Cooper）等人于1978年提出的一种用于评价投入—产出效率的非参数统计估计方法[1]，它无须具体的生产函数、能够处理多投入多产出问题并能够评价决策单元（Decision Making Unit，DMU）之间的相对效率。

本书采用规模报酬不变模型（Constant Returns to Scale，CRS）和规模报酬可变模型（Variable Returns to Scale，VRS）计算全国各省农村义务教育经费配置的技术效率（Technical Efficiency）和规模效率（Scale Efficiency），考察全国各省农村义务教育经费配置的效率状况，采用提姆·寇利（Tim Coelli）等人开发的 DEAP 2.1 软件进行计算。

（2）Malmquist 指数法。

全要素生产率（Total Factor Productivity，TFP）是指经济系统的产值与投入值之间的比值，主要反映投入产出的全部生产要素综合生产力水平。Malmquist 指数法是基于 DEA 技术采用非参数方法构建的使用面板数据测算全要素生产率的一种方法，由斯登·曼奎斯特（Sten Malmquist）于1953年提出[2]。Malmquist 生产率指数（MPI）包括技术效率变化（$effch$）、技术进步变化（$techch$）和全要素生产率变化（$tfpch$），能够反映技术进步和技术效率的变动情况。当一段时间内的 $tfpch > 1$，表示 TFP 呈增长趋势；当 $tfpch < 1$ 时，表示 TFP 呈下降趋势。$effch$ 代表追赶效应，$techch$ 代表前沿变动。当 $effch > 1$，表示技术效率提升，反之则衰退；当 $techch > 1$，表示生产边界提升，即技术进步，反之则衰退。

Malmquist 指数法能够将技术效率变化（$effch$）进一步分解为纯技术效率变化（$pech$）和规模效率变化（$sech$），可以表示为：

$$tfph = techch \times effch = techch \times effch = techch \times pech \times sech \qquad (1)$$

（3）经费投入与产出变量的选取。

本书借鉴国内外教育经济和教育财政的相关研究，结合目前我国义务教育经费投入现状，并考虑数据可得性来选取义务教育经费配置效率的投入和产出指标[3]。将经费投入指标分为当年经费和存量经费两部分：当年经费包括人员经

---

[1] Charnes A., Cooper W. W., Rhodes E. Measuring the efficiency of decision making units. European journal of operational research, 1978, 2（6）：429 – 444.

[2] Malmquist S. Index numbers and indifference surfaces. Trabajos de Estadística y de Investigación Operativa, 1953, 4（2）：209 – 242.

[3] 李玲等：《城乡教育一体化：理论、指标与测算》，载《教育研究》2012年第2期，第41~48页。

费、公用经费①，存量经费包括校舍建筑面积、教学及辅助用房、行政办公用房、固定资产总值和图书册数（不包括电子图书）。产出指标包括师资配备、教学质量和学生数量三部分。其中，产出指标中的师资配备包括专任教师数、小学高级（中学一级）以上职称教师数和本科以上教师数；教学质量用巩固率来体现；学生数量用在校生数（见表3-17）。

表3-17　　基于 DEA-Malmquist 指数的义务教育经费配置效率评价指标

一级指标	二级指标	三级指标
投入指标	当年经费	人员经费
		公用经费
	存量经费	校舍建筑面积
		教学及辅助用房
		行政办公用房
		固定资产总值
		图书册数（不包括电子图书）
产出指标	师资配备	专任教师数
		小学高级（中学一级）以上职称教师数
		本科以上教师数
	教学质量	巩固率
	学生数量	在校生数

　　在大部分资源效率研究中，教育资源包括人力资源、财力资源、物力资源，而师资是人力资源，因而在这些研究中属于投入指标。但因本研究是关于教育经费配置效率的研究，即只对财力资源的配置效率进行评估，而师资配备是教育经费配置中人员经费的一个重要产出指标，所以师资配备在本研究中被划分为产出指标。教育经费投入的另外一个产出指标就是教学质量。由于教学质量这一指标数据的获得往往受到限制，因而只选取了巩固率作为产出指标。因为教师是教学质量最重要的保障，也是体现教学质量的重要因素，故此产出指标包括师资配备、教学质量和学生数量三部分。

　　（4）样本选择。

　　本书以各省（自治区、直辖市）农村为决策单元，采用2003～2010年30个省（自治区、直辖市）农村的相关数据评估义务教育经费配置效率。资料来源

---

① 本研究中未包含基建经费，主要是因为基建经费没有纳入经常性预算，分析结果会产生误导。

于 2004~2011 年《中国教育经费统计年鉴》[①] 和 2003~2010 年《中国教育统计年鉴》。由于 DEA 分析不允许各变量有缺失值，而西藏自治区初中教育经费数据缺失，所以不考虑西藏自治区的农村，最后参与 DEA 建模的决策单元共 30 个。由于涉及货币价值，本书按 GDP 平减指数对人员经费和公用经费进行统一平减。

2. 农村义务教育经费配置效率评估结果

（1）基于 DEA 的义务教育经费配置效率分析。

由表 3-18 可见，在 30 个决策单元中，规模和技术均有效的决策单元有 25 个，纯技术有效的决策单元有 28 个。

表 3-18　全国各省农村 DEA 评估结果（技术效率和规模效率）

			EFFICIENCY SUMMARY						
firm	crste	vrste	scale		firm	crste	vrste	scale	
1	1.000	1.000	1.000	—	16	1.000	1.000	1.000	—
2	1.000	1.000	1.000	—	17	1.000	1.000	1.000	
3	0.969	1.000	0.969	drs	18	1.000	1.000	1.000	
4	0.947	0.970	0.976	drs	19	0.825	1.000	0.825	drs
5	1.000	1.000	1.000		20	1.000	1.000	1.000	
6	1.000	1.000	1.000		21	1.000	1.000	1.000	
7	1.000	1.000	1.000		22	1.000	1.000	1.000	
8	1.000	1.000	1.000		23	1.000	1.000	1.000	
9	1.000	1.000	1.000		24	1.000	1.000	1.000	
10	1.000	1.000	1.000		25	1.000	1.000	1.000	
11	1.000	1.000	1.000		26	1.000	1.000	1.000	
12	1.000	1.000	1.000		27	0.993	1.000	0.993	drs
13	0.939	0.998	0.941	drs	28	1.000	1.000	1.000	
14	1.000	1.000	1.000		29	1.000	1.000	1.000	
15	1.000	1.000	1.000	—	30	1.000	1.000	1.000	—

注：crste = technical efficiency from CRS DEA（由 CRS 模型计算出的技术效率）

vrste = technical efficiency from VRS DEA（由 VRS 模型计算出的技术效率）

scale = scale efficiency = crste/vrste（规模效率 = CRS 模型技术效率/VRS 模型技术效率）

irs = increasing returns to scale（表示决策单元处于规模报酬递增阶段）

drs = decreasing returns to scale（表示决策单元处于规模报酬递减阶段）

— = constant returns to scale（表示决策单元处于规模报酬不变阶段）

_____

① 《中国教育经费统计年鉴》反映的是前一年全国教育经费来源和使用的情况。

为进一步分析东、中、西部和全国农村义务教育经费配置效率状况，根据表3－18的数据计算出了 DEA 均值（技术效率和规模效率）（见表3－19）。

表3－19　　　　　　　东、中、西部和全国农村 DEA 均值
（技术效率和规模效率）

地区	crste	vrste	scale
东部	0.976	1.000	0.976
中部	0.993	0.996	0.997
西部	0.999	1.000	0.999
全国	0.989	0.999	0.990

表3－19计算结果显示，全国农村技术效率均值为0.999，规模效率均值为0.990，都接近于1，经费配置效率较高。从东、中、西部的均值来看，东部和西部都是纯技术有效的，即技术效率均值为1，中部的技术效率均值为0.996，略小于东部和西部。因此，东、中、西部技术效率都较为理想。东部的规模效率均值为0.976，小于中部（规模效率均值为0.997）和西部（规模效率均值为0.999），所以，东、中、西部规模效率也较为理想。造成以上结果的主要原因有两个方面：一是国家加强了农村义务教育经费管理；二是虽然国家加大了对农村特别是中、西部农村义务教育经费投入，但由于历史欠账太多，教育经费投入仍然不足。在中、西部农村师资水平和教育质量还不高的情况下，规模效率却高于东部，就更凸显了中、西部教育经费投入的不足。因而，国家和各省要进一步加大对农村特别是中、西部农村义务教育经费投入，教育行政部门要加强义务教育经费管理并进一步提高义务教育质量。

（2）基于 Malmquist 指数的义务教育经费投入生产率分析。

利用 DEAP 2.1 软件，可以得到2003～2010年30个决策单元技术效率变化（effch）、技术进步变化（techch）、纯技术效率变化（pech）、规模效率变化（sech）和全要素生产率变化（tfpch）的年均值和 Malmquist 指数及其构成（见表3－20和表3－21）。

表 3 – 20 全国各省农村 Malmquist 指数及其构成

MALMQUIST INDEX SUMMARY OF FIRM MEANS

firm	effch	techch	pech	sech	tfpch	firm	effch	techch	pech	sech	tfpch
1	1.000	1.023	1.000	1.000	1.023	16	1.000	0.868	1.000	1.000	0.868
2	1.000	0.912	1.000	1.000	0.912	17	1.000	0.904	1.000	1.000	0.904
3	1.005	0.856	1.000	1.005	0.860	18	1.000	0.905	1.000	1.000	0.905
4	1.007	0.914	1.004	1.003	0.921	19	1.028	0.947	1.000	1.028	0.973
5	1.000	0.952	1.000	1.000	0.952	20	1.000	0.857	1.000	1.000	0.857
6	1.000	0.952	1.000	1.000	0.952	21	1.000	0.821	1.000	1.000	0.821
7	1.000	0.927	1.000	1.000	0.927	22	1.000	0.937	1.000	1.000	0.937
8	1.000	0.965	1.000	1.000	0.965	23	0.998	0.933	1.000	0.998	0.931
9	0.986	1.008	0.993	0.993	0.993	24	1.000	0.872	1.000	1.000	0.872
10	0.992	0.874	1.000	0.992	0.867	25	1.000	0.989	1.000	1.000	0.989
11	0.971	1.008	0.975	0.995	0.978	26	0.984	0.884	0.996	0.988	0.869
12	1.000	0.881	1.000	1.000	0.881	27	0.999	0.924	1.000	0.999	0.923
13	1.001	0.934	1.000	1.000	0.934	28	1.000	0.935	1.000	1.000	0.935
14	1.000	0.871	1.000	1.000	0.871	29	1.000	0.874	1.000	1.000	0.874
15	0.999	0.884	1.000	0.999	0.883	30	1.000	0.946	1.000	1.000	0.946

根据表 3 – 20 中的数据，全国各省全要素生产率变化及其分解指数分析如表 3 – 21 所示。

表 3 – 21 全国农村年均 TFP 变化表

MALMQUIST INDEX SUMMARY OF ANNUAL MEANS

year	effch	techch	pech	sech	tfpch
2	0.991	0.998	0.990	1.001	0.989
3	1.002	0.903	0.999	1.003	0.905
4	0.996	0.929	0.995	1.001	0.925
5	0.992	0.843	1.001	0.991	0.836

续表

MALMQUIST INDEX SUMMARY OF ANNUAL MEANS				
6	1.011	0.870	1.005	1.005	0.880
7	0.988	0.978	0.990	0.998	0.966
8	1.014	0.909	1.013	1.001	0.922

①从全要素生产率变化来看，30 个决策单元中，仅有 1 个全要素生产率变化大于 1，最大提升幅度为 2.3%。有 29 个决策单元的全要素生产率变化小于 1，表明其全要素生产率有所下降。这在一定程度上说明义务教育经费配置效率下降问题是普遍存在的。

②从全要素生产率变化的分解指数可以看出，技术效率变化 effch≥1 的决策单元有 23 个，其他 7 个决策单元出现了技术效率下降，占整个决策单元的23.3%；技术进步变化 techch≥1 的决策单元有 3 个，其他 27 个决策单元都出现了技术衰退现象，占整个决策单元的 90%。这说明技术进步的无效变动，即技术创新、技术推广、技术转移与引进的无效率是造成义务教育经费配置效率下降的主要原因。

为了分析东、中、西部和全国义务教育经费投入生产率状况，本研究根据表3-20中的数据计算了 Malmquist 指数及其构成（见表3-22）。

表3-22　　东、中、西部和全国农村 Malmquist 指数及其构成

地区	effch	techch	pech	sech	tfpch
东部	0.998	0.927	0.997	1.001	0.925
中部	1.001	0.904	1.000	1.000	0.905
西部	0.998	0.918	1.000	0.999	0.916
全国	0.999	0.917	0.999	1.000	0.916

从表3-21和表3-22可以看出：

第一，从全要素生产率变化角度分析，2003～2010 年整体上我国各省农村的全要素生产率呈波动变化，总趋势为下降，总下降率为 8.4%；虽然技术效率只下降了 0.1%，但技术进步却下降了 8.3%。2003～2010 年每年与上年相比，全要素生产率均出现了下降，下降幅度最多的是 2007 年，下降了 16.4%，这主要是由于技术进步下降 15.7% 所引起的。东、中、西部的全要素生产率变化均小于 1，东部的全要素生产率变化大于中部和西部，说明中、西部农村全要素生产率下降幅度比东部农村大。

根据经济增长理论分析得知，全要素生产率增长的主要原因在于技术进步和技术效率的改进。技术进步指数度量的是生产技术边界的推移程度，表 3 - 21 和表 3 - 22 中反映出逐年下滑的态势，表明"前沿面移动效应"不显著，其主要原因是：2001 年以来，我国逐步建立和完善了农村义务教育经费保障机制，加大了对农村义务教育经费投入，特别是 2005 年国家出台的《关于深化农村义务教育经费保障机制改革的通知》对加大中、西部义务教育经费投入产生了积极作用。国家和地方财政对义务教育的经费投入在 2003 ~ 2010 年间增长速度加快[1]，2007 年是全国教育经费增长最快的一年，比上一年增长 23.77%。然而，义务教育师资水平和教育质量等方面的增长速度却远低于财政对义务教育投入的增长速度，所以出现全要素生产率的持续下降。此外，也有可能是因为政府过度投资性支出挤出了私人投资，进而损害技术进步[2]。因此，义务教育经费投入应该在科技进步的宏观制度环境下，鼓励各级教育机构进行技术创新，提高义务教育师资水平和教育质量；大力支持民办教育，促进社会力量兴办教育，健全公共财政对民办教育的扶持政策；在政策上要向中、西部倾斜，促进技术进步水平的提高，以期实现显著"前沿面移动效应"，从而提高全要素生产率。

第二，从技术效率变化角度分析，2003 ~ 2010 年技术效率变化值为 0.999，技术效率下降了 0.1%；在 7 个年度区间内，2007 ~ 2008 年间的技术效率变化值为 1.011，2009 ~ 2010 年度的技术效率变化值为 1.014，实现了技术效率的递增。东、中、西部技术效率变化值差异较小，东部和西部都是 0.998，中部是 1.001。与其他指标相比，技术效率较为理想，主要原因在于财政部、教育部 2006 年《关于确保农村义务教育经费投入加强财政预算管理的通知》和 2007 年《关于调整完善农村义务教育经费保障机制改革有关政策的通知》两个文件的出台与实施，确保了义务教育经费投入，加强了财政预算管理，提升了义务教育经费管理水平，从而保证了义务教育经费保障机制改革整体推进。由于国家对东、中、西部义务教育经费管理执行统一的政策，所以东、中、西部技术效率变化值差异不大。

3. 结论与建议

通过 DEA 和 Malmquist 指数的实证分析，本书发现，我国各省农村义务

---

[1] 孙志军，杜育红：《中国义务教育财政制度改革：进展、问题与建议》，载《华中师范大学学报（人文社会科学版）》2010 年第 1 期，第 113 ~ 119 页；翟博，孙百才：《中国基础教育均衡发展实证研究报告》，载《教育研究》2012 年第 5 期，第 22 ~ 30 页。

[2] 赵文哲：《财政分权与前沿技术进步、技术效率关系研究》，载《管理世界》2008 年第 7 期，第 34 ~ 44 页。

教育经费配置效率整体状况较高，中部和西部的规模效率均大于东部。我国各省农村的全要素生产率呈下降趋势，技术进步的无效率是制约义务教育经费配置效率提升最主要的因素。中、西部农村全要素生产率下降幅度比东部农村大。

基于以上对我国东、中、西部和全国农村义务教育经费配置效率的评估及分析，本书认为可以采取如下措施以合理配置和充分利用教育经费投入，进一步提高其配置效率。

第一，加大对农村义务教育经费投入。现阶段，对农村义务教育经费投入不足是引起农村义务教育经费配置效率整体状况较高的主要原因之一。因而，国家和各省要进一步加大对农村义务教育的经费投入，加强农村义务教育学校的标准化建设，使农村义务教育学校的办学条件得到切实提高，促进其办学水平的提升。

第二，进一步加大对中、西部各省义务教育经费投入。中、西部义务教育经费投入不足是导致中、西部义务教育经费配置效率高于东部的主要原因之一。因而，国家要进一步加大对中、西部各省义务教育的经费投入，完善农村义务教育保障机制，建立义务教育经费投入的正常增长机制[1]，逐步提升中、西部农村义务教育经费的投入水平，缩小中、西部与东部义务教育经费投入的区域差异。

第三，加强对义务教育经费管理。重视义务教育经费管理的技术创新，引进国外教育经费管理的先进经验和技术，提高义务教育经费管理水平，促进教育经费管理的技术进步。加强和完善义务教育经费管理制度建设，健全学校预算编制制度和预算资金支付管理制度，严格按照预算办理各项支出。进一步推进财务公开，将经费的划拨与经费的使用效益挂钩，充分发挥学校资金的使用效益。严格经费使用管理，建立义务教育经费投入评估指标体系。进一步完善义务教育经费的审计制度，强化问责机制，追查经费投入不到位、挤占、挪用义务教育专项经费等问题的责任，对违纪者要追究其经济、行政甚至法律责任。

第四，切实提高义务教育师资水平和教育质量。全要素生产率下降，主要是由于国家在加大对义务教育的经费投入，尤其是对农村义务教育经费投入的同时，义务教育师资水平和教育质量等方面没有得到同等程度的提高。因此，应该在坚持科学发展观、实施科教兴国战略的宏观制度环境下，健全和完善教师队伍

---

[1] 陈朗平，付卫东，刘俊贵：《免费义务教育政策下教育财政公平性研究》，载《教育研究》2010年第12期，第8~13页。

建设与管理体制，构建农村教师专业发展的支持体系，提高义务教育师资水平和教育质量，从而提高义务教育经费配置效率。

第五，大力支持民办教育。各级政府要落实《教育规划纲要》支持民办教育的政策要求，健全公共财政对民办教育的扶持政策。政府可以委托民办学校承担有关教育和培训任务，并拨付相应教育经费。县级以上人民政府也可以根据本行政区域的具体情况设立专项资金，用于资助民办学校。

构建城乡一体化义务教育办学与
硬件资源配置体制机制研究

《教育规划纲要》在"义务教育"一章明确提出"推进义务教育学校标准化建设，均衡配置教师、设备、图书、校舍等资源"，"切实缩小校际差距，着力解决择校问题"，"加快缩小城乡差距……在财政拨款、学校建设、教师配置等方面向农村倾斜"，"努力缩小区域差距。加大对革命老区、民族地区、边疆地区、贫困地区义务教育的转移支付力度"，并将"义务教育学校标准化建设"作为一项重大项目，要求"实施中小学校舍安全工程，集中开展危房改造、抗震加固，实现城乡中小学校舍安全达标；改造小学和初中薄弱学校，尽快使义务教育学校师资、教学仪器设备、图书、体育场地基本达标；改扩建劳务输出大省和特殊困难地区农村学校寄宿设施，改善农村学生特别是留守儿童寄宿条件，基本满足需要"。为巩固义务教育普及成果，《教育规划纲要》提出要"坚持以输入地政府管理为主、以全日制公办中小学为主，确保进城务工人员随迁子女平等接受义务教育，研究制定进城务工人员随迁子女接受义务教育后在当地参加升学考试的办法"。本章以"城乡义务教育办学与硬件资源配置体制机制"为主线，基于大量教育统计数据和实地调研，主要探讨了城乡义务教育办学政策演变、硬件资源配置现状与问题、"农民工子女"定点学校办学体制机制存在的问题及义务教育学校标准化建设存在的问题，提出了相应的对策建议。

一、我国义务教育办学与硬件资源配置的政策演变与特点分析

《义务教育法》（1986 年 4 月 12 日颁布，2006 年 6 月 29 日修订）明确规定了政府对义务教育的责任："国务院和县级以上地方人民政府应当合理配置教育资源，促进义务教育均衡发展，改善薄弱学校的办学条件，并采取措施，保障农村地区、民族地区实施义务教育，保障家庭经济困难的和残疾的适龄儿童、少年接受义务教育。"根据上述法律的规定，基于促进义务教育学校办学条件与硬件资源均衡配置的基本目标，国务院、教育部和地方政府出台了一系列政策文件，按照政策的覆盖对象来划分，这些政策主要可以分为"普惠型"与"特惠型"两大类。

（一）政策类型与演变

1. "普惠型"政策

《教育部关于进一步推进义务教育均衡发展的若干意见》要求各地把推进义务教育均衡发展作为实现"两基"之后义务教育发展的一项重要任务，研究制定本地区推进义务教育均衡发展的目标任务、实施步骤和政策措施，有效遏制城乡之间、地区之间和学校之间教育差距扩大的势头，积极改善农村学校和城镇薄弱学校的办学条件。2010 年，教育部下发《关于贯彻落实科学发展观进一步推进义务教育均衡发展的意见》，明确提出了义务教育均衡发展的目标，并对合理配置教育资源，提高经费保障水平，制度建设和机制创新，提高教育教学水平等方面提出指导意见，促进义务教育的内涵发展和均衡发展。此外，还有一类普惠性政策，不是做简单的加法，而是侧重于资源配置的调控，学校布局调整的相关政策就是典型代表。2001 年，国务院颁布《关于基础教育改革与发展的决定》，提出要因地制宜调整农村义务教育学校布局，明确由县级人民政府对本地农村义务教育负主要责任，抓好中小学的规划、布局调整、建设和管理；2006 年，教育部下发《关于实事求是地做好农村中小学布局调整工作的通知》，进一步要求将中小学布局调整纳入地方教育发展规划统筹安排、稳妥实施。

2. "特惠型"政策

第一，向农村地区倾斜的"特惠型"政策。例如，《国务院关于进一步加强农村教育工作的决定》明确提出："中央财政重点扶持中西部农村地区家庭经济困难学生就学，逐步扩大免费发放教科书的范围。"为了保证农村家庭经济困难学生顺利完成九年义务教育，财政部、教育部决定，从 2004 年秋季开始，中央财政再次大幅度增加资金投入，使免费提供教科书的发放范围扩大到中西部农村

义务教育阶段所有家庭经济困难学生。第二，向不发达地区倾斜的"特惠型"政策。例如，《国家西部地区"两基"攻坚计划（2004～2007年）》中明确提出了两项关于办学条件和硬件资源配置的主要措施：一是实施"农村寄宿制学校建设工程"；二是实施"农村中小学现代远程教育工程"。2006年，教育部出台了《国家西部地区农村寄宿制学校建设工程项目学校管理暂行办法》，体现出管理规范化的导向。

为了更好地统筹规划、切实改善城乡一体化义务教育学校的办学条件和硬件资源配置，根据《教育规划纲要》的部署，我国启动实施了义务教育学校"标准化"建设项目，通过完善义务教育长效机制，实施薄弱学校改造计划、初中工程等项目，缩小中西部地区城乡、区域间义务教育学校建设的差距，推动义务教育学校标准化建设。"十二五"期间，在重点做好学校布局规划的基础上，优先解决边境地区、集中连片特困地区、西部少数民族地区、中西部留守儿童较多地区的校舍紧张问题，解决中西部城镇化推进较快地区"大班额"和"超大班额"以及住宿紧张问题。在实施的过程中，将根据不同地区的实际情况，确定不同的建设重点。具体而言，主要抓好以下八项重点工程：

（1）国家贫困地区义务教育工程。实施时间：1995～2005年；目标：重点投向619个国家级贫困县（同时也兼顾部分省级贫困县），以消除危房，修建校舍，购置仪器设备和图书，培训教师和管理人员，以帮助贫困地区加快实施九年义务教育；总投入：216亿元。其中，中央资金89亿元，地方资金132亿元。

（2）农村中小学危房改造工程。实施时间：2001～2005年；目标：基本解决农村中小学现存严重危房，共改造农村中小学危房7 800万平方千米，建立和完善农村义务教育设施建设的投入机制。

（3）西部地区农村寄宿制学校建设工程。实施时间：2004～2007年；目标：新建、改扩建一批以农村初中为主的寄宿制学校，解决制约西部农村地区普及义务教育的"瓶颈"问题，为实现西部地区"两基"攻坚总体目标提供基本的办学条件；中央投入：100亿元。

（4）农村中小学现代远程教育工程。实施时间：2004～2007年；目标：以信息技术为手段，依托教学光盘播放点、卫星教学收视点、计算机教室三种载体将优质教育资源传输到农村的教学方法试点工程，促进城乡优质教育资源共享，提高农村教育质量和效益；中央投入：110亿元。

（5）中西部农村初中校舍改造工程。实施时间：2007年至今；目标：加强农村薄弱初中学生宿舍、食堂和厕所等生活设施建设，改善食宿条件，使项目学校寄宿学生生活设施达到或接近《农村普通中小学校建设标准》，基本消除"大通铺"和校外租房现象，提高农村初中巩固率；中央投入：170亿元。

（6）全国中小学校舍安全工程。实施时间：2009年至今；目标：在全国中小学校开展抗震加固、提高综合防灾能力建设，使学校校舍达到重点设防类抗震设防标准，并符合对山体滑坡、崩塌、泥石流、地面塌陷和洪水、台风、火灾、雷击等灾害的防灾避险安全要求；中央投入：280亿元。

（7）农村义务教育薄弱学校改造计划。实施时间：2010年至今；目标：重点支持中西部地区改造农村薄弱学校，加快县镇学校扩容改造，逐步解决"大班额"问题；加快农村寄宿制学校建设，逐步解决"留守儿童"学习生活问题；为农村学校配备仪器设备、图书、多媒体（信息技术）远程教学设备；中央资金：269.82亿元。

（8）农村义务教育校舍维修改造工程。从2006年开始，中央和地方每年投入100亿元用于该项目。许多地方根据国家有关规定和当地实际情况，制定或完善本地区义务教育阶段学校的基本标准，对校园校舍建设、仪器配备、师资配置等方面做出明确的量化要求。例如，湖南省制定了义务教育学校办学标准，实施义务教育合格学校建设，规划到2015年，所有完全小学和初中基本达到合格学校建设标准；到2020年，全省不同经济区域的所有义务教育学校达到合格学校建设标准。宁夏回族自治区制定了《义务教育阶段学校办学条件基本标准》（以下简称《标准》），要求各市、县（区）按照《标准》并结合当地实际，认真研究制定义务教育均衡发展的近期工作方案和长远规划，集中财力加快农村及城市薄弱学校改造，努力使县域内义务教育学校办学条件基本均衡。天津市建立了全市统一的义务教育学校现代化的办学标准，2010年已有一半学校通过达标验收，计划到2012年年底每一所学校都达到市政府确定的现代化办学标准[①]。

（二）政策特点

中国义务教育的三个基本性质为强制性、公益性和统一性。据此，现阶段，我国义务教育办学体制与硬件资源配置的相关政策体现出以下三个特点：

1. "均衡发展"是基本诉求

从政策文本和实效来看，推进城乡之间、发达地区与贫困地区之间义务教育均衡发展是我国义务教育办学与硬件资源配置相关政策的基本诉求，这也是国家教育健康发展的本质要求。

2. 向"不发达地区倾斜"是发展方向

诚然，教育均衡发展的终极目标是教育质量的均衡，然而，由于历史原因，

---

① 新华网：《教育部将明确推进义务教育均衡发展的目标任务》，http://news.xinhuanet.com/edu/2011-02/23/c_121114308.htm。

我国义务教育发展依然存在严重的区域性差距（如东西部差距、沿海地区与高寒山区的差距等）和城乡差距，全国范围内的义务教育均衡发展不可能一蹴而就，有重点、有倾斜、逐步地推进义务教育均衡发展才符合我国的特殊国情。

3. 多部委联合发文体现重视程度

与我国的政治体制特点相适应，教育政策的制定与实施都是遵循自上而下的逻辑，政策文本的联合发布涉及的部委越多，表明国家越重视。为了更好地审视我国义务教育办学条件与硬件资源配置相关政策的导向与特征，课题组收集了1996～2014年3月国务院、教育部和地方相关政策文本共57份，并根据词频提炼出了政策文本中前十位的高频词（见图4－1）。

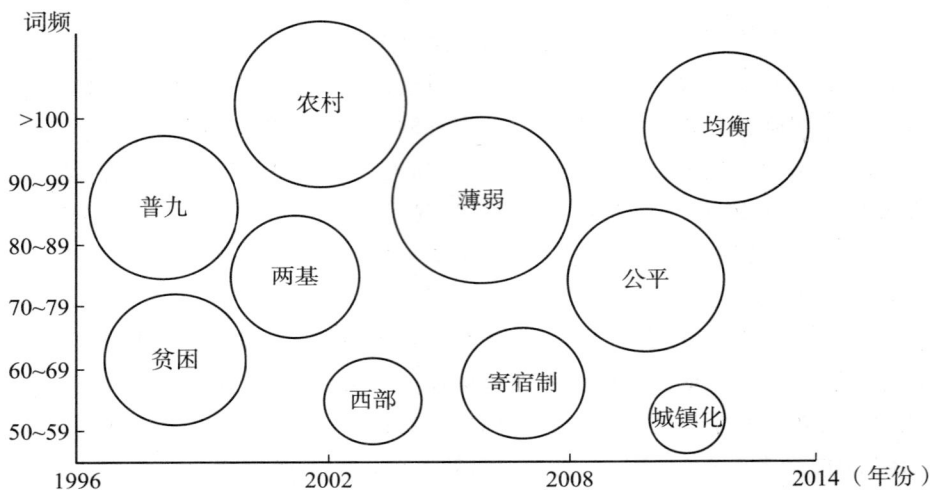

图4－1　1996～2014年3月中国义务教育办学体制与硬件资源
配置相关政策文本前十位高频词

4. 调研反馈促进政策更新与完善

2012年5～8月，为全面了解、客观反映各地贯彻落实国家政策要求、开展农村中小学布局调整的有关情况，根据国务院部署，审计署统一组织了全国1 445个审计机关、7 200余名审计人员，对27个省所辖的1 185个县2006年以来义务教育阶段农村中小学布局调整情况进行了专项审计调查。调查发现，受就学距离远和负担重等因素影响，一些地区学生实际辍学人数上升幅度较大（主要集中在初中学校），重点核实的1 155所学校，辍学人数由2006年的3 963人上升到2011年的8 352人，增加了1.1倍。据此，2012年9月，《国务院办公厅关于规范农村义务教育学校布局调整的意见》明确提出，保障适龄儿童少年就近入学是政府的法定责任，要求严格规范学校撤并程序和行为。

综上所述，教育政策的实证性趋势明显，且在大数据支撑基础上，通过定性调查后所形成的具有灵敏度的"反映—回馈—调试—反映机制"逐渐明确。

二、我国城乡义务教育学校硬件资源配置状况及存在的问题

缩小城乡教育差距是义务教育实现城乡一体化发展的前提条件，为了更准确地展现城乡二元结构背景下义务教育学校主要办学条件存在的差距，课题组根据《中国教育统计年鉴》（2007～2012 年）中的统计数据，将城市与县镇的统计数据合并为城市数据（由于国家教育事业统计从 2011 年开始，区域分类发生了变化，为了保持时间序列的可比性，课题组将"城区"（含"城乡结合部"）和"县镇"（含"镇乡结合区"）整合为城市数据，将"乡村"视为农村数据），依循数据的系统性与可比性，将各项统计口径的数据进行了时间序列与城乡二维的比较，结果发现城市与农村小学、初中在生均校舍建筑面积、生均图书册数、生均教学仪器设备值、生均实验室面积、生均计算机台数、生均校园危房面积等方面存在明显差距，并表现出一系列新特点。

（一）城乡小学主要办学条件与硬件资源配置状况

1. 农村小学生均校舍建筑面积高于城市小学生均校舍建筑面积

小学的校舍建筑主要包括教室及教学辅助用房、行政办公用房和生活服务用房[①]。由图 4－2 可见，在 2007～2012 年期间，农村小学生均校舍建筑面积逐年

（平方米）

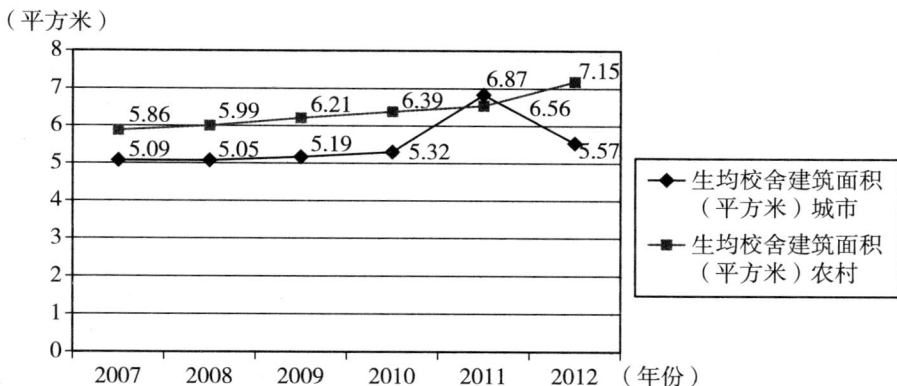

图 4－2　城乡小学生均校舍建筑面积发展状况比较

资料来源：教育部发展规划司编：《中国教育统计年鉴》（2007～2012），人民教育出版社 2007～2012 年历年版。

[①]　城市普通中小学校校舍建设标准，http://tzs.ndrc.gov.cn/tzfg/zhxfg/W020090203382329910338.pdf。

缓慢增长，而城市小学生均校舍建筑面积除了 2011 年，其他年份均低于农村水平，最大差距发生在 2012 年，农村比城市高 1.6 平方米。

出现上述现象源于两个因素：一方面是由于国家与地方政府为了达到《国家西部地区"两基"攻坚计划（2004～2007 年）》中的要求，在农村地区大力新建、改建、扩建寄宿制小学，同时，城市学校因受制于比较紧张的城市土地资源，生均校舍面积增长幅度不大。但是受益于义务教育学校标准化建设工程的推动，2011 年全国城市小学的校舍建筑面积有大幅提升（见表 4-1）。另一方面则是因为城市化进程中农村小学阶段在校学生大量流失，同时受到了人口自然减员因素的影响（见表 4-2）。

表 4-1　　　　2007～2012 年城乡小学校舍建筑面积发展情况　　单位：平方米

年份	城市	农村
2007	219 552 294	366 491 225
2008	222 749 799	355 405 287
2009	229 180 422	351 217 554
2010	**244 319 380**	**341 787 245**
2011	**402 614 852**	**266 545 788**
2012	424 140 523	261 301 291

资料来源：教育部发展规划司编：《中国教育统计年鉴》（2007～2012），人民教育出版社 2007～2012 年历年版。

表 4-2　　　　2007～2012 年城乡小学在校学生人数变化情况

年份	城市	农村
2007	43 132 717	62 507 310
2008	44 066 293	59 248 829
2009	44 159 222	56 555 439
2010	45 904 845	53 502 198
2011	58 611 690	40 651 984
2012	76 151 764	36 524 886

资料来源：教育部发展规划司编：《中国教育统计年鉴》（2007～2012），人民教育出版社 2007～2012 年历年版。

教育部曾于 2008 年出台了《农村普通中小学校建设标准》，主要是对《农村普通中小学校建设标准（试行）》进行了修订，其中专门添加了"农村全寄宿制小学建设用地面积"和"生均用地面积"两项指标，对农村寄宿制义务教育学校的建设具有重要的现实指导意义。但与此同时，城市小学则依然沿用由建设部、国家发展计划委员会和教育部于 2002 年联合发布的《城市普通中小学校舍建设标准》，按此标准，部分城市小学并不达标，例如，该标准规定有 18 个班（810 人）的城市普通完全小学，其生均校舍建筑面积要达到 5.9 平方米①。可是，从 2012 年的数据来看（见图 4-2），全国平均水平距离这个标准还有一定距离。

学校的功能室主要是指除了教室以外的教学辅助用房，一般包括实验室、图书室、微机室、语音室和体育馆等。功能室作为教育装备的重点，是推进城乡教育公平的重要手段。例如，A 市教育委员会就将音乐、体育、美术、卫生、综合实践、科技活动等六大功能室视为学校"办好学"、"育好人"的"六大件"，近年来大力推进功能室的建设，全市共投资 2 287 万元，加强功能室的建设，使市内中小学演示实验、分组实验开出率均达到 100%②。从全国来看，义务教育学校的功能室建设也取得了一定的成就。据统计，我国小学体育运动场（馆）面积达标学校比例为 45.32%，体育、音乐、美术器械配备达标学校比例分别为45.15%、42.85% 和 42.41%，数学自然实验仪器达标学校比例为 47.52%。初中体育运动场（馆）面积达标学校比例为 62.24%，体育、音乐、美术器械配备达标学校比例分别为 63.92%、60.22% 和 59.49%，理科实验仪器达标学校比例为70.91%③。然而，城市与农村小学在功能室建设方面仍存在着比较明显的差距。

2011 年，财政部和教育部联合发布《关于实施农村义务教育薄弱学校改造计划的通知》，其中将"图书"、"教学实验仪器设备"和"多媒体远程教学设备"作为装备类项目予以重点支持。据此，本书下面将对功能室建设的重点装备类项目进行重点分析。

2. 城市小学生均图书册数多于农村小学生均图书册数

由图 4-3 可见，城市和农村图书生均水平差距基本保持在一个稳定的水平，城市小学的生均图书册数一直比农村多。

按照《中小学图书馆（室）规程（修订）的通知》（教基（2003）5 号）的规定，小学的人均藏书量应达到 30 册（1 类）和 15 册（2 类），但课题组调

---

① 城市普通中小学校校舍建设标准，http：//tzs. ndrc. gov. cn/tzfg/zhxfg/W020090203382329910338. pdf。

② 优化三种资源，努力实现义务教育高位均衡，http：//www. moe. gov. cn/publicfiles/business/html-files/moe/moe_1571/201207/139739. html。

③ 教育部网站：《2011 年全国教育事业发展统计公报》，http：//www. moe. edu. cn/publicfiles/business/htmlfiles/moe/moe_633/201208/141305. html。

（册）

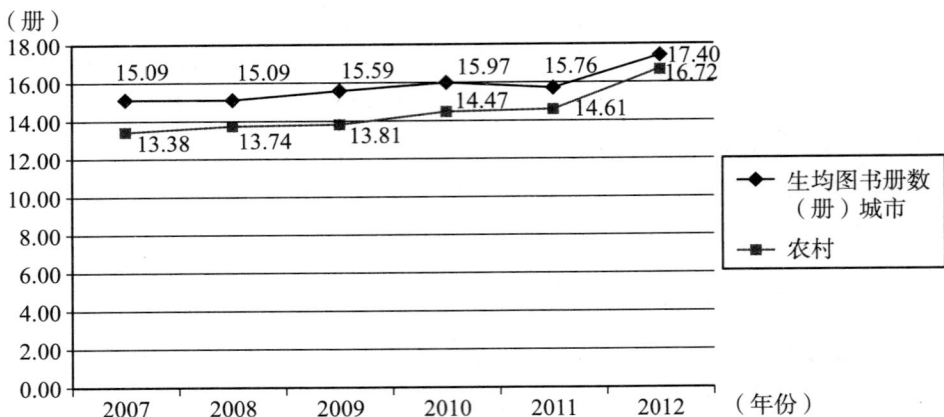

图 4 - 3　城乡小学生均图书册数比较

资料来源：教育部发展规划司编：《中国教育统计年鉴》（2007~2012），人民教育出版社 2007~2012 年历年版。

研发现，城乡小学的达标情况都较差，仅有个别年份生均图书能够达到 2 类标准，但距 1 类标准则差得很远。在充分考虑学龄人口分布和流动、城市土地资源相对匮乏的前提下，建议应及时补充各种各类的图书，以加强城乡小学图书室建设。另外，农村学校图书的重复率较高，与学生的日常学习内容脱节，而且，小学图书室对农村学生开放率不高，开放时间不长，有效使用率堪忧。

3. 城乡小学生均教学仪器设备值差距均值约为 300 元

教学仪器是指在教学当中帮助学生记忆、理解、掌握知识点的辅助设备，在开发学生的智力、培养学生的动手能力和独创精神等各方面有着突出的作用。我国对小学教学仪器分科做出了基本要求，如小学文科通用仪器的国家标准基本配置包括投影仪 1 台、银幕 1 幅、幻灯机 1 台、收录机 1 台[①]；小学数学科学教学仪器的国家标准配置的主要内容包括玻璃体温计、生物显微镜、万用电表、地球仪、磁针、放大镜、化学瓷蒸发皿等[②]。

图 4-4 显示，城乡小学生均教学仪器设备值逐年增长，受到义务教育学校标准化建设工程的积极影响，2011 年城乡都实现了生均 100 元左右的明显提升。但是，必须看到，城市小学生均教学仪器设备值一直高于农村，而且每年的生均差距保持在 300 元左右。因此，国家应加大对农村义务教育学校的硬件资源配置的倾斜力度。

[①]　中国教育装备采购网：《小学文科教学仪器配备标准》，http：//www. caigou. com. cn/News/Detail/2063. shtml。

[②]　中国教育装备网：《小学数学科学教学仪器配备标准》，http：//www. ceiea. com/html/200903/20090321090504y4dx. shtml。

（元）

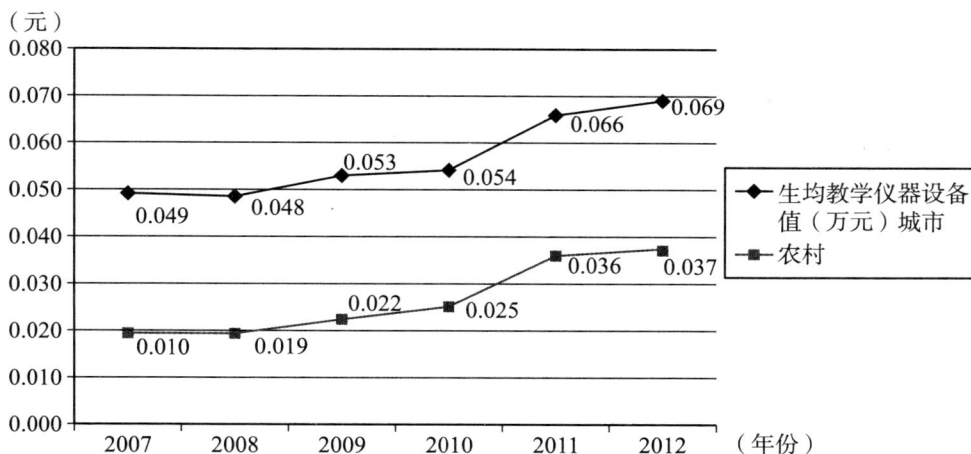

图 4 - 4　城乡小学生均教学仪器设备值发展状况比较

资料来源：教育部发展规划司组编：《中国教育统计年鉴》（2007～2012），人民教育出版社 2007～2012 年历年版。

4. 农村小学生均实验室面积高于城市小学生均实验室面积

根据教育部 2009 年 11 月 25 日下发的《中小学实验室规程》，小学应设"科学（自然）实验室或综合实验室"。该规程发布后，城乡小学生均实验室面积逐年上升（见图 4 - 5）。

（平方米）

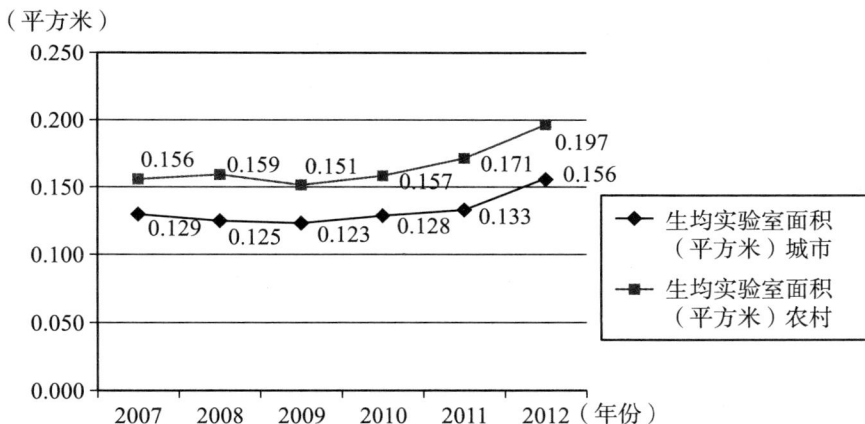

图 4 - 5　城乡小学生均实验室面积发展状况比较

资料来源：教育部发展规划司编：《中国教育统计年鉴》（2007～2012），人民教育出版社 2007～2012 年历年版。

由图 4 - 5 可见，2007～2012 年，农村小学实验室的生均面积尽管出现过波动，但每一年都明显高于城市，这一方面反映出义务教育学校标准化建设工程对实验室建设，尤其是农村小学实验室建设起到一定的推动作用；另一方面，也反映出城市化进程和小学学龄人口自然减员带来的影响。

5. 城市小学生均计算机台数高于农村小学生均计算机台数

大力推进教育信息化是缩小城乡差距、均衡教育资源的重要推手，而以"微机室"为代表的硬件资源则是实现教育信息化的重要技术平台。大城市有着较为先进的教育设备，而与之形成鲜明对比的是，偏远地区存在着较为突出的教育设备落后的情况。由图4-6可见，城乡小学微机室生均水平近几年保持增长，其中，农村小学微机室生均水平的涨幅明显高于城市，城市小学微机室生均水平的增长也很明显。这些可喜的变化和"校校通"、"班班通"、"农村中小学现代远程教育工程"等国家级重点项目的实施成效密不可分。不过，课题组在C省、A市等地的农村小学走访时发现，由于计算机的更新换代缺少后续的经费支持，致使很多微机室的建设更多地成为了教育主管部门的政绩工程，其实用性和可持续性受到了一线师生们的质疑。

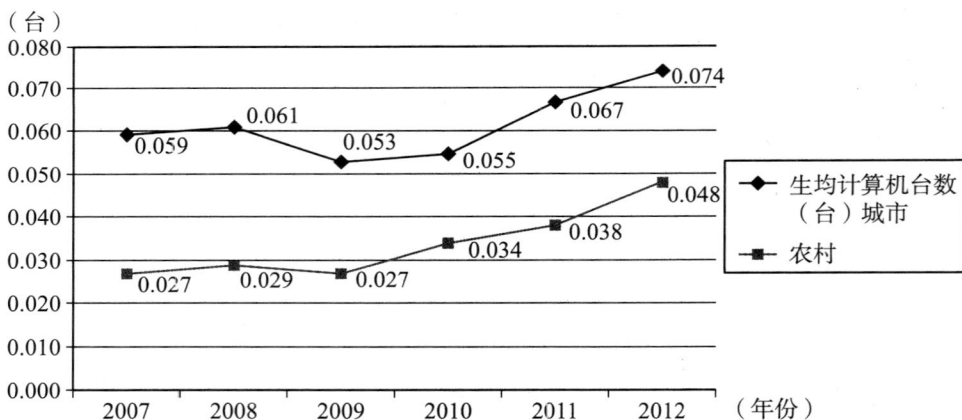

图4-6 城乡小学生均计算机台数发展状况比较

资料来源：教育部发展规划司编：《中国教育统计年鉴》（2007~2012），人民教育出版社2007~2012年历年版。

面对现实中存在的差距和问题，教育部副部长杜占元在2013年4月24日于北京召开的全国教育信息化重点工作推进会议上指出，未来两年我国将加快落实"三通两平台"（一是加强学校宽带网络建设，基本实现"宽带网络校校通"；二是加强优质数字资源建设，初步实现"教学资源班班通"；三是加强信息技术应用能力建设，大力推进"网络学习空间人人通"；四是加强数字教育资源公共服务平台、教育管理信息系统平台建设，努力做到家家用）建设。近两年，我国将努力实现 50% 以上的中小学宽带接入，即新增宽带接入的学校数量达到 8 万 ～ 10 万所。并且，国家鼓励探索建立"政府政策支持、企业参与建设、学校持续使用"的机制①。近几年，T 市、M 省、D 省 CD 市等地正在加快构建市、县、校三级教育信息网络，即以市为中心，以县（区）为节点，以校园网为基础，形成三级架构，并将市、县（区）数据中心和校园网相互连接，形成高速互联互通的教育城域网。这些举措都将有利于逐渐拉近城乡小学之间的软硬件差距。

6. 农村小学生均校舍危房面积远高于城市小学生均校舍危房面积

课题组在全国范围内展开调研时发现，校园危房主要集中在薄弱学校、办学条件较差的原企业学校以及乡村学校，这些危房给师生带来了极大的安全隐患。由图 4 - 7 可以发现，农村小学生均校舍危房面积明显高于城市小学生均校舍危房面积。此外，值得注意的是，2009 年是城乡小学危房问题非常突出的年份。

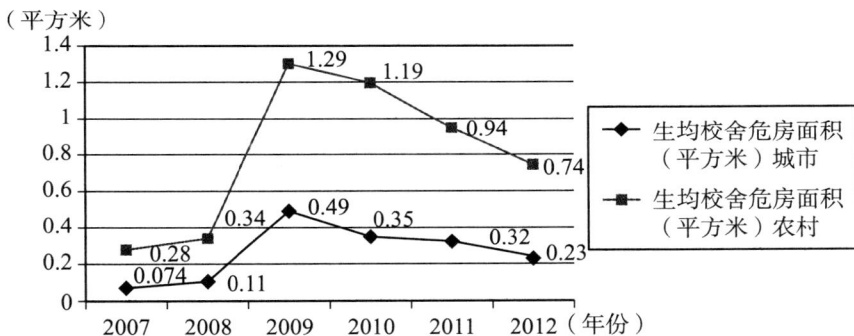

（平方米）

图 4 - 7　城乡小学校舍中生均危房面积比较

资料来源：教育部发展规划司编：《中国教育统计年鉴》（2007 ～ 2012），人民教育出版社 2007 ～ 2012 年历年版。

统计数据大幅跳跃有一个十分重要的原因，即 2008 年 5 月 12 日，D 省 WC 县、BC 县发生了 8 级大地震，多所小学在这次灾难中损毁或成为危房。据统计，2009 年，D 省危房改造面积达到 5 283 822 平方米，较前一年净增面积近 300 万平方米，而这部分增加值正好与 2009 年全国平均数据中的增加值相吻合②。这种因不可抗力所导致的危房数量剧增并非是政策治理的常态，因此有必要从机制上疏导危房工程改造的内部治理结构，加快工程推进的力度。

---

① 教育部：《关于印发教育部副部长杜占元在教育信息化重点工作推进会议上讲话的通知》，ht-tp：//www. moe. edu. cn/publicfiles/business/htmlfiles/moe/s7062/201305/151729. html。

② 资料来源：教育部发展规划司编：《中国教育统计年鉴》（2009），人民教育出版社 2009 年版。

（二）城乡初中主要办学条件存在的差距及其原因

1. 城市初中生均校舍建筑面积明显低于农村初中生均校舍建筑面积

从图4-8可以看出，农村初中生均校舍建筑面积近年来逐年增加，城市初中生均校舍建筑面积在2010~2011年度一度下降，之后在2012年大幅增加，城市初中生均校舍建筑面积总体上一直低于农村。

（平方米）

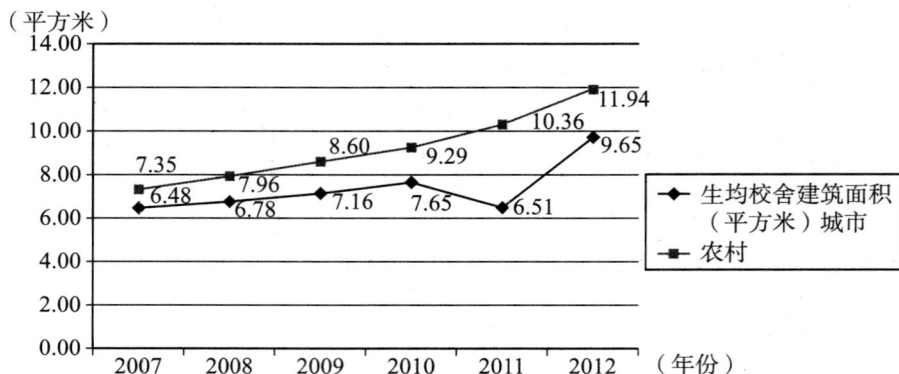

图4-8 城乡初中生均校舍建筑面积比较

资料来源：教育部发展规划司编：《中国教育统计年鉴》（2007~2012），人民教育出版社2007~2012年历年版。

针对这种明显的变化，我们可以从表4-3中普通初中在校学生数的变化探究原因。表中的数据表明，2012年，城市初中在校学生人数是农村的2.55倍，大量农村初中学生向城市转移，同时学校扩建工程滞后，这是导致城市初中生均校舍建筑面积明显低于农村的主要原因。

表4-3　　　2007~2012年城乡初中在校学生人数变化情况　　　单位：人

年份	城市	农村
2007	34 775 814	22 433 178
2008	35 099 125	20 642 417
2009	34 991 359	19 345 061
2010	34 914 378	17 844 749
2011	41 525 036	18 275 113
2012	40 297 003	15 790 436

资料来源：教育部发展规划司编：《中国教育统计年鉴》（2007~2012），人民教育出版社2007~2012年历年版。

2. 农村初中生均图书册数增幅明显

由图 4-9 可见，农村初中生均图书册数逐年增长，而且增幅明显，2012 年比 2011 年生均水平约提高 5 本/人，并且生均水平一直高于城市。反观城市初中，其生均图书册数缓慢增长，这主要是因为城市初中图书的补给速率跟不上学龄人口的城市化趋势。

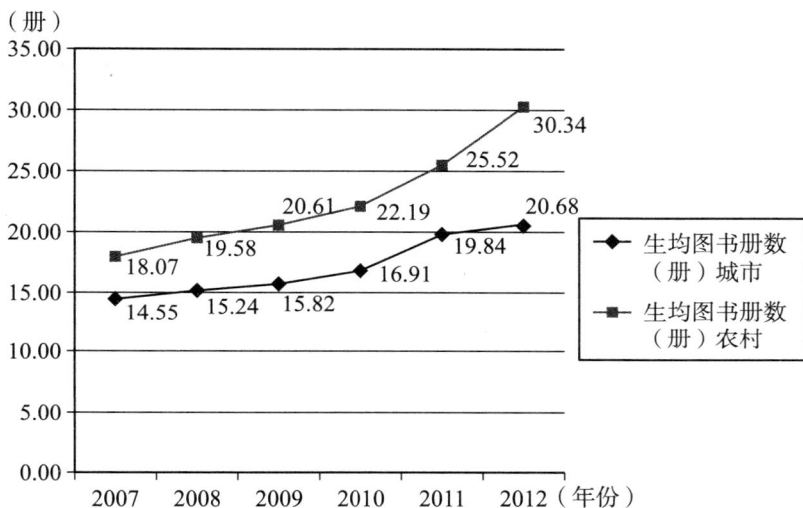

图 4-9　城乡初中生均图书册数比较

资料来源：教育部发展规划司编：《中国教育统计年鉴》（2007～2012），人民教育出版社 2007～2012 年历年版。

按照《中小学图书馆（室）规程（修订）的通知》（教基（2003）5 号）的规定，初中生均图书应达到 40 册（1 类）和 25 册（2 类）。根据上图，如果按照 2 类的要求，农村学校生均图书 2011 年和 2012 年可以达标，而城市学校生均图书均不达标；如果按 1 类标准，则城市和农村学校生均图书均不达标。当然，图书数量仅仅是表面的问题，而与此相关的还有其他更为严峻的问题。根据课题组在一些西部省份的实地了解，以下一些问题应该引起重视：首先，图书购置经费严重不足；其次，图书的节约率、使用率低；更严重的是，图书的采购程序不规范，图书质量把关不严，导致一些内容不健康、质量低劣、盗版、不适合初中生阅读的图书流入学校的图书馆（室），严重影响了学生的健康成长。

3. 城乡初中生均教学仪器设备值 2012 年实现大幅提升

为适应基础教育课程改革的需要，加强对中小学实验室建设和理科教学仪器配备的管理与指导，优化资源配置，提高教育投入的效益，推动技术进步和促进教学手段现代化，教育部于 2006 年发布了 JY/T 0386—2006《初中理科教学仪器配备标准》、JY/T 0387—2006《初中科学教学仪器配备标准》、JY/T 0388—2006《小学数学科学教学仪器配备标准》、JY/T 0385—2006《中小学理科实验室装备规范》四个教育行业标准，并自 2006 年 10 月 1 日起实施①。

在义务教育学校标准化建设工程的推动下，城乡初中都根据各学科教学的实际需要，按照国家标准采购教学仪器。图 4 - 10 和表 4 - 4 中，城乡初中生均教学仪器设备值之所以在 2011 年出现明显拐点，主要是因为国家在义务教育学校标准化建设前期阶段更注重校舍、教室方面硬件投入，2012 年则明显加大了教学仪器设备值的专项投入。

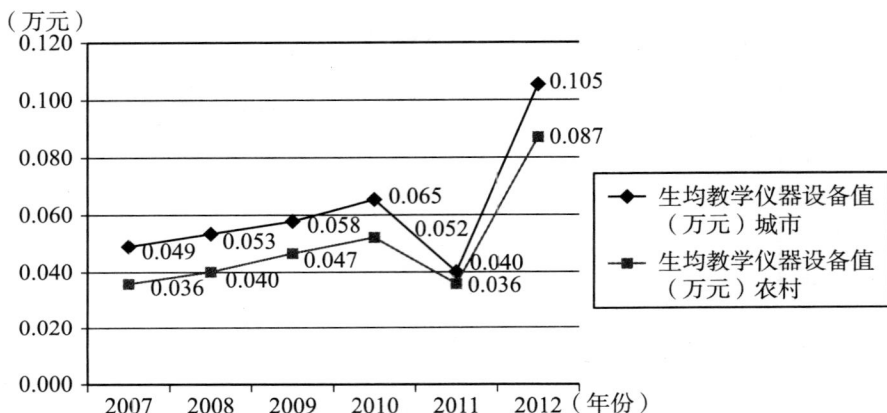

图 4 - 10　城乡初中生均教学仪器设备值发展状况比较

资料来源：教育部发展规划司编：《中国教育统计年鉴》（2007～2012），人民教育出版社 2007～2012 年历年版。

表 4 - 4　　　2007～2012 年城乡初中教学仪器设备值发展状况　　　单位：万元

年份	城市	农村
2007	1 691 370. 97	810 050. 61
2008	1 865 984. 53	833 512. 81
2009	2 041 394. 23	905 936. 11
2010	2 256 492. 50	926 789. 30
2011	3 302 431. 72	791 599. 57
2012	4 873 494. 06	851 007. 59

资料来源：教育部发展规划司编：《中国教育统计年鉴》（2007～2012），人民教育出版社 2007～2012 年历年版。

---

① 教育部发布《初中理科教学仪器配备标准》等四个教育行业标准，http://www.jys.edu.cn/zonghexinxi/2006927123526.asp。

4. 农村小学生均实验室面积稳步高于城市小学生均实验室面积

为了满足城乡学生学习物理、化学、生物等学科的基本需求，前文提及的《中小学实验室规程》规定普通初中必须设置理科实验室。由图4－11可知，城乡初中实验室生均水平同步增长，且农村的同比水平高于城市。究其原因，依然与城乡之间在校初中学生随城市化进程的流动和变化以及人口的自然减员有关。

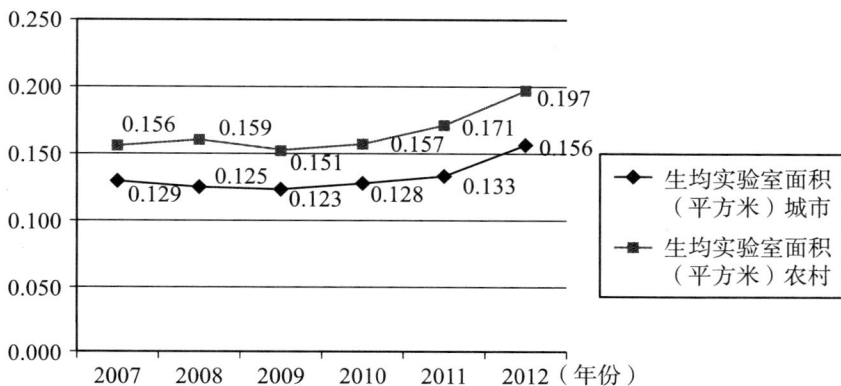

图4－11　城乡初中生均实验室面积发展状况比较

资料来源：教育部发展规划司编：《中国教育统计年鉴》（2007～2012），人民教育出版社2007～2012年历年版。

根据教育部颁发的《中小学理科实验室装备规范》（教基〔2006〕6号），实验室的生均使用面积最低不得小于1.8平方米，但是，课题组在B省、C省等地的城市初中调研时发现，由于大班额现象的存在，若以学校为单位，一些城市初中的实验室生均使用面积仅达到1.5平方米的水平，而且实验室数量与学生人数也不匹配，按照《中小学理科实验室装备规范》的规定，对于12～16个平行班的初中，基本要求是3～5个物理试验室、4～6个化学实验室、2～3个生物实验室，并且应配备物理、化学、生物的实验员室各1个，按照这个标准，课题组实际走访的大多数城市初中并未达标。

5. 城乡初中生均计算机台数持续存在明显差距

图4－12表明，城市初中生均计算机台数持续高于农村初中生均计算机台数。不过，受益于"校校通"、"班班通"和"农村中小学现代远程教育工程"等国家推进城乡教育信息化建设的重点项目，农村初中生均计算机台数持续增长，其中一方面的原因是农村初中学龄人口向城市涌入而逐年减少。同时，随着"初中向县镇集中、小学向乡镇集中、教学点向行政村集中"的教育布局结构调整步伐的推进，农村初中学校数量也在逐年下降，因而导致农村初中计算机总量不高，使得初中生均计算机台数在一定程度上维持了较低水平。

143

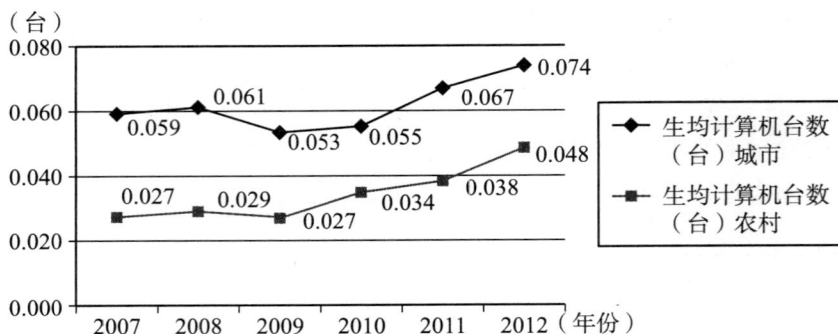

图 4 – 12　城乡初中生均计算机台数发展状况比较

资料来源：教育部发展规划司编：《中国教育统计年鉴》（2007～2012），人民教育出版社 2007～2012 年历年版。

6. 农村初中生均校舍危房面积高于城市生均校舍危房面积

2007～2012 年，城市初中校舍危房面积总体少于小学校舍危房面积，2012年，二者的差距是 19 002 854 平方米。如图 4 – 13 所示，农村初中生均校舍危房面积一直高于城市初中生均校舍危房面积。由图 4 – 13 还可看出，2008 年农村初中生均校舍危房面积出现一次峰值，这同样是因为受到了 2008 年 D 省发生的大地震的严重影响。

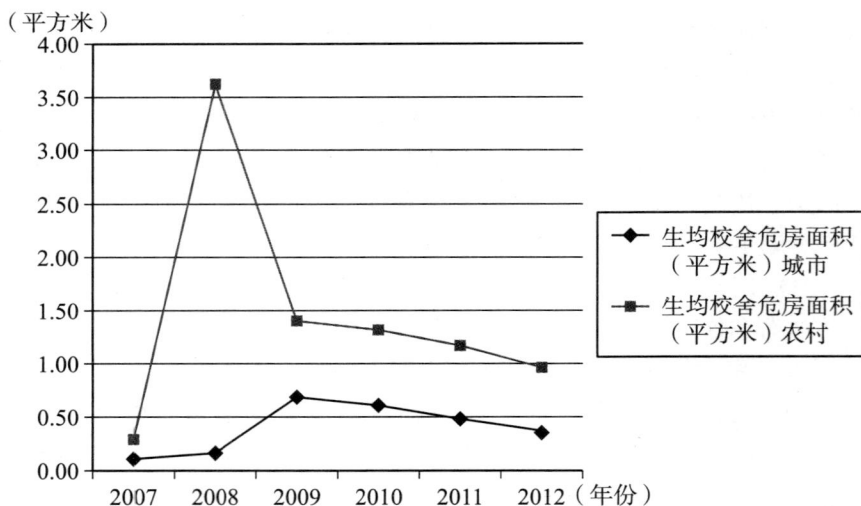

图 4 – 13　城乡初中生均校舍危房面积发展状况比较

资料来源：教育部发展规划司编：《中国教育统计年鉴》（2007～2012），人民教育出版社 2007～2012 年历年版。

（三）义务教育学校标准化建设存在的突出问题

结合上述数据分析和实地调研，发现义务教育学校标准化建设仍存在以下问题：

一是义务教育资源分配不均，标准化建设未能与城乡教育规划布局相匹配。在农村学校，资源的分配不均呈现出两极分化：一些农村、偏远、贫困和民族地区，寄宿制学校床位、厕所、食堂（伙房）、饮水等基础设施不能满足师生的基本生活需要；一些农村地区因受到快速城市化进程及学龄人口减少的影响，出现"空巢"学校，造成教育资源严重浪费。而在城镇学校，则出现了普遍存在的"大班额"现象，以致师资、教室、桌椅、图书、实验仪器、运动场等教学必须资源严重匮乏。

二是义务教育学校标准化建设项目的实施表现出明显的粗放型特征。即：重视校园建设、装备条件等硬件的达标，而忽视师资队伍、学校管理等软件的提升；重视教育资源的直接投入，而忽视已有资源的重组和再生；重视建设数量的达标，而忽略办学质量的提升。

三是标准化建设中资源利用率不高。近年来，中央和各地方政府投入了几百个亿的巨额资金进行义务教育学校标准化建设，但资源利用率不高。

此外，义务教育学校在建设功能室的过程中还存在一些特殊问题和困难。例如，课题组在C省某小学开展实地调研时发现，该校学校用地面积明显不足，但为了遵守《C省义务教育标准条例》，达到C省中小学办学标准的基本要求，只好通过在原本只有四层的学校楼顶加层的方式来满足功能室的需求。

造成上述问题的根本原因，是因为政策的实施过程缺少科学、严格的评估与监管，当前学校标准化建设的评估和监测均由政府教育督导部门实施，政府同时扮演着"裁判"和"运动员"的角色，不利于评价监测过程与结果的公正和公开[1]。

三、"农民工子女"定点学校办学体制机制研究

义务教育学校办学体制涉及学校办学主体、办学行为、办学模式、办学效益等方面，针对城市化进程给义务教育发展带来的新挑战，课题组聚焦于"农民工子女定点学校"这个专题，以期对构建城乡一体化的义务教育学校办学体制

---

[1] 中新网：《朱永新：义务教育标准化别只重视校园建设》，http://www.edu.cn/lhlj_12647/20140305/t20140305_1082076.shtml。

机制提供思路，并为国家、地方政府及教育行政管理部门提供参考。

（一）农民工子女定点学校办学体制机制存在的突出问题

农民工是我国改革开放和工业化、城镇化进程中涌现的一支新型劳动大军，对我国现代化建设做出了重大贡献①。农民工的子女或随父母进入城市，或留守农村，由此形成两类随着城市化进程产生的学生群体：进城务工人员随迁子女与农村留守儿童。据统计，2011 年，我国义务教育学校的在校生当中，共有12 609 719 名进城务工人员随迁子女和 22 003 229 名农村留守儿童，均已超过千万人口。农民工子女的受教育问题不仅关乎农民工群体的合法权益，还直接关系到维护社会公平正义和保持社会和谐稳定，对于实现城乡教育一体化发展具有深远意义。2006 年 1 月，《国务院关于解决农民工问题的若干意见》提出，"要保障农民工子女平等接受义务教育，将农民工子女义务教育纳入当地教育发展规划，列入教育经费预算，以全日制公办中小学为主接收农民工子女入学，并按照实际在校人数拨付学校公用经费；城市公办学校对农民工子女接受义务教育要与当地学生在收费、管理等方面同等对待，不得向农民工子女加收借读费及其他任何费用。"对此，各地纷纷以实际行动响应国家政策的倡导，以 A 市 YB 区为例，从 2004 年开始，该区率先规定了 9 所中小学为农民工子女定点学校，截至 2012 年，该区域内的农民工子女定点学校已经扩大到 15 所，累计接受随迁农民工子女 2.58 万余人。对于输出地政府，问题的重点在于留守儿童的教育。A 市 SZ 县经过多年的探索，逐步形成"以学校为主体、教育行政部门为主导、党委政府为保障、学生家庭为补充，部门协调配合、社会共同推进"的"1 + 4 + X"的农村留守儿童长效关爱机制，2010 年 9 月 7 日，A 市农村留守儿童工作现场会在SZ 县召开，会上，SZ 县探索的留守儿童教育管理模式被誉为"可复制、可持续、可发展"的模式。尽管有这样的一些典型经验，但在全国各地，农民工子女定点学校的办学仍存在以下各种问题：

1. 农民工子女定点学校多由薄弱学校转型而成，办学基础差

调研发现，大部分地区都是把城市薄弱学校办成了农民工子女的定点学校。通过比较 A 市、N 省、C 省等省市关于保障农民工子女接受义务教育的相关政策发现，其对农民工子女定点学校的资质并没有一个公开、透明的标准。而现实是大多数农民工子女定点学校都是起步于城市中的薄弱学校，这类学校的办学质量不高，学生的学业表现处于低位水平；办学条件较差，生均校舍建筑面积、生均

---

① 国务院：《国务院关于解决农民工问题的若干意见》，http：//www.gov.cn/jrzg/2006 – 03/27/content_237644.html。

运动场面积、生均经费投入方面均处于弱势地位。如 A 市人大于 2008 年曾进行过一项名为"A 市人民政府关于保障进城农民工子女接受义务教育工作情况"的调研，调研人员当时走访了 A 市 10 所接收农民工子女的定点学校，结果发现这些学校的"办学质量和办学条件都位列其所在地区同层次教育的中等甚至中等以下的水平"。农民工子女定点学校多数由薄弱学校转型而来，所以，优质教育资源比较缺乏，结果造成农民工子女在教育机会上的不公平，违背了城乡教育一体化的发展目标。

2. 农民工子女学校办学质量偏低

课题组通过综合比较 S 省 YT 市、N 省 HF 市、C 省 KM 市与 A 市的农民工子女定点学校的毕业生流向发现，一般而言，农民工子女定点小学，每年仅有不足 1/5 的学生能够进入区域内的优质初中，而对于初中阶段的定点学校，大部分学生毕业后都进入了中等职业学校，这其中有一个重要的原因是国家自 2007 年开始逐步实行免费中等职业教育，很多家长和学生都是因为"免费"和"好就业"选择进入中等职业学校。而另一个原因则是农民工子女在中考中的表现较差，不再读高中也是无奈之举。例如，2012 年 7 月，H 市某中学共有 337 人参加中考，其中，农民工子女考入普通高中的人数比例不足 30%。此外，还有少部分家庭条件较差的学生在接受完义务教育之后就放弃继续读书。

3. 农民工子女定点学校用地面积紧张，学校功能室配置缺口大

农民工子女定点学校尽管在经费投入方面得到了一定的政策倾斜，但普遍存在学校用地面积紧张的情况。以 C 省某小学为例，该校是一所寄宿制小学，位于镇中心地带，由于历史原因，学校教职工宿舍建在校园内，生均校舍面积不足 3 平方米，根本无法达到 A 市的办学标准①，学校的音乐教室、美术教室、实验室等功能室都是通过在原来校舍顶上加层才勉强满足 A 市义务教育学校办学标准的基本要求。

4. 农民工子女定点学校安全管理差

由于农村地区聚集了大量留守儿童，所以大多数初中、高中阶段的农村农民工子女定点学校都是寄宿制。综观我国东部、西部、中部的农村寄宿制农民工子女定点学校，虽然受制于经济水平的差异，学生住宿条件存在一定差距，但基本都修建了学生宿舍。能够入住宿舍的学生一般要满足双亲均在外打工、住所和学校之间的距离超过 30 公里、家庭贫困等条件。因此，住校的学生除了寒暑假，大部分时间都待在学校。然而，农村寄宿制的农民工子女定点学校缺少校医编

---

① 根据《C 省义务教育学校办学条件基本标准（试行）》的规定，"寄宿制小学每增加 1 名寄宿生，增加占地面积 1 平方米、校舍面积 4.5 平方米"。

制，学生一旦突发疾病，教师只能带学生赶往最近的医院或者医疗点进行救治，而学校和医院之间的距离可能会延误最佳的治疗时间，由此给学校带来更多的安全压力。另外，大部分教师虽然在农村任教，但家住城市。以 C 省 T 中学为例，全校共有 30 名教师，仅有 4 位教师家住学校附近。除了聘请生活教师，学校每天都要派 1 名教师值班，确保学生安全就寝，而夜间 10 点以后，学校附近的公交车已经停运，出租车在学校周围又非常少见，因此教师晚上只能搭乘摩托回到城区，这份安全风险目前只能由教师自己承担。

（二）农民工子女定点学校办学体制机制对策研究

1. 规范农民工子女定点学校的申报与遴选机制

本书认为，农民工子女定点学校在现阶段主要承担两项职责：第一，为广大农民工子女提供入学机会，这是定点学校的社会职责；第二，创造和集聚优质资源，为农民工子女的教育过程与结果公平提供平台和保障，这是定点学校的发展使命。对于第一点，在政策的推动下，在投入的倾斜中，以 N 省、A 市为代表的地区已经做得很好。例如，2010 年，N 省教育厅发出《关于进一步保障进城务工农民随迁子女义务教育的通知》，帮助农民工子女就近、方便、免费接受义务教育，实现入学"零障碍"。然而，对于第二项职责，由于农民工子女定点学校的基础较差，实在是有心无力。诚然，"加强薄弱学校建设"与"保障农民工子女接受义务教育"都是我国目前义务教育改革和发展的两项重要议题，但是并不宜对二者进行简单的统筹。为了有效提升农民工子女定点学校的办学质量和办学条件，本书建议中央和地方教育主管部门尽快出台相关政策，规范农民工子女定点学校的申报与遴选机制，鼓励优质学校加入农民工子女接受义务教育的保障体系，并借此寻求学校发展新的生长点。

2. 通过特色办学建立多元人才培养机制

和城市孩子相比，农民工子女尽管英语、数学成绩的确较为落后，但他们的动手能力较强，也更具有吃苦耐劳精神。C 省某小学每年都培养出在全市小学生运动会中成绩拔尖体育特长生，Y 小学的学生多次在全国青少年科技竞赛中斩获第一名的殊荣，而这些荣誉给孩子们的升学也带来了"绿色通道"，A 市知名的初中、高中纷纷向这些学生伸出橄榄枝。本书建议农民工子女学校坚持特色办学，结合农民工子女的特长，构建多元化的人才培养机制，在注重提升学生学业表现的同时，扩宽办学思路，促进其特色化、个性化发展。

3. 探索农民工子女学校与普通义务教育学校的融合机制

农民工子女定点学校的校长、教师都对学校性质存有质疑：将农民工子女单独集中在一起是否有利于农民工子女融入城市生活？是否体现了真正的教育公平？是否有利于城乡教育一体化？基于上述思考，将农民工子女与城市子女平等对待，二者"进同校、做同学、读同书"可能是一个促进农民工子女融入城市生活的有益探索。另外，位于城镇的农民工子女学校也可以借此变革，重新规划学校的建设与发展。以 C 省某小学为例，学校的用地面积过小，难以满足广大农民工子女的需求，目前，该校的新校址已经确定，预计 2016 年新学校将投入使用，该校校长告诉课题组的调研人员，届时新校将面向城市孩子和农民工子女，遵循就近入学的原则，在名额方面适当向农民工子女倾斜，学校希望通过这样的尝试，真正促进农民工子女和城市孩子的融合，深度推进教育公平。

4. 构建农民工子女定点学校的标准化管理机制

建议将农民工子女定点学校宿舍的建设与维护工作纳入义务教育学校标准化建设的范畴，对学生住宿条件进行标准化要求；对学校食堂卫生进行标准化监督与日常记录；教育主管部门与卫生主管部门联合确定校医的配置方式及标准；地方教育行政管理机构的相关处室定期开展生活教师的专业培训；学校制定安全巡视的周期标准和事项要求。总之，为了加强农村寄宿制农民工子女定点学校的安全管理，应从制度建设入手，构建相应的标准化管理机制。从长远来看，农民工子女定点学校可能只是一种过渡形态，但不可否认，这类学校有效地缓解了大量农民工子女就学需求与城市教育资源不足之间的矛盾，证明这种学校类型适应了当前中国农民工大量涌入城市背景下教育发展变革的新形势，农民工子女的社会认同与城乡学生之间的文化融合问题是城乡教育实现一体化发展必须面对的议题。

四、义务教育学校标准化建设实证研究[①]

根据《教育规划纲要》的规定，实施义务教育学校标准化建设工程的首要目标是"完善城乡一体化义务教育经费保障机制，科学规划、统筹安排、均衡配置、合理布局"。《教育规划纲要》进一步阐释了这个重大项目的重点在于中小学校舍安全工程、薄弱学校改造和农村寄宿制学校的改扩建，以尽快使义务教育学校师资、教学仪器设备、图书、体育场地基本达标。2010 年，国家启动了义务教育学校标准化建设工程，全年投入 83 亿元用于农村义务教育薄弱学校改造[②]。由此可见，当前我国义务教育学校标准化建设主要是面向农村学校。2011

---

① 部分内容详见李玲，杨舒涵，韩玉梅，赵怡然：《城乡义务教育学校标准化建设优化研究——基于学龄人口变化趋势预测》，载《教育研究与实验》2012 年第 4 期，第 20～24 页。

② 中国教育部：《国家中长期教育改革和发展规划纲要实施一周年纪实》，http://www.gov.cn/jrzg/2011-07/28/content_1915674.html。

年，全国不少省市陆续出台了关于义务教育学校标准化建设的政策文件，通过比较与分析课题组收集到的 20 个省级教委颁布的政策文本[1]发现：生均占地面积、生均绿化面积、生均运动场面积、生师比、生均藏书量等生均水平达标是各省义务教育学校标准化建设的重要目标，其中，M 省、X 省和 HN 省还制定了生均公用经费标准。上述生均指标的水平，在教育资源（包含人、财、物）总量一定时，与学龄人口的数量成反比，而教育资源在城乡学校之间的分配，也取决于学龄人口的城乡分布。据统计，2009 年，中国城镇人口已经达到 6.2 亿，城镇化率达到 46.4%[2]，而据《2010 年城市蓝皮书》中预测，我国的城市化率在 2020 年将达到 58.5%[3]。这意味着在未来近 10 年内，我国将有大量农村人口向城市迁移，并将有超过一半的人口居住在城市。伴随着我国人口城市化进程的不断推进，越来越多的农村学龄人口将在户籍政策的推动下进城接受义务教育，从而在城乡之间会形成规模性的学龄人口迁移。基于此，本书预测了学龄人口的未来变化趋势，并对我国义务教育学校标准化建设提出合理的规划建议。

（一）学龄人口影响城乡一体化义务教育学校标准化建设的两项重要参数

1. 学龄人口数量

学龄人口的数量直接影响城乡学校在硬件、软件资源配置上的生均差异。本书通过分析我国 20 个省市已经出台的相关政策文本发现，各地都是希望通过监测城乡学校各项生均指标的达标情况来推进义务教育学校标准化建设。如前所述，当教育资源总量一定时，学龄人口数量与生均指标水平呈反比例关系。可见，学龄人口数量直接影响着各项生均指标的水平，是学校教育资源分配的重要依据。因而，掌握学龄人口数量的变化趋势是合理规划义务教育学校标准化建设目标的基础。

2. 学龄人口分布

学龄人口在城乡的分布情况是决定教育资源在城乡之间分配的重要依据。我国正处于工业化、城镇化进程的快速推进时期[4]，课题组在西部某省各区县的调

---

① 本研究收集了安徽、福建、甘肃、广东、海南、河南、黑龙江、吉林、辽宁、内蒙古、宁夏、湖北、湖南、山西、陕西、新疆、浙江、上海、天津、重庆共 20 个省、市、自治区关于义务教育阶段学校办学基本标准的政策文本。

② 岳国强等：《2010－2020 年：中国经济增长与城市化水平》，载《中国经贸导刊》2009 年第 18 期，第 17 页。

③ 中国社会科学院城市发展与环境研究所：《2010 年城市蓝皮书》，社会科学文献出版社 2010 年版，第 12 页。

④ 马建堂：《"十二五"时期我国经济社会发展的国内环境》，载《人民日报》2010 年 11 月 9 日第 7 版。

查研究中和关于其他省市义务教育发展现状的文献查阅中发现：目前许多地区都采取"小学向乡镇集中，初中向县镇集中"的策略。乡村小学、初中学校数量因此大量缩减，从而推动了义务教育阶段学龄人口向城镇迁移[①②]。学龄人口迁移会改变学龄人口的城乡分布格局，影响城乡学校之间的人、财、物分配，进而引起城乡学校的各项生均指标水平发生变化。因此，分析学龄人口分布未来的变化趋势是保证我国义务教育学校标准化建设健康发展的必要举措。

综上所述，学龄人口数量及其在城乡之间的迁移对城乡一体化义务教育学校标准化建设的影响如图4-14所示。

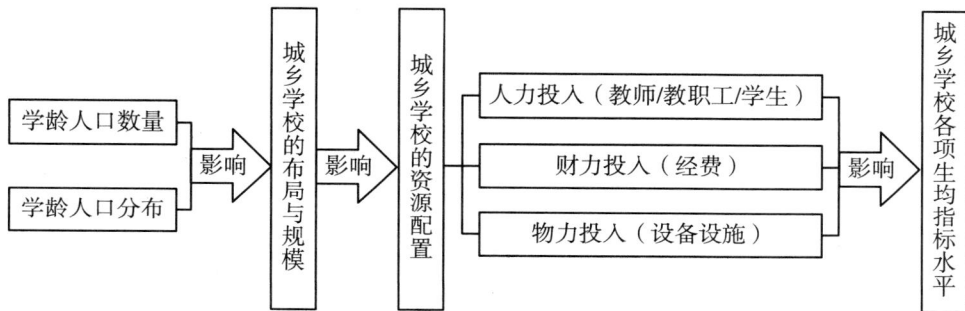

图4-14　学龄人口数量和分布对城乡一体化义务
教育学校标准化建设的影响

鉴于学龄人口的数量和分布两项动态变化的参数对我国城乡一体化义务教育学校标准化建设的生均指标水平有重要影响，本书将对未来我国义务教育阶段城市和农村学龄人口的变化趋势做出合理预测，从而为义务教育城乡学校标准化建设的良性发展提供依据。

（二）义务教育阶段城乡学龄人口变化趋势的预测工具与方法

本书依据国家统计局公布的中国城市化率数据（1949~2010），考虑了生育率惯性下跌的因素以及未来相应政策的出台可能对生育率产生的影响，采用国家计生委开发的人口预测软件（CPPS）[③]，建立义务教育学龄人口预测模型，由此可以分年龄段预测出未来10~15年全国城乡小学、初中阶段学龄人口数量变化情况。

---

① 郝文武：《论城镇化进程中的农村学校布局问题》，载《教育研究》2011年第3期，31~35页。
② 焦中明、陈富：《江西省义务教育发展成就、问题及对策——基于2000~2009年关键数据的实证分析》，载《教育学术月刊》2011年第2期，29~33页。
③ 王广州：《中国人口预测软件培训手册》，http://www.cpdrc.org.cn/zyxm/cc.pdf，2002-09。

根据我国 2006 年 6 月新修订的《义务教育法》对小学入学年龄的规定，本书建议将 6 岁作为义务教育学龄人口预测的起始年。由于毕业学生与辍学学生并不属于在校学生，对学校各项生均指标水平不产生影响，故在预测学龄人口数量时不包含小学毕业人数和小学、初中的辍学人数。另外还需要说明的是，本书对学龄人口的预测基于 3 项基本假设：（1）未来人口的死亡模式保持不变；（2）农村人口一旦迁入城市就将其视为城市人口，而不再讨论人口的过渡形态，如农民工等；（3）学龄人口的迁移是从农村向城市的单向迁移模式，其迁移率的增长速率与人口城市化率的增长成正比。

本书参照 CPPS 人口预测模型建立的义务教育阶段学龄人口预测模型见下式：

$$nPt_2(x + n) = [nPt_1(x) \pm nMPt_1(x)] \times [nL(x + n)/nL(x)]$$

式中 x 的取值范围是 6 岁到 14 岁；考虑到国家教育政策（如《教育规划纲要》）的时效性，t 的取值止于 2020 年；$nPt_1(x)$ 是在 t_1 时刻年龄在 $x + n$ 岁至 $x + n$ 岁的人口数；$nPt_2(x + n)$ 是在 t_2 时刻年龄在 $x + n$ 岁至 $x + 2n$ 岁的人口数；$nL(x)$ 是确切年龄在 x 至 $x + n$ 岁的队列存活人年数；$nL(x + n)$ 是确切年龄在 $x + n$ 至 $x + 2n$ 岁的队列存活人数；$nMPt_1(x)$ 为在 t_1 时刻年龄在 x 岁至 $x + n$ 岁的农村迁出学龄人口数或迁入城市的学龄人口数：

$$nMPt_1(x) = nFPt_1(x) \times nMIG(x)$$

$nFPt_1(x)$ 为 t_1 年度内 x 岁至 $x + n$ 岁的农村学龄人口数；$nMIG(x)$ 为学龄人口迁移率。据统计，截至 2010 年年底，全国义务教育阶段在校生中进城务工人员随迁子女共 1 167.17 万人，比上年增加 170.07 万人。其中，在小学就读的进城务工人员随迁子女 864.30 万人，比上年增加 113.53 万人，增长 15.12%；在初中就读的进城务工人员随迁子女 302.88 万人，比上年增加 56.54 万人，增长 22.95%。有研究做出预测：2009～2020 年，我国城市化率年均增长 1.03%。参照前文提到的第 3 项预测假设，$nMIG(x)$ 和城市化率的年增长速率一致，其在 2014～2020 年的预测值细分为小学、初中两个年龄段，具体预测值详见表 4 - 5。

表 4 - 5　　　　2012～2020 年我国义务教育阶段城市学龄
人口向农村迁移率预测

年份	2014	2015	2016	2017	2018	2019	2020
小学阶段学龄人口迁移率（%）	18.12	19.15	20.18	21.21	22.24	23.27	24.30
初中阶段学龄人口迁移率（%）	13.93	14.96	15.99	17.02	18.05	19.08	20.11

本书的假设是"学龄人口的迁移是从农村向城市的单向迁移模式",故当需要预测城市义务教育阶段学龄人口时,nPt_1x 与 $nMPt1(x)$ 之间取 " + "关系;而需要预测农村义务教育阶段学龄人口时,$nPt1x$ 与 $nMPt1(x)$ 之间取 " − "关系。

(三)义务教育学校标准化建设的优化建议

1. 优化城乡学校师资配置标准

由表 4 − 5 可见,农村小学、初中阶段的学龄人口数量已经开始明显地减少。然而,考虑到村小撤并、初中向县镇集中等义务教育学校布局改革举措会导致学生的分布聚集于中心乡镇,进而引起生师比的变化,所以农村学龄人口总量减少并不意味着农村学校对教师的需求量就减少了。因为农村学校对教师的需求往往并非仅仅是数量上的缺口,还在于音乐、体育、美术等学科门类的教师缺少必要的编制[1][2],长此以往,将十分不利于城乡一体化义务教育发展。同时,城市义务教育阶段学龄人口数量在未来会明显增长,城市义务教育学校对教师的需求量自然增大,所以,在制定师资配置标准的时候,中央、地方政府与教育管理机构一方面要根据城乡学龄人口的变化趋势,合理统筹、科学制定或调整城乡学校的教师编制标准,促使学校在校学生数与教师数量按照合理的生师比达标;另一方面,也要按照学科门类齐全的标准,尽力改善或解决农村学校教师结构性缺编的困境,从而保证城乡之间各个学校教师的学科结构标准能够基本达到一致,以逐步缩小城乡一体化义务教育学校在教师数量与师资结构方面的差距。

2. 合理倾斜教育经费投入

国家、地方政府与教育管理机构对学校的经费拨付一般是依据在校学生人数,按照生均公用经费的标准实现学校层面的教育投入。目前,农村义务教育学校的办学条件与城市学校之间存在着明显差距,在我国推进义务教育学校标准化建设的初期,的确应该坚持教育投入向农村地区倾斜。但是在出现了学龄人口大规模由农村向城市涌入的现象之后,教育经费投入的侧重点就应该根据学龄人口的变化趋势做出及时调整,如减少对农村学校大型基础建设的经费投入,以避免城乡之间教育经费投入过量或不足的情形发生。但是,由于农村地区教育资源的原始存量不足,为了防止城乡之间教育差距再次被拉大,相关的经费投入还是应

---

① 柳丽娜,朱家存:《中小学教师编制城乡统筹研究》,载《教育与经济》2009 年第 4 期,第 39 ~ 42 页。

② 韩小雨等:《中小学教师编制标准和编制管理制度研究——基于全国及部分省区现行相关政策的分析》,载《教育发展研究》2010 年第 8 期,第 15 ~ 19 页。

该坚持向农村倾斜。

3. 教育物资分配优先满足农村寄宿制学校的发展需求

正如前文所述，农村寄宿制学校的改扩建是义务教育标准化建设的重点内容之一。当前，农村剩余劳力进城务工，农村地区出现了大量的留守儿童，新建农村寄宿制学校成为解决留守儿童上学问题的重要举措①。表4-5显示近年来农村义务教育阶段学龄人口数量已经明显下降，而在下降的总体趋势下会出现农村学龄人口的聚集，因为随着城乡学校布局的调整，农村初中和小学的布局将会更加集中。由此，可以预见农村寄宿制学校对今后的农村教育发展将发挥重要的作用。课题组在西部某省进行了实地调研后发现：相较于普通中小学校，农村寄宿制学校在生均占地面积、生均宿舍面积、生均绿化面积等各项生均指标的水平较低，究其原因，一方面是因为在这类农村学校中，学生数量较多；另一方面是由于这类学校的基础建设相对落后。所以本书建议，在义务教育学校标准化建设的过程中，各级政府、教育管理机构对教育物资进行分配时应该抓住主要矛盾，优先满足农村寄宿制学校的发展需求，从而在资源配置层面推进城乡一体化义务教育的均衡发展。同时，农村义务教育阶段的学龄人口数量未来将明显下降的趋势也提醒我们，在进行教育资源分配时，尤其是分配大型的学校设备、设施时，要充分考虑到未来几年的城乡学校需求变化和学校撤并的实际，避免教育资源的浪费或不合理配置。

4. 分类统筹城乡生均标准

义务教育学校标准化建设应依循学龄人口的变化趋势，结合城乡发展实际，对部分生均标准进行合理的调整。例如，各地在制定生均校舍建筑面积、生均绿化面积等生均标准时，应该对城乡学校区别对待，因为城乡之间的土地资源供给能力存在着显著的差异，即城市的土地资源相对而言比较紧张，学校规模因而会受到限制，因此对城乡学校生均占地面积等生均标准整齐划一是不科学的。具体而言，农村学校在占地面积、绿化面积等方面的生均标准可以略高于城市。但当涉及生均图书量等并不太受土地因素制约的生均指标，则应尽量保持一致，以求促进城乡学校之间的均衡发展。实际上，结合城乡发展实际，制定有区别的城乡生均标准，和义务教育均衡发展、城乡教育一体化的发展要求并不冲突。相反，此举是在直面城乡差异的基础上，有针对性地优化城乡教育资源配置，以更好地促进义务教育均衡发展，进而推动城乡教育一体化的实际进程。我国实施义务教育标准化建设关涉全国近百万所中小学校的发展与变革，这项重大工程不可能一

---

① 李志峰，关媛媛：《为留守儿童，今年新建四百所寄宿制学校》，载《重庆日报》2010年9月21日。

蹴而就，其初衷绝非停留于对我国中小学校予以一次性投入的改良，而是旨在打破城乡中小学校发展的不均衡格局，从而逐步缩小城乡教育差距，促进城乡一体化义务教育发展。

城乡教育一体化发展本身是一个动态过程，随着我国城市化的不断推进，学龄人口数量和迁移更凸显了城乡教育发展的动态性与复杂性。从各地已经出台的相关政策文本来看，我国义务教育学校标准化建设的基本定位是希望通过监测学校各项生均指标是否达标来掌握建设的进度与成效，而生均指标的水平与学龄人口是息息相关的，尤其是学龄人口的数量与城乡分布情况。所以，基于城乡学龄人口的未来变化趋势来合理规划我国义务教育学校标准化建设，并构建起统筹城乡一体化义务教育发展目标与学龄人口预测的管理机制，是这项重大项目顺利实现其目标的重要保证，也是推进城乡教育一体化发展的本质要求。据此，本书从建立相应管理机制的角度，提出以下几项观点：

第一，政策强制是保障。中央、地方的各级教育主管部门在关于义务教育学校标准化建设的政策文本中应明文规定建立学龄人口预测机制的要求，并强调建立义务教育学龄人口预测机制的重要性与必要性，以从政策、制度层面保证这项国家战略适应学龄人口的动态变化。

第二，常规统计是基础。各级政府与教育管理机构应将收集、统计当地学龄人口的实际数据作为一项常规性工作，并建立学龄人口数据库，同时，要注意联合学校及时更新农民工随迁子女、留守儿童的学籍变化情况，以全面把握学龄人口的数量与分布状况。

第三，多元运用是目的。基于分年龄别学龄人口的实际数据，可参考本书提供的义务教育学龄人口预测模型，对当地学龄人口的未来变化趋势进行预测，并总结出数量变化与城乡分布的特点，从而为城乡学校师资配置、教育经费投入和教育资源分配提供科学依据。另外，学龄人口的预测结果还能为各地政府、教育管理机构对新建学校的布局、规划提供参考。

第四，统筹兼顾是关键。诚然，学龄人口数量与学龄人口的迁移是义务教育学校标准化建设必须考虑的重要因素，但是，同时还需要兼顾考虑当地的土地资源供给能力、经济社会发展水平等外部因素，才能更加合理、高效地推进义务教育学校标准化建设。

总之，建立学龄人口预测机制对我国义务教育学校标准化建设实现目标具有十分重要的意义，各地在建设这项重大工程时，需要依据城乡教育的发展实际，动态追踪人口变化、科学构建学校布局、统筹规划城乡发展。

五、义务教育学校标准化建设风险预警机制实证研究[①]

课题组经过调查研究发现：随着城市化的不断推进，农村地区的学龄人口越来越少。在 A 省、S 省、H 省、Y 省等地，农村中小学出现了因为没有学生而不得不闲置的现象，有的"空巢"学校甚至变成了养猪场、养鸡场或垃圾站。据统计，2010 年，全国城市初中在校生规模为 1 059.1 万人，比上年减少 0.3 万人；农村初中在校生为 4 220.3 万人，比上年减少 61.2 万人。小学在校生规模为 9 940.7 万人，比上年减少 130.8 万人，下降 1.3%；其中，农村小学在校生共 8 120.2 万人，比上年减少 172.5 万人[②]。课题组在调研过程中也发现了这个问题，以 A 市 BN 区为例，该区 2005 年农村小学在校学生人数为 23 904 人，2010 年降至 7 237 人，降幅高达 69.7%[③]。农村学龄人口之所以下降，主要有两方面原因，一方面是因为人口的自然减员，另一方面是因为大量农村学龄人口随父母向城市迁移。截至 2012 年年底，全国义务教育阶段在校生中进城务工人员随迁子女共 1 393.87 万人，比 2011 年增加 132.9 万人。其中，在小学就读 1 035.54 万人，比 2011 年增加 102.8 万人；在初中就读 358.33 万人，比 2011 年增加 30.1 万人。无论小学还是初中，进城接受义务教育的学龄人口都达到接近 10% 的增长率[④]。

由此可见，学龄人口由农村向城市移动已经是一个显著趋势，而学龄人口在城乡的分布情况是决定教育资源在城乡之间分配的重要依据。学龄人口迁移会改变学龄人口的城乡分布格局，影响城乡学校之间的人、财、物分配，进而引起城乡学校的各项生均指标水平发生变化，甚至会导致教育资源大规模浪费的风险。因此，分析学龄人口分布的变化趋势并以此建立教育资源配置风险预警机制是保证我国义务教育学校标准化建设健康发展的必要举措。为此，本书采用 CPPS 人口预测模型科学预测我国城乡义务教育学龄人口的未来变化趋势，为合理规划义务教育学校布局、规避和控制教育资源配置风险的发生提供建议。

---

① 部分内容详见杨舒涵，李玲，韩玉梅：《县（区）域内城乡义务教育学校标准化建设风险预警机制研究——基于西部 A 省 Y 县的调研》，载《教育发展研究》2012 年第 7 期，第 7~12 页。

② 中国教育部：《2010 年全国教育事业发展统计公报》，载 2011 年 7 月 6 日《中国教育报》第 2 版。

③ 资料来源：根据 A 市教委 2005 年、2010 年统计资料整理。

④ 中国教育部：《2012 年全国教育事业发展统计公报》，http：//www.moe.gov.cn/publicfiles/business/htmlfiles/moe/moe_633/201308/155798.html。

教育部哲学社会科学研究重大课题
攻关项目

（一） 理论基础

通过分析收集到的全国 30 个省市自治区①已经出台的关于义务教育学校建设的标准文本和我国 2006 年修订的《中华人民共和国义务教育法》发现，"义务教育学校标准化建设"重点关注与学龄人口的规模与分布密切相关的人、财、物在城乡学校中的生均配置水平，其决定了农村学校标准化建设的风险来源。

按照同心圈的系统观点，成功的风险控制需要同时理解关注圈和影响圈内的要素以及他们之间相互作用的环境。以城乡一体化义务教育学校作为一个系统单元，分析系统输入与输出（表现为人、财、物的配置情况）之间的关系，结合政策文本中关注的内容，追踪具体指标值的变化，重点监控不同时期教育资源的输入值和输出值，即配置情况的动态变化，并据此来评估县（区）域内义务教育学校标准化建设的风险水平。图 4 - 15 中的关注圈包含与义务教育学校标准化相关的经济、政治、文化等因素，往往以随机变量、外因变量和约束变量（如土地资源）等形式与学校的标准化建设发生关联；影响圈中的因素能够直接影

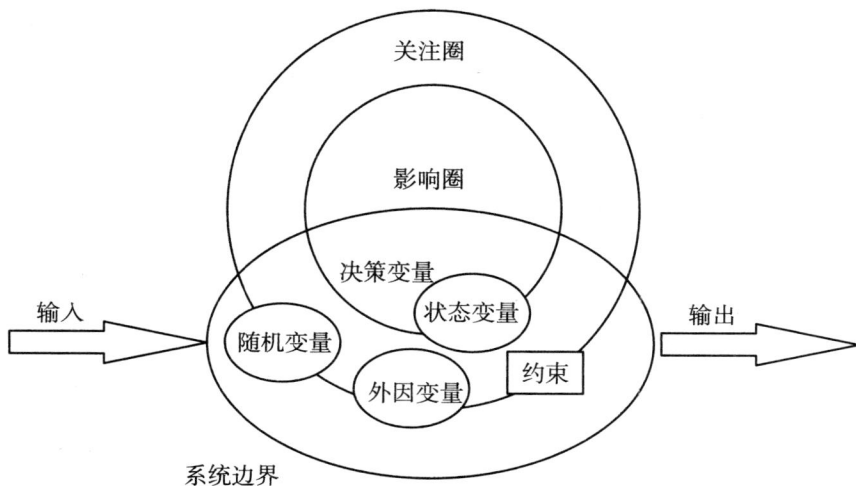

图 4 - 15 同心圈的系统观点

资料来源：Haimes，Y. Y.，C. Schneiter. Covey's Seven Habits and the Systems Approach. IEEE Transactions on Systems，Man，and Cybernetics，1996，26（4）：483 - 487.

① 课题组汇总了安徽、福建、甘肃、广东、广西、贵州、海南、河北、河南、黑龙江、吉林、江苏、江西、辽宁、内蒙古、宁夏、湖北、湖南、青海、山东、山西、陕西、四川、新疆、云南、浙江、北京、上海、天津、重庆共 30 个省、市、自治区《义务教育阶段学校办学基本标准》，对照各省市自治区的基本标准进行了系统的分析和汇总，发现义务教育学校标准化建设重点关注人、财、物在城乡学校中的生均配置水平。

157

第四章 构建城乡一体化义务教育办学与硬件资源配置体制机制研究

响学校标准化建设的进度和质量，一般表现为决策变量（主要指相关政策）和状态变量（如城乡学校规模、布局等）两类形式。上述各个层次的相关因素是对风险进行识别、评估和预警的重要依据。

1. 人员配置风险

这类风险包含教师与学生两大维度，二者的配置和分布情况既可能单独地带来风险，例如，规定学历教师人数比例、学龄人口的入学率、班额规模等，也可能是二者共同作用下产生相应的风险，例如，生师比等。

2. 资金投入风险

因为在同一县（区）域内，学校生均公用经费的基本标准一般是相同的，所以本书的研究定位于追踪生均可支配收入和生均教育事业费收入两项在城乡学校间存在差异的基础指标。

3. 实物分配风险

综合比较 30 个省市自治区出台的相关政策和校舍建筑面积、图书、计算机、运动场（馆）面积、音体美器材和实验器材等的生均配置水平，能够较为全面地反映实物分配的落实情况。除此之外，作为影响圈中的决策变量，政策风险也是主要的风险源。然而，当研究范畴确定为县（区）域内时，由于县（区）级政策的统一性，故在进行风险评估预警时不必考虑。

（二）风险指标体系及测算方法

课题组梳理了 30 个省市自治区《义务教育阶段学校办学基本标准》的政策文本，进行了专家访谈、问卷调查和实地调研。结合政策文本和调查结论，考虑数据的可获取性、统计的连续性以及与官方统计口径的一致性，归纳概括了 15 个二级风险指标，构建了县（区）域内"义务教育学校标准化建设"风险评估指标体系，见表 4 – 6。

表 4 – 6　　　县（区）域内"义务教育学校标准化建设"风险评估指标体系

风险范畴	风险指标
人员配置风险 （权重 = 1/3）	R1 学龄人口入学率（权重 = 1/8）
	R2 年巩固率（权重 = 1/8）
	R3 音体美教师人数比（权重 = 1/8）
	R4 规定学历教师人数比（权重 = 1/8）
	R5 高级职称教师比（权重 = 1/8）
	R6 生师比（权重 = 1/8）
	R7 教学班级数（权重 = 1/8）
	R8 班额规模（权重 = 1/8）

风险范畴	风险指标
资金投入风险 （权重 = 1/3）	R9 生均可支配收入（权重 = 1/2）
	R10 生均教育事业费收入（权重 = 1/2）
实物分配风险 （权重 = 1/3）	R11 生均校舍建筑面积（权重 = 1/5）
	R12 生均图书（权重 = 1/5）
	R13 生机比（权重 = 1/5）
	R14 运动场（馆）面积达标比例（权重 = 1/5）
	R15 音体美器材和实验仪器配备达标比例（权重 = 1/5）

注：风险评估指标与官方教育事业统计年鉴指标一致。

风险评估的综合评价计算公式如下：

$$Z = \sum_{i=1}^{n} U_i W_i$$

设义务教育学校标准化建设风险评估的综合评价有 n（n 为正整数）项指标，每项指标及其无量纲化处理后的数值用 $W_i(1 \leq i \leq n)$ 表示，W_i 的权重用 $U_i(1 \leq i \leq n)$ 表示，U_i 表示专家对指标风险大小的综合评价值，Z 表示总体风险评价的大小，Z 取值范围一般在 $[0, 1]$ 之间。

根据政策文本中各项标准值计算出的 Z_s 求出标准差的具体值，从而为风险预警临界值的确定提供数理依据，当 $Z_i = Z_s$ 时，即学校人、财、物配置情况完全符合标准，则 $\sigma = 0$，此时，表示该学校标准化建设风险为 0，处于安全状态。

$$\sigma = \sqrt{\frac{\sum_{i=1}^{n} (Z_i - Z_s)^2}{n}}$$

按照正态分布中理想值两侧标准差的分布规律确定不同风险级别的预警值区间（见图 4 - 16）。

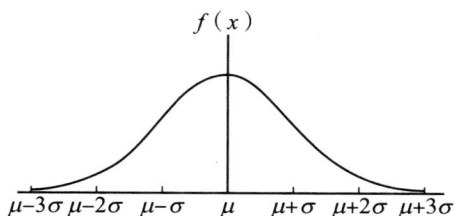

图 4 - 16　正态分布曲线图

各个级别风险预警的临界值区间见表 4－7。

表 4－7   "义务教育学校标准化建设"风险预警临界值

预警级别	微警	中警	重警	危险	安全
预警临界值	$(-\sigma, 0)$, $[3\sigma, \infty]$	$[-\sigma, -2\sigma]$	$(-2\sigma, -3\sigma)$	$(-\infty, -3\sigma)$	$(0, 3\sigma)$

需要指出的是，微警的预警包含两个层面，一个是不满足标准时做出预警，另一个是超出标准太多时也要发出风险警报。对于前者，应该根据单项指标值，适当地补充人、财、物的投入；对于后者，则应该考虑停止投入，而将剩余可分配的资源向缺口大的学校倾斜。

（三）应用实例

上述风险指标体系与评价模型已经使用 30 多个区县的相关数据进行了验证，为了帮助教育决策者与管理者更好地理解和应用这套指标体系与评价模型，特提供一个应用实例。2011 年 4～8 月，课题组在西部 Y 县开展实地调研，按照前文构建的"义务教育学校标准化建设"风险评估指标体系，采集当地 40 所义务教育阶段小学标准化建设的相关数据并进行统计分析（见图 4－17）。

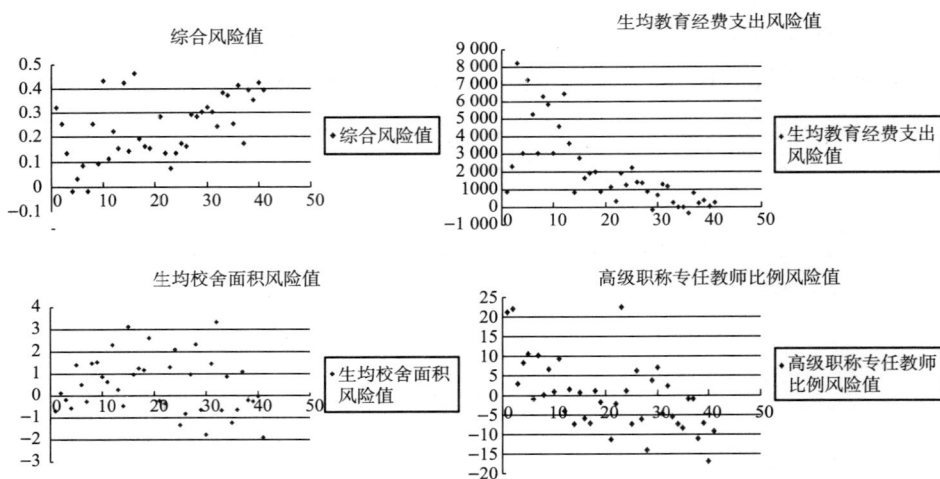

图 4－17   西部 Y 县 40 所小学标准化建设的风险值测算结果示例

由图 4－17 可见，Y 县大部分小学标准化建设的综合风险都处于安全状态（$\sigma = 0.226$），只有两所学校落入微警区间。但是，比较分析单项风险值时，情况就不一样。例如，高级职称专任教师比例风险这一项，大部分学校低于安全状态（$\sigma = 9.08$），而少量学校聚集了较多的高级职称专任教师，而且这类学校都位于县城中心。另外，Y 县有两所学校的生均教育经费支出风险值（$\sigma = 2\ 705.8$）超出标准值过高。在生均校舍面积风险这一项，接近一半的学校处于微警状态（$\sigma = 1.507$）。通过与原始数据比对发现，这一项落后的学校其他指标的风险值处于正常范围，大多数都处于安全的预警区间，之所以在这一项上出现异常，是因为这些学校是在县城区域，土地资源相对比较紧张，因此其生均校舍面积相较于其他学校明显偏低。

如果要进行县级以上义务教育学校标准建设风险评估的比较，建议依据风险评估指标制定风险评估指数。为确保指数计算得更精确，可借鉴风险投资风险评估指数的计算方法，公式如下：

$$SCSRI = \sum_{t=1}^{n} PSR_i = P_1 i \times SR_1 i + P_2 i \times SR_2 i + \cdots + P_n i \times SR_n + E_i$$

（$i = 0, 1, \cdots, n$ 假设各风险因素发生的概率 P 和敏感系数 S 是可知的）

$SCSRI$——"义务教育学校标准化建设"风险指数；

Pn——第 n 个风险范畴风险因素发生的概率；

SRn——第 n 个风险指标变化对风险范畴影响度的敏感系数；

E——随机误差项；

i——风险的项目数。

（四）政策建议

应用义务教育学校标准化建设风险预警机制时，需注意以下几点：

第一，义务教育学校标准化建设数据统计工作应成为常态。义务教育学校标准化建设风险预警机制的一个重要特点是对风险进行判断的基础是相关统计数据。若在学校标准化建设中缺乏必要的数据统计，则该风险预警机制无法发挥效用。因此，建议在义务教育学校标准化建设的实施过程中，政府应建立完备的标准化建设数据统计资料库，以便于运用风险预警机制对城乡义务教育学校标准化建设实施有效监控，确保国家义务教育资源配置达到预期效果。

第二，及时更新各项风险指标在政策文本中的量化标准。如前文所述，风险评估指标体系中多项指标都是生均指标，故应密切关注城市化进程中人口迁移对义务教育阶段学龄人口数量、结构及分布的影响，从而及时更新相关风险指标在政策文本中具体的量化标准，尤其是具体的量化标准，例如，"生均校舍建筑面积"、"生均图书册数"、"生机比"等直接关系到学校硬件投入的指标，并制定有效的应对措施，以降低或避免因此引发的义务教育资源浪费等风险。

161

第三，构建"国家级—省（市）级—县（区）级"三级风险管理与评估体系。本书所构建的风险预警机制，主要用来监控县（区）域内各所学校在实施标准化建设过程中的具体情况。根据这个思路，可以向上构建省级乃至国家级层面的风险管理与评估体系对下级各县（区）的标准化建设情况做出整体的宏观把握和调控，向下构建县（区）级层面的风险管理与评估体系，直接监控、评估所辖县（区）域内学校的标准化建设风险水平并及时做出预警信号。这一评估体系体系应扩充为由人员配置风险、资金投入风险、实物分配风险和政策文本风险四个二级指标构成，风险评估指标体系的具体构建保持国家、省与县级各级方法一致并类似。为了确保风险预警的准确性与有效性，建议省级政府和国家相关部门在构建"义务教育学校标准化建设"管理体制机制过程中建立一支专业的评估监测队伍，制定一套科学的评估监测制度，创造一个良好的评估监测环境，通过评估"义务教育学校标准化建设"的整体进程与效果，促进《教育规划纲要》、《国务院办公厅关于开展国家教育体制改革试点的通知》等相关政策得到有效落实，为该项目的良性发展提供保障。

第四，引入第三方评估与监督机制。当前学校标准化建设的评估和监测均由政府教育督导部门实施，政府同时扮演着"裁判"和"运动员"的角色，不利于评价监测的公正和公开。因此，建议结合当前政府购买服务的重大转型诉求，公开、公正、透明地引入第三方评估机制，建立社会中介监测和评估机构，充分发挥督导作用，确保该项目得到有效落实。

六、县（区）域内城乡一体化教育资源配置的模型构建与实证分析[①]

县（区）域内城乡教育资源一体化配置是县（区）级政府在教育投入的执行过程中确保域乡教育公平的重要手段，是城乡教育一体化发展的基本要求。在城乡教育资源存量存在差异的背景下，本书通过构建县（区）域内城乡一体化教育资源配置模型，以科学的手段模拟计算出在教育投入总量一定的条件下，按照该模型进行资源配置后县（区）域内城乡教育资源能够达到的较为优化的状态。以此状态为参考值，通过与未按该模型进行资源配置的县（区）域内城乡教育资源状态进行对比，可以分析发现二者的差距。这一差距可以作为教育投入总量一定的条件下，省（市）级政府对县（区）级政府推进城乡一体化教育资

---

① 部分内容详见李玲，何怀金，韩玉梅等：《县（区）域内城乡一体化教育资源配置模型构建与实证分析》，载《教育与经济》2012年第1期，第9~13页。

源配置工作绩效的主要考核依据。

（一）模型构建

1. 前提假设

本书所指的教育资源涉及人、财、物等各个方面，但不包括按照国家和地方政策正常拨付的教育经费资源，如各类人员经费、公用经费等。模型设计时将教育资源分为"粒型"、"块型"两种。"粒型"资源是指可以按生均差异不定期地进行投入的资源，如图书、计算机、实验设备、多媒体、文体器材等教学设施设备以及各学科教师；"块型"资源则是在学校教育资源配置中无法简单地按生均差异进行投入的资源，如学校用地、建筑设施、体育场地、实验场地等，这些资源是无法切割成小片进行多次投入的。与"粒型"资源相比，"块型"资源一次性投入力度较大，且在投入时要考虑到学校长期发展与规划需要。

由于城乡教育资源存量存在差异性，因而合理配置教育资源的前提在于准确把握教育资源存量分布的状况。本书主要应用了差异系数来测算城乡学校某项教育资源存量的生均离散程度，并借用了前文提到的"基尼系数"这一经济学上用来综合考察居民内部收入分配差异状况的分析指标来测算某项城乡教育资源生均存量的总体差异状况。城乡教育资源存量不存在差异的情况（这种情况在理论上可能存在，但在我国当前多数地区的实践中是不存在的）不适合运用本研究所构建的模型。城乡教育资源增量的差异化配置是达成城乡教育资源一体化的必要的调节手段。以此为前提，模型设计时，首先需要根据县（区）域内实际情况确定某一项教育资源的均值（标准值）；然后根据城乡各个学校该项教育资源存量情况进行差异化增量配置，以确保在教育投入总量一定的条件下，城乡学校教育资源配置效益和一体化程度的整体提升。

2. 构建思路

基于以上假设，县（区）域内城乡一体化教育资源配置模型构建的总体思路是：有的放矢、差异配置、薄弱优先、总体提升。由于城乡学校教育资源存量存在明显的差异，因此教育投入不宜平均分配，而需结合城乡学校之间各项教育资源存量状况有针对性地进行差异化配置。在整体提高各个学校的生均教育资源拥有量的前提下，优先向薄弱学校提供资源补给，使其逼近所有学校的平均值水平，从而使彼此之间的差异达到最小。依照此思路进行教育资源配置，不仅可以确保公平与效率并重，提高教育资源的使用效率[1]，并与《教育规划纲要》中对

---

[1] 司晓宏：《优化教育资源配置，促进西部农村义务教育优质发展》，载《教育研究》2009 年第 6 期，第 17～21 页。

教育"三个增长"的要求一致，而且能够保证即使在教育资源增量较少的情况下，也可以实现城乡学校之间的最优分配[①]。

3. "粒型"经费资源配置模型

设县（区）域内有 $n(n \geq 1)$ 所学校，第 i 所学校拥有的某项教育资源为 x_i $(1 \leq i \leq n)$，对应的学生数为 $s_i(1 \leq i \leq n)$。全县（区）学校生均拥有教育资源的

值为 $\bar{x} = \dfrac{\sum_{i=1}^{n} x_i}{\sum_{j=1}^{n} s_j}$，每所学校对应的生均拥有的教育资源 $x_i' = \dfrac{x_i}{s_i}$，$(1 \leq i \leq n)$，将 $\overline{x'}_i$

与 $\bar{x}$ 作差后按由小到大排序可得序列 $\overline{x_1} \cdots \overline{x_n}$，学校间生均资源的差异系数为 $V =$

$$\dfrac{\sqrt{\sum_{i=1}^{n}(\overline{x_i} - \bar{x})^2 \times s_i}}{\dfrac{n}{\bar{x}}}$$（因为学校的学生人数是变化的，所以求 V 时需要考虑学

生人数的影响）。

假设将向每所学校分配的教育资源为 R，按 x_i' 与 $\bar{x}$ 作差排序后，第一所学校要达到与第二所学校相同生均资源为 D_1，第二所学校要达到与第三所学校相同生均资源为 D_2，……，因此有：$D_i = (\overline{x_{i+1}} - \overline{x_i}) \times s_i$，$(1 \leq i \leq n - 1)$，则给第 i 所学校分配的资源为 $S_{D_i} = \sum_{i=1}^{n-1} D_i$。

（1）当 $R = S_{D_k}$，$(1 \leq k \leq n - 1)$ 时，则第 1 ～ 第 k 所学校分配的资源为：$R_1 = (\overline{x_{k+1}} - \overline{x_1}) \times s_1$，$R_2 (\overline{x_{k+1}} - \overline{x_2}) \times s_2$，$\cdots$，$R_k = (\overline{x_{k+1}} - \overline{x_k}) \times s_k$，由于 $\overline{x_n} > \cdots > \overline{x_{k+1}} > \overline{x_k} > \cdots > \overline{x_2} > \overline{x_1}$，第 n 所学校对教育资源的需求小于第 1 所学校，在这种情况下，R 的量仅能满足到第 1 ～ 第 k 所学校的需求，所以通过县（区）政府调控，将每所学校的生均教育资源水平统一向县（区）平均水平 $\bar{x}$ 的值逼近，而第 k + 1 至第 n 所学校不分配教育资源。

（2）当 $S_{D_k} < R < S_{D_{k+1}}$，$(1 \leq k \leq n - 2)$ 时，假设第 1 ～ 第 k 所学校的学生人

数合计为 $s'_k = \sum_{i=1}^{k} s_i$，多出的生均资源为 $x'_k = \dfrac{(R - S_{D_k})}{s'_k}$，则第 1 ～ 第 k 学校分

配的资源为：$R_1 = (\overline{x_{k+1}} - \overline{x_1} + x'_k) \times s_1$，$R_2 = (\overline{x_{k+1}} - \overline{x_2} + x'_k) \times s_2$，$\cdots$，$R_k = (\overline{x_{k+1}} - \overline{x_k} + x'_k) \times s_k$，在这种情况下，R 的量仅能满足到第 1 到第 k 所学校的需求，而且还有剩余，但剩余量又不能满足第 k + 1 所学校的需求，所以只能通过区县政府调控，将每所学校的生均教育资源水平统一向县（区）平均水平 $\bar{x}$ 的

---

① 郝文武：《教育资源配置及其研究管见》，载《上海教育科研》1995 年第 7 期，第 21 ～ 22 页。

值逼近，并将分配后的剩余量平均分给 k 所学校的所有学生，得到生均分配资源量 x，而第 k + 1 至第 n 所学校校不分配教育资源。

（3）当 $R \geqslant S_{D_{n-1}}$ 时，假设第 1 至第 n − 1 所学校的学生人数合计为 $s'_n = \sum\limits_{i=1}^{n-1} s_i$，多出的生均资源为 $x'_n = \dfrac{R - S_{D_{n-1}}}{s'_n}$，则第 1 到第 n 所学校分配的资源为：$R_1 = (\overline{x_n} - \overline{x_1} + x'_n) \times s_1$，$R_2 = (\overline{x_n} - \overline{x_2} + x'_n) \times s_2$，…，$R_n = x'_n \times s_n$ 即第 i 所学校分配的资源为：$R_i = (\overline{x_n} - \overline{x_i} + x'_n) \times s_i (1 \leqslant i \leqslant n)$。在这种情况下，R 的量大于实际需求，可以按照县（区）学校教育资源拥有量的平均值水平对所有学校进行平均分配。

（4）有关说明：

①每一年的政府财政投入、学校的数量和规模、学龄人口数量都可能会发生变化，因此，R 的分配与计算方法不能一成不变，而需要根据县（区）政府和城乡学校的实际情况进行最优化的设计。

②R 既可以是待分配的教育资源量，也可以是理想状况下的教育资源量，实际教育投入量与 R 之间的差值可以作为对已有的教育资源配置是否合理进行评估的依据。

③上述资源分配模型旨在为县（区）政府对各学校教育资源的投入提供指导，侧重于对薄弱学校进行差额补给，换言之，$\overline{x_n}$ 的值越大的学校越应获得资源分配的优先权。

④上述第三种情况意味着待分配的教育投入量大于实际需求，在现实情况中不太可能发生。

4. "块型"经费资源配置模型

设县（区）域内有 n 所学校，第 i 所学校拥有的某项块型教育资源为 $x_i (1 \leqslant i \leqslant n)$，对应的学生数为 $s_i (1 \leqslant i \leqslant n)$。根据相关政策和要求，县（区）域内生均拥有教育资源的标准为 $\overline{x}$，则每所学校对应的生均教育资源为 $\overline{x'_i} = \dfrac{x_i}{s_i}$，$(1 \leqslant i \leqslant n)$，将 $\overline{x'_i}$ 与 $\overline{x}$ 作差后可得序列 $\overline{x_1} \cdots \overline{x_n}$。假设每所学校在规划期预计达到的学生规模为 $S_{fi} (1 \leqslant i \leqslant n)$，最低投入单位成本为 C_{min}，每所学校投入的单位成本为 $C_{pi} (1 \leqslant i \leqslant n)$，则达到规划期预计的投入为 $C_i = (S_{fi} \times \overline{x} - x_i) \times C_{pi} (1 \leqslant i \leqslant n)$，每所学校对应的当前均衡效益指数为 $E_i = \dfrac{s_i \times (x_i/s_i - \overline{x})^2}{C_1}$，设该资源可能进行的最小投入为 K，将向每所学校分配的教育资源（资金）设为 R，则有分配方式如下：

（1）对 $C_i \leqslant K (1 \leqslant i \leqslant n)$ 的学校不投入；

（2）对 $C_i > K$ 且 $(s_i \times \bar{x} - x_i) \times C_{pi} < K$ 的学校暂不投入；

（3）对 $C_i < R$ 的学校暂不投入；

（4）将剩余的 M 所学校按当前均衡效益指数 E_i 由大到小排序，排序后对应学校需投入资源为 C'_i，C'_{min} 为所有 M 所学校所需投入最少的学校资源，Sc 为已分配的资源总和。第 1 所学校分配资源为 C'_1，$Sc = Sc + C'_1$；当 $C'_2 \le R - Sc$ 时，或者政府能适当增加一部分达到 $C'_2 \le R - Sc$ 时，配给第 2 所学校的资源为 C'_2，$Sc = Sc + C'_2$，否则不分配；当 $C'_3 \le R - Sc$ 时，或者政府能适当增加一部分达到时 $C'_3 \le R - Sc$，分配给第 3 所学校的资源为 C'_3，$Sc = Sc + C'_3$，否则不分配；……，当 $R - Sc < C_{min}$ 时，如果政府能适当增加一部分达到 $C_{min} \le R - Sc$ 时，分配给对应学校的资源为 C_{Min}，否则不再分配。

（二）模型验证分析

1. 参数设定

本书以我国西部 F 县城乡 39 所学校 2009 年、2010 年教育资源配置为例进行实证分析，其中，"粒型"资源选取计算机数，"块型"资源选取学校占地面积。选取 F 县的理由如下：一是本研究所构建的县（区）域内城乡一体化教育资源配置模型在应用时对经验数据要求较高。F 县 2009 年、2010 年各项教育资源数据详实可靠，系由该县教育行政部门通过实地追踪调查采集样本数据获得，可以确保按照模型进行模拟计算的准确性。二是 F 县城乡教育资源配置具有较强的代表性。该县城乡教育资源存量存在差异（如研究所选取的生均计算机台数在 2009 年的基尼系数达 0.254051，差异系数达 0.461980；生均占地面积在 2009 年的基尼系数达 0.411278，差异系数达 1.016326），该县在 2009～2010 年教育投入中对县域内城乡教育资源增量进行了差异化配置，试图降低各项教育资源差异，这是当前国内多数县（区）在统筹城乡教育资源配置时的典型做法，也符合本研究的前提假设。三是模型的应用对于改善 F 县城乡教育资源配置状况具有现实意义。在进行城乡教育资源配置时，具体对某所学校某项教育资源投入多少，其执行依据是否科学合理对于优化教育资源配置、提升教育资源效益有决定性作用[1]。因此，以 F 县为例进行模拟计算，可以通过比照发现模型是否有效可行，具有一定的现实意义。

2. 结果分析

根据 2009 年 F 县城乡 39 所学校教育资源存量差异情况和 2009～2010 年教

---

[1] 范先佐：《论教育资源的合理配置与教育体制改革的关系》，载《教育与经济》，1997 年第 3 期第 7～15 页。

育投入情况，运用县（区）域内城乡一体化教育资源配置模型进行模拟计算，得出按照该模型分配后各学校教育资源配置的理论状况。

（1）"粒型"教育资源配置结果分析。经过计算，F县2009年城乡39所学校生均计算机台数的基尼系数为0.254051，差异系数为0.461980，经过2009～2010年的教育投入，39所学校的基尼系数和差异系数分别为0.199800和0.360628，图4-18的左边两部分显示出2009年、2010年该县城乡学校实际生均计算机台数呈离散状态。说明，虽然该县政府在统筹城乡教育资源配置中加大了力度，但效果不明显。而采取"粒型"教育资源配置模型进行模拟分配后发现，在计算机这一教育资源投入的经费总量一定的条件下，2010年39所学校生均计算机台数的基尼系数可以降到0.025641，差异系数可以降到0.079997。从图4-18的右边部分可以看出，除几所存量较高的学校以外，其他学校生均计算机台数均呈聚合状态，表明按照该模型进行分配后，可以实现各学校计算机这一教育资源的一体化配置。

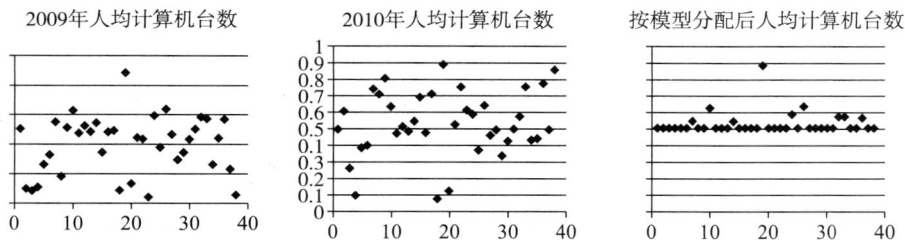

图4-18 生均计算机台数散点图

（2）"块型"教育资源配置结果分析。经过计算，F县2009年城乡39所学校生均占地面积的基尼系数为0.411278，经过2009～2010年的教育投入，39所学校的基尼系数仍为0.389658，图4-19的左边两部分显示出2009年、2010年该县城乡学校实际生均占地面积呈离散状态，说明该政府虽在统筹城乡教育资源配置中加大了力度，但效果不明显。而按照"块型"教育资源配置模型进行模拟分配后发现，在学校占地面积这一教育资源投入经费总量一定的条件下，2010年39所学校生均占地面积的基尼系数可以降到0.250945。从图4-19的右边部分可以看出，按照"块型"教育资源配置模型分配后的生均占地面积呈现出聚合趋势，且多数学校生均占地面积总体水平得到提升，表明该模型对于实现各学校占地面积这一教育资源的一体化配置有较为理想的效果。

2009年生均占地面积	2010年生均占地面积	按模型分配后生均占地面积

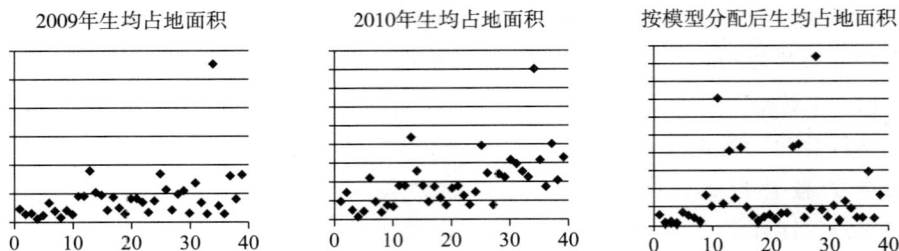

图 4 – 19　生均占地面积散点图

（三）　结　语

城乡教育资源的科学分配与实现城乡教育一体化目标具有极为紧密的关系。改革现行城乡教育资源配置方式，消除城乡差别[1]，实现城乡教育资源的一体化配置，可以为城乡教育一体化发展奠定坚实的物质基础，对于提高城乡居民在教育活动中的公平感，进而对于构建社会主义和谐社会具有重大的理论意义和现实价值。有学者在研究中指出，城乡一体化的教育资源配置实质上是教育资源在城乡社会成员之间公平分配和平等享用的价值观念与准则，它规定着城乡居民在教育活动中地位平等并能够公平均衡地占有教育资源[2]。本书认为，为了保证这种公平和平等在具体操作中得以实现，构建一个科学可行的模型并以此对城乡教育资源增量进行配置，是破解城乡教育资源配置难以达成一体化这一现实困境的当务之急。本研究所设计的模型，在 F 县的实证分析中显示出良好的效果，证明了模型本身的实用性和合理性。需要说明的是，模型试验的成功与该县对城乡学校各项教育资源存量数据的准确掌握、该县教育行政主管部门及一线学校对此的高度支持和配合是密不可分的。模型本身只是为县（区）域内城乡一体化教育资源配置提供了科学的工具，如何通过相关组织机构的搭建和政策规范的制定，形成长效地保障城乡教育资源一体化配置的体制机制，以及如何把模型移植到其他县（区），在其他县（区）是否适用，还有待进一步的研究确证。

---

[1]　张素蓉：《教育资源的合理配置及有效利用是缩小基础教育质量城乡差异的根本保证》，载《教育与经济》1997 年第 1 期，第 25～29 页。

[2]　董田甜：《城乡教育资源均衡配置发展策略——基于综合战略政策分析》，载《教育学术月刊》2010 年第 5 期，第 13～15 页。

第五章

构建城乡一体化义务教育人才培养
与质量评价体制机制研究

《教育规划纲要》在其"人才培养体制改革"明确提出"更新人才培养观念"、"创新人才培养模式"和"改革教育质量评价和人才评价制度"三点要求。"更新人才培养观念"要求"深化教育体制改革,关键是更新教育观念,核心是改革人才培养体制,目的是提高人才培养水平","树立系统培养观念,推进小学、中学、大学有机衔接,教学、科研、实践紧密结合,学校、家庭、社会密切配合,加强学校之间、校企之间、学校与科研机构之间合作以及中外合作等多种联合培养方式,形成体系开放、机制灵活、渠道互通、选择多样的人才培养体制";"创新人才培养模式"要求"深化教育教学改革,创新教育教学方法,探索多种培养方式","推进课程改革,加强教材建设,建立健全教材质量监管制度";"改革教育质量评价和人才评价制度"要求"改进教育教学评价。根据培养目标和人才理念,建立科学、多样的评价标准。开展由政府、学校、家长及社会各方面参与的教育质量评价活动。做好学生成长记录,完善综合素质评价。探索促进学生发展的多种评价方式,激励学生乐观向上、自主自立、努力成才"。本章以"城乡义务教育人才培养与质量评价"为主线,主要探讨了城乡义务教育入学招生制度的历史沿革与现状、三级课程制度的现状与问题、质量评价的现状与问题、随迁子女"两为主"政策执行效果及城乡一体化义务教育评价指标体系的构建,提出相应的对策建议。

一、城乡义务教育入学招生制度

入学招生制度是保障教育起点公平的重要制度。在我国现阶段国情下，解决城乡教育一体化的问题主要就是保证教育起点公平和教育条件公平。当前，随着城乡一体化进程的推进，教育内部和外部环境都在发生深刻的变革，过去入学招生管理办法以及观念、体制、机制和模式等必须适应城乡教育一体化的要求。因此，在促进城乡教育公平的目标下，入学招生制度的改革成为城乡教育一体化的一个重要环节。要实现城乡教育一体化，需要高度统筹规划，在平等、差异、补偿的分类原则指导下发展城乡教育，通过改革义务教育的入学招生制度，在起点上保证教育的机会公平。

（一）我国城乡义务教育入学招生制度的历史沿革

1. 以户籍为基础的"就近入学"阶段（1949~1991年）

从新中国成立后到改革开放开始的头30年中，通过户籍制、农产品统购统销制、人民公社制以及就业与社会保障制度等一套设计严密的制度网，严格地把农村人口限制在土地上，禁止农村人口向城市流动，进而形成了具有中国特色的城乡二元结构。在该时期，由于受到政府政策的限制，农民的城乡流动总体上受到制约。因此，其流动主要以个体流动为主，很少有拖家带口、携带子女的举家式人口迁徙，学龄儿童主要在户籍所在地接受基础教育。

1980年，随着经济和政治形势的好转，国家开始积极推进普及小学教育工作。同年12月，《中共中央、国务院关于普及小学教育若干问题的决定》提出，"在80年代，全国应基本实现普及小学教育的历史任务，有条件的地区还可以进而普及初中教育。在普及教育中允许参差不齐，但是必须注意教育质量，不搞形式主义，力争使入学儿童坚持读满修业年限，切实达到应有的文化程度"[①]。1985年的《中共中央关于教育体制改革的决定》则进一步明确提出"把发展基础教育的责任交给地方，有步骤地实行九年制义务教育"[②]。1986年《中华人民共和国义务教育法》明确规定："国家实行九年制义务教育，省、自治区、直辖市根据本地区的经济、文化发展状况，确定推行义务教育的步骤，地方各级人民

---

① 关于普及小学教育若干问题的决定，http：//cpc. people. com. cn/GB/64162/64165/74856/74954/5107120. html。

② 中共中央关于教育体制改革的决定，http：//old. hnedu. cn/web/0/200506/21115244281. html。

政府应当合理设置小学、初级中等学校，使儿童、少年就近入学"①。至此，我国政府首次明确提出了"儿童、少年就近入学"的基本入学制度，通过对"就近入学"制度的不断规范与调试，事实上也强化了政府保证公民基本就学权的责任。

2. 入学招生制度的调整阶段（1992～2000 年）

1992 年以后，政府开始放宽农民进城务工的条件，对农民工的管理政策也由"控制盲目流动"调整为"鼓励、引导和实行宏观调控下的有序流动"。随着政策的变化，大量农民工开始在城市工作、生活和定居，进城农民工子女的数量急剧增加，农民工随迁子女教育问题逐渐凸显。1996 年，原国家教委印发《城镇流动人口中适龄儿童少年就学办法（试行）》并在部分省（市、自治区）展开试点。1998 年 3 月颁布的《流动儿童少年就学暂行办法》规定："流动人口子女在有监护条件的户口所在地入学，户口所在地无监护条件的，在流入地入学；流入地政府负责管理流动儿童的教育，流动儿童入学以在公立学校借读为主；经流入地县级以上政府审批，允许企事业组织、社会团体、社会组织、公民个人办流动儿童学校或简易学校；公立学校招收流动儿童可以收取借读费等。"② 1999 年 6 月，中共中央、国务院召开了改革开放以来的第三次全国教育工作会议，并发布了《关于深化教育改革全面推进素质教育的决定》，决定指出："在普及九年义务教育的地区，实行小学毕业生免试就近升学的办法。鼓励各地中小学自行组织毕业考试，采取多种形式改革高中阶段学校的招生办法，改革高中会考制度"③。

3. 入学招生制度的明朗化阶段（2001 年至今）

随着流动人口数量的增加，流动人口子女在流入地上学困难的问题开始凸显，并日益受到政府和社会的重视。为解决流动人口子女在城市接受义务教育的问题，2001 年国务院在《关于基础教育改革与发展的决定》中明确提出："按照小学就近入学、初中相对集中、优化教育资源配置的原则，合理规划和调整学校布局……重视解决流动人口子女接受义务教育问题，以流入地区政府管理为主，以全日制公办中小学为主，采取多种形式，依法保障流动人口子女接受义务教育的权利"④。以"流入地政府为主，以公办学校为主"的"两为主"政策，主要是解决城市中外来流动人口子女在接受义务教育时所受到的制度性歧视问题。

---

① 中华人民共和国义务教育法，http：//www.edu.cn/2006030/3176577.html。
② 流动儿童少年就学暂行办法，http：//www.people.com.cn/item/flfgk/gwyfg/1998/206002199801.html。
③ 中共中央、国务院关于深化教育改革 全面推进素质教育的决定，http：//www.law - lib.com/law/law_view.asp？id＝69684。
④ 国务院关于基础教育改革与发展的决定，http：//www.edu.cn/20010907/3000665.html。

2003 年 1 月 23 日，国务院办公厅印发了《关于做好农民进城务工就业管理和服务工作的通知》，在"两为主"原则的基础上，要求"保障农民工子女接受义务教育的权利，流入地政府应采取多种形式，接收农民工子女在当地的全日制公办中小学入学……要加强对社会力量兴办的农民工子女简易学校的扶持，将其纳入当地教育发展规划和体系，统一管理，流入地政府要专门安排一部分经费，用于农民工子女就学工作。流出地政府要配合流入地政府安置农民工子女入学，对返回原籍就学的，当地学校应当无条件接收，不得违规收费。"① 2003 年 9 月，国务院召开了全国农村教育工作会议，国务院办公厅转发了教育部等六部门《关于进一步做好进城务工就业农民子女义务教育工作的意见》，其明确了流入地的责任。要求流入地政府负责进城务工就业农民子女接受义务教育工作，并以全日制公办中小学为主接收农民工子女就学。为了解决教育经费问题，"流入地政府财政部门要对接收进城务工就业农民子女较多的学校给予补助，城市教育费附加中要安排一部分经费，用于进城务工就业农民子女义务教育工作"②。2006 年 3 月 27 日，中央政府颁布了《国务院关于解决农民工问题的若干意见》，进一步强调输入地政府要承担起农民工同住子女义务教育的责任，"要将农民工子女义务教育纳入当地教育发展规划，列入教育经费预算，以全日制公办中小学为主接收农民工子女入学"③。2006 年 6 月新修订的《中华人民共和国义务教育法》也明确规定："适龄儿童、少年免试入学，地方各级人民政府应当保障适龄儿童、少年在户籍所在地学校就近入学，父母或者其他法定监护人在非户籍所在地工作或者居住的适龄儿童、少年，在其父母或者其他法定监护人工作或者居住地接受义务教育的，当地人民政府应当为其提供平等接受义务教育的条件。④"

2010 年 7 月颁布的《教育规划纲要》指出，"适应城乡发展需要，合理规划学校布局，办好必要的教学点，方便学生就近入学，坚持以输入地政府管理为主、以全日制公办中小学为主，确保进城务工人员随迁子女平等接受义务教育，研究制定进城务工人员随迁子女接受义务教育后在当地参加升学考试的办法……完善初中就近免试入学的具体办法，改进高中阶段学校考试招生方式，发挥优质

---

① 国务院办公厅关于做好农民进城务工就业管理和服务工作的通知，http：//www.gov.cn/zwgk/2005 - 08/12/content_21839.html。

② 关于进一步做好进城务工就业农民子女义务教育工作意见的通知，http：//www.gov.cn/zwgk/2005 - 08/14/content_22464.html。

③ 国务院关于解决农民工问题的若干意见，http：//www.gov.cn/jrzg/2006 - 03/27/content_237644.html。

④ 中华人民共和国义务教育法，http：//www.gov.cn/ziliao/flfg/2006 - 06/30/content_323302.Html。

普通高中和优质中等职业学校招生名额合理分配的导向作用"①。2011 年，全国义务教育阶段有 1 260.7 万农民工随迁子女，占义务教育阶段学生总数的 8.4%，其中，在输入地进入公办学校就读的随迁子女占 80%。

为进一步贯彻落实《义务教育法》关于适龄儿童、少年免试就近入学相关规定和党的十八届三中全会要求，完善"小升初"制度，2014 年 1 月，教育部印发了《关于进一步做好小学升入初中免试就近入学工作的实施意见》（以下简称《意见》）。《意见》指出，要严格执行《义务教育法》规定，按照《教育规划纲要》和《国务院关于深入推进义务教育均衡发展的意见》要求，在加快均衡发展义务教育的同时，综合施策、突出重点、着重规范，进一步明确小升初划片入学模式、对口升学流程、入学办理方式、信息公开办法，落实各级政府和教育部门职责，强化工作监管和社会监督，全力推进权利公平、机会公平、规则公平，全面提高"小升初"工作水平，不断提高人民群众对教育工作满意程度②。

（二）城乡义务教育入学招生状况

1. 城乡义务教育学生培养总体规模

截至 2013 年，全国共有义务教育阶段学校 26.63 万所。义务教育阶段共招生 3 191.44 万人；在校生 1.38 亿人；专任教师 906.56 万人；九年义务教育巩固率 92.3%。2013 年，全国共有小学 21.35 万所，招生 1 695.36 万人，在校生 9 360.55 万人，毕业生 1 581.06 万人。小学学龄儿童净入学率达到 99.71%，其中，男女童净入学率分别为 99.70% 和 99.72%，女童高于男童 0.02 个百分点。全国小学专任教师 558.46 万人，小学专任教师学历合格率 99.83%，小学生师比为 16.76∶1。具体情况见表 5 - 1。

表 5 - 1 　　　　2006 ~ 2013 年义务教育小学总体发展情况统计

年份	小学学校所数（万）	招生人数（万）	在校生数（万）	毕业生（万）	净入学率（%）	男童入学率（%）	女童入学率（%）	专任教师（万）	合格率（%）	生师比
2006	34.16	1 729.4	10 712	1 928.5	99.27	99.25	99.29	558.76	98.87	19.17∶1
2007	32.01	1 736.1	10 564	1 870.2	99.49	99.46	99.52	561.26	99.1	18.82∶1

---

① 国家中长期教育改革和发展规划纲要（2010 ~ 2020 年），http：//www.gov.cn/jrzg/2010 - 07/29/content_1667143.html。

② 教育部：《关于进一步做好小学升入初中免试就近入学工作的实施意见》，http：//politics.people.com.cn/n/2014/0126/c1001 - 24235532.html。

续表

年份	小学学校所数（万）	招生人数（万）	在校生数（万）	毕业生（万）	净入学率（%）	男童入学率（%）	女童入学率（%）	专任教师（万）	合格率（%）	生师比
2008	30.09	1 695.7	10 332	1 865	99.54	99.5	99.58	562.19	99.27	18.38∶1
2009	28.02	1 637.8	10 071	1 805.2	99.4	99.36	99.44	563.34	99.4	17.88∶1
2010	25.74	1 691.7	9 940.7	1 739.6	99.7	99.68	99.73	561.71	99.52	17.70∶1
2011	24.12	1 736.8	9 926.4	1 662.8	99.79	99.78	99.8	560.49	99.72	17.71∶1
2012	22.85	1 714.7	9 695.8	1 641.6	99.0	99.79	99.81	558.56	99.74	17.35∶1
2013	21.35	1 609.45	9 360.55	1 581.3	99.71	99.7	99.72	549.49	99.83	16.36∶1

资料来源：国家教育部：《全国教育事业发展统计公报》2006～2012年历年版，http：//www. moe. gov. cn/publicfiles/business/htmlfiles/moe/moe_335/index. html。

截至2013年，全国共有初中学校5.28万所（其中职业初中40所），招生1 496.09万人，在校生4 440.12万人，毕业生1 561.55万人。初中阶段毛入学率104.1%，初中毕业生升学率91.2%。初中专任教师348.10万人，教师学历合格率99.28%，生师比13∶01∶1。具体情况见表5－2。

表5－2　　　　2006～2013年义务教育初中总体发展情况统计

年份	初中学校所数（万）	招生人数（万）	在校生数（万）	毕业生（万）	毛入学率（%）	专任教师（万）	合格率（%）	生师比
2006	6.09	1 929.56	5 957.95	2 071.58	97	347.5	96.34	17.15∶1
2007	5.94	1 868.5	5 736.19	1 963.71	98	347.3	97.18	16.52∶1
2008	5.79	1 859.6	5 584.97	1 867.95	98.5	347.55	97.79	16.07∶1
2009	5.63	1 788.45	5 440.94	1 797.7	99	351.8	98.28	15.47∶1
2010	5.49	1 716.58	5 279.33	1 750.35	100.1	352.54	98.65	14.98∶1
2011	5.41	1 634.73	5 066.8	1 736.68	100.1	352.45	98.91	14.38∶1
2012	5.32	1 570.77	4 763.06	1 660.78	100	350.44	98.94	13.59∶1
2013	5.28	1 496.09	4 440.12	1 561.55	104.1	348.10	99.28	13∶01∶1

资料来源：国家教育部：《全国教育事业发展统计公报》2006～2013年历年版，http：//www. moe. gov. cn/publicfiles/business/htmlfiles/moe/moe_335/index. html。

2013年，全国义务教育阶段学校寄宿生3 375.81万人，占义务教育阶段在校生总数的比例为 23. 25%。其中，小学寄宿生数 1 142. 32 万人，所占比例为 12. 24%；初中寄宿生数 2 195. 73 万人，所占比例为 43. 34%。全国义务教育阶段在校生中进城务工人员随迁子女共 1 393. 87 万人。其中，在小学就读的 1 035. 54 万人，在初中就读的 358. 33 万人。全国义务教育阶段在校生中农村留守儿童共 2 271. 07 万人。其中，在小学就读的 1 517. 88 万人，在初中就读的 753. 19 万人[①]。

2. 城乡义务教育招生情况

2006～2012 年我国城市、县镇、农村小学招生情况如表 5 - 3 所示。总体来看，2006～2012 年期间，我国农村小学招生规模逐年下降，从 1 081. 44 万人下降至 657. 26 万人，下降约 39. 22%，其中 2011 年急剧下降 200 万。相反，城市、县镇小学招生人数情况逐年递增，尤其在 2012 年急剧增加，这表明，随着我国工业化、城镇化深入发展，进城务工人员不断增多，大量的进城务工人员随迁子女涌入城市、县镇小学就学，当然，这其中还有农村学校布局结构调整带来的办学重心上移的影响。

表 5 - 3　2006～2012 年城市、县镇、农村小学招生人数情况统计

单位：万人

城乡	2006 年	2007 年	2008 年	2009 年	2010 年	2011 年	2012 年
城市	268. 28	295. 73	289. 57	283. 00	313. 95	469. 11	483. 01
县镇	379. 64	405. 70	407. 67	412. 72	462. 60	551. 76	574. 39
农村	1 081. 44	1 034. 00	998. 53	942. 08	915. 15	715. 93	657. 26

资料来源：教育部发展规划司编：《中国教育统计年鉴》（2006～2012），人民教育出版社 2006～2012 年历年版。

从表 5 - 4 可知，2006～2012 年期间，我国农村初中招生规模逐年急剧缩减，从 2006 年的 809. 6 万人下降至 2012 年的 318. 43 万人，下降约 154. 2%，其中 2011 年比 2010 年缩减约 200 万人。县镇初中招生规模比较平稳，平均每年保持在 800 万人左右。城市初中招生规模逐年递增，尤其在 2011 年增加了 121. 16 万人，增加近 30%。这表明，大量的进城务工人员随迁子女不断涌入城市初中就学，这与小学阶段招生规模变化趋势相似。

---

① 国家教育部：全国教育统计数据 2006～2012 年历年版，http：//www. moe. gov. cn/publicfiles/business/htmlfiles/moe/s7567/list. html。

表 5 - 4　　　2006～2012 年城市、县镇、农村初中招生人数情况统计

单位：万人

城乡	2006 年	2007 年	2008 年	2009 年	2010 年	2011 年	2012 年
城市	315.90	344.78	354.41	347.89	348.14	469.30	481.96
县镇	798.12	806.94	826.15	808.31	796.70	793.94	770.38
农村	809.60	716.77	679.04	603.82	571.74	371.49	318.43

　　资料来源：教育部发展规划司编：《中国教育统计年鉴》（2006～2012），人民教育出版社 2006～2012 年历年版。

3. 城乡义务教育毕业生情况

　　2006～2011 年我国城市、县镇、农村小学毕业生情况如表 5 - 5 所示。2006～2012 年期间，城市、县镇小学毕业生人数逐年增加，其中城市小学毕业生人数共增加 163.66 万人，县镇小学毕业生人数增加 140.72 万人。而此期间农村小学毕业生人数减少 591.31 万人。这表明，一是有大量农村小学的学生流入城市、县镇小学；二是布局结构调整后导致农村学生的挤出；三是农村的边远贫困地区可能存在小学生辍学现象。

表 5 - 5　　　2006～2011 年城市、县镇、农村小学毕业生人数情况统计

单位：万人

城乡	2006 年	2007 年	2008 年	2009 年	2010 年	2011 年	2012 年
城市	276.64	296.72	299.09	303.72	304.43	421.99	440.30
县镇	436.29	462.70	473.33	483.69	492.47	559.66	577.01
农村	1 215.56	1 110.75	1 014.67	1 017.79	942.74	681.16	624.25

　　资料来源：教育部发展规划司编：《中国教育统计年鉴》（2006～2012），人民教育出版社 2006～2012 年历年版。

　　2006～2011 年我国城市、县镇、农村初中毕业生情况如表 5 - 6 所示。总体来看，2006～2012 年，我国城市、县镇初中毕业生人数呈逐年增加趋势，2011 年城市、县镇初中毕业生人数增加幅度较大。城市初中毕业生人数增加 157.98 万人，县镇增加 16.64 万人。而此期间农村初中毕业生人数减少576.23 万人。

表 5 - 6　　　2006 ～ 2012 年城市、县镇、农村初中毕业生人数情况统计

单位：万人

城乡	2006 年	2007 年	2008 年	2009 年	2010 年	2011 年	2012 年
城市	303.90	318.98	324.28	327.49	332.70	464.02	461.88
县镇	818.30	810.04	792.83	791.90	799.74	855.31	834.94
农村	940.19	834.68	750.84	678.31	601.79	417.35	363.96

资料来源：教育部发展规划司编：《中国教育统计年鉴》（2006 ～ 2012），人民教育出版社 2006 ～ 2012 年历年版。

（三）城乡义务教育入学招生制度存在的突出问题

近年来，义务教育"就近入学"政策有效地缓解了择校现象，对实现教育公平起着非常重要的作用，"两为主"政策的实施也使得各地的流动儿童教育状况得到了明显改善，有力保障了流动儿童接受义务教育的基本权利。但是，义务教育"就近入学"政策还存在一系列政策盲区，"两为主"政策在实际运作过程中也存在诸多困难。

1. "就近入学"政策事实上形成了以"先赋条件"为决定因素的教育不公平

虽然我国义务教育规模的迅速发展实现了让所有适龄青少年有学上的目标，但仍存在一些问题，如"择校热"现象的存在使公平入学的目标无法顺利实现。2006 年 6 月新修订的《义务教育法》规定："适龄儿童、少年免试入学。地方各级人民政府应当保障适龄儿童、少年在户籍所在地学校就近入学。"在我国，就近入学政策的旨意在于促进教育公平，但在教育实践中，由于教育资源的校际和区域差异，一些地方政府、各类学校基于特殊的利益考量，通过考试、收取高额择校费等形式收取择校生的现象时有发生，造成中小学的择校热，并由此产生了严重的教育不公。由于择校需要缴纳高昂的择校费用，工薪家庭和贫困家庭的孩子被重点学校排除在外，加大了优质教育资源的供求矛盾，导致教育资源分布的不均衡。

2. 动力机制与监督机制不完善致使"两为主"政策面临困境

"两为主"政策之所以没有取得预期效果，是因为政策本身缺少相应的动力机制。首先，由于各级政府职责划分不清，对中央政府、流入地政府、流出地政府三者在解决流动人口子女就学问题上分别承担怎样的责任未作出详细明确的规定，导致政策执行过程中出现相互推诿的状况；其次，流入地政府和城市公办校接收流动人口子女的能力有限，城市部分公办校办学资源短缺，而教育经费的拨付又与户籍相捆绑，这使得流入地政府缺少满足流动人口子女教育需求的经费，同时，与户籍人口匹配的公办校在教师编制上也存在缺口；最后，流入地政府和城市公办校接收流动人口子女的动力不足，"目前衡量各地教育水平都是以户籍

人口为标准，流动人口子女作为非常住人口并不纳入衡量标准，因此流入地政府缺乏解决流动人口子女教育问题的动力。"随迁子女工作缺乏有力的监管，也是影响该政策贯彻执行的重要因素。调查中发现，当前对"两为主"政策执行的监督机构尚缺乏明确规定，由此，政策的强制性受到了削弱。

3. 信息公开制度执行不力，义务教育监管机制缺失

2008年，国务院颁发了《中华人民共和国信息公开条例》，其中明确规定："教育等与人民群众相关的公共企事业单位有义务将与群众利益密切相关的各种信息进行公开。"[1] 随后，2010～2012年，教育部、国家发改委、审计署、F市等也多次就中小学信息公开、治理义务教育阶段择校乱收费、做好义务教育阶段入学工作等问题发文，要求义务教育阶段学校（含民办学校）要向社会公开学校性质、办学规模、经费来源、招生计划、招生条件、招生范围、录取办法等信息，主动接受社会监督。根据课题组网络调查，目前F市16个区、县中，仅有6个区在网上公布了当年的入学工作方案。对其中4个区的18所重点小学和16所重点初中的网站监测发现，没有一所中小学在网站上对当年"小升初"的招生录取结果进行公示。

（四）构建城乡一体化义务教育入学招生制度的对策建议

1. 变"就近入学"为"就地入学"

义务教育属于国家强制性教育，应该由国家统一管理，加强国家对义务教育的垂直领导。根据各地的实际情况，不能简单地"撤点并校"，也不能简单地"就近入学"。在国家的垂直领导下，消除义务教育阶段不同区域之间的入学限制，减小义务教育对户籍制度的依赖，学生可以按照地理位置就近入学，使每个学校都能够给学生提供均等、优质的教育资源。当各个学校之间不存在差距了，学生就不会有择校的动机，学生就能真正从方便、安全与实惠的角度考虑而选择"就近入学"。既然国家规定"撤点并校"不能简单地"一刀切"，那么义务教育"就近入学"政策也不能一概而论，要从老百姓的实际出发，兼顾城市孩子和农村孩子平等接受义务教育的权利，真正做到以人为本。

2. 完善"两为主"政策的配套政策

在义务教育阶段"就近入学"政策不变的基础上，继续完善"两为主"政策，要着力解决流动人口子女入学问题。在我国短期内不可能全面放开户籍制度的现实情况下，基于纳税人身份的子女就学模式是保障流动人口子女入学权利的一种可行方式。首先，要明确中央财政和地方财政对进城务工人员子女接受义务

---

① 中华人民共和国信息公开条例，http://www.gov.cn/zwgk/2008-04-30/content_958477.html。

教育的拨付责任，试行"教育券"制度，保证经费跟人走。同时，加强流入地政府及教育主管部门对进城务工人员子女入学的管理责任，将农民工子女教育和打工子弟学校监管纳入流入地政府常规管理及考核指标之中。其次，各地根据流动人口变动情况，试行基于父母纳税人身份的义务教育入学制度，即父母每年在规定期限通过提交上一年度的缴税记录及所居住房屋的房契或租住合同，为子女申请第二年就近接受免费义务教育。最后，针对因流动人口子女具有较强流动性而难以管理的现实，政府和教育管理部门要积极建立全国统一标准的电子学籍管理系统，逐步实现对流动人口子女学籍的网络化动态管理，但同时也要对目前已在未经批准的打工子女学校中就读的随迁子女建立临时电子学籍，以解决电子学籍实施后所面临的升学困难。

3. 加快薄弱学校改造，缩小校际间差距

目前在我国许多地方还存在大量办学条件差、教学设备简陋、教师水平低、教学质量不高的学校，这些薄弱学校不仅阻碍了教学效率的提高，还引发了一系列的社会问题，如"择校热"和"乱收费"等。要解决这些问题，必须加强薄弱学校的建设，缩小学校之间的差距。首先，政府和教育部门应该加大对薄弱学校的资金投入，改善薄弱学校的办学条件。其次，提高薄弱学校教师待遇，稳定教师队伍，设计吸引政策引进一些优秀教师，带动整个学校的教师队伍建设。最后，薄弱学校需要招收一批优质生源，带动其他学生提高学习效率。学校的整体水平提高了，薄弱学校与优势学校之间的差距缩小了，家长和学生也就不会去择校了，由此可见，改造薄弱学校与就近入学是相辅相成、相互促进的。

4. 废除校级身份人为差异，实现区域内师资顺畅流动

首先，要彻底废止重点学校与示范学校制度，平衡各级各类学校的师资，实行中小学校长轮换制度和区域内教师流动制度；教育部门根据学生注册的名额，向各个学校提供等额的生均经费。这些问题的解决也不是一蹴而就的，需要教育行政门和学校教职工的配合。只有单位区域内绝大多数学校办学条件、办学水平处于大致相当的水平，择校才会得到有效遏制。教育质量的高低乃至整个教育事业的成败，从根本上讲，都取决于教师队伍的素质。我们必须全心全意地依靠人民教师这支队伍，必须坚定不移地建设人民教师这支队伍。因此均衡校际之间的师资水平是实现就近入学政策的一项重要措施。可以从以下几个方面着手：（1）将重点学校的部分优秀教师调配到薄弱学校；（2）提高校际教师之间的流动性，规定教师在一所学校的服务年限；（3）教育主管部门定期开展校际教师交流会，相互传授经验，提高教学质量；（4）对教师进行绩效考核，提高教师的积极性。

5. 完善招生信息公开制度，分步推进升学制度改革

加快建立分类考试、综合评价、多元录取的考试招生制度，更加注重对学生

综合素质和兴趣特长的考查。应建立细化的、可操作的、能够落实的"小升初"信息公开制度，促进招生过程的公开、透明，以保证"小升初"规范、有序进行。例如，香港地区的公立学校"小升初"实行"派位制"，由家长和学生填报志愿，教育局根据学校的学位情况、学生平时考试成绩结合个人志愿进行电脑派位。学生家长可以从香港教育局网站以及各中小学网站获得学校概况、招生办法、招生名额、招生程序、申请条件、申请表格等详细信息和资料。香港公开透明的学位分配机制、学校招生准则和比重，让家长能够充分准备，掌握学校的特色、要求、子女入读的机会，再根据自己子女的情况，选择机会比较大、适合孩子发展的学校。这样的经验值得借鉴。

在内地，A 市 QJ 县实施了分三步推进的中考制度改革。第一步，在部分初中学校尝试取消中考。2010 年，在 FH 中学和 LX 中学开始了更加大胆的尝试，将三年的指标下达给了学校，由学校制定规则推荐毕业生给高中学校录取，相当于半取消中考；第二步，深化考试内容和方式的改革，将学生实验操作、综合实践考查、测试结果以及语文、英语学科运用计算机测试的听说能力纳入学生中考评价；第三步，用过程性的学生综合素质发展评价取代一次性的中考。运用信息化手段，建立学生综合素质发展报告单，全面反映学生学习过程、学业水平、综合素质评价、标志性成果、个性特长、人生规划等成长记录情况，学生、家长和高中学校双向选择，学生选择适合自己的学校，学校选择适合在本校发展的学生。这一改革也取得了较好的效果。此外，还应健全考试的动态监控体系，将行政主管部门、学校、家长、学生、社会等多元主体纳入监控结构体系之中，形成操作性的考试与录取科学程序，建立完善的公示、听证、申诉与回应制度，形成考试—录取的现代化治理体系，提高区域范围内合理的考试录取治理能力。

二、城乡义务教育三级课程制度

从本质上说，教育的各项活动都是为了培养人。课程制度是与人才培养关系最直接、最密切、最核心的制度。新课程改革的突出亮点就是三级课程的实施。在城乡教育一体化背景下，准确把握农村义务教育三级课程实施情况，在此基础上进一步提高农村义务教育三级课程政策实施成效，是提高农村中小学教育质量的重要前提，这对于实现我国义务教育均衡发展，促进教育公平具有重要意义。本部分尝试运用质化与量化的研究方法，选择了西部 A 市、B 省、C 省、D 省、E 省等省市的农村小学作为研究的对象。通过对学校领导、教师、学生的访谈与问卷调查，深入了解农村学校新课程实施情况，科学分析农村义务教育新课程实施的影响因素，重点评估农村义务教育新课程政策实施效果，总结新课程政策改革的经验及存在的问题，从而为进一步深化农村义务教育课程政策改革，推进素质教育提供科学依据。

（一）城乡义务教育三级课程制度存在的问题

1. 多数省份三级课程结构比例不达标，未有效落实地方、校本课程

调查发现，教师虽普遍认同三级课程，认为其符合教育发展需要，但在实际课程实施中，国家课程、地方课程和校本课程三者地位是不对等的，普遍存在重国家课程、轻地方与校本课程的情况，这主要是利益博弈和观念的问题。主要表现在以下方面：

（1）农村中小学课程方案中语文、数学课程学时比例超标。

国家在新的课程方案中对三级课程的比例有硬性规定，即"地方课程、校本课程和综合实践活动课程"应占课程总量的16%～20%，从调查样本中的各省市课程方案的统计结果可以发现，只有D省符合国家的规定，E省超出了国家规定，而C省、B省、A市三个省市均低于国家规定的最低要求。很显然，大部分省份实际上并没有严格按照国家课程方案设置课程的结构比例。国家课程方案是整个课程改革的指导性文件及蓝图，各省份课程改革的方案和课程设计应在国家课程方案的规范原则基础上予以有效创新。从接受调查的五个省市的课程方案来看，大部分省份与国家规定存在差异，且接受调查的省份中只有D省对地方课程和校本课程的课时进行了明确的划分，其他省份则只有一个笼统的课时安排。笼统的课时安排虽有利于发挥地方和学校的自主性，但换个角度说，也增加了课时安排的难度，因为不好把握地方课程和校本课程的比例。从受访的教师中得知，教师更倾向于有严格的、明晰的比例要求，这样更利于各学校遵照执行。

各省份的课程方案或计划是每个省（市、自治区）课程实施的纲领性文件，具有重要的导向作用。各省份在国家课程、地方课程和校本课程的比例设计上的差异，较为明显地反映了对不同课程的重视程度，普遍重国家课程、轻地方和校本课程。例如，某校一到六年级国家课程一周开设课时为152节，占所开设课程的84.4%，满足国家课程占80%以上的要求，其中语文、数学作为基础学科尤其受到重视，在一周课程的安排中占据着重要的位置。根据国家颁布的《义务教育课程设置实验方案》中所规定的课时比例来看，语文占20%～22%，数学占13%～15%，英语6%～8%，Y校所开设的语文、数学、外语分别占一周所开课时的23%、18.3%和6.1%。语文和数学的开设时数已经超过了国家规定的上限，尤其是数学课超出了很大的比例。英语课的开设情况基本达到了国家的规定，并从小学二年级就开始开设英语课。虽然Y校的课程安排达到其至超过了国家规定的比例，但是教师们仍然反映课时不够，不能将教材上的知识充分地教给学生。在这种情况下，有时迫不得已占用其他课（如班队课）。为什么会导致这种状况？从教师们的视角来看，原因主要有以下两点：第一，新课程改革后，教材的难度变大，学生接受并消化这些新知识的需要较长的时间。为了保证学习的质量，教师只有延长教学的时间；第二，现实社会竞争日益激烈，家长"望子成龙、望女成凤"，特别是农村的家长把对孩子的教育寄托在教师身上，同时教师也希望能尽力将知识传授给学生，满足社会对学生的要求、家长对学生的期望。

（2）课程实施中，地方及校本课程权力缺失。

虽然各省份课程方案中均设置了国家、地方和校本课程，且在每个学校的课程表中往往也能够看到地方课程和校本课程的安排，但实际实施中，地方和校本课程通常为国家课程让道，实施情况很不理想。

接受调查的省份中，C省、D省、B省三个省份的地方课程都设置得较为科学，且省级教育部门也出台了许多相关的文件，督促地方课程的有效实施。如D省出台了《D省义务教育地方课程实施方案（修订）》、《D省义务教育地方课程〈生活生命与安全〉指导纲要（试行）》等相关文件。C省出台的政策文件更多，如《中共C省委高校工委C省教育厅关于实施生命教育生存教育生活教育的决定》、《中共C省委高校工委C省教育厅关于生命教育生存教育生活教育的实施意见》、《中共C省委高校工委C省教育厅关于扩大"三生教育"试点实施范围的通知》、《C省教育厅关于征集"三生教育"直通车网站稿件的通知》等。这些政策文件虽在一定程度上促进了当地地方课程的实施，但实际采访中发现，地方课程并没有按照预订的计划实施。以D省的地方课程《生活生命与安全》为例，课程方案虽规定小学低中段每周3课时，但大部分学校的课程方案是每周1课时或者每两周1课时。校本课程实施得更不理想，大部分初中及一些中心小学一般都开设有校本课程，基本上上课时间不固定，绝大部分村小没有校本课程，因为没有合适的师资来开设校本课程。且绝大部分地方课程和校本课程的教师均由班主任或者其他科任教师兼任，这经常导致地方课程和校本课程上课时间变成了教师所主要任教科目的时间，这种现象普遍存在。调查中还发现，通常在学期末前2~3周，凡是学业水平考试不要求统考的科目，均停止授课；毕业年级通常只学习需要考试的科目，其他科目均取消。由此在许多学校出现两张课表的现象，实际执行一张课表，应付检查有另一张课表。

（3）课程评价与监管机制不健全。

新课程提出了三维目标，倡导以发展性评价为主，强调要为了每一个学生的发展，全面提高学生的素质，但在实际课程实施中，这些理念并没有得到有效实施。首先，从课程评价的内容来看，通常只纳入国家课程的有关科目，地方课程和校本课程均排除在外。而我们的教育传统通常是"考什么",就"教什么",在访谈中发现"考试的要求"、"学生的考试成绩"等成为教师话语的高频词。因此,从这个角度来看,绝大多数教师还是从考试出发,着眼于学生的考试成绩,以应试教育为主。由此,地方课程和校本课程对学生发展的价值并没有得到显现,只能成为一种摆设。其次,从课程评价的形式来看,新课程的评价还是以传统的纸笔考试为主,而表现性评价等多种方式并没有采用。传统纸笔考试较为适合以知识的获取与运用为主的课程的学习,而这类课程以国家课程居多。地方课程、校本课程则通常以活动、游戏、社区服务与社会实践等多种方式存在,这些课程的实施更注重的是学生的活动体验及情感的发展,而这些通常很难通过纸笔测试来评价。因此传统的课程评价方式在一定程度上也把地方和校本课程排除在外。

从收集的资料来看,五个省份的省级地方课程方案均有提到地方课程评价的问题,并提出了一些指导意见;有实施校本课程的学校,同样也提出了校本课程评价的方式方法。但这些指导意见和方式方法基本上都是笼统地谈本次新课程实施的评价理念,缺乏具体可操作的规范。另外,由于地方、校本课程通常不与升学考试以及学校评价挂钩,其地位显得无足轻重。

总之,三级课程在实践中的地位并不对等,地方、校本课程备受忽视,这与多种因素有关,下文还将讨论到。当然,在实践中也发现,在建设特色学校、打造独特学校文化的背景下,许多学校也非常重视校本课程的开发与实施,这类学校以民族地区学校居多,但总体上数量还不是很多,但这可以为我们在认识校本课程的独特价值上打开另一扇窗口。

2. 国家、地方、学校三级课程管理权责划分不明确

(1)课程政策制定主体过于多元,学校课程内容随意增加。

课程政策的制定者通常是教育行政部门,学校课程内容通常也是按照教育行政部门制定的有关政策文件来执行,可是在实践中并不如此,而是存在政出多门的情况,这在农村学校尤为普遍。调查中发现,除了教育行政部门以外,其他政府部门或社会组织都可以给学校下达任务,要求各种各样的课程内容进学校、进课堂。一位教师给课题组列举了当地可以进学校检查、指导工作、分派任务的组织,接近20个。这些领导小组通过制定有关文件要求其负责主管的内容进课堂,如法律进课堂、安全进课堂、禁毒进课堂等,这些内容本在原有的课程体系当中已经包含,或者已有涉及,但为了迎接这些领导小组的检查,不得不专门开设一些课程或活动应付检查,重复劳动加重了学校负担。试想,如果一个学校每周迎接一个领导小组的检查,一个学期差不多就结束了,而实际存在的领导小组可远不止这些。因此,应明确教育管理主体,综合协调各部门,科学制定课程政策,给学校课程减负。

（2）国家课程和地方课程校本化程度低。

按照现行政策对基础教育课程改革要求，实施国家课程、地方课程和因国家课程和地方课程最终都必须通过学校来实施，所以，"国家课程、地方课程校本化"问题成为焦点，成为课程深入实施与发展必须重视的问题。"国家课程校本化"在 2007 年前后引起学校和研究者的关注，这实际是课程实施研究的新进展，与课程实施取向密切相关。课程实施取向有三种，即"忠实取向"、"相互调适取向"和"缔造取向（创生取向）"，如果严格按照"忠实取向"实施课程，就不存在国家课程校本化的问题，事实上课程实施更多的是"相互调适取向"和"缔造取向（创生取向）"，这就要求通盘考虑国家课程、地方课程的要求与学校实施课程条件之间的差距。有研究者认为，课程的校本化实施即"在坚持国家课程改革纲要基本精神的前提下，学校根据自身性质、特点和条件，将国家层面上规划和设计的面向全国所有学生的书面的计划的学习经验转变为适合本校学生学习需求的实践的学习经验的创造性实践，包括教材的校本化处理、学校本位的课程整合、教学方法的综合运用和个性化加工及差异性的学生评价等多样化的行动策略。"[1] 这个定义给校本化课程实施赋予了丰富的内涵。同时，该研究者还指出了课程校本化实施的原因，一是由课程实施本性上的二元特征（理想性与现实性）所决定；二是由课程改革本身的性质和特点所决定；三是由"实验—推广"模式本身的弊端所决定的。此外也有研究者结合实际案例提出了课程校本化的路径，即"基于现有资源的校本化"和"基于学情的校本化"，无论是现有资源还是学情都是具体学校自身的条件因素，因此，课程的校本化实施与学校自身条件密切相关，学校自身条件水平决定课程校本化实施程度[2]。

调查发现，西南农村学校教师对三级课程的理解较为模糊。教师虽然对当前实施的三级课程认同度高，但是访谈发现，大部分教师，尤其是小学教师对学校开设的课程，哪些是地方课程，哪些是校本课程并不是十分明确。在教师的话语中，"上面要求开什么课程，我们就上什么课程"出现的频率极高，可见，大部分教师对课程实施还停留在机械执行层次，缺乏主动性，基本是上级要求什么就做什么。如果能够严格按照某些规定实施课程也未尝不可，至少是"忠实取向"的课程实施，但事实上，学校的课程实施并没有严格按照有关要求执行，我们在前文提及的三级课程实施的现状中已经提到，课程实施的影响因素有很多，其中学校自身条件是一个重要因素，因此要提高课程实施水平，改善学校自身条件非

---

① 王建生：《我国基础教育教材多样化建设的思考》，载《基础教育课程》2009 年第 3 期，第 49 ~ 57 页。

② 徐玉珍：《论国家课程的校本化实施》，载《教育研究》2008 年第 2 期，第 53 ~ 60 页。

常重要。农村学校由于教师课程实施理念、课程实施资源和条件的制约，结果造成国家课程、地方课程校本化程度较低。因此，在农村学校应加强课程实施的管理，重视学校课程管理、组织与实施，提高国家课程、地方课程的校本化程度。

（3）农村学校综合实践活动课程开设形式化。

新课程的实施关键在于理念的转变，而由于地方教育行政管理人员、校级领导或教师受传统应试教育的影响，对新课程认识不足、重视度不够，使综合实践活动、地方和校本课程通常只存在于文件或口头上，未能落实到实践行动中[①]。

调研发现，农村地区学科课程的开设情况基本良好，但综合实践活动和地方课程的开设情况严重偏离预期目标。根据教育部颁布的《义务教育课程设置实验方案》，国家课程所占比例在80%以上，而新增加的必修课程综合实践活动与地方和校本课程占16%～20%。课题组在调研中了解到，C省综合实践活动、地方和校本课程占总课时的比例未达到规定要求；尽管B省各年级都规定了地方和校本课程的比例，总体上也没有达到规定的要求；D省是唯一与国家颁布的课程方案中所规定的课时匹配的省份；A市义务教育阶段综合实践活动、地方课程和校本课程的课时未达到国家规定的要求；E省则恰恰相反，从颁布的方案来看，其综合实践活动、地方课程和校本课程的课时所占比例超过了20%。总的来说，各省的课程方案存在差异性，D省是唯一符合国家规定的（见图5-1）。

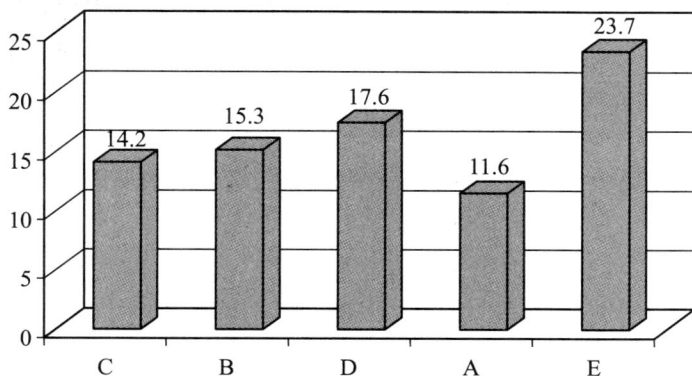

图5-1 西部五省综合实践活动、地方和校本课程九年总课时比例

资料来源：王标，宋乃庆：《西南地区农村义务教育三级课程实施现状、问题与对策》，载《西南大学学报（社会科学版）》2012年第7期，第54～55页。

课题组调查得知，综合实践课程的开发和实施在农村小学受到了非常大的阻

---

① 许伟光：《农村小学综合实践活动课程实施现状与对策》，东北师范大学，2009年。

力，课时难保证，教师不专业，活动时间和场地都受到了很大的限制。S 省 JM 市 JK 镇学校老师提到："这一节课也仅仅只是课表上的课，它成了一种摆设，不知道这门课程如何进行活动指导，如何开发课程资源，如何进行有效的活动评价。有些学校把综合实践课上成品德教育课、手工课，甚至上成放羊式的活动课。"M 省 ZZ 市某镇中学一名农村初中副校长谈道："我们学校目前做得好的地方就是开设了劳动技术这门课，并且坚持在上。至于其他的研究性学习、社会实践等活动，我们虽然课表上有安排，但没有老师可以上。因为害怕发生安全事故，我们一般不主张老师带学生出去开展实践活动。"

3. 教材适用度欠佳，缺乏有效的教材审定制度与选用制度

（1）农村地区和民族地区新教材使用单一化，教材内容与生活实际脱节。

据调查，各省农村学校采用的最广泛教材版本是人民教育出版社（以下简称"人教版"）的教材，少数使用北师大版，D 省、B 省、C 省初中均采用人教版教材，教材使用较为单一化。同时，部分教材存在知识不衔接问题，如初中数学将开方运算安排在勾股定理之后，造成了知识衔接、配套练习等混乱，致使教师教学时要将教科书内容重新调整。

调研中还发现，现行教材存在脱离农村实际的问题。现行教材参编人员绝大多数都是生活在城市的专家、优秀教师，他们考虑更多的是自己熟悉的城市生活，忽视了农村实际。如语文教材中收录的课文，大多反映城市生活，很少涉及农村生活，这给农村学生理解带来了困难。教材内容的偏城市化导致农村教师和学生在使用教材过程中表现出不适应。此外，部分地区少数民族分布众多，少数民族学生汉语文化知识基础相对薄弱，使用全国通用教材对少数民族学生难度大。P 省 YL 市 ZC 镇中学教师谈道，"在新教材的教学过程中，新旧教材的侧重点有所不同，有时会出现时间紧张、不够用等问题，对知识点的难度要求把握不准确，不知道该讲多深，讲到哪一个层次；不知道关于这个知识点的内容哪些该讲，哪些不该讲等问题"。

部分地方课程的教材难度较大，且缺乏健全的教学评价体制。例如，虽然该省某校在实施地方课程，但是教师们对于教材不太满意。有两位语文教师反映经典阅读教材的内容难度比较大，学生理解比较困难。该校的经典阅读课都是由语文教师兼任，教师在准备语文教学的同时还要兼顾国学经典的教学，教材的难度大增加了教师的工作量。该校的教师为了减小工作量，就按照自己的经验实施国学经典的教学，选择一些较为容易的古诗词、成语、寓言等对学生进行教学。该校的地方课程评价体制不太健全，没有把地方课程的教学情况纳入对教师日常的考核中，教师对于地方课程不够重视。教学评价体制的不健全导致教师教学目标不明确，不能很好地发挥地方课程的作用。

（2）教材选用权责不明，教辅市场缺乏监督与调节机制。

在我国新一轮基础教育课程改革中，明确提出了鼓励教科书的多样化选择与使用。调研发现，J省部分地方教材选用问题混乱，一、二年级用一个版本的教材，到三年级又用另一个版本；而且，教材的选择权是在县领导，如书记或县长说了算，而不是教育行政部门。

在传统出版市场中，教育类图书的出版历来是我国出版市场的根基，包括教材和教辅类图书在内的教育出版市场可占到总市场的近70%，而其中的中小学教辅出版更是占有相当高的比重。以目前我国中小学生在校人数近2亿人的数据来计算，保守估计每年的市场规模在1 000亿元以上。巨大的市场需求曾导致全国大多数出版社纷纷抢滩教辅出版物市场①。虽然近年来教辅读物市场有了很大进步，形成了一些社会认可的品牌，但随着高考人数的逐年下降，目前教辅读物市场已经接近饱和，新进入教辅市场的出版社基本以"压价"的方式拓展市场，质量堪忧。据了解，在Z省开展的一项教辅市场调查中发现，同一主编同时挂名的教辅材料竟达到200种之多。调研中，E省教育行政领导谈道，"各地出版集团凭借地方保护的力量加强垄断，通过各级目录主导当地系统征订市场，无视学生的多样化需求；而部分民营公司则将商业手段运用到极致，通过向学校或教师返点让利促进销售，致使学校团购成为折扣的重灾区"。调查发现，教辅市场混乱的主要诱因与教辅读物高定价、低折扣和利润空间过大有关。

4. 农村中小学缺乏优质教学资源，新课程实施条件难以保障

（1）教师专业结构配备不合理，农村中小学英语、音体美教师缺编严重。

目前，农村学校教师专业结构普遍不合理，中小学普遍缺乏英语、科学、音乐、美术、体育等教师。调研发现，C省、B省、D省、A市、E省等省份英语师资缺乏。农村中心小学一般有1~2名专业的英语教师，村小基本上没有专业的英语教师，全靠其他科任教师兼任，或者是教师"走教"或者学生"走学"来完成教学任务。此外，通过教师访谈发现，教师普遍反映英语学习负担过重，教材内容太多，很难完成教学任务②。如Z省LJ市SC镇F小学111个班级只配备15个英语老师。按照教育部的要求，小学三年级就要开设英语课，然而整个SC镇只有15个英语老师。SC中心小学校长说，"起码要增加27名老师才能正常上课。教育部要求小学三年级就开英语课，家长们也都重视孩子们的学习，现在生源越来越紧张，学校不开英语课，学生就会流失，就算是不标准的英语课，

---

① 于丽丽，周海忠：《教辅出版数字化转型的内容困境与突破》，载《出版参考》2011年第10期，第12页。

② 王标，宋乃庆：《西南地区农村义务教育三级课程实施现状、问题与对策》，载《西南大学学报（社会科学版）》2012年第7期，第54~55页。

孩子们也要学啊，毕竟是主科目，还得考试。"

调研发现，教师结构性缺编是目前我国中小学尤其是农村中小学存在的一个普遍问题。在 Z 省 ZJ 市的农村学校，教师的结构性缺编严重。尤其是英语教师的严重缺乏一直以来是困扰农村学校的老大难问题。据 ZJ 市所辖的 LJ 市教育局 2011 年统计数据反映，该市小学现有英语教师 938 人，尚欠人数约 310 人，占 1/3 的比例。但是 LJ 小学教师总数超编，专业结构缺编。这样的缺编状况在 ZJ 市的其他县市区农村小学同样存在。如 LJ 市教育局书记在分析时指出，"LJ 市教育局非常重视英语教师的招聘，10 年来都是通过公开招考的方式补充教师，但是由于生源的逐年减少，现在农村小学的教师编制已满，呈现出想招都招不了的局面。满编又缺编是农村小学引进英语教师最大的障碍之一"，"由于农村小学条件差，待遇低，很多老师不愿意去。大学生不愿意回去，光靠 JZ 市中师院校培养的又不够，所以，能招进 10 个、8 个中师英语专业的老师已经很不错了，而 LZ 市有 19 个乡镇、街道办，每一个乡镇、街道办能分配一个就不错了"。

调查显示，西南农村中小学教师队伍学科构成以语文、数学等学科为主。以小学教师为例，农村小学语文教师占 39.54%，数学教师占 35.05%，两者合计为 74.59%，接近 80%。而事实上小学设置的科目达十余种，这导致绝大部分语文、数学任课教师兼教多门课程的现象大量存在。各省情况都差不多，如 C 省 YL 县某小学共有教师 28 名（这在农村学校中教师数量算比较多的，部分村小只有 10 名左右教师），其中语文 14 名，占 10%；数学教师 12 名，占 42.8%；英语教师 2 名；无其他学科专任教师。B 省 MJ 县某中心小学专任教师 34 名，语文教师 14 名，占 41.18%；数学教师 17 名，占 50%；英语教师 1 名；美术教师 1 名；体育教师 1 名；无其他学科专任教师。可见，改善农村学校教师的学科结构迫在眉睫，否则，三级课程的有效实施只能成为一句空话。

在年龄结构上，农村学校教师年龄普遍偏大，村小教师以 40 岁以上居多；甚至部分县城周边初中和小学长达十几年未进新教师，结果导致农村学校教师队伍老化严重。年纪偏大的教师通常改革的动力不足，已经积累的经验在他们心中根深蒂固。调查时发现，大部分教师表面上都非常支持和认同新课程改革的理念，而实际是"穿新鞋，走老路"，在组织学生"动手实践、自主探究与合作交流"等方面都不敢放手让学生去做。此外，教师普通习惯于照搬教材，过分依赖现成资料，缺乏动手设计、自主创新的意识，没有很好地做到创造性地使用教材。再者，农村教师学历普遍较低，第一学历为本科、专科的相对较少，一般通过自考、函授、课程班等形式提升学历。以小学教师为例，第一学历以中师毕业者居多，部分教师通过进修、函授与自考而获得专科、本科学历，学历得到提升，但由于这些学习途径本身的局限性和不足，导致教师自身的专业知识、教学能力等并没有得到实质提升，未获得实质性的改变。此外，还有部分农村教师是由民办转正而来，他们没有接受过正规的师范教育，接受新理念缓慢，常凭借自己日积月累的经验开展工作，知识面褊狭、教法陈旧。

（2）农村缺乏有效的教研与培训激励机制，教研经费不足。

农村学校教师受各种条件的限制（主要是缺乏培训经费），大部分没有机会参加各种学科培训，只能参加教育局在假期举行的集中培训。据老师们反映，这样的培训不切合实际：一是培训内容是按教材照本宣科，过分依赖某本教材；二是内容偏重理论；三是培训内容缺乏现实指导性。在 O 省 XIA 县、PL 县的调查中，课题组了解到，从领导方面来讲，"设备不足、没有经费"是影响学校有效开展教研培训工作的主要因素。从教师方面来讲，相当数量的教师由于授课任务重，除了没有额外的时间和精力外，更主要是由于有些教研培训活动流于形式，不能真正落到实处，并且与课堂教学联系不大。同时缺乏科学有效的参与教研培训的动力机制和合理、公平的培训制度，导致教师参与教研培训的积极性不高。如一位有 17 年教学经历、8 年行政经历的农村校长提到："我们学校在新课程推行中也在努力。每一学期都开展教师校本培训，安排学校举行专题讲座，组织教师一起学习。但大多时候流于形式，给教师发讲稿，然后自己做点摘录。"

（二）构建城乡一体化义务教育三级课程制度的对策建议

1. 完善民主课程管理制度，健全课程实施责任追究机制

（1）建立从"统一控权"走向"多级管理"的民主课程管理制度，明确三级课程的管理权责。

新课程改革确立的课程管理模式明确提出了国家、地方和学校三级课程管理体制，促使课程权力从中央政府向地方和校本的延伸，课程改革中试图激发多层权力系统效能的努力，也标志着课程改革从"统一控权"走向"多级管理"的公共化趋向。国家、地方与学校应在课程管理中形成分级管理、协调合作、上下补充的机制。

国家教育部在课程管理中的职责主要表现在：组织制订或修订、审定我国基础教育各个阶段的课程计划；颁布国家课程中各学科或学习领域的课程标准，制定国家课程实施和评价过程的指导性意见，确保国家课程目标的实现；在《课程计划》规定的范围内，积极鼓励有条件的地方和学校开发地方课程和校本课程；制定教科书或教材开发与管理的政策。

省级教育部门在课程管理中的职责主要表现在：按照国家课程计划的要求制订本省（自治区、直辖市）各个教育阶段的课程计划，并报教育部基础教育司备案；有条件的地方，依据教育部颁发的《地方课程开发与管理指南》，组织专家或与各级地方教育主管部门监督与评估当地学校执行国家《课程计划》的状况；指导学校制定实施《课程计划》的具体方案，开发校本课程；审查学校在校本课程中使用的自编教材，并定期向全省（自治区、直辖市）中小学公布经过审查的教材。

学校在课程管理中的职责主要表现在：根据教育部和本省（自治区、直辖市）课程计划的有关规定，从当地社区、学校的实际出发，参与本社区学校课程具体实施方案的编制，并报上级教育行政部门备案；完善《学校（校本）课程开发与管理指南》，结合本校的传统和优势，与校外有关专家合作，开发适合自己本校实际情况的校本课程，提供给不同需求的学生选择。

（2）强化课程实施的责任追究机制与问责制度。

根据课程政策执行的有关程序，制定主体明确、层级清晰、具体量化的执行岗位责任制，明确规定课程政策执行的责任单位、责任部门、责任人员及其执行失误的责任追究。新一轮基础教育课程改革是一项长期的、涉及多个部门和机构的整体工程，其政策的推广需要有相应的制度为其保驾护航，科学合理的制度有利于政策的顺利执行。在课程改革政策的实际执行中存在的诸多问题需要建立相应的问责制度，即对上对下都要负责的制度。各级教育行政部门要以身作则，带领各级学校更好地执行课程改革政策，坚持奖惩分明的原则，对课程改革做出全面科学的规划，形成配套的政策制度，同时加强教育立法来保证问责制的实行，进而提高新一轮基础教育课程改革政策的执行力。

（3）逐步实现对课程资源开发上的放权，建构起国家、地方、校本三级课程相整合的阶梯课程体系。

①推进国家课程校本化，深入落实综合实践活动课程。"学校课程"意味着学校成为课程创新的主体，国家课程必须经过学校开发，转化为适应学校实际和学生需要的课程，同时必须加大校本课程的开发力度，以满足学校特色发展和学生特长培养的需要。在国家课程的实施过程中，特别需要落实综合实践活动课程。当前，我国把综合实践活动课程作为国家课程的重要内容，成为我国新课程改革的一个亮点。综合实践活动课程在发展学生的创新思维、创新能力等方面有其他课程无法替代的优势。为此，各中小学要制定综合实践活动课程实施方案，按年级或学段作出安排部署，明确职责分工和落实措施；各级教育行政部门应进一步加强中小学综合实践活动课程落实情况的督察，避免被其他工具性学科挤占；要完善综合实践活动课程专兼职教师的培养，不断提升其课程实施能力；要充分挖掘社区教育资源，建立健全联动机制，努力为学生开展社会实践提供有利条件。

②推进地方课程特色化，开发适合县域特色的课程资源。三级课程管理中，

地方课程起着至关重要的作用，因此要加强对地方课程的开发。县级课程政策执行者要结合本县的具体特色，即不同的文化背景和风俗习惯等，合理有效地开发地方课程，彰显出地方课程的优势，从而促进课程政策在县域的"再制定"。课程资源的选择应该结合本县的特色，按照课程标准的相关要求，根据学生的特点，反映政治、经济、社会的发展等需求。县域课程资源的开发主要有以下几个途径：一是进行社会调查，通过调查了解社会的需要，以及社会所需学生具备的知识和技能；二是利用校外县域课程资源，包括农村、工厂、自然环境等；三是开发县域课程实施的相关设施，如科技馆、青少年活动中心、图书馆、展览馆等；四是建立网络资源数据库，合理地利用网络，完善远程教育。

③推进校本课程特色化，调整农村初中课程教学内容。积极开发校本特色课程，以弥补原有课程的单一和枯燥，为学生多元的兴趣和特长提供一个良好的发展空间。农村中小学教育内容的选择、教科书的编写和教学活动的开展，在实现国家规定的基础教育基本要求时，要紧密联系农村实际，突出农村特色。在农村初中适当增加职业教育的内容，继续开展"绿色证书"教育，并积极创造条件或利用职业学校的资源，开设以实用技术为主的课程，鼓励学生在获得毕业证书的同时取得职业资格证书。

2. 规范教材、教辅资料市场，实行责任追究制度

（1）下放教材编写权限，增强教材适用性与针对性。

打破中央对教科书和教学参考资料的垄断，将教材编写的权限下放到各省市，这样可以提高教材的针对性，也有利于不同地区学校特色的形成。教材编写应兼顾农村地区的特色。首先，在编写教材时应注意贴近农村中小学生的文化背景，体现乡土文化，扭转现行教材中的城市化倾向，使农村中小学生的认知结构与学校教育内容形成相吻合。其次，应降低教材内容的难度，或改用较为通俗易懂的表达方式，提高学生对教材内容的理解与把握。同时在原有的专家学者与优秀教师为主的编写队伍基础上，增加农村一线中小学校教师的代表，扩大教材中反映乡村文化内容的比例，突出城乡结合特色，优化教材内容。根据国家教育部基础教育司提出的改革思路，尽快选编出一套能指导当地经济发展而且适合少数民族地区学生使用的教材，贯彻落实国家课程、地方课程和学校课程相结合的课程体系改革精神，调整知识结构，增强课程、教材与当地经济社会发展的适应性。最后，整体规划小学、中学、大学德育课程体系，系统梳理品德、语文、历史、体育和艺术等学科课程、教材内容，进行衔接和互补，解决简单重复、错位和交叉等问题。

（2）推行"教材多样化"。

"教材多样化"作为一项国策在20世纪80年代已经提出，但其实施并不理想，调查中也发现西南地区三级课程实施中存在"教材多样化"流于形式的问题，这不利于有效推进三级课程实施。

就国家课程实施来说，应避免"教材多样化"仅仅停留在"教材多本化"水平。调查发现，西南地区的许多国家课程确实推行了"教材多样化"，同一门课程选择了不同版本的教材，但是仔细阅读发现，这些教材并没有本质的不同，且共同存在一个问题，即"城市化"倾向较为严重，教程中许多背景、问题情境多为城市主题，如关于科技馆、博物馆等方面的内容，农村学生不熟悉，导致学生理解困难。因此，在教材多样化的前提下，应更多地编写适宜地域文化的国家课程教材，甚至专门的农村题材教材。

就地方课程实施来说，推行"教材多样化"，主要是激发市县（区）级教育行政管理部门的地方课程教材开发热情。从西南地区地方课程教材建设的实际情况来看，更多的是省级教育行政部门开发建设的教材。由于省级教育行政部门的统一管理，统一实施，地方课程教材必然走向单一化，如有些省份开设《农村实用技能》的地方课程，编写了相应的教材供全省使用，实际上全省范围内的农村差异较大，一些实用技能并不能满足全省各地区的实际需要，教材的针对性和适应性就大打折扣，还不如各市县（区）分开进行编写。因此，"教材多样化"背景下为市县（区）级教育行政管理部门扩权显得尤为必要。

就校本课程实施来说，推行"教材多样化"，主要是打破传统的纸质形态教材单一观念。调研中发现，许多教师把校本课程开发理解为教材编写与出版，或者教学材料的编写，只有见着了纸质形态的"教材"才认为这是一门课程，这是不科学的。校本课程的开发并不一定需要开发纸质教材，它可以是活动、游戏、仪式等，它的实施场所不一定是课堂，因而它的存在形态是丰富多彩的。

此外，"教材多样化"应避免教育行政部门和教研机构参与教材的编写与开发，因为这些部门和机构的参与，会导致"教材多样化"受行政力量和经济利益的羁绊，不能有效推行，而应鼓励高校和其他社会教研机构出版教材，只有专业化的课程教材开发才能有效推进"教材多样化"，进而有效推进三级课程实施。

3. 开发和建设配套的城乡课程资源共享平台

课程资源匮乏是农村义务教育面临的重要问题，也是影响三级课程实施最重要的因素，因此，这一问题的解决对积极推进三级课程的实施意义重大。课程资源的内涵和存在形态都较为丰富，但存在物质和条件资源缺乏，师资资源不足的问题，这里我们主要立足物质和条件资源提出对策建议，有关师资资源的对策我们在后面的师资队伍建设中再具体阐述。

（1）加强农村地区本身的课程资源开发与利用。

课程资源的开发与利用首先必须立足农村本身。在调查时发现，教师普遍反映农村课程资源匮乏，这种认识的根源在于许多教师缺乏课程资源意识，认为城市办学条件较好，又有图书馆、科技馆、博物馆等资源，蕴藏着丰富的课程资源，而农村没有这类课程资源可以开发。这种观念是欠科学的。虽然农村没有城市那样的办学条件，也没有博物馆等资源，但农村蕴藏着的丰富独特的课程资源，是城市所不具备的。具体来说，开发和利用农村课程资源可从以下几个方面入手：

第一，积极开发和利用农村乡土自然资源。西南地区地域广阔，地形复杂，花草树木、虫鱼鸟兽都可以作为学生学习的重要素材和资源，而且这些资源具有独特的价值：一方面，各学科联系乡土自然资源，可以使学生觉得更亲近，学习的兴趣更浓，而且这些资源是学生所熟悉的，学习起来也会觉得更容易；另一方面，融合乡土自然资源的教育，可以培养学生热爱家乡的观念，激发学生关心家乡建设和积极保护家乡生态环境的意识。乡土自然资源是农村地区独特而重要的课程资源，却恰恰被我们所忽视和边缘化。

第二，积极开发和利用农村民间文化资源。西南地区民族众多，"每个民族都有自己的语言、传统和民族习俗，这些各具特色的民族传统，生活习俗，民间神话传说、民间节日、民歌歌谣、民间戏曲、民间工艺、民间服饰、民间饮食、乡规民约、道德伦理等都是重要的课程资源，具有极大的课程挖掘潜力。"而这些同样是现代城市所不具备的。学校课程融入这些民间文化资源，一方面可以弘扬民族文化，另一方面丰富了学生的精神文化生活，这是许多其他课程材料无法替代的。

第三，积极开发和利用农村实践活动资源。农村实践活动资源形态和价值同样是独特的，农村学生经常要帮家里人做农活，如耕地、浇水、杀虫、收割庄稼、喂养牲畜等，通过这些劳动实践，学生不仅能形成某些劳动技能，掌握农业常识，而且学生道德培养、团队意识都能有所发展。

（2）加快农村地区教育信息化进程，开发利用网络信息课程资源。

虽然农村具有独特的课程资源，但随着整个世界向城市化、现代化迈进，农村学校教育不能仅仅停留在狭小的农村空间，必须与城市对接，逐步实现信息化、现代化。在农村地区调研发现，农村学校的教育信息化还有很长的路要走。这涉及两个重要因素，一是经费投入，二是教师的信息素养和能力。经费投入可能较好解决，而且当前针对农村有许多教育扶贫项目，如"世行贷款扶贫项目"、"国家贫困地区义务教育工程"、"教育部中小学现代远程教育项目"、"李嘉诚基金会西部中小学现代远程教育项目"、"中西部中小学校园网建设和师资培训示范项目"等，这些都提供了很好的经费解决途径。而提高农村教师的信息素养和能力则并非那么简单。调查中发现，在许多农村学校有一些信息资源被闲置和浪费，这与教师不知如何利用有密切关系。

加快农村教育信息化进程，推进网络信息课程资源建设，除了解决经费投入、教师信息素养和能力提升以外，还应注意各种网络资源的分类建设和综合利用。有学者指出，当前应注重农村学校三种网络资源建设：一是计算机网络系统资源建设。这是立足于学校网络教学的需要。打造多功能网络多媒体教室，实现学校课堂教学的网络化、多媒体化，这应该是未来课堂教学的主流模式。二是闭路电视系统资源建设。虽然网络多媒体是发展趋势，但电视在教育教学中仍具有不可替代的作用。许多学校都装有闭路电视系统，应注重闭路电视的音频、视频资源库建设，发挥其应有价值。三是卫星接收系统的资源库建设。农村许多学校都能够接收中央电教馆远程教育信息资源，这些资源的针对性都很强，应加以分类整理，并合理利用。除此之外，农村学校还应加强本地区的特色网络资源库建设，这样不仅可以积累本地区的课程资源，还可以实现这些资源与其他地区的共享。总之，教育信息化是丰富农村课程资源的有效路径，在加强经费投入、提升教师信息素养和能力的基础上，应注重课程资源的分类建设。

4. 探索建立城乡互助、均衡发展的教研制度

（1）建立跨城乡的区域性教研制度。

试点建立跨城乡的区域性教研平台与联片教研机制，这样可以加强城乡教师间的教研交流，提高区域校本教研质量。跨城乡的区域性教研目的最终还是为推动和提高各校校本教研质量和实施水平服务，它对区域校本教研应该体现一种示范、引领和导向功能。教研制度应该与常规教学、教学评价和激励的相关制度密切联系，以更好地发挥作用。例如，A市SPB区为了促进教学方式与学习方式的变革，促进教师专业发展，建立了由高校、科研院所专家参加，教育科研管理人员和中小学骨干校长参与的研究班子，深入课堂，调研、筛选学科存在的共通性问题，在学术支持专家以及区教师进修学院的指导下，在全区中小学广泛开展了实验研究，组织全区学科教师开展"课堂案例研究"，促进了中小学学科教学质量及教师教学水平的提高。同时，骨干学校纷纷出台自己的校本教研研究方案和课题研究方案，带动区内一批薄弱中小学通过校本教研及课题的开展，迅速获得了长足发展。

（2）推行专业技术人员担任农村中小学专兼职导师制。

建立大学、科研机构等与中小学建立合作伙伴关系并付诸实践是推进教育改革的重要策略，这对学生的学习、教师的专业发展、学校组织与文化的变革都有积极作用。利用科技推广基地等多种资源，鼓励有丰富实践经验的高校或科研机构专业技术人员担任专兼职指导教师，指导和支持农村学校积极开展各种劳动实践和勤工俭学活动，提高学生劳动素养。

（3）建立农村教师培训的全程监测机制和培训效果的跟踪问责制度。

　　开展以新课程、新知识、新技术、新方法为重点的新一轮教师全员培训和继续教育，统筹职前职后、培养培训工作。一是着力提高师德水平，真正做到为人师表，言传身教。二是根据立德树人、中小学课程改革和教育教学的实际需要，调整高等师范院校专业设置，改革学生培养模式，提高教师的综合素质。三是增强培训的针对性和实效性，提升教师的育人意识和育人能力。GS 省 LZ 市全面启动"千进八百互动计划"，农村学校教师走进市区优质学校，开展"互动式"培训提升农村教师素质。A 市 TN 县大力推行项目驱动、院地结合、送挂联合的培训模式。县教委成立了以人事科牵头，教师进修校具体负责，由相关人员组成的培训监测小组、培训指导委员会。通过和学员座谈、查看教师撰写的培训日志等方式，实施全程培训质量监控与评价，并在发现问题时及时决策和处理。因此，培训过程不再是仅由最终结果来控制，而是随时对培训过程进行控制，这样对培训问题响应和处理的周期能够大大缩短。在教师的培训过程中还通过一些模拟试题了解学员对培训内容的掌握情况和能力的提高程度。通过案例分析、成果汇报、调查问卷、小组互评、同伴互评等活动帮助学员发现问题，找到解决办法，提高知识业务水平。培训结束后，到培训对象所在的学校进行跟踪，对培训效果进行评估。

三、城乡一体化义务教育质量评价体制机制研究

（一）城乡义务教育质量监测与评价状况

1. 城乡义务教育质量监测与评价状况

　　近几年，国家积极加强义务教育质量监测与评价工作。2005 年，教育部依托上海教科院成立了教育部基础教育质量监测中心，侧重于教育宏观发展方面的监测，主要是通过大数据的处理来监测各地教育发展状况。2007 年 11 月 30 日，教育部基础教育质量监测中心揭牌仪式在北京师范大学举行。中心的成立就是为了今后每年对全国学生进行抽样监测，从德育、体育、心理、生理、创新意识、学习成绩等多方面对学生进行评价，准确地向国家报告基础教育质量状况，为教育决策提供信息、依据和建议。

　　随着基础教育课程改革的实施，各地在改进中小学教育质量评价方面进行了积极探索，取得了一些进展。各省市也出台相关政策积极加强义务教育质量监测与评价工作。北京教育科学研究院基础教育教学研究中心自 2003 年起致力于研究构建北京市义务教育教学质量监控与评价系统，该系统结合北京市教育教学的实际情况，对北京市义务教育阶段语文、数学、英语等多个学科进行了监控与评

价，每年以各种反馈形式将教学质量的状况向社会公布，为各级教育行政部门、教研部门、学校和学生个人提供了大量诊断性信息。深圳市在 2006 年发布了《深圳市人民政府办公厅关于印发深圳市义务教育均衡发展督导办法的通知》，并将课程教学和质量评价列入督导内容，也将课程设置、学生作业、教学效果、体育活动、教学质量评价、评价制度和办学特色等作为指标进行质量评价。大连市教育局在 2009 年出台了《大连市中小学课堂教学评价标准》进一步规范教师课堂教学行为，为减轻学生负担、提升教学质量提供保障。2011 年，上海市教委出台《上海市中小学生学业质量绿色指标（试行）》的实施意见，通过调查学生的睡眠时间、做作业时间和补课时间来反映当前学生的学业负担，对当前中小学生的学业负担进行客观评价。除了学业负担，绿色指标还从学生学习动力、师生关系、教师教学方式、学生社会经济背景对学业成绩的影响、身心健康等方面对学生的学习现状进行调查分析。2012 年 6 月 14 日，武汉市教科院编写的《义务教育学生学业质量监测评价标准》正式面世，该标准的重要功能之一，是能够科学监测学生的课业，并分析过重课业负担的形成原因，为减负提供"诊断量尺"。除此之外、浙江省、安徽省、广东省、重庆市、四川省都纷纷研制出台义务教育阶段学科学业质量标准。

2013 年 6 月 3 日，《教育部关于推进中小学教育质量综合评价改革的意见》中再次明确要求"依据国家中小学课程方案、课程标准、学生体质健康标准和办学行为的要求等开展质量评价，建立绿色评价指标体系"[①]。评价内容和指标包括学生品德发展水平、学业发展水平、身心发展水平、兴趣特长养成和学业负担状况 5 个方面 20 个关键性指标。这套指标框架力图把党的教育方针的要求细化和具体化，同时针对当前教育存在的突出问题和薄弱环节，重在综合考查学生发展状况，既关注学生的学业水平，又关注品德发展和身心健康；既关注共同基础，又关注兴趣特长；既关注学习结果，又关注学习过程和学习效益。

2. 城乡义务教育督导评估发展状况

从 1977 年邓小平同志提出恢复重建教育督导制度以来，我国教育督导工作已经走过了 30 多年的发展历程，教育督导制度伴随着国家的改革开放和教育的改革发展逐步完善。1995 年，国家颁布的《教育法》将教育督导制度列为国家基本教育制度。此外，国家颁布实施的《义务教育法》、《职业教育法》、《民办教育促进法》等一系列法律法规中，都规定了教育督导的职能作用。2012 年 5 月 4 日，教育部印发《关于加强督学责任区建设的意见》（以下简称《意见》），

---

① 教育部：《关于推进中小学教育质量综合评价改革的意见》，http：//www. moe. gov. cn/publicfiles/business/htmlfiles/moe/s7054/201306/153185. html。

该《意见》包括"加强督学责任区建设的意义"、"督学责任区的设立原则和职能"、"责任区督学的工作任务"、"责任区督学的工作要求"、"督学责任区工作的管理"五部分内容。2012 年 10 月 1 日《教育督导条例》（中华人民共和国国务院令第 624 号，以下简称《条例》）正式施行，这是我国首部教育督导法规，它标志着我国教育督导走上了法制化的轨道。

目前，我国已形成了中央、省、市、县四级教育督导网络，建成了一支专兼职结合近 5 万人的教育督导队伍，构建了"督政"、"督学"和"监测"三大体系，建立了教育督导基本工作制度。全国各地普遍建立了中小学校督导评估制度，全国 29 个省（区、市）制定了中小学校督导评估指标体系和实施方案。学校督导评估工作的全面开展，对促进学校加强管理，提高办学水平起到了重要的促进作用。

（二）城乡义务教育质量评价体制机制存在的问题

1. 缺乏培养创新型学生的支持体系

当前，对中小学校的质量评价尚未形成科学体系，评价主体比较单一，还没有完全形成教师、家长、学生等多主体共同参与的评价模式；评价标准仍然过多强调共性和一般性，忽略了个体差异和个性化发展的价值；监测评价的内容偏重学生的学业成绩，忽视学生心理发展和智能结构差异的多面性和客观性。2013 年 6 月 3 日，《教育部关于推进中小学教育质量综合评价改革的意见》，初步建立了综合评价的指标框架。评价内容和指标包括学生品德发展水平、学业发展水平、身心发展水平、兴趣特长养成和学业负担状况 5 个方面 20 个关键性指标。但还需要在此基础上，展开三项工作的深入研究：一是细化评价指标。按照小学、初中和普通高中教育的不同性质和特点，分别进一步细化相应的评价指标、考查要点；二是评价标准的精细化。目前有些评价内容在国家课程标准和相关政策中有了明确的量化要求，如体质健康、作业时间、睡眠时间等，但有的只是原则性要求，还缺乏相应的具体标准和全国或区域常模，如学生品德发展、兴趣特长等；三是评价工具的开发。有的指标如理想信念、好奇心求知欲、潜能发展等非常重要，但如何有效地测量，还需要开发和完善相应的工具。除此之外，我们还亟须建设一支专业化的评价队伍。

2. 缺乏农村义务教育质量评价的特色指标

近年来，随着免费义务教育的实施和"以县为主"经费投入保障机制的逐步完善，政府不断加大农村义务教育投入的力度，实施了一大批基础设施项目，出台了一系列支持农村义务教育发展的政策措施，农村义务教育质量得到了进一步提升。但也存在诸多不尽如人意之处，农村义务教育质量方面仍然存在许多问题，其中一个相当突出的表现就是农村义务教育不能满足广大群众对优质教育的需求，农村义务教育的主要矛盾已逐步从"数量"向"质量"转移。而农村义务教育的质量如何评价也是一个亟待研究的问题，需要为此建立特色化的评价指标。

3. 缺乏有效的信息技术评价手段

当前评价对于义务教育学校尤其是农村学校，缺乏有效的特色化信息技术评价手段，被评价者仍多处于消极的被评价地位，监测评价的方法仍以传统的笔试为主，过多地偏重量化的结果，而很少采用体现素质教育要求的评价手段和方法。量化评价仍过多关注于结果，有的地方以中考成绩论英雄，忽视了被监测者在各个时期的进步状况和努力程度，没有形成真正意义上的形成性评价，不能很好地发挥评价促进发展的功能。另外，还没有完全形成教师、家长、学生等多主体共同参与的评价模式。

4. 城乡义务教育督导督学机制不健全

虽然设立了国家教育督导团，建立了监督机制，但教育督导团是在国家教育委员会领导下负责管理全国教育督导工作，这使其不具备独立性，在组织上、经济上受制于国家教育委员会，在不同程度上存在监督权限、方式、程序、范围等不够明确等问题。教育督导机构既然代表政府履行职责，是政府的工作部门，就应该有级别和相应的编制，但在实际调研中发现，目前，部分地区教育督导工作情况如何，实际上取决于教育行政首长对教育督导工作的重视程度，并未按照国家文件要求执行。这样的管理体制随意性大，对工作的开展极为不利。如 U 省 LYG 市一些区县督导室存在办公地点、人员编制、办公设备、办公经费、交通工具难解决等问题。

5. 进一步完善督学责任区制度

目前省、市、县各级教育督导部门都建立了督学责任区制度，有较完善的组织机构和明确的工作职责。课题组在首先试点督学责任区的 M 省部分区县调研中发现，这一制度还存在以下几个方面的问题：一是督学责任区工作摆不上重要位置，往往被动应付；二是基层责任区统筹协调有难度，特别是责任区内跨地区的工作难以自主开展，督学责任区的领导力度有待于进一步加大。如 M 省 LD 市 LX 区第一督学责任区督学谈道，"督学工作必然会触及教育和学校诸多不规范、不适应教育规律和发展要求的行为，若督学责任区制度无法得到各方支持，工作效果会大打折扣"。M 省 HY 县责任区督学表示，"目前来看，主要依托教育行政部门建立的教育督导室和督学责任区工作，政府未能赋予更大权利，督学人员有职无权，无法独立行使教育督导的监督权和执法权，难以开展督学活动，一些情况下影响力受阻"。责任区督学的职权边界究竟在哪里、工作重心如何转移、工作有效性怎样加强、需要何种制度加以保障等一系列问题是督学责任区进一步发展亟须解决的障碍。

（三）构建城乡一体化义务教育质量评价体制机制的对策建议

1. 完善城乡中小学"教育质量综合评价标准"，建立"外控"与"内控"相结合的机制

建立一套符合中国国情、能够解决我国实际问题的中小学教育质量评价体系，逐步形成更加科学系统的综合评价指标体系：一是坚持多元教育评价，建立包括创新型教师评价，教师和学生课堂表现评价，由自主设计作业、开放式作业、实践性作业组成的学生学科评价，由档案袋评价、反思日记评价、成果展示评价等组成的"学生综合素质日常评价模式"；二是推进中考和高考改革，把"课程标准"作为考试命题的基本依据，使考试与课程、评价统一起来，有效衔接，发挥正确的导向作用。规范考试命题人员资质，中考、高考命题人员必须熟悉中小学课程标准、教材和教学实际，提高命题的针对性；三是强调学校建立质量内控机制，改变过于依赖外部评价而忽视自我诊断、自我改进的做法。

2. 利用先进的云计算技术和信息测评技术，突破传统的城乡学生评价机制

利用教育领域的云计算平台可实现教育信息化的重大转变。教育部应建立"评价资源平台"，组织专业机构开发科学的评价工具，促进资源共享。各地要充分利用现代信息技术，建立和完善"教育质量综合评价数字化管理平台"，开发评价工具，为开展评价、改进工作提供技术支撑。依据地域特色，建设各级"基础教育数据库"，研发高效实用的信息化系统，使用专业化的数据分析手段和技术。如课题组与 A 市教育评估院深度合作，借助 IT 产业界的云计算技术，设计和研发了基础教育质量监测评价平台，实现了城乡一体化义务教育评价体制机制改革。平台设计的总体理念是"以技术支撑平台的实施、以平台保证测评的落实、以测评促进质量的改进"；具体目标是结合基础教育学业水平测试、综合素质评估的要求，确定教育测评的专业化路线，从监测内容的选择、标准的制定、工具的研发，到数据的收集、整理与分析，整个过程都保持高度的科学性与规范性，提供能够"促进学生全面发展、提升教师职业素养和专业能力、提高学校教育质量和管理水平"的基础教育监测和评价服务整体解决方案。平台设计系统模型如图 5 - 2 所示。

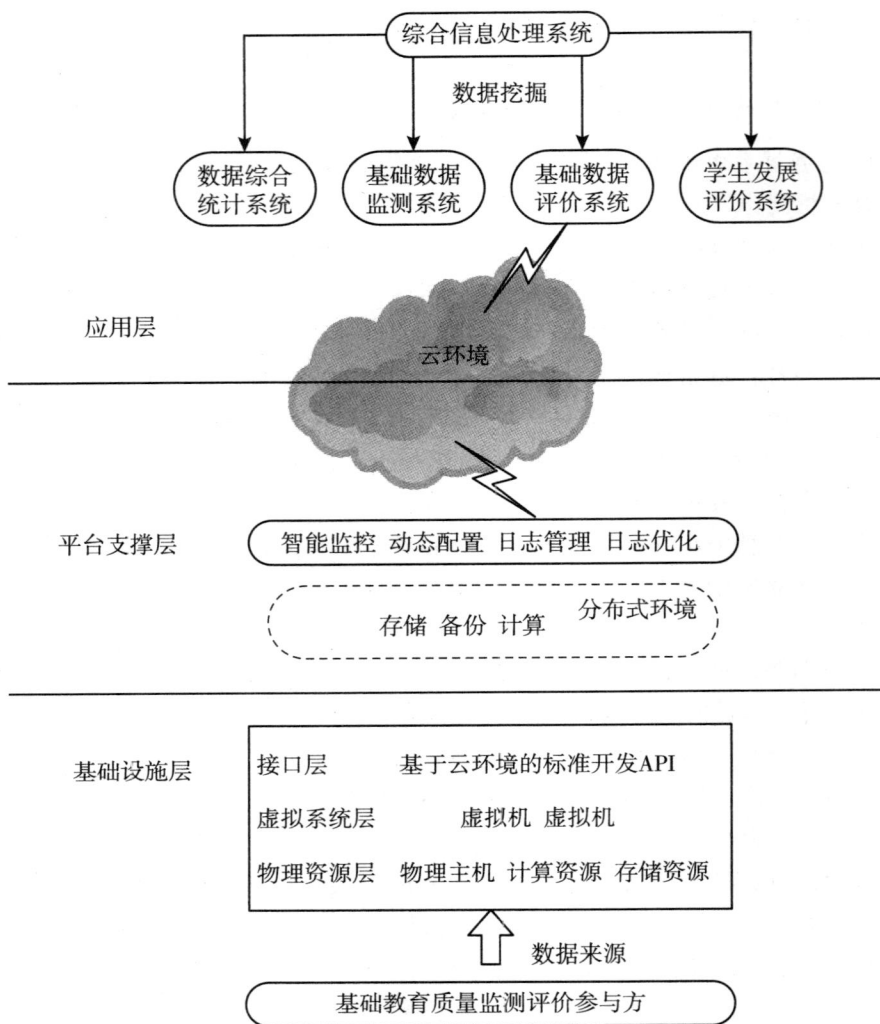

图 5 - 2　系统模型图

注：部分内容详见李玲，何霖俐，张辉蓉等：《云计算基础教育质量监测与评价平台的设计与实现》，载《中国电化教育》2013 年第 5 期，第 113 ~ 116 页。

该系统以云存储和计算为基础，使得系统的普及性、可优化性和可扩展性得到加强。同时，该模型采用分布式、松耦合的面相服务的体系结（Service-Oriented Architecture，SOA），运用目前广泛使用的 . NET 架构。. NET 框架是一个多语言组件开发和执行环境，它提供了一个跨语言的统一编程环境。. NET 框架的目的是便于开发人员更容易地建立 Web 应用程序和 Web 服务，使得 Internet 上的各应用程序之间可以使用 Web 服务进行沟通。从层次结构来看，. NET 框架又包括三个主要组成部分：公共语言运行时（CLR：Common Language Run time）、服务框架（Services Framework）和上层的两类应用模板——传统的 Windows 应用程序模板（WinForms）和基于 ASP. NET 的面向 Web 的网络应用程序模板（WebForms 和 Web Services）。

该平台包括数据采集、基础数据监测、数据综合统计、基础数据评价、学生发展评价、综合信息处理和数据挖掘六大核心支持系统。平台的构建实现了以下功能：第一，打破传统的城乡学生评价手段和技术，采用先进的云计算技术和信息测评技术，实时提取城乡学校内部教育质量监测数据；第二，突破传统的城乡学生评价机制，建立学生成长档案库，追踪学生成长历程，实现政府、学校、家长、社区等多方共同参与教育质量评价；第三，从根本上改革传统的教育质量和人才评价制度，创新测评体系，从而促进学生全面、主动、多样发展。该平台已在 A 市 875 所学校得到应用和推广，并得到好评，这将为社会多方参与学生综合素质评价，准确监测评价学生个人发展，因材施教，及时反馈提高教育质量提供科学参考依据。

3. 建立各级教育质量监测专家系统，健全质量监测与评价机构体系

将中小学教育质量评价纳入有关人文社科重点研究基地的研究范围。依托有条件的高等学校、教育科研、教研部门建立"中小学教育质量专业评价、监测机构"。逐步培养和建设一支具有先进评价理念、掌握评价专业技术、专兼职相结合的专业化评价队伍，建成覆盖各省、市、区、县的教育质量监测专家系统，形成以教育部基础教育质量监测中心为依托，市教育评估院（基础教育质量监测中心）提供监测标准、技术，区县（自治县）具体负责监测实施的监测体系格局。

4. 建立"督学资格证书制度"，加强城乡督导机构和督学队伍建设

建立对地方各级人民政府履行教育职责的监督、评价制度，推动地方各级政府落实教育优先发展战略、发展和管理教育的责任。开展"督学"工作，推进素质教育的全面实施。适应教育督导全覆盖的新要求、制定督导评估标准、开发督导评估工具、改进督导评估方法、形成科学完善的学校督导评估体系。加强质量监测，推动教育评价模式改革。探索促进各级各类教育科学发展的质量评价体系。应建立和完善与督导职能相适应的、独立行使督导职权的地方各级教育督导机构。根据督导工作需要，增加编制，配足人员。其中，要把建立"督学资格证书制度"作为重点，制定以专业化为核心的督学资格标准。教育督导机构要进一步研究制定督学聘任办法、督学管理办法、教育督导工作规程等规章，健全教育督导的法规和工作规范，使各级教育督导工作有法可依和有章可循。

5. 完善问责机制，提高农村义务教育督导工作效果

各地要根据《条例》规定，建立行之有效的问责机制，将教育督导结果作为考核、问责和实施奖惩的重要依据。要强化限期整改环节，督导活动结束后，要求被督导单位对存在的问题进行限期整改，对整改情况要进行复查，必要时可对被督导单位主要负责人进行约谈，确保每次督导都行之有效。要定期发布督导评估报告，让全社会了解教育进展情况、存在的主要问题以及改进措施，并接受社会监督。各部门要加强协调，积极配合，整合资源，建立联动的工作机制，形成教育督导机构为主、多部门齐抓共管的工作格局。各级政府要将教育督导纳入重要议事日程，研究解决教育督导工作中的重大问题，要加大舆论宣传力度，组织多种形式的宣传活动，宣传《条例》的基本内容和重大创新，宣传教育督导的新成果、新经验和先进典型，营造良好社会环境。

四、义务教育随迁子女"两为主"政策执行效果的实证研究

在参考已有政策评估研究成果的基础上，依据研究目的和指标设计原则，课题组研讨编制了随迁子女"两为主"政策执行效果的访谈提纲和调查问卷。调查对象主要包括义务教育阶段流入地和流出地教育部门领导、教师、学生、家长（包括子女未入学或在老家就学的）。

本书选取 A 市两个城区的 6 所义务教育阶段学校（K1，K2，K3，K4，Z1，Z2）进行调查。它们均属于该省教育部门指定的随迁子女就读学校，同时也招收本辖区内符合入读条件的常驻居民子女，对于研究"两为主"政策的执行效果具有代表性。调查共发放学生和家长问卷 640 份，回收 626 份，回收率为 97.8%，其中有效问卷 590 份，有效率 94.9%；教师问卷 45 份，回收率为 100%，其中有效问卷 37 份，有效率 92.5%。对 20 名农民工（其中包括其适龄子女未入城的）进行了随机访谈，对 12 名流入地和 16 名流出地教育部门领导分别进行了访谈。调查结果如下：

（一）政策执行过程分析

A 省为随迁子女接受义务教育提供保障经费 1.8 亿元，并且各级财政还规定每年投入 1.5 亿元用于解决随迁子女"两免一补"问题。同时，省财政投入 8 600 万元专项资金，用于改善接收农民工随迁子女学校的办学条件，增设教育教学设施和图书。然而，投入的教育资源还是不充足。如据调查显示，2011 年，A 市普通小学和初中生均公共财政预算教育事业费分别为 3 633.96 元和 4 297.92 元，低于全国平均水平的 4 012.51 元和 5 213.91 元。同年，接收随迁子女就学的公办学校 657 所，仅占该地区公办学校总数的 29.6%。

访谈中，74% 的流入地教育部门领导表示他们在政策执行过程中面临的困难

主要是管理人员、教育经费、硬件资源等方面的短缺。另外，66%的流入地教育部门领导担心为满足"流入"农民工子女的需求，在城区内大量新建校舍、新增师资，会因随迁子女的"不固定"而被闲置，造成新的资源浪费。调查发现，农民工对"两为主"政策的认可度较高，81%的被调查农民工表示更愿让孩子就读城市公办学校，他们认为该政策确实能够帮助孩子入学；有10%的家长表示愿意让孩子留在家乡读书。但是，对还没有孩子或未把孩子带入城市农民工的调查发现，约有40%的农民工表示并不知道国家出台了赋予随迁子女在城市居住地就近入学权利的有关政策，表明潜在受益群体对政策的知晓度不够。

从政策执行的过程来看，由于未设置专门的管理部门或专职人员，政策的管理、宣传工作还有所欠缺，上级部门的监管力度不足，缺乏专门机构监管政策的实施，这使得"两为主"政策的执行缺少了约束力。目前，农民工对"两为主"政策期许较高，为落实"以公办学校为主"的要求，A市正在不断挖掘城区公办学校的容纳力。

（二）随迁子女与本地户籍子女两个受教育群体的差异分析

调查显示，随迁子女比城市常驻居民子女入学困难且花费更大。流入地教育部门政策规定，农民工需在规定的时间内办理子女入学申请手续，申请材料一般包括户口本、暂住证、工作证明、学籍证明、计划生育证明、房屋租赁合同等；在材料完善后，教育部门将依据"就近原则"为其指定入读学校。由于部分材料需要回老家办理，52.9%的被调查随迁子女家长表示办理这些材料需花费太多的时间和路费，最后很可能会放弃子女的入学机会。由于离学校太远，父母工作时间较长，随迁子女一般会选择在校吃饭或住宿，所以在支付成本上相对于本地子女更高。有20.6%的随迁子女家长明确表示他们每年缴纳的费用要比其他常驻居民子女多1 000元以上，还有38.2%的随迁子女家长表示年支出要多几百元。可见，农民工在子女入学上所花费的精力与金钱比城市本地户籍家庭多。

随迁子女对受教育环境融入情况（adaptation）的调查结果表明：流入地教育部门领导和教师均表示随迁子女的学业成绩已纳入当地教学发展的总体评价中，6所被调查的学校均采用了混合编班以消除对随迁子女心理上的"歧视"。T检验（见表5-7）表明，两个学生群体在教学活动、评优奖励机会上并不存在显著差异。但是，课堂上随迁子女所获得的平均发言机会少于当地学生；随迁子女对班主任老师的满意度要低于当地学生，选择"喜欢"班主任老师的城市学生数远高于随迁子女，两者差异显著（$p < 0.05$）。调查中部分教师表示随迁子女成绩较差是"正常现象"，因此课堂内外对他们的重视不够，随迁子女与教师的关系融洽度不够。

表5-7 独立样本 T 检验

变量	T 值	Sig. (2 - tailed)	Mean Difference
q1	- 2.955	0.005	- 0.38515
q2	- 1.063	0.291	- 0.15686
q3	1.569	0.121	0.29552
q4	0.314	0.754	0.05322

注：q1 "你喜欢你的班主任老师吗?"，q2 "你平时会与班上同学发生争执吗?"，q3 "你觉得班上组织的课外活动有意思吗?"，q4 "你平均每节课回答问题的次数是多少?"

从对常驻居民子女及家长的调查得知，50.2%以上的流入地学生家长认为随迁子女占用了自己孩子的教育资源，部分家长还担心自己的孩子与随迁子女一起，会沾染不良的习气。他们的这种"偏见"会在一定程度上影响其子女的想法，从而造成不同群体间的认同冲突，使随迁子女在城市就学过程中遭遇融入困境。

对随迁子女教育的培养结果主要通过"心理健康"和"综合素质状况"来衡量。本书从心理健康测量表 SCL-90 中选取了反映人际交往障碍和心理压力的指标：人际关系"敏感"、"抑郁"、"焦虑"和"敌对"来对随迁子女和当地学生进行调查。

从图5-3我们可以看出，两组学生群体的心理健康不具有显著性差异。其中，在人际关系敏感方面，两个学生群体中仅有少数选择了"会"感到老师、同学对我不友好。抑郁方面，40.5%的当地学生和70.6%的随迁子女表示"不会"出现"对所有事情不感兴趣"的情况；且半数以上的学生"不会"感到自己在群体中是多余的。而在询问关于考试等问题时，随迁子女表现出的焦虑情绪要略低于常驻居民子女。在自卑抑郁情绪方面，尽管有研究发现，由于父母工作流动性较大，随迁子女常常要更换学校，没有相对稳定的教育环境，造成他们的学习基础较差，容易出现自卑和抑郁，在进入城市生活后，他们出现了与出生地非常不同的感受，在人际交往中易出现敏感、敌对，心理压力也较大[1][2]。但是，本书的调查表明，A 市随迁子女并未表现出这些不良情绪。

根据教育部《关于积极推进中小学评价与考试制度改革的通知》中有关中小学生综合素质评价标准，本书将"道德"、"公民意识"、"团队精神"和"身体素质"作为素质培养结果的衡量指标。均值比较及 T 检验结果见表5-8。

---

[1] 陈怀川：《农民工子女城市生活不良适应的社会学分析》，载《兰州学刊》2006 年第 5 期，第 163～164 页。

[2] 朱丽娜：《进城农民工子女城市适应状况调查——以武汉市为例》，华中师范大学，2008 年。

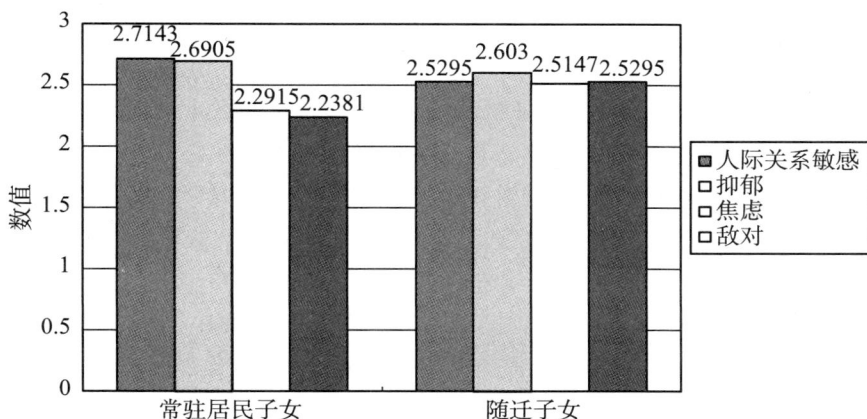

图 5 - 3　学生心理健康情况均值比较

注：均值越小表示情况越不好。

表 5 - 8　　　　　　　　　学生综合素质情况均值比较

学生	道德意识		公民意识		团队精神	身体素质
	文明礼貌	正直守信	遵纪守法	责任意识		
当地学生	1.8095	2.1429	2.9286	1.8810	2.0238	1.9048
随迁子女	1.7941	1.8235	2.7059	1.5000	1.7647	1.6471

注：均值越小表示情况越好。

　　表 5 - 8 显示，两个学生群体在"道德意识"、"公民意识"上均表现较好。随迁子女的"身体素质"要差于城市常驻居民子女，但不存在明显差异。在"团队精神"上两者的差异具有显著性（p = 0.037 < 0.05），随迁子女的团队意识和集体活动参与积极性高于常驻居民子女。究其原因，随迁子女面对外部世界的不确定性，更需要从团队合作的角度去确保自身的安全，此外父母的更为强烈的群体性生活规则和行为逻辑也会为随迁子女的社会化提供社会经验，从而使随迁子女的参与性与团队协作性更强。

（三）"两为主"政策投入与产出比例结构分析

　　农民工携子女入城，除支付孩子的教育费用外，需多支出房租、交通、伙食等必要的日常性费用，在回答"相比让孩子留在老家读书，入读现在这所学校你们每年要额外支出的费用有多少？"问题时，55.9% 的随迁子女家长表示不足1 000 元，35.2% 表示在1 000 ~ 5 000 元，还有 8.9% 的家长表示在 5 000 元以上。根据调查，进城农民工的家庭年收入一般在 1 万 ~ 3 万元，如果按每年需额外支出 5 000 元的费用计算，孩子入城读书的成本将给他们带来不小的经济压力。

政策产出（Policy Output）是指政府从事某项活动的计划结果，是目标群体和受益者所获得的货物、服务或其他各种资源。"两为主"政策的产出结果主要由随迁子女的入学和毕业升学情况来反映。A 市 2011 年义务教育阶段学校接收进城农民工子女就学人次为 27.8 万人，占全省义务教育阶段学生总数的 8.5%；其中，主城区接收进城农民工子女人数达 10.3 万人，占主城区义务教育阶段学生总数的 18%。A 市随迁子女在流入地的小学和初中入学率分别为 99.94%、99.1%；小学和初中升学率也都在 90% 以上；未按规定接受义务教育者占 3.03%[1]。调查发现，一个区随迁子女就读人数已占流入随迁子女总人数的 95%；另一个区也已达到 85%。从结果来看，义务教育阶段的随迁子女入学率、升学率已与总体水平基本一致，达到了政策中所强调的"进城务工就业农民子女九年义务教育普及程度达到当地水平[2]"的政策产出目标。

（四）"两为主"政策面临新困境

"两为主"政策在促使随迁子女教育问题得到较好解决的同时，也让越来越多的农民工将孩子带离农村学校，而学龄人口大量涌入城市必然会对农村中小学校的生源造成冲击。调查中，流出地教育部门领导均表示当地存在教育资源因学生减少而闲置的问题。

"两为主"政策的积极意义虽然得到了大部分流入地教育部门领导的肯定，但是不断增大的流动社会人口，无疑给流入地教育资源的承载能力提出了新挑战。大部分被调查的流入地领导表示要满足随迁子女在内的所有适龄儿童入学的校舍、师资和经费投入均存在不足，而且"两为主"政策的实施在一定程度上制约了地方政府在教育结构支出比例可持续和可协调发展方面的能力。另一方面，由于当地流动适龄儿童的规模预控难度增大，不断新建、改扩建学校以增加学额的办法也同时面临投资有效性和合理性的挑战。

农民工对于自己的孩子在流入地接受义务教育后教育，特别是入读普通高中的愿望较大，他们迫切希望自己的孩子能在城市中继续接受义务教育后教育，从而实现社会阶层地位的向上位移和经济地位提升的预期[3]。而大部分随迁子女已

---

[1] 王宗萍等：《我国农民工随迁子女状况研究——基于 2005 年全国 1% 人口抽样调查数据的分析》，载《中国软科学》2010 年第 9 期，第 16~24 页。

[2] 教育部等六部门：《关于进一步做好进城务工就业农民子女义务教育工作的意见》，http://www.gov.cn/ztzl/nmg/content_412440.htm。

[3] 曹佳颖：《我国城市实施农民工子女义务教育政策的研究》，西安交通大学，2011 年。

跟随父母进入城市多年，也早已成为事实上的"二代移民"，已经不适应"老家"的生活方式和教育模式。但是，A 省的高考需要重回原籍报考的政策使得随迁子女在完成义务教育后遭遇到严峻的升学困难，其继续升学的道路遭到阻隔，这影响了农民工对子女进入城市就读的决定，也反映出对义务教育后教育机会保障的需求。

五、城乡一体化义务教育评价指标体系构建与测算方法①

城乡教育一体化是在我国统筹城乡教育改革、城乡教育均衡发展等政策实施以来，中央为破解我国城乡教育二元结构、推动城乡教育公平与和谐发展而做出的新的战略部署，反映了现代化与城市化进程中政府对于城乡关系变化的新认识。深刻把握城乡教育一体化的内涵与理论基础，系统构建一套科学的、可操作的能够测量城乡教育一体化动态过程的各级各类教育系列指标体系，是实现城乡教育一体化战略目标的首要任务。本章旨在以城乡义务教育为例，构建一套城乡义务教育一体化评价指标体系，为政府决策部门和各级各类教育部门与机构制定决策提供参考依据。

（一）城乡义务教育一体化评价指标体系的构建

1. 构建指标体系的思路与方法

指标是一种评测准则，是对评价的内容或方面的质的规定，这种评价准则是具体的、行为化的、可测量的和可量化的。本书以《教育规划纲要》中关于体制机制改革的部分作为纲领性设计框架，结合目前有关城乡教育一体化的文献和研究报告中所提出的理论论证，以及其中使用频率较高的指标，选取城乡二元结构显著的西部六个县（区）为典型代表，并基于大量调研所发现的现阶段城乡义务教育存在的问题，运用理论分析的方法进行分析、比较、综合，在广泛吸取教育研究专家学者和一线各级教育行政与管理人员的评审意见后，初步建构城乡义务教育一体化指标体系，继而利用多元统计分析中因子分析确定主因子的方法，对相关指标进行调整，最终得到城乡一体化义务教育指标体系（见表5-9）。

---

① 部分内容详见李玲，宋乃庆，龚春燕等：《城乡教育一体化：理论、指标与测算》，载《教育研究》2012 年第 2 期，第 41~48 页。

表 5 - 9　　　　　　　城乡义务教育一体化义务评价指标体系

目标层	准则层		指标层	指标项目	测度区间
A1 人事制度	人力	B1 师资配置	学校中级及以上教师比例差异	1	(0～1)
			学校间县（市）级以上骨干教师占教师总数比例差异	2	(0～1)
			学校间百名学生中提高学历教师数的比例差异	3	(0～1)
			学校间结构性缺编教师人数差异	4	(0～1)
		B2 交流机制	学校间教师参加区（县）级以上专业发展培训人数比例差异	5	(0～1)
			城乡学校教师年交流面	6	(0～100%)
			城乡学校校长年交流面	7	(0～100%)
A2 投入制度	财力	B3 财政性教育经费	学校间生均教育事业费收入差异	8	(0～1)
			学校间生均可支配收入差异	9	(0～1)
	物力	B4 硬件资源配置	学校间生均占地面积差异	10	(0～1)
			学校间生均建筑面积差异	11	(0～1)
			学校间生均教学仪器设备值差异	12	(0～1)
			学校间生均图书册数差异	13	(0～1)
			学校间可使用的生机比差异	14	(0～1)
			学校间校园网建成率差异	15	(0～100%)
			学校间多媒体教室生均面积差异	16	(0～1)
A3 人才培养与评价制度		B5 课程与培养模式	学校间信息技术课程开齐率差异	17	(0～1)
			学校间校本课程设置比例差异	18	(0～1)
			学校间生均参加文体或益智活动与比赛的次数差异	19	(0～100%)
		B6 质量与评价	中小学质量监测结果差异	20	(0～1)
			学校间初中毕业升学率差异	21	(0～1)
			中小学生体质差异	22	(0～1)
			学生综合素质合格率差异	23	(0～1)

2. 指标体系的结构

从表 5 - 9 可以看出，城乡义务教育一体化评价指标体系是由目标层、准则层和指标层三层构成的。目标层由准则层来反映，准则层由具体指标层来反映。具体而言，目标层由三部分构成，具体为人事制度（A1）、投入制度（A2）、人才培养与评价制度（A3）；准则层由六部分构成，具体为师资配置（B1）、交流机制（B2）、财政性教育经费（B3）、硬件资源配置（B4）、课程与培养模式（B5）、质量与评价（B6）；指标层由 23 个指标构成。

3. 县域内城乡义务教育一体化的测算方法

本指标体系中，各个指标中的"差异"均指对数据进行普遍收集后，抽离出城市与农村的数据所进行的城乡对比值，主要采用基尼系数来进行差异程度检测并呈现结果（用基尼系数对城乡义务教育一体化评价指标体系中 21 个表示城乡间差异的指标进行测算，用百分比对另外两个表示城乡间互动交流的指标进行测算）。基尼系数、洛伦茨曲线等方法是测算数值型数据离散程度的主要方法。教育基尼系数是基尼系数用于教育领域反映区域性教育变量偏离均衡水平的相对额的差异系数，被大量应用于教育经费和资源的分配问题及整体教育发展均衡程度的分析中。在本书中，采用基尼系数测算城乡一体化教育发展的程度。基尼系数由取值范围 0~1 之间的系数表示，越趋近于 0 的数值表示城乡间差异度越低，城乡一体化程度越高；相反，数值越大，反映城乡差异程度越大，城乡一体化程度越低。为了解县（区）域内城乡教育一体化的水平，我们考察指标体系中对应的各项指标的校际差异程度以及其在长期时间维度下逐步缩减的趋势和程度。

4. 城乡义务教育一体化发展指数

指标体系是由一组既相互联系又彼此独立，并能被量化的指标因子构成的，用于各县（区）教育行政部门评价监控县（区）域内各个学校之间的一体化程度。整个指标因子的有序集成能够反映出某一县（区）域内的城乡教育一体化发展总体水平或程度。我们将这一有序集成称为城乡义务教育一体化发展指数。按照测评目的，采用加权线性法进行指标集成，并以此指标集成的综合评价值高低，即城乡义务教育一体化发展指数值的高低来评价和监测义务教育阶段某一县（区）城乡教育一体化发展水平或程度，进而可将其应用于各县（区）域间的差异比较。我们采用下式计算这一指数：

$$I = \sum_{i-l}^{n} (W_i X_i)$$

其中，是第 i 个评价指标的数值，是第 i 个评价指标的权重。该指数的区间为 0~1，指数值越接近于 1，表明指标集成的综合评价值越高，即该县（区）整体上城乡义务教育一体化程度越高；指数值越接近于 0，表明指标集成的综合评价值越低，即该县（区）整体上城乡义务教育一体化程度越低。

（二）城乡义务教育一体化发展指数测算实例

在前期调研中，课题组采集了我国西部地区六个县（区）（在以下表中用 a、

b、c、d、e、f 表示）内共计近千所学校 2010 年度的约百万数据，运用本书构建的指标体系及方法进行了测算，具体见表 5 - 10 ～ 表 5 - 13。

表 5 - 10 　　　　**城乡义务教育一体化人事制度部分指标的
六县（区）基尼系数分布**

县（区）		学校间中级及以上教师比例差异	学校间县（市）级以上骨干教师占教师总数比例差异	学校间百名学生中提高学历教师数的比例差异	学校间教师参加区(县)级以上专业发展培训人数比例差异	城乡教师交流面（%）	城乡校长交流面(%)
a	小学	0.14	**0.87**	**0.44**	**0.44**	5	16
	初中	0.27	**0.41**	0.21	**0.55**	3	16
b	小学	0.14	**0.47**	0.12	0.04	7	44
	初中	0.16	**0.48**	0.18	**0.32**	6	23
c	小学	0.11	0.23	0.16	0.16	5	33
	初中	0.11	0.33	0.03	0.26	4	14
d	小学	0.21	**0.48**	**0.47**	0.23	5	30
	初中	**0.31**	0.33	0.14	0.17	7	32
e	小学	**0.40**	**0.73**	**0.53**	**0.48**	5	18
	初中	0.11	**0.47**	0.07	**0.63**	3	59
f	小学	**0.68**	**0.87**	**0.70**	0.14	14	17
	初中	0.18	**0.63**	0.04	**0.33**	12	15

表 5 - 11 　　**城乡义务教育一体化投入制度（经费投入）指标的
六县（区）基尼系数分布**

县（区）		学校间生均教育事业费收入差异	学校间生均可支配收入差异
a	小学	**0.80**	**0.58**
	初中		**0.45**
b	小学	**0.35**	**0.32**
	初中		0.23
c	小学	0.28	0.26
	初中		0.21

县（区）		学校间生均教育事业费收入差异	学校间生均可支配收入差异
d	小学	0.77	0.60
	初中		0.48
e	小学	0.52	0.52
	初中		0.49
f	小学	0.75	0.55
	初中		0.47

表 5 – 12　　城乡义务教育一体化投入制度（资源配置）部分指标的六县（区）基尼系数分布

县（区）		学校间生均占地面积差异	学校间生均建筑面积差异	学校间生均教学仪器设备值差异	学校间生均图书册数差异	学校间可使用的生机比差异	学校间多媒体教室生均面积差异	学校间校园网建成率差异(%)
a	小学	0.44	0.28	0.55	0.40	0.59	0.60	19.90
	初中	0.37	0.34	0.58	0.48	0.40	0.58	49.18
b	小学	0.26	0.20	0.39	0.24	0.15	0.42	100
	初中	0.28	0.38	0.44	0.29	0.32	0.39	100
c	小学	0.34	0.28	0.22	0.17	0.20	0.47	94.59
	初中	0.41	0.30	0.10	0.32	0.30	0.36	95.24
d	小学	0.49	0.35	0.64	0.49	0.45	0.45	14.09
	初中	0.25	0.53	0.48	0.31	0.47	0.32	78.26
e	小学	0.48	0.37	0.58	0.35	0.38	0.68	55.56
	初中	0.34	0.44	0.92	0.24	0.39	0.42	77.78
f	小学	0.34	0.16	0.41	0.15	0.25	0.53	32.35
	初中	0.43	0.35	0.37	0.35	0.27	0.41	100

表5-13 城乡义务教育一体化人才培养与评价制度部分指标的六县（区）基尼系数分布

县（区）		中小学生体质差异	学生综合素质合格率
a	小学	0.27	0.39
	初中	0.17	0.28
b	小学	0.02	0.04
	初中	0.15	0.12
c	小学	0.06	0.06
	初中	0.22	0.21
d	小学	0.05	**0.36**
	初中	**0.44**	0.29
e	小学	0.07	0.22
	初中	0.06	0.28
f	小学	0.10	**0.40**
	初中	0.06	**0.30**

表5-10~表5-13呈现了基于西部六县（区）域内中小学原始数据计算得出的城乡义务教育一体化评价指标体系三个维度下17个指标项的测算结果。根据调查样本地区的教育发展实际状况，我们将基尼系数的惯用警戒值降低到0.3，表中黑体指标数值为大于等于0.3临界点的数值。从整体上我们可以发现，以特定指标下全部六县（区）域内小学每组12个数值中只有3个或更少数值大于等于0.3为界，以上指标项中只有少数指标在六县（区）域内所得的基尼系数值普遍较低，表明这些指标项已经实现了较高的一体化程度。它们包括：A1人事制度下的学校中级及以上教师比例差异，A3人才培养与评价制度下的学校间学生参加文体或益智活动与比赛比例差异和中小学生体质差异。而有大部分指标在六县（区）域内所得的基尼系数值普遍较高，即以特定指标下全部六县（区）域内中小学每组12个数值中6个及以上数值大于等于0.3为界，表明在此指标项的一体化程度较低。这些指标有：A1人事制度下的学校骨干教师占教师总数比例差异，A2投入制度下的学校间生均可支配收入差异、学校间生均占地面积差异、学校间生均教学仪器设备值差异、学校间多媒体教室生均面积差异等。这些指标的基尼系数值可以为我们了解城乡学校在该指标项的一体化状况提供依据和预警信号，进而有助于引导我们有针对性地检测该指标项背后隐藏的体制机制层面的制约因素，并为该体制机制的改善、调整和重构提供依据与参考。

本书构建和阐释了一套城乡义务教育一体化评价指标体系及其发展指数的计

算公式与方法。该指标体系把错综复杂的城乡教育深层矛盾逐步分解到既有区别又有联系的不同层次上，有助于我们深刻了解和把握城乡义务教育一体化的影响维度与深层原因。但同时，由于这一指标体系的构建和定量检验都是基于我国西部六个县（区）的实地调查，且反映的是社会和教育发展的当前水平与特征，这就使得本指标体系具有一定的地域性和阶段性特征。在将这一指标体系应用于东部或其他地区时，具体的指标项目需要根据地域特征进行适当的调整和增减。此外，城乡教育一体化是一个动态发展、持续变化、具有明显阶段性特征的渐变过程，因此，我们所建构的指标体系也必将随着教育事业的不断推进和城乡经济社会的不断发展而产生新的阶段性特征与变化。

第六章

构建城乡一体化义务教育体制机制的案例研究

针对我国义务教育发展不均衡状况，《教育规划纲要》提出"建立城乡一体化的义务教育发展机制"，"率先在县（区）域内实现城乡均衡发展，逐步在更大范围内推进"。我国义务教育实行"以县为主"的管理体制，并且按照政策提出的战略目标，要率先实现县域内城乡一体化的义务教育发展。因此，本章通过四个县的典型案例研究，分别提出"圈层战略"、"三步走战略"、"三轴联动"、"多点辐射"等城乡一体化的义务教育发展途径与模式，旨在为推进县域内城乡一体化义务教育体制机制构建提供对策建议。此外，本章还探讨了国家统筹城乡综合配套改革省级试验区构建城乡一体化义务教育体制机制的典型经验，为我国构建省域内城乡一体化教育体制机制提供借鉴参考。

一、"圈层战略"推进城乡一体化义务教育体制机制构建研究——以 YY 县为例

（一）样本地区选取

1. 样本地区特点

作为国家扶贫开发工作的重点县，YY 县幅员面积大、少数民族人口多，是社会经济发展底子薄的山区农业大县。截至 2013 年，YY 县辖区面积为 5 173 平方公里，

下辖 38 个乡镇，278 行政村（社区），总人口为 84 万人，其中土家、苗、满等 17 个少数民族的人口共计 64 万人，占全县总人口的 83.6%。全县的经济发展以农业、工业和旅游业为主导。教育规模庞大，校点众多，且布局分散，区域、校际发展极不均衡。截至 2012 年，全县各类全日制学校共 453 所（点），其中小学 370 所（包括教学点 191 个），初中 36 所，高中 4 所，职业学校 2 所，特殊教育学校 1 所，幼儿园 40 所。各类在校学生共计 147 261 人，各类学校教职工共 7 439 人，普通中小学拥有中高级技术职称教师总数为 1 561 人。各类学校总占地面积达 3 065 617 平方米，校舍总面积为 1 007 338 平方米，运动场地面积 757 194 平方米，拥有图书 1 357 976 册、计算机 3 333 台，教学仪器设备总值达 3 685.46 万元，拥有现代远程教育卫星接收点 212 个、网络教室 39 间。寄宿制学校共 62 所，其中寄宿小学 38 所、初中 24 所，总床位达 23 388 张。寄宿制学校校园、校舍双达标率较低，不足 40%[①]。

2. 取样、数据采集及分析

课题组按照城乡学校数量分布比例及其层级/类型和当地学校发展高、中、低水平等因素分别对 YY 县小学、初中等进行实地调研，分层取样。取样数据涉及 9 个镇 11 个乡的 67 所学校，其中小学 29 所，初中 38 所。通过焦点组访谈、深度访谈等方式，围绕城乡教育经费投入、人事、办学与硬件资源配置、人才培养与评价等体制机制问题，对县教委、教科所等教育行政部门和机构的管理人员以及中小学校长、教师、学生等进行了抽样调查与访谈。共获得各类访谈音频资料 200 余份，累计时长 40 小时。同时，课题组搜集的官方统计数据主要包括《YY 县教育经费年度统计报告》（2008～2012 年）、《YY 县统计年鉴》（2008～2012 年）、《YY 自治县国民经济和社会发展统计公报》（2008～2012 年），以及县教委、各乡镇教办提供的相关政策文本、统计数据。

本书运用统计分析法对调查获得的数据进行分析，深入剖析 YY 县城乡义务教育发展状况及体制机制存在的问题，并提出民族聚居地区在教育资源短缺条件下城乡一体化教育体制机制的构建策略，为加快民族贫困地区的教育发展提供参考性建议，也为全国同类地区城乡教育一体化的发展提供借鉴。

（二）YY 县城乡义务教育发展状况及体制机制存在的问题

1. 城乡义务教育人事调配体制机制状况及存在的问题

（1）县镇初中教师"扎堆"、"超编"现象突出，农村中小学艺、体、美等学科教师严重缺编。

数据显示，YY 县教职工总体数量稳定。2010 年 YY 县教职工总数达 7 234

---

① 数据来源：《YY 县 YY 统计年鉴》（2012）、《YY 县国民经济和社会发展统计公报》（2012）。

人，其中专任教师 6 641 人（包括小学 3 879 人，初中 1 551 人，高中 969 人，职业中学 147 人，中等专业学校 95 人）。2011 年教职工总数为 7 686 人，其中专任教师 7 134 人。2012 年全县有教职工 7 472 人，专任教师 6 929 人（包括幼儿园 40 人，特教 15 人，小学 3 857 人，初中 1 714 人，高中 1 034 人，中职 268 人）。

如图 6-1 所示，2008、2010、2012 年 YY 县公办专任小学的教师总数分别为 3 998 人、4 002 人和 3 784 人，其中农村学校教师数量呈现 2009 年前不断增长，2009 年之后不断下降的趋势，县城学校的教师数量则较为稳定，除了 2009~2010 年度有小幅下降外，其余年份均有小幅增加。这与经济发展、城镇化率不断提高有关。随着农民工进城务工，其子女也随迁到城市读书。农村生源的减少造成农村学校规模缩小，师资人数减少，县城则因生源增加而造成师资的相应增加。此外，YY 县实施了三集中战略，拆并了一些校点，学校的拆并也造成农村教师数量的减少。

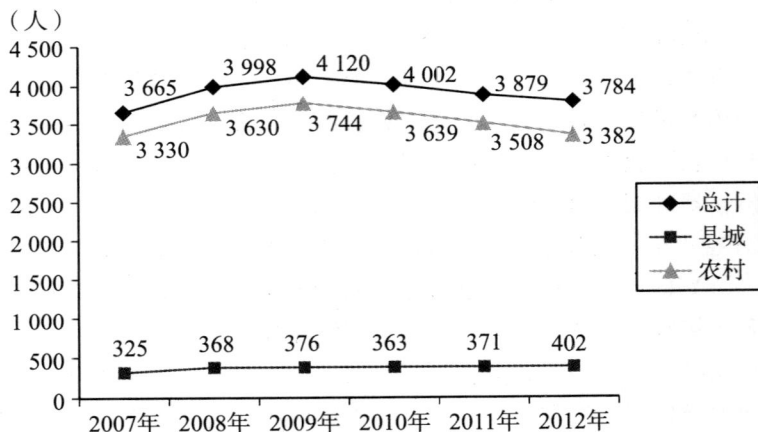

图 6-1　YY 县小学专任教师数量统计一览表

资料来源：根据《YY 统计年鉴》（2008~2012）、YY 县教委提供数据整理而得。

YY 县 2008、2010、2012 年公办初中专任教师的人数如图 6-2 所示，分别为 1 823 人、1 925 人、2 019 人，总体呈逐年上升的趋势。其中，县城教师的数量逐年小幅上升，仅在 2012 年有小幅下降；农村教师的数量除 2011 年微降外也逐年小幅增长。总体而言，小学和初中学校的师资队伍保持了稳定增长的状态。究其原因，主要是 YY 县从多个方面下了工夫，以提高教师的数量和质量。自 2009 年以来，全县通过签约引进和招录新教师 758 人。通过特岗教师、教师支教和教师轮岗等方式支持农村教育的发展，保证地处偏远的农村孩子都有学上。然而，课题组在对相关学校的校长进行访谈时却发现，虽然总量上师资资源充足，但部分学科存在教师缺编的现象；体育、科学、音乐、美术、综合实践活动、英语等课程所需教师的数量远大于实际教师的数量。

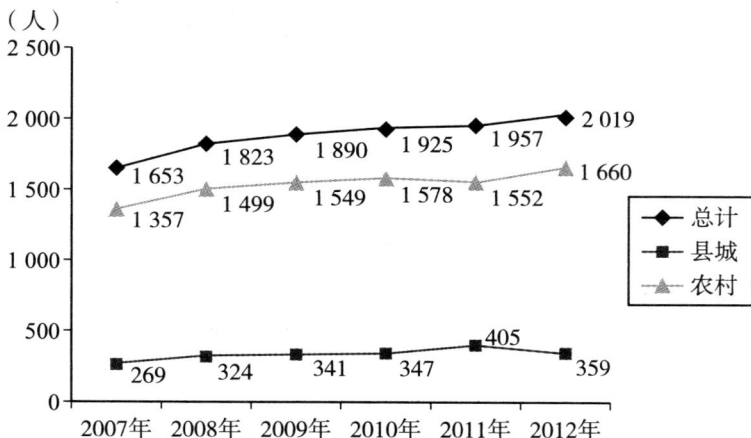

图 6 – 2　YY 县初中专任教师数量统计一览表

资料来源：根据《YY 统计年鉴》（2008～2012）、YY 县教委提供数据整理而得。

YY 县经济社会发展的长期滞后和城乡二元结构的客观存在造成有限的优质教育资源过度集中在城镇，导致城乡间、学校间的师资水平、办学条件、教育质量的差距较大，形成了教育资源配置的不均衡和结构性短缺，使城乡教育规模呈"葫芦形"——县城和乡镇政府所在地的学校规模大、学生积聚，大班额问题突出；而县城与乡镇之间的村小学和县域边、偏、远地区的村小、乡中生源萎缩乃至枯竭。

YY 县城乡小学生师比整体较为合理，呈逐年下降的趋势。如图 6 – 3 所示，农村小学生师比从 2008 年的 21∶1 下降到 2012 年的 17∶1。县城生师比从 2008 年 23∶1 降至 2012 年 20∶1。县城小学的生师比持续高于农村小学。初中阶段，YY 县城乡总体生师比呈较为平稳的态势，但城乡出现了不同的走向。如图 6 – 4 所示，全县初中的平均生师比 2008～2012 年均在 20∶1 上下浮动。但具体来看，农村初中的生师比从 2008 年的 20∶1 下降到 2012 年的 17∶1，而县城初中的生师比除 2011 年有所下降外，已从 2008 年的 21∶1 提高到 2012 年的 26∶1。

从学校层面看，城市学校可以凭借其先天优势，争取更多的投入、引进更优秀的教师、招收更优秀的生源，不断提高办学效益和水平；农村学校则恰恰相反，由于办学条件不好，教育投入不足，无法稳定优质师资，无法招收优质生源，办学效益和水平日渐下滑，长此以往形成恶性循环。

从学生层面看，城市学生凭借其独特优势占用大量的优质教育资源。非城市学生中只有一少部分可凭借其他手段占有并使用优质教育资源，大部分农村学生

217

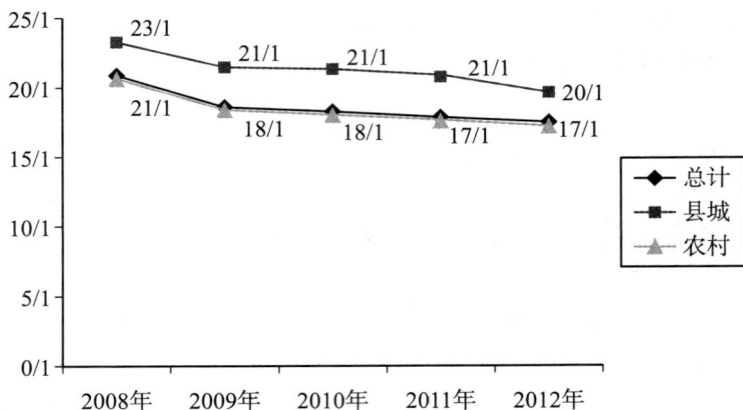

图 6 - 3　YY 县城乡小学生师比

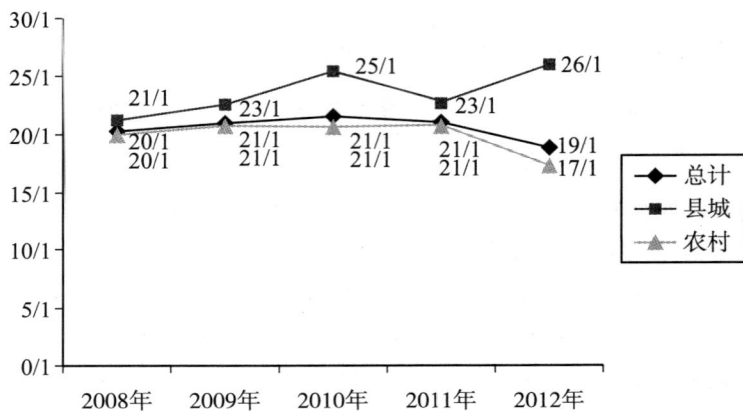

图 6 - 4　YY 县城乡初中生师比

资料来源：根据《YY 县统计年鉴》（2008～2012）、YY 县教委提供数据整理而得。

则无法利用优质教育资源。近年来，进城农民工子女就近入学和农转非家庭子女进入城镇学校就读的人数逐年增加，导致县城、乡镇、集镇所在地中小学的容量激增，但优质教育资源不足，教育质量整体偏低，难以形成强大的辐射带动作用。

综上所述，一方面，条件艰苦的村级小学面临师资严重匮乏、稳定教师难、引进教师难的问题；另一方面，城乡接合部乡镇学校的"扎堆"、"超编制"现象十分突出。加上行政事业单位"借调、借用、上挂"教师现象普遍、学校活力和凝聚力下降以及职业倦怠等问题，作为教育第一生产力的师资力量在城乡教育事业发展中形成显著的差距。

（2）农村中小学高学历、高职称专任教师比例小，教师培训激励机制缺失。

农村中小学教师队伍的整体素质仍有待提升。相当一部分农村教师的教育观

218

念陈旧，知识老化，方法落后，难以适应教育改革发展的需要。学历达标与能力达标之间存在较大落差。农村教师中代转公教师偏多，代课教师偏多，拔高使用的教师数量大，教师的整体水平难以保证。因此，进一步提高农村教师的实际教学能力，仍是一项艰巨的任务。

近五年来，YY 县城乡小学生均中高级职称教师的占比如图 6-5 所示，学生生均拥有的中高级技术职称教师的数量逐年增加。中小学教师规定学历达标率分别达到 96.14% 和 98.59%。小学生中每千人中高级职称教师的平均数量从 2008 年的 42.61 人上升到 2012 年的 50 人。县城与农村的中高级教师的比率在 2008 年分别为 42.61‰和 34‰，到 2012 年均增至 51‰~52‰。但整体上，农村小学高学历、高职称的专任教师比例偏小，生均中高级职称教师的占比的增高和农村学生生源的持续下降有关。此外，农村小学的中青年骨干教师人数较少，专业知识业务能力相对较差，大部分教师的培训都是停留在县级层面，国家、市等高层次培训特别少，教师素质整体偏低。

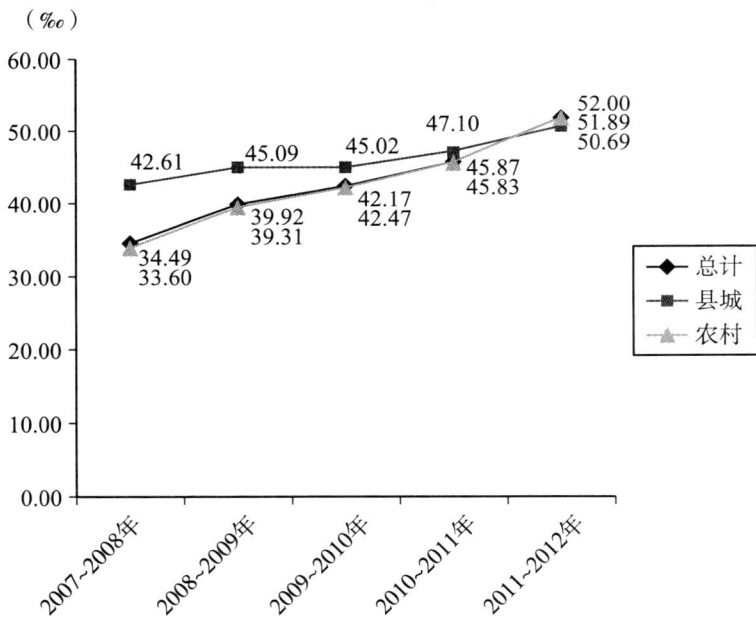

图 6-5　YY 县小学生均中高级教师比率

资料来源：根据《YY 县统计年鉴》（2008~2012）、YY 县教委相关统计资料，YY 县教委提供数据整理而得。

根据 YY 县教育统计数据显示，城乡教师在培训机会、培训层次上存在显著差异。2012 年，在参加国家级、省级、地市级和县级培训的人次方面，都呈现出"由城区到镇区再到农村递减"的趋势。镇区教师参与各级培训的机会比城区少，农村教师参与各级培训的机会又不如镇区。课题组的实地访谈也证实了这一点。多数受访的农村教师表示"自己工作多年，但只参加过县里组织的全员培训"，"有些农村的教师也许一辈子未能够参加一次市级培训"。城镇的教师却经常得到培训机会，甚至部分教师由于得到的培训机会太多，对培训产生了厌倦心理，这无疑造成了师资培训资源的浪费。此外，待遇低、工资拖欠、专业教育程度低、师资来源复杂、管理松散等多方面原因造成了部分农村教师工作责任心差、职业意识淡薄。

（3）偏远农村地区教师流失严重，缺乏有效的教师补充机制。

由于条件艰苦，待遇较低，教师思迁思变，优秀教师大量流失，近五年以来全县以"三不要"（不要户口、不要档案、不要工作关系和工资关系）形式流出至外县的优秀教师高达97人；正常调出县外学校任教和县内改行从政的达127人。受财力、地方条件等因素的影响，农村学校招录教师困难，教师配备总量不足，结构不合理。部分学科特别是音、体、美等学科专业教师缺编严重。因为无法适应当地的工作和生活条件，地处"边、偏、远"的农村中小学教师大量流失。与之相对，县城的学校却出现多人竞争同一岗位的局面。

如图6-6、图6-7所示，自2009年以来，城乡中小学教师流失率逐年增加。调研组在访谈YY县相关领导时了解到，YY县教师福利待遇低，多数教师一个月工资只有1 000元左右，面对教育、住房、医疗"三座大山"，生活压力十分沉重，严重影响了广大教师的工作积极性。乡镇教师补贴一般只有100元/月左右，即使边远山村的老师也只有200元/月的津贴。待遇过低，无法留住人才。而从A市主城区到YY县支教的教师除工资和津贴外，每年还能得到2万元的补贴①。这让当地教师觉得很不公平，积极性严重受挫。

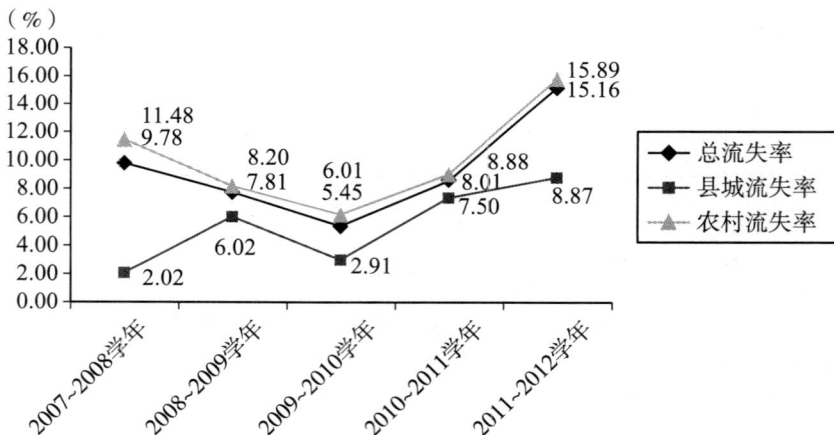

图6-6 YY县城乡初中教师流失情况

① 数据来源：YY县教委相关统计资料。

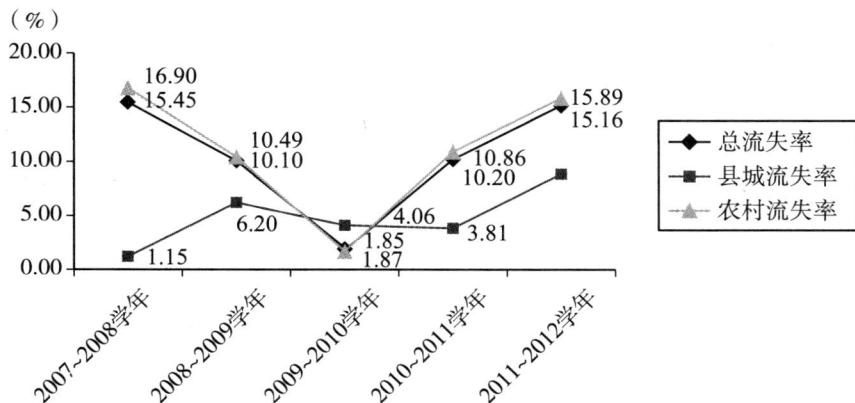

图 6 - 7　YY 县城乡小学教师流失情况

资料来源：根据 YY 县统筹城乡教育综合改革试验资料卷以及 YY 县教委提供数据整理而得。

YY 县的农村，尤其是边远的农村地区，是师资紧缺的重点地区。由于地方偏远，师资队伍的扩充是一件极为困难的事情。通过访谈了解到，YY 县通过支教、轮岗的方式为乡村学校补充师资。2009 年，A 市 YB 区派出 22 名教师和教育管理人员到 YY 县支教。YY 县农村学校接收 32 名来自高校 SWU 的顶岗实习支教人员。此外，YY 县教育部门还通过特岗教师解决农村教师的匮乏问题。但在实施过程中也会出现部分支教教师因偏远农村地区恶劣的条件而放弃支教工作的情况。2009 年，2 名支教教师在前往所支教学校的途中放弃支教，折返回县城。尽管有支教、轮岗、特岗教师等各种教师补充方式，但 YY 县的师资补充仍面临严重困难。有的教学点因长期无法补充教师而采取顶岗或临聘的方式招录未受过正规师范教育的人员扩充师资。这样的教师无法胜任教学工作。专职教师因工作量超负荷无法参加在职进修或培训。当地的教学质量令人堪忧。

2. 城乡义务教育经费投入体制机制状况及存在的问题

（1）教育经费来源渠道不畅，农村中小学经费投入缺口大。

YY 县是 A 市面积最大、人口最多的国家级贫困县，长期经济落后，地方财政收入总量小，教育投入远小于教育实际需求。虽然国家层面的财政教育投入持续大幅增长，但是从教育现代化的发展目标来看，特别是在实施城乡一体发展的战略后，义务教育经费的投入仍有较大缺口。近年来，YY 县积极探索、加大公共财政对城乡教育保障的支撑力度，依法确保教育经费的"三个增长"，积极落实教育经费占县级财政一般预算支出比例每年提高一个百分点和新增教育经费的 70% 以上用于农村学校的政策。

从图 6 - 8YY 县 2008～2012 年财政收支状况可以看出，YY 县的财政收支逐年上涨。2008 年 YY 县地区生产总值为 40.61 亿元，2010 年 YY 县地区生产总值增至 58.16 亿元，同比增长 15.2%。2011 年地区生产总值达 76.96 亿元，比上年增长 16.1%。2010 年 YY 县财政收入 226 045 万元，2012 年增加到 415 448 万元。2008～2012 年，五年的财政增长率达到了 26.56%。2010、2011、2012 年度的教育经费分别为 39 596 万元、58 733 万元、95 418 万元，占到当年县财政支出的 20% 左右。教育投入力度较大，教育经费的增幅非常快。

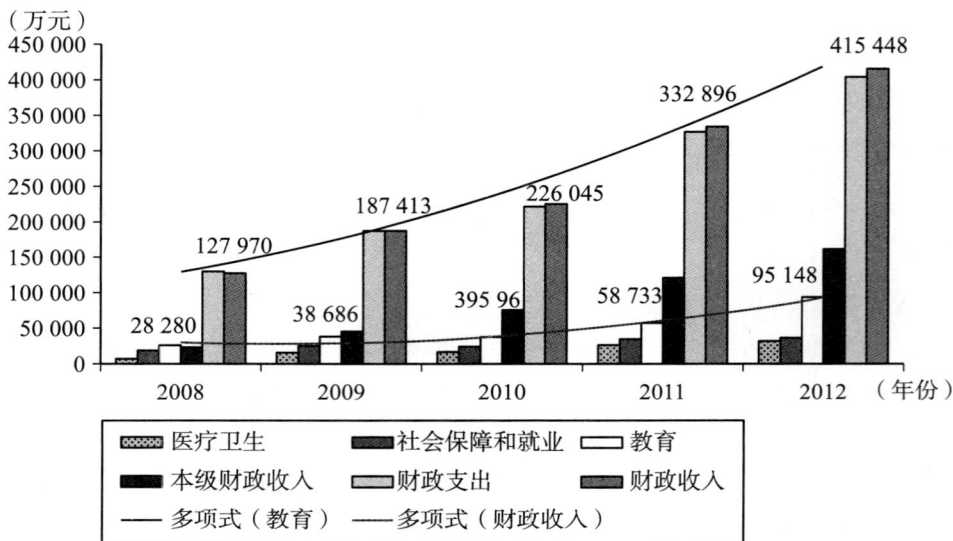

图 6 - 8　YY 县 2008～2012 年财政收支情况

资料来源：根据《YY 县教育经费年度统计报告》（2008～2012）整理而来。

财政收入为教育投入提供了坚实的经济基础。每年国家划拨 1 500 万元的专项资金用于薄弱学校建设改造。县级财政每年投入 5 950 万元用于解决教育的重点、突出问题，投入 200 万元的专项培训经费用于教师在县级的成教中心参加培训。目前参加培训的人次在 5 000 人左右。通过政府、地方各个层面不断加大力度增加对教育经费投入，现在 YY 县小学的生均公用经费达到 500 元/年，初中的生均公用经费达到 700 元/年。

在推进"两基"国检的工作中，国家和市财政对 YY 县的农村寄宿制学校建设项目投入专项资金 7 600 万元。近三年来，YY 县新征校地 959.74 亩，村小排危 240 所，新建教学及辅助用房、学生生活用房 24.52 万平方米。这样的投入对 YY 来说实属不易。然而由于地方财政的拮据，教育投入的缺口仍然很大。课题组在与 YY 县教委相关负责人的访谈中了解到，现在危房虽然改造了，但是许多农村学校仍然没有图书室、计算机和操场。学生宿舍虽然修好了，但是仍有许多学校经常缺水，无法保障学生基本的生活用水。新的校园虽然启用了，但基本的教学设施尚未配备齐全。

（2）地方教育经费投入结构不合理，教育负债重。

在财政逐年增加的情况下，YY县预算内教育经费也逐年增加。按照"总体规划、分步实施、重点突破、整体推进"的工作思路，YY县提出三项改革内容：一是加快城乡中小学布局调整改革；二是加快中小学标准化建设；三是推进职业教育改革。如图6-9所示，2009年YY县预算内教育经费的总量仅为394 828万元，2012年增长至973 417万元。4年的时间预算内教育经费增加了约3倍。其中，农村的经费投入均略高于县城或与县城持平。

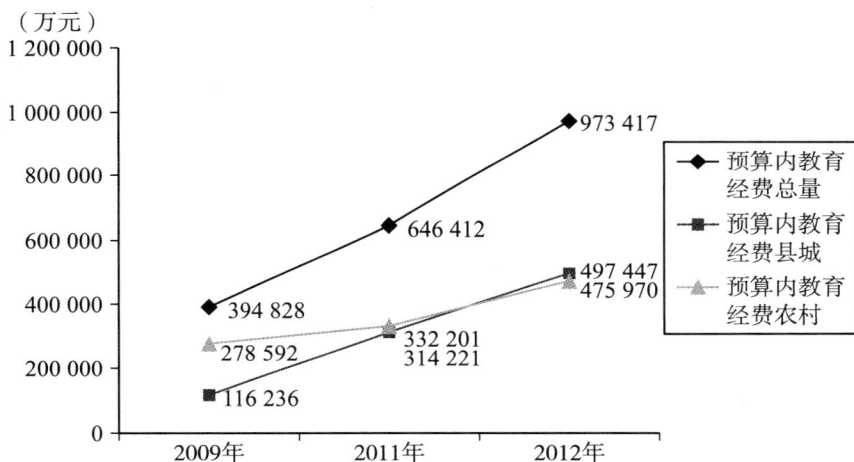

图6-9 YY县预算内教育经费

资料来源：根据《YY县教育经费年度统计报告》（2008~2012）整理而来。

为切实改善学校的办学条件，YY县多方筹集资金，举债办教育，出现了较为严重的教育债务。如图6-10所示，教育投入自2009年以来都在逐年上涨，2012年达到了62%，而同年的财政支出和收入的增长率仅约24%。巨大的教育投入给县级财政增添了沉重的负担。截至2012年3月，全县教育负债高达34 777.53万元。

（3）边远农村地区支教补贴未能有效落实，经费使用"重硬件、轻软件"。

2009年，YY县投入1.29亿元迁建ZD中学（现更名为YY县实验中学）。同年投资1.8亿元的职教中心新建工程开工，2011年总投资1.3亿元的YY县二中扩高工程在短短一年半时间内建成使用。教育投入大幅提高了学校的硬件设施，这与教师工资的缓慢增长形成鲜明对比。通过与YY县财政局领导的沟通访谈发现，近几年YY县的教师工资"并没有什么太大的增长"。据县城的教师透露，"教师工资增长较慢，有部分住房分配"；农村教师则表示，"教师工资不高

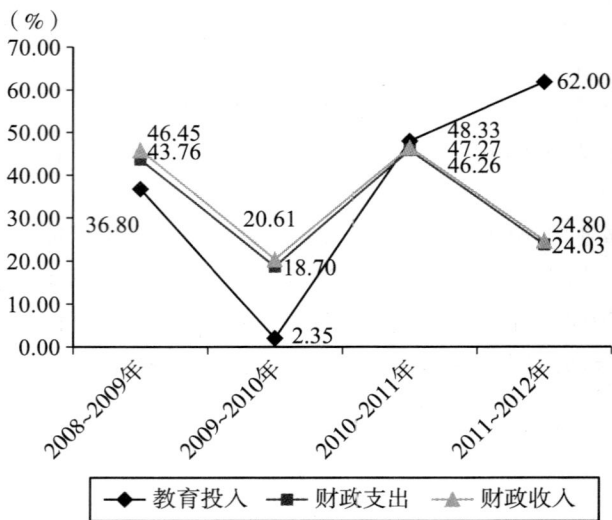

图 6 - 10   YY 县教育投入增长率与县财政增长率

资料来源：根据《YY 县教育经费年度统计报告》（2008 ~ 2012）、《YY 自治县国民经济和社会发展统计公报》（2008 ~ 2012）整理而来。

且增长较慢"。还有教师谈道："从主城到 YY 支教的教师除了工资可以拿到 2 万元的补贴，而长期坚守偏远山村的本地老师却没有任何大额补贴，让本地老师觉得很不公平。"这样的实际状况说明：①YY 县的教育投入重硬件、轻软件。硬件投入效果显然易见，政绩显著。②教育投入没有考虑当地财政的实际状况。发展教育是好事，但如何与当地的经济状况相吻合，拓宽多种渠道办教育、实现教育可持续发展是相应部门应考虑的问题。③教育投入的后续计划令人堪忧。YY 县的教育如果不能开源节流，另辟蹊径，很有可能出现资金断流的危险。④对农村教育的投入不到位，缺乏人文关怀。

（4）城乡义务教育经费监管与绩效考评机制不健全。

教育、财政、审计对教育经费收支的检查力度不够。对农村中小学校营养午餐、贫困初中生助学金、教师周转宿舍、薄弱学校建设等专项资金缺乏跟踪监管。教育经费管理包括教育支出、教师医保基金、教师住房公积金、地方教育发展费、教育系统非税收入等方面，目前未全部纳入绩效考评框架范畴。

3. 城乡义务教育办学与硬件资源配置体制机制状况及存在的问题

（1）义务教育硬件投入规划缺乏对农村学校的倾斜政策。

YY 县义务教育的硬件投入缺乏全盘规划。硬件投入主要集中在县镇等中心区域，没有把农村学校的建设纳入整个系统规划中。随着大规模的基建工程完工，YY 县义务教育的硬件条件确实发生了较大变化。2009 ~ 2011 年，全县投资

92 645.9 万元，新扩征校地 58.42 万平方米，建成中小学标准化学校 76 所，新建校舍总建筑面积为 55.12 万平方米，环形运动场 76 个，绿化校地 72.28 万平方米。截至 2012 年 3 月，全县累计启动项目建设学校共 76 所，土地、校舍双达标率达 60.32%，累计完成投资 63 742 万元[①]。

近五年，YY 县对不同圈层的学校实行有针对性的改造。在中小学标准化建设中，采取先规划、后实施，先试点、后全面推开的方法，利用三年时间，有计划、有步骤地实现建设 76 所标准化中小学的目标。但是在大型工程建设上，没有做好前期的估算，没有把生源、教师满意度、未来发展纳入总体发展中。总体看来，硬件投入规划和实施中均缺乏对农村学校的倾斜。

（2）农村学校教学配套设施缺乏，仪器设备不足。

在中小学标准化建设中，整合寄宿制学校、薄弱学校建设、农村初中校舍改造、营养促进计划、装备配备、特色学校塑造、实践教育和创新教育等工作极为欠缺。由于财政拮据，教育资金投入跟不上，农村学校各功能用房的设施设备配备不齐，无法发挥其作用，中小学一些教学、实验及相关活动无法开展，教育水平不高。而在县城中小学重复投入价值 1 530 万元的计算机、安保系统、图书、实验室等设施设备，导致县城中小学设施设备的闲置。一方面是教育资源紧缺，无法保证正常的教学，另一方面是教学设备闲置，产生巨大的浪费。如何均衡资源分配、有效利用资源成为解决问题的关键。

（3）县镇中小学办学容量不足，农村寄宿制学校生活设施不配套。

近年来，农民工子女就近入学和农转非家庭子女就读城镇学校的数量逐年增加。但因建设资金的缺乏，县城、乡镇、集镇所在地中小学无法短时间内进行扩建扩招，办学容量有限，压力巨大；同时存在部分农村寄宿制学校生活设施不配套，乡村学校办学条件简陋等突出问题，56 所农村寄宿制学校的教学楼、学生食堂、宿舍及配套设施建设，不能满足日益增长的学生寄宿要求。YY 县中小学标准化建设规划计划在三年内投入建设资金 9.26 亿元，完成建设项目学校 76 所的目标，改造中小学危房 26.38 万平方米。经初步测算，仅危房改造项目就需资金 1.93 亿元。另外，YY 一中市级模范中学建设、YY 二中扩高工程建设、ZD 中学迁建工程、县职教育中心新建工程等重点建设项目资金缺口巨大。

4. 城乡义务教育人才培养与评价体制机制状况及存在的问题

（1）县镇中小学大班额与村小一人一校的现象并存。

县城学校的教学条件、教学质量比较好，乡村学校则相对滞后。大量孩子涌向县城，造成学校生员过于庞大，班级学生数超过规定的标准，给县城教育带来

---

① 数据来源：YY 县教委相关统计资料。

负面影响。YY 县一中和二中的平均班额都是 80~90 人/班。如图 6-11、图 6-12、图 6-13、图 6-14 所示，城乡小学大班额数量在 2008~2011 年逐渐下降，但在 2012 年又有所回升；而城乡初中大班额数量在 2008~2010 年逐年增长，2011 年大幅减少后，在 2012 年也出现回升。2012 年，县城小学 56 人及以上的大班有 67 个，占全县小学班级总数的 46.04%。初中 56 人及以上大班有 76 个，占全县初中班级总数的 49.35%。① 虽然农村大班额绝对数量高于县城，但县城的大班额占总班数的比率大大高于农村。大量乡镇学生涌入县城，造成县城生师比过高，出现超大班额。长期超负荷工作的教师身心疲惫，教学改革无法顺利进行，本应成为教育改革示范、课题研究和师资培训基地的县城小学也无法起到示范作用。

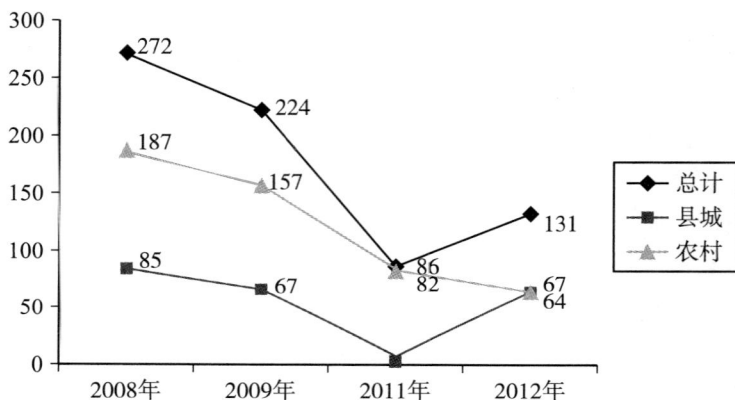

图 6-11　城乡小学 56 人以上大班额

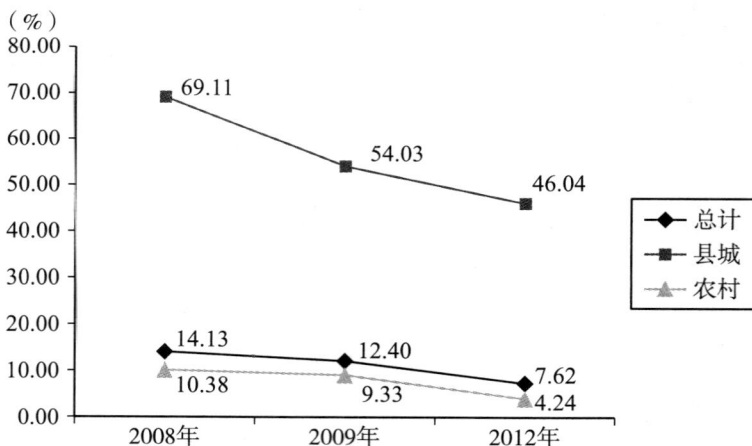

图 6-12　城乡小学大班额比率

---

① 数据来源：YY 县教委相关统计资料。

构建城乡一体化的教育体制机制研究

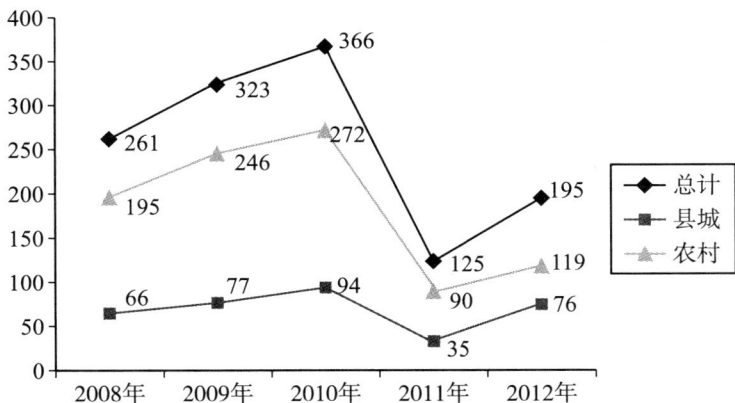

图 6 – 13　城乡初中 56 人以上大班额

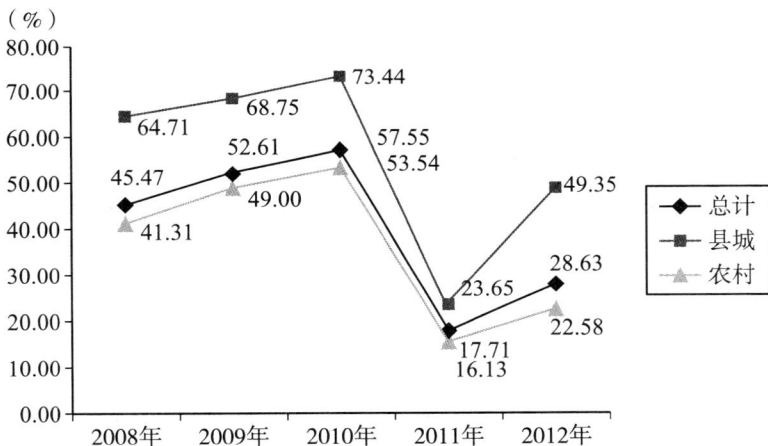

图 6 – 14　城乡初中大班额比率

资料来源：根据《YY 县教育事业统计报表》（2008～2012）整理而来。

　　在县城 80～90 人的大班额给学校、教师、教学带来压力的同时，村小却出现一人一校的情况。许多村小学只有一名教师，一人承担全校各个年级的教学。在这种情况下，教师也长期处于超负荷工作的状态，而且一个人兼顾多个班级、多个科目的教学，严重影响教学质量的提高和教改方案的实施。

　　（2）城乡中小学优质生源外流严重。

　　由于城乡之间、区域之间的不均衡发展，生源大战日趋激烈，优质教育资源大量地、不断地向发达地区、城市地区集中，强势教育资源对弱势教育资源加大渗透和吸引，形成了严重的教育"贫富分化"。从历年数据来看（见图 6 – 15、图 6 – 16），YY 县的小学生整体数量呈逐年递减的趋势。其中县城的小学生数量基本保持稳定，农村的小学生数量减幅十分明显。而在初中，尽管县城初中生数量逐年增加，但由于农村初中生在2010年后出现逐年下降的趋势，因而城乡初中生整体数量呈现出先增长后下降的趋势。

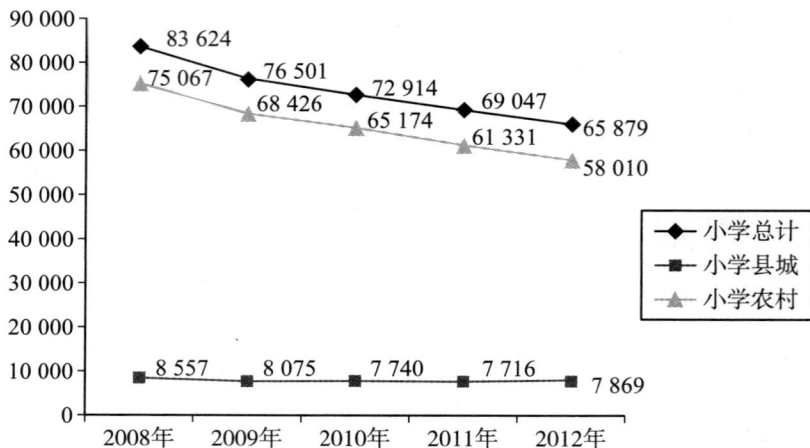

图 6 - 15　YY 县城乡小学生数量

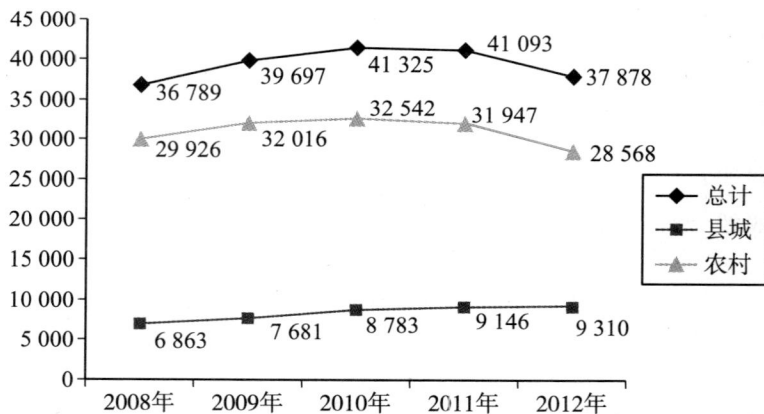

图 6 - 16　YY 县城乡初中生数量

资料来源：根据《YY 县教育事业统计年鉴》（2008～2012）整理而来。

从图 6 - 17、图 6 - 18 可以看出，YY 县小学的辍学率低于1%，符合国家的要求。初中的总体辍学率也从2008年的1.54%下降到2012年的0.30%，全县已经普及义务教育。

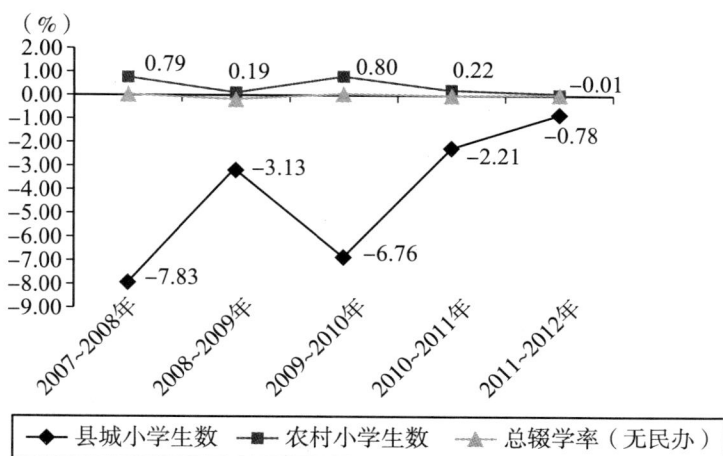

图 6 - 17 YY 县城乡小学辍学率

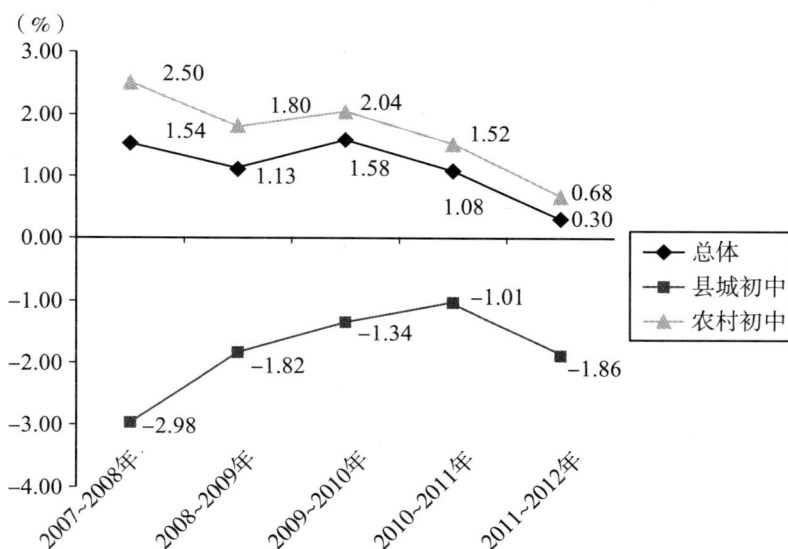

图 6 - 18 YY 县城乡初中辍学率

资料来源：根据《YY 县教育事业年度统计报表》（2008～2012）数据整理而来。

通过深度访谈，课题组了解到城乡小学、初中优质生源流失严重。许多家长不惜重金把子女转入外地学校就读。一些外地学校也不惜代价到 YY 挖取优质生源，使 YY 县教育陷入了"教育质量差→优质生源外流→教育质量更差"的恶性循环。2007 年，A 市全市初中生升入普通高中的比例为 48.69%，YY 县只有21.06%（县内入学率）。全市初中毕业生升入职业学校的比例为 41.53%，YY县只有 9.56%（县内入学率）。以 2008 年高考为例，未在 YY 县参加初升高考

229

试而在一、三、八中等 A 市主城中学就读的 YY 县户籍考生,高考成绩超过重点线的就有 16 名,且高考成绩均在 600 分左右。由于优秀教师和优质生源的大量流失,全县高考质量一路走低,2008 年 YY 县高考上重点线的只有 215 人,重点线上线率仅为 7.59%。而周边县的 QJ 中学一个学校上重点线的人数就达 231 人(包括区外 12 人)[①]。

(3) 留守儿童成长关爱的长效工作机制不健全。

实地调研发现,YY 县大部分农村中小学缺乏寄宿条件,即使是住校,条件一般都较差。此外,YY 县农村中小学对于寄宿学生一般没有配备专门的生活教师,住校生的管理基本上是由班主任负责。而这些班主任往往是义务服务,没有额外的津贴补助,每天从早上 5 点多一直工作到晚上 9 点半。这也在一定程度上失去了对留守儿童,尤其是对寄宿的留守儿童有针对性的关注和关爱,导致这些亲情缺失的孩子无法在学校教育中得到有针对性的弥补。

在新课程改革的背景下,虽然 YY 县农村中小学课程和教学内容进行了较大范围和程度上的变革,但在一些偏远的有大量留守儿童的农村、乡镇学校,由于受到教育理念、办学条件与师资力量等多方面的制约,国家规定的课程体系得不到实现,课程结构缺乏灵活性和弹性,教学内容依然陈旧,学校课程不能满足留守学生成长发展的现实需求。这些学校很少有组织、有计划、有针对性地对留守学生进行心理教育、生存教育、安全教育和法制教育,也没有专门指向留守儿童未来职业定向的相关课程。教育行政部门对学校教育质量的考核大多还停留于以升学为指标的传统评价标准,使得学校的教育教学过分地关注学生学业成绩。有的学校甚至把学生考分、升学率同教师的工资、奖金挂钩,这就使得教师不堪重负,根本无法顾及留守儿童成长与发展的特殊性。

(4) 城乡学校教学质量差距大,缺乏有效的教学质量评价机制。

2008 年和 2012 年小升初各科目及格率和优良率统计如图 6 - 19、图 6 - 20 所示。2012 年普通中小学毕业年级水平测试中的学科及格率整体明显上升,达到近五年历史最高水平。例如,小学语文毕业年级水平测试及格率由 2008 年的 73.6% 上升到 83.39%、数学学科由 60.3% 上升到 62.57%、思想品德学科由 44.6% 上升到 60.32%、科学学科由 45.5% 上升到 76.15%。除了数学科目,其他科目的优良率也都大幅提升[②]。

---

① 数据来源:YY 县教委相关统计资料。
② 数据来源:YY 县教委相关统计资料。

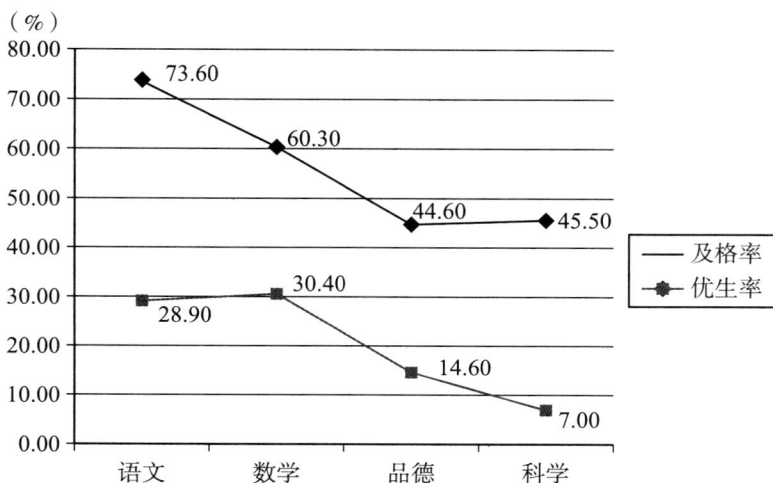

图 6 - 19　2008 年小升初各科目及格率和优良率统计

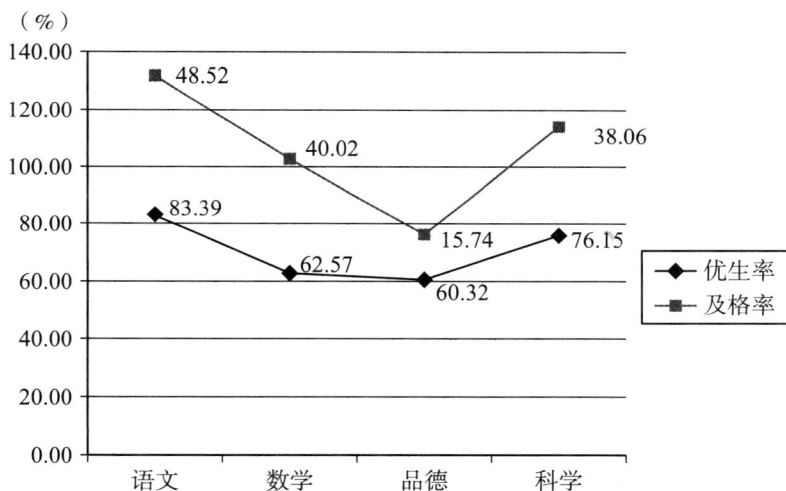

图 6 - 20　2012 年小升初各科目及格率和优良率统计

资料来源：根据《YY 县教育事业年度统计报表》（2008～2012）整理而来。

以 2012 年 YY 县小升初各科目（含语文、数学、品德、科学）考试情况为例，如图 6 - 21～图 6 - 24 所示，从四科科目的平均分、优生率、及格率等方面可以看出，县城中小学教学质量远远超过农村中小学教学质量。尤其在优生率方面，语文科目上，农村学校为 42%，县城学校为 74.81%；数学科目上，农村学校为 33.74%，县城学校为 62.74%；品德科目上，农村学校为 11.03%，县城学校为 44.46%。总体上，县城学校优生率为农村学校优生率的 2～3 倍，说明农村学校在探索创新课堂教学方法，提高课堂教学质量方面亟待改善。

231

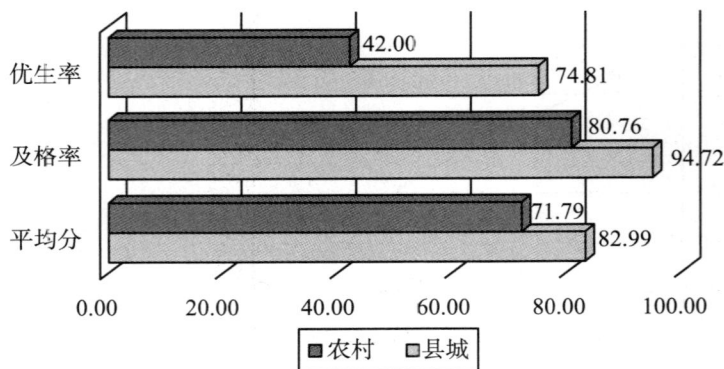

图 6 – 21　2012 年城乡小升初语文科目对比统计

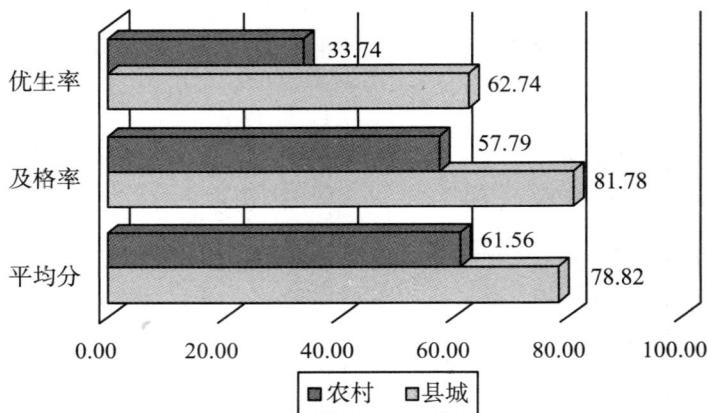

图 6 – 22　2012 年城乡小升初数学科目对比统计

　　除了城乡教学质量差距较大之外，YY 县整体教育质量水平偏低，其原因主要有以下几方面：一是宏观政策影响。随着市场经济体制改革的全面深化和交通、通信、信息等行业的飞速发展，城乡之间、区域之间的不均衡发展，生源大战的日趋激烈，优质教育资源大量地、不断地向发达地区、城市地区集中，强势教育资源对弱势教育资源加大渗透和吸引，形成了严重的教育"贫富分化"。作为民族贫困地区的 YY 县在这场分化中明显处于劣势，逐渐丧失了竞争力。二是地方经济影响。YY 县幅员广阔、人口众多，教育点多、规模大、需求大；但与此同时，YY 县经济发展长期滞后，地方财力十分薄弱，教育投入严重不足，致使办学条件落后，教师待遇低下，优秀人才外流，教育优势逐渐丧失，并形成恶性循环。三是管理体制影响。YY 县人均财力远远低于全国平均水平，教育投入难以做到"以县为主"，甚至连中央、市专项资金的配套资金都难以落实到位，对财政等各方面的管理不力也是造成 YY 县教育质量整体偏低的重要原因。

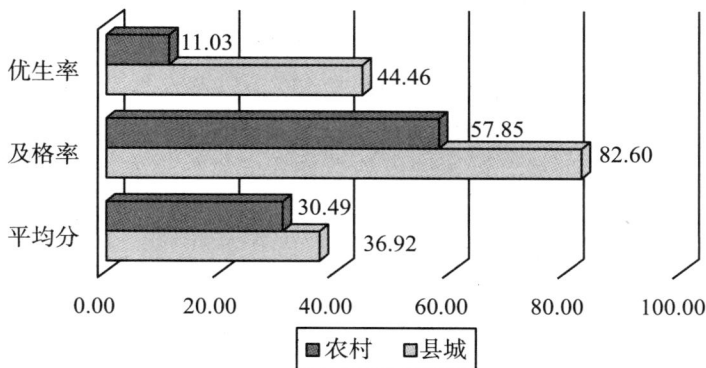

图 6 – 23　2012 年城乡小升初品德科目对比统计

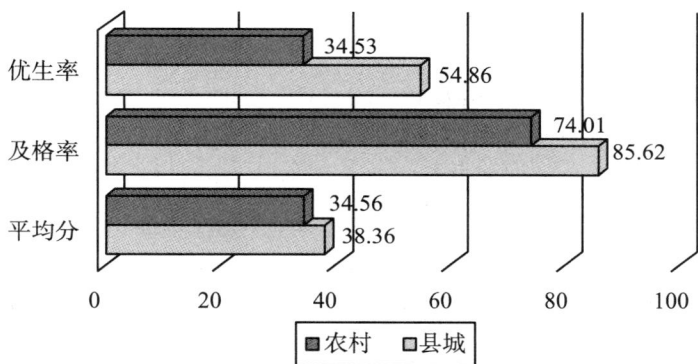

图 6 – 24　2012 年城乡小升初科学科目对比统计

资料来源：根据《YY 县教育事业年度统计报表》（2012）整理而来。

（三）"圈层战略"推进城乡一体化义务教育体制机制构建的对策建议

1. 实施"圈层战略"的历史审视

面对县 YY 教育发展进程中的复杂矛盾，如何能够统筹城乡教育事业共同进步？如何实现城乡各类教育、各类学校走共同发展、均衡发展、科学发展、特色发展之路？为解决这些难题，YY 县教育开始步入一条"不等不靠、苦苦思索、执着追求"的区域性城乡教育均衡发展的探索之路。

2009 年，YY 县根据全县经济社会发展的总体规划，先后制定了《YY 县统筹城乡教育发展总体规划（2009～2020）》、《YY 县义务教育均衡发展专项规划》等一系列教育发展中长期规划，致力于构筑县域内城乡教育一体化发展新格局，

233

寻求城乡二元结构背景下的城乡教育一体化发展之策。通过科学分析各乡镇未来人口流动变化和教育发展趋势，YY县将全县整体划为"内、中、外"三圈，县城及其周边五镇为"内圈"，近郊十镇十五乡为"中圈"，边远八乡为"外圈"。按照"以城带乡、整体推进、城乡一体、协调发展"的思路，推进各圈层错位发展，"内圈"内涵发展，"中圈"稳步发展、"外圈"快速发展，推进全县城乡教育一体化进程。将县域内的学校分成了教育发展核心圈、教育发展重点圈和教育发展稳定圈三个圈层，分别确立不同的发展定位，在圈层内推进均衡发展。

教育发展核心圈，是未来示范引领圈层。该圈涵盖5个镇，辖区面积1 161平方公里，服务人口28万人。教育发展重点圈，是未来需重点发展的圈层。该圈主要集中在核心圈以外的边缘性区域、边贸集镇、经济区和旅游区，涵盖25个乡镇，辖区面积3 088平方公里，服务人口44万人。教育发展稳定圈，是未来需巩固发展的圈层。该圈涵盖8个乡，辖区面积924平方公里，服务人口12万人[①]。

YY县实施县域内教育均衡发展三圈行动，目的就是要让各圈层内的学校按照优质、均衡、特色的发展要求，高度关注并大力促进学生发展、教师发展、学校发展和区域发展，努力办出特色、办出水平、多出名师、多育英才，最终形成"核心圈示范领跑，重点圈紧紧跟进，稳定圈积极追赶"的发展局面。

2012年，YY县教育工作者在市教委统筹城乡办公室、市教科院业务指导和领导下，以"YDN民族地区区域性教育发展机制研究课题"为契机，通过深入调查研究，按照唯物辩证法和教育哲学思维及方法，全面分析了YY县5 173平方公里城乡教育结构和功能以及相互联系，把握了YY县城乡教育发展的软硬环境和制约因素，研究和培植城乡中小学发展机制驱动力。在2009年YY统筹城乡教育发展总体规划"核心圈、重点圈、稳定圈"三圈基础上，YY县教育工作者提出了YY县区域性教育发展特色的新型发展机制——"九圈教育发展共促体"，并以"九圈发展理论和六项战略性行动及全方位城乡教育发展定位"，在"城乡教育统筹发展愿景规划顶层设计、课堂教学改革与发展、教育科研、教育教学质量提升、教育扶贫组合"等领域展开了深入的实践与探索。

（1）九圈区域性教育发展理论。

利用YY县境内教育发展现状和未来格局之定位，提出打造"境内核心圈、重点圈、稳定圈"三个境内教育区域性整体联动发展圈。

---

① 数据来源：YY县统筹城乡教育综合改革试验资料卷。

构建城乡一体化的教育体制机制研究

（2）六项战略性行动。

认真贯彻落实"十二五"教育发展规划纲要，以提高教育教学质量为核心，以"崛起 WLS、领先 YDN、铸就教育峰"总体战略为统揽，坚持"城乡学校全面整体发展带动城乡教师先行发展、城乡学校班子建设推动城乡教师先行发展、城乡教师率先成长促进学生全面发展，师生发展和家校联动共促学校长足发展"的基本工作思路，从人、事、物、信息、时间五大要素上，全面启动"名师名校联动、持续 YY 县教育、均衡优质特色、教育扶贫组合、资源利用改革"五项行动计划，外加市教委最近提出的"卓越课堂"行动共六项行动，全力着力于教育发展机制优化，不断创新教育发展方式，努力形成全社会和全方位共促 YY 县教育事业发展的新格局，推进全县城乡教育统筹发展和改革目标的实现。全面明确城乡各类教育和学校要从 2012 年开始，全面以优质、均衡、特色三驾马车同时行动为统揽。

（3）全方位城乡教育发展定位。

在"YDN 民族地区区域性教育发展机制研究"课题催生下，YY 教育工作者经过不断探索和实践，对全县 5 173 平方公里的城乡中小学进行了全方位发展定位。即拓展"一区三县"教育发展机制，创建学校发展、片区教育发展、区域教育发展三大论坛，奋力催生"六外圈"发展促进机制与平台之形成，倾力打造新县城核心圈，拼力打造重点圈，巧力打造稳定圈，形成未来新县城教育"十余颗珍珠"的城乡教育持续发展新格局。

2. "圈层战略"推进城乡一体化义务教育发展的实施途径

（1）"圈层战略"推进城乡一体化义务教育人事调配体制机制构建的对策建议。

第一，加强"外圈"农村学校教研制度和培训机制建设，提升教师教学能力。为加强"外圈"农村学校教研制度和培训机制建设，YY 县采取的措施包括教科所加强对"外圈"学校教研、科研指导，定期召开课题研究推进会，引导举办校长论坛、开展学术交流等活动。近五年来，"外圈"学校共开展 23 个校级课题研究，教师参与率达 80%。同时，外圈学校还承研了国家级、省（市）级教育科研课题各 1 个，对提高"外圈"学校办学水平和广大干部教师教育教学能力发挥了积极作用。

YY 县教师培训主要分为两大类：一类是全县 5 年一个周期的轮训，全县 7 000 多教师每人都必须参加；另一类是专项培训，如校长培训、新教师培训等。经费来源主要是两个方面：一方面来源于 5% 的公用经费，另一方面是教师平均工资的 1.5% ~ 2.5% 用于教师培训。培训内容主要是理论课和实践课两类；实践课程就是受训教师进入课堂一线进行评课、议课。教师对培训积极性还比较高，效果也不错。同时培训中还要对教师进行综合评定，评估教师培训效果。教师培训促进了教师交流，提高了教师经验，也打开了教师眼界。除此之外，还涉及国培等其他培训。据统计，2009 年，全县共投入经费 115 万元，开展中小学校长岗位培训、中小学学科教师培训、班主任培训、特岗岗前培训等多项培训活动，累计培训 2 267 人次。例如，县成教中心开展教师培训时，在 2010 年培训费只有 1 万元，2011 年达到了 15 万元，2012 年大幅增至 180 万元，2013 年培训预算达 300 万元。

第二，建立"中圈"教师流动机制，实现教师有序、合理流动。近年来，YY 县着力构建完善在职教育与职前教育相衔接的教师终身教育体系，积极开展"中圈"学校教师"资格培训、专业培训、骨干培训、远程培训、挂职锻炼"等多元化培训活动。鼓励学校干部到乡镇、县教委机关挂职锻炼，提高其教育管理水平。同时，建立教师成长激励机制，稳定了"中圈"学校优秀教育人才；建立了教师流动机制，初步实现"中圈"教师有序、合理流动。启动实施边远艰苦地区农村教师周转宿舍建设工程，计划用 3 年时间有效解决教师住房困难问题。普通中小学教师补充机制初步建立并形成良性循环，初中和高中教师队伍逐年扩大，差缺学科教师开始得到补充，教师学科和年龄结构性矛盾开始得到缓解。每年 100 多个招聘指标基本能够完成任务，流失率在 5% ~ 10% 左右。全县通过签约引进和招录新教师 758 人，占全部教职工总数的 10% 左右。2007 ~ 2011 年，全县累计投入经费 500 多万元，培训干部师资 1.8 万人次，全面提高了教师的业务素质。

第三，"内圈"实施"青蓝"工程和"名师"工程，建立城乡教师专业化成长长效机制。为建立"内圈"城乡教师专业化长效机制，YY 县主要采取如下举措：一是围绕思想政治素质、教师职业理想、职业道德水平三大重点，扎实开展师德师风建设，增强广大教师淡泊名利、爱岗敬业精神；二是深入实施"人才强校"战略，围绕新课程、新知识、新技术三大重点，面向全员、突出骨干、倾斜农村，加大师培经费投入，大力开展教师全员培训，大力实施"名教师""名校长"培养工程，加强中青年骨干教师队伍建设和中小学骨干校长队伍建设；三是在县教委统一管理和县教科研所统筹指导下，通过"两个工程"促进"内圈"学校教师快速成长。一方面，实施"青蓝"工程，组织中青年骨干教师"一对一"帮扶新进教师，通过悉心指导、示范引导等方法，提高新教师的教材教法、课堂教学等有关能力。目前，"内圈"共结对教师 120 对，50 余名新进教师经过两年帮扶，已成为学校骨干教师。另一方面，实施"名师"工程，各学校由党支部牵头，通过 2 ~ 3 年，培养一批在教学工作中起骨干、示范作用的优秀教师群体，并着力培养一部分县级名师，努力打造市级名师，"内圈"学校县级名师达 20 名，市级骨干教师达 53 人[1]。

第四，建立城乡教师编制宏观调控与监测机制。为优化城乡师资，YY 县采取了入学举措：统筹配置城乡师资，促进城乡教师基本平衡；实施全县农村教师全员免费培训、高层次创新人才建设、教育管理干部培训等计划，全面提高教师整体素质；改善城乡教师职称结构，岗位设置、职称评审中适当提高农村学校中、高级比例；在具体核定基本编制基础上增加 2.5% 的附加编制用于引进高素质、高学历的教师，建立从职称评聘、经济待遇、政治待遇上向农村中小学教师倾斜的长效机制；建立义务教育阶段教师津补贴制度，对长期坚守边远地区的教师给予一次性大额补贴，逐步提高教师待遇。根据教师差缺情况通过招录考试和签约引进方式，逐年解决教师缺编问题。政府从子女入学、配偶工作、工资待遇等方面出台落实教育优秀人才引进优惠政策，大胆突破各种限制，加强省市级优秀校长、优秀教师等人才引进工作。

（2）"圈层战略"推进城乡一体化义务教育经费投入体制机制构建的对策建议。

第一，加大"外圈"农村薄弱学校经费投入，大力改善办学条件。YY 县根据村小人数逐年递减、中心小学（完小）班额逐步增大的实际情况，适时调整建设规划，全面治理农村薄弱学校，加快"外圈"学校建设标准化步伐。近五年来，全县倾斜投入"外圈"7 000 万元，改造 18 所中心小学和完全小学危房 5 万余平方米，新建寄宿制工程 12 所学校 2 万余平方米，新建（改建）学生食堂 22 所学校 0.6 万余平方米。其中，投入 1 057 万元加强"外圈"学校配套设备建设，重点为农村边远学校添置教学设备，进一步改善"外围"学校办学条件。

第二，加大"中圈"经费统筹力度，大力添置农村中小学配套设备。YY 县加大经费统筹力度，五年来投入资金 6 220 万元，基本配齐了"中圈"学校学生课桌椅、学生铁床、厨房设备以及理化生实验器材、科技器材、图书等。同时，坚持以信息化带动教育现代化，配置学生电脑 1 200 台，教师电脑 3 200 台，建立校园网站 15 个，"班班通"600 个，多媒体教室 62 间，校园广播系统 3 套，校园安全监控系统 155 套。

第三，建立中央、省、市、县四级共同分担义务教育经费保障机制。建立中央和市为支撑、多渠道筹措经费为辅、以县为主的贫困县义务教育投入体制，中央、省、市、县四级共同分担义务教育公共经费。在各级政府的基础教育财政责任和承担的比例上，通过科学计算确定贫困县生均义务教育经费定额标准、生均

---

[1]　YY 县统筹城乡教育综合改革试验资料卷。

公用经费基线以及学校办学标准化的评估指标，根据贫困县经济发展水平与教育投资努力程度，确定各级政府之间的分担比例，依靠县财力无法达到的，由市财政补足，依靠市财力无法达到的部分经费由省财政补足，依靠省财力无法达到的经费由中央财政支付，保证义务教育阶段的教育经费相对均衡。

第四，积极拓展教育经费投入渠道，探索教育税费征收减免政策。应制定强有力的义务教育投入保障政策，建立稳定的资金来源渠道，逐步加大对义务教育的经费投入，缩小各乡镇、各村级学校之间投入差距。争取中央、省级的资金补助，积极协调县财政局，增加预算内教育经费支出，制定各级各类学校生均公用经费标准。积极拓展教育经费投入渠道，探索教育税费征收减免政策。调整公共财政支出结构，重点向农村地区、少数民族地区和边远贫困地区倾斜。完善各级各类学校学生资助体系。健全企业、社团、个人援助农村教育的新机制，扶持农村教育发展。

（3）"圈层战略"推进城乡一体化义务教育办学与硬件资源配置体制机制构建的对策建议。

第一，推进城乡教育信息资源共享机制，切实加快城乡教育信息化建设。教育信息化是以个性化、智能化、广空间、大容量和不断创新为特点的，是教育现代化的一个重要组成部分。教育信息技术和远程教育网络以资源充分共享的方式，发挥优质教育资源最大的社会效益，解决贫困地区教育资源短缺的难题。加强中小学信息技术教师队伍建设，提高在职教师信息素养。探索和改进贫困村所在地村（完）小学校内教育资源充分利用问题。积极在学校图书利用、仪器利用、计算机和远程教育网络利用方面进行改革，让农村教师利用现代科技成果，加速农村教师信息化能力大幅度提升进程，让各项教育资源发挥最大功效。高度重视教育信息网络建设工作，教育信息化是基础教育发展的必然趋势和方向，各乡镇教管中心和学校要善于引导教师和学生将已经有的远程教育网络、计算机、多媒体、班班通等现代信息技术装备充分地利用起来，提高利用效率。

为加强设施设备配备，全面改善学校办学条件，YY县每年按照中小学生均公用经费的10%统筹用于教育信息技术与装备工作。2009年以来，YY全县累计投入资金1 612.756万元，添置学生课桌椅、学生铁床、厨房设备以及理化生实验器材、多媒体计算机等，加强学校综合实力的提升。学校信息化装备水平步步靠近"标准"。普通小学校百名学生计算机数量由2008年的1.87台增到2011年的3.52台，增长188.24%；普通中学校百名学生计算机数量由2008年的2.69

台增到 2011 年的 3.5 台，增长 30.11%①。

第二，"外圈"积极探索中小学集团发展模式，建立城乡学校交流合作机制。YY 县教委认真贯彻落实市教委"领雁工程"有关要求，组织"内圈"9 所示范学校分别与"外圈"22 所项目学校结成"领雁工程"帮扶对子，实行干部教师互派、教学教研互动、教育资源共享，提升项目学校自主发展能力。全县名校长、名教师组建的教育发展智库重点指导"外圈"学校，先后 8 次以校园建设、学校管理、教师专业技能等为专题召开诊断会、指导会。同时，"外圈"22 所学校与 9 所县内知名学校组建教育发展联盟，联盟学校在办学条件、办学理念、内部管理、师资培训、教学研讨等方面开展全方位、深层次、多形式的交流合作。2011 年，YY 县出台了《中小学集团发展工作实施意见》，将全县 70 所中小学组成 30 个发展集团，实行共同发展、捆绑考核，逐步建立城乡学校多层次、多渠道、多形式的交流合作机制，有力带动和促进了"外圈"学校的发展。

第三，"中圈"推进农村中小学校舍标准化建设。为切实抓好工程建设，YY 县立足当前，着眼长远，切实结合城镇建设、移民建镇、人口增长、学龄人口变化等因素，广泛调研、充分论证，科学编制全县中小学标准化建设工程规划方案，以规划方案为统领，力求做到"建成一所，像样一所"，防止建设的盲目性和随意性。在规划中，始终坚持"一统筹五结合"。"一统筹"，即按照统筹城乡教育改革和发展的总体需要进行统筹规划；"五结合"，即将中小标准化建设工程与中小学校舍安全工程、农村初中校舍改造工程、"五个校园"建设和中小学布局调整工作有机结合起来，统筹建设规划，统筹资金使用，统筹项目管理，力求最大限度发挥资金效益。

根据市教委校园建设有关标准，YY 县印发《关于推进中小学建设标准化工作意见》，按照"总体规划、分步实施、重点突破、整体推进"的原则，打捆有关工程建设资金，推进"中圈"学校校舍标准化建设。五年来，"中圈"累计投入 8 760 万元，新（扩）建完全小学 47 所，初级中学 22 所、完全中学 2 所、普通高级中学 4 所、高级职业中学 1 所、新征校地 29.5 万平方米，改造危房 18.14 万平方米，新建环形运动场 54 块，塑胶运动场 22 片，校地绿化 72.28 万平方米，"中圈"学校校舍建设标准化率达到 72%。2008～2012 年 5 年中，全县倾斜投入 7 000 万元，改造 18 所中心小学和完全小学危房 5 万平方米，新建寄宿制工程 12 所学校 2 万余平方米，新建（改建）学生食堂 22 所学校 0.6 万余平方米。

---

① YY 县教委相关统计资料。

根据《YY 县统筹城乡教育综合配套改革工作总结》的数据显示，YY 县教育经过三年项目试验，改革成效显著。硬件方面体现在：小学生均校地面积由 2008 年的 21.23 平方米/生上升到 2011 年年底的 28.06 平方米/生，生均增加 6.83 平方米，增长率达到 32.17%；生均校舍面积由 2008 年的 5.81 平方米/生上升到 2011 年年底的 7.32 平方米/生，生均增加 1.51 平方米，增长率达到 26%；生均教学及辅助用房面积由 2008 年的 3.32 平方米/生上升到 2011 年年底的 4.32 平方米/生，生均增加 0.85 平方米，增长率达到 25.6%（见图 6－25、图 6－26、图 6－27）。

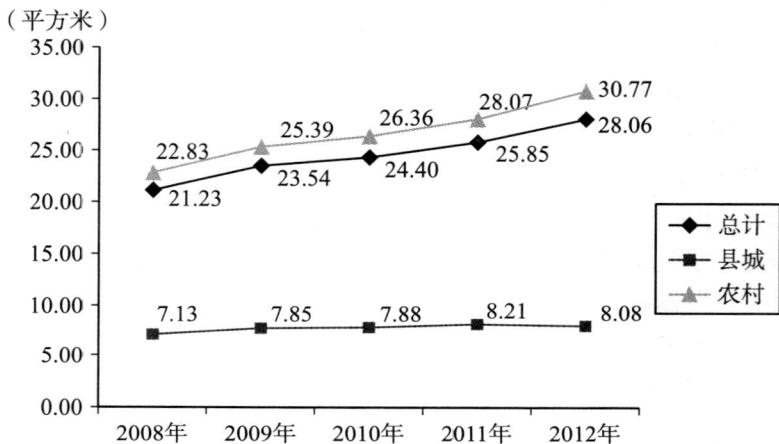

图 6－25　YY 县小学生均校地面积图

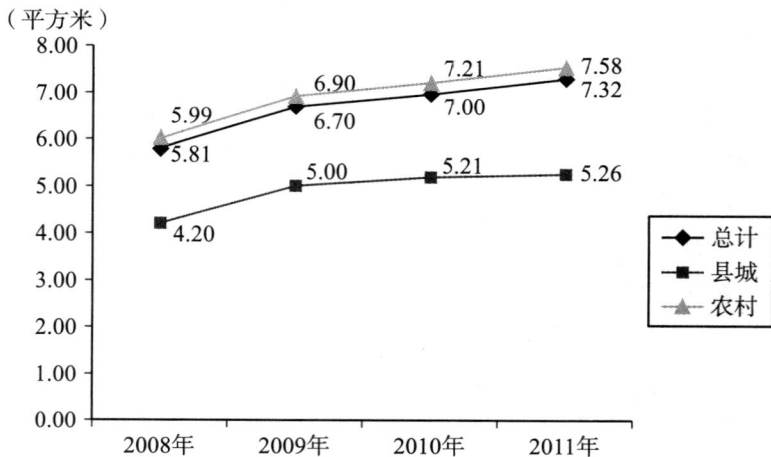

图 6－26　YY 县小学生均校舍面积

构建城乡一体化的教育体制机制研究

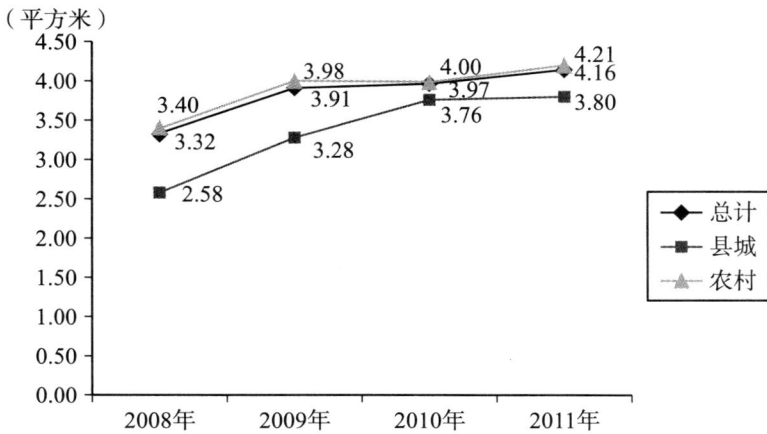

图 6 - 27　YY 县小学生均教学及辅助用房面积

资料来源：根据《YY 县教育事业年度统计报表》（2008～2012）整理而来。

初中生均校地面积由 2008 年的 19.98 平方米/生下降到 2011 年年底的 18.67 平方米/生，生均减少 0.31 平方米；生均校舍面积由 2008 年的 9.63 平方米/生减少到 2011 年年底的 9.03 平方米/生，生均减少 0.6 平方米；生均教学及辅助用房面积由 2008 年的 2.56 平方米/生上升到 2011 年年底的 3.18 平方米/生，生均增加 0.62 平方米（见图 6 - 28、图 6 - 29、图 6 - 30）。

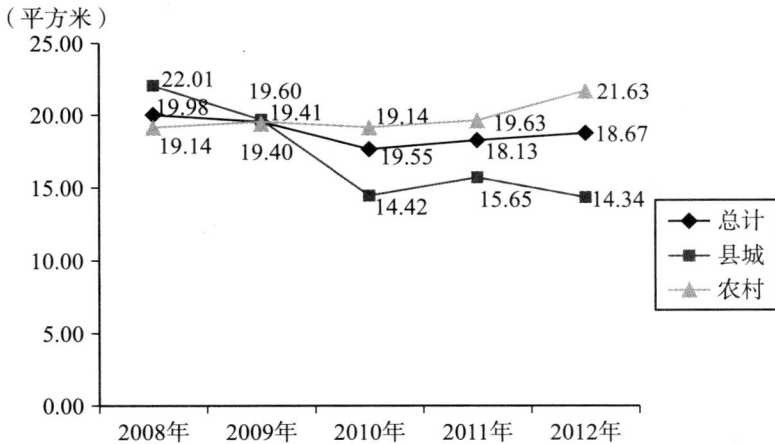

图 6 - 28　YY 县初中学生均校地面积

（平方米）

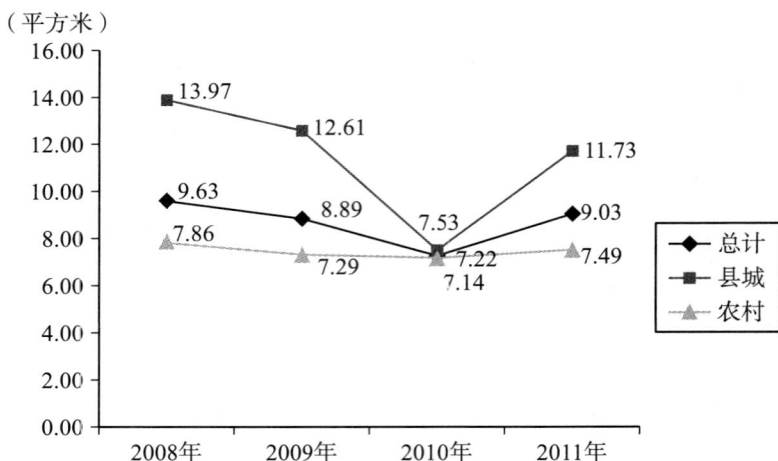

图 6-29　YY 县初中生均校舍面积

（平方米）

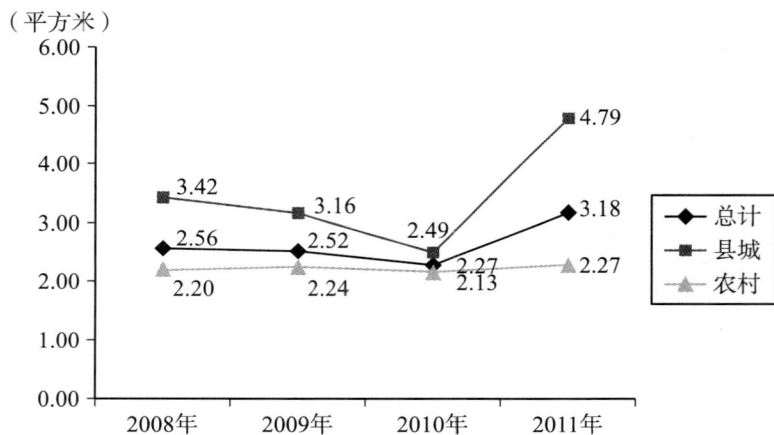

图 6-30　YY 县初中生均教学及辅助用房面积

资料来源：根据《YY 县教育事业年度统计报表》（2008～2012）整理而来。

中小学校舍建筑结构比（框架结构∶砖混结构∶砖木结构∶木结构）由 2008 年的 7.07∶86.46∶4.58∶1.89 调整为 2011 年的 20.73∶72.84∶4.89∶1.54，特别是框架结构校舍大幅度增加，由 2008 年的 65 953 平方米上升到 2011 年的 217 292 平方米，增长 329.46%，大大提高了 YY 县中小学校舍抗地震设防能力①。

第四，"内圈"启动"一校一品"的校园文化建设项目。为了引导学校科学发展，YY 县切实推进校园文化建设，并明确"内圈"以镇为单位实施"三步

① 数据来源：YY 县教委相关统计资料。

走"的工作思路。第一步,抓住校园文化核心,树立正确的办学思想和办学理念。如 YY 实验小学校确立了"三个一切、三个发展"的办学思想,YY 民族小学确立了"为学生的发展和幸福奠基"的办学理念。第二步,营造学校良好文化氛围,主要是通过展板、标语、壁画等形式,开展以国旗下讲话、大课间活动等。如 MW 小学形成了书香气息浓厚的校园文化氛围。第三步,以创建文化特色为抓手,按照"特色项目—学校特色—特色学校"的发展思路,逐步形成"一校一品"的校园文化,如 YZ 中学的体育艺术特色、民族小学的科技文化特色成为全县的亮点。

(4)"圈层战略"推进城乡一体化义务教育人才培养与质量评价体制机制构建的对策建议。

第一,实施六项战略性行动,全面提升城乡学校教育教学质量。YY 县统筹办按照《教育规划纲要》要求,结合"崛起 WL 山、领先 YDN、铸就教育峰"的总体部署,在全面分析全县名师名校量少、质薄、分布不均、教研力低且面窄成果少等现状基础上,发布《YY 县人民政府 2013 年教育工作意见》,积极推进"义务教育发展基本均衡区县"创建工作,围绕"名师名校联动、教育持续、均衡优质特色、教育扶贫组合、学校资源利用、卓越课堂"六项战略性行动,切实做好内圈(县城及未来新县城所辖 5 镇)、中圈(近郊 10 镇 15 乡)、外圈(边远 8 乡)以及外圈内所含的六个合作交流圈的打造工作。2012 年,YY 县高考重点上线人数再创历史新高,清华北大等名牌大学上线人数更是在整个 YDN地区创造了纪录。截至 2012 年 6 月 26 日上午,全县上重点线 569 人,较 2011年增加 177 人,增长 45.15%。其中,600 分以上 90 人,较 2011 年增加 37 人。上清华北大线 7 人(已参加清华北大面试),占整个 YDN 地区的 63.64%,占1977 年恢复高考至 2011 年 34 年间全县上清华北大总人数的近一半。

第二,深入推进"卓越课堂"行动计划,积极探索适合本县学生实际的课堂教学模式。为探索建立适合本县学生实际的课堂教学模式,YY 县积极推进城乡学校"品质课堂建设工程",指导"内圈"学校全面实施"卓越课堂、生态课堂、和谐课堂"行动计划,不断探索创新课堂教学方法,提高课堂教学效率。如"四环六步教学法"、"631 课堂教学结构"备受教师、学生欢迎。县教委还引导"内圈"学校改革教育教学评价模式,发挥家长委员会的积极作用,让家长、学生和社会有关方面代表直接参与学校教育管理效果和教师教学效果的评价,逐步扭转部分学校重文化成绩、轻素质培养的现象,使学生综合素质逐年提升。近年来,YY 县组织学生代表队参加市级及以上竞赛,共获奖 110 多项(次),先后受到文化部、教育部关工委、市教委、市体育局的表彰奖励和社会有关方面的好评。

243

第三，实施义务教育就近、免试入学制度，逐步化解义务教育阶段学校大班额问题。针对目前本县县教育分布不够合理、农村教育资源贫乏、城区学校负担过重、大班额现象突出等现实，YY 县按照"面向农村、治薄扶弱、统筹推进"的原则，科学规划，整合资源，调整结构，优化布局。一是围绕"县城办优、乡镇办好、村社办够"的思路，迁建一批县城中小学，在拓展城市建设空间的同时将学校办优办强办成示范；二是大力改善乡镇学校办学条件，提高办学质量和水平，减少因发展不平衡导致的"择校热"，缓解城区学校压力，减少优质生源流失；三是根据需要办够村小，满足老百姓子女就近入学需求，确保小学、初中大班额分别不超过 10%。

第四，建立教育行政部门、学校、学生、家长和社区共同参与的评价制度。推进学校评价制度改革，改变以升学率、考名校为主要指标的学校评价方式，建立教育行政部门、学校、学生、家长和社区共同参与的评价制度；改变以学业成绩为单一指标评价学生的方式，完善以促进学生全面发展为目标的多元评价体系。

二、"三步走战略"推进城乡一体化义务教育体制机制构建研究——以 XS 县为例

（一）样本地区选取

1. 样本地区特点

在城镇化快速推进、空间结构急剧变动的当前，如何统筹规划人口分布、经济布局、国土利用及城镇化格局，已成为进一步推进区域协调发展的着力点。我国 2010 年出台的《全国主体功能区规划》根据不同区域的资源环境承载能力和现有开发密度和发展潜力，将我国国土空间划分为"优先开发"、"重点开发"、"限制开发"和"禁止开发"四类，要求根据不同区域的主体功能定位，确定开发方向，逐步形成人口、经济、资源环境相协调的空间开发格局。以此为背景，为深入推进统筹城乡区域协调发展，促进资源配置最优化和整体功能最大化，在综合考虑人口、资源、环境、经济、社会及文化等要素的基础上，XS 县所在的 A市于 2013 年 9 月出台《关于科学划分功能区域、加快建设五大功能区的意见》（以下简称《意见》），决定将全域划分为"都市功能核心区"、"都市功能拓展区"、"城市发展新区"、"生态涵养发展区"和"生态保护发展区"五大功能区。

根据《意见》的要求，"生态保护发展区"的首要任务就是"保护生态"，"加快经济社会发展与保护生态环境并重，加强扶贫开发与促进民族地区发展相

结合，引导人口相对聚集和超载人口有序梯度转移，建设生产空间集约高效、生活空间宜居宜业、生态空间山清水秀的美好家园"。为贯彻落实《意见》的要求，统筹城乡教育一体化发展，A 市教育委员会、国家发展和改革委员会、财政局及规划局四部门在 2014 年 2 月联合下发的《关于进一步加强五大功能区中小学布局结构调整工作的指导意见》指出，"生态保护发展区"原则上需按照"每1.2 万人布局 1 所小学（24 个教学班）、每 3.5 万人布局 1 所初级中学（30 个教学班）"的"基本依据"优化县域内中小学布局，更好地满足人民群众的教育需求。

XS 县，作为 A 市"生态保护发展区"的区县之一，地处连片特困地区，是国家重点生态功能区与重要生物多样性保护区，也是绿色经济发展高地、重要生态屏障、民俗文化生态旅游带和扶贫开发示范区。那么，XS 县的义务教育是如何贯彻落实上述国家战略与地方规划的相关要求的呢？其间，遇到了哪些困难，又存在什么样的问题？该如何解决？基于这些问题，课题组深入调研了以"生态保护发展区"为特征的 XS 县。

2. 调查对象与数据采集

课题组于 2013 年 10 月通过对 XS 县教委（人事科、计财科、编制办等部门）、人力资源和社会保障局、财政局等相关部门的负责人及部分中小学校长与教师等人员进行访谈（包括焦点访谈、个别访谈及深度访谈等）的形式实地调研了 XS 县城乡义务教育的师资队伍、经费投入、硬件配置及学生培养等发展状况及存在的问题，同时获得了 2008～2012 年的《XS 统计年鉴》和教育事业与教育经费统计数据以及与教育相关的政策文件等资料。

（二）XS 县城乡义务教育发展状况及体制机制存在的问题

1. 城乡义务教育人事调配体制机制存在的问题

近年来，为努力推进义务教育均衡优质发展，XS 县通过拓宽教师补充渠道、提高农村教师福利与待遇、加大城乡教师交流与教师培训等举措，不断加强师资队伍建设，优化师资结构，积极推进师资队伍一体化进程，主要表现在：一是城乡义务教育阶段生师比均有所下降，如义务教育阶段的城乡生师比由 2008 年的19.13∶1 和 19.52∶1 分别降到 2012 年的 16.03∶1 和 13.18∶1；二是城乡小学专任教师占教职工的比例均有所升高，且城乡间差距不断缩小，如小学阶段城乡专任教师占教职工的比例由 2008 年的 92.86% 和 85.85% 分别提高到 2012 年 94.35%和 96.6%；三是城乡义务教育阶段专任教师中拥有小学或中学一级及以上职称的比例逐渐提高，且城乡间差距在不断缩小，如义务教育阶段的城乡专任教师中拥有一级及以上职称的比例由 2008 年的 58.39% 和 28.95% 分别提高到 2012 年的 77.57% 和 49.09%；四是城乡义务教育阶段专任教师中拥有本科及以上学历的比例逐渐提高，如义务教育阶段的城乡专任教师中拥有本科及以上学历的比例由 2008 年的 37.99% 和 27.86% 分别提高到 2012 年的 46.65% 和 32.51%[①]。

然而，因 XS 县属于"全国连片特困地区"，经济社会发展相对比较滞后，城乡差距比较大，结果在一定程度上阻碍了该县城乡义务教育师资队伍一体化进程的继续推进，出现了一系列体制机制问题，主要表现在以下五个方面。

（1）教师补充机制不完善，外地教师"引不来"。

引进外地教师，是补充教师不足、提高师资队伍质量的一种主要方式。为补充义务教育师资，XS 县主要采取了公开招考、"双特计划"[②]、特岗计划及人才引进等方式。然而，"引不来"外地教师，不仅是 XS 县农村义务教育面临的困境，也是该县城区义务教育尚未解决的难题。

第一，工作条件与待遇差，外地教师"不愿来"。XS 县属于"全国连片特困地区"，经济社会发展相对比较滞后，教师工作条件与工资待遇均相对较差，因而对优秀外地教师缺乏吸引力，甚至连本县的免费师范生都"不愿"回来，结果一定程度上造成该县教师补充困难，使得师资队伍建设的"源头"失去了活力。为了补充教师缺口，优化教师队伍结构，提高教师队伍整体素质，XS 县采取了公开招考、"双特计划"、特岗计划及人才引进等方式引进师资，但结果仍很不理想。如 2012 年全县共有 200 个教师编制，实际批复 127 个，但最后通过各种途径（包括公开招考、"双特计划"及人才引进等）一共才招到 111 人，还有 16 个缺额。另外，作为 A 市特有的教师补充方式，"双特计划"的实施效果在 XS 县也并不是很理想。如 2013 年，XS 县小学申报 100 名，结果只审批了30 个。虽然最后招到了 30 人，但都是通过调剂才补齐。中学实际有 10 个指标，但只招到 5 个，包括 3 个物理老师，1 个英语老师，1 个地理老师。既然是由于工作条件与待遇差造成外地教师"不愿来"XS 县，那么，改善工作条件与提高教师待遇能否有助于该县的教师引进呢？实践证明，改善工作条件与提高教师待遇对 XS 县的师资引进有一定的作用，即全县能引来新教师的学校只有一所，即 XS 县高级中学。该校之所以能引进教师，主要是因为 XS 县实施了一个特殊的政策——引进的教师有住房，且工资待遇高于其他在校老师。

第二，人才引进门槛高，非重点院校毕业生"进不来"。人才引进，主要是通过考核招聘的方式面向全国招聘优秀人才。XS 县"引不来"外地教师，除了是受该县经济发展水平所限这个原因外，另一个原因则是上级政府的政策限制。

---

① 上述数据由 XS 县学校层面统计数据计算得出。
② "双特计划"是农村义务教育阶段学校特设岗位计划和 A 市中小学特色学科教师配备计划的简称。

如该县所在的 A 市规定，只能是"985"、"211"院校的毕业生才能作为人才引进。该政策规定对于因受客观条件所限而遭遇教师补充困难的 XS 县而言，无疑是"雪上加霜"。针对本县教师补充存在的困难，XS 县通过征得相关部门的同意，降低了人才引进的门槛。如在征得市人力和社会保障局的同意后，XS 县对城区学校放宽了范围，即除了"985"、"211"院校的毕业生外，重庆师范大学、四川外语学院、西华师范大学以及成都体育学院等学校的毕业生也可以通过人才引进方式进行招聘。那么，降低人才引进门槛后的效果如何呢？该县人事科一位科长表示，降低人才引进门槛后，人才引进的指标一般都能完成，但紧缺学科（如物理、地理等）仍旧招不满。可见，由于主客观条件的原因，XS 县的城乡义务教育教师补充存在很大的困难与缺口，其结果是造成小学英语、艺术类（音乐、体育及美术等）教师和中学物理和地理老师非常紧缺。

（2）教师待遇与福利较低，农村教师"留不住"。

"留不住"农村教师，是 XS 县发展农村义务教育、促进义务教育均衡的一大难点。一方面，XS 县绝大部分义务教育公办学校位于城区以外的乡镇和村，这些地方工作条件比较差，交通不便，外地教师辞职率比较高；另一方面，农村教师津补贴很低，既难于稳住现有农村教师，也吸引不了城区教师。结果造成农村师资队伍"只出不进"，流失严重，稳定性比较差。

第一，农村教师工作条件差，外地籍农村教师流失严重。XS 县外地籍农村教师辞职率比较高主要有两个原因：一方面，虽然从 2008 年以来，XS 县通过"双特计划"解决了农村教师补充的难题，但该计划所招教师主要是来自外区（县），这些人在该地工作不安心，每年都有人辞职，造成教师队伍管理非常难；另一方面，因村小的教师没有住的地方，而是采用"走教"的方式，这一定程度上给农村教师的工作和生活带来很大的不便。

第二，教师津补贴低，"稳不住"现有农村教师。为了"稳住"农村教师队伍并吸引城区教师去农村工作，XS 县给予农村教师每月一定数额的教师津补贴。如从 2009 年开始，XS 县将农村教师补助分为三类：工作条件差的，每月补助100 元；工作条件稍好点的，每月补助 50 元；在城区工作的则没有补助。然而，在该县人事科的一位科长看了，这点补贴"连交通费都不够"。为此，XS 县在2012 年召开了一个有关农村教师津补贴的工作会议，会议同意县上财政自己出钱提高农村教师的补贴标准，但最终还是未落实。原因在于，县里最后听说市级层面也在调研，所以，县里就没有出台自己的新政策。

（3）教师交流制度不规范，教师支教"行不通"。

教师交流，是实现义务教育资源均衡配置、促进义务教育均衡的有力举措。然而，XS 县由于教师交流制度设计欠完善，加之缺乏相应的配套和保障措施，结果导致该县城乡教师交流遭遇强大阻力，流于形式。归纳起来，主要有以下几点原因。

第一，教师交流尚未制度化、常态化，易流于形式。由于 XS 县并未出台有关教师交流的具体、可行的指导文件，而只是根据实际工作需要将城区教师派出去进行交流，因而很容易导致教师交流走过场，流于形式。

第二，相关配套制度和保障措施不健全，教师交流阻力大。一方面，现行教师人事管理体制限制了学校将本校教师特别是优秀教师派出去交流的意愿。因为，教师与学校是一种隶属关系，教师还不是真正意义上的"系统人"而只是"单位人"，所以，这些学校会从自身利益出发限制本校教师特别是优秀教师参与教师交流。优秀的教师交流出去后，原学校的教育质量就无法保证。而且，现在又在实行绩效考核，严格按办学质量进行考核，优秀教师交流会影响其原单位的办学质量；另一方面，现行教师人事管理体制还制约了 XS 县有关到农村支教的教师考核办法的出台。原因在于，若在原单位进行考核，支教教师肯定是优秀的；但若在支教的学校进行考核，则将占用对方学校的名额，影响对方学校教师的工作积极性，会影响其整个考核。

第三，政策设计不合理，农村教师参与度低。由于教师交流政策的顶层设计忽视了作为利益相关者的农村教师的切身利益，结果造成农村教师心理不平衡，使得教师交流工作开展起来难度很大。如该县一位人事科长表示，因国家政策规定支教教师每年有 2 万元补贴，所以，在城区工作的优秀教师被派到农村后，每年能拿到 2 万元，但长期在农村工作的教师却没有这笔钱，这样很容易会造成农村教师心理不平衡，有落差。所以，教师交流工作开展起来难度大，农村教师参与积极性并不高。

（4）教师管理制度不合理，年轻教师"干劲不足"。

教师管理制度，涉及教师的编制、职称、工资待遇与福利等多方面。然而，由于 XS 县教师管理制度不合理，不仅造成年轻教师工作中积极性不高，而且也影响了教师间、上下级间的关系。

第一，岗位受编制所限，压制了年轻教师的晋升机会。教师编制，是教师身份的象征与标志，是教师依法获取工资、津补贴、社会福利等合法权益的基本保障。然而，调研发现，由于受教育经费所限，XS 县并未完全使用其应有的教师编制。原因在于，"增加一个教师编制，每年就要增加 4 万元的财政经费"。所以，为控制经费支出，XS 县只使用了部分教师编制，并采取"岗位按编制的一定比例"设置的方式控制教师数量。然而，此举"对年轻教师是一个打击"，因为，"学校在岗位竞聘时，优先考虑的是老教师"，"而凡是评上了高级职称的教师，其积极性也就没有了"。调研发现，该问题在城区学校尤为突出。如从 2009

年实施岗位竞聘到现在，XS县城区学校因为没有空岗，有几所学校一直没有申报中级职称，很大程度上影响了其教师工作的积极性。

第二，职称等级划分过细，同事间、上下级间关系紧张。教师职称，是从教师的思想品德、知识水平、专业能力等方面综合评价教师素质的一个重要指标。XS县因将原来的初、中、高三个等级的教师职称划分为九个等级，结果造成教师为了差额不大的工资而相互竞争，最终破坏了同事间、上下级间的正常关系。如该县一位人事科长在访谈中提到，教师职称分为九个等级后，很多以前属于同级的教师因要多争一级，结果弄得就相互间没有了"人情味"，"搞得老师、干部间的关系十分紧张"。

第三，绩效工资设计不合理，打击了年轻教师的工作积极性。绩效工资，是将个人薪酬与个人绩效挂钩，是一种通过激励个人提高工作绩效来促进组织绩效的激励机制。XS县因地制宜，本着提高年轻教师工作积极性的原则有意加大奖励性工资的比例——该县实行"倒三贴"绩效工资制，即基础性工资占30%，奖励性工资占70%——但最终却未获批准。针对此结果，该县一位人事科长表示，"高职称的教师本身收入就高，而现在又占着岗位，结果导致年轻教师岗位竞聘上不来，即使他们再努力工作也比高职称教师拿得少，这一定程度上打击了年轻老师（尤其是农村年轻老师）的工作积极性"。

（5）师资培训制度不健全，教师专业发展"待提高"。

师资培训，是教师专业发展的一个重要方式。然而，XS县目前却面临着缺乏师资培训场地、培训人员总量不足与学科不配套、培训经费难以有效使用、培训时间与方式脱离教师实际及教师参与度不高等问题。

第一，培训场地被挪作他用，可用资源缺乏有效整合。XS县师资培训面临的第一个问题即是该县没有培训场地，主要是因为，"现在的教委占用了教师进修学校的场地"。然而，XS县现有中小学教师近6 000人，不可能全部依靠外面的培训。为此，XS县准备将以前的电大、技术装备中心进行整合，建立自己的师资培训机构。

第二，人事管理制度不合理，培训人员总量不足且学科不配套。XS县师资培训面临的一个更大的问题是师资培训人员不足，而且，还存在年龄结构不合理与学科不配套等问题。如调研发现，该县小学一个学科最多只有2名教研员，而中学则是一个学科只有一名教研员，而且还存在专业不对口的问题。造成上述情况原因在于，一方面，县进修学校现只有44个编制，但若按学科配套的话，则最少需要60个编制。但县级对编制卡得太死，人员无法补充。另一方面，由于岗位受限和工资待遇不高，加之进修学校层次不高，因此，无法吸引一些优秀的教师来此工作。

第三，培训经费管理实行"报账制"，教师进修学校"有钱不能用"。调研发现，XS县财政对教师进修学校的经费"管理很严"，其经费使用实行的是"报账制"——学校用钱的每一项都要到财政局去申请，得到其同意后才可以进行。而且，县财政是按基本工资的1.5倍配套经费，虽能保障，但年终才能落实。然而，问题在于，财政部门只负责教师培训的费用，其他的费用都不管，如财政部门只考虑参加培养的人员需要多少经费，而对于教师培训准备过程中的经费却不予报销。所以，进修学校账上看起来有钱，但却不能用。

第四，培训时间与方式脱离教师实际，教师满意度不高。调研发现，一方面，XS县教师对教师培训的时间安排"意见很大"，原因在于，该县"培训人员不够"，所以只能利用周六、周日两天将教师集中起来进行本来安排在假期的教师培训，最后造成"没有老师上课"，使得培训很难进行。另一方面，"教师对远程培训的意见很大"，主要是因为，农村教师下班回家后还有家务事，又加上有些学校是包班制，基本上一人一个班，所以培训都是完成任务。虽然很多老师一直显示在线但却很少在线发言和参与交流。

第五，教师激励机制不完善，教师参与培训的主观意愿不强。调研发现，XS县教师参与培训的主观意愿不强，主要在于该县的教师激励机制不完善。如2011年，市里给了该县20个骨干教师培训名额，但最后只有1个人申报。究其原因，主要还是在于"在学校压力比较大，骨干教师任务多，包括要下乡送教等，而且做了事又没有报酬"。虽然从2013年开始，财政给予市级骨干教师每年600元补贴。但是，每月只有50元，连车费都不够。

2. 城乡义务教育经费投入体制机制存在的问题

近年来，XS县一方面积极落实教育经费投入的"三个增长"和"两个比例"，另一方面不断加大农村教育经费倾斜力度，努力缩小城乡教育差距。从2008年开始，XS县就正式编制农村中小学经费预算，建立了农村中小学预算编制制度，并建立了监督检查机制，科学规范农村中小学预算管理。此外，还成立了"教育经费管理中心"，对农村中小学经费实行"校财局管"。然而，由于自身财政能力有限及义务教育经费管理体制的不完善，XS县城乡义务教育经费投入仍存在一系列的体制机制问题，主要表现在：一是经费保障机制不顺畅，资金缺口较大；二是经费分配机制不合理，公用经费不足；三是经费管理制度不完善，学校发展受阻。

（1）经费保障机制不顺畅，资金缺口较大。

2005年12月，国务院颁布的《关于深化农村义务教育经费保障机制改革的通知》提出，要"按照'明确各级责任、中央地方共担、加大财政投入、提高保障水平、分布组织实施'的基本原则，逐步将农村义务教育全面纳入公共财政保障范围，建立中央和地方分项目、按比例分担的农村义务教育经费保障机制"。然而，由于 XS 县社会经济发展滞后，财力有限，结果导致该县义务教育经费投入不足，出现了较大资金缺口。一方面，义务教育经费欠债严重，义务教育发展受阻。如 2003 年以来，XS 先大力实施"两基"攻坚、"两基"巩固提高及学校标准化建设，由于财力有限，教育系统采取负债发展办法，积极推进各项建设。截至 2012 年年底，尚欠债 9 300 多万元，欠银行贷款和个人借款 2 300 多万元，严重阻碍了该县义务教育的发展①。另一方面，资金缺口巨大，学校标准化建设滞后。根据国家校安办和市校安办有关"在 2012 年年底前，各中小学必须彻底消除 D 级危房"的要求，该县于 2009 年 7 月启动了中小学校舍安全工程（简称"校安工程"）。虽然，D 级危房已全部排除，完成了 44 个项目工程、67 000 平方米的建设任务，但仍有 12 个项目还在建设，资金缺口达 3 019 万元。而且，对照市教委等相关部门下发的文件要求，完成需配备的教学设施、设备仍需资金 9 893.96 万元②。

（2）经费分配机制不合理，公用经费不足。

我国的教育经费支出分为事业性经费支出和基本建设支出。其中，事业性经费支出又分为个人部分和公用部分。教育经费公用部分，即常说的公用经费，是用于满足学校教育教学活动正常进行以及整个学校的正常运作而消耗的费用。《义务教育法》规定，"省、自治区、直辖市人民政府可以根据本行政区域的实际情况，制定不低于国家标准的学校学生人均公用经费标准"。目前，XS 县义务教育学校生均公用经费标准是小学 500 元/年、初中 700 元/年。然而，由于政策制定者没有深入考虑到农村义务教育学校的实际，使得义务教育经费分配机制并不能满足农村学校的经费需求，一定程度上影响了农村学校的正常运行。

如财政部、教育部 2012 年 8 月印发的《农村义务教育学生营养改善计划专项资金管理暂行办法》第十五条规定，学校食堂（伙房）的水、电、煤、气等日常运行经费纳入学校公用经费开支；供餐增加的运营成本、学校食堂聘用人员开支等费用，由地方财政负担。然而，该规定对于财政实力并不雄厚的 XS 县而言却是个难题。该县教委计财科一科长道出了其缘由："XS 是国家扶贫工作重点县，财政就那么点钱，全县 208 所学校需要食堂管理人员 208 人、从业人员 600 多人，每年新增人工费最低就要 1 100 多万元，实在是出不起……正因为将水、电、气等食堂日常运行经费纳入了学校公用经费开支，他们学校派老师出去学习

---

① XS 县人大网：关于基础教育工作情况的调查报告，http：//www.cqxsrd.gov.cn/aspx/xsrd/show.aspx?classid=14&id=427。

② XS 县人大网：关于基础教育工作情况的调查报告，http：//www.cqxsrd.gov.cn/aspx/xsrd/show.aspx?classid=14&id=427。

的次数少了许多。"①

另外，由于上级政策没有考虑到寄宿制学校运行成本高于非寄宿制学校的现实，而是规定两者公用经费标准一致，结果导致 XS 县义务教育寄宿制学校运行成本非常困难。该县教委计财科一科长谈到寄宿制学校时指出，"市里的政策并未规定寄宿制学校的经费投入要多一些，上面也没有区分寄宿制学校与非寄宿制学校，而是规定寄宿制学校与非寄宿制学校的公用经费一样。然而，因寄宿制学校要比非寄宿制学校多水电费、宿舍费、宿管人员费及宿舍维修费等费用，而我县中学基本上是寄宿制。所以，其运作相当困难"。

（3）经费管理制度不完善，学校发展受限。

调研发现，为了规范管理义务教育经费，XS 县教委设立了"教育经费管理中心"，对农村中小学经费实行"校财局管"。该县教育经费管理的具体流程如下：财政局将教育经费拨到"教育经费管理中心"；学校需要用钱时需向"教育经费管理中心"申请；"教育经费管理中心"同意后，根据学校实际按进度（如月份）将教育经费拨给学校；学校每月将票据送至"教育经费管理中心"进行报账。然而，学校只有报账员，没有会计。而且，农村学校以乡镇中心校为法人单位，村小则由中心校管理，且只有二级法人单位以上的才能报账。所以，村小的事务是由上级的二级法人单位审批、报账。此外，"教育经费管理中心"还从事核算工作和监督经费的使用情况。可见，"校财局管"的经费管理制度对经费的使用实行的是"报账制"，即学校先自己出钱发展义务教育，后拿票据去报账。然而，调研发现，这种经费管理制度却不利于义务教育学校（尤其是村小）的发展，很容易出现上面提到的"有钱不能用"的局面，一定程度上压制了义务教育学校发展的积极性。

3. 城乡义务教育办学与硬件资源配置体制机制存在的问题

近年来，XS 县扎实推进义务教育布局结构调整，大力实施普通中小学标准化建设工程、农村初中校舍安全改造工程、农村寄宿制学校建设工程，积极改善和优化义务教育环境，努力促进城乡一体化义务教育发展。截至 2012 年，全县普通小学占地 111.61 万平方米，校舍建筑面积 38.94 万平方米，生均占地 25.91 平方米，生均校舍建筑面积 9.04 平方米；普通初中占地 70.26 万平方米，校舍面积 26.35 万平方米，生均占地 23.56 平方米，生均校舍面积 8.84 平方米②。经过大力实施"六大功能室"建设和添置教学设备，截至 2013 年，该县义务教育

---

① 张军兴：《三元钱的尴尬——对 XS 县实施"营养改善计划"的调查》，载《重庆日报（农村版）》2013 年 1 月 3 日。

② XS 县人大网：关于基础教育工作情况的调查报告，http：//www. cqxsrd. gov. cn/aspx/xsrd/show. aspx？classid = 14&id = 427。

学校建设标准化率已达 80%①。

然而，XS 县境内多山的自然地理、经济社会发展滞后的现实条件以及人口居住分散的居住特点等因素一定程度上加大了该县城乡义务教育布局结构调整与中小学标准化建设的难度，结果阻碍了其城乡义务教育硬件配置一体化的大力推进，其问题主要表现在：一是缺乏"全域化"科学规划，义务教育布局结构欠合理；二是"倾斜化配置"不足，农村中小学标准化建设滞后。

（1）缺乏"全域化"科学规划，义务教育布局结构欠合理。

调研发现，随着城镇化进程的不断推进，XS 县进城务工人员及其随迁子女逐年增多，加之农民生育意识的不断提高，农村人口出生率持续降低，结果造成农村义务教育学龄人口不断下降。基于优化资源配置、提高教育质量的政策目标，XS 县对农村义务教育学校进行了布局结构调整和撤并（见表 6－1），其结果促进了办学条件的改善、教师队伍的优化及办学质量的提高。但与此同时，由于缺乏"全域化"的科学规划，结果一方面造成农村义务教育学校大幅减少，导致部分学生上学路途变远、安全隐患增加，学生家庭经济负担加重，并使得农村寄宿制学校严重不足；另一方面则造成一些城镇学校班额过大、教育资源紧张等问题。例如，由于农村学龄人口数的不断下降，XS 县义务教育学校布局结构调整使得农村义务教育学校逐年减少，已从 2008 年的 254 所减至 2012 年的 192 所。调研发现，调整后的农村义务教育学校主要分为乡或镇中心校、完小、村小三个等级，但中心校的办学条件要明显好于完小与村小。由于 XS 县农村人口居住分散，且每个乡镇只有一所条件较好的中小学，结果使农村学生为接受更好的教育而不得不承担更大的教育成本，其突出表现为：一是上学路程变远，来回要走两三个小时；二是上学要乘坐交通工具，既增加了交通事故风险，也增加了交通费用；三是寄宿制学生比例不断增加，既影响学生的个人成长，也增加了寄宿制学校的运行成本。

表 6－1　　　　　　　　**XS 县义务教育阶段学校分布情况**　　　　　单位：所

XS 县学校分布	2008 年		2009 年		2010 年		2011 年		2012 年	
	小学	初中	小学	初中	小学	初中	小学	初中	小学	初中
县城	4	1	4	1	5	1	7	4	7	4
乡村	236	18	225	18	218	18	216	17	176	16
全县	240	19	229	19	223	19	223	21	183	20

注："县城"仅指县政府驻地所在的城区范围；"乡村"则指"县城"以外的地区，包括镇、乡、村及组。

资料来源：XS 县教委统计资料。

---

① XS 县人民政府网：XS 县召开 2014 年教育工作会，http：//xs. cq. gov. cn/zfxx/news/2014－1/23_14909. shtml。

（2）"倾斜化"配置力度不足，农村中小学标准化建设滞后。

推进义务教育学校办学条件标准化，是实现政府基本公共服务均等化、科学配置义务教育资源的必然要求，也是缩小城乡教育差距、促进义务教育均衡发展的有效途径。继 2010 年出台《A 市义务教育学校教学设备基本配备标准》和《关于进一步加强义务教育学校六大功能室建设的实施意见》后，A 市教育委员会于 2011 年又出台了《A 市义务教育学校办学条件基本标准（试行）》（以下简称《标准》）。该《标准》对义务教育的校园规划建设、装备条件、公用经费及师资队伍进行了明确的规定。

虽然近年来城乡学校的校舍、设备均是按统一标准建造和配备，但是由于起点不同，且农村学校投入严重滞后，结果导致农村学校中小学标准化建设严重滞后，城镇学校生均拥有教学设施与设备远远高于农村学校，主要表现在：一是农村小规模学校问题突出，教育资源浪费严重；二是农村义务教育学校装备不全，城乡教学设备差距大；三是农村寄宿制学校运转困难，额外教育成本较高，等等。

第一，农村小规模学校问题突出，教育资源浪费严重。为了促进义务教育均衡优质发展，A 市 2011 年出台的《标准》对义务教育学校规模及班额作出明确规定，具体如表 6-2 所示。

表 6-2　　　　　　　　　A 市义务教育学校规模及班额标准

学校	适宜规模			班额人数
	每年级班数	班级规模	学生规模	
小学	2 ~ 5	12 ~ 30	540 ~ 1 350	≤45
初中	4 ~ 10	12 ~ 30	600 ~ 1 500	≤50
九年一贯制学校	2 ~ 5	18 ~ 45	840 ~ 2 100	小学≤45，初中≤50
完全中学初中部	2 ~ 6	6 ~ 18	300 ~ 900	≤50

资料来源：A 市教育委员会网站。

由表 6-2 可知，义务教育小学阶段的学校规模最小应有 2 个班级且每个班级至少有 12 人。然而，来自 XS 县公办学校层面的数据则显示，该县农村小规模学校问题比较突出，如据统计，2012 年秋季，全县农村学生 5 人以下的学校有 8 所，10 人以下的学校有 16 所[①]。而且，2012 年有 29 所农村小学只有 1 个班级，有 21 所农村小学的学生数少于 12 人，有 19 所农村小学只有 1 名专任教

① XS 政协网：全县学前及小学教育发展调查报告，http://www.cqxszx.gov.cn/czyz/136.html。

师①。可见，农村师资浪费比较大，课程开齐也有困难。

第二，农村义务教育学校装备条件不全，城乡教学设备差距大。2011 年，A市出台的《标准》将义务教育学校的装备条件分为"常规通用教学设备"、"学科教学仪器设备"、"六大功能室器材设备"、"现代教育技术设备"及图书馆五类。"常规通用教学设备"包括黑板、教具、学具等常用教学设备；"学科教学仪器设备"包括音乐、体育、美术、卫生及科技活动教学等教学仪器；"六大功能室器材设备"包括保障正常教育教学活动的音乐、体育、美术、卫生、综合实践（劳技）、科技活动六大功能室；"现代教育技术设备"则包括校园网络与安全监控系统、"班班通"、计算机教室及电子阅览室等。然而，来自 XS 县学校层面的数据则显示，该县农村义务教育学校装备条件很不齐全，如 2012 年该县有 63 所农村学校尚无一册图书②。而且，从"六大功能室"建设、课桌椅的配置、校舍改造配备情况来看，县教委直属学校及乡镇中心校配置相对较好，边远乡村学校及二级法人学校的设施设备较差。如 SH 小学不仅没有信息教室，而且连校舍都还是 70 年代的平房③。

第三，农村寄宿制学校运转困难，额外教育成本较高。建立农村寄宿制学校，是解决上学交通不便、路程遥远以及农村留守儿童无人看管等问题的一种有效措施。调研发现，XS 县中学基本上都是寄宿制学校，小学也只有几所不是寄宿制学校。而且，该县寄宿制学校当前面临着农村"小学运转非常紧张、中学基本无法正常运转"的困境。究其原因，一方面是因为现行政策并未考虑到寄宿制学校与非寄宿制学校的差别。如该县所在的 A 市出台的政策规定寄宿制学校的公用经费与一般中小学的一样，初中一年是 700 元，小学 500 元每年。然而，现实的情况是，寄宿制学校存在很大的额外运行成本，即寄宿制学校要比非寄宿制学校多水电费、宿舍维修费、宿管人员费、炊事员费等费用。另一方面则是由于学校公用经费是按学生人数统一划拨的，而农村学校由于学生人数少，所以其公用经费相对较少，结果造成其运行就更为困难。

4. 城乡义务教育人才培养与质量评价体制机制存在的问题

近年来，XS 县大力实施"教育兴县"和"人才强县"战略，坚持把"提高教育教学质量"作为工作中的重中之重，努力把 XS 建设成为 WLS 地区教育高地。2003 年，XS 县"两基"工作顺利通过了市政府的达标评估；2007 年，XS

---

① 由 XS 县学校层面的数据计算得出。
② 由 XS 县学校层面的数据计算得出。
③ XS 政协网：全县学前及小学教育发展调查报告，http://www.cqxszx.gov.cn/czyz/136.html。

县代表 A 市高质量、高水平通过了国家的"两基"督导评估①。2010 年，全县小学阶段入学率 99.91%，巩固率 99.89%，毕业率 99.01%；初中入学率 98.72%，巩固率 98.35%，毕业率 99.73%；初中毕业人数 8 610 人，升入普高 3 096 人、职高 2 618 人，升入高中的比率为 66.3%②。2013 年，全县小学毕业水平测试，语文、数学平均及格率达到 82.5%，中考参考 8 933 人，上市联招线 1 411 人③。然而，XS 县因在义务教育人事调配、经费投入及办学与硬件配置等方面仍存在一定的体制机制问题，结果导致其人才培养与评价体制机制相应地也存在一些比较突出的问题。

（1）农村师资结构不合理，学生培养起点低。

调研发现，XS 县因农村师资队伍结构不合理引起的人才培养问题主要表现在以下几个方面：

第一，教师数量不足，农村小学包班制普遍。通过与 XS 县部分义务教育学校校长与教师的访谈得知，该县农村义务教育目前仍存在着普遍的"包班制"。如该县一位中心校校长谈到"包班制"时说道，"一、二年级一人包班，三、四、五、六年级就是三个人两个班"，"每天基本都是五节课"的"包班制"加重了教师的负担，而"包班制"则主要是由农村小学教师缺编导致的教师数量不足造成的。

第二，学科教师不配套，农村学校课程开齐很困难。调研发现，由于 XS 县经济社会发展滞后及教师福利待遇不高等原因，农村义务教育学校教师补充比较困难，尤其是小学阶段的音乐、体育、美术等学科教师和中学阶段的物理与地理老师。而且，该县政协 2012 年有关本县小学教育发展的调查报告也反映了这一严峻的现实问题：从素质教育课程设置需要看，农村学校音体美专职教师严重不足，缺编 248 名。

由于部分学科教师缺编严重，一部分农村学校（多是中心校）采用以"非专业"教师代替专业教师的方式开设相关课程，如 LC 镇中心校音体美学科的任课教师均为非专业教师。④ 而另一些农村学校（多是村小）则干脆就不开设这门课。如 QXC 镇 MB 小学只有 2 个班 11 个学生、4 名教师，仅开设了语文和

---

① 张磊，吴仕卿：《质量为本：专访 A 市 XS 县教育委员会主任周锋贤》，载《今日教育》2011 年第 12 期，19~20 页。

② XS 网：县教委："两基"巩固提高工作成效显著，http://www.zgcqxs.net/default/comshow - 147 - 19139.shtml。

③ XS 县人民政府网：A 市 CS 区党政代表团来 XS 县考察教育工作，http://xs.cq.gov.cn/zfxx/news/2013 - 11/23_5853.shtml。

④ XS 县政协网：全县学前及小学教育发展调查报告，http://www.cqxszx.gov.cn/czyz/136.html。

数学课①。

第三，教师学历与年龄结构不合理，难以适应教育教学需要。一方面，从XS县学校层面的数据分析得知，该县义务教育阶段教师学历整体不高，且城乡之间、小学与初中之间差距较大。例如，2012年XS全县小学和初中专任教师中拥有本科及以上学历的比例分别为14.04%和76.44%，整体都不高，尤其是小学阶段，且小学与初中相差非常大。从城乡差距来看，2012年，城乡小学专任教师中拥有本科及以上学历的比例分别是17.78%和12.95%，而城乡初中则分别为82.14%和74.02%。可见，城乡初中阶段的差距要大于城乡小学阶段的差距。另一方面，从XS县的访谈得知，该县义务教育阶段农村村小教师年龄结构也极不合理，农村教师年龄呈现出两极化倾向。例如，该县一所学校一共只有5位教师，但其中4位教师的年龄都在50岁以上；而另外一所学校一共有9位老师，但其平均年龄却只有28岁。

（2）社会支持系统不完善，校本课程开设欠规范。

我国教育部2001年颁布的《基础教育课程改革纲要》明确提出，"实行国家、地方、学校三级课程管理"。一般而言，校本课程主要分为两类，一类是使国家课程和地方课程"校本化"、"个性化"；另一类则是学校自己设计开发新的课程。然而，不管采用哪一种形式的校本课程，都需要教育内外部环境的积极支持。从XS县的访谈得知，该县农村学校基本上没有实施校本课程的规范开发与教学。例如，谈及校本课程开设不规范问题的原因时，该县一位教师指出，由于学校基本上没有教材，所以，只能够根据当地学生的实际情况进行教学，如一般常在校园内、操场上等地方培养学生们的动手能力，或者去某个地方参观一下。而校本课程没有教材的原因则在于，开发校本课程的社会支持机制不健全：一是教师没有开发校本课程的观念与能力，二是没有足够的财力支持，三是没有相关的专业人才，四是没有相应的制度保障（如人事编制）。

（3）校园管理机制不健全，学生教育管理压力大。

一方面，由于城镇化进程的不断推进，XS县农村劳动力不断向城镇集中，留下大量留守妇女、小孩及老人，即存在普遍的"386199"现象。农村大量的留守儿童给农村义务教育管理造成了很大的压力。据调查，目前XS全县农村小学留守儿童约2.3万人②。其中，绝大多数农村小学留守儿童是由其祖父母或外公外婆监管，少部分则由亲戚朋友代管。由于XS县农村现有寄宿制学校的容量十分有限，加之留守儿童长期遭遇隔代监护或委托看管，结果既造成农村义务教育学校学生教育管理压力加大，也进一步加剧留守儿童的亲情缺失及其不健康成

---

①② XS县政协网：全县学前及小学教育发展调查报告，http：//www.cqxszx.gov.cn/czyz/136.html。

长。另一方面，学生教育管理的压力来自校园安全管理机制不健全，主要表现在学生交通安全、食品安全监管不到位以及校园及其周边社会治安隐患矛盾突出等方面。如该县一位教师谈到，在安全问题还未提到如此重要的以前，教师们还会经常带学生出去野炊、春游等，但现在因担心安全责任问题，教师们都不愿带学生走出校园。

（4）学生评价方式不科学，重智育与结果、轻德育与过程。

学生评价，是检验学校教育质量的重要手段。学生评价方式的科学与否，直接影响学校人才培养的目标与过程。从 XS 县的访谈得知，该县目前有关学生评价的方式存在一定的不科学性，主要表现在重智育轻德育、重结果轻过程。如该县一位校长谈到学生评价时指出，当前主要是从身体健康、思想行为及学习成绩三个方面进行学生评价，且主要是以学习成绩为主，主要是因为当前的学生评价制度受高考指挥棒的影响。

（三）"三步走战略"推进城乡一体化义务教育体制机制构建的对策建议

鉴于 XS 县当前的城乡义务教育发展状况与问题及其社会经济发展水平，本书认为，XS 县应采取"三步走战略"来进一步推进其城乡义务教育的可持续发展，通过建立健全城乡一体化义务教育体制机制，不断缩小城乡教育差距，逐步走向义务教育优质均衡。

1. 第一步，实现城乡硬件资源配置"一元化标准"

要坚持把硬件资源配置一体化作为城乡义务教育一体化的基础，通过"全域化"科学规划，合理布局城乡义务教育、"标准化"硬件资源配置，大力提升中小学办学条件等途径，不断改善城乡中小学校办学条件，推进义务教育标准化建设。

（1）"全域化"科学规划，合理布局城乡义务教育结构。

一是综合考虑人口结构、城镇发展、教育需求等因素，按照"小学就近入学、初中相对集中"的要求，合理确定学校服务半径，统筹规划城乡中小学布局结构，逐步实现农村小学 1～3 年级学生原则上不寄宿，就近走读上学；小学高年级学生以走读为主，确有需要的可以寄宿；初中学生根据实际可以走读或寄宿。二是合理确定县域内教学点、村小、完小及中心校的布局以及寄宿制学校和非寄宿制学校的比例，保障学校布局与学龄人口居住分布相适应。原则上每个乡镇应至少设置 1 所初中；人口相对集中的村寨，要设置村小或教学点；人口稀少、地处偏远、交通不便的地方，应保留或设置教学点。

（2）"标准化"硬件资源配置，大力改善中小学办学条件。

第一，实施村小、教学点改造工程。对保留和恢复的村小和教学点，要采取多种措施改善办学条件，着力提高教学质量。一方面，提高村小和教学点的生均公用经费标准，对学生规模很小的村小和教学点按一定人数核定公用经费，保证其正常运转。另一方面，加快推进农村标准化建设，为村小和教学点配置必备教学仪器设备等资源。此外，农村中心校要发挥管理和指导作用，统筹安排师资、经费及硬件资源，推动教学资源共享，提高村小和教学点教学质量。

第二，实施农村中小学标准化建设提升工程。一方面，继续添置义务教育教学设施设备。如 2012 年，XS 县投入资金 169 万元，为 27 所学校安装标准化无尘黑板 780 张；投入资金 388.6 万元，更新 28 000 套学生课桌椅；投入资金 89 万元，为 64 所学校新安装多媒体设备 64 套；投入资金 837.6 万元，新增班班通教室 353 间，共建班班通教室 698 间；投入资金 457 万元，安装和完善了 69 套校园室内外广播系统，所有直属中学建成室内外广播系统，所有二级法人以上学校建成室外广播系统。另一方面，继续大力实施义务教育"六大功能室"建设。如 2012 年，XS 县共投入资金 1 014 万元，在 27 所乡镇、街道中心校和 5 所直属小学、15 所直属中学、3 所村小建设"六大功能室"309 间，其中，标准化音乐室 51 间，美术室 60 间，体育室 50 间，卫生室 50 间，中学劳科室 30 间，小学劳科室 68 间[①]。

第三，推进农村寄宿制学校建设。一方面，合理规划、科学布局，将部分农村小学改建、扩建成寄宿制学校，并在有条件的乡镇（街道）新建寄宿制学校。另一方面，积极向上争取专项经费，统筹安排中小学校安工程改造、农村初中校舍改造工程和义务教育校舍维修改造长效机制等资金，确保寄宿制学校正常运作。此外，应积极完善农村寄宿制学校配套功能，重点加强寄宿制学校音乐、体育、美术、卫生、综合实践、科技活动"六大功能室"建设，改善农村寄宿制学校"吃、住、饮、浴、厕"等生活条件，让寄宿学生学习开心、生活舒心。

2. 第二步，推动师资队伍、经费投入"倾斜化配置"

（1）推动师资队伍建设向农村倾斜，提升农村教育发展水平。

第一，创新教师补充机制，积极引进优秀教师。一是积极拓宽教师补充方式。如可通过公开招考、特岗计划、"双特计划"及人才引进等多种方式，不断引进外地优秀教师来 XS 县工作。二是因地制宜，适当降低优秀教师人才引进门槛。如可根据 XS 县小学音乐、体育及美术教师和初中物理、地理教师紧缺的实际，适当降低"非'985'、'211'不可"的人才引进门槛。三是进一步提高教师工作待遇与福利，吸引优秀教师来 XS 县工作。

---

① XS 网：关于邀请全县干部群众评选 2012 年 XS 县教育十件大事的函，http://www.zgcqxs.net/default/comshow – 663 – 36934. shtml。

第二，完善教师激励机制，稳住农村教师队伍。一是妥善解决农村教师的后顾之忧，"留住"农村外地籍教师。针对 XS 县因农村教师多是外地人且教师周转房建设不到位而导致的农村教师流失严重的现状，必须妥善解决农村教师的后顾之忧，使其安心工作。如为改善边远山区农村教师住宿条件，从 2012 年开始，XS 县对各中小学校进行了摸底调查，制定了详细的规划，共筹集资金 2 415 万元，实施了 20 个教师周转宿舍建设项目，总建筑面积达到 1.6 万余平方米。[①]二是适度提高农村教师津补贴，"稳住"农村教师队伍。由于 XS 县现行的农村教师津补贴连往返城乡的"交通费都不够"，加之城乡基本公共服务差距大，在农村工作极不方便，因此要想"稳住"农村教师，必须适度提高农村教师津补贴。

第三，建立健全教师交流制度，促进城乡教师双向流动。一是建立教师交流制度，使教师交流制度化、常态化。为解决 XS 县因尚未制定适合本县教师交流的具体办法而导致的教师交流容易走过场、流于形式的问题，必须建立教师交流制度，使教师交流制度化、常态化。二是健全教师交流的配套制度和保障措施，促进城乡教师双向交流。一方面，理顺教师与学校的人事关系并完善学校、教师的绩效评价制度，鼓励学校将其优秀教师交流出去。另一方面，完善教师交流补助的政策设计，提高农村教师的参与度和积极性。

第四，完善教师管理制度，激发年轻教师工作积极性。一是探索实施"县管校用"的教师人事调配体制机制。实行教师编制集中管理，促进教师从"单位人"向"系统人"转变。在编制管理上，县管总量控制、学校按岗配备；在岗位设置上，县管岗位结构、学校按岗定员；在聘任形式上，县管人员身份、学校合理使用；在教师交流上，县管全局统筹、学校择优选派；在教师考核上，县管体系标准、学校考评执行。二是完善教师退出机制，建立以能力和业绩为导向，以社会和业内认可为核心的中小学教师评价机制。三是完善教师绩效工资制度，增加现有教师绩效工资分配制度中奖励性绩效工资所占比重。

第五，建立健全教师培训制度，促进教师专业发展。一是积极整合有效资源，健全教师培训组织。针对 XS 县尚无教师培训场地的实际，可以在新建教师进修学校的同时积极整合电大、技术装备中心等有效资源，优化资源组合。二是完善教师培训人员与经费管理机制。一方面，提升教师进修学校的层次和教师培训人员的福利待遇，同时完善教师培训人员考核与退出机制，优化教师培训人员队伍结构。另一方面，健全教师培训经费管理制度，扩大使用范围，简化经费使

---

① XS 县人民政府网：县教委：修宿舍 建食堂 改善师生学习生活条件，http://xs.cq.gov.cn/zfxx/news/2014 - 3/23_15152.shtml。

用程序。三是完善教师培训组织方式，提高教师参与的满意度。一方面，合理安排培训时间，避免与教师的日常工作安排相冲突。另一方面，根据教师实际，选择合适的培训方式。四是完善教师培训激励机制，提高教师参与的积极性。如针对市级骨干教师只有 600 元/年补贴导致的参与积极性不高的问题，XS 县 2013 年将补助提高到 2 500 元/年（见表 6 - 3），而且在评职称晋级上给予加分，市级加 5 分，县级加 3 分。结果，教师参与的积极性很高，申报人数高达 300 多名。

表 6 - 3   **XS 县骨干教师补贴方案**   单位：元

项目	国家级	市级	县级
骨干教师	3 500	2 500	1 500
学科带头人	4 000	3 000	2 000
名师	4 500	3 500	2 500
骨干校长	5 000	4 000	3 000

资料来源：http：//cq. 12371. gov. cn/Web13/gzdt/GzdtDetail. aspx？ class = 3&orgid = % 2FM6YDbudoYU% 3D&newsid = 1766196.

（2）推动经费投入向农村倾斜，保障农村教育正常发展。

第一，健全经费保障机制，加大农村教育投入力度。一是健全经费投入分级分担机制，加大统筹力度。当前，我国"以县为主"的义务教育管理体制一定程度上使得教育经费支出重心偏低，导致地方财力与事权不匹配。因此，为解决 XS 县因经费保障机制不顺畅而导致的资金缺口大、教育负债严重等问题，必须健全经费投入分级分担机制，加大市级政府统筹力度。二是完善财政转移支付制度，加大农村教育投入力度。财政转移支付，是在政府分担义务教育经费的制度下解决农村义务教育经费短缺的一种主要方式，其核心是中央、省级政府对下级政府的转移支付。只有上级政府不断完善财政转移支付制度、加大农村教育投入，方才有可能打破 XS 县农村中小学标准化建设严重滞后的瓶颈。

第二，优化经费分配机制，提高农村公用经费标准。一方面，建立教育经费支出标准动态调整机制，优化教育经费资源配置。如可根据经济发展水平和义务教育改革发展需要，制定并逐步提高义务教育学校生均经费基本标准、生均拨款基本标准和生均支出基本标准，同时保障教育基础设施建设和维护投入，加大对师资保障、安全保障、教育科研经费的投入。另一方面，建立公用经费分类支出机制，提高农村生均公用经费标准。如可根据寄宿制学校与非寄宿制学校运行成本差距大的特点，分类实施公用经费配置标准。而且，为解决农村学校因人数少导致的公用经费不足的现状，可以通过提供其生均公用经费标准的方式予以解决。

第三，完善经费管理制度，扩大学校经费使用自主权。一方面，简化教育经费管理流程，提高经费管理与使用效率。如针对目前 XS 县义务教育学校经费使用过程中所需的申请、审核、批准、使用、报账等步骤，可通过减少不必要的中间环节，提高经费管理与使用效率。另一方面，放宽教育经费使用范围，扩大学校经费使用自主权。"校财局管"的经费管理制度虽有助于集中经费资源、进行优化配置，但也一定程度上限制了学校使用经费的自主权，不利于学校的正常发展。而且，学校运转过程中产生的额外费用不予报销的规定，加重了学校运行成本。因此，为促进学校正常发展，有必要扩大学校经费使用自主权，放宽经费使用范围。

3. 第三步，促进城乡人才培养与评价"特色化发展"

要坚持把人才培养与评价一体化作为城乡一体化义务教育的核心，通过优化农村师资队伍结构，提高教育教学质量、建立健全社会支持体系，创新校本课程开发、建立完善校园管理机制，规范学生教育管理、健全教育质量评价制度，促进学生全面发展等途径，聚焦教师、课程及学生，不断促进 XS 县人才培养与评价"特色化发展"，努力打造 WL 山区教育高地。

（1）优化农村师资队伍结构，提高教育教学质量。

一是完善教师人事调配体制机制，优化城乡师资配置。如可以通过探索实施"县管校用"的教师人事调配体制机制，在教师编制上优先向农村小学倾斜，用于解决 XS 县农村小学因教师数量不足导致的包班制普遍的问题。二是创新教师补充机制，积极引进紧缺学科教师。如针对中小学个别学科教师紧缺而导致的课程开齐困难的现状，XS 县采取了定向培养"全科教师"的方式。三是优化教师队伍结构，提高教育教学水平。如可以通过加强农村教师培训的方式缩小城乡教师学历差距大的问题；可以通过加强教师交流的方式改善因教师年龄结构两极化而难以适应教育教学需要的现状。

（2）建立健全社会支持系统，规范校本课程开发。

一是树立"以人为本"的教育观。因为，"以人为本"是校本课程背后的价值基础，是开发校本课程的着眼点和落脚点。只有基于"以人为本"开发的校本课程才能体现出校本课程的应有之义。二是培养具备专业能力的教师队伍。因为，只有一支具备课程开发意识、知识及能力的教师队伍才能实施校本课程的规范开发。三是完善相关配套与保障机制。一方面，完善校本课程开发的经费保障措施，如开发人员的培训费用、津补贴以及额外成本等；另一方面，完善校本课程开发人员的管理机制，如开发人员的培训、绩效考核及评价等方面。

（3）建立健全校园管理机制，优化学生教育管理。

一是建立健全校园管理机制，推进"五个校园"建设——建设平安校园，确保学校安全稳定；建设健康校园，提高学生健康水平；建设绿色校园，营造优美育人环境；建设数字校园，提高教育信息化水平；建设人文校园，提升师生人文素质。二是继续完善农村留守儿童关爱机制，促进其健康成长。如 XS 县教委采取了十三项具体措施关爱农村留守儿童：建立留守儿童档案和联系卡制度；实施教职工结对帮扶制度；建立健全教师与留守儿童的谈心制度；建立关爱留守儿童的应急机制；注重对留守儿童的心理健康教育；建立健全检查考核机制；加强与留守儿童父母或委托监护人的交流与沟通；加强委托监护人的培训；加强同社区、村组和家庭的合作；适时调查布局，加强寄宿制中小学的建设和管理；加强对贫困留守儿童的扶助工作；建立健全领导负责制度；深化绿色证书教育①。

（4）健全教育质量评价制度，促进学生全面发展。

一方面，更新人才培养观念、改进现有学生评价制度，积极探索促进学生全面发展的多元评价方式，建立以品德为基点、以业绩为重点，由品质、能力、健康及知识等要素构成的学生评价指标体系，促进学生在全面发展基础上优势发展。另一方面，建立健全县、学校两级教育质量监测和评价体系，制定质量标准，完善由政府、学校、社会各方面共同参与的教育质量评价机制。此外，加强教育质量评估专业队伍建设，实施教育质量专业监测与评估，提高评估质量。

三、"三轴联动"推进城乡一体化义务教育体制机制构建研究——以 ZX 县为例

（一）样本地区选取

1. 样本地区特点

ZX 县是典型的山区农业县。全县 20 个乡（镇）、239 个行政村（街道办事处）都处于半山区、山区和高山区，境内无坝区，土地贫瘠，自然灾害极为严重，进而造成农业生产条件极差。作为 C 省第一人口大县，2013 年该县总人口高达 182 万人②，含流动人口约 20 万人。其中，农业人口达 133.57 万人。同时，

---

① XS 县网：县教委采用 13 项措施落实关爱留守儿童工作，http：//www.zgcqxs.net/default/comshow - 147 - 18666.shtml。

② 数据来源于：ZX 县，http：//baike.baidu.com/view/472667.htm？from_id = 4545052&type = syn&fromtitle = ZX&fr = aladdin#4。

该县作为人口流动大县，流动人口呈逐年递增的趋势。据统计，2007 年该县流出劳动力达到 24.1 万人，而到 2011 年，增长到 26.2 万人，增加了 8 个百分点。庞大的流动人口为当地经济发展带来一定的活力，但总体而言，ZX 县经济发展仍较为落后，至今尚未脱离国家扶贫开发工作重点县的"帽子"，贫困面大、贫困程度深，全县有 70 多万贫困人口。

ZX 县人口密集、经济发展较为落后、教育规模庞大的现状为当地统筹城乡教育带来巨大的挑战。但该县政府及各部门仍不遗余力地发展当地教育事业。截至 2012 年，全县各类全日制学校共有 759 所（点），各类在校学生数为 301 228人，其中包括在校小学生 181 946 人，初中生 85 710 人。各类学校教职工总数达13 816 人，其中城市学校教职工为 4 935 人，农村学校教职工为 8 881 人。全县专任教师共有 13 605 名，小学专任教师 8 278 名，初中专任教师 4 542 名。小学、初中的师生比分别为 1：21.98、1：18.87。全县学校占地总面积达 3 790 774平方米，小学及中学生均学校占地面积分别为 11.26 平方米和 15.95 平方米。全县教育财政支出 151 812 万元，占全县财政支出总量的 28.79%。

2. 调查对象、数据采集及分析

2013 年 10~11 月，课题组深入 ZX 县进行田野调查。期间，课题组共组织了两场焦点组访谈，第一场访谈对象包括该县教育局人事股、计财股、成职教师训股等相关科室人员 10 人，第二场访谈对象包括该县统计局、计生委、财政局、人社局、扶贫办等相关部门负责人 12 人，访谈录音累计达 6 个多小时。同时，还收集到该县《教育事业统计年鉴》（2008~2012 年）、《教育经费统计年鉴》（2008~2012 年）、《ZX 县县志》以及相关政策文件 5 份。此外，课题组还走访了该县 JKS 小学、JYJ 小学、DS 中学、YD 中心学校等 8 所学校，并对各个学校校长、行政管理人员、教师、学生等进行深度访谈，收集到的访谈录音多达 30多个小时，照片 400 多张。

基于以上收集到的数据资料，本书按照义务教育人事调配、经费投入、办学及硬件资源配置、人才培养与评价的分析框架，对 ZX 县城（县镇）乡（农村）义务教育体制机制中存在的问题进行梳理并提出构建城乡一体化义务教育体制机制的对策建议。

（二）ZX 县城乡义务教育发展状况及体制机制存在的问题

1. 城乡义务教育人事调配体制机制现状及存在的问题

（1）高级职称教师城乡分布不均衡，农村教师职称偏低。

近几年来，ZX 县义务教育阶段教师职称水平有所提高。高级职称教师在专任教师中所占的比例不断提高。由图 6-31、图 6-32 可知，2008 年全县义务教育阶段高级职称教师占教师总数的 16.51%，2011 年增加到 21.13%。但高级职称教师较多地集中于县镇义务教育学校，城乡分布不均衡。县镇义务教育阶段高级职称教师占比最低时为 17.33%，但仍高于当年农村地区高级职称教师的占比。2011 年县镇高级职称教师占比达到 27.55%，农村义务教育阶段高级职称教师占比较 2010 年虽有所增加，但仍远远低于县镇地区。小学高级职称教师的城乡分布不均衡现象更为明显。2008～2011 年，县镇小学高级职称教师占比保持在 48%～53% 左右，而农村小学高级职称教师最多时只占到农村专任教师的 24%。

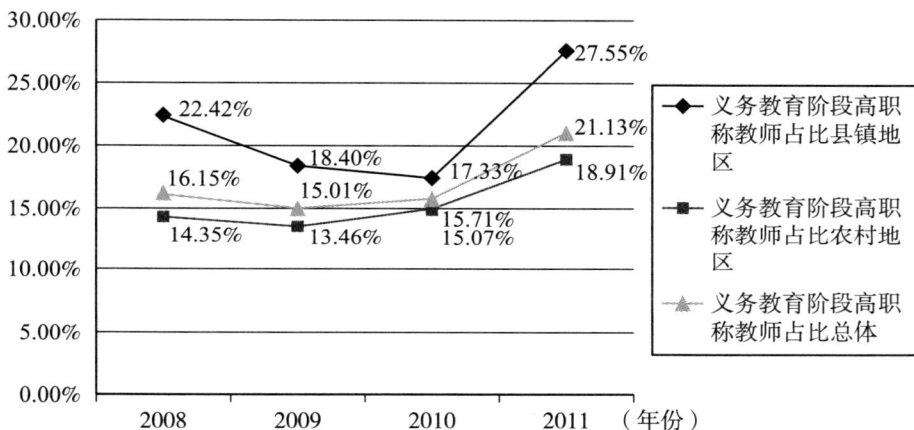

图 6－31　2008～2011 年 ZX 县城乡义务教育阶段高职称教师占比

资料来源：根据《ZX 县教育事业统计报表（2008～2012）》中原始数据整理而来。

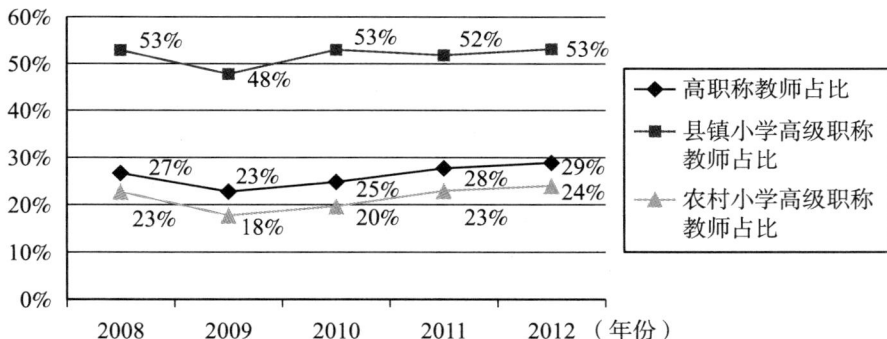

图 6－32　2008～2012 年 ZX 县城乡小学高职称教师占比

资料来源：根据《ZX 县教育事业统计报表（2008～2012）》中原始数据整理而来。

访谈得知，"该县每年划拨给农村地区的高级职称名额非常有限，而农村教师数量众多。农村教师在职称评定中竞争非常激烈。"同时，按照《C 省中小学

265

教师职称评定条件》的规定,晋升中学高级教师职务应取得职称计算机应用能力 B 级合格证书,晋升中学一级、小学高级教师职务应取得职称计算机应用能力 C 级合格证书,这些要求更增加了农村教师评定职称的难度。因此,农村义务教育教师中有很大一部分教师至今尚未评定职称。统计资料显示,截至 2012 年,全县义务教育阶段共有 845 名教师尚未定职称,占义务教育阶段教师总数的 7.27%(见图 6 - 33)。其中县镇有 187 名义务教育教师未评定职称,农村地区有 658 名教师未评定职称。由此可见,农村教师职称层次普遍偏低,教师职称评定困难重重。

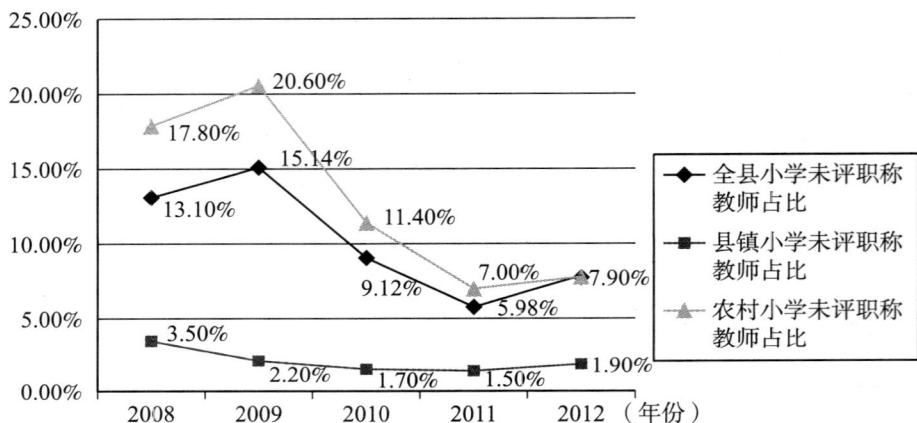

图 6 - 33   2008 ~ 2012 年 ZX 县城乡小学未评职称教师占比
资料来源:根据《ZX 县教育事业统计报表(2008 ~ 2012)》中原始数据整理而来。

(2)城乡教师编制不足、流失严重。

ZX 县中小学教职工的编制数额是由市、县编制部门在 2006 年上半年下达的。全县共划拨编制 13 811 个。但这个数量现在已完全不能适应该县教育发展的需求。根据《C 省人民政府办公厅转发省编办等部门关于制定 C 省中小学教职工编制标准意见的通知》的规定,小学的生师比为 23∶1,初中的生师比为 18∶1。按照这样的生师比计算,2008 年,ZX 县的小学在校学生数共有 245 250 人,应该配备小学教师 10 663 名,但实际在编的教师仅有 4 104 人。初中在校生总数为 86 241 人,应该配备教师 4 791 人,实际在编的教师为 1 484 人。中小学合计尚缺教师 9 866 人。2012 年,小学在校生共有 181 946 人,应配备教师 7 910 人,但实际的在编教师仅 1 484 人。初中在校生总数为 85 710 人,应配备 4 761 名教师,但实际在编教师仅有 3 326 人。中小学教师编制尚缺乏 7 861 个。到 2013 年秋,该县中小学新招聘 254 名教师,减员 736 人(其中流失 470 人,退休 88 人,死亡 18 人,转岗 160 人),教师负增长达 482 人。正是由于已核定的编制空缺数较少,在近年报批教师招聘计划时,被审减的计划非常多,该县教师编制难以得到相应的补充，导致该县义务教育生师比不能满足规定要求（见图 6 – 34、图 6 – 35）。

由于 ZX 县环境艰苦、工作条件差、工资待遇水平低，教师流失现象尤为严重（见图 6 – 36）。已签约的新进教师到岗率很低，在岗教师稳定性较差，教师"难引入"、"留不住"的问题日益明显。据统计，2013 年 1 ~ 8 月，该县中小学教师总流失数达到 470 人，其中自动离职 40 人，调入外县 119 人，外系统借用 20 人，辞职 36 人，考公务员和其他事业单位的 90 人。2013 年下半年公务员和其他事业单位报考，按常年报考录取数估算，考取后离开教育岗位的人数将超过 50 人。由此可见，一方面城乡教师编制严重不足，教师难以补充进入；另一方面已有教师的流失率过高。当地教师资源短缺的问题日益凸显出来。

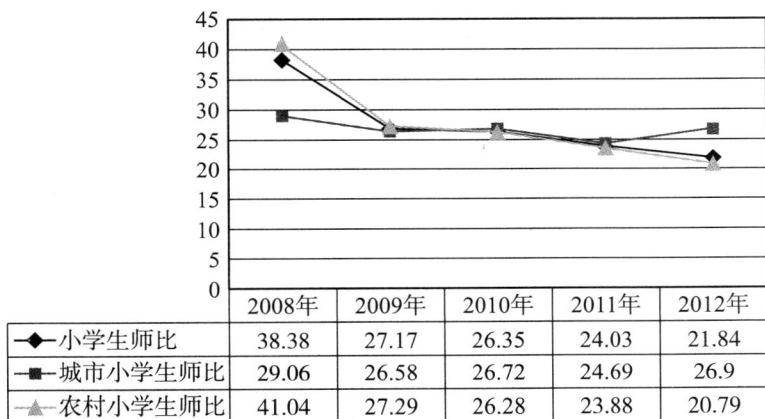

	2008年	2009年	2010年	2011年	2012年
◆ 小学生师比	38.38	27.17	26.35	24.03	21.84
■ 城市小学生师比	29.06	26.58	26.72	24.69	26.9
▲ 农村小学生师比	41.04	27.29	26.28	23.88	20.79

图 6 – 34   2008 ~ 2012 年城乡小学生师比变化情况

资料来源：根据《ZX 县教育事业统计报表（2008 ~ 2012）》原始数据整理而来。

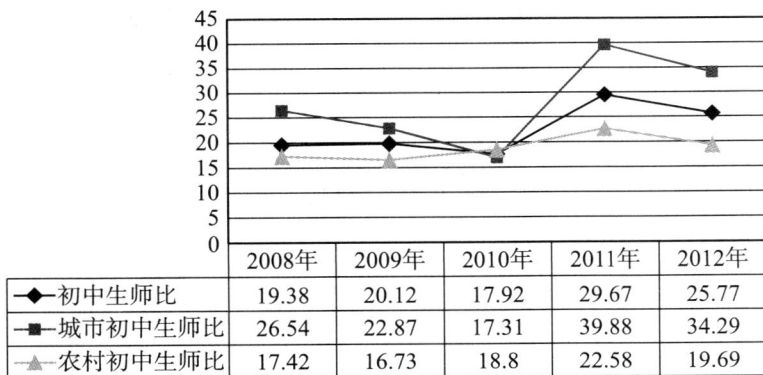

	2008年	2009年	2010年	2011年	2012年
◆ 初中生师比	19.38	20.12	17.92	29.67	25.77
■ 城市初中生师比	26.54	22.87	17.31	39.88	34.29
▲ 农村初中生师比	17.42	16.73	18.8	22.58	19.69

图 6 – 35   2008 ~ 2012 年城乡初中生师比变化情况

资料来源：根据《ZX 县教育事业统计报表（2008 ~ 2012）》原始数据整理而来。

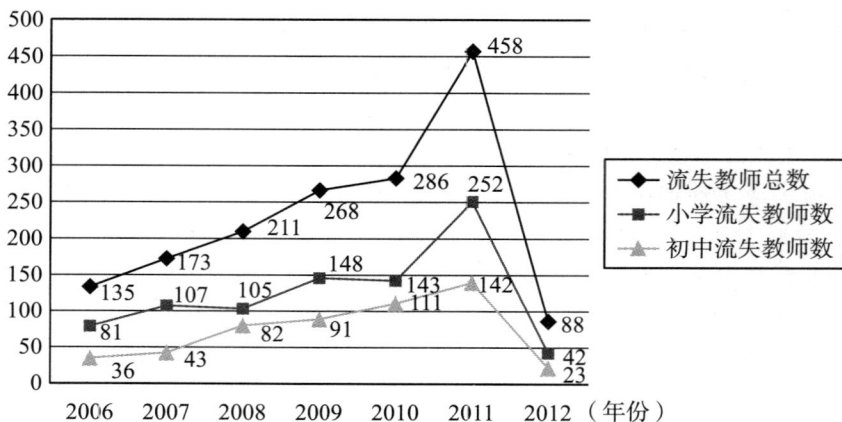

图 6 - 36   2006～2012 年 ZX 县教师流失数

资料来源：根据《ZX 县教育事业统计报表（2006～2012）》原始数据整理而来。

（3）农村教师补充困难，计划招聘与实际招聘人数相去甚远。

为缓解教师不足带来的压力，促进当地教育事业的发展，ZX 县每年通过签约引进和招录新教师的方式扩充中小学教师队伍。调查发现，ZX 全县的师资尤其是农村学校的师资难以得到及时的补充。持本地、外地户籍的大中专毕业生，大多数都不愿意到 ZX 县就业。"招不进"的现象普遍存在。在大中专毕业生取消统一分配后，ZX 县历年的招聘计划都只能完成 60% 左右。如 2010 年该县计划招聘 1 008 名教师，实际招聘教师 738 名；2011 年计划招聘 645 名，实际只招到 365 人；2012 年计划招聘 925 人，但最终只招到 566 人。2010～2012 年，ZX 县共招聘教师 1 669 人，占全县教师总数的 12% 左右，实际招聘人数远低于计划招聘人数（见图 6 - 37），结果使得 ZX 县学校的师资难以得到有效补充。造成这种现象的主要原因有：首先，教师工作和生活环境艰苦。ZX 县境内山高谷深，沟壑纵横，只有半山区、山区和高寒山区，春迟秋早，夏短冬长，灾害频繁。大部分地区交通不便，信息闭塞，部分校点远离乡村，成为信息网络的真空地带。在这样的地理、人文条件下，教师的工作环境十分艰苦、业余生活极为枯燥。其次，教师数量少，教育、教学任务多，教师负担繁重。例如，WC 中学 49 名教师要承担起 21 个班级共 1 324 名初中生的教学任务。BJ 小学的 8 名教师（包括学校领导和营养餐管理人员）承担 7 个班共 416 名小学生的教育、教学任务。有些主课教师不但要完成自己所教科目的教学任务，而且还要承担起音乐、体育、美术、思想品德等副科的教学任务，甚至有些学校的教师还要兼任营养餐管理员，工作任务极为繁重。最后，教师工资待遇水平较低，教师的付出与其工资所得不成正比。这必然直接影响教师的工作积极性和创造性。

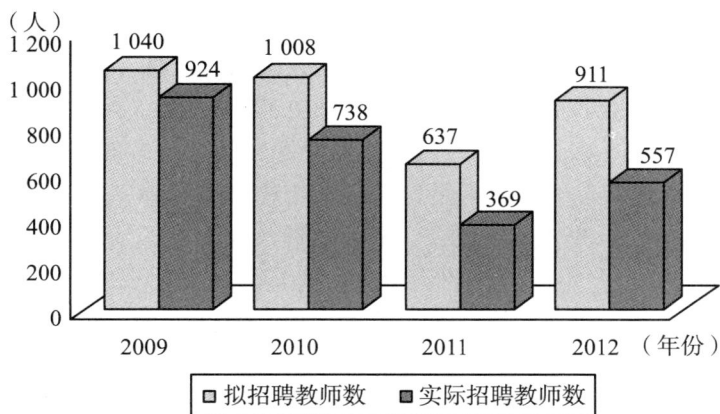

图 6 – 37   2009～2010 年 ZX 县教师招聘情况

资料来源：根据《ZX 县教育事业统计报表 (2009～2012)》原始数据整理而来。

（4）城乡教师工资福利待遇低，与日益增长的物质文化生活需求脱节。

自 2009 年实施义务教育绩效工资政策以来，ZX 县政府颁布了《ZX 县人民政府办公室关于转发 ZX 县义务教育学校绩效工资考核工作》，为绩效工资政策的推进提供了指导和依据。但在绩效工资的实施过程中，由于该县教育经费投入不足，用于教师工资福利的收入更是短缺。为了提高农村教师的工资福利待遇，该县将县镇地区教师绩效工资的 5% 用于农村教师。2012 年应国家调高教师津补贴的要求，ZX 县教师尤其是农村地区教师的工资水平又得到了进一步的提高。

但无论是与邻近的 D 省、B 省、A 市等市省相比，还是与同省内邻近的区县相比，ZX 县中小学教师工资水平仍然偏低。就不同省域而言，该县教师工资水平低于临近省份，如 ZX 县民族中学某教师，1976 年参加工作，职称为中学高级 5 级，每月的档案工资为 5 120 元。但相邻的 B 省 BJ 市的同级别教师每月档案工资比其多 1 220.9 元。就同省内不同区县而言，ZX 县教师平均工资水平低于其他区县，如：ZX 县中小学教师每月的平均工资比邻近的 QJ 市 SZ 县低 400 元左右。同时，同一学校内不同教师之间，教师的工资也存在显著的差异。最高的可拿 5 000 元左右，而新进的教师每月档案工资仅为 2 910 元，扣除住房公积金、医疗保险金后剩下 2 502.6 元，再扣留奖励性绩效工资 460 元，每月到手的实际工资仅有 2 042.6 元。微薄的工资收入仅能满足基本的生活需求，买房是基本不可能实现的事情（县镇房价 4 000 元/平方米）。目前，ZX 县的学校没有为教师提供相应的住房补贴。对于全县大多数教师来说，在每个月收入微薄的情况下，还要支付 300～600 元用于租房（最差的房子租金要 300 多元）。这无形之中更加重了教师的生活负担，一旦自己或亲人罹患病痛或有其他较大开支，就可能倾尽家底，甚至负债累累。

2. 城乡义务教育经费投入体制机制现状及存在的问题

（1）县财政赤字严重，教育经费投入总量不足。

作为 C 省的第一人口大县，ZX 县的经济发展一直较为落后，地方财政收入总量始终偏低，财政收入严重不足，多年来始终未能摘掉"国家级贫困县"的"帽子"。随着经济的发展，近几年 ZX 县的财政收入有所增长。2008 年，县地方财政收入达 15 355 万元，2009 年增长至 21 177 万元，同比增长 27.5%。2010 年县财政收入达到 32 174 万元，比上一年增加 10 997 万元。2012 年县财政收入增加到 109 604 万元。2008～2012 年连续五年的县财政增长率达为 86%。由于 ZX 县经济底子薄弱，经济发展水平偏低，虽然财政收入逐年增长，但是县财政仍出现持续性赤字，截至 2012 年，该县财政负债已高达 417 775 万元。在经济落后、财政赤字高的情况下，ZX 县政府仍不遗余力地发展当地教育事业。据统计，自 2008 年以来，当地教育支出占比基本保持在 29% 左右，2009 年甚至达到 33.10%（见图 6-38）。巨大的教育经费投入增加了政府的财政负担。

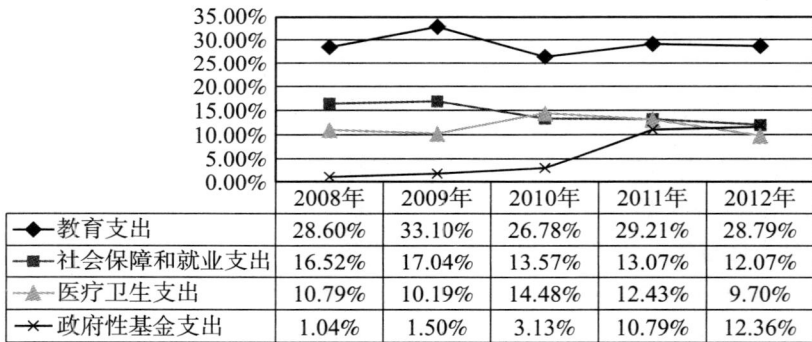

	2008年	2009年	2010年	2011年	2012年
教育支出	28.60%	33.10%	26.78%	29.21%	28.79%
社会保障和就业支出	16.52%	17.04%	13.57%	13.07%	12.07%
医疗卫生支出	10.79%	10.19%	14.48%	12.43%	9.70%
政府性基金支出	1.04%	1.50%	3.13%	10.79%	12.36%

图 6-38　2008～2012 年 ZX 县各行业财政支出占比

资料来源：根据《ZX 县统计年鉴（2008～2012）》中的原始数据整理而来。

为有效推进当地教育事业的发展步伐，ZX 县在教育工作会议上提出"围绕一个中心，抓好两项建设，突出三项重点"的工作思路，取得了一定的成效。据相关数据统计，2008 年，ZX 县的教育投入经费为 43 230.3 万元，到 2012 年增至 144 724.1 万元，四年间增加了 101 493.8 万元。其中用于义务教育的经费投入也不断增加，2008 年义务教育的投入经费为 40 329.6 万元，到 2012 年增至 134 350.9 万元。义务教育的经费投入增长率自 2009 年以来持续上升，到 2012 年一度达到 29.6%（见图 6-39、图 6-40）。相比之下，2012 年县财政收入的增长率也仅为 31.2%。

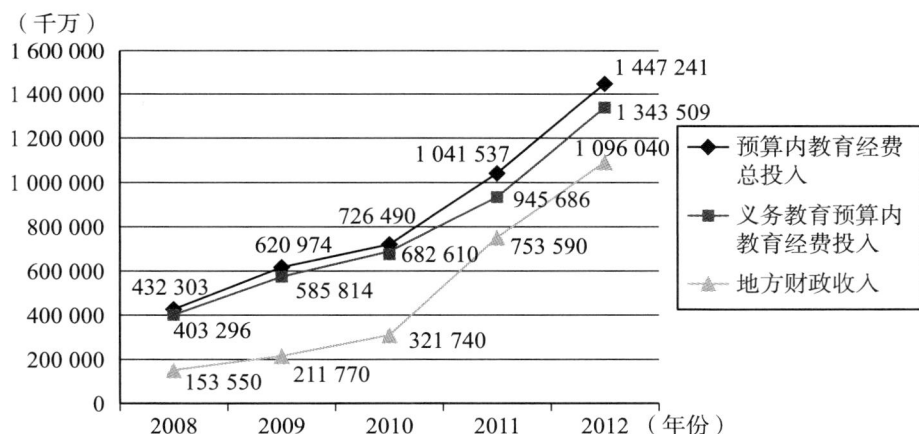

图 6 - 39　2008～2012 年 ZX 县地方财政投入及教育经费投入

资料来源：根据《ZX 县教育事业经费统计报表（2008～2012）》和《ZX 县统计年鉴（2008～2012）》整理而来。

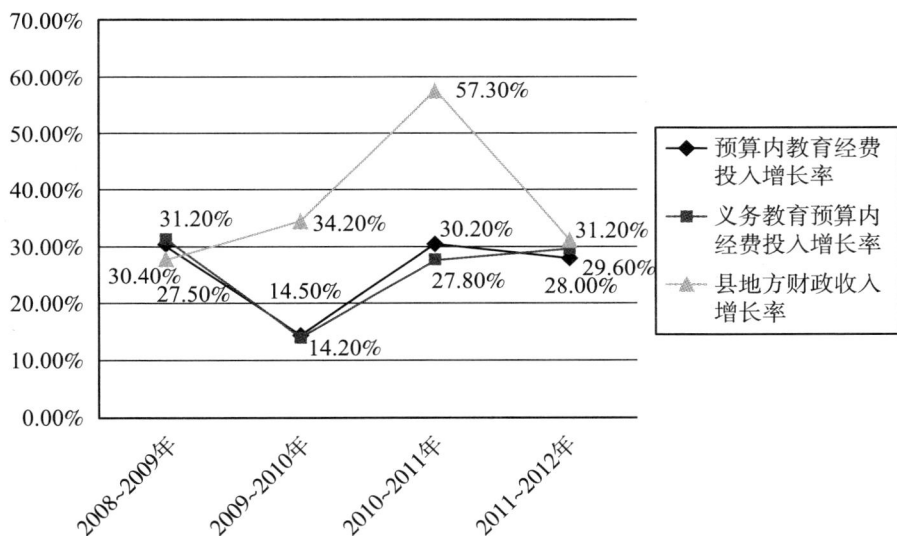

图 6 - 40　2008～2012 年间 ZX 县财政收入增长率与教育投入增长率

资料来源：根据《ZX 县教育事业经费统计报表（2008～2012）》和《ZX 县统计年鉴（2008～2012）》整理而来。

　　ZX 县非常重视农村义务教育事业的发展和建设。2008 年以来，县农村义务教育学校预算内教育经费的投入大幅度增加，由 2008 年的 34 611.5 万元增长至 2012 年的 129 058.1 万元，增长率高达 73%。县镇地区义务教育经费投入在 2008～2009 年有所增加，但 2009 年之后基本处于下降的趋势，到 2012 年义务教育学校预算内教育经费投入相较 2011 年有所上调，但仅为 5 292.8 万元，较 2008 年下降了 425.3 万元（见图 6-41）。

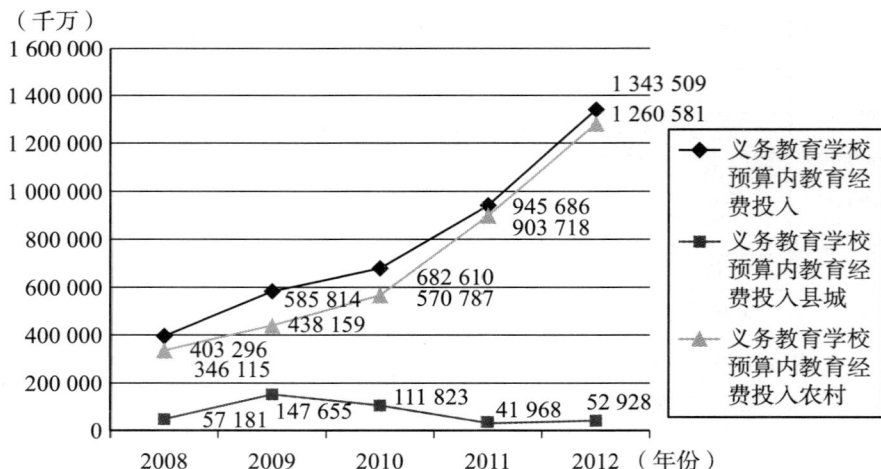

图 6-41　2008~2012 年 ZX 县义务教育学校预算内教育经费投入

资料来源：根据《ZX 县教育事业经费统计报表（2008~2012）》中原始数据整理而来。

总体而言，尽管该县教育经费投入总量不断增加，但仍无法满足教育发展的需求。访谈中了解到，在"普九"和"标准化建设工程"的推动下，学校配套设施及日常运行维护费用大幅增加，教育经费的增加额远远无法满足学校发展的需求。为达到"普九"和"标准化建设工程"的标准和要求，大多数学校纷纷举债搞建设，出现全县教育负债累累的现象。2008 年，全县教育经费的投入为 43 230.3 万元，当年教育支出达 44 029 万元，教育负债 798.7 万元。2012 年教育经费总投入额为 144 724.1 万元，教育支出额为 151 812 万元，教育负债 7 087.9 万元。截至 2012 年，教育负债高达 17 255.5 万元。教育经费投入总量不足，制约了当地义务教育的发展。

（2）专项经费地方配套短缺，部分学校举债办教育。

调研发现，ZX 县地方经济发展水平较低，财力不足，专项配套经费难以真正落实到位，进而直接影响教育项目的推进。自国家启动实施"农村义务教育薄弱学校改造计划"、"农村义务教育学生营养改善计划"、"农村寄宿制学校建设工程"、"农村中小学危房改造工程"、"农村中小学现代远程教育工程"等项目以来，该县划拨了用于农村地区薄弱学校改进的专项经费，并将本县土地出让收益的 5%~10% 用于中小学建扩建，但仍难以弥补专项经费配套资金的短缺。2010 年，该县中小学校舍改造缺口资金达到 109 582 万元。食堂、厕所、学生宿舍等辅助用房缺口资金和桌椅、图书、实验仪器设备等教学设备建设缺口资金达到 4 942 万元。实际到位资金只有 3 441.73 万元。配套资金严重缺乏，影响了学校改造和硬件设施的添置。为完成标准化建设的任务，一些学校纷纷举债。据统计，2008 年，全县教育负债达到 799 万元，到 2012 年，负债已高达 7 088 万元（见图 6 - 42）。

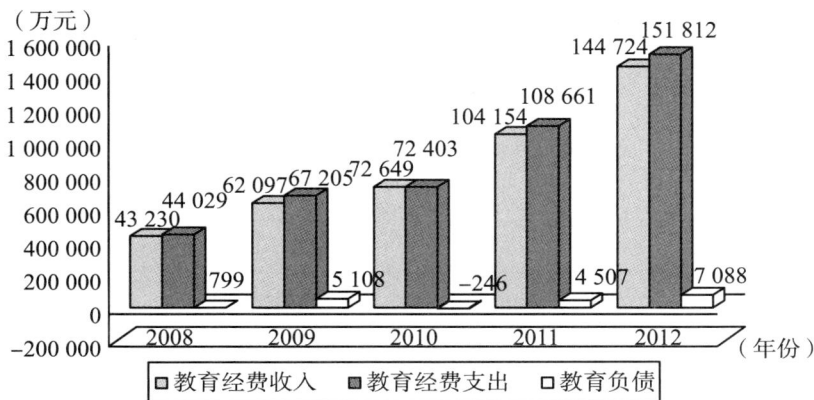

图 6 - 42　　2008～2012 年 ZX 县教育经费收入和支出情况

资料来源：根据《ZX 县教育事业经费统计报表（2008～2012）》中原始数据整理而来。

（3）教育经费使用重硬件轻软件。

截至 2010 年，ZX 县小学尚缺 53.71 万平方米的校舍，初中尚缺 55.87 万平方米的校舍；小学校舍建设的缺口资金为 53 711 万元，初中校舍建设的缺口资金为 55 871 万元。全县中小学的 D 级危房面积达 156 982 平方米。全县的学校需要添置课桌椅 17 508 双人套，仅这一项就需要现金 526 万元。全县的学校尚缺图书 141.5 万册，需要资金 991 万元。学生住宿双人床短缺 50 522 张，需资金 1 516万元。教学仪器配套资金缺乏 1 909 万元。

为实现"普九"目标，近几年 ZX 县投入资金 34 441.73 万元用于改善学校基础设施建设，涉及学校 266 所，建设规模达到 429 214 平方米。相比之下，用于教师的经费投入却没有显著的变化。教师工资收入水平变化不大。2008 年以后，ZX 县义务教育阶段教师工资福利支出在预算内教育经费支出中所占的比例持续下降，由 2008 年的 55.47% 下降到 2012 年的 34.51%。其中小学工资福利支出占比自 2009 年开始迅速下降。2008～2012 年期间，初中工资福利支出占比由 50.16% 迅速下降到 29.69%（见图 6 - 43）。

在对 ZX 县教育局领导及部分中小学教师的访谈中，课题组了解到全县教师的工资水平较低。该县教师工资水平普遍较低，教师月收入仅 2 000 元左右。此外全县教师没有分配住房，也没有住房补贴。与教师的收入低、待遇差相对，当

273

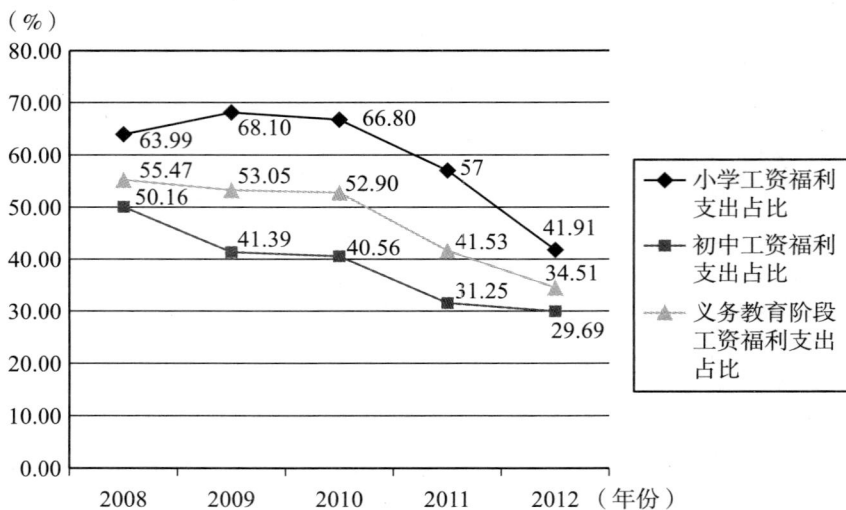

图 6 - 43　2008～2012 年 ZX 县义务教育阶段工资福利支出占比

资料来源：根据《ZX 县教育事业经费统计报表（2008～2012）》中原始数据整理而来。

地的物价水平却比较高。一碗米线要 20 元，一个烤土豆要 1.5 元，简单吃一顿早餐至少要 10 元，房价更是居高不下，达到 4 000 多元/平方米。这样的物价水平高于教师的工资待遇。教师的基本生活难以得到保证。出现了"教师的工资还不够喝米线"的说法。与城市教师相比，农村教师工资水平更低且增长速度更慢。由此可见，ZX 县教育经费的投入重硬件设施而轻软件建设。造成这一现象的主要原因是教育经费的投入非常有限。在经费有限的条件下，将经费用于建设硬件设施的效果既快又显著。如果将经费投入软件建设，投入效果则相对缓慢。

（4）教育经费投入分配不合理，对农村倾斜力度不够。

近年来，党和国家始终把发展农村义务教育作为教育发展的重中之重，相继出台了一系列政策，实施了一系列工程。自 2001 年以来，在深化农村税费改革过程中，国家始终将农村义务教育改革纳入农村综合改革的大局，相继组织开展了农村中小学危房改造工程、中小学布局调整工程、农村寄宿制学校建设工程和西部地区"两基"攻坚计划，出台了新增教育经费主要用于农村等重大决策，大幅度增加了对农村义务教育的投入。

ZX 县紧跟国家改革的步伐，大力发展农村教育，取得了初步的成效。农村义务教育经费投入迅速增长。2008～2012 年五年间农村义务教育经费共增长了94 446.6 万元。但是，由于该县农业人口占总人口的 90% 以上，农村学龄人口众多，增加的教育经费仍不能满足农村义务教育发展的需求。以小学教育的经费投入为例，2008 年以来农村小学生均教育经费的支出不断增长，但除 2011 年外，县镇小学生均预算内教育经费支出总高于农村小学，且城乡之间的差距逐步拉大。2008 年县镇小学生均教育经费支出仅高于农村小学 71.36 元，到 2012 年，城乡间的差距增长到 326.98 元（见图 6 - 44）。由此可见，在发展教育过程中，ZX 县虽然对农村义务教育的经费投入有所倾斜，但是由于受到经济发展水平较低、县财政收入不足等因素的影响，其对农村的倾斜力度仍有待进一步加强。

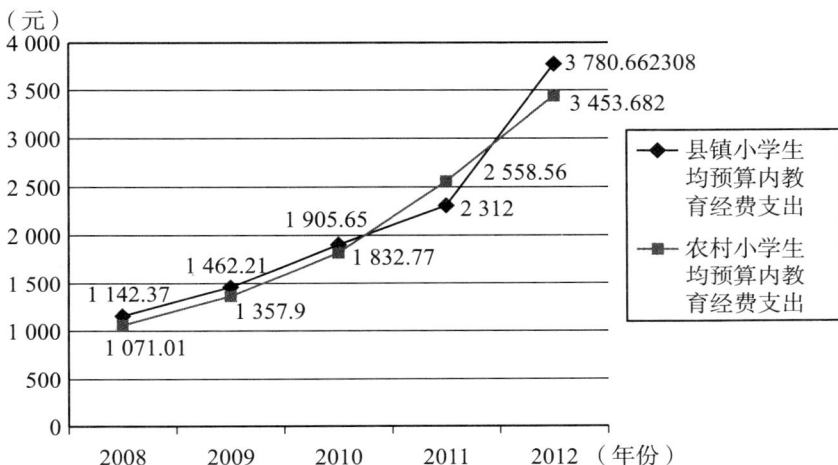

图 6 - 44　2008～2012 年 ZX 县城乡小学生均预算内教育经费支出

资料来源：根据《ZX 县教育事业经费统计报表（2008～2012）》中原始数据整理而来。

3. 城乡义务教育办学及硬件资源配置体制机制现状及存在的问题

随着"两基"攻坚和"标准化"建设工程的推进，ZX 县义务教育学校在办学及硬件资源配置方面得到了一定的改善。但仍存在诸多问题，具体表现在以下几个方面：

（1）城乡教育基础设施差异较大，农村学校硬件配置薄弱。

城乡教育资源均衡配置是一项系统工程，应进行全面、科学的规划。但 ZX 县将硬件投入的重点集中在县镇中心地区学校，没有对农村地区及偏贫地区实行政策倾斜。部分农村地区的学校在校舍、教室、实验室、图书等硬件资源配备上落后于县镇地区的学校。首先，生均校舍面积有所增加，但城乡仍有差异。根据调查，县镇和农村学校的校舍占地面积在总量上不断增加。县镇小学校舍建筑面积由 2008 年的 91 275 平方米增加到 2010 年的 103 780 平方米，农村小学校舍面积由 2008 年的 472 483 平方米增加到 2010 年的 484 250 平方米，共增长了 11 767 平方米。但农村学校生均校舍占地面积与县镇学校相比存在一定的差异。2012 年，县镇初中生均校舍面积为 5.6 平方米/生，而农村初中生均校舍面积仅为

275

3.3 平方米/生，比县镇学校低 2.3 平方米/生（见图 6 – 45）。其次，城乡生均教室面积存在一定的差异。2008 ~ 2010 年，县镇初中生均普通教室用房面积高于农村学校，城乡间的差距不断拉大。2010 年，县镇初中生均教室面积为 2.16 平方米/生，而农村仅为 1.27 平方米/生，比城镇少 0.89 平方米/生（见图 6 – 46）。最后，中小学尤其是农村学校实验室、音乐室，美术室、图书资料室、计算机室等功能教室配备不齐全，一些农村学校甚至根本没有任何功能教室。2010 年该县县镇初中实验室面积为 0.20 平方米/生，农村初中生均实验室面积仅为 0.13 平方米/生（见图 6 – 47）。该县城乡中小学教育教学基础设施配置上存在一定的差异，农村学校特别是偏远地区农村学校硬件配备异常薄弱。

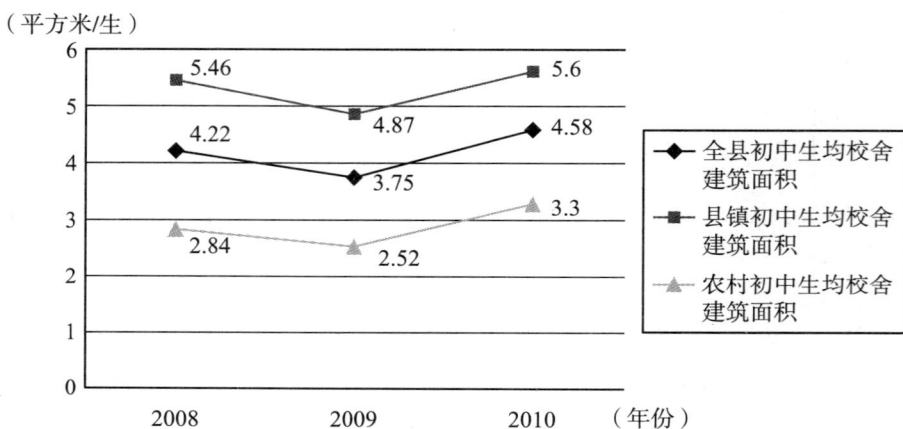

（平方米/生）

图 6 – 45　2008 ~ 2010 年 ZX 县小学生均校舍建筑面积

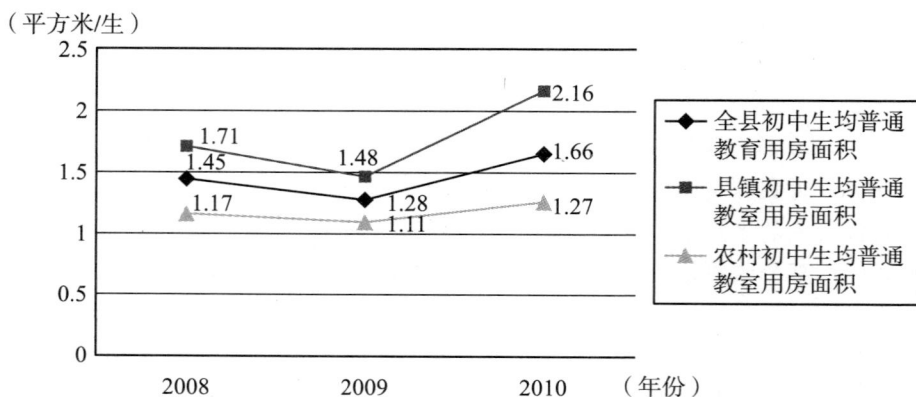

（平方米/生）

图 6 – 46　2008 ~ 2010 年 ZX 县初中生均教室用房面积

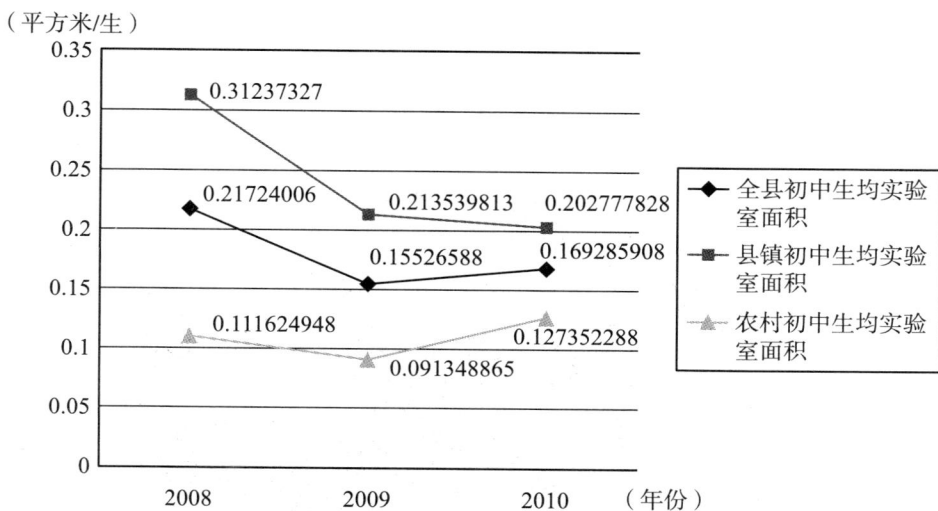

图 6 – 47　2008～2010 年 ZX 县初中生均实验室面积

资料来源：图 6 – 45、图 6 – 46、图 6 – 47 根据《ZX 县教育事业经费统计报表（2008～2010）》中原始数据整理而来。

（2）城乡中小学标准化建设水平低、基础差，短期内难以达到要求。

随着城镇化进程的加快，外来人口、农民大量涌入县城。县城学校学生数量急增。教育投入增长无法跟上县镇学校学生数量增长的步伐。县镇义务教育学校配套设备无法满足日益增加的学生的需求，教学仪器短缺，标准化建设程度较低。

第一，班级人数平均150人以上，学生座位间隔不足10厘米。在对 ZX 县部分中小学的实地调查中，课题组发现大多数学校的四周都被商品房所"包围"，学校用地紧张，难以加建新的教学楼。中小学入学学生数量急剧增长，教室数量严重短缺，现有教室面积不足，出现一个教室容纳120多个学生的现象，一些班级甚至出现140人的超大班额（见图 6 – 48）。按照《城市普通中小学校校舍建设标准》和《农村普通中小学校建设标准》的规定：城市小学每班45人，初中每班50人，农村小学每班30～45人，初中每班45～50人。该县中小学班额严重超过了国家规定的标准。有限的教室空间容纳超量的学生必然导致教室的拥挤。教室内没有空间放置教师的讲桌，课桌摆放十分密集，学生座位间隔异常狭窄，两桌之间的空隙不足10厘米（见图 6 – 49）。由于空间狭小，教室最后一排的学生即使在湿冷的冬天也只能紧贴着后面冰冷的墙壁。教室拥挤狭小，学生来回进出不方便。出现了课间休息时间，没有同学出去休息、玩耍的现象。在这样的环境中每天上课10个小时，严重影响到中小学生的正常发育和健康成长。

图 6 - 48   140 人的教室图

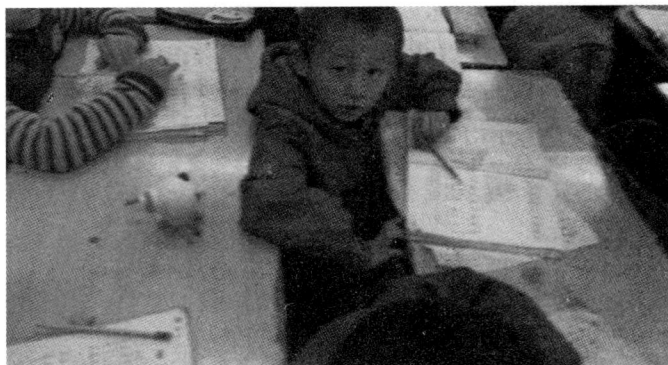

图 6 - 49   学生座位间隔狭小

资料来源：课题组调查采集的影像资料。

第二，城乡学校体育活动场地面积小、条件简陋，运动器材单一。按照国家规定：农村非完全小学和完全小学 6 班应分别设置 60 厘米和 100 厘米直跑道路；完全小学 12 班、18 班、24 班均应设置 200 米环形跑道田径场；初级中学 12 班应设置 200 米环形跑道田径场，18 班、24 班均应设置 300 米环形跑道田径场；中小学校应设置适量的球类、器械等运动场地。然而，课题组调查发现，ZX 县县镇中小学的活动场地面积小，条件简陋，操场标准化建设程度较低。该县 JKS 小学全校共有 3 600 名学生，仅有一个不到 150 平方米的水泥硬化"操场"，操场上运动器材单一，仅有 2 个篮球架和 1 组高低杠（见图 6 - 50、图 6 - 51）。中午课间操时间，学生无法集中在操场上进行锻炼。这样不利于学生身体素质的增强。

图 6 - 50　体育运动器材单一

图 6 - 51　3 600 名学生使用的水泥操场

资料来源：课题组调查采集的影像资料。

第三，农村学校厕所、食堂等配套不足，卫生条件堪忧。调查还发现，ZX县大多数学校的厕所数量极少。按照国家的要求，中小学厕所的蹲位应该按照男生 40 : 1，女生 20 ~ 25 : 1 的比例进行配置。该县一所 3 000 多学生的学校仅有男女生厕所各一个，共有 18 个蹲位（见图 6 - 52）。蹲位数量不足，学生上厕所要长时间排队。一些学生养成了在学校不上厕所的习惯，甚至还有一些学生就地大小便。在数量无法满足正常使用的同时，厕所的卫生条件较差。在距离厕所很远的距离就能闻到厕所的味道。厕所配备不到位，卫生不达标不利于学生良好卫生习惯的养成，更不利于学生的健康发展。另外，访谈中了解到该县大部分学校没有配备食堂，一些学生不得不走大约 1 个小时回家吃饭。有些学校虽有食堂，但没有提供座位，学生只能蹲在操场上吃饭。

图 6 - 52　3 000 多学生只能共用这样一个厕所

资料来源：课题组调研采集的影像资料。

4. 城乡义务教育人才培养与评价体制机制现状及存在的问题

（1）县镇学校"大班额"现象普遍存在，不利于学生身心发展。

随着城镇化进程的加速，大量农民工子女随其父母涌入城市，加之人们对优质教育的追求，导致县镇学校生员不断膨胀，班额逐渐加大。据 ZX 县统计数据显示，截至 2011 年，县镇小学有 592 个班级，66 人及以上的班级有 254 个，占县镇小学班级总数的 42.9%；农村小学 3 794 个班级，66 人以上的班级有 553

个，占农村小学班级的 14.6%；县镇初中有 746 个班级，其中 66 人及以上的班级有 518 个，占县镇小学班级总数的 69.4%；农村初中 641 个班级，66 人以上的班级有 397 个，占班级总数的 61.9%。说明该县义务教育阶段大班额现象较为普遍，尤其是县镇地区。县镇小学平均班额由 2011 年的 62 生/班增长到 133 生/班（见图 6-53）。而初中阶段，无论是县镇学校还是农村学校，平均班额普遍偏大，并有不断增大的趋势。2011 年，县镇初中平均班额为 73 班/生，农村初中平均班额为 69 生/班。到 2012 年，县镇初中平均班额增加到 76 生/班，农村初中平均班额增加到 90 生/班（见图 6-54）。

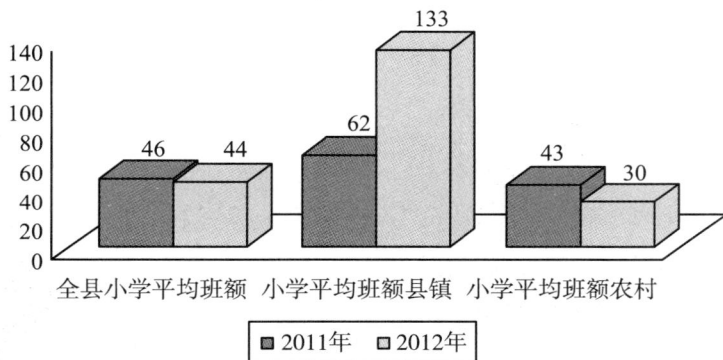

图 6-53 2011~2012 年 ZX 县小学生均班额情况

资料来源：根据《ZX 县教育事业经费统计报表（2011~2012）》中原始数据整理而来。

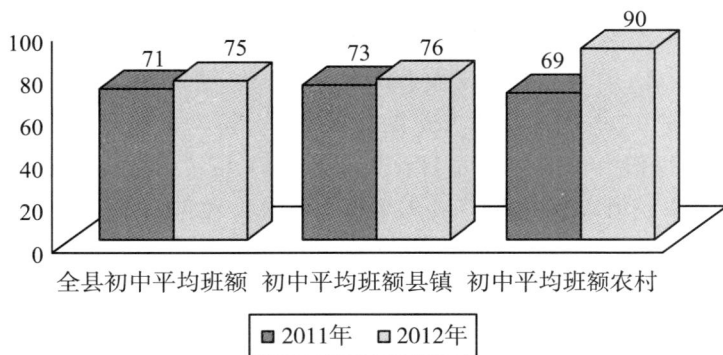

图 6-54 2011~2012 年 ZX 县初中生均班额情况

资料来源：根据《ZX 县教育事业统计报表（2011~2012）》中原始数据整理而来。

在教育资源有限的情况下，班额不断变大，每个学生获得的教育资源越来越少。以教室为例，班级学生数的增多使课桌的摆放十分密集，学生基本没有活动的空间。为了节省空间，原本应在讲台下方摆放的教师讲桌直接被移走，课桌的

281

第一排紧挨着讲台边沿，教室两边的学生看黑板时只能斜视。因为学生数量过多，桌椅板凳数量不够，原本可以坐两个学生的课桌上挤了三个人（见图6 – 55）。由于前后左右空间异常狭窄，学生弯腰、转身都非常困难。如此拥挤的环境，必然会影响学生的听课效果。青少年天性活泼好动，课间需要适当的活动放松。狭小的教室空间迫使学生在课间出入座位到教室外面上厕所、玩耍都非常不方便。长此以往，严重影响学生身心的健康发展。

图6 – 55　三个学生挤在一张课桌上

资料来源：课题组调研采集的影像资料。

（2）农村中小学生源流失率大，部分学校流失率高达20%。

近几年来，ZX县农村中小学生源流失率较大。随着城镇化进程的推进，大量农民工进城务工，一部分学龄儿童随父母进入县镇，农村生源流失比较大。如2007年该县县镇初中转出学生达777人，到2011年转出学生人数增长到2 417人，农村初中生转出人数由2007年的2 354人增长到2011年的3 098人（见图6 – 56）。除了随父母流入城市，农村还有一部分初中生辍学外出打工，结果造成农村初中辍学率高达20%，一些农村学校辍学率甚至达到30%。调查发现，出现这一现象的原因是多方面的：首先，该县教育水平普遍较低，农村学校教育水平更低，学习条件差，教学设施设备简陋，教学内容脱离生活实际，导致一些学生失去对学习的兴趣；其次，该县是国家级贫困县，贫困人口占全县总人口的56%以上，农村居民收入水平更低，为减轻家庭经济负担，增加家庭收入，许多学生不得已辍学外出打工赚钱。

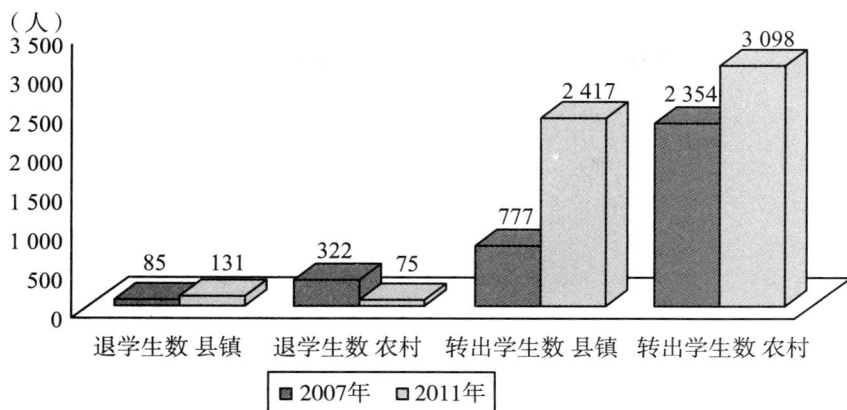

（人）

3 500
3 000
2 500
2 000
1 500
1 000
500
0

85　131　　322　75　　　777　　2 417　　2 354　3 098

退学生数 县镇　　退学生数 农村　　转出学生数 县镇　　转出学生数 农村

■ 2007年　　□ 2011年

图 6 - 56　ZX 县城乡初中学生流失人数

资料来源：根据《ZX 县教育事业统计报表（2007～2012）》中原始数据整理而来。

（3）城乡学校教学质量普遍偏低，生均成绩水平较差。

2009～2012 年，ZX 县中考语文、数学、外语三科考试成绩上升相对较为明显。其中，语文平均成绩由 2009 年的 76.86 分增加到 2012 年的 86.03 分，将近增加了 10 分；外语平均成绩由 62.98 分提升到 84.51 分，增加了 21.53 分；物理和化学成绩变化不明显。除此以外，思想品德平均成绩由 2009 年的 68.80 分下降到 2012 年的 67.82 分；体育成绩由 2009 年的 44.17 分增加到 2012 年的 55.91 分（见图 6 - 57）。由此可见，该县初中教育质量有一定的提升。但是，该县中考成绩的优秀率普遍偏低，其中以数学成绩尤为明显。如 2012 年中考数学成绩的优秀率仅为 2.13%（见图 6 - 58）。ZX 县教育质量整体偏低的原因主要

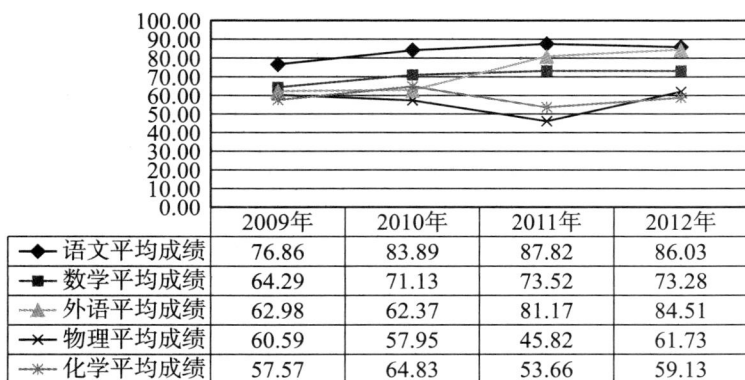

	2009年	2010年	2011年	2012年
语文平均成绩	76.86	83.89	87.82	86.03
数学平均成绩	64.29	71.13	73.52	73.28
外语平均成绩	62.98	62.37	81.17	84.51
物理平均成绩	60.59	57.95	45.82	61.73
化学平均成绩	57.57	64.83	53.66	59.13

图 6 - 57　2009～2012 年 ZX 县中考分科平均分

资料来源：根据《ZX 县教育事业统计报表（2009～2012）》中原始数据整理而来。

在于：一是 ZX 县经济发展落后，地方财力十分薄弱，教育投入严重不足，导致中小学硬件配备相对滞后，不利于教育质量的提升；二是当地教师工资待遇水平低，而物价水平相对较高，部分优秀教师转岗或调离，这种现象长期存在，不利于当地教育的发展。

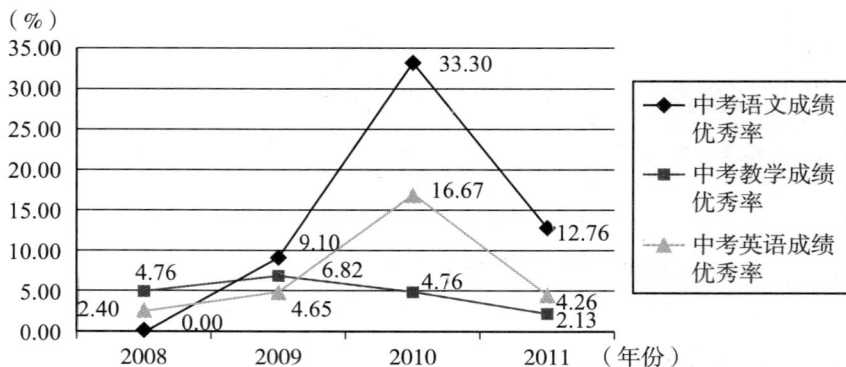

图 6 - 58　2009 ~ 2012 年 ZX 县初中中考语数外成绩优秀率

资料来源：根据《ZX 县教育事业统计报表（2009 ~ 2012)》中原始数据整理而来。

县镇和农村地区相比，农村学校中考平均成绩明显低于县镇初中学生的成绩（见图 6 - 59）。以 2012 年中考成绩为例，县镇初中学生的语文平均成绩为 84.41 分，最高分为 101.17 分，而农村学生的平均语文成绩仅为 79.57 分，最高成绩为 88.93 分；县镇初中数学的最高分为 99.83 分，平均成绩为 63.95 分，而农村初中数学的最高成绩为 77.22 分，平均数学成绩为 60.61 分。造成这种差距的原因

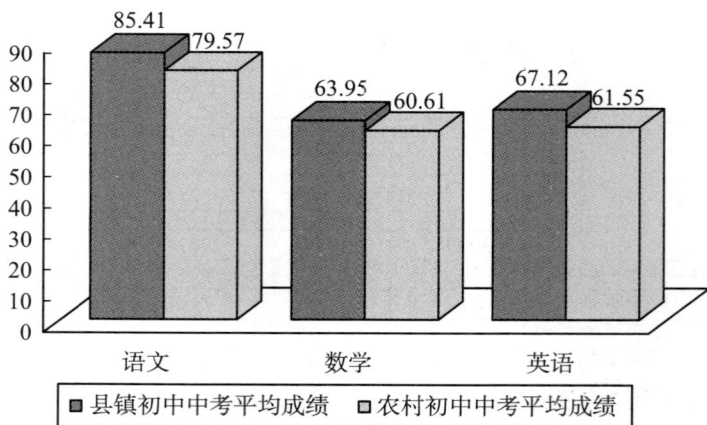

图 6 - 59　ZX 县 2012 年城乡中考语数外平均成绩

资料来源：根据《ZX 县教育事业统计报表（2008 ~ 2012)》中原始数据整理而来。

可能是农村学校教育教学仪器设备等硬件资源配备落后于县镇地区学校，农村学校教师水平较低，教育教学观念落后，教学方法较为陈旧，等等。

（三）"三轴联动" 推进城乡一体化义务教育体制机制构建的对策建议

面对 ZX 县城乡教育发展中的种种问题，如何才能走出一条城乡教育均衡发展、协同进步的特色发展道路？通过对 ZX 县的追踪调查和深入研究，课题组发现虽然 ZX 县全县无坝区，只有半山区、山区和高山区，人口分布较分散，但该县村镇分布具有一定的特点，即主要靠近三条省道而建，村镇分布成串形。基于此，课题组提出"三轴联动"推进城乡义务教育一体化的战略，即充分利用当地道路交通优势，以"轴心辐射、扇面带动、多点支撑"的方式推动城乡教育均衡发展。

1. "三轴联动" 推进城乡一体化义务教育人事调配体制机制构建的对策建议

（1）职称评定适度向农村倾斜，以职称定岗，稳定农村教师队伍。

ZX 县高级职称教师城乡分布不均衡，农村高级职称教师比例过小。为提高农村教师队伍的职称层次，在分配职称指标时应对农村偏贫地区的学校给予倾斜，适度增加农村职称尤其是中高级职称的指标，使长期在农村任教的教师看到专业职务晋升的希望，以便稳定已有的教师队伍，激发起工作积极性和主动性，提高其追求专业能力提升的自觉性。为吸引更多的优秀教师前往农村任教，该县应将农村教师职称评定与岗位设置挂钩，以职称定岗，在特定的岗位享受特定的职称待遇，离岗后，取消其相应的职称等级。通过这种方式进一步提升农村地区特别是偏离"轴心"及"轴线"地带贫困山区教师的职称层次，提升当地教师的素质，进而提升当地的教育教学质量。

（2）建立动态教师编制管理机制，提高编制的科学性。

教师编制管理是一项动态的、长期的系统工程。针对教师编制不足、区域分布不均衡以及学校生源处于动态变化的现状，ZX 县必须实施动态的教师编制管理机制，建立相应的义务教育教职员工编制年度报告制度，对城乡义务教育教师编制实行一年一核、一校一核。特别是对那些随时接收流动人口子女较多的学校，更应该随时调整教师编制。

县编办可在每年年初要求教育系统的各个学校上报当年在校生数、班级数以及教师相关信息（如所教学科、学历、年龄等），根据每个学校实际的师资需求情况配置教师编制。为确保数据的真实性和可靠性，编办可在每年年中联合教育局、人社局、财政局等部门到学校核查，防止学校虚报、假报以及隐瞒不报现象的发生。同时建立教师编制卡管理制度，实行一人一卡，工作调动凭编制卡办理手续，卡随人动。外调人员、退休人员及死亡人员的编制卡应及时注销。可将教职工编制卡信息录入电脑，建立电子档案袋，定时对在编在岗情况进行检查，及时清理在编不在岗人员。通过以上的各种途径来实现对教师及各种教辅人员的编制的及时调整。在难以增加教师编制的情况下，使有限的编制得到最优的利用。

（3）采取多种方式，拓展农村师资补充途径，优化教师补充机制。

ZX 县城乡教育师资的补充方式较为单一。为更好地建立一支高质量、较稳定的教师队伍，建议通过以下方式拓展城乡教育师资的补充途径。

第一，建立"轴心—轴线"互动机制，实现城乡教师的有效交流。实践证明，建立城乡教师互动交流制度，能够有效地缓解农村师资补充困难的问题。为加强"轴心""轴线"地区教师的互动交流，可采取以下措施：一是建立"轴线"地区教师的直接补充机制，规定新聘教师必须先到农村学校任教。二是建立"轴心"地带教师的晋级交流机制，改革教师职称评定制度，规定"轴心"地区教师必须先在农村学校服务一定年限，才能获得职称评定的资格。三是建立"轴心—轴线"教师的对口交流机制，加强"轴心—轴线"地区学校的校际联系，增进沟通与合作，实现教师对口交流、对口扶持，共同提高教学水平和教育质量。

第二，实行教师临时聘用及管理制度，建立教师随机补充机制。实行教师合同雇佣制是解决 ZX 县教师缺编、拓宽师资补充渠道行之有效的方法，其实质是由政府出资"购买"教育服务，由教育行政部门实行按岗聘用、公开竞争、合同管理的一种方式。在临时雇用中，应根据该县教师岗位数及课程计划要求，科学合理设置教学岗位，明确岗位职责和条件，对缺员岗位采取合同雇用的方式雇员补充，保证教育教学活动的顺利开展。

（4）岗位设置与津补贴相匹配，改善教师待遇，吸引更多的优秀人才。

通过访谈发现，导致 ZX 县新教师难招、老教师难留的重要原因是教师待遇水平过低，待遇过低降低了教师这一职业的"吸引力"。因此，要改善当地的教师队伍，就必须提高教师待遇。一是为偏离"轴心—轴线"地区的教师提供专项补贴，补贴与岗位直接匹配，在岗则享受这一补贴，一旦离开，则停止享受。二是为农村教师提供相应的补贴，原则上，距离"轴心"越远，教师补贴额度越高。在参照当地工资水平和物价水平的基础上，建议每人每月补贴 800~1 200元。三是对通勤的教职工，应根据其住所距学校的距离以及学校所在地区的交通状况，为其发放一定的交通补贴及工作期间产生的用餐补贴。考虑到 ZX 县财政的困难情况，建议与市级财政按照一定的比例共同承担。

2. "三轴联动"推进城乡一体化义务教育经费投入体制机制构建的对策建议

（1）加大对"三轴"地区学校教育经费投入力度，拓宽筹资渠道，建立教育经费保障机制。

针对 ZX 县教育经费投入不足的现状，应加大对"轴心"及"轴线"地区教育经费的投入力度，进而确保义务教育的正常、有序发展。要加大对义务教育的经费投入，首先，ZX 县政府应努力实现义务教育经费的"三个增长"，加大公共财政对县镇及农村地区教育的保障支持力度，确保教育财政拨款的增长比例高于财政经常性收入的增长比例，实现生均教育事业费及公用经费的逐年递增、教育经费占县财政一般预算支出比例的逐年提高。其次，应保障新增财力对教育的投入。积极贯彻《国务院关于进一步加大财政教育投入的意见》，将"从土地出让收益中按比例计提教育资金"的政策落到实处，确保政府将当年土地出让收入的 10% 全额投入教育领域。同时应加强对当地政府土地出让成本的审核，防止政府为缩小土地出让收益而提高土地出让成本，从而保障新增财力对教育的投入。最后，实施税收优惠政策。鼓励、吸引社会力量投资教育，拓宽经费来源渠道，形成以政府财政投入为主、学校自筹，社会捐资助学和社会投资办学并举的投入新格局，进一步优化教育经费保障机制。

（2）划分各级政府的责任，逐步建立四级政府共同分担义务教育经费的新机制。

我国《教育法》及其他教育法律法规中并没有明确规定中央、省、市、县各级政府在教育投入中应当承担的投入比例，这造成了长期以来我国义务教育阶段的经费投入形成了主要由县级政府负担而中央财政负担较少的格局。对于国家级贫困县 ZX 县而言，脆弱的县财政根本无力承担县镇及农村义务教育经费的开支，进而出现了举债办教育的现象。要解决教育经费不足的问题，应依据义务教育经费在全国的平均值和各级政府财政收入份额，通过科学测算确定该县生均义务教育经费定额标准。结合 ZX 县经济发展水平、财政收支状况及对教育的重视程度和实际支持力度，合理确定各级政府的分担比例，县级财政无法支出的部分经费应由市级财政补足，依靠市级财政仍无法实现的由省级财政补足，省级无法保障的则进一步由中央财政补上。通过这种由下及上层层补足的方式，保证义务教育经费投入真正落实到位。

（3）加大对"轴线"地区义务教育薄弱学校资金扶持力度，促进农村教育事业发展。

ZX 县薄弱学校主要分布在距离"轴心"地区较远的"轴线"附近，交通不便，信息闭塞，生源质量差，教师力量薄弱，教育教学硬件基础设施条件差，教育质量落后。薄弱学校的存在严重制约了该县城乡义务教育的均衡发展。这些学校之所以薄弱，是因为缺少维持学校正常运转和发展的经费，结果造成学校办学条件差、学校留不住教师，生源纷纷流出的现状。因此，ZX 县应加大对"轴线"地区薄弱学校的资金扶持力度，提高其自身的"造血"功能，促进办学条件的改善，保证教师队伍的稳定，使农村学生有机会享受较为优质的教育资源，推动农村教育事业的健康发展。

（4）建立专门教育经费核算中心，加强对"三轴"地区教育经费管理。

针对 ZX 县教育经费管理体制混乱的问题，可以根据"校财县管"的政策要求，建立专门的县级教育经费核算中心，变学校分散核算为集中核算，加强对"三轴"地区教育经费的管理。县级教育经费核算中心建立后，主要从事以下几个方面的管理：一是统一办理资金结算。预算单位发生的支出按年初预算计划提出申请，交由预算中心审核后，在统一账户中支付款项。二是统一发放工资，预算单位教职工的工资由预算单位报送至核算中心，经审核后由中心集中转入工资发放银行，再由银行将教职工工资直接转入教师工资卡中。三是预算单位发生的所有会计业务都由核算中心统一进行会计核算。四是统一会计档案管理。预算单位所有的会计档案都由汇集核算中心统一整理、装订和保管。在此基础上，变学校分散核算为集中核算，使学校的财务活动都处于会计核算中心的全程监督之下。这样可以规范会计核算，加强收支管理，有效杜绝乱收费行为发生，提高资金使用效益，规范学校的预算管理和会计监督，从源头上预防和遏制腐败、浪费现象的发生。

3. "三轴联动"推进城乡一体化义务教育办学及硬件资源配置体制机制构建的对策建议

（1）实行农村薄弱学校优先投入，促进农村学校办学条件的改善。

现阶段，ZX 县城乡办学条件差距明显。要实现真正均衡地配置硬件资源，缩小城乡学校办学差距，就应该优先对农村地区，尤其是偏远山区薄弱学校进行教育资源、经费的投入，改善其办学条件。考虑到农村地区支付能力不足的实际情况，县财政应设立农村义务教育经费专项资金，主要用于支持农村中小学校的发展，将土地出让金 10% 的收益全部用于农村教育事业，支持农村中小学布局调整、消除危房、信息化建设、改善办学条件、教师培训等项目，为农村学校标准化建设提供资金支持与保障。

（2）依托网络平台，"三轴辐射"、"扇面带动"，实现区域内教育资源共享。

鉴于 ZX 县多山区、高山区，地势险要，地形复杂，修路难度大，成本高的现状，应充分利用现代网络技术，搭建教育网络信息平台，以"三轴辐射"为支撑，带动各"扇面"区域，实现县镇和农村区域内优质教育资源的共享，让城乡学生都能通过网络来接收与现代社会同质、同步的高质量教育。虽然教育信息网络平台并不能解决所有的硬件资源配置问题，但在一定程度上能够解决信息资源的配置问题。县镇及农村学校可以对闲置不用的硬件资源进行统计，如闲置桌椅板凳数、闲置图书册数、闲置实验器材数等，并将信息发布到教育资源信息库中。当硬件资源配备不足的学校在网络上提出某项需求时，根据资源库所存储的资源状态，将资源信息打包传递给有需求的学校，需求者可向具体拥有这些闲置设施设备的学校发出共享申请，从而实现教育硬件资源的合理分配，减少闲置和浪费。教育网络信息平台还可以有效地支持课程资源的汇聚，建立以教改示范课程为主体、以资源共享课程为重点、以视频公开课程为龙头的课程资源体系，实现优质课程资源的共享。通过网络信息平台这种途径，可以加强县镇和农村之间、强校与弱校之间的沟通与交流，促进区域内教育资源的共享与流动。

（3）构建城乡学校标准化建设的动态调控机制，因地制宜推进标准化建设进程。

在推动城乡学校标准化建设的过程中，应构建学校标准化建设动态调控机制，设立教育发展规模的上限和下限。在实际操作中，不能完全按照上级规定设置原则和标准，而应统筹、兼顾学校所在区域的具体情况。如"扇面"区域内村落较为分散，人口不集中，交通不便，难以达到规定的标准，因而可根据当地的实际情况适当放宽标准。而"轴心"地区办学条件较好、标准化建设起点较高的学校，其调整速度可适当加快。

4. "三轴联动"推进城乡一体化义务教育人才培养与评价体制机制构建的对策建议

（1）科学规划学校布局，均衡分配区域内教育资源，严格控制县镇班级规模。

调查发现，ZX 县教育的突出问题之一即是"大班额"、"超大班额"的现象。班额过大，不利于班级和学校的有效管理，直接影响到学校教育、教学质量的提升。因此，解决 ZX 县的大班额问题已迫在眉睫。要破解"大班额"的难题，首先要科学地规划学校布局，严格控制县镇学校班级的规模。规划学校布局不仅要考虑当地的人口数量、分布特点、流动方向，更要预测人口的未来变化趋势。"轴心"地带人口较多，居住相对密集，在规划学校布局时，要合理确定县域内教学点、村小、中心校、寄宿制学校等的比例，确保学校布局与村镇建设及学龄人口分布相适应。对班级规模过大的学校，通过新建、改造、扩建学校、合理分流学生等措施，缩减班级规模。优质教育资源的短缺与人们对优质教育资源的需求之间的矛盾，是导致县镇学校出现"大班额"问题的又一重要原因。只有均衡分配区域内教育资源，积极遏制择校现象，实现区域内义务教育的均衡发展才能从根本上解决县镇学校"大班额"的问题。

（2）建立健全城乡教学质量督导和评估机制，加强对义务教育质量的动态监测。

ZX 县城乡学校教育教学质量普遍偏低，政府应积极开展"督导"、"督学"工作，建立健全城乡教育教学质量督导机制，加强对义务教育质量的监测。首先，应建立和完善能够独立行使督导职权的督导机构。根据督导工作的实际需要，增加编制，配足人员。其次，建立督学资格证书制度，确立以专业化为核心的督学资格标准，按照德才兼备的原则配备督学人员，形成一支业务精湛、责任心强的专业化督学队伍，提升教育督导水平。最后，建立健全教育问责机制，将督导的结果作为教育质量考核、问责以及实施奖惩的重要依据。督导结束后，对合格的学校给予一定的奖励，不合格的学校则令其限期整改，并且要对整改的情况进行复查，确保督导的有效性。各部门要积极配合督导机构，建立联动的工作机制，逐步形成以教育督导机构为主、多部门齐抓共管的工作格局。通过这种途径，加强对城乡义务教育质量的动态监测，促进城乡教育质量的提升。

四、"多点辐射"推进城乡一体化义务教育体制机制构建研究——以 ST 县为例

(一) 样本地区选择

1. 样本地区特点

B 省 ST 县地处连片特困地区，地形以山区、峡谷为主。截至 2012 年年底，全县户籍总人口 73 万，其中以苗族为主体的少数民族占全县总人口的 68.1%。全县总人口中非农业人口 5.26 万，农业人口 65.39 万，城镇人口比例仅 10.83%[①]，属典型的"老、少、边、穷"县。全县经济生产总值在 WLS 特困连片 72 个区县中排名靠后。全县现有辖区 13 镇 15 乡，共有普通初级中学 35 所，普通小学 206 所，教学点 174 个。九年义务教育巩固率是仅为 66.9%，高中阶段毛入学率为 53.4%。

2. 调查对象、数据采集与分析

课题组深入 B 省 ST 县进行调查，实地走访 5 个乡镇，考察学校 6 所，通过深度访谈、实地考察等方法收集了如下数据资料：(1) 组织由县教育局、发改局、财政局、人事局、中小学校等多部门参加的焦点组访谈 2 次，获得焦点组访谈资料 2 份，时长 120 分钟；(2) 对教育局各科室主管人员、中小学校长、教师等 34 人次进行深度访谈，获得访谈资料 23 份，总时长 528 分钟；(3) 获得本县 2008～2012 年的《社会统计年鉴》、《教育统计年鉴》、《教育事业经费统计报表》等连续五年的官方统计数据；(4) 通过本县政府部门网站、实地调查等方式获得教育政策文件资料 5 份。

本书根据上述数据资料，从人事调配、经费投入、办学与硬件资源配置以及人才培养与评价四方面深度分析 ST 县城乡义务教育体制机制存在的问题，并为该县构建城乡一体化义务教育体制机制提出针对性建议。

(二) ST 县城乡义务教育发展状况及体制机制存在的问题

1. 城乡义务教育人事调配体制机制现状及存在的问题

(1) 农村学校教师流失严重，教师队伍稳定性不高。

农村学校师资队伍稳定性较差是我国农村义务教育的普遍现象。ST 县农村学校的教师流失率一直偏高并有逐年增加的迹象，2011 年以来该趋势更为明显。如 2011 年 ST 县教师流失率为 8.07%，2012 年增长到 8.81%，到 2013 年则更是猛增至 17.32%。这意味着每 100 名教师中有近 17 名教师离开工作岗位。教师流

---

① 数据来源：《ST 县社会统计年鉴（2012 年）》。

失率过高无疑对学校教学质量产生极大的负面影响。相比之下，城区学校的教师流失率则相对较低，2011~2013 年依次为 4.51%、5.37% 和 7.91%（见图 6-60）。

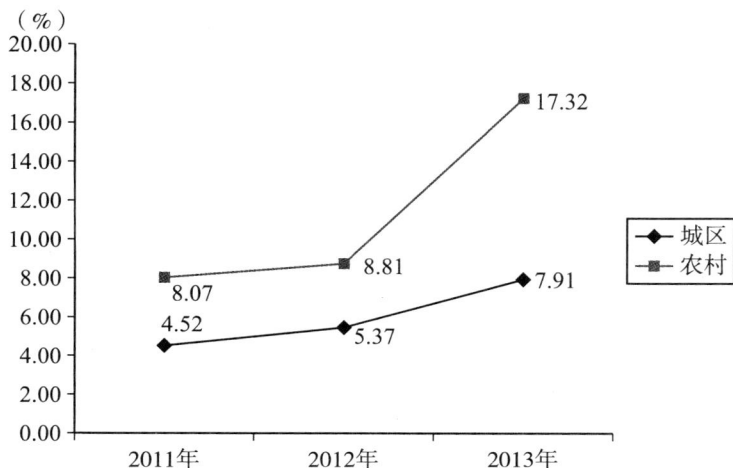

图 6-60　ST 县城乡义务教育教师流失率

资料来源：根据《ST 县教育事业统计报表（2011~2012）》中原始数据整理而来。

（2）农村学校骨干教师占比远低于城区学校，优秀师资分配机制有待完善。

受区域经济发展水平的影响，全县优质教育资源分配存在明显的城乡差距。骨干教师的空间分布明显趋城化（见图 6-61），农村优质师资极为短缺。统计数据显示，2013 年，ST 县"县级以上骨干"教师共 522 名。其中，城区学校有 397 名，占总数的 76.05%，农村学校仅有 125 名，占总数的 23.95%。全县中小

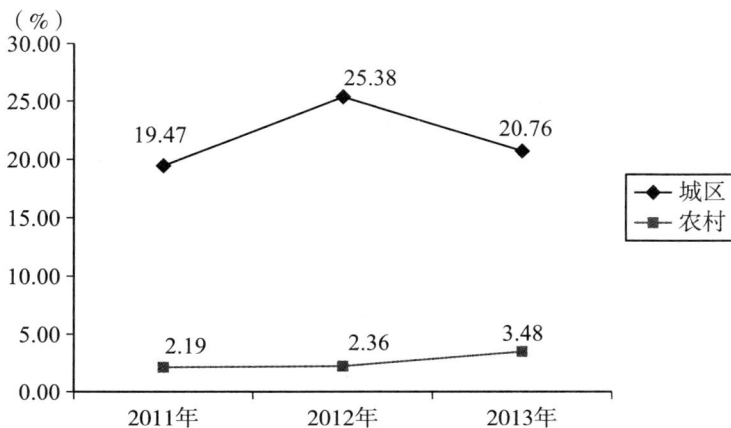

图 6-61　ST 县城乡学校县级骨干教师比例

资料来源：根据《ST 县教育事业统计报表（2011~2012）》中原始数据整理而来。

学学校骨干教师占比 7.33%，农村学校中"县级以上骨干"教师仅占 3.37%。平均计算，全县 206 所农村中小学中，每两所才有一名"县级以上骨干"教师。

在教育部《关于大力推进城镇教师支援农村教育工作的意见》的基础上，ST县教育局、人事局颁布了《关于在全县开展城镇教师支援农村学校的实施意见》。在此后的连续五年间（2006~2010 年），ST 县"累计选派 180 名城区学校教师支援农村学校"。这对促进农村义务教育的健康发展提供了一定的师资保障。但是支援教师的服务年限仅为一年，对农村学校优质师资的帮助可谓杯水车薪，难以起到"造血"的作用。课题组在调查的过程中发现，部分学校的校长对此政策"颇有微词"，他们认为教育管理部门一方面组织城区教师到农村学校支教；另一方面却允许农村骨干教师选调进城。这样的做法表面上似乎从政策上向农村学校倾斜，但实际上根本不能真正解决农村学校优质师资匮乏的问题。

（3）教师选调机制不合理，农村学校优秀教师流失严重。

2005 年《教育部关于进一步推进农村义务教育均衡发展的意见》明确要求："采取积极有效措施，稳定农村学校、城镇薄弱学校骨干教师队伍"。课题组在访谈中了解到，农村学校优秀教师的流失现象非常严重。年轻教师成长成学校骨干教师后，大多会被选调进城。这对农村学校师资队伍的建设是极为不利的。通过分析 2011~2013 年 ST 县城乡中小学教师的调研数据，课题组发现农村中小学每年半数以上的减员是因为"选调"。在城乡学校教师选调比例均逐年降低的趋势下，农村学校选调教师的比例仍远高于城区学校，且保持在 50% 以上（见图 6-62）。

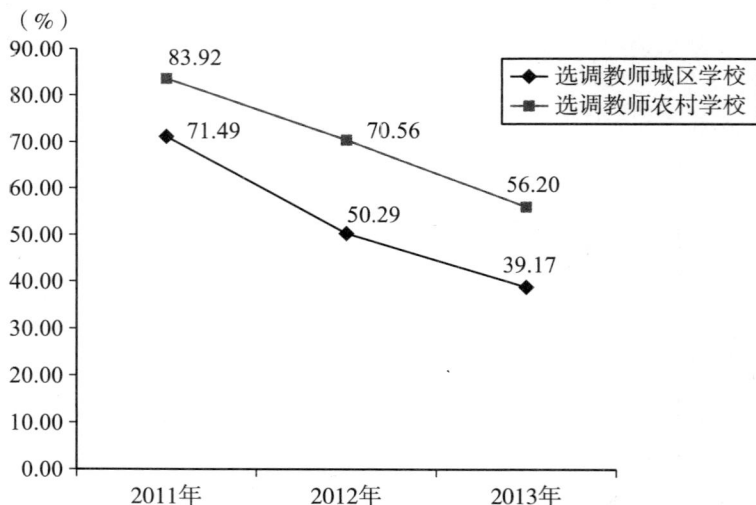

图 6-62 ST 县城乡学校"选调"教师占当年教师减员总数比例情况

资料来源：根据《ST 县教育事业统计报表（2011~2012）》中原始数据整理而来。

调查发现，该县农村教师的流失主要呈现为以下三种方式：一是自然退休；二是选调进城（包括考进城区学校）；三是离职。其中，"选调进城"的教师占有极大的比例。以 2013 年为例，农村学校教师流失总人数为 669 人，其中选调进城的教师人数高达 376 人，占农村教师流失总数的 56.20%。深度访谈得知，农村学校被调出的教师大部分是因为选调进城，还有一些是以城乡学校交换顶岗为由调走，这些被调出的教师多是所在农村学校的教学骨干。对教师个体而言，到城区工作有利于个人的事业发展，但对所在的学校而言，优秀骨干教师的流失大大影响了学校教师队伍的稳定，挫伤了农村学校培养优秀教师的积极性。由此可见，农村优秀教师选调进城的机制虽然激励了农村教师的工作积极性，但从长远来看不利于城乡教育公平和均衡发展。

2. 城乡义务教育经费投入体制机制现状及存在的问题

ST 县是整个 WL 山地区经济发展水平较低的县，也是国家级贫困县之一。全县财政收支长期处于"入不敷出"的状态，教育负债现象较为严重。课题组通过实地考察发现，ST 县城乡义务教育经费投入体制机制存在如下问题。

（1）农村学校举债办学问题突出，学校经费投入保障机制不完善。

2012 年，ST 县财政收入为 73 229 万元，当年全县教育经费支出为 69 655 万元，占当年县财政收入的 95.03%。可见，单单依靠县财政收入根本无法负担正常的学校教育经费支出。相当比例的教育经费需依靠国家和省级财政的转移支付，不足部分通过向银行贷款或通过不规范的融资渠道（如民间借贷）解决。因此，全县城乡中小学举债办学的情况非常普遍，而农村学校的债务问题尤其突出，生均学校债务呈逐年上升趋势（见图 6-63）。

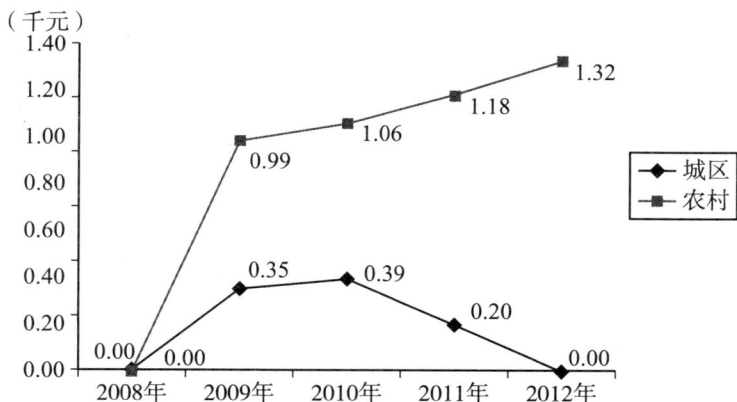

图 6-63 ST 县城乡初中生均学校债务情况

资料来源：根据《ST 县教育事业经费统计报表（2008~2012）》中原始数据整理而来。

数据显示，农村初中生均学校债务额由 2008 年的 0 元猛增到 2012 年的 1 319 元。同期城区初中生均学校债务额呈"先增后减"趋势，在 2010 年达到最高，但也仅有 394 元，2012 年城区初中已实现无债务。总债务规模上，全县农村学校 2012 年负债累计达 3 274 万元，城区初中学校债务总额最高时为 292 万元（2010 年），至 2012 年城区初中已无债务。

相比初中学校，农村小学生均学校债务额由 2008 年的 0 元增加到 2012 年的 736 元，城区小学生均学校债务额由 2008 年的 0 元增加到 2012 年的 452 元；全县农村小学 2012 年负债总额达 3 790 万元，全县城区小学 2012 年债务总额为 400 万元，城乡差距非常大。办学负债额的大小在一定程度说明农村学校教育经费投入匮乏（见图 6 - 64）。

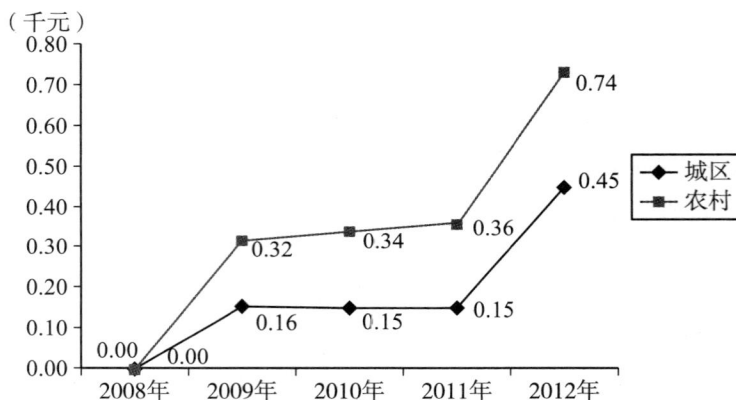

图 6 - 64　ST 县城乡小学生均学校校债务情况

资料来源：根据《ST 县教育事业经费统计报表（2011～2012）》中原始数据整理而来。

虽然城乡中小学均面临债务问题，但农村学校的债务规模及增长速度都远大于城区学校。通过对部分学校校长的深度访谈，课题组发现农村学校债务剧增的原因是学校需要大量的资金进行校舍的建设和维修。根据据官方统计数据计算，基建维修费支出占农村学校总债务的 85% 左右。农村中小学负债问题十分严峻甚至影响到了学校正常的教学，出现诸如债主封门、校长躲债、教师转岗、教学质量下滑、学校信誉受损等一系列问题。显然，农村学校负债问题不再是学校或教育系统内部的问题，已经转化为严重的社会问题。

（2）农村学校教师培训经费偏低，城乡教育经费分配机制需改善。

教学质量与教师的业务素质是密切相关的。一个地区或学校参与培训的教师人数越多，教师参与的培训层次越高，其教育水平越高。表 6 - 4 中对比列出了 2013 年 ST 县农村和城区的中小学教师参加各级培训的比例。不难发现，从国家级培训到校级培训，城区的中小学教师的参训比例都高于农村的中小学教师。

表 6 - 4　　　2013 年 ST 县城乡中小学教师参加各级培训比例

学校	国家级	省级	地市级	县级	校级
城区学校	1.76%	1.23%	1.33%	8.94%	86.73%
农村学校	0.45%	0.34%	0.48%	4.08%	94.65%

资料来源：根据《ST 县教育事业统计报表（2013）》中原始数据整理而来。

在实地考察和焦点组访谈的过程中，一些教师反映"我们这里的老师和大城区的不能比，我们参加高质量的教师培训机会还是不够多"。当地教育管理部门人员称，近几年来，尤其是国培计划实施以后，ST 县中小学教师参加培训的机会逐渐增多，但城乡教师参加培训的级别仍有差距。如 2013 年农村学校教师参加省级及以上培训 161 人次，占农村参训教师总数的 0.79%，而城区学校教师参加省级及以上培训 406 人次，约占城区参训教师的 2.99%。

当前，农村中小学教师参加培训的比例不高，参加高层次培训的机会很少，其主要原因在于农村学校教师培训经费不足。如调查发现，农村学校教师人均培训经费整体低于城区学校（见图 6 - 65）。城区中小学校教师人均培训经费支出起伏变化较大，但平均每年教师培训经费也达到 1 038 元/人，2012 年增至 1 310 元/人。同期农村学校教师培训经费支出虽也有所增加，由 2008 年的人均 630 元增加到 2011 年的人均 970 元，但城乡差距仍浮动于 60 元到 620 元之间。此外农村学校教师培训经费的增长幅度远小于城镇学校。如 2008 年农村小学师均培训

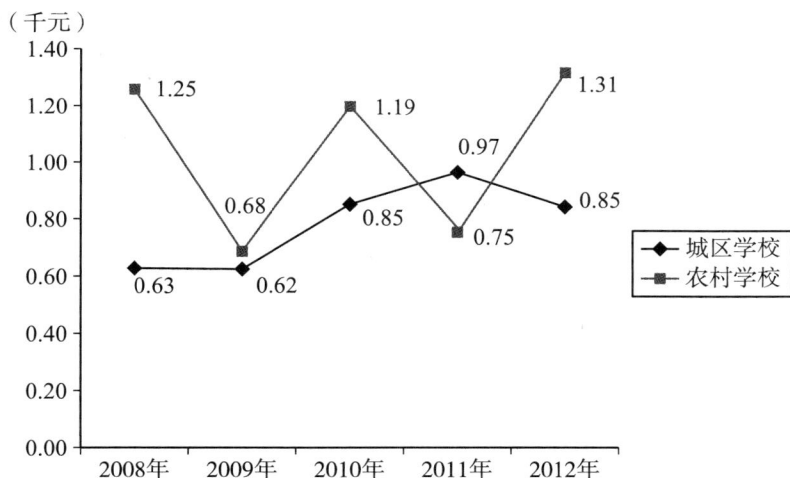

图 6 - 65　ST 县城乡中小学师均培训经费支出情况

资料来源：根据《ST 县教育事业经费统计报表（2008~2012）》中原始数据整理而来。

经费的支出为 588. 96 元，2012 年增长到 827. 52 元，增长率为 28. 82% ；城市小学师均培训经费由 2008 年的 258. 20 元提高到 2012 年的 1 779. 92 元，增长率高达 85. 48% 。城乡学校教师培训经费的差距十分明显（见图 6 – 66）。

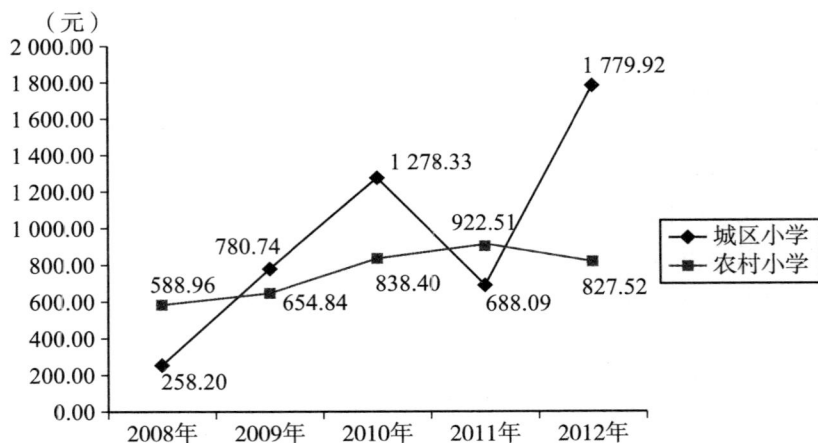

图 6 – 66　ST 县城乡小学师均培训经费支出

资料来源：根据《ST 县教育事业经费统计报表（2008 ~ 2012）》中原始数据整理而来。

3. 城乡义务教育办学与硬件资源配置体制机制现状及存在的问题

（1）农村学校"空巢化"与城区学校"巨型化"并存，学校布局结构不合理。

调查发现，ST 县义务教育的发展呈现出"农村学校生源不断减少，城区学校校均规模不断扩大"的趋势。2009 年以来，城区学校和农村学校校均规模的差距逐渐拉大，到 2012 年，城乡学校校均规模差值已经高达 688 人（见图 6 – 67）。

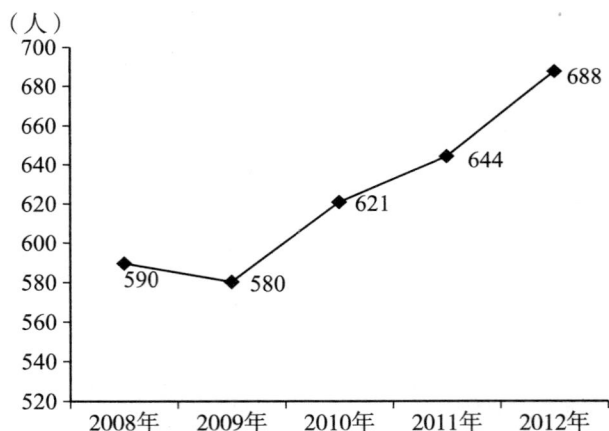

图 6 – 67　ST 县城乡义务教育学校均规模差值

资料来源：根据《ST 县教育事业统计报表（2011 ~ 2012）》中原始数据整理而来。

构建城乡一体化的教育体制机制研究

2008～2012 年，全县城区小学由 17 所增加到 25 所，农村小学由 306 所减少到 278 所。由图 6 - 68 可知，农村小学校均规模由 2008 年的 277 人减少到 2012 年的 186 人，减幅约为 33%；城区小学校均规模较为稳定，2008 年为 595 人，2012 年为 590 人。城乡校均规模差值则由 318 人增至 404 人。

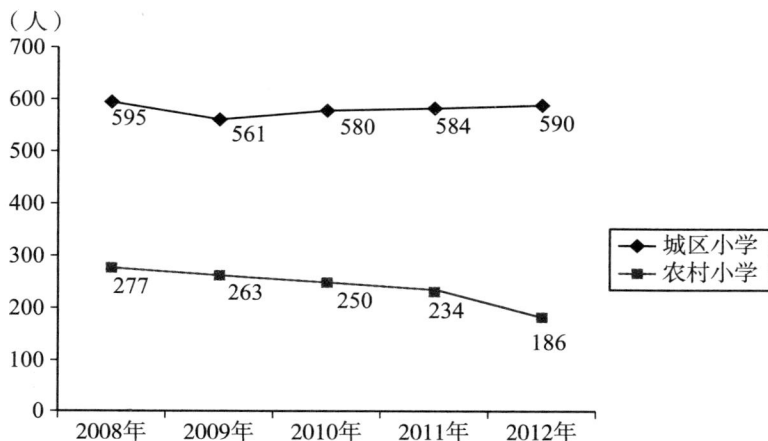

图 6 - 68　ST 县城乡小学校均规模比较

资料来源：根据《ST 县教育事业统计报表（2008～2012）》中原始数据整理而来。

由图 6 - 69 可知，2008～2011 年，ST 县全县初中在校生规模持续扩大。2012 年全县初中在校生数量有所下降。2008～2011 年，农村初中校均规模变

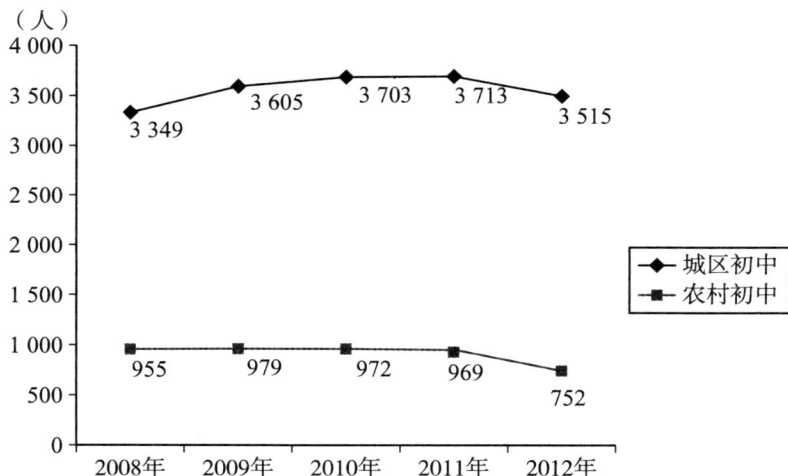

图 6 - 69　ST 县城乡初中校均规模比较

资料来源：根据《ST 县教育事业统计报表（2008～2012）》中原始数据整理而来。

化不大，2012 年陡减 217 人。2012 年，城乡初中的校均规模差已达 2 763 人。

综上所述，在"撤点并校"政策的影响下，农村学校资源得到进一步整合。然而，ST 县城乡教育质量的差距促使农村学校生源不断流向城区学校，同样会导致农村学校的生源越来越少，部分农村学校将会变成"空壳学校"。城区学校则因校均规模的持续居高，成为"巨型学校"。学校将长期处于超负荷运转的状态，严重影响教学质量。出现这种现象主要是因为城乡优质教育资源的分配不均衡。所以，当地教育管理部门应综合考虑本地的人口数量、分布及经济发展等因素，合理安排城乡学校的建设，使当地学校布局趋于合理。

（2）农村学校厕所达标率低、卫生条件差，卫生监督管理机制待完善。

儿童和青少年在义务教育阶段是身心各方面快速成长的关键时期。学校不仅要关注学生的智力发育，也应格外重视身体健康。课题组在 ST 县部分学校考察时，发现农村学生"上厕所难"是一个普遍现象。例如，ST 县 A 校，在校学生多达 1 000 人，但全校只有一个公共厕所，5 个蹲位。课间，厕所内外常常排着长队。一些学生为图"省事"，甚至一上午都不上厕所。这无疑对学生的健康极为不利。除厕所数量无法满足实际需求外，ST 县绝大多数学校的厕所卫生条件也不达标。农村学校更是几乎没有一个卫生达标的厕所。如2011 年城区学校厕所卫生达标率为 24.39%，2012 年仅有 7.69%，2013 年有所提高，达到 14.29%，但近三年卫生达标率不足四分之一。农村学校的情况更为严重。如 2011 年 342 所农村学校中仅有 6.31%（22 所）的厕所卫生达标，2012 年和 2013 年则无一所农村学校厕所卫生达标（见图6-70）。

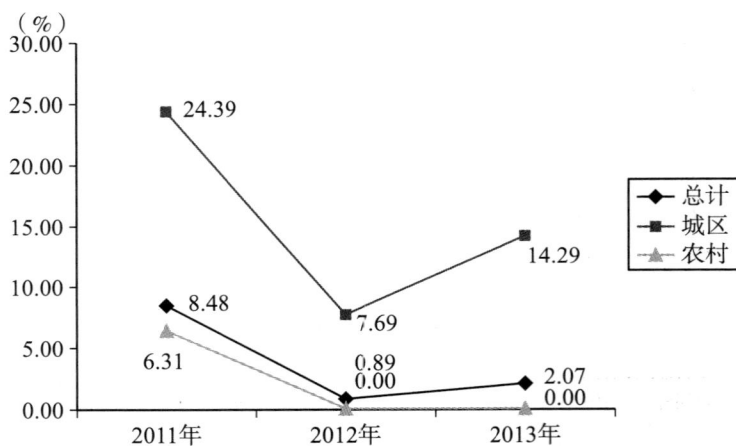

图 6-70　2011~2013 年 ST 县义务教育学校厕所卫生达标率

资料来源：根据《ST 县教育事业统计报表（2011~2012）》中原始数据整理而来。

（3）学校标准化建设重点不突出，农村薄弱学校建设不到位。

2012 年，教育部出台《县域义务教育均衡发展督导评估暂行办法》，规定要"推进学校标准化建设，制定并有效实施薄弱学校改造计划，财政性教育经费向薄弱学校倾斜"。该办法的出台为推进县域内义务教育的均衡发展起到一定的作用。一方面，ST 县对农村中小学校的标准化建设投入力度很大。这在生均校舍建筑面积、生均图书册数、生均仪器设备值以及校均网络接口等硬件资源多项生均指标上已经有所体现。农村学校标准化建设水平甚至略高于城区学校。然而，课题组在实地考察的过程中发现，在 ST 县城乡义务教育均衡发展过程中，教育资源的投入虽向农村学校有所倾斜，但没有关注到真正急需改善的薄弱环节。很多农村中小学教学设施、设备虽然配置齐全，但资源利用率偏低，资源闲置现象较为严重。例如，农村学校的信息网络建设，由于没有配置相应的专门技术人员，部分学校网络设备只能沦为"摆设"，无法真正发挥效用。总之，农村学校标准化建设存在"只管建，不管用"、"重点扶持不明显"等诸多问题。

4. 城乡义务教育人才培养与评价体制机制现状及存在的问题

（1）城乡中小学教育质量整体偏低。

衡量义务教育教学质量优劣的指标很多，如升学率、巩固率、辍学率等。本书基于指标数据的可获得性，选取两项能够反映 ST 县义务教育教学质量的指标——中小学升学率、中小学毕业测试的成绩来分析该县义务教育质量现状及其存在的问题。

第一，城乡中小学的升学情况。2011～2013 年，ST 县小学升初中的升学率由 2011 年的 88.73% 提高到 2013 年的 94.63%（见图 6-71）。按照《义务教育法》

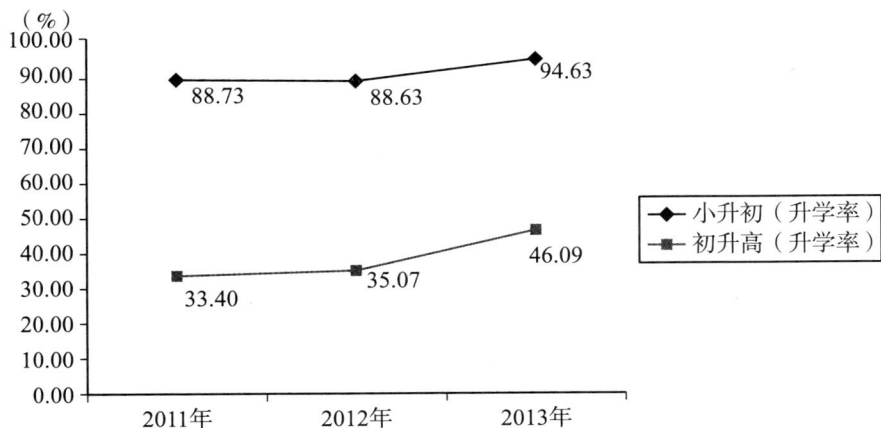

图 6-71 ST 县中小学升学率情况

资料来源：原始数据根据《ST 县教育事业统计报表（2011～2013）》整理；其中，图中升学率 = 小学毕业人数/当年初中招生人数×%；初升高采用同法计算。

中"我国实行九年义务教育制度"、"适龄儿童、少年的父母或者其他法定监护人应当依法保证其按时入学接受并完成义务教育"的相关规定，小学升学率应达百分之百。然而，课题组在实地考察中却发现，ST县小学阶段辍学率偏高，2013年辍学率高达59%。如ST县JJ乡经济发展水平低，居民生活条件差，相当一部分学生辍学在家务农或外出打工。

近几年，ST县初中升高中的升学率不断提高，由2011年的33.40%提高到2013年的46.09%，但始终低于50%。与小学阶段相比，初中毕业后未继续升学的比例高出很多。这与ST县高中教育资源不足有直接关系。如2013年ST县共有普通高中6所（含5所完全中学），班数187个（按三年均算，高一班级数为63个）。当年初中毕业生数为9 970人，按全部招生计算，平均班额约为158人。这很明显不符合实际情况。即使按照大班额70人计算，升学率最高也仅能达到44.23%。

第二，城乡中小学毕业年级水平测试情况①。通过对ST县2008~2012年中考语文、数学、英语、理科综合和文科综合的考试成绩进行分析分析，ST县中考各科的及格率普遍偏低。以2012年为例，数学、语文、文综、理综、英语的及格率分别为23.37%、23.16%、19.58%、17.67%和17.08%（见图6-72）。在上述各个科目中，只有语文这一科目的考试平均分一直保持在及格线以上，2011年达到最高，为75.35分，而其他学科的平均分都在及格线以下。分析各门科目的变化趋势，数学、英语、理综和文综的学科成绩整体处于上升趋势，语文学科的成绩起伏较大（见图6-73）。

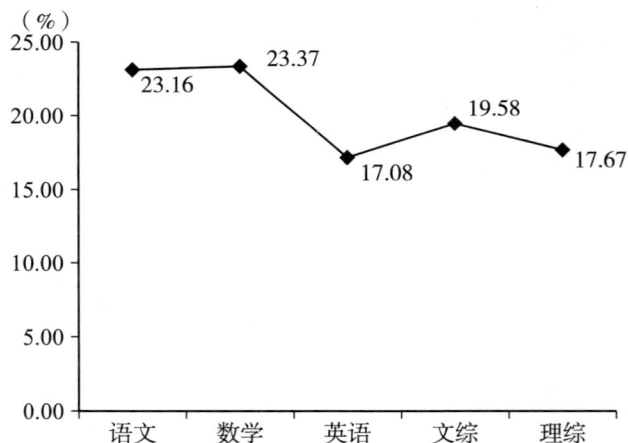

图6-72　2012年ST县中考各科及格率

资料来源：根据《ST县教育事业统计报表（2011~2012）》中原始数据整理而来。

① ST县中考测试是全市统一试卷，统一标准。因此，在同一市的各区县成绩具有可比性。本书选取中考各科目考试成绩的平均分、及格人数比例作为分析地区教育质量的优劣具有可行性。

构建城乡一体化的教育体制机制研究

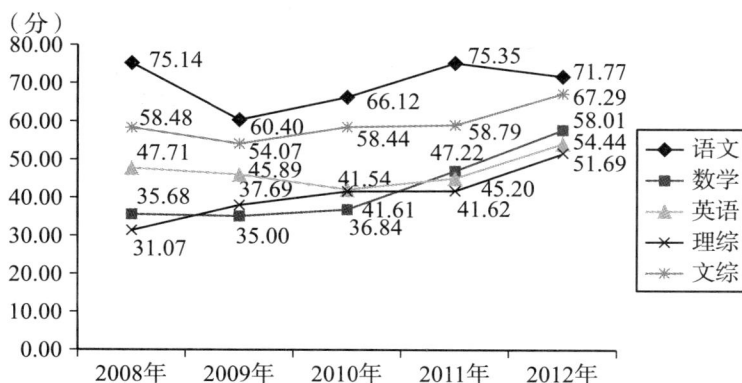

图 6 – 73　ST 县中考各科的平均成绩情况

资料来源：根据《ST 县教育事业统计报表（2008～2012）》中原始数据整理而来。

（2）农村学校生源流失严重，城区学校 56 人及以上的"巨型班"数量增加。

通过分析 2011～2013 年 ST 县小学毕业生升学去向的数据，课题组发现农村学校每年均有 60% 左右的生源流动到城区学校（见表 6 – 5）。如 2011 年的农村小学毕业生为 10 282 人，当年农村初中实际招生数仅为 4 686 人，5 596 名农村小学毕业生没有升入农村初中就读。城区初中当年共招生 7 412 人，而城区小学毕业生仅有 3 353 人。由此可见，城区初中入学新生中有 4 059 人属于跨区升学，其中绝大部分是农村小学的优质生源。农村学校大量生源的流失导致城区初中大班额①比例不断攀升。城区初中 56 人及以上班额的班级数量占城区初中总班额数量的 50% 以上，2011 年高达 62.33%。与城区相比，农村初中大班额的比例则要少很多（见图 6 – 74）。

表 6 – 5　　　　　　　城乡小学毕业生升学情况

年份	城区学校		农村学校	
	小学毕业	初中招生	小学毕业	初中招生
2011	3 353	7 412	10 282	4 686
2012	3 073	7 679	9 415	3 389
2013	3 410	7 408	7 894	3 289

资料来源：根据《ST 县教育事业统计报表（2011～2012）》中原始数据整理而来；其中，毕业生数和招生数均为当年数据；农村小学流失的生源并非全部进入城区小学，还存在跨市、跨省流失现象，因此农村生源流失数不完全等于城区初中招生数。

---

① 本研究中"大班额"定义为"班级人数在 56 人及以上"；国家规定的班额标准是：小学 40～45 人，中学（含初中和高中）为 45～50 人。

（%）

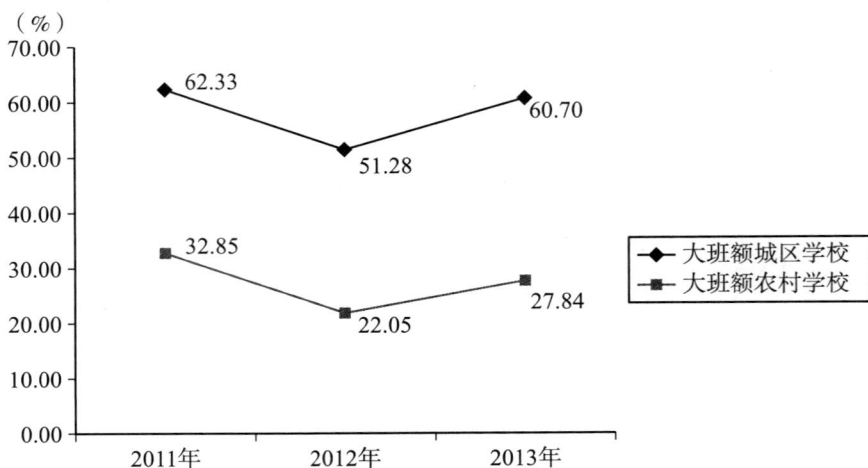

图 6-74　2011~2013 年 ST 县城乡初中大班额比例情况

资料来源：根据《ST 县教育事业统计报表（2011~2012）》中原始数据整理而来。

　　农村学校生源流失严重问题应当引起重视。该现象会引发一系列连带的负面影响。第一，优质生源的流失导致农村学校教学质量的下降，从而进一步加剧农村生源的流失，将会形成恶性循环，不利于农村学校的长远发展。第二，生源质量的下降导致农村学校教师教学的积极性不高。这样更难吸引优秀的教师到农村学校任教。为了切实构建城乡一体化义务教育体制机制，教育及相关部门应该制定相应的政策遏制城区学校到农村学校争抢优质生源的现象。

　　（3）农村学校教学质量偏低，城乡学校教育差距不断扩大。

　　调研发现，ST 县整体教育水平相对较低。与城区学校相比，农村学校的教学质量更是令人担忧。由图 6-75 可知，2011 年以前，城区小学数学中考成绩的及格率比农村小学高 5%，2012 年城乡间的差距虽有所减小，但仍相差1.8%。城乡小学语文成绩及格率之差由 2008 年的 2.34% 增加到 2012 年的4.87%。由图 6-76 可知，2008 年城区小学数学成绩的优秀率比农村高4.01%，到 2012 年两者之间的差距增长至 5.12%。城乡小学语文成绩的优秀率之差由 2008 年的 5.37% 增长到 6.19%。数据表明，城乡学校教育质量差距不断增大。出现这一现象的原因主要是城乡学校发展政策的失衡。当城区学校已经开始内涵式发展的时候，农村地区大部分学校还处于学校标准化建设的阶段。农村学校教学模式、教学方法也是照搬城区学校，缺乏符合农村学校自身的发展模式。所以从硬件到软件，相比城区学校，农村学校一直处于"慢一拍"的发展节奏上。

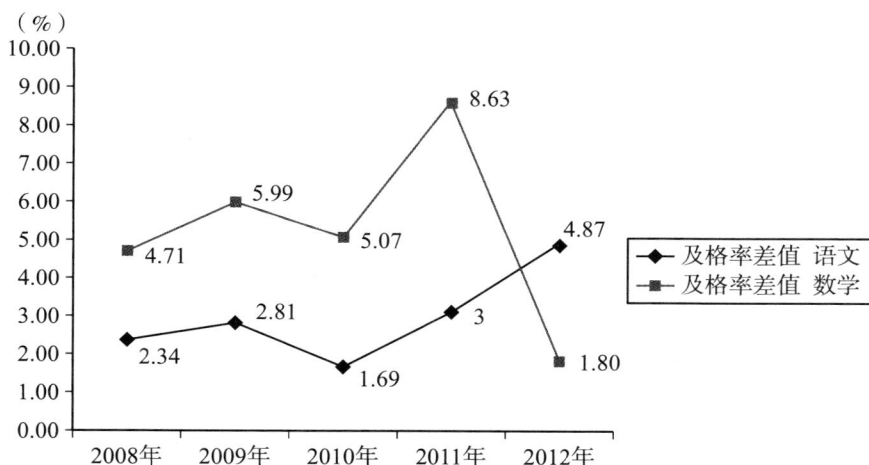

图 6 – 75 ST 县城乡学校小升初及格率差值变化趋势

资料来源：根据《ST 县教育事业统计报表（2008～2012）》中原始数据整理而来；其中，及格率差值 = 城区学校及格率 – 农村学校及格率。

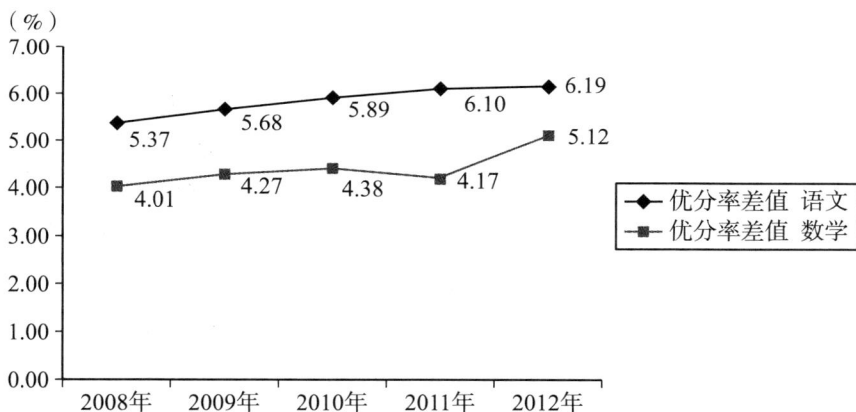

图 6 – 76 ST 县城乡学校小升初优秀率差值变化趋势

资料来源：根据《ST 县教育事业统计报表（2008～2012）》中原始数据整理而来；其中，优分率差值 = 城区学校优分率 – 农村学校优分率。

（三）"多点辐射" 推进城乡一体化义务教育体制机制构建的对策建议

通过对 ST 县的实地考察及其官方统计数据的深度分析，针对上述义务教育体制机制存在的问题，课题组尝试为其提出构建城乡一体化义务教育体制机制的对策与建议。

1. "多点辐射"推进城乡一体化义务教育人事调配体制机制构建的对策建议

（1）设立农村学校教师的"专门岗位"，吸引优秀教师留校任教。

课题组通过咨询广大农村中小学校长发现，目前在国家倾斜政策的支持下，农村学校师资的突出问题并不是无法补充优秀教师，而是无法留住优秀教师。国家、地方、区县都在实行"城乡帮扶"、"对口支教"等政策。但多数城区优秀教师到农村学校支教仅是出于职称晋升的需要或组织的要求。绝大多数教师在服务期满后不会选择留在农村学校任教。

因此，农村学校要留住优秀师资，就需要建立起长效的优秀教师保障机制，设立优秀教师"专门岗位"，施行"定岗不定人"的相关政策，以吸引优秀教师留校任教。其具体措施如下：①按照扶持偏远的原则，根据学校的实际需求给农村学校分配每校 2~5 名"高级教师"的岗位编制。②"高级教师"岗位享受省特级教师的编制与待遇。③"高级教师"岗位的招聘对象为县级及以上骨干教师或拥有硕士学位及以上的新教师。④"高级教师"的服务期不低于三年。期满离职的教师将不再享受高级教师的编制与待遇。⑤服务满 10 年的教师可终身享受高级教师的待遇。

（2）完善教师"选调"机制，防止农村优秀教师的过度流失。

目前，ST 县农村学校师资建设面临的最为严峻的一个问题就是"优秀教师的大量流失"，其中相当数量的优秀教师被选调进城（或教育管理单位）。如 2011~2013 年农村学校调出教师数分别为 261 人、163 人、376 人，均占当年农村流失教师总数的 55% 以上。为解决农村优秀教师流失的问题，应当完善相应的教师流动政策，在允许合理流动的条件下，杜绝城区学校"挖教师"的现象。第一，规范教师的选调程序，增加学校在教师选调过程中的话语权。以前，如果上级部门需要选调某位教师，学校只能被动接受，这增加了学校对教师流动的管理难度。增加学校在教师选调过程中的话语权，有利于学校留住优秀师资。第二，明确教师的选调标准。部分教师在农村学校期间评上骨干教师或高级教师职称后，就有可能被调走或准备调走。这样的情况极大地挫伤了农村学校培养师资的积极性。为了防止农村教师业务成熟后离开农村教育岗位，可以规定教师获得高级职称的服务条件。比如获得高级职称后 3~5 年内应服务于原单位。

（3）建立"以学校为基本单位，实行校内自主分配"的绩效工资分配机制，充分发挥绩效工资激励作用。

实行绩效工资政策的目的就是鼓励提高个人绩效，提倡多劳多得。但是，现行的教师绩效工资分配机制不健全，无法发挥绩效工资政策应有的作用，因而在实施的过程中出现了许多问题。要完善教师绩效工资分配机制，充分发挥其激励作用，应从以下几个方面着手：第一，区（县）教育管理部门应赋予学校（校长）校内自主分配绩效工资的权利。将教师的绩效工资经费，以学校为单位，直接拨付到学校账户。第二，绩效工资经费的拨付标准按照学校绩效考核等级（1～3级）划分，即首先针对学校的整体绩效将学校划分为不同级别，根据相应的级别拨付相应的绩效经费。第三，学校出台详细的教师绩效考核标准。考核必须公开、公平、公正。第四，绩效工资分配比例由学校自主决定。旨在更大力度地发挥绩效工资的激励作用。第五，建立区（县）一级的监督管理机制，监督各校绩效工资的分配办法得以正常实施。

2. "多点辐射"推进城乡一体化义务教育经费投入体制机制构建的对策建议

（1）建立农村中小学办学债务共担共偿机制，逐步化解学校债务危机。

ST县目前的中小学办学债务呈快速增长趋势，尤其是农村的中小学，其年均债务增长率在50%以上。访谈中，部分校长表示，"现有的学校债务，依靠学校自身，基本上是无法偿还的，必须依靠县，甚至更高一级政府一起分担"。为了促进农村基础教育的发展，各级政府应当承担起义务教育财政投入的责任，解决部分地区"因教而穷、为教举债、基础教育效益外溢"的问题。

第一，重视农村学校的教育债务问题，责令相关职能部门清查各学校现有的债务，了解债务的数额、债务关系。积极协调债务人之间的关系，杜绝上门要债等影响学校正常教学秩序的现象发生。第二，加强对农村学校教育经费的投入，防止新"债务"的出现。农村学校负债额攀升主要是因为农村教育经费投入不足，尤其是基础建设经费的拨付不到位。因此，在加大对农村学校教育经费投入的同时，还应积极盘活教育资源，适度利用学校的闲置校产，将取得的收益用于偿还债务。第三，建立省级统筹，市、区（县）、学校共担、共偿的债务偿还机制。调研发现，仅依靠学校解决现有农村学校的债务问题难度较大。所以，应当发挥各级政府的作用，结合各地区的实际情况确立合理的分担比例，省、市、区（县）、校统筹解决。第四，制订合理的偿还计划。政府应出面协调债务双方的关系，协助农村学校制订合理的偿还计划，表明政府解决问题的决心，给相关债务人尽早还债的信心。

（2）建立农村学校教师培训专项经费，健全农村教师培训机制。

农村学校教师队伍基数大，师均教育培训经费短缺导致农村教师获得参加培训以及高层次培训的机会均不及城区教师。为了促进农村教师专业化发展，加强农村教师在职培训力度，应建立农村学校教师培训专项经费，健全农村教师在职培训机制。第一，建立农村学校教师培训专项资金或基金。调研发现，现有的教师培训资金主要来自学校公用经费中的人员经费。因农村学校公用经费本身就比较紧张，所以，无法确保教师培训经费支出。建议在已有教师培训经费的基础上，每年由县级财政在农村教育转移支付资金中划拨一定比例的资金建立专项教师培训基金。第二，认真落实国家西部农村教师培训政策，规范参训教师选拔。在保障农村学校教师培训经费的基础上，加强参训教师选拔。坚决"杜绝因资金缺乏而将农村教师的培训名额转派至城区学校的现象",特别是中西部农村学校教师的国培计划。

3. "多点辐射"推进城乡一体化义务教育办学与硬件资源配置体制机制构建的对策建议

（1）建立区（县）教学资源的"按需分配"制度，提高教学资源分配的合理性。

通过对 ST 县教育资源配置的官方统计数据分析发现，农村学校在教学及其辅助用房、图书册数等多项教学资源的指标上已经高于城区学校，农村学校建设的投入得到了显著加强。然而，课题组在实地考察和对部分校长、教师的访谈中了解到，从平均水平的角度看，农村学校的各项投入确实在不断增加，办学条件也在一定程度上得到改善，但学校之间仍存在较为严重的"结构性不均"问题，即"部分学校获得了较多的办学资源，而对真正缺乏办学资源的农村学校反而投入不足"。为了解决这种"结构性不均"问题，课题组建议通过建立合理的地区教学资源分配制度，优化教学资源结构性分配。

首先，区（县）教育管理部门对辖区内义务教育学校的教学条件、配套设施进行全面清查，摸清现状，结合本地区的教育投入能力，在清查的基础上制定包括投入对象、投入数额、投入时间等详细内容的五年投入计划。其次，制定合理的教育资源分配标准。参照全县中小学各项教学资源指标的平均水平，对教育资源进行分配。处于平均水平之上的学校暂缓其资源和经费投入，处于平均水平之下的学校则结合其实际情况加大对其投入力度。从而避免出现部分学校重复投入，而部分学校投入不足的问题。最后，建立城乡学校间教育资源"再分配"机制。将城区学校部分闲置或重复投入的教学资源转移到农村教育资源缺乏的学校。坚持教育资源分配体现"按需分配"、"效用最大化"的原则。

（2）建立城乡学校教育资源"流动共享"机制，提高教育资源使用效率。

近年来，ST 县对农村学校标准化建设政策的落实力度相对较大，大多数农村学校都开通了校园网络、修建了一定数量的网络多媒体教室，教学硬件建设基本达标。但是，许多学校，特别是农村地区的学校都没有有效地利用这些教学资源。虽然这些学校配备了较为先进的设备，但由于缺少专业技术人员、专业教师，这些先进的教学设备无法得到合理利用，只能成为装点学校硬件建设的摆设，对农村学校教学质量没有起到实质性的促进作用。

针对上述问题，结合部分校长和教师的建议，本书认为农村学校在实施标准化建设的过程中应当因地制宜地制定建设方针，确保农村教育资源得到有效利用。首先，摒弃"一刀切"的建设方针，统计各个学校教学所急需的资源和设备，有针对性地进行相关资源的配置，提高教学资源配置的针对性、时效性。其次，实行专业技术教师（如信息技术教师）流动授课或片区共享政策。根据农村的中小学信息技术课程数量相对较少的特点，合理安排 2 ~ 5 所学校共享一位信息技术教师。最后，交通便利或距离较近的若干村小可以按多校共享某一"教学设备"的原则进行配套建设。例如，在某一地理位置居中的村小建设一套现代化多媒体教室，由附近 3 所村小共同拥有、共同使用、共同维护。

（3）完善中小学卫生监督管理体制，提高农村学校卫生条件标准。

与城区学校相比，ST 县大部分农村学校的卫生条件相对较差。学校食堂和厕所是中小学卫生问题的焦点。如据官方统计，2013 年 ST 县中小学厕所合格率仅有 14.29%，而农村学校则无一厕所卫生达标。卫生达标率低、卫生状况差反映出卫生监督管理存在许多漏洞。中小学的卫生状况与学生身心健康发展有着密切关系，关乎义务教育质量的提升及良性发展。一方面，区（县）教育管理部门、卫生部门必须高度重视对农村中小学卫生条件的监督管理，修订和完善现有卫生监管条例（办法），责令相关部门对农村学校的卫生条件，尤其是厕所、食堂的卫生状况进行摸底排查，同时监督校方针对出现的问题予以解决和改善的力度。另一方面，地方政府及教育部门应加大对农村学校厕所修建资金的投入，提高学校的卫生标准，强化和落实农村学校卫生条件定期检查制度。

4. "多点辐射"推进城乡一体化义务教育人才培养与评价体制机制构建的对策建议

（1）贯彻落实中小学"就近入学"的政策，杜绝择校和抢生源现象。

为贯彻落实义务教育"就近入学"政策，ST 县在实施"人才成长摇篮"工程时提出，全县中小学的入学须按照"幼儿园就近、小学进片区、初中进乡镇、高中进县城、职教进园区"的原则执行。2013 年，该县农村小学近半数的毕业生流入城区中学，一定程度上说明"就近入学"政策执行不到位。在县教委组织的校长座谈会上，部分农村学校的校长反映现在城区学校对农村的学校采取双管齐下的手段：一方面到农村学校挖"骨干教师"，另一方面和农村学校争抢"优质生源"。这直接导致农村中小学的生源数量、教学质量双重下滑，间接导致农村中小学毕业测试成绩、及格率和优分率持续偏低，城乡学校教育质量差距不断拉大。构建城乡一体化的教育体制机制必须杜绝这种城区学校"挖人才"，"抢生源"的现象。第一，乡镇辖区内的初中学校应当负责域内的所有小学毕业生的升学工作，对所有毕业班级的学生施行登记制度，原则上要求其按区入学。这样既可以保证农村中学的生源，也可以巩固"普九"成果。第二，明令禁止城区学校招收已被农村初中录取的学生，部分因家庭居住地变迁的学生除外。第三，取缔城区学校的"借读费"，降低农村学生的择校率。

（2）贯彻落实城乡学校"结对帮扶"、"捆绑发展"等办学模式，充分发挥中心城镇教育的辐射作用。

ST县在"十二五"规划中提出要实施"多点辐射"、"百校大战"，以优化资源为保障，全力编织"人才成长摇篮"的伟大教育发展计划，以全力提升全县的办学水平，充分发挥城市的教育辐射作用，建立以城带乡、城乡一体的教育发展机制，推行城乡"结对帮扶"、"捆绑发展"等办学模式，逐步实现城乡教育的一体化。目前，全县城乡学校"结对帮扶，对口支援"政策处于实施初期，其效果还有待实践检验。结合全县城乡学校教学质量差距不断扩大的现实情况，本书建议应进一步加大城区学校对农村学校的帮扶力度，尤其是在教育教学上的帮助。首先，优化对口支援学校的组合，坚持就近原则，避免因互助学校距离较远出现帮扶不到位的现象。其次，以"培养农村学校师资"、"构建学校文化"为结对帮扶的重点，避免指派教师进行支教的单一帮扶形式。再次，对"结对帮扶"的过程和效果进行监督考核，提高帮扶的实施效果，避免政策实施的形式化。最后，提供相应的经费支持，增加城镇学校参与帮扶的积极性。

五、国家统筹城乡综合配套改革省级试验区构建城乡一体化义务教育体制机制的典型经验——以 A 市为例[①]

作为大城市、大农村、大库区、大山区并存的城市，A市是集移民地区、贫困地区、少数民族地区于一体的特殊直辖市。其城乡二元结构矛盾突出，城乡教育差距明显。如何统筹城乡教育改革，满足城乡人民群众教育需求，实现城乡教育公平是A市发展的重要战略问题。为此，A市大力实施城乡教育综合改革。2008年，A市与教育部签订了《建设国家统筹城乡教育综合改革试验区战略合作协议》（以下简称《试验区协议》），决定把A市建设成为"国家统筹城乡教育综合改革试验区"，这赋予了A市统筹城乡教育综合改革的重大使命。作为国家统筹城乡教育综合改革的试验区，A市通过近五年的积极探索，在教师交流、经费投入、办学条件、人才培养等方面取得了重要的体制突破和机制创新，积累了宝贵的成功经验，形成了一些典型模式。

（一）A市构建城乡义务教育教师交流体制机制的经验

缩小城乡教育的差距，实现教育公平与和谐发展是推进城乡教育一体化的立

① 本部分主要参阅 A 市教委统筹城乡办公室相关资料。

足点和出发点。城乡教育均衡发展的核心在于城乡教师资源是否均衡。优秀的教师资源是提高城乡教育质量的关键。实现城乡教师资源的互动交流，加大对农村学校的帮扶力度是化解目前城乡、区域、校际教育水平差距问题的良方。

1. 建立与实施城乡教师交流制度

为进一步优化 A 市城乡教师资源的配置，统筹提升城乡师资水平，激发城乡师资队伍的内在活力，为城乡教师均衡发展提供政策保障，A 市委组织部、市教育工委、市教育委员会、市人力资源和社会保障局四部委于 2012 年 9 月联合颁布了《A 市中小学领导干部及教师交流工作指导意见（试行）》（以下简称《意见》），逐步建立完善规范、有序的中小学领导干部及教师交流制度。《意见》对教师交流作出一系列的规定：（1）交流对象为 A 市范围内各级中小学的校级领导干部和教师，交流条件为：①校级领导干部在同一学校任职 10 年以上，53 周岁以下的男性和 48 周岁以下的女性；②教师在同一学校任教 9 年以上，50 周岁以下的男性和 45 周岁以下的女性。（2）教师交流的范围和方式。原则上教师交流在同一区县（自治县）内的中小学之间进行，交流方式为：①不变动人事关系的交流。领导干部、教师在城区和农村学校之间、公办和民办学校之间交流，可以将人事关系（含工资关系，下同）保留在原学校。交流期间由原学校根据交流学校提供的绩效考核情况，发放绩效工资。交流期满后，根据交流人员在交流期间的现实表现和工作绩效，予以妥善安排。交流的工作年限为：领导干部 5 年以上，教师 3 年以上。②变动人事关系的交流。除上述情形外，在交流学校有相应空岗的情况下，其余人员在交流的同时，原则上应将人事关系转入交流的学校。另外，《意见》还明确提出，每年参加交流的各级骨干教师、优秀教师比例不得低于交流教师总数的 20%，并将交流期限、表现作为教师提拔任职、评定职称的重要依据。此外，还将实施农村教师、农村中小学领导干部的培训计划，努力提高农村学校干部和教师的教学、管理水平，缩小城乡教师、校长间业务水平的差距，在教师和校长层面为城乡义务教育的均衡发展提供条件保障。

2. 建立"高校＋学校＋导师团队"立体式城乡教师交流帮扶机制

依据《A 市教育委员会关于开展建设国家统筹城乡教育综合改革试验区项目试点工作的通知》的政策文件，BB 区作为改革城乡教育帮扶机制、建立城乡教育良性互动与共同发展机制的试点单位，经过近四年的艰苦努力，区内一大批农村薄弱学校的师资建设有了发展与提升，初步实现了城乡教师资源的均衡。BB区"良性互动"城乡教育帮扶机制模式的具体做法如下：

（1）共建"高校＋学校＋导师团队"立体式的教师交流的培训模式。首先，BB 区采取"高校带地方"的方略。在 SWU 大学、市教科院等院校的引领下，建立"名师工作室"。每个"工作室"除承担教育科研、培养教师任务外，还负责对 2 所农村学校进行定点扶持。被帮扶学校的优势学科逐步建立，办学效益不断攀升。25 名农村学校学员获得全国优秀教师、特级教师等荣誉。其次，建设"C－R"导师团队。2007 年，BB 区与 SWU 大学教育学院合作，共建"C－R"（"C"即聚合，"R"即辐射）三级教育导师团队，构建了立体式的 BB 教师教育培训模式。自该模式运行以来，培养出市级名师、研究员级教师、特级教师、市区级骨干教师等近 100 名，4 名学员成长为"第二届名师工作室"的主持人。

（2）建立城乡教师互为流动、中心校教师到村小任教等制度。第一，定期组织骨干教师、优秀教师"送教下乡"，农村教师"进城研修"。近两年间，城乡教师任职交流共达 300 余人次。第二，联片教研。将全区中小学按城乡、强弱搭配，划分为 10 个片区，实施教育、科研帮扶。基于"协商、合作、互动、共生"，片区内开展"同课异构"、"一课多研"等多种形式的研修，为农村教师提供研讨观摩和交流的机会。

（3）建立农村教师发展学校制度。率先建立"资源聚合、区域联动、城乡共进"的"农村教师发展学校"，建立农村教师"制度保障、专业推动、自主实践"的持续发展机制，打造城乡教师发展共同体，提升农村学校的师资水平。

3. 探索建立以城带乡、城乡互动"四个一"城乡教师交流机制

FJ 县根据城乡师资力量不均衡、农村师资力量十分薄弱的现实，开展"三五培优成名工程"，加强农村学校的教师培训，组织优秀教师轮流到薄弱学校支教、挂职，充分利用主城区和县镇的优质教育资源，创立了"四个一"城乡教师互动交流模式。第一，一年转岗交流。城乡学校结对，干部教师互派。互派周期原则上为 1 学年。城郊超编学科教师到农村缺编学校支教。农村中心小学（完小）教师到村小支教。第二，一期结对交流。城镇的每位优秀骨干教师分别联系 2 名农村学校骨干教师，实行一学期"手拉手"结对指导。第三，一周定点交流。县教科所到农村师资薄弱学校进行蹲点指导，农村师资薄弱学校派教师到城镇结对学校进行为期一周的跟班培训学习。第四，一天巡回交流。通过实施送教下乡和远程支援等手段提高农村教师的整体水平，即由县教科所牵头，片区教育管理中心配合，组织特级教师、学科带头人、市县级骨干教师每年至少到各农村学校巡回献课或办讲座一次，每次一天。

自 2009 年以来，FJ 县城乡教师交流实践效果明显。如城镇学校到农村学校支教 1 年的教师达 150 人，到城镇学校培养锻炼的农村学校教师达 285 人；参与交流的学校干部 42 人次；城镇学校骨干教师与农村学校骨干教师结对交流 160 人次，城镇骨干教师巡回送教下乡 240 人次，农村学校受益面达 98%；县教科所先后到 38 所农村师资薄弱学校进行为期一周的蹲点指导，县进修学校对农村薄弱学校教师进行短期培训 700 余人次。通过各种形式以城带乡的城乡教师交流活动，农村教师的整体水平得到较大提高，城乡教师教学理念、教学水平的差距明显缩小。

4. 统筹设置"特岗教师"岗位，加大支持偏远农村师资的力度

《A 市义务教育"卓越课堂"五年行动计划》指出，要加强农村薄弱学校的建设，结合"农村义务教育阶段学校教师特设岗位计划"和"中小学特色学科教师配备计划"，解决好农村学校教师特别是村小教师数量不够、结构不优等问题。加大以城带乡、城乡统筹工作力度，加快农村中小学"领雁工程"的建设，健全城市学校教师到农村学校交流轮岗、优秀师范生到农村学校顶岗实习支教等制度，扎实开展集体视导、专家送教送课下乡、城乡教师结对等活动，支持各区县（自治县）探索捆绑发展、委托管理、学区制管理等模式，着力加强对农村薄弱学校教师的引领和帮扶，提高农村薄弱学校的课改水平。为了补充和提升农村边远地区的师资，提高农村学校的软件建设。2007 年，A 市财政划拨 2 000 万元专项经费，增设特设岗位 1 390 人，为边远农村中小学派遣了一批年富力强的教师。通过公开考试，A 市从 9 658 名报考的代课教师中招聘 7 593 名公办教师，并将其全部派往条件艰苦的农村学校任教。这在一定程度上缓解了边远地区师资力量不足的问题，有效地促进了城乡教育的均衡发展。

5. 建立"乡约名师"定期送教制度，提升农村教师专业化发展

"乡约名师"定期送教活动是 A 市 TN 县为了城乡学校共享优质师资资源、加大名师专业引领力度的一项重要举措。根据试点方案，在 A 教育学院专家们的全程指导下，全县推行了以市县两级骨干教师为主体的"乡约名师"送教活动，其中，县级骨干教师每学年送教 3 次，市级骨干教师每学年送教 5 次。截至目前，共送教 30 个学科，为时 9 个月，受益学校 80 余所，累计 714 节骨干展示课，180 余个讲座及精彩报告。"乡约名师"的送教活动拉近了城乡教师之间的距离，实现了城乡师资优质资源共享，推动了全县教育的均衡发展。此外，TN县教委派遣县内的市级、县级骨干教师到乡村学校支教。以支教促教的方式，推动农村校本培训有效实施。所有支教教师采用示范引领、小组学习、互动交流等形式，拓宽了农村教师的视野，促进农村教师教育理念的转变，加快了教师教育教学技能的提升，推动了试点学校教师学习型组织的构建。随着 TN 县城区送教下乡、主城优质课送教下乡、大量"乡约名师"献课示范、特约教研员的教学指导和专业引领、与同伴教师的研讨、自我反思等活动的开展，农村教师的教育理念得以更新，学科教学技能得以提高，教育科研能力得以提升。2010 年，2 名政治学科教师参加市级比赛获得二等奖的荣誉。农村教师专业化发展得到极大提高。

6. 建立校长交流任职长效机制

近年来，A 市 BN 区坚持以加强中小学校长队伍建设为突破口，探索和创新

311

校长队伍的培养、选拔和管理机制，打造了一批有理念、懂教育、善管理的中小学校长，有效地促进了城乡教育的均衡协调发展。为了充实和加强薄弱学校的管理，尽力解决校长职业倦怠的问题，BN 区实行了校长交流聘用制度。BN 区出台了《关于规范和完善学校干部管理的通知》，明确提出在同一学校连续被聘任为校长满 9 学年的，应交流聘任到其他同级学校任校长，并且实行中小学校级干部城乡双向交流制度。城区学校的校长顺向交流聘任到农村学校任校长。办学水平综合督导评估连续 3 年为优秀的学校且校长绩效考核连续 2 年为优秀的农村学校校长，可以优先交流聘任到城区学校任校长。通过校长异地交流任职，将一批城区学校的优秀青年干部派到管理薄弱的农村学校，逐步实现了城乡学校干部由"单向流动"向"双向流动"转变，使先进的教育理念和管理方法融入了农村学校。近三年，该区校长异地交流任职人数达 143 名。

7. 建立结对帮扶城乡互动"集团办学"模式，提升农村学校师资水平

2008 年年初，A 市 QJ 区开始探索"1 + 1 联谊"、"1 + N 结对"（1 所城区学校结对扶助 2～4 所农村学校）等"集团办学"模式。按照"以城带乡、整体推进、城乡一体共发展"的基本思路，将全区 53 所中小学分成 14 个帮扶集团。2012 年进一步优化调整为 8 个帮扶集团。

为了建立一套以"集团办学"模式促进城乡学校均衡发展的政策体系，QJ 区先后出台了《推进义务教育均衡发展的实施方案》、《QJ 区 2009～2011 年"城乡教育互动帮扶发展工程"实施方案》等系列政策文件，每年划拨 200 万元专项资金用于农村学校的干部培养、贫困学生资助、科研项目研讨等。此外，QJ 区大力实施"基层一线培养"工程，扎实抓好百校牵手、高师院校顶岗实习、对口区县帮扶交流工作。每年选派 50 名城区教师到农村支教、80 名中心校骨干教师到村（完）小支教、50 名农村教师到城区学校跟班学习。每年选派 10 名农村学校校长、15 名副校长和 50 名学科带头人到城区学校挂职锻炼，加强农村管理干部、骨干教师的培养。通过实行城乡学校互动的"集团办学"模式，全区农村教育整体水平明显提高，城乡教育差距明显缩小，尤其是农村师资水平显著提升。农村义务教育阶段学校小学和初中专任教师学历合格率均达到 100%，小学与初中教师学历提高率分别为 84.8%、77.4%。现有市级骨干教师 60 人，区级骨干教师 360 人，培养对象 183 人，农村教师在市区级骨干教师中的比例达到 60%以上。

8. 建立城乡学校教师交流专项经费保障制度

为保障各区县教师交流的有效性，A 市为各区县下拨相应的项目资金，各区县也提供相应的配套资金，部分地区甚至通过成立"城乡学校教师交流专项基金"为教师交流提供必要的经费支持。所有经费主要用于交流教师的管理、奖

励、培训、结对帮扶补助及其他方面的交流。各区县经费支持标准有所不同，如
A市FJ县对一年转岗交流人员按5元/人/天的标准发放生活补助，每学期报销2
次车船费；BN区城区学校教师到农村学校支教可获得2 000元/月的补贴；A市
主城区教师到WQ县小学支教，每月额外的补贴在800~1 000元。QJ县教委基
础教育科科长在接受课题组访谈时谈到，QJ县每年用于教师交流的经费是20万
元，对于到偏远地区交流教师的额外补贴为每月500元。APS县教委负责人也谈
到，当地对交流教师的补偿主要体现为每年每名教师发放4 000元或者20 000元
不等的经济补贴。K县教委人事科负责人表示，K县每年将大约500万元的经费
投入教师交流中。

（二）A市构建城乡一体化义务教育经费投入体制机制的经验

统筹城乡教育的本质在于促进城乡教育一体化，实现教育公平诉求和城乡教
育和谐发展。相应的经费投入则是实现城乡教育一体化的基础。近年来，A市采
取省域统筹配置城乡教育经费，加大对农村学校经费的支持力度等措施，破解了
城乡义务教育的重点和难点问题，实现了"两基"人口全覆盖，城乡义务教育
呈现协调发展的态势。

1. 建立以省域统筹管理为主体的经费投入机制

《A市中长期城乡教育改革和发展规划纲要（2010~2020）》（以下简称《A
市教育规划纲要》）指出，要加大教育公共财政投入，确保教育优先发展，健全
教育投入机制，义务教育全面纳入公共财政保障范围；坚持把教育作为公共财政
支出的重点予以优先保障，政府从预算内和预算外、预算和决算、中央决算和地
方决算等方面保障教育经费投入，依法确保教育经费的"三个增长"；财政性教
育经费支出占全市国民生产总值的比例保持在4%；市级教育经费占市级经常性
财政收入的比例每年提高1个百分点，区县（自治县）逐年增加本级财政支出
中教育支出的比例。在加大教育经费投入的同时，还需要加强教育经费的使用管
理。A市统筹管理各区县的教育经费，在全市范围内按人均国内生产总值分类投
入基础教育经费。国内生产总值在全市人均水平以下的区县，A市财政除了按照
国家规定经费拨付标准外，加大转移支付经费的力度，以保证各区县教育发展的
一体化和均衡化。国内生产总值在全市人均水平以上的区县，市财政依据国家规
定的基本经费标准投入相应的区县。

据《A市日报》报道，截止到2010年6月下旬，A市财政性教育经费占
GDP的比例已经达到4.1%。同年4月下旬，在中国社科院发布的《2010年中
国城市竞争力蓝皮书》中，A市在全国294个城市综合竞争力的排名快速提升。
这些成绩的取得都离不开教育经费投入强力保障。经过近3年努力，A市先后将

400 亿元、200 亿元以及 170 亿元经费分别投入义务教育、高等教育和高中阶段的教育上。共计 770 亿元硬性经费投入解决了城乡学校一系列制约教育发展的问题，逐步改善了城乡教育的设施和办学条件，使得 A 市在全国范围内率先在西部建立城乡一体义务教育经费保障机制，安排资金 82.9 亿元；在全国率先兑现义务教育教师绩效工资，筹集经费 49 亿元。

2. 加大对农村义务教育经费投入倾斜保障制度

按照 A 市政府的要求，A 市级教育经费占市级经常性财政收入的比例每年要提高 1%，而该市各区县则要逐年提高本级财政支出中教育支出的比例。为了缩小城乡教育差距，A 市及各区县新增经费的 70% 将用于农村义务教育学校基础建设、培训教师和六大功能室的建设。尤其是 2007 年 A 市成为国家统筹城乡综合配套改革试验区后，借助这个优势平台，A 市全面提高义务教育经费保障水平，促进了城乡义务教育均衡发展及农村义务教育经费倾斜保障力度。第一，增加教育经费投入，高达 8 700 万元。农村中小学公用经费拨款标准每生提高 10 元，免杂费补助标准每生提高 30 元，实现了农村与县镇学校的"同标准拨款"。第二，划拨专项资金 2 034 万元，对 39 个区县农村中小学的黑板进行改造。第三，划拨专项资金 1 700 万元给义务教育阶段学生免费播放电影，划拨专项资金 3 000 万元用于农村中小学饮水设施的建设。第四，划拨专项资金 6 000 万元用于农村寄宿制学校的建设。目前，307 所寄宿校全部竣工。同时划拨专项资金 4 500 万元用于农村初中校舍改造。A 市教育局有关负责人表示，"十一五"期间，A 市教育财政投入达到 GDP 的 4%，超过了西部的平均水平。2004 年以来，A 共投入 68 亿元，建成 2 080 所寄宿制学校，解决了 101 万名农村留守儿童的寄读问题，城乡教育差距明显缩小。事实上，从 2006 年春季起，A 就全面实施农村义务教育经费保障机制的改革。市政府积极调整财政支出结构，增加对农村教育经费投入。2006~2007 年，A 市共落实农村义务教育经费保障机制改革专项经费 32 亿元，农村义务教育全面落实。2008 年，中央和市、区县共投入专项经费 22.4 亿元用于 A 市农村义务教育经费保障机制改革。此项措施惠及 A 市农村学校 344.9 万名学生。

此外，为了解决城乡教育巨大差距的问题，加强义务教育阶段农村学校公用经费投入力度，A 市下辖的 BN 区于 2012 年出台了《A 市 BN 区中小学公用经费倾斜管理暂行办法》。从 2012 年起，在按上级规定足额安排学校公用经费的基础上，区财政每年将至少增加投入专项资金 320 万元对公办义务教育阶段学生流失严重的农村学校和农村寄宿制学校实施公用经费倾斜政策。此外，对农村学校实行公用经费保底制度。规定学生人数低于 200 人的学校，公用经费低于 15 万元的，公用经费按保底 15 万元拨付。学生人数高于 200 人的学校，公用经费低于

20 万元的，公用经费按保底 20 万元拨付。此外，还对农村寄宿制学校实行公用经费定额补助的长效制度，给予寄宿制学校住读生 80 元/生/年的公用经费补助。

（三）A 市构建城乡一体化义务教育办学与硬件资源配置体制机制的经验

为了推进国家统筹城乡教育综合改革试验区建设，促进城乡教育统筹协调发展，A 市教育委员会于 2009 年出台了《关于开展建设国家统筹城乡教育综合改革试验区项目试点工作的通知》（以下简称《通知》），决定开展建设国家统筹城乡教育综合改革试验区项目试点工作。《通知》指出，坚持以点带面、点面结合的原则，解放思想、开拓创新，切实开展九大综合项目类改革试点和 40 个单项项目改革试点建设，在全市 84 个项目试点单位，通过项目试点，在办学体制、教育教学、帮扶机制等重点领域和关键环节取得突破，深化城乡教育改革。

1. 实施标准化学校建设机制，促进城乡学校均衡发展

为了促进 A 市义务教育均衡发展，提高城乡义务教育的质量。A 市教育委员会于 2011 年颁布了《A 市义务教育学校办学条件基本标准（试行）》（以下简称《标准》）。《标准》规定，义务教育学校的设置以小学就近入学、初中相对集中、方便学生就学为原则。城市学校布点必须与新城建设、旧城改造同步规划，同时应充分考虑转户进城和外来务工人员子女的入学问题。农村学校布点应充分考虑人口、地理和交通等条件，交通不便的边远地区应保留必要的教学点。在常规通用教学设备、学科教学仪器设备、六大功能室器材、现代教育技术设备、图书馆（室）等方面也作了相应的规定，制定了切实可行的标准。此《标准》规定的各项指标是 A 市实施城乡义务教育阶段标准化学校建设的政策依据。

为进一步改善办学条件，提升 A 市义务教育学校教学设备基本配备水平，优化城乡教育资源配置，依据《A 市教育委员会关于印发〈A 市义务教育学校办学条件基本标准（试行）〉的通知》精神，A 市决定从 2011 年起，启动全市义务教育阶段学校教学设备基本配备标准规划建设项目实施工作。按照"分级负责、分类实施、分步推进、区域统筹、动态配置"的原则，以推进义务教育学校基本配备达标、均衡发展为重点，进一步整合现有的教育资源，切实加大薄弱学校建设力度，努力缩小学校之间的差距，力争用 5 年左右的时间，集中力量进行义务教育阶段教学设备基本配备达标的建设，大力改善办学条件，全面提升义务教育学校教学设备管理水平和使用效益，努力实现城乡和区域间学校教学设备的均衡配置。RC 县依照《RC 县改革城乡基础教育，加快区域教育均衡发展实施方案》，通过优化布局调整、改善办学条件，推进学校标准化建设，促进了城乡区域内教育协调、均衡发展。自 2009 年以来，全县累计投入 5.9 亿元，启动"城区扩容"、"农村寄宿制学校"、"塑胶运动场"、"校校通、班班通扩容"等建设工程，共181个项目，极大地改善了城乡学校办学条件。

2. 建立城乡学校布局结构均衡发展长效机制

《A市教育规划纲要》指出，建立起教育资源统筹配置体系，实现城乡学校的科学布局、师资的合理配备、教育经费和办学条件适应教育发展需求的新格局。优化教育格局方面特别强调农村中小学标准化建设。在学校布局结构方面对主城学校、区县学校和农村学校作出了相应的调整规定。为了全面消除中小学400多万平方米的D类危房，A市从2005年就先后投入45亿元资金改造农村学校的危旧房。到2006年年底，全市库存D类危房全部改造完毕，中小学布局结构明显优化，办学条件明显改善，校舍危房比例由2000年年底的12.4%下降到现在的1%以内。307所寄宿制学校全部竣工，覆盖学生32.12万人，新增寄宿学生6.26万人。远程教育覆盖率达100%，受益师生超过350万人。小学和初中一年级基本消除了"大班额"问题，其他年级"大班额"问题得到了重点治理。"大宿舍"现象明显缓解。

WZ区按照"依法调整、统筹发展、适度聚集、投资高效"的原则，整合资源撤销中等专业学校9所，撤销初级中学法人24个、小学法人67个，撤销完全中学1所，新设九年一贯制学校1所，调整完全小学2所。通过调整，使城乡教育布局与结构布局更趋合理，确保适龄少年儿童正常入学，充分发挥了存量教育资源的作用和效益。调整后的129所城乡义务教育学校，其办学质量效益大大提高。近几年来，14 000余名进城务工农民子女顺利接受义务教育，享受与城区其他学生相同的就学待遇，有效缓解了城区教育容量趋紧的问题。根除了义务教育乱收费和择校现象。优化了教育资源配置，促进了城乡教育均衡发展。

3. 健全流动人口子女就学保障机制，保障弱势群体的受教育权

为有效保障流动学龄儿童接受义务教育的权益，依据《试验区协议》的有关要求，A市不断推进城乡基础教育改革，健全流动人口子女就学保障机制。A市作为建设国家统筹城乡教育综合改革的试验区，"加快农民工随迁子女就学保障机制，提高农民工子女就学保障水平"成为一个非常重要的问题。近几年来，YB区通过专题研究、网络问计、专家咨询等方式认真探索出切实解决农民工随迁子女就学问题的"八三机制"的改革机制：建立"三预备"机制，保障农民工子女"学有谋划"；建立"三投入"机制，保障农民工子女"学有所资"；建立"三管理"机制，保障农民工子女"学有所管"；建立"三统筹"机制，保障农民工子女"学有所教"；建立"三优化"机制，保障农民工子女"学有所师"；建立"三育人"机制，保障农民工子女"学有所成"；建立"三特色"机制，保障农民工子女"学有所长"；建立"三帮扶"机制，保障农民工

子女"学有所助"。此外，YB 区根据入学适龄人口的规模和学校发展现状，结合城镇化进程和新农村建设的实际，出台了中小学校园布局结构调整规划和农民工随迁子女就学机制改革方案，并将辖区具体细分为五个片区，科学规划、合理安排，坚持"新建与扩建并举"统筹建设农民工子女就读学校，坚持"集中与分散结合"统筹调配农民工子女就读学额，坚持"小学与初中衔接"统筹协调农民工子女就读学段，切实保障了每一位随迁农民工子女接受义务教育的权利。

4. 建立城乡学校"百校牵手"、"捆绑发展"等对口帮扶机制

《教育规划纲要》指出，要将促进公平作为国家的基本教育政策，把提高质量作为教育改革发展的核心任务，到 2020 年，基本实现教育现代化，基本形成学习型社会，进入人力资源强国行列。为了有效地解决教育城乡差距，落实纲要提出的"公平"和"质量"两大核心工作方针，作为集大城市、大农村、大山区、大库区于一身的直辖市，面对城乡、地区差距大的现实，A 市教育委员会于 2010 年 9 月启动了"A 市农村中小学领雁工程"（以下简称"领雁工程"），探索发展农村教育的新模式。"领雁工程"是 A 市为弥补农村薄弱学校教育短板的重要举措。"领雁工程"面向 A 市 100 所农村薄弱中小学校，通过 100 所办学有特色、教学质量高的城市学校作为示范学校，结对帮扶，接受专业机构提供的系统服务，打造一支理念先进、业务过硬的农村中小学校长和教师队伍，提升这 100 所项目学校的教育教学和管理质量。力争用三年时间（2011～2013 年）将项目学校培养成为农村教育发展与改革的"领头雁"，辐射带动区域内农村义务教育的优质、均衡发展。"领雁工程"的百校牵手活动以体制机制改革为重点，鼓励地方和学校大胆探索和试验，加快重要领域和关键环节的改革步伐。"领雁工程"通过"政府—专家—示范校—项目校"共同参与的项目管理体制、天地人立体培训机制等创新途径，促使区域内优质资源共享，摸索出区域农村教育整体发展的新路径。

基于时代发展的需要和 BB 区情的现实诉求，BB 区实施了城乡教育对口帮扶机制。由于 BB 地处城市和农村的结合部，城乡二元结构明显，区域教育发展极度不均衡：90% 以上的优质教育资源集中在城镇和重点学校，广大农村地区和一般学校的师资、设备等教育资源不足，教育资源分配与学生人群的分布极不协调。为此，BB 区创造性地提出"理念互动、资源共享、优势互补、共同发展"的帮扶思路，为城乡捆绑帮扶指明了方向。其创新捆绑帮扶对口机制主要分为两种：（1）一肩双责的帮扶机制：即"1 + X"，两个或多个法人单位，一个法人代表帮扶机制，将帮扶学校进行捆绑发展，成为权、责、利统一的发展共同体。如 CY 中学和 TJB 中学两所中学的校长由一个人兼任，解决发展沟壑，让 TJB 中学快速成长为一所优质学校。（2）集团化帮扶机制：即"X + X"模式，利用多个学校的优势对薄弱学校进行集团化帮扶，让薄弱学校取众所长得到更快的发展。如 WP 中学在 JB 中学、CY 中学等学校集团化帮扶下，成功发展为 A 市重点中学。

5. 建立教育信息化资源共享机制，推动城乡教育一体化

为实现城乡教育规划布局、资源配置、政策制度、水平提升一体化，努力把 A 市建设成为中国西部地区教育高地、长江上游地区教育中心，为全国统筹城乡教育发展提供示范和借鉴，A 市人民政府于 2008 年颁布的《通知》中规定，要推进统筹城乡教育发展体制机制的改革，进行多方位教育机制改革。其中一个的重要方面就是探索建立以教育信息化推动城乡教育一体化的机制，加强城乡教育信息化硬件、远程教育、教育信息化资源三大平台建设，推进城域网、中小学校园网建设，力争到 2012 年实现教育信息技术"班班通、室室用"。城乡学校能够充分利用现代化信息技术、丰富和交流教学过程与手段，改进和创新教育科研方法，提高教育教学质量。

为克服城乡教育信息化多头管理体系不畅的弊端。2008 年，A 市组建教育信息技术与装备中心，"统一规划、统一建设、统一管理"，专门负责全市教育信息化建设工作。同时，市教委成立了教育信息化领导小组和教育信息化推进办公室，全面统筹管理全市教育信息化工作。"数字校园"建设是教育信息化的核心，是教育信息化在城乡学校的集中体现。A 市有关教育部门在城乡学校整体大力推进"数字校园"建设。截至 2012 年 10 月，A 市主城九区 62.7% 的中小学、其他区县 18.76% 的中小学基本完成"数字校园"建设任务。全市 14 所中小学校被市委、市政府办公厅命名为首批 A 市"数字校园"示范学校。2011 年，DZ 区还设立了数字校园区域性试点。为了有效打破信息化发展的经费瓶颈。2009 年，A 市出台了中小学教育信息化和装备经费保障机制文件，规定生均公用经费中的统筹部分用于信息化和学校装备建设。据统计，全市每年统筹专项建设经费中有多达 2 亿多元的资金用于城乡教育信息化工作。与此同时，市政府每年投入 3 000 多万元资金为中小学教师配备笔记本电脑。目前已累计为中小学教师配备笔记本电脑 9 万台。从 2010 年起国家实施"农村薄弱学校改造计划"，每年投入 1.7 亿元资金用于 A 市的教育信息化、装备建设，有效缓解了教育信息化建设资金不足的问题。

BS 县从 2011 年开始，举全县之力，集全县之智，加快实施中小学教育信息化项目工程。2012 年，全县按照县级财政投入为主、学校投入为辅原则，多渠道筹措经费 2 130 余万元，助推信息化建设步入了史无前例的"快车道"。全县坚持"硬件从实"、"软件从严"、适度超前的原则，采取"一级建设，两级应

用"方式建成 BS 县区域教育云中心。这个信息"心脏"为全县各学校提供了设备、平台、应用"三大服务"。通过一年的努力，全县城乡教育落实了校园宽带网络、多媒体教学、数字教育优质资源、管理信息化、校园安全监控、网络学习空间"人人通"的"六个全覆盖"，实现了教育的信息化，缩小了城乡教育的"数字化"鸿沟，实现城乡教育均衡发展。此举让全县师生共享了一片绚丽多彩的信息"云"。

（四）Ａ市构建城乡一体化义务教育人才培养与评价体制机制的经验

《Ａ市教育规划纲要》指出，要深化人才培养模式改革，更新教育思想和观念，坚持文理兼修、知行结合，促进学生文化知识学习和思想品德修养、理论学习和社会实践、全面发展和个性发展的统一，培养一大批多层次多样化，具有社会责任感、创新精神和实践能力的人才。基于Ａ市省情和时代发展的需求，借助于国家统筹城乡教育综合改革试验区这个平台的优势，为了破解Ａ市教育二元结构发展的瓶颈，解决高质量多样化人才需求多而培养能力不足、人民群众期盼优质教育与资源相对短缺等一系列矛盾，Ａ市大力建立以城带乡、城乡一体、整体协调均衡发展的机制，着力突破人才培养模式和体制机制的问题，实现城乡人才培养质量和培养水平提升的一体化。

1. 探索义务教育"卓越课堂"建设机制，提升城乡学校育人质量

为进一步更新教育观念，深化课堂教学改革，有效转变教师的教学方式和学生的学习方式，全面提高义务教育的育人质量。Ａ市教育委员会于 2012 年出台了《Ａ市义务教育"卓越课堂"五年行动计划》，其总体目标是按照新课程改革的要求，坚持德育为先、全面发展、能力为重、以人为本、与时俱进，突出"一切为了每一位学生的发展"的核心理念，转变教师的教学方式和学生的习方式，建立师生学习共同体，彰显多元、开放、包容的课堂教学文化，最大限度地优化教学环境、教学内容、教学方法与手段，形成最优化的课堂形态，全面提高课堂教学效率和育人质量。"卓越课堂"将分阶段进行建设，力争通过 5 年左右的努力，全面落实新课程三维目标，使全市义务教育阶段学校的课堂教学符合新课程改革理念，达到"有效课堂"的要求，总体水平明显提高。"卓越课堂"在教学目标、教学准备、教学内容、教学评价等具体目标方面均有详细规定。

为了"卓越课堂"的有效开展，Ａ市特别实施了九大行动计划——课程建设计划、师生学习共同体构建计划、新课程领导能力提升计划、教师课堂教学能力提升计划、学生能力提升计划、现代教育技术助推计划、课程辅助活动推进计划、课堂教学评价改革计划、课堂开放计划。为保障其有效开展，市教委

成立"卓越课堂"建设领导小组和"卓越课堂"建设工作指导小组，办公室设在市教科院，负责总体策划"卓越课堂"的实施。各区县（自治县）建立相应的机构，制订方案，明确职责，统筹实施。各义务教育阶段的学校按照有关要求具体实施"卓越课堂"的建设。区县教师进修学校（学院）负责教师培训，教科所（教研室）负责"卓越课堂"建设的研究、指导、服务，教育评估机构负责"卓越课堂"建设的质量评估和监测，教育督导室定期进行督导考核。

2. 探索实施减负提质"1＋5"行动计划，提升中小学生综合实践能力

针对 A 市义务教育阶段学校素质教育深入实施过程中的薄弱环节，为了深入推进素质教育，全面提高教育质量，为学生的终身学习能力与发展奠定基础，A 市于 2013 年在全市义务教育阶段学校全面实施以实践大课堂为重点，以科技、阅读、演讲、书法、英语等教育为抓手的减负提质行动计划（简称"1＋5"行动计划）。实践大课堂是遵循中小学生不同的年龄特征，立足学校实际，充分挖掘和利用校内外资源，以培养学生实践、创新能力为目的，激励学生全员参与、自主选择、主动实践的集中教育实践活动。实践大课堂的活动内容以学生动手实践为核心，围绕手工制作、劳动技能、角色体验、探究创新四个方面展开活动。在每月综合实践课时中抽取一定量的课时量集中使用，安排在两个半天或一天完成。学生可学习生活自理、花木培育、食品制作等基本生活知识。科学素质提升行动计划旨在激发学生对科学技术的兴趣，提高学生的创新意识和实践能力。中小学每学期至少要组织一次以上的全校性科普活动，建立学生社会实践制度。各中小学都要配备 1 名以上的专职或兼职科技辅导员。

为确保义务教育阶段每个学生课外阅读总量在 400 万字以上，提高学生获取自己所需要的信息和知识的能力，A 市还开展了阅读行动计划。针对不同年龄学生特点，推荐不同年龄学生身心发展所需要的阅读书目。小学 1～3 年级每年每个学生阅读 5 本书以上，4～9 年级每年每个学生阅读 10 本书以上。小学生课外阅读时间每天不少于 50 分钟，初中学生每天阅读时间不少于 40 分钟。书法教育行动计划要求 1～2 年级每周安排 2 课时进行书法教育，3～9 年级每周安排 1 课时的书法课。演讲能力提升行动计划要求各学校每月至少利用 1 节辅助活动课的时间训练学生的演讲能力。每所学校建立 1 个以上的学生演讲兴趣社团，并配备专兼职辅导教师。每周安排 1 课时与演讲能力培养相关的课程学习，每学期有 1 次以上的公众演讲实践活动。英语能力提升计划要求全市所有中小学必须开设英语课，保证每周总时间不少于 120 分钟。按照师生比的标准配齐中小学英语教师。A 市教委相关负责人表示，提高人才培养质量是教育工作的核心任务和永恒的主题。2011 年 A 市出台的"减负十条"和 2012 年出台的"提质十条"有效地提升了教学质量,减轻了学生的负担。"减负"有了成效以后,要不断丰富"提质"内涵,2013 年减负要突出重点,针对城乡学生综合素质薄弱环节,全面实施"1+5"行动计划。

第七章

构建城乡一体化学前教育
体制机制研究

《教育规划纲要》在"学前教育"一章明确提出"基本普及学前教育"、"明确政府职责"和"重点发展农村学前教育"三点要求。其中，"明确政府职责"要求"把发展学前教育纳入城镇、社会主义新农村建设规划。建立政府主导、社会参与、公办民办并举的办园体制。大力发展公办幼儿园，积极扶持民办幼儿园。加大政府投入，完善成本合理分担机制，对家庭经济困难幼儿入园给予补助。加强学前教育管理，规范办园行为。制定学前教育办园标准，建立幼儿园准入制度。完善幼儿园收费管理办法。严格执行幼儿教师资格标准，切实加强幼儿教师培养培训，提高幼儿教师队伍整体素质，依法落实幼儿教师地位和待遇"；"重点发展农村学前教育"要求"努力提高农村学前教育普及程度。着力保证留守儿童入园。采取多种形式扩大农村学前教育资源，改扩建、新建幼儿园，充分利用中小学布局调整富余的校舍和教师举办幼儿园（班）。发挥乡镇中心幼儿园对村幼儿园的示范指导作用。支持贫困地区发展学前教育"。本章以"城乡学前教育体制机制"为主线，基于大量教育统计数据和实地调研，主要探讨了城乡学前教育师资队伍建设、经费投入、硬件资源配置、学生培养的状况及其体制机制存在的问题，提出了构建城乡一体化学前教育体制机制的对策建议。

一、城乡学前教育的发展状况

长期以来，我国学前教育的发展受到城乡二元结构的制约，以城市为重心的政策导向加剧了城乡的非均衡程度。城乡一体化学前教育发展无论是在整体上还是在各个方面均呈现出不同趋势。

（一）城乡幼儿园师资队伍的发展状况

1. 幼儿园师资人数状况

从 2002～2012 年，我国幼儿园教职工（含专任教师）数量呈现稳步上升趋势。教职工总量增加明显，增长幅度达 63.72%。其中，专任教师增长速度较快，2012 年比 2002 年增加了 908 010 人（见图 7-1）。

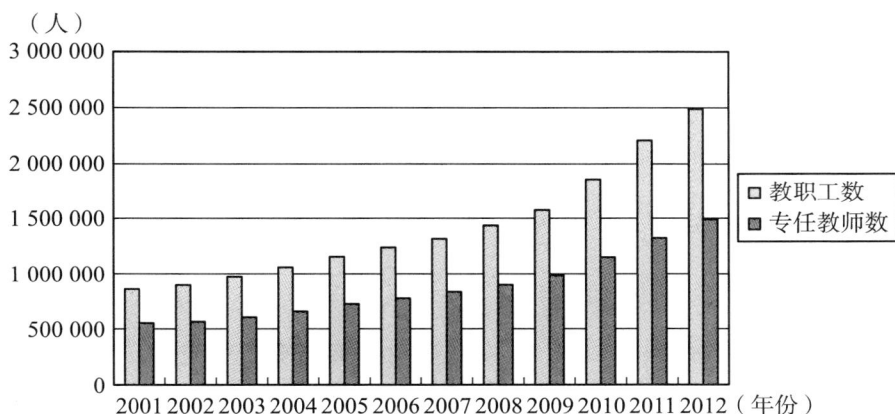

图 7-1 2002～2012 年我国幼儿教师数量变化情况

资料来源：教育部发展规划司编：《中国教育统计年鉴》（2006～2012 年），人民教育出版社 2006～2012 年各年版。

2. 城市、县镇和农村不同区域幼儿教师数的变化

我国城市、县镇和农村幼儿教师总人数和专任教师数从 2004～2012 年逐年上涨（见表 7-1）。其中，城市、县镇和农村教职工总人数分别增加了 876 196 人、549 022 人和 203 028 人。专任教师数从 2004～2012 年也有较明显的增加，城市幼儿园专任教师数增长最多。

表 7-1　　　　　　2004～2012 年城市、县镇和农村教师数　　　　　单位：人

年份		2004	2005	2006	2007	2008	2009	2010	2011	2012
教职工数	城市	525 017	556 975	558 883	612 873	654 438	701 669	796 127	1 165 407	1 298 693
	县镇	308 809	345 254	397 467	421 462	464 411	514 985	620 669	713 631	817 647
	农村	213 497	249 817	282 217	282 912	315 362	354 102	432 505	325 329	373 632

续表

年份		2004	2005	2006	2007	2008	2009	2010	2011	2012
专任教师数	城市	301 566	322 052	322 905	357 148	381 411	411 110	462 844	660 689	737 289
	县镇	205 850	230 074	263 653	279 568	308 543	342 346	405 535	453 224	512 385
	农村	148 667	169 483	189 933	190 049	208 598	232 433	275 846	201 721	229 563

资料来源：教育部发展规划司编：《中国教育统计年鉴》（2004～2012年），人民教育出版社2004～2012年历年版。

我国幼儿园教职工与在园幼儿比在城乡间差距显著，但农村地区表现出差距逐渐缩小的趋势。2002年，城镇幼儿园教职工与幼儿比例为1∶12，农村为1∶50，二者差距较大。从表7-2可以看出，农村幼儿园专任教师严重不足，师生比远远没有达到国家标准。农村幼儿教师不足已经成为制约当前我国幼儿教育事业可持续发展的瓶颈。同时也可以看出，2012年，我国城镇教职工与幼儿比为1∶12.5，农村为1∶27.83。另外，2002年城镇幼儿园专任教师与幼儿比例为1∶22.88，农村为1∶83.3。到2012年，两者分别为1∶21.17和1∶45.29，城乡差距不断缩小。

表7-2 **2002年、2012年我国城乡幼儿教师配置情况**

年份	城镇教职工与幼儿比	农村教职工与幼儿比	城镇教专任教师与幼儿比	农村专任教师与幼儿比
2002	14.02	59.83	22.88	83.3
2012	12.5	27.83	21.17	45.29

资料来源：教育部发展规划司编：《中国教育统计年鉴》（2002年、2012年），人民教育出版社2002年、2012年版。

（二）城乡幼儿园经费投入的发展状况

我国学前教育的经费投入状况主要包括各类学前教育经费的投入量、学前教育经费投入的来源以及学前教育经费投入分配等几个方面。

1. 不同种类学前教育经费投入的绝对量逐年增长

2001～2011年的10年间，我国不同种类学前教育经费投入的绝对量呈现出逐年上涨的趋势。学前教育经费的总投入量、国家财政性学前教育经费、预算内教育经费和生均预算内教育经费在2008～2010年增长较多，说明我国政府和社会对学前教育的经费投入总量正在不断增加。特别是2010年《教育规划纲要》和《国务院关于当前发展学前教育的若干意见》的提出，要求政府不断加大对学前教育的财政投入，重视学前教育的发展计划投入。除去民办园中举办者的投入，2011 年我国学前教育经费的总投入有了明显增加，相比 2001 年，总投入增加了约 1 倍（见表 7-3）。

表 7-3   2001~2011 年我国学前教育经费投入情况

年份	全国学前教育经费总投入（万元）	国家财政性学前教育经费（万元）	预算内学前教育经费（万元）	生均预算内学前教育经费（元）
2001	602 844	363 855	346 800	171.53
2002	675 844	416 389	397 253	192.56
2003	742 577	462 390	441 208	220.17
2004	875 169	545 001	519 700	248.73
2005	1 045 524	657 238	620 821	284.91
2006	1 245 259	795 081	731 994	323.34
2007	1 571 389	1 028 269	954 947	403.56
2008	1 988 416	1 329 444	1 227 865	496.12
2009	2 447 892	1 662 739	1 524 543	573.61
2010	7 280 143	2 443 526	2 187 411	734.85
2011	1 018 576	4 156 986	3 516 392	1 026.98

资料来源：教育部财务司、国家统计局社会和科技统计司编：《中国教育经费统计年鉴》（2002~2012 年），中国统计出版社 2002~2012 年历年版。2010 年、2011 年全国学前教育经费总投入中包含"民办学校中举办者投入"。

在全国学前教育经费总投入增长的同时，国家财政性学前教育经费和预算内学前教育经费的投入也不断增加。自 2001 年起，国家财政性学前教育经费与预算内学前教育经费投入基本一致，随后差距逐年拉大（见图 7-2）。

生均预算内学前教育经费投入也得到了政府的重视，从图 7-3 可以看出，生均预算内学前教育经费从 2001 年的 171 元增加到 2011 年的 1 026.98 元。

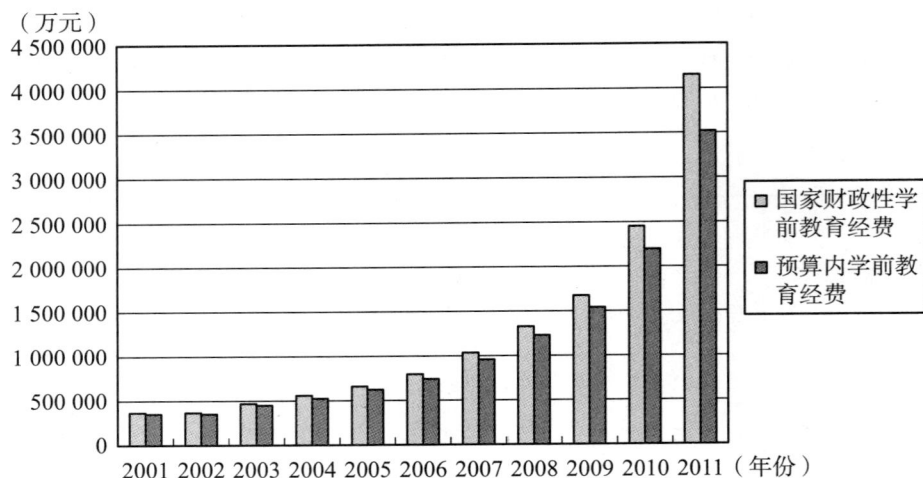

图7-2 2001~2011年全国学前教育经费投入情况

资料来源：教育部财务司、国家统计局社会和科技统计司编：《中国教育经费统计年鉴》（2002~2012年），中国统计出版社2002~2012年历年版。2010年、2011年全国学前教育经费总投入中包含"民办学校中举办者投入"。

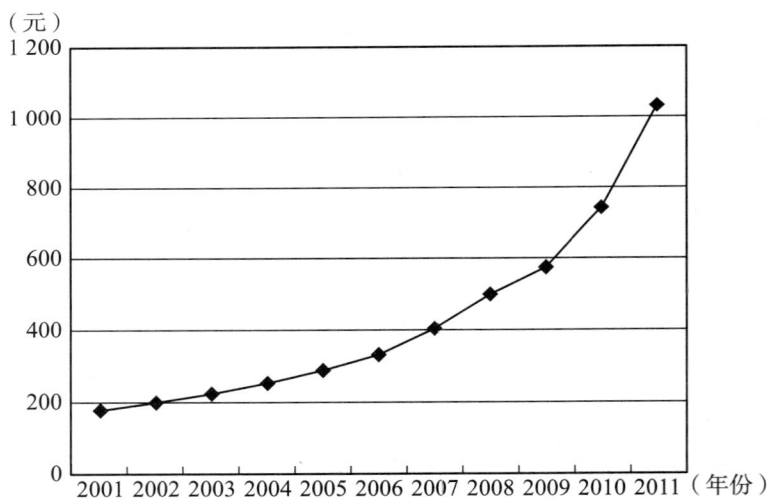

图7-3 2001~2011年全国生均预算内学前教育经费投入

资料来源：教育部财务司、国家统计局社会和科技统计司编：《中国教育经费统计年鉴》（2002~2012年），中国统计出版社2002~2012年历年版。2010年、2011年全国学前教育经费总投入中包含"民办学校中举办者投入"。

　　我国学前教育经费投入的绝对量虽呈上升趋势，但是经费投入的相对水平还较低。具体来说，2001~2011年我国学前教育总投入在GDP中所占比例略有增加，但是基本保持在 0.05% ~ 0.07% 这样一个非常低的水平，最高比例是 2011 年的 0.2% （见表 7 - 4）。这说明我国学前教育所使用到的公共社会资源还较少，全社会对学前教育的重视程度和投入量还远远不够。学前教育总投入占全国教育总投入的比例在 2001 ~ 2009 年也基本处于 1.2% ~ 1.3%，2010 年和 2011 年有所增长，均在 3% 以上。作为整个教育系统的重要组成部分，学前教育所获得的教育投入仍然十分少，在各级教育中其经济基础最为薄弱。

表 7 - 4　　　　　2001 ~ 2011 年全国学前教育经费投入占比情况

年份	GDP （亿元）	全国财政支出 （亿元）	全国教育经费总投入 （亿元）	学前教育总投入占 GDP 的比例 （%）	学前教育总投入占全国教育总投入的比例 （%）	财政性学前教育经费占全国财政支出的比例 （%）
2001	109 655	18 903	4 638	0.05	1.30	0.19
2002	120 332	22 053	5 480	0.06	1.23	0.19
2003	135 823	24 650	6 208	0.05	1.20	0.19
2004	159 878	28 487	7 243	0.05	1.21	0.19
2005	184 937	33 930	8 419	0.06	1.24	0.19
2006	216 314	40 423	9 815	0.06	1.27	0.20
2007	265 810	49 781	12 148	0.06	1.29	0.21
2008	314 045	62 593	14 501	0.06	1.37	0.21
2009	340 902	76 300	16 503	0.07	1.48	0.22
2010	401 513	89 874	19 562	0.18	3.72	0.27
2011	473 104	109 247	23 869	0.2	4.27	0.38

资料来源：教育部财务司、国家统计局社会和科技统计司编：《中国教育经费统计年鉴》(2002 ~ 2012 年)，中国统计出版社 2002 ~ 2012 年历年版。2010 年、2011 年全国学前教育经费总投入中包含"民办学校中举办者投入"。

除此之外，国家财政性学前教育经费占全国财政支出的比例在 2001 ~ 2011 的 10 年间仅在 0.19% ~ 0.38%，处于一个十分低的水平。也就是说，学前教育始终处于我国政府财政支出中的边缘部分，未得到应有的重视和倾斜。

2. 学前教育经费的来源渠道

我国学前教育经费的来源主要由国家财政性教育经费（包括预算内教育经费、各级政府征收用于教育的税费、企业办学中企业拨款、校办产业和社会服务收入用于教育的经费）、民办园举办者投入、社会捐赠经费、事业收入（学杂费）和其他教育经费几大部分组成。因此，学前教育经费的来源主体主要有政府、幼儿家长、幼儿园举办者、企事业单位、社会团体以及个人。根据 2001 ~ 2012 年的《中国统计年鉴》和《中国教育经费统计年鉴》的数据资料，对学前教育经费来源构成进行了分析，结果如表 7 - 5 所示。

表 7 - 5　　　　2001 ~ 2011 年全国学前教育经费来源构成情况　　单位：万元

年份	国家财政性教育经费	社会捐赠经费	事业收入	其他教育经费
2001	363 855	14 156	200 665	125 090
2002	416 389	14 908	219 736	134 486
2003	462 390	12 488	243 324	147 984
2004	545 001	13 665	289 447	178 267
2005	657 238	18 843	336 508	219 462
2006	795 081	15 313	399 661	35 204
2007	1 028 269	15 228	482 644	45 248
2008	1 329 444	14 505	602 945	41 522
2009	1 662 739	18 365	724 637	42 151
2010	2 443 526	50 214	4 342 065	163 217
2011	4 156 986	50 189	5 497 586	188 575

　　资料来源：教育部财务司、国家统计局社会和科技统计司编：《中国教育经费统计年鉴》（2002 ~ 2012 年），中国统计出版社 2002 ~ 2012 年历年版。2010 年、2011 年全国学前教育经费总投入中包含"民办学校中举办者投入"。

　　从图 7 - 4 可以看出，学前教育经费的主要来源是国家财政性教育经费（其中最主要的是预算内教育经费），2001 ~ 2011 年国家财政性教育经费占总经费比重一直维持在 50% ~ 60%。学前教育事业的收入主要是幼儿家长所缴纳的学杂费，2001 ~ 2009 年间基本在 30% 左右，2011 年该部分来源明显上涨，占总经费的 55% 以上。另外，学前教育阶段的社会捐赠经费占比一直较低，仅有 2%。

　　自 2010 年以来，国家制定了一揽子政策不断加大对学前教育的财政投入力度。2011 年中央政府设 30 亿专项经费，重点支持中西部地区和民族地区发展农村学前教育；"十二五"期间，中央财政又再次安排 500 亿元重点支持中西部地区和东部困难地区发展学前教育。由于我国学前教育长期未受到足够的重视，财政投入明显不足，经费"底子"较薄，短期内进行的巨大投入仍难以满足学前

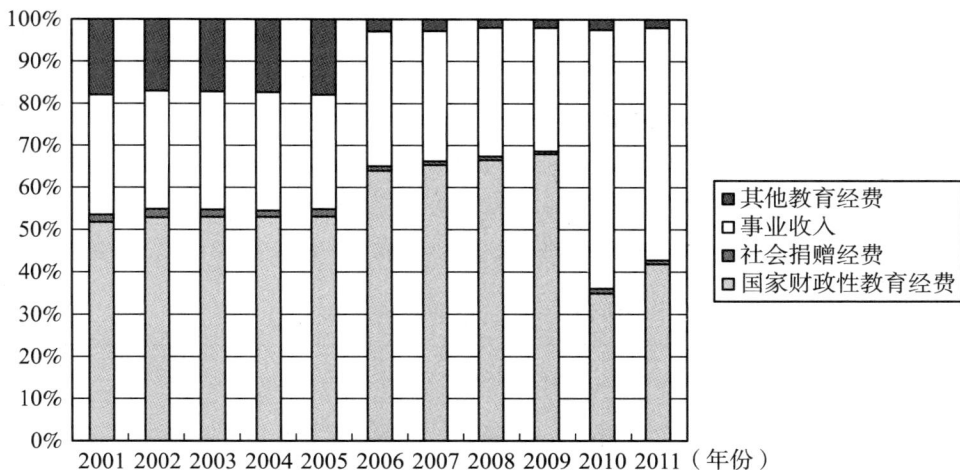

图 7 - 4　2001～2011 年全国学前教育经费来源构成情况

资料来源：教育部财务司、国家统计局社会和科技统计司编：《中国教育经费统计年鉴》（2002～2012 年），中国统计出版社 2002～2012 年历年版。2010 年、2011 年全国学前教育经费总投入中包含"民办学校中举办者投入"。

教育事业的发展需求。特别是，有限的学前教育财政投入还存在严重的区域投入结构、机构投入结构和教育要素投入结构上的不合理问题，我国东、中、西部地区财政投入差距显著，城乡生均财政投入差异巨大，农村、贫困、民族地区学前教育财政投入严重不足①。

3. 城乡学前教育经费投入差异

除了政府的经费总量投入比例较小外，学前教育的财政投入在我国城市和农村之间还存在着差异。由于学前教育的"属地化"管理，所以经费投入的多少与当地的经济发展水平同步，即经济发展水平较高的地区，学前教育财政投入也较高；经济发展落后的地区，对学前教育财政投入较少。国家财政虽然每年都会拨付学前教育生均教育经费，但该费用的比例只占学前教育真正支出费用的10% 左右，也即是说，90% 的学前教育经费需要县级地方财政拨款，并且教育财政经费一般集中在县、镇公办园，对于大批农村幼儿园而言，一般都是经费自筹②。这样的结果就使得经济发展水平较低的地区在农村学前教育经费投入上一直"举步维艰"。

---

① 张以瑾：《优化学前教育财政投入结构的建议》，载《中国教育报》2013 年 3 月 17 日第 1 版，http：//www. jyb. cn/china/gnxw/201303/t20130317_531228. html。

② 梅俊宇：《推进城乡学前教育均衡策略》，载《经济管理者》2010 年第 22 期，第 217 页。

（三）城乡幼儿园规模的发展状况

1. 幼儿园数量的增减情况

2001～2012 年，我国幼儿园总数逐渐增多，增加了 6.96 万所，增长率为 62.31%。同时，随着幼儿园数量的增加，幼儿园规模也逐渐扩大。2001 年平均在园人数为 181 人，到 2012 年达到 203 人（见表 7－6）。

表 7－6　　　　　　2001～2012 年全国学前教育发展情况

年份	幼儿园数	增减数量	民办园数	增减数量	幼儿人数	园规模
2001	11.17	－6.41（2.9%）	4.45	＋0.02（0.5%）	2 021.84	181
2002	11.18	＋0.01（0.09%）	4.84	＋0.39（8.8%）	2 036.02	182
2003	11.64	＋0.46（4.1%）	5.55	＋0.71（14.7%）	2 003.91	172
2004	11.79	＋0.15（1.3%）	6.22	＋0.67（12.1%）	2 089.4	177
2005	12.44	＋0.65（5.5%）	6.88	＋0.66（10.6%）	2 179.03	175
2006	13.05	＋0.61（4.9%）	7.5	＋0.62（9.0%）	2 263.85	174
2007	12.91	－0.14（1.1%）	7.76	＋0.26（3.5%）	2 384.83	182
2008	13.37	＋0.46（3.6%）	8.31	＋0.55（7.1%）	2 474.96	185
2009	13.82	＋0.45（3.3%）	8.93	＋0.62（7.5%）	2 657.81	192
2010	15.04	＋1.22（8.7%）	10.22	＋1.29（14.4%）	2 976.67	198
2011	16.68	＋1.64（10.9%）	11.54	＋1.32（12.9%）	3 424.45	205
2012	18.13	＋1.45（8.7%）	12.46	＋0.92（8.0%）	3 685.26	203

　　资料来源：教育部发展规划司编：《中国教育统计年鉴》（2001～2012 年），人民教育出版社 2001～2012 年历年版；本表中除园规模以人为单位外，其他的单位均是万人。

在幼儿园总量上涨的同时，我国民办幼儿园也发展迅速。2001～2012 年，民办幼儿园从 4.45 万所迅速增加到 12.46 万所，增加了 8.01 万。与此同时，从图 7－5 中可以看出，民办幼儿园在幼儿园总量中的占比也不断提高，目前已经成为我国学前教育中最重要的力量。

（万所）

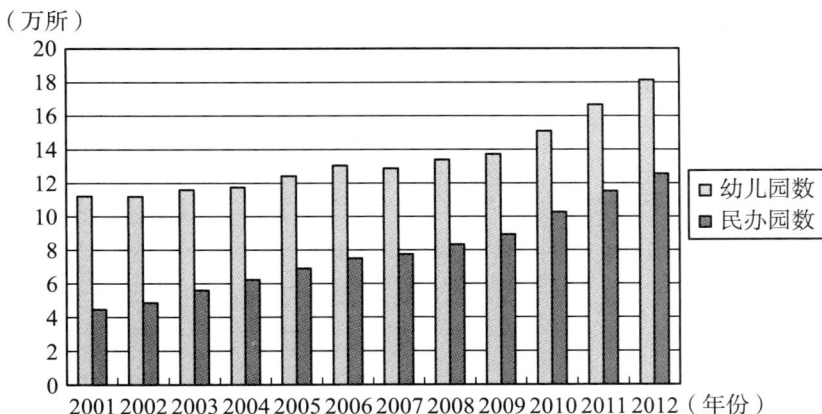

图7－5　2001～2012年全国幼儿园数

资料来源：教育部发展规划司编：《中国教育统计年鉴》（2001～2012年），人民教育出版社2001～2012年历年版。

2. 城市、县镇和农村不同区域幼儿园的数量变化

分别从城市、县镇和农村三个层面对幼儿园数量进行分析，可以进一步了解我国学前教育的城乡发展状况。从表7－7可以看到，2001～2012年，我国城市、县镇的教育部门和集团办园分别增加了23%、37.6%，农村减少了34.7%，县镇幼儿园增长率最高。另外，从图7－7中可以看到，2001～2012年民办园在城市、县镇和农村的数量变化情况，其中城市增长幅度最大，2012年的民办园数量是2011年的1.5倍。

通过对城市、县镇和农村不同类型幼儿园规模进行分析，可以看出，2001～2012年，城市的教育部门办和民办幼儿园数均在增加，农村地区的集体办园、其他部门办园减少较明显，教育部门办和民办园数量增长较快。可见，农村地区正在通过不同的途径积极办园。

（四）城乡在园幼儿数的发展状况

1. 在园幼儿数的总体状况

2001～2012年，我国幼儿在园总人数从2 021.84万人增长到3 685.26万人（见表7－8）。其中，2003年幼儿在园人数最少，为2 003.91万人。从2004年开始，在园幼儿数逐年增长，增长幅度最大的为2011年，年增长率为15%。

表7－7　　2001～2012年城市、县镇和农村不同类型幼儿园数量

单位：所

年份	城市				县镇				农村			
	教育部门办	集体办	民办	其他部门办	教育部门办	集体办	民办	其他部门办	教育部门办	集体办	民办	其他部门办
2001	8 468		12 159	7 221	11 646		17 321	1 897	35 568		15 055	2 380
2002	8 693		13 925	6 687	12 777		18 926	1 611	32 368		15 514	1 251
2003	8 482		16 816	6 354	12 518		20 140	1 519	30 774		18 580	1 207
2004	8 201		19 005	5 732	10 424		19 033	1 244	28 950		24 129	1 181
2005	4 400	4 571	20 154	4 174	7 142	3 344	19 412	984	14 146	16 139	29 269	667
2006	3 810	3 460	20 650	3 908	7 520	3 348	22 128	952	15 547	15 872	32 648	652
2007	4 066	2 750	22 391	3 739	7 670	3 218	23 127	782	14 961	13 742	32 098	542
2008	4 043	2 622	23 029	3 471	7 867	3 170	24 506	711	15 539	12 640	35 584	540
2009	4 062	2 401	23 777	3 256	8 155	2 919	26 721	552	14 741	12 222	38 806	597
2010	4 299	2 345	26 289	2 912	8 816	2 974	30 688	509	16 142	9 758	45 312	376
2011	5 962	3 733	40 071	1 208	11 144	2 864	38 811	473	13 938	6 565	36 522	124
2012	6 706	3 707	43 490	1 195	13 272	2 755	42 738	539	17 014	6 221	38 410	119

资料来源：教育部发展规划司编：《中国教育统计年鉴》（2001～2012年），人民教育出版社2001～2012年历年版。

表 7 - 8　　　　　　　2001～2012 年全国在园幼儿数的总体状况

年份	幼儿园在园总人数	增减人数	民办园在园总人数	增减人数
2001	2 021.84	− 222.34（9.9%）	341.93	+ 57.67（20.3%）
2002	2 036.02	+ 14.18（0.7%）	400.52	+ 58.59（17.1%）
2003	2 003.91	− 32.02（1.6%）	480	+ 79.48（19.8%）
2004	2 089.4	+ 85.49（4.3%）	584.11	+ 104.11（21.7%）
2005	2 179.03	+ 89.63（4.3%）	668	+ 83.89（14.4%）
2006	2 263.85	+ 84.82（3.9%）	776	+ 108（16.2%）
2007	2 348.83	+ 84.98（3.8%）	869	+ 93（12%）
2008	2 474.96	+ 126.13（5.4%）	982.03	+ 113.03（13%）
2009	2 657.81	+ 182.85（7.4%）	1 134.17	+ 152.14（15.5%）
2010	2 976.67	+ 318.86（12%）	1 399.47	+ 265.3（23.4%）
2011	3 424.45	+ 447.78（15%）	1 694.21	+ 294.74（21.1%）
2012	3 685.26	+ 260.81（7.6%）	1 852.74	+ 158.53（9.4%）

资料来源：教育部发展规划司编：《中国教育统计年鉴》（2001～2012 年），人民教育出版社 2001～2012 年历年版。

同时，民办园的在园人数也增长较快。从 2001 年的 341.93 万人上涨到 2012 年的 1 852.74 万人，年增长率远高于幼儿在园总人数的年增长率，且占在园总人数的比例也在不断扩大，从 2001 年的 16.9% 增长到 2012 年的 50.3%，说明民办园的招生规模已经占一定的份额，发展势头较好（见图 7 - 6）。

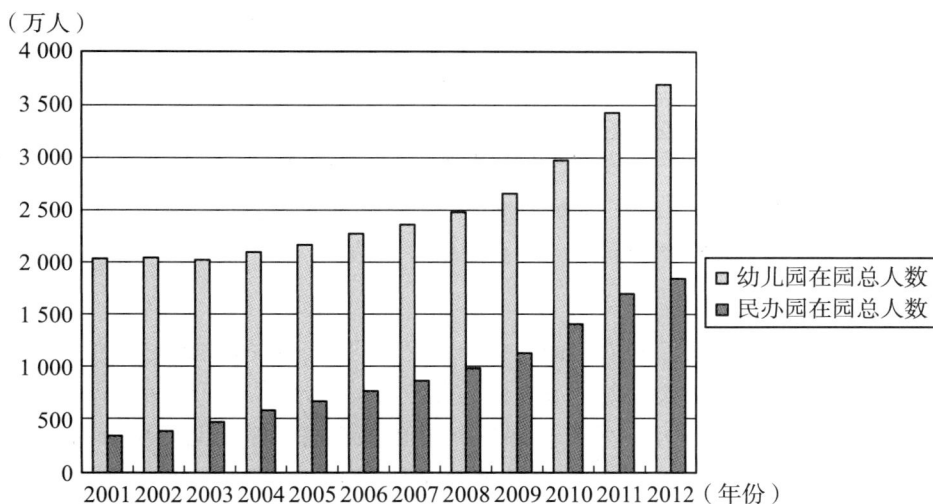

图 7 - 6　2001～2012 年全国幼儿园在园人数

资料来源：教育部发展规划司编：《中国教育统计年鉴》（2001～2012 年），人民教育出版社 2001～2012 年历年版。

2. 城市、县镇和农村不同区域在园幼儿数的变化

从表7-9和图7-7可以看出，2001～2012年，我国城市和县镇的在园幼儿数均呈逐年增长，分别增长了786.76万人和882.85万人；农村在园幼儿数发展趋势出现波动，人数从2010年的1 214.03万减少到2012年的1 039.78万。这反映出，在城市化的影响下，农村幼儿跟随父母向城市、县镇流动已经成为我国当前学前教育发展的必然趋势。

表7-9　　　　　2001～2012年城市、县镇和农村在园人数　　　单位：万人

年份	2004	2005	2006	2007	2008	2009	2010	2011	2012
城市	553.43	569.18	538.04	591.47	623.54	669.32	752.58	1 147.15	1 250.81
县镇	539.35	592.92	677.97	724.25	784.06	845.02	1 010.06	1 283.50	1 395.18
农村	996.62	1 016.92	1 047.84	1 033.12	1 067.36	1 092.42	1 214.03	993.79	1 039.78

资料来源：教育部发展规划司编：《中国教育统计年鉴》（2001～2012年），人民教育出版社2001～2012年历年版。

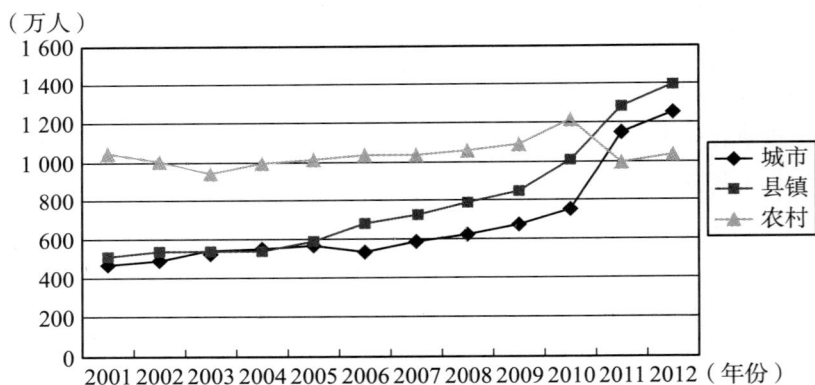

图7-7　2001～2012年城市、县镇和农村在园人数

资料来源：教育部发展规划司编：《中国教育统计年鉴》（2001～2012年），人民教育出版社2001～2012年历年版。

在对我国城市、县镇和农村幼儿在园幼儿数进行分析的基础上，进一步对城市、县镇和农村各不同类型幼儿园在园幼儿数的发展情况进行统计。从表7-10可以看到，2001～2012年，城市在园幼儿数在各不同类型幼儿园中分布变化较明显。2001年城市有一半左右的幼儿就读于教育部门和集体创办的幼儿园。到2012年，超过一半的幼儿就读于民办园。另外，2001～2012年农村民办园虽有一定的发展，但民办园在园人数始终都低于教育部门办和集体办园的在园幼儿数。2012年民办园中在园人数仅占农村总在园人数的40%左右。

表 7 - 10　　　2001～2012 年全国城市、县镇和农村不同类型幼儿园在园人数

单位：万人

年份	城市				县镇				农村			
	教育部门办	集体办	民办	其他部门办	教育部门办	集体办	民办	其他部门办	教育部门办	集体办	民办	其他部门办
2001		204	114	146.1	349.7		129.4	33.3	918.8		98.8	27.9
2002		212.6	137.8	138.3	355.1		157.4	29.9	878.6		105.3	20.9
2003		215.7	175	134.9	331.1		179.3	27.5	795.5		126	19
2004		216.5	214.6	122.3	321.7		193.9	23.7	802.7		175.7	18.2
2005	166.5	69.1	237.8	95.8	300.5	55.2	217.5	19.8	680.6	110.2	212.8	13.4
2006	141.2	53.1	256.3	87.5	331.9	59.1	266.2	20.8	673.1	110.1	253.2	11.4
2007	158.2	48.4	297.3	87.6	345	62.1	299.2	17.9	645.2	105.5	272.2	10.1
2008	159.4	52.3	326	85.8	364.7	61.6	340.3	17.5	641	100.7	315.7	10.2
2009	166.3	50.3	366.8	85.9	—	—	—	—	—	—	—	—
2010	177.2	53.2	435.8	86.3	435.1	66.6	493.3	15	646.2	89.2	470.4	8.2
2011	270.6	79.7	687.7	45.5	544.4	58.2	640.6	15.6	559.5	50.3	366.0	2.3
2012	295.6	29.0	300.1	45.8	596.8	57.3	700.4	16.5	582.8	47.9	391.0	2.1

资料来源：教育部发展规划司编：《中国教育统计年鉴》（2001～2012 年），人民教育出版社 2001～2012 年历年版。

二、城乡学前教育体制机制存在的问题

（一）城乡学前教育人事调配体制机制存在的问题

1. 师资配备普遍不达标，农村师资缺口较大

（1）专任教师缺编严重。

2013 年教育部最近颁布的《幼儿园教职工配备标准（暂行）》（以下简称《标准》）规定，为加强幼儿园教师队伍建设，进一步规范各类幼儿园用人行为，对专任教师和保育员的配备要求是全日制幼儿园每班配备 2 名专任教师和 1 名保育员，或配置 3 名专任教师。半日制幼儿园每班配备 2 名专任教师，有条件的可配备 1 名保育员。

从图 7-8 来看，我国 2001~2012 年城市和县镇幼儿园的师生比增减幅度整体上较为平稳，农村幼儿园的师生比变化最为明显，从 2001 年的 1∶83.31 增至 2012 年的 1∶45.29。可见，目前全国范围内对幼儿教师的需求量还非常大，与国家规定的配备标准有着明显差距。特别是在农村地区，一名教师平均所需负担的幼儿数量更多，远未达到标准中的要求。

单位（1∶X）

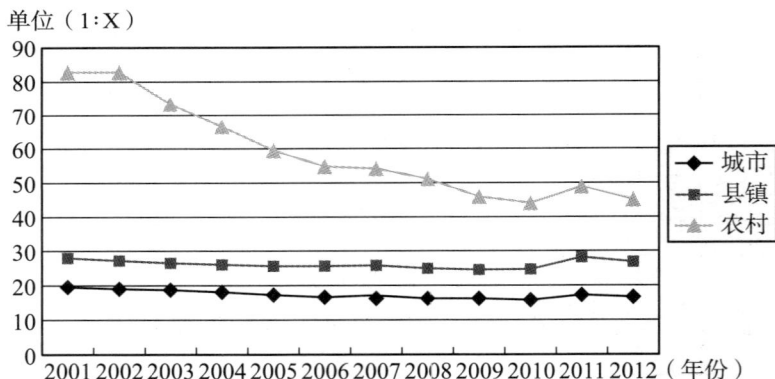

图 7-8 2001~2012 年城市、县镇和农村幼儿园生师比

资料来源：教育部发展规划司编：《中国教育统计年鉴》（2001~2012 年），人民教育出版社 2001~2012 年历年版。

（2）农村幼儿园专任教师缺额大。

为保证幼儿园的正常经费运转，许多缺编的幼儿园只得靠现有教师超负荷开展工作。如 A 市 JJ 区的 S 幼儿园有 5 个班，在园幼儿 212 人，按最低配备

标准应有教职工 18 人，而实际上只有 5 人，另外招聘了 8 名兼职教师；SF 幼儿园有 4 个班，在园幼儿 170 名，按最低配备标准应有教职工 15 人，而实际只有 8 人（其中 2 名教师是从 SF 中学和 JF 小学借调）。这在西部农村地区是一个普遍的现象。调研中，B 省教育部门管理人员提到，全省 80 多个区（县）每年的幼儿教师缺口为 8 000 人左右，而实际上每年补充约 5 000 人，每个区（县）平均不到 100 人，师资补充速度很难跟上"每个乡镇办一所幼儿园"的要求。

以课题组调查的 B 省 JS 县和 A 市的 LP 县为例，依据国家学前教育教师配置比例计算，JS 县、LP 县教职工标准配置人数应分别是 2 445 人、4 974 人，但两县实际配置教职工人数（有编制）分别只有 50 人、788 人，可见，学前教育教师缺额非常大。农村幼儿园师生比不达标的现象普遍存在，如 A 市 WX 县、YY 县的师生比均超过 1∶60，PS 县师生比达到 1∶72。有园长谈道，"一名教师包干一个班，既是任课教师也是保育员；有时园长还要充当后勤人员"；"幼儿园老师下班后时常要加班，布置校舍、打扫卫生等工作也得老师去做"。B 省也存在同样的问题，农村幼儿园的在编教师大都是小学教师的编制，且严重不足，其 JS 县在园（班）幼儿 17 113 人，全县从事学前教育工作的在编教职工（包括专任教师、园长、保育员等）共 55 人，占全县教职工总数的 13.3%；在编专任教师 46 人，占全县学前教育专任教师总数的 19.5%，占教职工总数的 11.1%，保育员均无编制。若按照《全日制、寄宿制幼儿园编制标准（试行）》中规定的教职工与幼儿比（1∶7）计算，全县应再配备 2 031 名教职工才能满足现有在园（班）幼儿的需求。若按所有需要接受学前教育的适龄儿童计算，所需的教师数量将更多。以公办幼儿园 Y 幼儿园为例，全园在园幼儿 160 名，在编教师仅 6 人，师生比约为 1∶27，远低于国家规定的比例。

（3）幼儿园保教比普遍不达标。

保教工作人员包括专任教师和保育员。专任教师全面负责幼儿园班级保教工作；保育员负责幼儿生活管理和卫生保健工作，配合本班教师组织教育活动。《幼儿园教师配备标准》（草案）规定，半日制幼儿园和不提供餐点的全日制幼儿园一般每班配备 2 名专任教师；提供餐点的全日制幼儿园一般每班配备 3 名专任教师（或 2 名专任教师和 1 名保育员）；寄宿制幼儿园一般每班配备 3 名专任教师和 2 名保育员。表 7 - 11 为不同服务类型幼儿园各年龄班保教工作人员与幼儿的比例（即班师比）。我国大多数幼儿园的保教比还达不到"两教一保"的标准，特别是在农村地区，非常缺乏专职保育员，通常是幼儿教师代替了保育员的职责。

表 7 – 11   不同服务类型幼儿园班师比

年龄组	班级规模（人）	半日制	全日制	寄宿制
小班	20～25	2∶20～2∶25	3∶20～3∶25	5∶20～5∶25
中班	25～30	2∶25～2∶30	3∶25～3∶30	5∶25～5∶30
大班	30～35	2∶30～2∶35	3∶30～3∶35	5∶30～5∶35

据统计，我国幼儿园的保教比近年来正在呈下降趋势，但是总体上仍未达到编制标准要求。2012 年我国城市、县镇和农村幼儿园的保教比分别为 1∶7.39，1∶8.52 和 1∶8.4。保育员对幼儿园来说很重要，这关系着教师的教学质量，孩子的身心发展。但目前我国专职保育员的匮乏现象十分突出，尤其是在农村地区问题特别严重。例如，广州市农村幼儿园有 5.5% 的班级只配备一名教师，没有保育员，65.0% 的班级是"一教一保"或两教的；配有"两教一保"或"两教两保"的不足 1/3[1]。在对 A 市 SZ 县、WS 县等幼儿园调查中，我们了解到当地部分县镇和农村公办幼儿园十分缺乏专职保育员，由于经费、民转公等原因，一些幼儿园甚至没有配备保育员，而是由教师来代替保育员的职责。农村幼儿园师生比严重失调。教师身兼数职难以维系正常教育工作，幼儿"放羊式"管理，保教质量无法保证，经常出现安全隐患，严重影响了农村学前教育事业的发展。在 B 省 ZY 市，除了县直属公办幼儿园和条件好的县城所在地的民办幼儿园配有保育员，镇幼儿园基本上一教或两教包班[2]。

2. 幼儿教师学历层次低，农村合格教师匮乏

（1）幼儿教师（含园长）学历层次整体偏低。

从全国幼儿教师的整体学历层次看（见图 7 – 9），大部分教师拥有高中阶段和专科毕业学历，其中本、专科毕业人数正在不断大幅增加，专科毕业人数 2001～2012 年增长了约 3 倍；硕士毕业的幼儿教师所占比重最小，但近年来也在不断增加，从 300 余人增加到目前的 3 000 多人；高中以下阶段毕业人数减少明显，从 2001 年的 48 275 减少到 2012 年的 12 279 人。总体来看，全国幼儿教师的学历层次正在不断提升，但是由于起点较低，目前幼儿教师拥有的学历还主要是专科或高中学历。

---

① 周燕、李冬燕：《农村幼儿教师专业发展与生存状态研究——广州市农村幼儿教师专业发展与生存状态的调查报告》，载《教育导刊》2001 年第 11 期，第 5～9 页。

② 吴霞飞：《B 省农村幼儿师资现状调查与展望——以 ZY 农村幼儿教师为例》，载《继续教育研究》2012 年第 5 期，第 90～92 页。

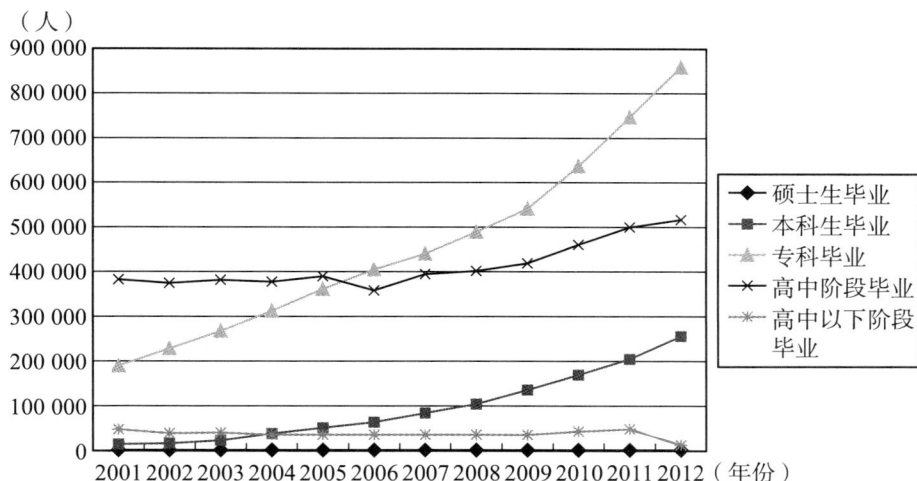

图 7 – 9　2001 ～ 2012 年全国学前师资学历水平

资料来源：教育部发展规划司编：《中国教育统计年鉴》（2001 ～ 2012 年），人民教育出版社 2001 ～ 2012 年历年版。

（2）城市、县镇和农村不同区域幼儿教师（含园长）学历情况。

2001 ～ 2012 年，我国幼儿教师的学历层次发生了很大变化，城市、县镇和农村三个层级的幼儿教师所拥有的学历水平存在较大差异（见图 7 – 10）。城市幼儿教师除拥有高中阶段及以下的学历人数十年来有所减少外，其余各阶段学历层次的人数均有不同程度的上升，说明城市学前教育对于入职教师的学历要求

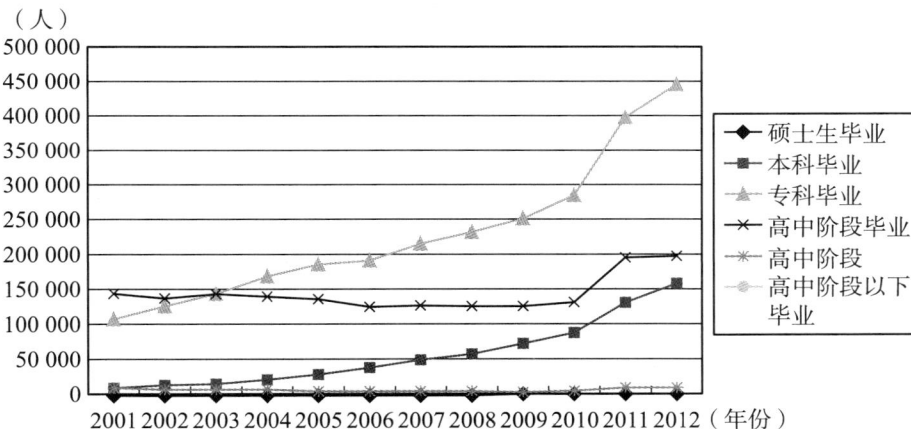

图 7 – 10　2001 ～ 2012 年城市幼儿教师学历水平

资料来源：教育部发展规划司编：《中国教育统计年鉴》（2001 ～ 2012 年），人民教育出版社 2001 ～ 2012 年历年版。

339

正在不断提高，以满足整体教学质量提升的要求。城市幼儿教师从2003年起不再是以高中学历为主，而是以专科学历为主，本科学历的教师数量也增加很快，预计该比例在近几年会达到20%。

专科学历教师是县镇幼儿教师的主要组成部分，从2001～2012年该学历层次的人数增加了236 417人；本科学历人数的增幅也较大，高中阶段以下毕业的教师数正在逐步减少，县镇学前教育师资队伍的整体质量得到明显提高。县镇级别的幼儿教师从2005年起也由以高中学历为主转变为以专科学历为主，至2012年专科学历教师比例达到总数的50%以上，同时本科学历占比也在逐年增长（见图7－11）。

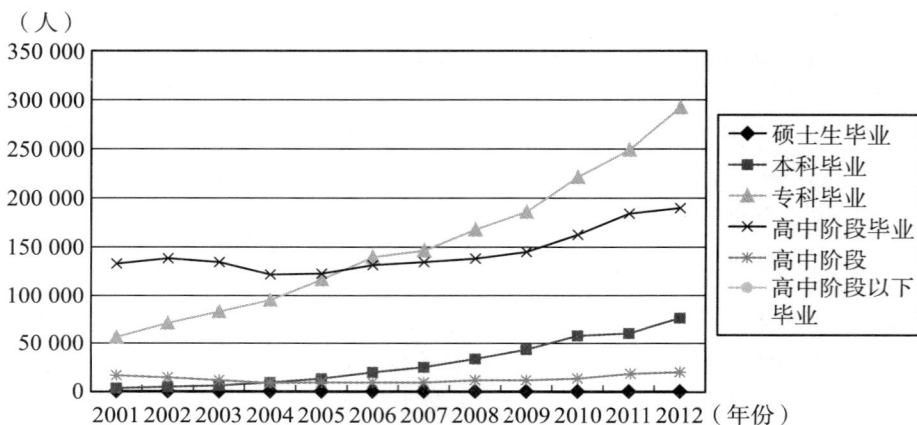

图7－11　2001～2012年县镇幼儿园教师学历水平

资料来源：教育部发展规划司编：《中国教育统计年鉴》（2001～2012年），人民教育出版社2001～2012年历年版。

从2001～2012年农村幼儿教师的学历变化情况来看（见图7－12），专科及以上学历的教师人数有显著上升，如本科学历的教师数从711人增加到20 085人，专科毕业的教师数从23 443人增加到117 016人。与此同时，高中阶段及以下毕业的教师数量在缓慢增加。当前农村幼儿教师学历虽然还是以高中学历为主，但比例正在逐年下降，预计近几年会发展成为以专科学历为主。因此，农村学前教育仍需要通过培训和教育提升在职教师的学历，提高农村教师的素质和水平。

调查发现，B省JS县236名学前教育专任教师中，本科毕业的教师共有10人，约占全部专任教师的4%；专科毕业的教师占专任教师总数的52%；高中毕业的教师约占40%；高中毕业以下的专任教师10人，占总数的4%（见表7－12）。从教师的学历层次来看，高中及高中以下学历的教师仍占较大比例，

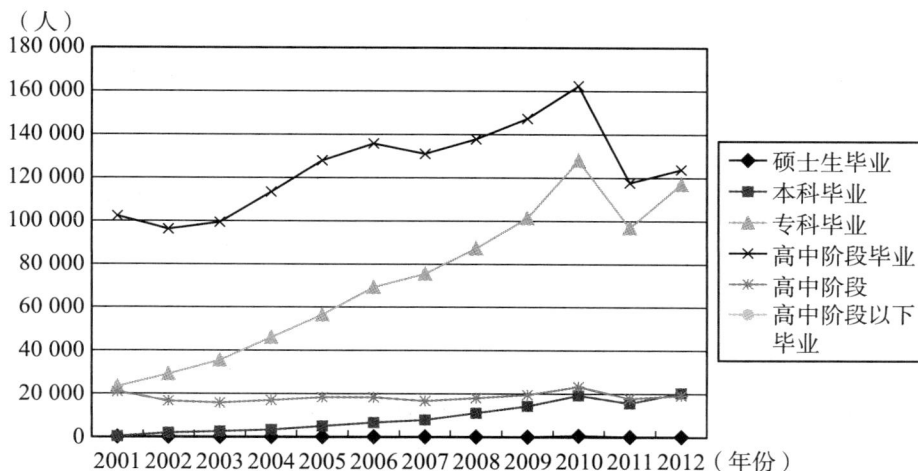

图 7 - 12　2001～2012 年农村园幼儿教师学历水平

资料来源：教育部发展规划司编：《中国教育统计年鉴》（2001～2012 年），人民教育出版社 2001～2012 年历年版。

教师的学历层次亟待提高。与此同时，民办园园长和教师的学历普遍偏低，在当地的 3 所民办园中，只有 1 名园长是正规的幼师毕业，并且考取了园长资格证，其余 2 名均为普通高中毕业，由于缺少专业技能训练，他们对幼儿园工作的管理存在一定的难度。此外，保育员大多没有取得保育资格证，X 幼儿园的 21 位教职工中，仅有 3 位是幼师毕业（中专），其他都是高中毕业。

表 7 - 12　　　　JS 县幼儿园园长、专任教师学历情况　　　　单位：人

学历	研究生毕业	本科毕业	专科毕业	高中毕业	高中以下毕业
园长	0	5	21	18	1
专任教师	0	10	122	94	10

资料来源：依据 JS 县教育局统计资料整理。

另外，幼儿教师专业不对口也是农村幼儿师资薄弱的重要问题。受过正规师范教育特别是学前教育培训的教师人数比例低。A 市 JJ 区的统计数据表明，农村幼儿师资来源于学前教育专业的仅有 51.1%，非学前教育专业教师占 48.9%，近一半的幼儿教师是高中或者初中毕业即进入幼儿教师队伍。这些幼儿教师缺乏专业的学前教育知识和教学技能，却是当前农村学前教育的主体力量，承担了农村幼儿教育的大部分教学任务。缺乏高学历、专业对口的幼儿教师是农村学前教育师资面临的突出问题。

总之，我国幼儿教师学历方面存在的主要问题有：第一，幼儿教师学历层次

较低，主要集中在高中，本科和研究生较少。农村地区的幼儿教师仍以高中毕业生为主。幼儿园教师学历亟待提升。第二，学历达标率较高但专业化程度不够。大多数幼儿教师只追求学历提升，未考虑新教学环境下到底需要增加哪些专业知识，这就是"学历达标专业不对口"。部分幼儿教师是从小学转岗过来的，所学专业几乎和学前教育没有关联。第三，部分地区拥有教师资格证的幼儿教师只占60%或70%（其中有部分是小学教师资格证），没有教师资格证的占30%左右。

3. 幼儿教师职称缺位或错位

（1）幼儿教师职称的总体情况。

在学前教师队伍建设中，缺少合理的职称梯队，会对整个教师队伍的持续发展产生不利影响。我国学前教育中拥有小学高级、小学一级和未评职称的教师是幼儿教师队伍的主要力量，且大部分属于未评职称，最少的则是拥有中学高级职称的教师，他们大多是由原中小学带有职称的教师"转岗"为幼儿教师。2001～2012年，我国幼儿教师中未评职称的教师占比最多，且人数仍在不断增加，由302 236人增加到1 152 698人，这说明很多刚刚入职的学前教育教师未能进行职称评审。拥有小学高级、小学一级、小学三级职称的学前教育教师均有不同程度的增加。除未评职称的教师外，在职称级别中，人数最多的是拥有小学一级职称的教师，最少的是拥有中学高级职称的教师（见图7－13）。

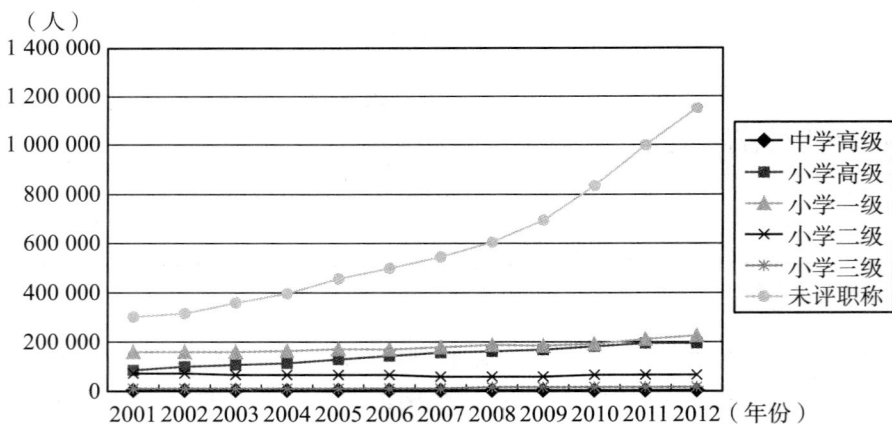

图7－13　2001～2012年全国幼儿教师职称情况

资料来源：根据教育部发展规划司编：《中国教育统计年鉴》（2001～2012年），人民教育出版社2001～2012年历年版数据整理。

（2）城市、县镇和农村不同区域幼儿教师的职称情况。

在城市学前教育师资队伍中，除大部分教师属于未评职称外，小学高级和一级职称的教师也是重要组成部分。与教师职称整体变化趋势类似，城市幼儿教师拥有各层次职称的人数从 2001～2012 年均呈现出不断增长的趋势（见图 7-14），其中，增长幅度最大的是未评职称的教师，小学高级、小学一级职称的人数分别增长了 110.9% 和 45.39%。

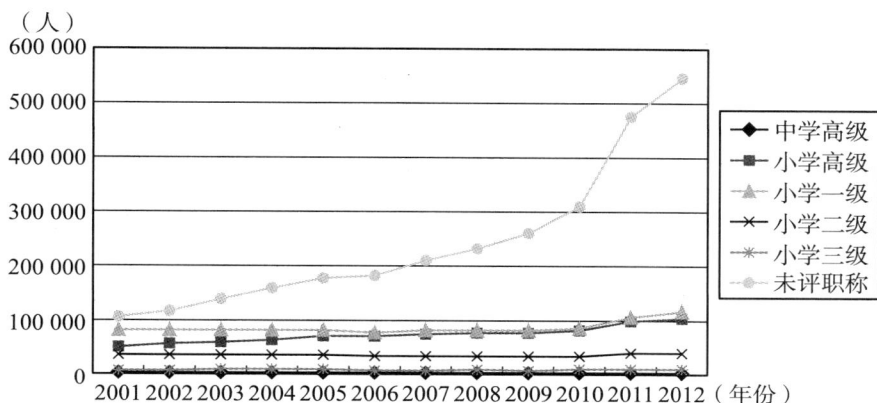

图 7-14　2001～2012 年城市幼儿教师职称情况

资料来源：根据教育部发展规划司编：《中国教育统计年鉴》（2001～2012 年），人民教育出版社 2001～2012 年历年版数据整理。

县镇学前教育的中学高级职称教师人数急剧增加（见图 7-15）。从 2001 年的 610 人上涨到 2012 年的 3 683 人。为了满足县镇幼儿园教师补充的需求，大批中小学教师经培训转入幼儿园工作，提高了中学高级职称教师在学前教育师资

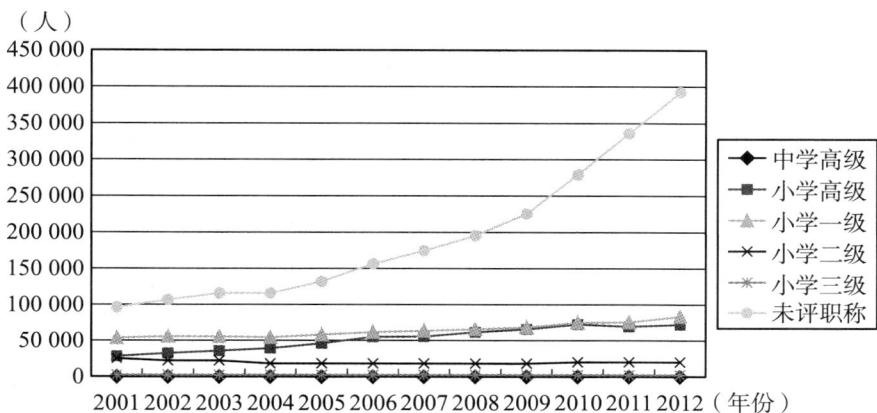

图 7-15　2001～2012 年县镇幼儿教师职称情况

资料来源：根据教育部发展规划司编：《中国教育统计年鉴》（2001～2012 年），人民教育出版社 2001～2012 年历年版数据整理。

中的比例。拥有小学高级、小学一级职称的教师分别增长 45 359 人和 28 602 人。另外，未评职称教师所占比重依然最大，且人数增长较快。

在农村幼儿园，未评职称教师同样占据最大比例。与城市和县镇幼儿教师职称变化情况不同的是，2001～2012 年拥有小学二级、小学三级职称的教师总数均有减少，分别减少了 5 531 人和 663 人。人数增长较多的是中学高级职称教师和小学高级职称教师，均增加了 2 倍左右（见图 7－16）。

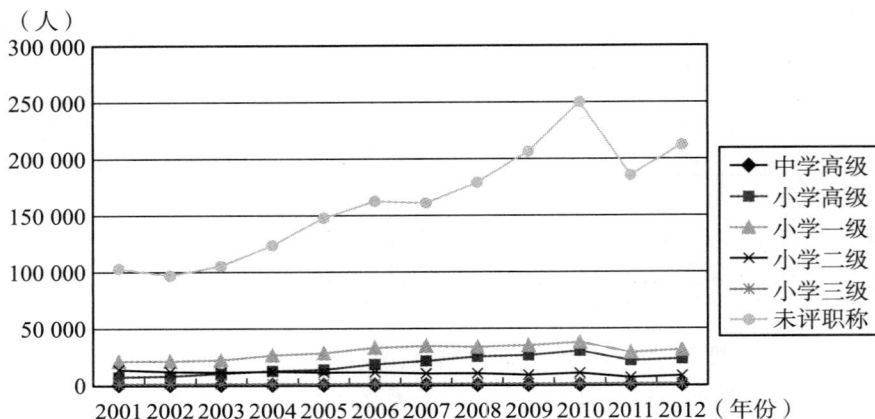

图 7－16　2001～2012 年农村幼儿教师职情况

资料来源：根据教育部发展规划司编：《中国教育统计年鉴》（2001～2012 年），人民教育出版社 2001～2012 年历年版数据整理。

根据 A 市 2012 年统计数据得出，城市幼儿园的中高级职称专任教师比例的均值为 8.4675，农村为 4.825。除此之外，城市和农场幼儿园未评职称专任教师的整体情况均不理想，未评职称比例都在 74% 以上。城乡幼儿专任教师学历合格率情况较好，中高级职称专任教师比例存在一定差异，且幼儿教师整体职称层次不高（见表 7－13）。

表 7－13　　　　　　　城乡幼儿教师职称水平比较

指标	区域	均值	标准差	差异系数
中高级职称专任教师比例	城市	8.4675	6.1986	0.7320
	农村	4.8250	3.3260	0.6893
未评职称专任教师比例	城市	74.9350	14.6238	0.1952
	农村	74.1550	14.9509	0.2016

资料来源：根据 2012 年 A 市教委教育统计资料整理。

课题组在对 B 省 JS 县农村幼儿师资队伍的调查也证实了"农村幼儿教师队伍中高级职称教师很少，低级职称教师居多，整体师资队伍的职称结构不合理"这一情况（见图 7－17）。JS 县农村幼儿教师具备"高级职称"的教师只有 7人，占全县高级职称幼儿教师的 17.1%。具备"小学一级"职称的教师 16 人，占全县小学一级幼儿教师的 36.4%。整个农村幼儿教师队伍中"未评职称"的教师 27 人，占全县农村幼儿教师的 47.4%。农村幼儿师资力量没有形成合理的梯度，结构上十分不合理（见图 7－17）。此外，在对 B 省 ZY 市学前教育管理者和教师的调查中发现，一些"新近"转岗的教师对如何在幼儿园继续参与职称评定的标准和条件并不十分了解。由于幼儿园附属于附近的小学，教师的编制也不在该校，属于另一所学校，该校领导、幼儿园园长均不清楚这部分教师的职称应该如何评定。

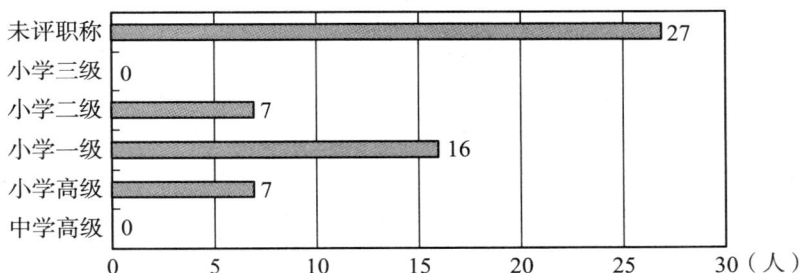

图 7－17　2011 年 B 省 JS 县农村幼儿教师职称情况

资料来源：根据 JS 县教育局统计资料整理。

由于还没有专门针对幼儿教师职称的评定标准，幼儿园教师职称仍然按照中小学阶段教师职称等级执行，即从低到高依次为小学三级教师、小学二级教师、小学一级教师、小学高级教师以及中学高级教师。近几年随着我国幼儿园数量的增加，对幼儿教师的需求量加大，面对新教师补充不足的情况，大批不符合幼儿教师资格的教师被纳入此行列，城乡学前教育师资队伍中未评职称的人数比例大幅度上升，至 2012 年已到达 60%，特别是农村地区，已经达到 70%。县镇和农村幼儿园更加明显。课题组通过对 D 省 CD 市教育部门管理者的调查发现，他们对当前职称体系提出了质疑："有些非常优秀的幼儿园老师，在多年的教学过程中取得了不少突出成绩，如两三年评一次省部级的教学成果奖。如果能评这个正高职称的话，完全可以够得上。但是，由于她在幼儿园，不在小学，所以受到了限制。在评定中用不符合学前教育实际的标准（如论文等）去衡量，这是不科学的。"

4. 幼儿教师待遇低，农村教师待遇无保障

（1）教师待遇低，满意度低。

教学和生活条件艰苦、待遇低导致了农村幼儿教师"引不进、留不住"。大部分无编教师的工资只能从保育费中解决，而收费多少又取决于乡镇的经济发展水平和在园幼儿数。调研中发现，B 省 JS 县民办园教师的平均工资仅有 700～800 元/月。Y 省部分农村民办园，无编教师平均月工资为 300 元左右，少数月份工资达到 600～700 元[①]。虽同属于基础教育管理体系，但农村幼儿教师在培训、评职评先、医疗保险等基本权益方面却未享受到与中小学教师同等的待遇。调查中，部分幼儿园管理人员表示，城镇的幼儿园教师待遇相对要好一些，但在一些农村地区，特别是该地区的民办幼儿园，由于教师缺少编制，待遇根本得不到保证，有的老师甚至每月只能拿到 900 元左右的工资。以 Z 省 GZ 市 2011 年 3 月颁布实施的职工最低工资标准（1 300 元）来衡量，将近一半左右的农村幼儿教师达不到该市职工的最低工资标准。GZ 市农村幼儿教师的工资水平不高，处于中下水平[②]。农村幼儿教师对他们当前的工资待遇满意度较低，约有三分之一的农村幼儿教师遇到过拖欠工资的情况，农村幼儿园拖欠教师工资的情况还比较常见。幼儿园教师工资发放的随意性较大，教师不能获得相应的保障，待遇低、工资拖欠大大降低了农村教师的工作责任感和职业幸福感。

（2）城乡学前教师待遇差距大。

我国教师的经济收入情况复杂。体制内教师与体制外教师同工不同酬、工资和福利相差极大，体制内教师待遇较之无编制教师更显丰厚。目前，我国尚无核定幼儿园教师编制的统一标准，多数学前教师的身份地位依然不明确，即便是编制内的幼儿教师，职称也一直沿用小学教师职称标准，而获得职称的比例和小学教师相比，差异却极为显著。所以学前教师一直游离于学前与小学教育的边缘。由于缺乏社会身份的认同，学前教师劳务待遇自然趋于低薄。在当前幼儿教师待遇普遍不景气的状况下，农村幼儿教师的整体业务素质还较低，能获得编制的教师属少数。与城市幼儿教师相比而言，农村幼儿教师的收入差距更是异常显著[③]。

（3）多数教师无法享受福利保险。

目前，我国农村幼儿教师"三无"现象严重。经过多年幼儿园的改制、转

---

① 罗英智，维亚威. Y 省农村学前教育发展现状与策略，http：//www.cnsece.com/article/4774.html。

② 周燕，李冬燕：《农村幼儿教师专业发展与生存状态研究——GZ 市农村幼儿教师专业发展与生存状态的调查报告》，载《教育导刊》2001 年第 11 期，第 5～9 页。

③ 李欢欢：《试论城乡学前教育均衡发展中存在的问题与对策》，载《基础教育研究》2012 年第 13 期，第 7～10 页。

型和民办园的发展，具有正式编制的幼儿教师仅占很小的比例，大部分幼儿教师属于临时聘用，身份不明确，权益无保证，无进修条件，无社会保险。尤其在农村，幼儿园师资情况格外令人担忧[①]。农村幼儿教师很多没有编制，工作性质的不稳定让他们无法享受到应有的医疗卫生及养老等各类保险，这使得她们十分缺乏安全感和归属感。据调查，ZG 地区 38.3% 的农村幼儿教师没有购买任何保险，农村幼儿教师的社会保障令人担忧；79.8% 的农村幼儿教师生病看医生的医药费都是自己支付，没有任何报销[②]。同样，在 G 省，没有养老医疗保险的幼儿教师高达 78.64%[③]。当前，农村民办幼儿教育机构教职工普遍工资低、福利差、师资队伍相当不稳定。在市场竞争形势下，不少农村民办幼儿教育机构靠压缩编制、增加班额、降低工资等方式维持生存，致使一些不合格保育人员进入教师队伍，教学管理难以到位、教学质量无法保证。

5. 农村幼儿教师年龄结构不合理

调查发现，由于教师流动体制机制不健全，B 省 JS 县公办幼儿园已有十五年没有招聘过新教师。一方面，很多年轻的幼儿教师不能及时进入幼教领域；另一方面，由于尚未建立完善的幼儿教师退出机制，在编幼儿教师老龄化现象严重。经了解，该县 55 名在编幼儿教职工的平均年龄为 47.5 岁，最年轻的也有 33 岁。在这部分教职工中，有相当一部分教师的教育理念和方法已不能适应时代对学前教育的更高要求，幼儿教育工作显现出"心有余而力不足"的状况。目前，大龄幼儿教师中大部分是由民师转正的。她们长期在小学从教，在进入幼儿园工作之前缺乏必要的专业培训，明显缺乏幼教专业技能，难以胜任幼儿园音乐、绘画、舞蹈的教学工作。这直接影响到农村学前教育的发展。

（二）城乡学前教育经费投入体制机制存在的问题

1. 幼儿教育财政投入体制法律约束力差

（1）政府对财政性经费缺乏有力的法律约束。

2003 年国务院转发的 13 号文件明确提出，"地方各级人民政府要加强公办幼儿园建设，保证幼儿教育经费投入，全面提高保育、教育质量。不得借转制之名停止或减少对公办幼儿园的投入，不得出售或变相出售公办幼儿园和乡（镇）中心幼儿园，已出售的要限期收回。城乡中小学布局调整后，空余校舍要优先用

---

① 刘强：《学前教育城乡均衡发展的理论与实践》，南京大学出版社 2011 年版。

② 周燕、李冬燕：《农村幼儿教师专业发展与生存状态研究——广州市农村幼儿教师专业发展与生存状态的调查报告》，载《教育导刊》2001 年第 11 期，第 5～9 页。

③ 敖春美：《西部民族地区农村幼儿教师专业发展现状、问题及对策——以 G 省农村幼儿教师为例》，载《延安职业技术学院学报》2011 年第 4 期，第 40～42 页。

于举办幼儿园。"但是，在文件发布之后，全国各地缩减幼儿教育拨款、"处理"教办园和乡镇中心园的现象仍在不断发生，已经卖掉的幼儿园也没有按规定收回，对这种有令不行的行为，地方政府也没有执行相应的惩罚措施。政策的约束力无法得到体现。

（2）幼儿教育经费投入体制改革滞后于社会发展。

我国幼儿教育财政方面存在的问题，很多可归因于社会改革的冲击[1]。随着我国城镇化进程的加快，农村人口大量涌进城镇，学龄儿童也随之进入城镇，但我国城市流动人口子女的幼儿教育问题却没有得到较好的解决，对农民工子女的幼儿教育财政支持机制也没有建立起来。

2. 经费投入重视不足，地区之间差异大

（1）经费投入总量不足。

除上海等少数经济发达的地区外，我国多数地区没有将学前教育纳入公共服务体系，公共财政支出中也没有给予学前教育应有的投入，而是过多地依靠市场调节来提供学前教育经费。在经济较落后、政府财力薄弱的中西部农村，不少乡镇，甚至一个县内的所有乡镇连一所公办幼儿园也没有[2][3]。学前教育投入一直以来在教育经费总量中所占比例都偏低。2010 年《教育规划纲要》的出台，使得当年学前教育经费占教育总经费的比例达到近十年来最高[4]。然而，财政投入不到预算内教育经费的 1.5%，远远低于国际水平[5]。学前教育财政投入不足，严重制约了学前教育的发展。幼儿入园难现象普遍存在。各地存在着大量不具备基本办园条件且未注册的幼儿园。已注册幼儿园存在大量不合格教师、教师收入低、福利差。

（2）经费投入地区差异大。

由于各种原因，我国一直忽视学前教育发展，国家的财政经费总投入也不如其他学段教育。各地政府的投入也根据自己的财政收入，没有明确的比例。除全国普遍存在学前教育财政投入不足的问题外，地区间财政投入的差异也十分大。据统计，2008 年 T 市财政预算内学前教育经费占预算内总教育经费的比例为

① 蔡迎旗，冯晓霞：《我国幼儿教育财政体制的沿革与创新下》，载《学前教育研究》2006 年第 2 期，第 35～38 页。

② 罗仁福等：《贫困农村学前教育现状调查》，载《学前教育研究》2009 年第 1 期，第 7～10 页。

③ 宋映泉：《供给、质量与公平——来自 3 省 25 县学前调研的证据》，中国教育财政研究前沿系列学术研讨会论文，2010 年。

④ 黄娟娟：《"基本普及学前教育"战略目标分析及其实施》，载《教育发展研究》2011 年第 24 期，第 7～13 页。

⑤ 周兢：《国际学前教育公共经费投入趋势的比较研究》，载《全球教育展望》2009 年第 11 期，第 65～72 页。

7%，生均预算内经费 6 738 元，远高于全国平均水平。相比之下，HN 省则分别只有 0.3% 和 141 元[1]。省级政府对学前教育的财政投入很少。这些经费还主要投向城市的、少数的公办幼儿园，城市大部分幼儿家长需要自己承担学前教育费用，且费用十分昂贵，导致了入学困难。农村幼儿园由于没有政府的财政支持，办园条件普遍较差，虽然有些条件好的乡镇通过自筹自支开办了一些幼儿园，但仍存在很多问题。据统计，Y 省 797 所乡镇中心幼儿园中全额拨款的只占 9.4%，72.9% 的都是自筹自支。在被调查的农村幼儿园中，仅有 5% 的幼儿园表示经费充足，经费不足的幼儿园比例占 78.8%[2]。农村学前教育经费不足问题日益严重。

3. 成本分担不合理，家长负担过重

学前教育财政投入不足与成本分担方式不合理有着密切联系。这种不合理主要体现在政府投入比例低，幼儿家长负担比重过高；中央和省级政府投入偏低，区县及以下政府投入相对偏高。由于基层政府的财力相对薄弱，难以承担教育投入的主要责任。学前教育的政府投入不能仅仅依靠基层政府，中央和省级政府必须承担更大比例的责任。截至 2009 年，仅有少数省份的省级财政对学前教育有少量投入，预算内学前教育经费主要由区（县）和乡镇街道投入。中西部地区的区（县）和乡镇街道，财力薄弱，发展义务教育尚存在一定困难，对学前教育的投入则更是"力不从心"。

相比学前教育财政投入总量不足，更为严重的问题是财政投入资金的分配或投向的不公平，或者说有限的资金投入没有得到更好的使用。国家财政预算内资金分配存在不公平性，城乡幼儿园出现两极分化。政府投入学前教育的经费主要来自县、乡财政，省级政府对此的经费很少，财政拨款主要用于城市和县镇。对 Y 省教育部门和政府办园的 14 省市调查结果表明，近 70% 财政拨款用于城市和县镇公办园，造成公办园越办越好，有的幼儿园甚至向高标准、豪华型发展，随之获得收费"越来越高"的效益；而占 70% 的集体办、企业办园得到的支持很少。本来就缺乏学前教育资源的广大农村地区，其学前教育机构很少能分配到财政资金。农村乡、村的办园没有明确的经费来源，基本靠收费维持，形成了"农民掏钱办幼教"的局面，结果导致农村园规模小、条件简陋、教师工资低、保教质量差[3]。

---

① 田志磊，张雪：《中国学前教育财政投入的问题与改革》，载《北京师范大学学报（社会科学版）》2011 年第 5 期，第 17～22 页。

② 罗英智，线亚威：《Y 省农村学前教育发展现状与策略》，http：//www.cnsece.com/news/14/5163.html。

③ 王化敏，周亚君：《幼儿教育经费的十年回顾及改革建议》，http：//www.youjiao.com/e/20091120/4b8bd52f67eb9.shtml，2008－1－6。

4. 学前教育机构收费混乱

学前教育财政投入不足、不公平所带来的不利影响就是学前教育机构的收费混乱和收费水平差异大。条件好的公办学前教育机构拥有竞争上的优势，普遍违规收取费用。城市学前教育机构普遍利用兴趣班、特长班等进行额外收费，各种代办费名目繁多，不透明。但是，在农村地区，不少条件差的幼儿园或是限于低收入家庭的支付能力，或是为了竞争生源，收费很低，很难为幼儿提供有基本质量的保育和教育服务。因我国目前还没有国家级的幼儿园收费方面的文件，结果导致各地幼儿园收费普遍比较混乱，收费项目繁多，收费档次差别很大，政府对幼儿园收费缺乏明晰的指导。我国政府对学前教育的财政投入责任不清楚，规范投资的政策也缺乏全面性和强制性。学前教育的财政支持机制尚不健全，若幼儿园完全按成本收费，各级政府和各单位部门就会撤资或减少投资，更多地要依靠幼儿园自给自足。

5. 生均公用经费严重不足，农村地区难以改善办园条件

目前幼儿教育生均公用经费严重不足，基建和专项经费少，尤其是农村和贫困地区，难以改善办园条件。生均公用经费这一指标能反映提供给教育的日常办公、教学设备、培训教师等维持和提高教育质量需要的经费状况。幼儿的生均公用经费呈逐步下降趋势，2000 年仅占幼教经费的 11.8%，大大低于全国教育经费公用部分平均 18.32% 的水平。幼教的基建和专项经费支出极少，2001 年仅占全国教育基建总投资的 0.3%[①]。城乡学前教育生均经费投入存在差距。据课题组调查，在 A 市幼儿园中，城市生均预算内教育经费平均为 900 元，农村仅为150 元。由于农村学前教育的投入责任主要由财力最为薄弱的乡镇一级来承担，贫困地区根本无力负担，幼儿园基本靠收费维持。许多地区农民收入低，幼儿园收费也偏低，如 V 省 XS 县已评定星级的农村幼儿园中，80% 以上都是降级收费。

（三）城乡学前教育办学与硬件资源配置体制机制存在的问题

办学体制通常是指各级各类学校教育的举办制度，涉及学校的举办资格、设置标准、设置程序、办学途径与方法、领导与管理方式以及规划布局等，集中反映教育机构的所有权、教学权与管理权的问题[②]。从本质上讲，办学体制就是要回答"谁是办学主体"的问题。在我国，按照办园主体的不同，幼儿园基本可

---

① 蔡迎旗，冯晓霞：《我国幼儿教育财政体制的沿革与创新下》，载《学前教育研究》2006 年第 2 期，第 35～38 页。

② 王启智：《论中国现行办学体制下民办中小学的规范与发展》，华中师范大学，2001 年，第 4 页。

以分为：政府办园、集体办园和民办园。政府办园又可以分为政府机关办园和教育主管部门办园，集体办园也可以分为企事业单位办园和社区办园[①]。

1. 城乡学前教育办园水平参差不齐

（1）公办园、示范园集中在城市，农村幼儿园数量不足。

一个健全的学前教育体制应该由公办和民办两部分组成，相辅相成，协调发展。但目前由教育部门办的"公办园"只占少数，且大多集中在城市或县一级，农村基本没有。公办园与民办园之间存在不公平竞争，差距较大。公办园由于环境优越、资金有保障、教学设施完善、管理较规范等条件，优势相对明显。农村大量存在的是集体办或个体民办幼儿园。这些幼儿园大多自主投资、自主经营，比较之下问题较多，主要表现在：第一，缺少吸引力。由于工资待遇、职称评定、职后培训、信息服务等方面的落后，绝大部分学前教育专业的毕业生不会把民办幼儿园作为自己工作岗位的首选。第二，缺少充足的资金。办园场所难以达标，教学设施较简陋，幼儿活动材料较匮乏。第三，民办教育政策法规难以得到充分落实，政府对民办与公办幼儿园并非"一视同仁"，民办园办学存在种种困难。村一级民办幼儿园面临巨大的市场压力，很容易陷入资金少、师资差、教育质量低、生源缺的恶性循环[②]。

据统计，B省社会力量（含集体办、民办、其他部门办）办园共 1501 所，占该省幼儿园总数的 72.8%；全省公办园 561 所，占总数的 28.2%。同年 B 省有 691 个镇（乡），按平均每镇一所公办中心园计算，有 130 个镇没有公办中心园。然而，实际情况远比这严重，如 B 省 JS 县 37 所幼儿园中，有 6 所集中在县城，其中 2 所为公办幼儿园，而其余 25 个乡镇的幼儿园总数为 31 所，还有 6 个乡镇到目前还没有开办任何形式的幼儿园。农村幼儿园的数量严重不足。通过对 J 省 HF 县教育管理者的访谈了解到，截止到 2011 年，全县城公办幼儿园仅有一所；乡里没有独立建制幼儿园，都是小学附属学前班，或是条件稍微好的小学会有一个附属幼儿园，但存在部分办园不规范的问题。县城民营幼儿园有几个，各乡镇也是以民营幼儿园为主，办园条件和发展情况较好。

（2）农村幼儿园办学质量差，民办园面临办园困境。

相比城市的学前教育，农村地区人口分散、生源少、收费低，幼儿园办学条件较差。通过对 A 市部分区（县）乡镇幼儿园园长和教师的访谈得知，大半村级幼儿园只有幼儿活动室，没有必需的功能室，绝大多数活动室不符合幼儿园建筑设计规范，面积狭小，采光、通风不良。所需设施配备种类不全，数量不足，

---

① 庞丽娟：《中国教育改革 30 年：学前教育卷》，北京师范大学出版社 2009 年版，第 64 页。

② 郭维平：《发达地区学前教育办学体制与管理模式的改革和发展》，载《中国教育学刊》2007 年第 5 期，第 20 ~ 23 页。

常规保育教育设施寥寥无几。民办园面临着资金投入不足，设施设备条件差等困难，导致民众选择入园的积极性不高。

农村地区公办园缺失，社会力量办园在农村本应该有极大的发展前景，但是根据 2012 年教育部统计数据显示，农村公办园和民办园的平均在园幼儿数分别约为 400 人/园和 100 人/园，民办园并没有成为农村学前教育的主体力量。调查中发现，B 省 JS 县多数幼儿园也存在办园条件简陋且不达标的情况。首先，幼儿园规模小且园舍建设不合标准（见表 7 – 14）。全县 37 所幼儿园大多条件较差，无论是生均占地面积、生均校舍面积、生均活动室面积等都远远低于《城市建筑面积定额（试行）》中规定的最低标准。因安全整洁的室内外互动场地是幼儿开展各项活动的基本保障，但该县大部分幼儿园却存在室内外活动场地缺乏或不足，结果导致一些幼儿园无法正常开展各项丰富多彩的游戏活动，严重影响了幼儿基本动作的训练和智力的开发。

表 7 – 14 　　　　　2011 年 B 省 JS 县幼儿园校舍使用情况　　　　单位：平方米

校舍使用情况	学校占地面积	校舍占地面积	活动室面积	睡眠室面积	室外活动场面积
校舍用地面积	60 190	30 848	8 223	5 264	24 519
生均校舍面积	3.5	1.8	0.48	0.31	1.4
国家标准（12 班）	13	8.8	1.8	1.2	2.0

资料来源：根据 2011 年 JS 县教育局统计资料整理。

其次，幼儿园设备欠缺。由于资金紧缺，幼儿园和学前班的基础设施十分简陋。不少幼儿园基本没有游戏器械、体育设施等大型活动器械，没有戏水池、沙坑和跑道等设施，各种幼儿游戏活动难以开展。教学器材十分匮乏，全县生均图书占有量约为 2.7 册，农村地区幼儿园图书资源更为短缺，12 193 名农村在园（班）幼儿仅拥有 6 750 册图书，占全县图书总册数的 14.3%，生均图书占有量仅为 0.55 册；教学用录像录音带共有 2 586 盘，班均占有量仅为 6.7 盘；一些民办幼儿园没有配备适合幼儿特点的桌椅板凳，而是配备小学生用桌椅，完全不符合幼儿的生理和心理发展特点。课题组调查的 A 市 QJB 区、WX 县、SZ 县、YY 县、PS 县以及 B 省 JS 县均是典型的西部农村地区，这些地区普遍存在幼儿园办学条件差的现象。以生均建筑面积和生均校舍面积为例，上述县（区）平均生均建筑面积才 1.61 平方米，生均校舍面积只有 1.03 平方米。其中，JS 县两项指标分别只有 1.82 平方米、0.68 平方米，与《B 省幼儿园基本办园标准（试行）》规定的生均建筑面积不少于 8.8 平方米、生均校舍面积不少于 13 平方米的标准相差甚远（见图 7 – 18）。

（平方米）

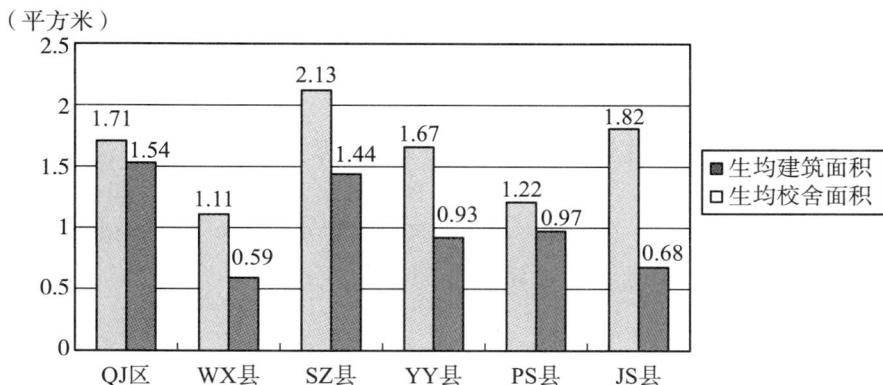

图 7－18　2011 年 A 市部分区（县）农村幼儿园生均建筑
面积、生均校舍面积统计

资料来源：根据 2011 年 A 市教委统计数据资料整理。

2. 农村非法办园现象严重，简陋的"家庭式"幼儿园普遍存在

农村民办幼儿园对农村地区的幼儿教育事业作出了巨大的贡献，但是限于办学资金和办学师资等条件，农村幼儿园规模普遍较小，质量不高，办学极不规范[1]。

农村民办幼儿园布局设置不合理，办学场地不达标。与公办教育的科学规划相比，由于经济条件、政策扶持的制约，不少地区的农村民办幼儿教育机构都呈现"规模小，条件差，生源少，布局集中"的特点。例如，A 市 RC 县 GS 街道 ZJS 矿区方圆不到 0.5 平方公里就有 4 个幼儿园，规模最大的 36 人，最小的仅 15 人；RC 县 CY 街道 RH 小区号称"万人小区"，但因没有建成与之配套的小区幼儿园，那里的民办幼儿园只能临时建在窄小的商业门面里，办学场地窄小不达标，幼儿室外活动场地更小，安全、卫生设施不到位，影响了教育活动的正常开展和幼儿的身心健康。A 市 LP 县现有民办园 26 所，占总数的 60.5%。该县公办园在园人数占总数的 71.7%。许多农村民办园由于长年生源不足，经费收入减少，教学设施改善难以为继。

我国中部的部分省（市）尽管农村幼儿园总体数量较多，但符合办园要求的标准化幼儿园数量却非常有限，不符合办园标准、未注册登记的幼儿园占了相当大的比例。大部分园舍没有根据幼儿年龄特征与发展需要设计建筑及配置配套设施，一般是利用自家院内居住用的一两层小楼或是小学淘汰下来的课桌椅办幼儿园。室外游戏和体育活动场地狭窄，人均占地面积不足 3 平方米，教具、玩具

---

[1]　习勇生：《A 市幼儿教育城乡统筹发展研究》，西南大学，2011 年。

和大型户外游戏器械及幼儿读物奇缺，各种游戏活动难以开展。这些幼儿园教室多为居民用房，必要的保洁、消毒设施较为欠缺，部分卫生条件较差，根本无法保证幼儿的饮食卫生与安全①。

3. 幼儿园平均班额逐步增大，县镇幼儿园最为突出

由图 7 - 19 可以看出，我国幼儿园总体的班级规模从 2005 ~ 2012 年没有太大变化。但是，从城市、县镇和农村不同区域来看却略有变化。班级规模增长较为明显的是县镇和农村地区。县镇幼儿园班级规模一直以来均高于全国平均水平。

（人/班）

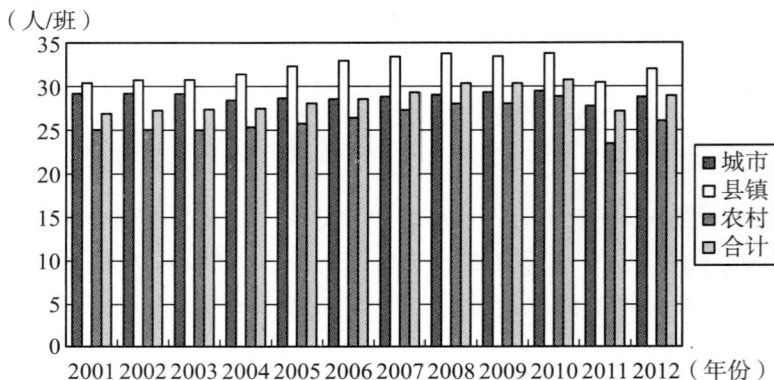

图 7 - 19　2001 ~ 2012 年全国分地区幼儿园班额情况

资料来源：根据教育部发展规划司编：《中国教育统计年鉴》（2001 ~ 2012 年），人民教育出版社 2001 ~ 2012 年历年版数据整理。

课题组在 A 市、B 省等地的调查发现，农村幼儿园"大班额"现象十分严重，学生人数远超出幼儿园的承载能力。如 B 省 JS 县幼儿园，在园学生数为 430 人，共 8 个班，平均 54 人/班，远超过《B 省乡镇、街道办事处中心幼儿园建设标准（暂行）》中规定的小班 25 人、中班 30 人、大班 35 人的班级规模标准（见表 7 - 15）。A 市 LP 县问题更为严重，以 YG 幼儿园为例，全园 11 个班级容纳了 610 个幼儿，达到 55 人/班。许多农村幼儿园都是在超负荷的运转中。在 A 市 JJ 区、DZ 区等乡镇中心幼儿园也存在着班级人数超过规定标准的情况，一个班级中幼儿数量通常达到 50 ~ 60 人，而专任教师只有 1 ~ 2 名。

---

① 杨莉君，曹莉：《中部地区农村学前教育事业发展存在的问题及解决对策》，载《学前教育研究》2011 年第 6 期，第 21 ~ 26 页。

表 7 - 15　　　　　2011 年 B 省 JS 县幼儿园在园人数情况　　　单位：人

人数情况	小班	中班	大班
在园幼儿数	2 391	3 092	4 395
班级平均幼儿数	43	49	53
国家规定班级标准	25	30	35

资料来源：根据 2011 年 JS 县年教育局统计资料整理。

4. 山区村办幼儿园数量严重不足，学前教育缺失

农村学前教育是我国学前教育的薄弱环节，其中，山区学前教育的发展是农村学前教育中最为薄弱的一环。以调查的 A 市 FD 县、B 省 JS 县等地为例，大部分山区的村落没有开设幼儿园，仅有的一些村办幼儿园，或附属幼儿园，也由于办学条件太差，入园的学生很少。年龄稍大的儿童就读镇上的寄宿制小学，但年龄在 3～6 岁的儿童基本上是失学在家。分析其中原因可以发现：一是，山区居民较为分散，且路途不便，所设学校到家里的距离较远。二是，这些地区存在较多留守儿童，父母外出务工，只能由年长的爷爷奶奶照顾，根本没办法每天接送。三是，村办幼儿园的办学条件差，质量不高，许多孩子不愿意入读。如有的家长反映，"由于村办幼儿园办学条件差，设施设备不全，有的家长认为，与其让孩子进幼儿园，每学期白白花掉七八百元，不如让孩子就待在家里，今后直接上小学念书省事。这也是一个比较客观的原因"。

5. 农村幼儿园"校车"安全隐患大

"2011 年 11 月甘肃省庆阳市正宁县幼儿园校车事故"和"2012 年 12 月江西省贵溪市校车翻坠事故"均造成了十余名幼儿的死亡，这为农村学前教育的安全问题敲响了警钟。县城幼儿园距离远，镇上无公办幼儿园。许多偏远的乡镇由于公路条件差，由爷爷奶奶照顾的孩子上幼儿园十分不便。一些农村民办幼儿园为招揽更多学生，用私人面包车作为校车，邻村的孩子都给予接送。但是这种看似方便学生上学的方式，却隐藏着巨大的安全隐患。目前，我国对学前教育阶段的校车管理并未出台具体细则，农村地区更是对校车的载人标准、安全性等没有给予重视。一些农村"家庭式"幼儿园园长为减少开支，使用报废车辆或非专业司机接送。公安交警部门、教育部门也未及时对幼儿园校车超载进行严格的监管。另外，农村地区路面状况极差，未硬化比例较高，所以即便有标准的校车配套，这样的路面条件也很难保证能够顺利通行。

355

（四）城乡学前教育人才培养与评价体制机制存在的问题

1. 城乡幼儿受教育机会不平等

幼儿入园率的高低是衡量学前教育事业发展的一个重要标志。目前，我国学前教育处于均衡发展的初级阶段，保障每个幼儿有园可入依然是现阶段的重要任务。据统计，2012 年我国学前教育毛入园率达到 64.5%，比 2009 年提高了 13.6 个百分点。但区域间的发展存在巨大差异，一些经济发达地区学前三年儿童入园率均为 90% 以上，已经普及学前三年教育，并向普及学前四年教育过渡。如上海市 3~6 岁适龄儿童入园率已达 98% 以上。而西部一些省（市）学前三年儿童毛入园率最低仅为 10% 左右。可见，我国目前城乡幼儿接受学前教育的机会仍旧不平等，从根本上凸显出了城乡学前教育发展的不均衡性。

从 A 市部分城区和县镇的调研发现，城市万人口平均幼儿数的均值为 266，农村为 209.25，说明城市适龄幼儿所获得的受教育机会多于农村幼儿获得的教育机会。此外，班级平均幼儿数也可以反映幼儿入园情况。班级平均幼儿数是指各班级中的幼儿数，班级平均幼儿数的多少可以在一定程度上反映幼儿受教育的机会，班级人数越少，个体受教育的机会越多[①]。在原国家教委颁布的《全日制、寄宿制幼儿园编制标准》中，规定了幼儿园的班级规模为 30 人以内。如果班级中的幼儿数超过规定人数的 20%，便不符合班额标准。据统计，A 市城区幼儿园的班级平均幼儿数为 29.5，农村为 34.75，农村幼儿园的班额超过了规定的标准（见表 7–16）。

表 7–16　　A 市 2011 年城乡幼儿受教育机会差异统计分析

指标	地区	均值	标准差	差异系数
万人口平均幼儿数	城市	266	44.2144	0.2113
	农村	209.25	50.4182	0.1895
班级平均幼儿数	城市	29.5	1	0.0339
	农村	34.75	3.8622	0.1111

资料来源：根据 2011 年 A 市教委统计资料整理。

2. 农村幼儿园教学"小学化"

部分幼儿园为争取生源或向家长展示其所谓的教学质量，热衷幼儿识字、拼

---

① 杨挺，习勇生：《失衡与制衡：教育政策时滞问题分析》，载《国家教育行政学院学报》2010 年第 1 期，第 27~31 页。

音、写字、算术教学，这种学前教育"小学化"的错误做法，严重违背了幼儿教育和幼儿成长的规律，危害着幼儿身心健康发展。

调查中发现，农村幼儿园的课程资源、教育规范、作息制度、教学方法上"小学化"趋势较为严重。为了不让自己的孩子输在教育的起跑线上，入园的部分儿童家长用心良苦，希望孩子在这阶段能够识字、写字、学习加减运算等，错误地把学前教育等同于智力教育。但是，现有的农村幼儿教师因为缺乏专业培训，往往套用小学的教育模式，以"教师中心、课本中心、教室中心"的方式开展学前教育活动来迎合家长的需要，这就迫使儿童承受超越自己年龄阶段的学习负担[①]。另外，适合农村幼儿发展的学前教育教材很少，农村幼儿教师没有合适的教学标准进行参考。识字课本便成了他们最为直接、依赖的教育资源，对幼儿进行读、写、算技能的培养就成为主要的教育目标，提前学习小学一年级课本成了农村幼儿园普遍存在的现象[②]。这些方式表面上可以满足家长的"不正确"教育观念，但在实际上直接影响到了儿童的学习兴趣和知识创新能力。

3. 幼儿园教学活动组织不规范

课题组在对西部几个省（市）的农村地区进行调查中了解到，由于经济发展较落后，很多幼儿随家长流入城市成为进城务工人员子女。为了节约成本，有的农村幼儿园对这些留在农村的幼儿实行"混龄班"教育，即各个年龄段的幼儿待在一个教室，由教师对他们轮流进行教育。这样虽然节省了幼儿园的教育成本，使幼儿对高年级的学习、生活有了初步的了解。但是，在这种混龄教育的情况下，幼儿对高年级教师教育内容的不熟悉，对教师教育内容误听，影响幼儿后续的学习。在对 A 市农村园长的访谈中发现，她们提出目前农村幼儿园的教育存在明显的不良倾向：基本上只负责看护，却不注重教育质量。有的农村幼儿园设在小学内，和小学之间没有隔离，难以安排和开展适合学前教育特点的活动和游戏，缺乏独立的幼儿室外活动设施，也没有专门为儿童服务的食堂及卫生健康设施。教学活动的时间也和小学上课的作息时间一样。幼儿园以学知识为主，偏离了正确的办园方向。

以 O 省 LF 市某农村幼儿园为例，该园从成立到现在已有五年，成立之初主要是应对本村及邻村的幼儿大多进城而本村及附近村的小学生源不足的状况。到目前为止，在园人数总共有 33 人，固定的教师只有一个，为高中毕业，另一位教师为外聘教师，她们在该幼儿园教学一年后，一般会被调到其他的幼儿园，或由于各种原因从幼儿教育领域流失。幼儿面临着经常换新老师的情况，而在新老

---

① 刘强：《学前教育城乡均衡发展的理论与实践》，南京大学出版社 2011 年版。

② 王雁：《城乡二元结构与农村学前教育》，载《幼儿教育·教育科学版》2007 年第 4 期，第 25 ~ 27 页。

师没有交接好的一段时期，就由固定的一位教师承担着所有的保教任务。但是该老师本身并没有接受过正规的幼儿教育专业训练，面对这种幼儿混龄的教育，她对幼儿的管理仍以"控制"为主。混龄本来有着一定的优点，但是从幼儿的反应来看，这种课程的组织方式还存在着很大的缺点，如幼儿在学习教师教给大孩子的古诗时会出现"错音"的现象，幼儿面对家长背出来的古诗通常还需要家长几经猜测，纠正其中的错字，来了解幼儿真正背的是哪首古诗。

4. 幼儿发展评价标准不统一，随意性较大

幼儿园课程是一个从理论到实践，经过评价再到实践的动态整体。在这个过程中，评价起着检测、判断、矫正、反馈的中介作用。从儿童的幼小衔接方面来讲，课程评价就不仅是对幼儿的在园阶段的一个总结性评价、对以往教育的反馈，而更是对幼儿进入小学后接受教育的一个依据和基础。因此，对幼儿教育的课程评价就显得异常重要。

目前，我国对于幼儿各方面的发展程度还不能客观地进行评价，特别是在农村幼儿园，每个幼儿园更是"自成一派"，由幼儿园园长或班级教师来制定评价标准，随意性较大。就城乡一体化学前教育的课程评价来说，在长期的发展中仍然形成了农村幼儿园课程评价单方面对学生认字、数数的重视，对幼儿五大领域整体的忽视。城市幼儿园课程评价相对全面的局面。这样造成的后果，有学者就用儿童的入学准备测评工具进行了测试，测试表明：农村儿童在除发音控制运动以外的动作技能发展领域优于城市儿童，在学习方式、认知发展与一般知识基础、言语发展以及情绪与社会性发展领域显著落后于城市儿童。造成这种情况的一个主要原因是农村幼儿教育机构的园长除小部分毕业于幼儿师范专业外，多数园长没有受过专业学习培训。办园者的素质参差不齐，有的园长本身缺乏从事幼儿教育的经验，"半路出家"。有的农村民办幼儿教育机构往往是举办者一人说了算，他们对相关政策法规和幼教工作的基本规律知之甚少，很难把握办园的指导思想和方向目标。同时，农村幼儿教育机构低薪聘请经验匮乏或非幼儿教育专业的教师，教学质量根本无法保证。

三、构建城乡一体化学前教育体制机制的对策建议

城乡一体化学前教育体制机制的构建是一项复杂的社会系统工程，必须从系统的诸要素及其组织结构、运行机制等诸多方面进行整体考虑。政府的职责在于从学前教育体系的整体功能要求出发，从整体上架构学前教育的基本组织结构，合理配置各种资源要素，将各个功能单位放置在恰当位置上，引导、规范各个功能单位各尽其职、相辅相成，形成和谐的互动关系，从而将目前处于各自为政状

态下的各个系统组成部分，通过其功能关系组织起来。作为城乡学前教育一体化构建的核心推动力量，政府可以通过学前教育立法，以国家意志的形式明确表达政府发展学前教育的思路和措施，完善学前教育的体制机制，从而普及学前教育、提升质量。

（一）构建城乡一体化学前教育人事调配体制机制的对策建议

1. 实施"西部特岗幼儿教师计划"

为解决农村幼儿教师短缺、师资队伍整体素质不高等问题，可参照农村义务教育学校的"特岗教师"政策，开启"西部幼儿教师特岗计划"，培养和招募一批具有专业素养的幼儿教师，优先补充到农村幼儿教师队伍中，特别是农村偏远地区。鼓励合格幼儿教师到西部农村地区幼儿园任教，为迅速发展的农村学前教育机构提供充足的师资，支持农村幼儿园开展灵活多样的教育形式，提高西部农村学前教育的整体质量[①]。

2. 多形式补充农村幼儿师资，严守入职门槛

农村幼儿园新进教师除来源于高校毕业生外，还应大力扶持具备条件的中职学校开办学前师资班，探索初中毕业起点五年制的学前教育专科学历教师培养模式。争取实施农村幼儿园教师定向培养专项计划，为农村特别是贫困地区培养一批高素质的骨干教师。目前部分地区已经开始从中小学富余教师中挑选学历合格人员，通过转岗培训，取得幼儿园教师资格证书以后，充实到幼儿园任教，其性质和待遇不变。这种方式可以较好地对农村地区幼儿教师进行补充。在补充教师的同时，各地也要对在职教师进行严格把关，对已在农村幼儿园任教但学历及素质不达标的，应限期达标。限期内不能达标的，应根据有关规定予以辞退，促进农村幼儿园教师队伍专业化建设。

3. 保障幼儿教师合法权益，稳定师资队伍

各地要根据当地经济和社会发展实际，按照幼儿园教职工所提供服务的情况，依法确定教职工薪酬。确保幼儿园合同制教职工工资不低于当地劳动和社会保障部门发布的最低工资标准，确保公办园幼儿教师享有公办中小学教师同等待遇。在职称评审、优秀教师评选等方面向长期工作在农村的幼儿教师进行倾斜。

（1）推行农村幼儿教师工资量化考核制度。

幼儿教师只有具备了相应的地位和待遇，这支队伍才能稳定下来[②]。按日常

---

① 刘占兰：《农村学前教育是未来十年发展的重点》，载《学前教育研究》2010年第12期，第3～6页。

② 程建荣，白中军：《区域幼儿教师队伍建设的困境与出路》，载《中国教育学刊》2010年第8期，第23～26页。

工作实际的"多劳多得"原则，对农村幼儿教师实行工资量化考核标准，且规定该标准不能低于当地劳动力的平均值，并要保证工资足额、按时发放。对长期在农村基层和艰苦偏远地区工作的公办幼儿教师，应在绩效工资的核定与发放中实行一定的倾斜政策。

（2）制定激励性政策，使农村幼儿教师安于教学。

由于收入少、编制缺、职称低，很多优秀的农村幼儿教师流失，拉大了城乡一体化学前教育的差距。出台激励性的措施为农村幼儿教师的待遇提供政策性保障，对农村幼儿教师给予政策补贴，长期在农村工作教师的编制、职称、待遇等问题应优先解决，使他们能够安心工作。全力改善幼儿教师尤其是边远地区幼儿教师的生活、工作环境，适当增加津贴，如设立贡献工资、优秀教师补贴、发展津贴等。在精神上，要鼓励和支持贫困地区幼儿教师的个人专业发展，如表彰宣传优秀幼儿教师的先进事迹。通过这种方式，不仅有助于稳定农村和边远地区的幼儿教师队伍，而且有助于吸引一批年轻、优秀的幼师毕业生到农村和边远地区工作，充实当地的幼儿教师队伍。

4. 加大农村幼儿教师继续教育

（1）加大对农村幼儿教师继续教育的支持。

重视保教人员的专业培训，增加培训机会。构建开放多样的培训体系，加强保教人员的专业培训，提升保教人员的专业素质。采取职前培训、在岗培训、脱产进修、对口学习等多项措施，使基层幼儿教师能够接受不同层次、不同形式的进修学习。针对农村学前教育师资队伍的数量缺口大，优秀教师匮乏等矛盾，政府应通过开放灵活、多样的农村保教人员职前、职后相衔接的培训体系，优化农村幼儿教师的队伍。

（2）加强转岗教师培训。

各级教育行政部门应将农村幼儿教师培训纳入中小学教师培训计划范畴，建立健全园长、教师及其他相关人员的岗前和在职培训制度，组织实施全员培训计划。要建立学前教育骨干教师、学科带头人培养机制，逐步优化农村幼儿教师队伍结构。要选择一些具备较高专业素质和管理水平的教师到乡镇中心幼儿园任职，促进农村学前教育发展。针对转岗教师专业知识、专业技能欠缺的问题，加大对这部分群体的培训，让其尽快转变教育理念和教学方式，适应学前教育教学工作的特点。

（3）推行多样化培训模式。

第一，做好园本培训。园本培训立足于幼儿教师的日常工作环境，从他们最困惑和最亟待解决的问题入手，组织相关的培训或讲座。培训的内容不仅包括文化专业知识，提高教师的理论修养，而且要包括专业技能培训，使教师能弹会唱、善于舞蹈表演和绘画。第二，安排幼儿教师外出参加培训。对省、市、县安排的一些专业培训和教学观摩活动，应积极鼓励、安排教师参加。参加学习的教师回来后可以以讲座或现场示范的方式展示给全园教师，在提升教师个人专业技能的同时，又带动全园教师进步。第三，构建农村幼儿教师远程培训模式。在信息化时代背景下，应积极探索适合当地特点的教师培训方式，如 C 省基于国培计划项目，为该省农村幼儿园教师提供的示范性远程培训项目。通过改变农村幼儿教师长期以来厌倦和排斥网络学习的习惯，让他们适应这种新型的学习方式，通过示范性远程培训机构建立起教师交流学习的渠道，节约远距离现场培训的经费支出。

5. 创新幼儿教师职称评定标准

近几年，很多地区进行了职称评定试点，建立统一的中小学教师职称制度，职称系列不再分中学教师和小学教师，教师职务名称依次为三级教师、二级教师、一级教师、高级教师和正高级教师，今后不仅是中学教师，小学甚至幼儿园教师也能和大学教授一样评"正高"。在现有学前教育教师职称评定条件下，应适当地放宽幼儿教师的申报条件，特别是给予农村地区任教满一定期限的幼儿教师参与评定的机会。针对部分专任幼儿教师未评职称比例较高的地区，探究其产生的原因，因地制宜地制定符合当地教育实际情况的措施。同时制定适合于幼儿教师的职称评定标准和选拔程序。这样有利于学前教育师资队伍的规范化，同时有助于激发教师的工作积极性。

（二）构建城乡一体化学前教育经费投入体制机制的对策建议

1. 强化和完善各级政府责任，重视学前教育财政投入

增加政府对学前教育投入，需要重新建立各级政府的学前教育经费分担体制。在现有税费体制下，根据我国中西部地区以及区县和乡镇街道等地财力不足的实际情况，改革当前的学前教育经费投入体制，建立三级政府按比例分担的学前教育财政责任机制。各级政府在经费投入的责任划分上，可以参照农村义务教育经费保障机制的经验。由中央政府主要承担家庭经济困难幼儿的资助和一定比例的公用经费投入，负担比例不低于预算内学前教育总经费的20%；省级政府制定当地的幼儿园生均经费标准和生均财政拨款标准，与地市级政府一起负担幼儿园建设经费、师资培训经费和一定比例的教职工工资经费，负担比例不低于预算内学前教育总经费的30%；区县和乡镇、街道承担幼儿园建设和改造的土地供应，一定比例的教职工工资福利经费和公用经费，负担比例不高于预算内学前教育总经费的50%。各级政府除了增加预算内学前教育经费外，还应积极发动社会其他主体对学前教育进行多种形式的经费投入，主要包括：对家长所缴纳的保育教育费，在合理的范围内允许在个人所得税前进行扣除。对公办和非营利性民办幼儿园的建设用地进行税费减免等。形成政府投入与家长投入并重，税收、土地和社会捐赠等多方支持的、多渠道学前教育投入体制。

2. 改革财政资金分配方式，提高学前教育普惠性

普惠性公办幼儿园强调的是面向普通家庭的幼儿，政府投入比例较高，收费较低。省市和区县政府应该将普惠性公办幼儿园的建设和改造纳入农村和城镇建设规划，优先在农村、城市新居民区发展普惠性公办幼儿园。以学前教育发展较好的 V 省 AJ 县为例，按其现行办园水平和财政负担54%经费的假设，推算全国幼儿全部进入普惠性幼儿园的财政投入约为 770 亿元，这相当于 2009 年新增预算内教育经费的44%，全部预算内教育经费的 6.7%。如果按 50% 的幼儿进入普惠性幼儿园，则只占 2009 年新增预算内教育经费的22%，全部预算内教育经费的 3.35% [1]着重保障普惠性幼儿园教师的基本工资、津贴待遇、社会保障和培训经费等投入。政府以当前事业编制幼儿园教师的工资待遇水平为基准，制定以岗位和职级为基础的统一的普惠性幼儿园教师工资待遇标准。各级政府按照各地财政能力的实际状况进行教师工资、培训经费的分担：在中西部经济落后地区，农村贫困地区，应主要由中央政府和省级政府统筹负责，并明确具体的分担比例；在东部发达地区，幼儿园教师的工资、津贴待遇、社会保障与培训经费则可以由省级和市县级财政予以保证，并且设定不同的经费投入比例。

3. 科学核算办园成本，完善收费管理体制

改革和完善学前教育的收费管理办法，减少收费混乱现象。首先，政府应对学前教育机构的成本进行核算，并将结果作为确定机构收费标准的基本依据。其次，物价部门应完善成本监审办法，对不同学前教育机构提供的成本金额进行仔细审核，或者要求提供社会审计机构的审计报告，确保所提供资料的真实、准确。再次，以审核后的机构成本为基础，由省级或地市级政府制定本辖区内各类公办学前教育机构的指导性收费标准。最后，物价部门应每年随机抽取一定比例的学前教育机构，对其进行收费方面的监督和检查，并依法对违法违规收费进行严厉惩处。

4. 加大对中西部学前教育的转移支付力度，农村地区实行专项经费投入

（1）加大中西部学前教育转移支付力度。

为减轻欠发达地区，特别是中西部地区统筹学前教育事业发展的压力，在对中西部各省份地区的财政收入与支出能力，以及学前教育发展需求进行科学调研

---

① 刘焱，史瑾，裴指挥：《"国十条"颁布后学前教育发展的现状与问题》，载《教育发展研究》2011 年第 24 期，第 1~6 页。

和测算的基础上，加大中央财政对中西部地区学前教育的一般性转移支付力度，保障农村、贫困、民族等地学前教育事业发展所需的基本经费投入，以增强政府推动本地区学前教育尤其是普惠性学前教育发展的能力。同时，在加大转移支付与专项经费投入力度的同时，要深化专项投入的方式和类别，采取灵活的拨付方式支持学前教育发展。由中央根据地方实际发展需要，或按一定的比例事先直接拨付相应资金；或针对地方学前教育发展中亟须解决的关键问题，如校舍建设与维修，设立特殊项目经费，一次性将相关专项资金提前拨付到位，专款专用①。

（2）设立县域内学前教育财政专项资金。

在经济较为发达的区（县），可以尝试建立县域内学前教育财政专项资金，通过科学测算不同乡镇农村学前教育的最低生均成本，并根据各地政府的实际财力，确定补贴层级，例如：100%、50%、10%以及不予补贴等不同级别，有针对性地进行资金投入。各级政府要将学前教育经费列入当地财政预算，财政性学前教育经费在同级财政性教育经费中要占合理比例，并逐年提高。创新投入方式，如 B 省提出各县（市、区）可将农村税费改革转移支付资金部分用于学前教育。

5. 逐步提高对城市低保家庭和农村家庭经济困难子女的资助力度

建立幼儿入园资助体系，提高家庭经济困难幼儿平等接受学前教育的机会。可以参照普通高中助学体系，建立以财政补助为主、学前教育机构减免和社会资助为辅的幼儿入园资助体系。与此同时，对幼儿资助进行管理时，可以利用现有学生资助管理系统，如各级学生资助中心，可借鉴其过去的经验，减少管理成本。

（1）分类确定资助比例，适当向农村贫困、民族地区倾斜。

城市幼儿园中资助面应占一定比例，且主要针对城市中低收入群体，如农民工家庭、低保家庭。农村幼儿园（含县镇），资助面占在园幼儿总数的比例应该更高，特别是针对在国家贫困地区、重点扶持地区、民族自治县等幼儿园就读的幼儿。如 2011 年 A 市财政将对实施资助的区县实行奖补，特别向农村地区、贫困地区和少数民族地区倾斜。同时还要求幼儿园按照事业收入的 5% 提取资金，专项用于本校家庭经济困难儿童保教费和生活费资助②。

（2）确立资助标准及资金分担原则。

首先，设定平均每人每年入园补助金的标准。幼儿园可在资助名额和经费总额内，根据儿童的家庭经济困难程度，分为不同的补助档次，确定具体资助标

---

① 张以瑾，柴葳，庞丽娟代表访谈：优化学前教育财政投入结构的建议，http://www.jyb.cn/china/gnxw/201303/t20130317_531228.html.

② 汤寒峰：困难家庭孩子上幼儿园不再缴费，http://www.cqwb.com.cn/cqwb/html/2011-11/29/content_293662.htm.

准。其次，学前教育资助所需资金由各省级财政、区市级财政按以下原则分担：直属幼儿园学前教育资助所需经费，由各幼儿园在部门预算中统筹安排；各区市学前教育资助所需经费由省级财政与设区市财政按不同的比例共同分担，其中区市财政占更大比例；县幼儿园学前教育资助所需经费，由省级与县级财政按一定比例共同分担，其中省级财政投入为主导。通过不断完善弱势群体幼儿学前教育保障体系，加大资助力度，将学前教育的公益性、普惠性充分体现在给予贫困家庭幼儿真正实惠的过程中，并努力解决城乡一体化学前教育均衡普及中的问题，推动城乡协同发展。

（三）构建城乡一体化学前教育办学与硬件资源配置体制机制的对策建议

1. 发挥公办乡镇中心幼儿园的示范作用

第一，农村可以率先建立起以区（县）政府办园为示范、以乡镇政府办中心幼儿园为主力、以村集体及学校办园为主体、以个人办园为补充的办园体制。对于经济条件较好、幼儿数量较多的村，可以单独举办幼儿园。对于幼儿数量较少、距离较近的几个村，可以联合共同举办幼儿园。受地理位置条件的影响，对于经济基础薄弱、人口稀少的偏远山区，可以暂时由小学或教学点举办学前班或设立独立办班点，实行幼小合办，方便当地幼儿接受早期教育。

第二，明确乡镇中心园建设责任主体，并通过规划、投入、教师队伍建设、督导等制度保障，促进乡镇中心园的规范化建设及其功能的发挥。如 S 省政府提出乡镇中心幼儿园应是所在乡镇的"学前教育行政管理中心、师资培训中心、教育教研中心、信息资源中心"。具体来讲，就是要将乡镇中心园的建设纳入经济社会和教育事业发展的总体规划中，并制定出乡镇中心园规范建设的阶段性目标。将乡镇中心园的建设及认定结果纳入各级政府的督查和教育督导工作范畴，并作为评定优差的重要依据之一。

第三，"以园带园"提高农村地区的整体办学水平。采取"以园带园"的方式就是分步分阶段地进行幼儿园的发展计划。巩固基础较好的公办园，对园长及幼儿教师进行专业培训，提升质量。由发展较好的公办园对其他乡镇公办中心幼儿园园长、幼儿教师进行帮扶、支援和培训，提高被帮扶幼儿园的办学水平。接受帮扶的乡镇中心幼儿园应承担起对当地民办园的指导和帮扶。通过这种由点到线、由线到面的方式，有效实现贫困地区学前教育办学水平的整体提升。

第四，建立"村＋镇的联合办园"模式，扶持山区村办幼儿园的发展。针对山区农村学前教育缺失现状，课题组提出"村＋镇的联合办园"模式，即以村委的名义集资办园，以村委用房作为校舍，在没有村委用房的地区，可以由村委出资租借村民屋舍为校舍，购置基本的办园设备，镇或县教育主管部门给予一定的财政补助，幼儿教师由最近的镇中心幼儿园教师以"支教"的形式来解决，每人每次支教时间为1个月，具体地区可适当调整。这样可在不增加镇或县教育财政的同时，最大限度解决山区儿童的学前教育需求。

2. 完善城镇和农村幼儿园的布局调整

城乡幼儿园空间布局不合理，是幼儿入园难的重要原因之一。加强学前教育资源的合理分配，优化城乡幼儿园的空间布局，让每一个幼儿都能就近入园，是学前教育均衡发展的重要任务。一方面，为解决城镇幼儿园存在空间布局不均衡的问题一是要改善城镇幼儿园的空间布局，按照科学人口惠及标准新建幼儿园；二是要逐步缩小重点幼儿园与一般幼儿园之间的差距，抑制高价园、入园难、择园难等现象，解决城市中农民工子女入园等问题。另一方面，为解决大多数农村幼儿园的特点是规模小、分布散、不规范、保教质量低以及地势偏僻的农村根本没有幼儿园，大批孩子只能待在家里，无法获得应有的学前教育资源等问题，可以结合新农村建设工程，优化农村幼儿园的空间布局，使农村全面覆盖学前教育。农村幼儿园建设应当依据村镇总体发展规划，以方便幼儿就近入园和考虑办园效益的基础上进行规划，原则上每4 000 ~ 5 000名服务人口应建设一所标准化幼儿园①。

3. 发展多形式的区域间幼儿园帮扶制度

在教学质量方面，以片区和名校带动的形式开展活动。一是，开展多种教学交流活动，促进城乡或区域内学前教育机构间的质量水平均衡。如D省CD市实施的"跨圈层"学前教育交流活动——中心城区一圈层，远郊三圈层，其余是二圈层。每个区都有对口帮扶一到两个远郊区的区市县。这种方式可以直接在当地开展不同类型的教学交流活动，进行资源共享。另一种"圈层融合"方式，即同是三圈层、二圈层的地区，这些地区的幼儿教育机构之间进行教研活动、交流学习，互相进行帮扶。二是，建立名校集团帮扶机制。课题组在调查中了解到，东部V省HZ市、西部D省CD市等地的幼儿教育机构通过集团化的形式，优质教育机构对质量稍弱的机构进行教学质量上的帮扶。名校集团中的幼儿园，它们除了帮助区域内的公益性幼儿园之外，还帮助一些区（县）公益性幼儿园结对子，开展包括观摩、互访、共同教研活动，进行定点帮扶，形成了学习和发展的共同体。帮扶的形式也是多样化的，有些是带有松散性质的，例如：定期进行幼儿教育器材、玩具等的捐赠。还有比较带有实质性质的，就像上面所说的片区、名校形式。

---

① 中国学前教育发展战略研究课题组：《中国学前教育战略研究》，教育科学出版社2010年版。

4. 鼓励市场、社会与家庭力量办园

（1）积极鼓励社会力量采取联办、股份合作等形式举办农村幼儿园。

多种形式的民办园占了较大比重，发挥着不可忽视的作用。特别是进入20世纪90年代以来，国家提出动员社会力量，多渠道、多形式发展学前教育，各种形式的民办园为学前教育普及率的提高作出了很大贡献。针对目前一些地区公办园所占比率过低的现状，《教育规划纲要》也提出要"大力发展公办幼儿园，积极扶持民办幼儿园"。政府要以多种渠道、多种方式吸引并规范社会资本对学前教育的投入，真正形成公办民办并举的办园格局，促进学前教育的普及与和谐发展。在教学资源相对匮乏的农村地区，更要鼓励当地村民自治组织举办村级幼儿园。这些自办园可以享受政策规定的优惠和支持，但必须符合当地幼儿园建设规划，达到基本办园条件，按规定程序审批。

（2）加大民办公助力度，建立普惠性幼儿园奖补机制。

针对当前资金不足、办园水平低的问题，可以扩大对民办园的扶持范围、加强扶持的力度、扩展扶持的形式，采取政府购买服务、减免租金、以奖代补等形式，大力扶持社会力量办园，不断提升办学水平。立足农村地区经济、社会发展背景，对于那些面向大众、收费不高于同类公办幼儿园收费标准或接受当地政府指导价的普惠性社会办园，给予教育教学设施设备专项补助和适当奖励。扩大普惠性学前教育资源的覆盖面，鼓励和指导民办园发展成为普惠性幼儿园，使民办学前教育得到更好的发展。根据《民办教育促进法》等相关法律，各县级政府应积极吸纳社会力量在县城所在地开办幼儿园。民办园新建、改扩建用地可采用划拨方式取得，其行政性、服务性收费及公用设施使用等与公办园享有同等待遇。如B省JS县采取"民办公助"的方式建设幼儿园，向建好的乡镇民办园派驻公办教师，教师身份、工资等待遇不变。当地县城和乡镇通过审批的民办园就达到33所，有效提高了入园率。再如，A市出台了普惠性民办园扶持政策，将民办园纳入微型企业扶持的措施，鼓励金融机构向民办园提供灵活多样的信用贷款支持。

5. 严格办园准入制度，规范办园行为

长期以来，幼儿园的管理责任不明，对学前教育审批、管理不力等造成城乡幼儿园办园混乱现象比较严重。因此，有必要构建严格、规范、高效的学前教育审批机制，按国家有关规定进行资格审查，登记注册和备案，未经注册登记的一律不得举办。而且，要严格办园审查标准，将不具备办园条件的幼儿园拒之门外，为条件优越、办园规范的幼儿园提供优质服务。所有学前教育机构，不论投资主体、隶属关系，均由所在地教育行政部门统一规划、统一准入、统一监管。同时对社会上个人拟申请的各类幼儿园及学龄儿童早期教育培训、教育咨询等机

构，必须严格界定其经营范围，审查其办园资格，对违反规定擅自办园的，由审批部门会同当地教育行政部门予以取缔及查处①。要从制度上保障、管理上强化，规范幼儿园办园的申报条件，严格办园的准入制度，对每一所幼儿园在办园起点从严把关。

6. 制定《学前教育法》，完善《幼儿园管理条例》，建立健全学前管理标准

在城市和农村办园的具体规范方面，缺乏国家层面的《标准》，这制约了我国学前教育的规范化发展和良性发展。当前农村地区办园力量结构已经多样化，尤其是民办等社会办园力量日益壮大，制定各种类型幼儿园的办园标准，实行分类管理、分类指导，对农村学前教育发展十分重要。针对当前我国学前教育快速发展的实际需要，制定专门的《学前教育法》和修缮《幼儿园管理标准》等法律文件是合时宜、必要的。

（四）构建城乡一体化学前教育人才培养与评价体制机制的对策建议

1. 防止幼儿教学内容"小学化"倾向

在 3～6 岁儿童学习标准的基础上，政府应制定更加具体和严格的条例，禁止幼儿园在教学上开展小学化教育。定期对幼儿教学工作进行检查，并按照教学指南、儿童发展标准等对幼儿园的教学实施情况进行打分和评定，将结果予以公示。在农村幼儿园的培养质量检查方面，需要依靠多方管理机构的相互配合，形成一种合力，共同推动农村幼儿园的教学质量。

2. 构建符合学前教育特征的质量评价机制

由于缺乏标准的、符合幼儿身心发展规律的评价机制，对幼儿园，特别是农村幼儿园的教学质量很难有统一的衡量标准。幼儿教学内容应多样化，强调学生的全面发展，对教学质量应以促进幼儿的"情感、态度、身体、知识、能力"作为标准。教育管理部门、园长及专任教师、学生和家长作为评价主体。同时，城乡一体化学前教育质量应采用差别性评价体系，注意解决农村幼儿园一切照搬城市幼儿园做法的问题。

---

① 刘强：《学前教育城乡均衡发展的理论与实践》，南京大学出版社 2011 年版。

第八章

构建城乡一体化中等职业教育
体制机制研究

《教育规划纲要》在其"职业教育"一章明确提出"大力发展职业教育"、"调动行业企业的积极性"、"加快发展面向农村的职业教育"和"增强职业教育吸引力"四点要求。其中，在办学方面要求"建立健全政府主导、行业指导、企业参与的办学机制，制定促进校企合作办学法规，推进校企合作制度化"，"制定职业学校基本办学标准"；在经费投入方面要求"政府切实履行发展职业教育的职责。把职业教育纳入经济社会发展和产业发展规划，促使职业教育规模、专业设置与经济社会发展需求相适应。统筹中等职业教育与高等职业教育发展。健全多渠道投入机制，加大职业教育投入"，"鼓励企业加大对职业教育的投入"；在师资队伍建设方面要求"加强'双师型'教师队伍和实训基地建设，提升职业教育基础能力。建立健全技能型人才到职业学校从教的制度。完善符合职业教育特点的教师资格标准和专业技术职务（职称）评聘办法"；在人才培养与质量评价方面要求"逐步实行中等职业教育免费制度，完善家庭经济困难学生资助政策。改革招生和教学模式。积极推进学历证书和职业资格证书'双证书'制度，推进职业学校专业课程内容和职业标准相衔接"，"以服务为宗旨，以就业为导向，推进教育教学改革。实行工学结合、校企合作、顶岗实习的人才培养模式。坚持学校教育与职业培训并举，全日制与非全日制并重"，"完善就业准入制度，执行'先培训、后就业'、'先培训、后上岗'的规定"，"建立健全职业教育质量保障体系，吸收企业参加教育质量评估"。本章以"城乡中等职业教育体制机制"为主线，基于大量教育统计数据和实地调研，主要探讨了城乡中等职业教育师资队伍建设、经费投入、硬件资源配置、学生培养的状况及其体制机制存在的问题，提出了构建城乡一体化中等职业教育体制机制的对策建议。

一、城乡中等职业教育基本状况

在国家教育方针政策的指引下，我国中等职业教育取得较大发展，主要表现在以下几个方面：一是中等职业教育办学规模的目标基本实现；二是中等职业教育免学费范围继续扩大，中等职业学校国家助学金覆盖面进一步扩大，涉农专业得到较大发展；三是多层次和立体化的职业教育网络基本建成，职业教育督导评估制度基本完善。但因受城乡二元社会结构的内在掣肘，中等职业教育仍具有明显的区域和城乡差异。

（一）城乡中等职业学校办学状况

1. 全国中等职业学校数量状况

通过对 2005～2012 年全国已注册的中等职业学校数量变化趋势进行分析（见图 8-1），我们发现 2005～2012 年，中等职业学校数量经历了由"缓慢增长"到"快速减少"的过程。其中，2005～2008 年中等职业学校数量由 14 466

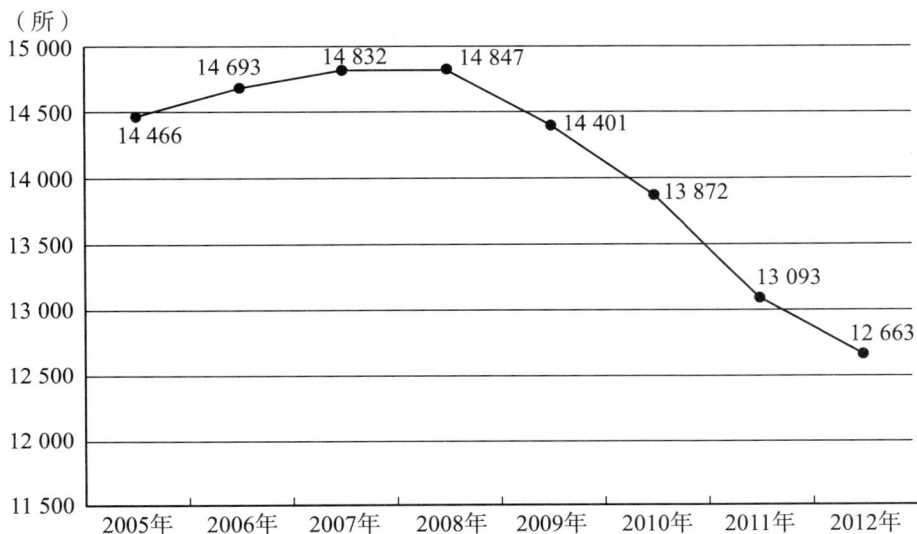

图 8-1 2005～2012 年我国中等职业学校数量

资料来源：教育部发展规划司编：《中国教育统计年鉴》（2005～2012 年），人民教育出版社 2005～2012 年各年版。

所增加 14 847 所，学校数量达到近 10 年之最，2008 年后，中等职业学校数量则以每年 584 所的速度锐减。截至 2012 年，全国共有各类中等职业学校 12 663 所。

按照《中国教育统计年鉴》的统计口径，我国中等职业教育共有四种类型，即"普通中等专业学校（普通中专）"、"职业高中"、"成人中等专业学校（成人中专）"及"技工学校"。其中，"职业高中"和"普通中专"是我国中等职业教育的主体，在数量上二者几乎占全国中等职业学校总数的一半[①]（见图 8 - 2）。

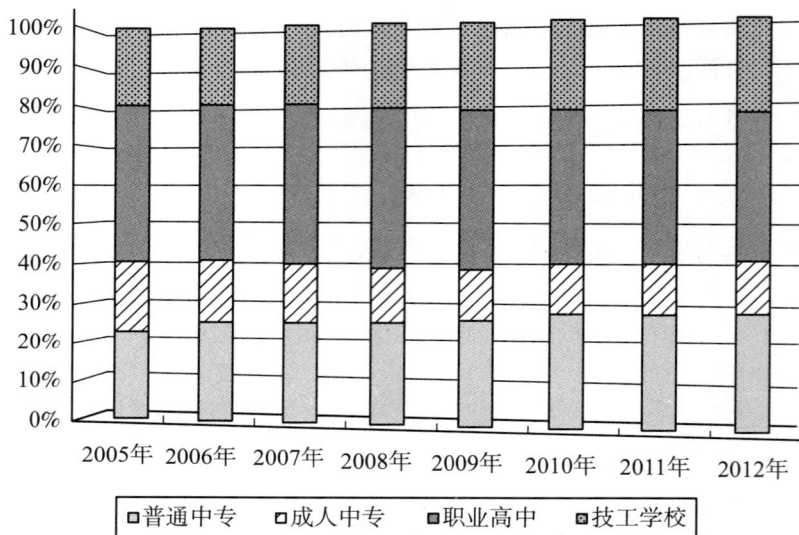

图 8 - 2　全国中等职业学校数量构成

资料来源：教育部发展规划司编：《中国教育统计年鉴》（2005～2012 年），人民教育出版社 2005～2012 年历年版。

"鼓励社会力量参与职业教育办学"是我国中等职业教育公共政策的一贯原则。在该原则指引下，"民办中等职业学校"的数量增长较快。由图 8 - 3 可知，2005～2012 年，民办中等职业学校数量从 2017 所增至 2 649 所，净增额为 632 所，增幅达 31.33%，所占比重也由 2005 年的 14.80% 提高到了 2012 年的 27.14%。

---

① 2012 年中等职业学校中四类学校数量所占比例分别为 29.07%、35.67%、12.38%、22.96%，普通中专和职业高中学校数量占所有学校数量的 64.74%。

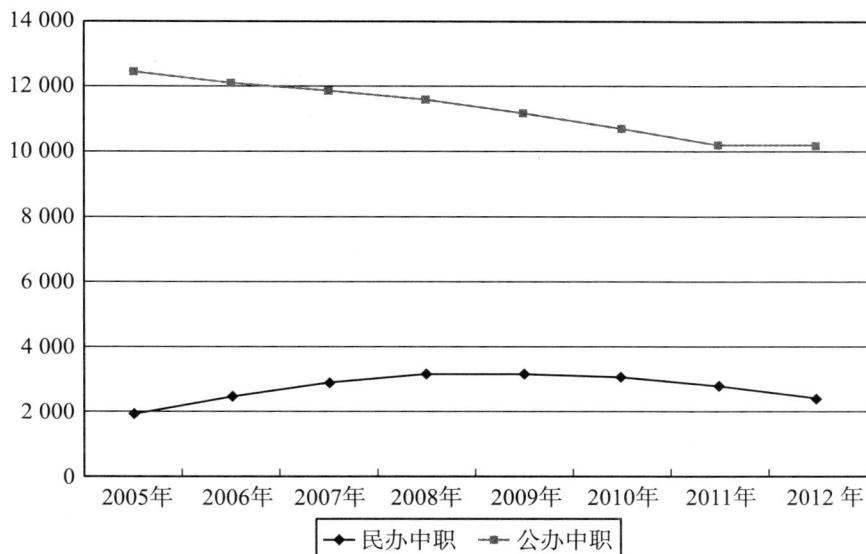

图 8 - 3　全国民办公办中等职业学校情况（不含技工学校）

资料来源：教育部发展规划司编：《中国教育统计年鉴》（2005～2012 年），人民教育出版社 2005～2012 年历年版。

2. 东、中、西部中等职业学校数量状况

2005～2012 年，各区域学校数量发展趋势与全国中等职业学校总数发展趋势一致，除东部地区外，均呈"先增后减"的态势。比较而言，截至 2012 年，东部地区和中部地区的中等职业学校数量最多，分别占全国学校总数的 32.88%和 33.12%（见表 8 - 1）。

表 8 - 1　　　　2005～2012 年中等职业学校总数（不含技工学校）　　单位：所

各区域	2005 年	2006 年	2007 年	2008 年	2009 年	2010 年	2011 年	2012 年
东部地区	5 089	5 062	5 013	4 900	4 677	4 493	4 355	4 211
中部地区	3 294	3 486	3 716	3 701	3 581	3 427	3 305	3 233
西部地区	3 228	3 265	3 108	3 143	3 066	2 944	2 509	2 318
全国总计	11 611	11 813	11 837	11 744	11 324	10 864	10 169	9 762

资料来源：教育部发展规划司编：《中国教育统计年鉴》（2005～2012 年），人民教育出版社 2005～2012 年历年版。其中，东部地区包括黑龙江、吉林、辽宁、北京市、天津市、河北、上海、江苏、浙江、福建、山东、海南；中部地区包括山西、安徽、河南、江西、湖南、湖北；西部地区包括内蒙古、广西、重庆、四川、贵州、云南、西藏、陕西、甘肃、宁夏、新疆。下同。

表 8 - 1 数据显示，东部地区学校数量自 2005 年开始持续减少，从 2005 年的 5 089 所下降到 2012 年的 4 211 所，累计减少 878 所，减幅 17.25%；中部地区中职学校数量从 2005 年的 3 294 所增加到 2008 年的 3 701 所，其后减少到 2012 年的 3 233 所，累计减少 61 所；西部地区学校数量从 2005 年的 3 228 所减少到 2012 年的 2 509 所，减少 719 所，减幅 22.27%。

3. 城市、县镇、农村职业初中数量状况

农村职业初中一度是农村地区职业教育的重要力量。近年来职业初中的办学规模不断缩小，农村职业初中学校数量已由 2005 年的 431 所锐减到 2012 年的 19 所，其占总数的比例也由 71.83% 锐减到 38.78%。虽然城乡职业初中数量都呈现递减趋势，但是农村职业初中减少的速度依然明显快于城市与县镇（见表 8 - 2）。

表 8 - 2　　　　　　　全国城市、县镇、农村职业初中办学状况　　　　　　单位：所

年份	2005	2006	2007	2008	2009	2010	2011	2012
城市	25	15	13	9	10	3	4	4
县镇	144	97	82	74	55	26	27	26
农村	431	221	176	125	85	37	23	19
总计	600	333	271	208	150	66	54	49

资料来源：教育部网站，http://www.moe.edu.cn/publicfiles/business/htmlfiles/moe/s7567/201308/156491.html。

自 2005 年以来，城市、县镇和农村的职业初中减少的速度迅猛。据统计，截至 2012 年，城市地区公办职业初中仅剩 4 所、县镇地区 26 所、农村地区 19 所，与 2005 年城市 25 所、县镇 144 所、农村 431 所相比，分别减少 21 所（84.00%）、118 所（81.94%）、412 所（95.59%），农村学校减少的速度远远高于城市。与此同时，城乡民办职业初中走向终结，2005 年全国累计仅有 25 所，2010 年则全国已无民办职业初中[①]。不只是农村职业初中数量不断减少，其他类型职业学校也同样大幅减少。如农村职业技术培训机构数量由 2005 年的 166 601 所减少为 2012 年的 100 009所，累计减幅达 39.97%，六年内近 40% 的农村职业技术培训机构走向终结。

---

① 教育部网站，http://www.moe.edu.cn/publicfiles/business/htmlfiles/moe/s6200/201201/129558.html。

（二）城乡中等职业教育经费投入状况

1. 中等职业教育经费构成来源

中等职业教育经费构成是由"国家财政性经费"、"社会团体和公民个人办学经费"、"社会捐赠经费"、"学费和杂费"及"其他教育经费"五部分共同组成。

2. 中等职业教育国家财政性经费投入占绝对主体

国家财政性经费来源一直是中等职业教育经费来源中的主体，且 2005 ~ 2011 年七年间中等职业教育经费总额持续增长主要是由国家财政性经费项所贡献（见图 8 - 4），可见中等教育职业教育发展总体依赖于国家财政投入。

（万元）

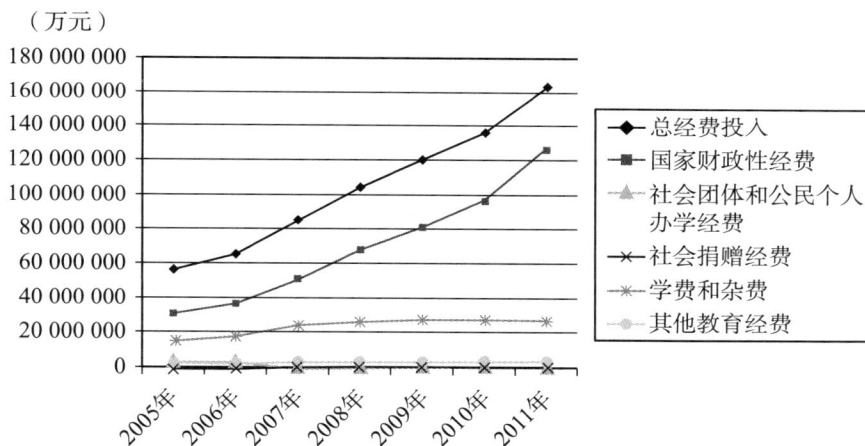

图 8 - 4　2005 ~ 2011 年我国中等职业教育经费投入

资料来源：教育部财务司、国家统计局社会和科技统计司编：《中国教育经费统计年鉴》（2006 ~ 2012 年），中国统计出版 2006 ~ 2012 年历年版。

由图 8 - 4 可见，2005 ~ 2011 年，我国的中等职业学校经费投入逐年增长，特别是国家财政性经费、学费和杂费。自 2005 年以来，国家财政性经费投入由 2005 年的 3 335 025 万元增至 2011 年的 12 590 644 万元，累计增幅近 378%。但社会捐赠经费和其他方面教育经费的投入则在不断减少。

中等职业教育经费投入占国家财政性经费投入总数的比例不断提高，由 2006 年的 5.79% 提高到 2011 年的 6.77%，提高近一个百分点（见图 8 - 5）。

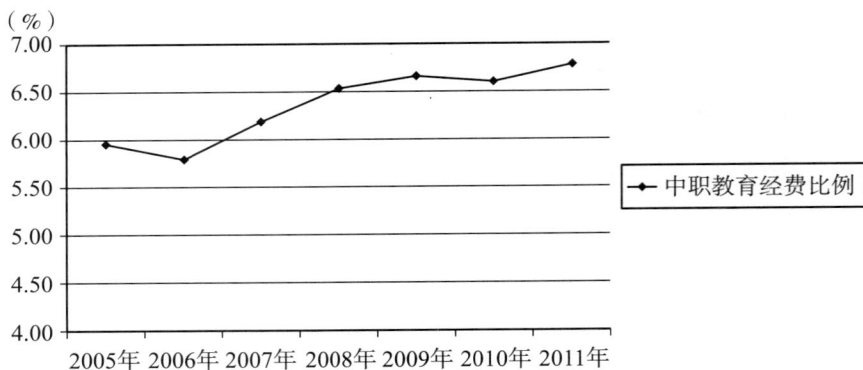

图 8 - 5　中等职业教育获得国家财政性经费占比

资料来源：根据教育部财务司、国家统计局社会和科技统计司编：《中国教育经费统计年鉴》（2006～2012 年），中国统计出版社 2006～2012 年历年版数据整理计算得出。

3. 城市、农村中职学校经费投入状况

课题组通过实地调查、访谈得知，我国中等职业教育经费投入普遍存在重"城市"、轻"农村"的现象，尤其是在经济次发达的西部地区，城乡中职学校之间的经费差距十分明显。以我国职业高中为例，截至 2011 年年底，我国职业高中国家财政性教育经费投入 506.25 亿元，其中城市职业高中 448.09 亿元，农村职业高中仅为 58.16 亿元。2007～2011 年城市职业高中获得国家财政新教育经费从 228.09 亿元增至 2011 年的 448.09 亿元，农村职业高中则从 2007 年的 25.12 亿元增至 2011 年的 58.16 亿元（见图 8 - 6）。

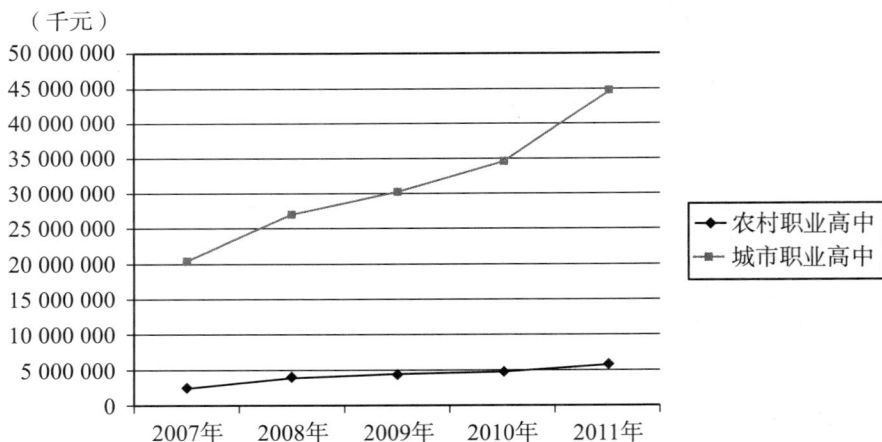

图 8 - 6　城乡职业高中国家财政性教育经费投入情况

资料来源：教育部财务司、国家统计局社会和科技统计司编：《中国教育经费统计年鉴》（2006～2012 年），中国统计出版社 2006～2012 年历年版。

（三）城乡中等职业教育师资状况

1. 全国中等职业教育师资状况

由表 8-3 可以看出，2005~2012 年，全国中等职业学校师资规模整体呈上升趋势。其中，专任教师数从 588 694 人增加至 684 071 人，增加 95 377 人，增幅 16.21%；校外教师数从 82 306 人增至 106 549 人，增加 20 015 人，增幅 29.45%。

表 8-3　　　　　　2005~2012 年中等职业学校教师构成　　　单位：人

年份	校内教职工数	专任教师数	校外教师数
2005	889 171	588 694	82 306
2006	922 007	621 940	89 913
2007	956 076	654 600	100 441
2008	973 431	674 169	102 850
2009	969 477	682 151	100 335
2010	956 631	680 954	101 752
2011	945 081	689 363	102 321
2012	921 332	684 071	106 549

资料来源：教育部发展规划司编：《中国教育统计年鉴》（2005~2012 年），人民教育出版社 2005~2012 年历年版。

2. 城市、县镇和农村职业初中师资状况

2005~2010 年，我国城乡职业初中专任教师数量均大幅减少。其中，城市职业初中专任教师由 711 人减至 82 人，县镇职业初中专任教师由 5 946 人减至 731 人，农村职业初中专任教师由 13 583 人减至 1 162 人（见表 8-4）。

表 8-4　　　　　城市、县镇和农村职业初中专任教师状况　　　单位：人

年份	2005	2006	2007	2008	2009	2010	2011	2012
城市	711	584	485	431	301	82	0	0
县镇	5 946	4 171	2 898	2 519	1 733	731	0	0
农村	13 583	6 791	5 316	3 727	2 537	1 162	0	0

资料来源：教育部发展规划司编：《中国教育统计年鉴》（2005~2012 年），人民教育出版社 2005~2012 年历年版。

（四）城乡中等职业学校学生培养状况

1. 城乡中等职业学校学生规模

2005～2010年，我国中等职业教育学校在校生数一直处于上升趋势，2010～2012年逐步在减少（见表8-5）。2005年，国务院《关于大力发展职业教育的决定》提出了"中等职业教育招生规模达到800万人"的招生目标，此后，2007～2011年中等职业学校招生数持续保持800万人以上的规模，近年有所下降。

表8-5 中等职业教育学生培养规模 单位：万人

年份	毕业生数	招生数	在校生数
2005	487.19	655.66	1 600.05
2006	565.45	747.82	1 809.89
2007	630.56	810.02	1 987.01
2008	689.66	812.11	2 087.09
2009	740.69	868.52	2 195.16
2010	665.25	870.42	2 238.50
2011	660.33	813.87	2 205.33
2012	674.89	754.13	2 113.69

资料来源：教育部：《全国教育事业发展统计公报（2005～2012年）》，http://www.moe.edu.cn/publicfiles/business/htmlfiles/moe/moe_335/index.html。

2. 城乡各类中等职业学校招生情况

从办学规模而言，普通中专和职业高中是我国中等职业教育的主要力量，历年的招生数占整个中等职业教育招生数的70%左右。2006～2012年，中等职业教育招生数整体呈上升趋势，其中成人中专增长速度最快（见图8-7）。

3. 城市、农村中等职业学校在校生数情况

由图8-8可知，我国地级市及以上地区的中等职业学校在校生数呈减少趋势，其中城区中等职业学校在校生数由2009年的10 975 342人减少到2010年的10 760 276人，减少215 066人，减幅1.96%；农村中职学校在校生数则由2009年的7 540 111人增加到2010年的7 888 372人，增加348 261人，增幅4.62%。截至2010年年底，城区中职学校在校生数占全市总数的57.01%，农村只占42.99%。

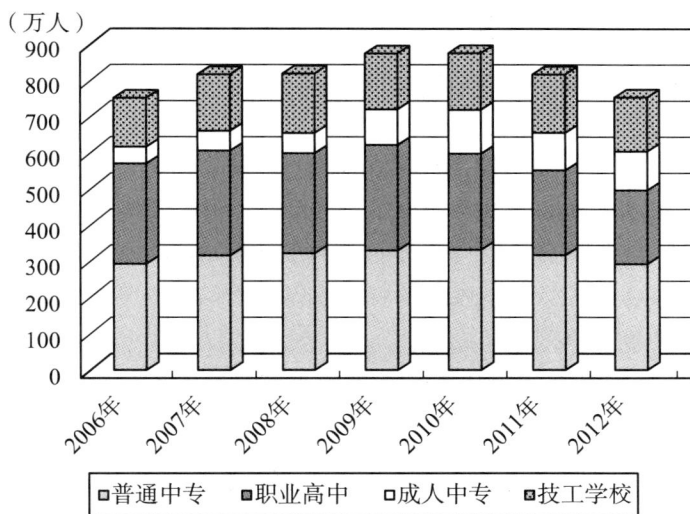

图 8 - 7　各类型中等职业学校招生规模情况

资料来源：教育部：《全国教育事业发展统计公报（2005～2012 年）》，http：//www. moe. edu. cn/publicfiles/business/htmlfiles/moe/moe_335/index. html。

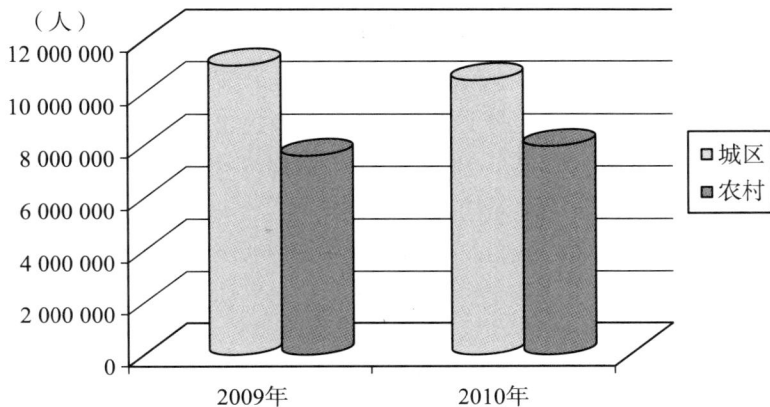

图 8 - 8　城乡中等职业学校在校生数情况

资料来源：根据国家统计局城市社会经济调查司：《中国城市统计年鉴》（2009～2010 年），中国统计出版社 2009～2010 年历年版数据整理计算而得；其中城区指地级市的城区，农村包括市辖县、辖市。

二、城乡中等职业教育体制机制存在的问题

近年来，我国中等职业教育发展取得了一定的成绩，但仍存在区域、城乡之间的人事调配、经费投入、办学与硬件资源配置、学生培养与评价等方面统筹协调不够的问题。在前文分析我国中等职业教育发展的基本状况的基础上，下文将结合课题组实地考察、调研以及相关统计数据分析我国中等职业教育城乡统筹协调发展存在的体制机制问题。

（一）城乡中等职业教育人事调配体制机制存在的问题

长期以来，中等职业教育发展并未得到各级政府部门的重视，突出一点就是我国还没有建立专门的中等职业学校教师培养体系，导致我国中等职业学校专任教师补充较难，尤其是"双师型"教师补充的问题更为突出。近年来，国家对职业教育越发重视，出台了一系列政策促进中职学校教师队伍的补充和结构优化。然而，由于各地区实际情况不尽相同，政策在执行过程中出现了偏离初衷的现象。中等职业教育教师队伍建设还存在大量亟待解决的问题。

1. 专任教师数量不足，中西部和农村地区学校尤为严重

（1）全国中等职业学校专任教师整体数量不足。

2010 年教育部出台的《中等职业学校设置标准》规定"中等职业学校专任教师一般不少于 60 人，师生比达到 1∶20"，首次明确提出中等职业学校教师配置标准。据 2012 年教育部数据显示，全国中等职业教育师生比达到 1∶24.70，远高于《中等职业学校设置标准》规定的上限。不仅如此，与同期其他各级教育相比，中等职业教育的师生比一直是最高的。如 2012 年小学师生比只有 1∶17.36、初中为 1∶13.59、普通高中为 1∶15.47、普通高校为 1∶17.52（见表 8-6）。

表 8-6　　　　　　　2005~2012 年各学段生师比情况

年份	普通小学	普通初中	普通高中	中职学校	普通高校
2005	19.43	17.80	18.54	21.34	16.85
2006	19.17	17.15	18.13	22.65	17.93
2007	18.82	16.52	17.48	23.13	17.28
2008	18.38	16.07	16.78	23.32	17.23
2009	17.88	15.47	16.3	25.27	17.27
2010	17.7	14.98	15.99	25.69	17.33

年份	普通小学	普通初中	普通高中	中职学校	普通高校
2011	17.71	14.38	15.77	25.01	17.42
2012	17.36	13.59	15.47	26.05	17.52

资料来源：教育部．《全国教育事业发展统计公报（2005～2012 年）》，http：//www. moe. edu. cn/publicfiles/business/htmlfiles/moe/moe_335/index. html.

表 8 - 6 数据表明，与普通高中教育相比，中等职业教育师生比从 2005 年一直处于不断下降的趋势，由 2005 年的 1∶21.34 减小到 2011 年的 1∶26.05，而小学、初中、普通高中的师生比则是不断增大。

（2）中西部地区中等职业学校专任教师数量缺口巨大。

我国中等职业教育师生比的区域差异显著，以普通中专学校师生比为例，2012 年区域师生比从高到低分别是东部地区 1∶24.12、中部地区 1∶28.17、西部地区 1∶29.22。可见，各区域均未达到教育部 2010 年就提出的中等职业学校专任教师师生比 1∶20 的要求（见图 8 - 9）。

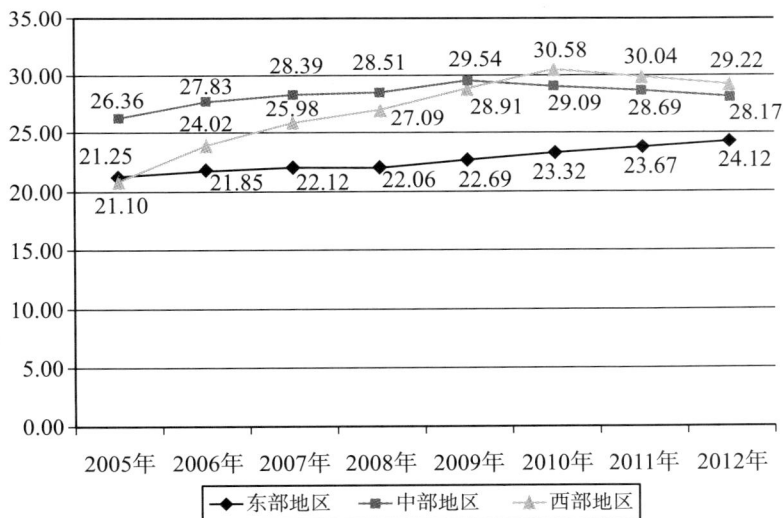

图 8 - 9　各区域中等职业学校生师比情况

资料来源：根据教育部发展规划司编：《中国教育统计年鉴》（2005～2012 年），人民教育出版社 2005～2012 年历年版整理。

此外，我国部分省份的中等职业教育师生比远高于上述比例。如 G 省中等职业学校师生比已突破 1∶45，P 省也达到 1∶29.33，而 E 省 2011 年中等职业学校生师比问题比周边省市和全国更为严重（见图 8 - 10）。

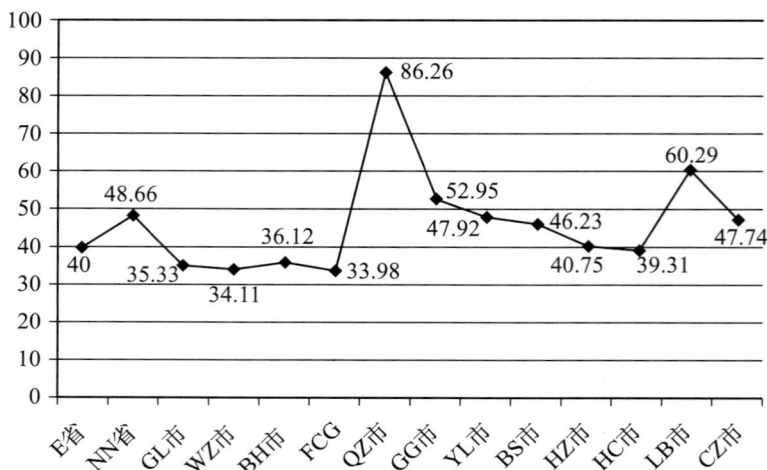

图 8 - 10 2011 年 E 省各市中职学校生师比情况

资料来源:《E 省教育统计年鉴(2011 年)》。

如 2011 年全国中职学校师生比为 1:26.68,而 E 省为 1:40,且其有超过六成的城市中职师生比超过省平均水平,LB 市为 1:60.59,QZ 市更是达到惊人的 1:86.26。此外,若以 2011 年的统计数据为基准,按照教育部中等职业学校教师师生比 1:20 的标准计算,G 省中等职业学校需要在现有基础上增加 75%,E 省中等职业学校需要在现有基础上增加 50%,而 E 省 GG 市中等职业学校需要在现有基础上增加 330%。

(3)农村地区中等职业学校专任教师严重不足。

A 市作为"大城市"与"大农村"并存的典型地区,中等职业学校师资力量具有明显的城乡差异。如据统计数据显示:A 市中职学校师生比差距不断在缩小,A 市城市中职学校师生比从 2007 年的 1:33.64 提高到 2011 年的 1:27.12,农村地区中职学校师生比则由 2007 年的 1:25.46 下降到 2011 年的 1:27.30(见图 8 - 11)。

课题组通过实地查发现,C 省 DHZ 经济职业技术学校在校学生的规模近 4 000 人,若按照教育部 20:1 的生师比标准配置教师,应当配置 200 名教师,而该校实际上只有 92 名教师,另外所需的 108 名教师全部是由州政府通过借调、抽调、临时聘用等方式予以解决,师资缺额巨大。

2. 农村地区师资结构不合理,"双师型"教师比例偏低

课题组调研发现,农村地区中职学校师资结构很不合理,主要表现在:

第一,在教师职称结构分布上,农村地区教师高级职称教师比例小,以中级职称教师为主(见表 8 - 7)。

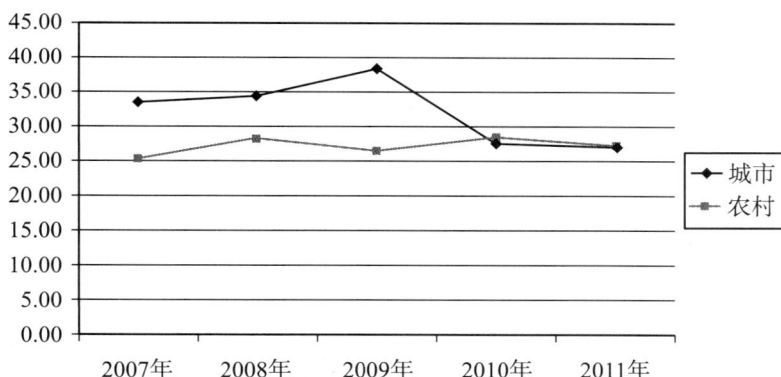

图 8 - 11　A 市城市、农村中职学校生师比情况

资料来源：根据《A 市教育统计年鉴（2007～2011 年)》数据整理，未出版公开发行。

表 8 - 7　　　　2011 年 B 省中职学校教师结构城乡分布情况　　　单位：人

地区	教师结构		教师职称结构				
	专任教师	校外教师	正高级	副高级	中级	初级	无职称
全省	11 635	3 671	68	2 101	4 605	3 492	1 389
城市	6 494	2 998	61	1 282	2 686	1 780	685
农村	5 141	673	7	819	1 919	1 712	704

资料来源：根据 B 省教育厅：《B 省教育统计年鉴（2011)》数据整理，未出版公开发行。

表 8 - 7 数据显示，在校外教师分布比例上，城市为 46.17%，农村为 13.09%，城乡差距非常大。"校外教师"一般是学校聘请当地企业的技术人员兼任教师，国家《标准》要求聘请有实践经验的兼职教师应占本校专任教师总数的 20% 左右，显然农村地区中职学校无法达到这个要求。在教师职称结构上，农村中职学校高级职称教师比例远低于城市中学校（见图 8 - 12）。

第二，中职学校中文化课教师、专业课教师以及实习指导教师的配置比例失衡。调查发现，农村地区中职学校师资配置上是文化课教师居多，专业课教师和实习指导教师不足（见图 8 - 13）。

如 B 省 JS 县职业高中 2011 年共有专任教师 62 位，其中专业课教师占 30%，实习指导教师占 20%，"双师型"教师仅占 6%，文化课教师占比最多，达到 44%。这与国家《中等职业学校设置标准（2010)》所规定的"专业课教师比例不低于 50%，'双师型'教师比例不低于 30%"的标准相差甚远。再如，B 省 JS 县的职业教育培训中心，作为 JS 县重要的职教集团（下辖 JS 县中等职业技术学校、JS 县教师进修学校、JS 县安全技术培训中心、JS 县农业广播电视学校四个学校)，

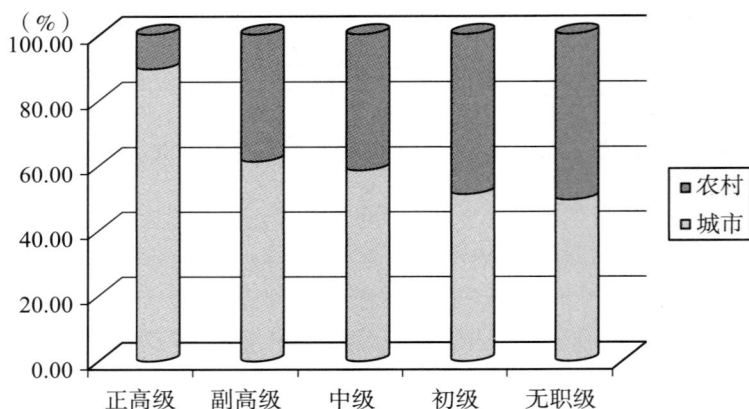

图 8 - 12　B 省城乡中职学校教师职称分布情况

资料来源：根据 B 省教育厅编：《B 省教育统计年鉴（2011）》数据整理，未出版公开发行。

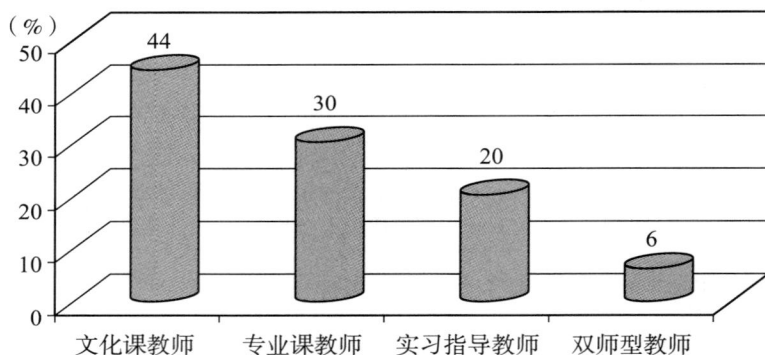

图 8 - 13　B 省 JS 县职业高中 2011 年教师配置情况

资料来源：根据 B 省教育厅编：《B 省教育统计年鉴（2011）》数据整理，未出版公开发行。

2013 年共有"双师型"教师 22 名，占专任教师的 19.47%。

据 A 市统计数据显示，2011 年 A 市中等职业学校专任教师 1.86 万人，其中"双师型"教师 4 360 人，占所有专任教师总数的 37.70%。其中，城市地区中等职业学校"双师型"教师比例为 30.45%，农村地区（含县镇）仅为 24.71%[①]。说明全市中职学校"双师型"教师资源分布不均衡。农村地区职校因待遇、编制等因素难以吸引"双师型"教师，如该市 LP 县职校已经几年未能聘得合格的

---

① A 市教委编：《A 市教育统计年鉴（2011）》，未公开出版发行。

"双师型"教师。

3. 师资培养体系建设迟缓，农村中等职业教育教师补充困难

课题组调研发现，我国中等职业学校专任教师生师比不断扩大，部分被调查地区的教师补充问题突出主要表现在难以招聘到对口的、合格的新教师。访谈中有校长就指出："当前职业学校教师的知识构成无法满足职业教育的需求，表现为理论知识多，技能知识欠缺"。目前，我国中等职业学校新教师补充主要是从普通高校招聘毕业生，而高校毕业生的知识构成以"理论知识"为主，与职业教育要求"专业、技术知识"偏差较大。这就导致如 A 市 YYA 县职校校长所反映的"农村职校学校师资储备存在很大困难……招聘的新教师很少有专业的职教教师，都是非师范、非职教的，招聘后还需要一个比较长的培训过程，才能适应教学"等问题。这些问题的根本原因是我国目前还没有一个专门的中等职业学校师资培养体系[1]。另外，我国中等职业学校人事编制规模相对较小，尤其是农村地区职业学校，许多中职学校教师是改制后留校的教师，其中多数并非专业的职业教育教师，但却占据了学校的大部分人事编制，造成学校因缺少人事编制而无法引进急需的"双师型"教师。综上所述，缺乏专门的中职学校师资培养体系、教师人事编制不足是目前中职学校教师补充困难的主要原因。

4. 职校教师职称评定困难，激励机制不到位，教师队伍不稳定

目前，职业学校专业课设置五花八门，学科极为繁多，拥有不同行业、不同工种的专业师资，许多专业职称是教育系统里没有的系列。但是目前职业教育教师资格的认定还是建立在普通教育教师资格认定的基础上，这就给职业教育教师的职称评定造成了困难。无论是从精神激励还是物质激励的角度来讲，中等职业教育教师的激励机制都不健全，已有的激励机制也没有得到很好的落实，一定程度上导致教师频繁流动，影响了教师队伍的稳定性。从事职业教育的教师，特别是骨干教师，大多有一技之长。受市场经济大潮的冲击和利益的驱动，他们有的下海经商办企业，有的被企业高薪聘用，结果造成中等职业学校优秀教师流失比较严重。此外，中国教育传统和人才观念中重研究型人才而轻视技能型人才的意识一直占据统治地位。人们无法客观认识职业技术教育的重要战略地位，轻视职业教育，对职教师资这种特殊人才缺乏应有认识，致使许多教师不愿意选择职业学校。

5. 农村地区职业教育教师培训机会少，专业发展受限

整体而言，职业学校专业课教师的业务提高缺少专门的培训；科技开发、社会服务的职教体系在大多数职业技术院校中尚未形成，产教结合的教育模式没有

---

① A 市教委编：《A 市教育统计年鉴（2011）》，未公开出版发行。

形成一定的规模。究其原因，一方面在于部分企业不愿意接受教师参加顶岗生产实践，使教师参加实践的场所难以保证；另一方面在于国家虽然强调要加强骨干教师的轮训工作，但对培养、培训的具体内容及实施途径等均未作出明确的规定，各地市教育学院只负责普教师资培养任务，忽视职教师资的在职培训、进修工作，特别是中职学校专业课教师的在职培训。

从学校方面看，教师培训受到以下两个因素的制约：一是不少学校办学经费严重不足。二是教师编制过紧，一线教师负担较重，不少教师想参加培训又难以脱身。

从企业方面看，企业考虑自身利益，不愿意出资与职业院校或职教师资培训基地等合作。职业院校教师到企业参与生产实践可能涉及企业对部分技术的保密问题，也会影响企业正常的生产秩序。即使一些企业愿意接受职教教师到企业实践，也是出于政策的要求，或者是受益于一些校企合作项目。目前，大多数教师到企业实践只是停留在参观、考察学习的层面上，实际实践培训效果并不理想。

从培训的实际质量看，培训内容比较滞后，缺乏现代企业的新技术、新工艺、新方法，跟不上科学技术的发展。大部分基地以理论讲授为主，缺乏实践技能教学环节，不利于"双师型"师资队伍的形成。

（二）城乡中等职业教育经费投入体制机制存在的问题

2011年，教育部等九个部门出台的《关于加快发展面向农村的职业教育的意见》指出要加大公共财政对农村、农业职业教育投入，要求各省（区、市）研究制定农村、农业职业教育生均经费标准，确保农村、农业职业学校生均预算内教育事业费和生均预算内公用经费较大幅度增长。由于各地重"城市"轻"农村"的政策取向，农村地区职业学校获得的经费要远低于城市地区职业学校。而缺乏足够的教育经费支持是制约农村地区职业学校发展最为关键的因素。我国虽不断强调要加强对职业教育的经费投入，尤其是要保障中等职业教育的经费投入，但从各地区的经费投入情况分析可以发现，我国中等职业教育经费不足的情况并未得到实质性解决，突出表现在以下几点：

1. 中等职业教育国家财政性经费投入不足

与小学、初中、普通高中的教育相比，中等职业教育所获得国家经费投入的比例是最低的。如表8-8所示，尽管用于发展中等职业教育的国家财政性经费比例从2005年的5.95%提高到2011年的6.77%，但与其他各学段获得的国家财政性经费相比，中等职业教育经费的比重依然偏少。

表 8 - 8 各级教育占国家财政性经费投入比例情况

年份	高等学校	中等职业教育	普通高中	初中	小学
2005	21.87%	5.95%	6.38%	18.99%	32.35%
2006	20.52%	5.79%	6.42%	18.45%	31.35%
2007	19.90%	6.19%	9.60%	21.00%	32.30%
2008	19.74%	6.53%	9.20%	21.54%	31.56%
2009	19.03%	6.66%	9.07%	22.25%	32.48%
2010	20.21%	6.60%	9.01%	21.49%	31.65%
2011	22.04%	6.77%	9.68%	21.00%	30.99%

资料来源：教育部财务司、国家统计局社会和科技统计司编：《中国教育经费统计年鉴》（2006～2012 年），中国统计出版社 2006～2012 年历年版。

如图 8 - 14 所示，2011 年国家财政性教育经费投入达 18 586.70 亿元，其中高等教育占 22.04%，普通高中占 9.68%，初中占 21.00%，小学占 30.99%，而中等职业教育仅占 6.77%。与其他类型教育相比，中等职业教育经费投入比例最小。

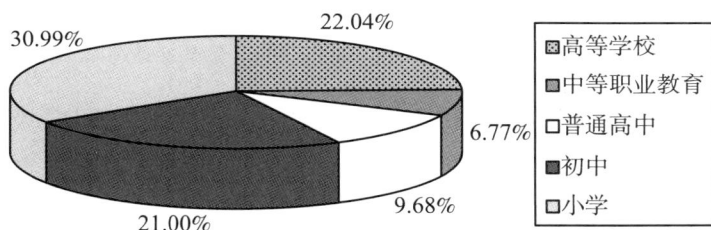

图 8 - 14　2011 年全国教育经费投入比例构成

资料来源：教育部财务司、国家统计局社会和科技统计司编：《中国教育经费统计年鉴》（2012 年），中国统计出版社 2012 年版。

此外，全国人大教科文委员会的调研表明，中等职业教育的生均培养成本远高于普通高中，一般是同级普通教育的 2.6 倍。而中等职业教育财政拨款一般参照普通高中标准，只拨给教师人头费和公用经费[1]。如 2012 年普通高中生均公共财政预算教育事业经费 7 775.94 元，中等职业生均公共财政预算教育事业经费 7 563.95 元。可见，中等职业教育经费投入并未考虑其实际办学成本。

---

[1]　全国人大教科文委员会：《着力解决影响职业教育发展的体制机制问题》，载《求是》2009 年第 14 期，第 44～46 页。

2. 中等职业教育经费投入地区分配机制不合理

由图 8 – 15 可知，2007 ~ 2011 年，我国城乡职业高中的国家经费投入差距明显，其中，农村职业高中的国家经费投入所占比例一直停留在 10% 左右。如 2011 年城市职业高中获得国家财政性经费 448.09 亿元，占 88.51%，而农村职业高中获得国家财政性经费 58.16 亿元，占 11.49%，城乡差距非常显著。

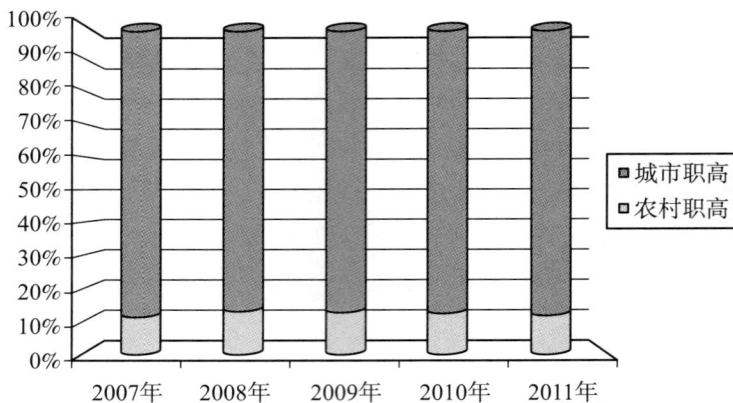

图 8 – 15　城市、农村职业高中教育经费分配比例

资料来源：根据教育部财务司、国家统计局社会和科技统计司编：《中国教育经费统计年鉴》（2008 ~ 2012 年），中国统计出版社 2008 ~ 2012 年历年版数据整理。

同样，课题组调研发现，在 S 省 BZ 市、HZ 地区和 C 省的 DH 地区，城区的生均教育经费均明显高于农村地区的学生。如 2010 年 S 省职业高中生均预算内教育经费平均为 5 650.57 元，农村地区只有 4 000 元左右，其中，HZ 地区只有 2 205.30 元[①]。尽管 2012 年 S 省出台了中等职业教育生均经费拨付标准，但在实施过程中还存在诸多现实问题，其实施效果有待实践检验。

3. 中职教育生均经费区域差距明显，中西部生均经费水平偏低

虽然，我国早在 1996 年颁布的《中华人民共和国职业教育法》中就要求各地区应制定本地区的职业教育生均经费标准，但截至 2011 年，全国仅有 10 个省份出台了相应的标准[②]。在未制定职业教育生均经费标准的省份，其职业教育生均经费标准多参照普通高中的生均经费标准执行，结果导致各地的中等职业教育生均经费水平差距明显。如据教育部《2012 年全国教育经费执行情况统计公告》的统计数据显示，就 2012 年中等职业学校生均预算内公用经费而言，F 市为 9 149.75 元，T 市为 7 051.29 元，而 HB 省只有 1 539.01 元，为全国最低。相比

---

① 根据 S 省教育厅主编：《S 省教育经费统计年鉴 2011 年》数据整理，未公开发行。

② 中国教育新闻网，http://www.jyb.cn/zyjy/zyjyxw/201306/t20130617_542107.html.

而言，F 市比 HB 省高出 7 610.74 元，是 J 省的 4.95 倍；在生均预算内教育事业经费上，F 市高出 J 省 15 758.43 元，是 HB 省的 2.65 倍。可见省际间的中等职业教育生均经费差距是非常巨大的（见表 8 - 9）。

表 8 - 9　　　2012 年部分省市中职教育生均教育经费统计情况　　　单位：元

项目	F 市	HB 省	N 省	K 省	J 省	C 省
预算内公用经费	9 149.75	1 539.01	3 486.04	2 877.39	1 590.12	2 471.40
预算内事业经费	21 700.90	5 942.47	6 420.71	5 861.06	5 072.43	5 922.11

资料来源：教育部.《全国教育经费执行情况统计表（2012 年）》, http://www. moe. edu. cn/publicfiles/business/htmlfiles/moe/s3040/201312/161346. html.

从各区域的比较来看，东部地区的中职教育生均经费标准普遍高于其他地区（见图 8 - 16）。在生均公用经费水平上，东部地区最高，西部地区次之，中部地区最低；从经费支出上看，东部地区从 2007 年的 1 288.99 元提高到 2012 年的 3 765.47 元，中部地区从 2007 年的 380.77 元提高到 2012 年的 2 810.05 元，西部地区从 2007 年的 698.30 元提高到 2012 年的 3 615.59 元；从增长幅度和速度上看，东部地区累计提高 2 476.48 元，增幅 192%，西部地区累计提高 2 917.29 元，增幅 418%，中部地区累计提高 2 429.28 元，增幅 638%。

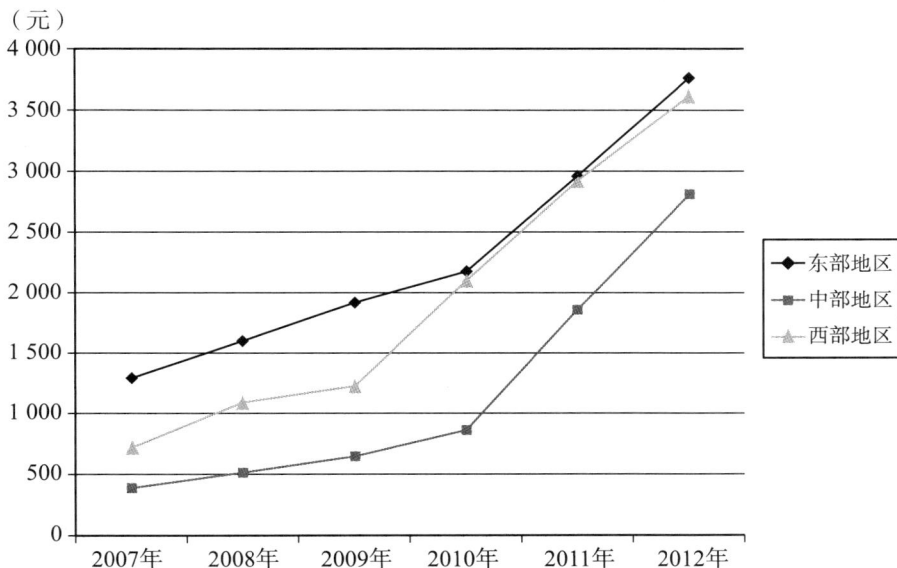

图 8 - 16　各区域中等职业教育生均公用经费情况

资料来源：根据教育部财务司、国家统计局社会和科技统计司编：《中国教育经费统计年鉴》（2008~2012 年），中国统计出版社 2008~2012 年历年版数据整理。

4. 中等职业学校欠债办学问题突出，西部地区和农村地区尤为严重

一方面，由于我国中职学校一直以来实施"粗放式"的发展模式，即希望通过良好的硬件条件来提高办学层次，吸引生源；另一方面，由于我国缺乏对中职学校教育经费的监管体系，结果导致部分学校财政经费入不敷出，"欠债"办学问题频发。甚至在经济发达的 U 省，也有部分地区存在中职学校"欠债"办学问题。如 2009 年 U 省 CZ 中职学校生均欠债 6 240 元，比 2008 年高出 6%。此外，课题组调查发现，农村地区中职学校欠债办学的问题更严重，三峡库区移民搬迁学校普遍存在"举债"办学现象。如 A 市 YYA 县 2011 年教育支出 6.9 亿元，其中有 5.8 亿债务，教育负债率达到 84.06%。YYA、KA 县等地区中职学校校长均反映，"农村中职学校与城市地区学校的差距，最明显的就体现在经费的差距上，每年的办学经费都是不够用，基本的开销还得向银行借钱，谈什么谋发展"。由此可见，农村地区中职学校"欠债"办学问题的严重性。

（三）城乡中等职业教育办学与硬件资源配置体制机制存在的问题

1. 管理体制不完善，存在"多头领导、政出多门"现象

1985 年中共中央《关于教育体制改革的决定》首次提出"鼓励社会各行各业、集体参与职业教育的办学"，其后，《国务院关于大力推进职业教育改革与发展的决定》和《国务院关于大力发展职业教育的决定》均进一步强调要继续完善"政府主导、依靠企业、充分发挥行业作用、社会力量积极参与，公办与民办共同发展"的多元办学格局和"在国务院领导下，分级管理、地方为主、政府统筹、社会参与"的管理体制。鼓励中职学校办学主体多元化的政策并无不妥，但地方教育管理部门在实施"多元化"政策的同时未能坚持"政府统筹"的管理原则，导致中职学校在管理上出现了不少问题：（1）办学体制分割凌乱，存在多头领导、政出多门现象。如 J 省 DJK 市的 7 所中等职业学校，分别隶属 7 个部门。办学和管理体制的不统一导致学校与学校之间缺乏交流，各自为政。首先，教育管理部门无法直接管理其他部门办的学校，容易形成管理漏洞。其次，条块分割的管理，导致经费投入的混乱。最后，各部门办学校为争取生源，专业设置重复，资源浪费严重。（2）地区职业教育资源难整合，办学效益不高。教育部等七个部门联合出台《关于进一步加强职业教育工作的若干意见》提出"整合和充分利用现有各种职业教育资源，打破部门界限和学校类型界限，优化职业院校布局结构"。但是，中等职业学校由于办学主体的不同，涉及部门利益的划分，很难对教育资源进行整合，相互间的竞争容易恶化，地区职业教育资源的整合效果远不如预期。如在 D 省 CD 市的调研中发现，CD 市教育局希望以各县（区）级的职业教育中心作为农村地区的职业教育的核心力量，整合农村地

区的职业教育资源，促进农村地区的中等职业学校有序发展，但此项政策一直成效甚微。

2. 职业学校区域布局不合理，无法满足职教需求

教育部、财政部、农业部等九个部门联合出台的《关于加快发展面向农村的职业教育的意见》强调要"健全县域职业教育培训网络，加强农民教育培训。办好县级中等职业学校，使其成为指导县域新型农民培养培训、农村人力资源开发、农村劳动力转移培训、新技术培训与推广、扶贫开发和普及高中阶段教育的重要基地"。面向农村的职业教育包括农村开办的职业教育、农业职业教育和服务农村的职业教育。农村地区由于社会经济发展程度不高，中等职业学校在结构布局上仍然是"条、块"的分割式布局，即学校向市、县（区）集中。城市地区中等职业学校数量多，办学体系相对完善。而农村地区职业教育办学呈"零星点状"的分布，难以成体系，更谈不上多样化的办学形式，部分农村区县仅有一所职业教育中心或职业高中。如 H 省 GH 全市仅有一所职业高中，而且还是从普通高中分化出来的，其办学条件、师资等完全无法满足GH 市职业教育的需求。此类问题在 B 省的 QDN 州、H 省的 SL 市也都存在。访谈了解到，C 省、B 省等部分与 A 市接壤的市县出现大批学生"跨省"就读的现象，主要原因就是生源所在地区没有足够的中等职业教育学校。此外，课题组发现，我国广大农村地区对中等职业教育有很大的需求，农村剩余劳动力转移、农村实用型人才培训为农村中职教育提供了巨大的潜在市场。西部农村地区和民族地区中学阶段辍学率比较高。如 XZ 省某县的初中有学生 2 328 人，而辍学率达到 60%[1]。这些辍学的学生要么外出务工，要么回家务农放牧，没有其他类型的教育供他们选择。而当地大量的农村职业学校却招不到足够的学生。这样职业学校招不够，潜在学生无学可上的矛盾在农村地区中等职业教育非常普遍。出现这种"矛盾"的主要原因就在于农村地区中等职业学校的结构布局不合理。

3. 城市、县镇、农村中等职业学校办学条件差距大

教育部《中等职业学校设置标准（修订稿）》对中等职业学校的办学标准，尤其是生均办学条件作了详细规定，在办学规模上要求"学校学历教育学生规模不少于 1 200 人"，在办学条件上提出"生均占地面积不低于 33 平方米，生均校舍面积不少于 20 平方米，学校计算机拥有数量不少于每百生 15 台"，等等。若按照新标准衡量我国农村地区的中等职业学校办学条件，则被调查地区70% ~

---

① 张学敏，贺能坤：《民族地区农村初中学生辍学现象透析——基于 XZ 省 A 县的调查》，载《广西师范大学学报（哲学社会科学版）》2010 年第 5 期，第 1 ~ 4 页．

80% 的学校都不达标。如 C 省 2012 年的数据显示，在学校平均规模上，其 16 个市（州）中有 10 个市（州）不能达到《标准》中的办学规定；B 省 JS 县 2010 年职业高中生均校舍面积仅为 6.38 平方米，生均一般图书册数仅为 13.88 册（见图 8 - 17）。

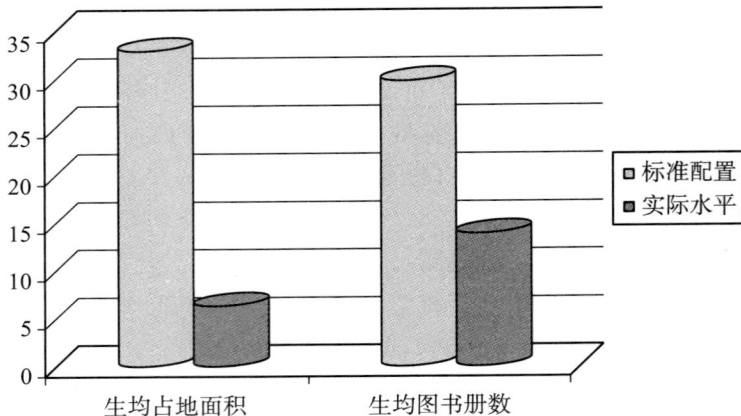

图 8 - 17 B 省 JS 县 2010 年职业高中办学条件

资料来源：根据《B 省教育统计年鉴（2010）》数据整理，未出版公开发行。

表 8 - 10   **2006 ~ 2012 年我国城乡之间职业**
初中学办学条件比较

生均指标	城乡	2006 年	2007 年	2008 年	2009 年	2010 年	2011 年	2012 年
生均占地面积（平方米）	城市	37.8	32.7	36.7	40.7	65.0	66.4	65.1
	县镇	33.5	32.7	38.7	40.9	33.3	30.7	28.8
	农村	44.9	44.5	43.9	46.0	33.1	29.9	23.0
生均校舍建筑面积（平方米）	城市	10.2	7.0	9.3	11.7	26.3	28.9	30.4
	县镇	5.9	6.5	7.7	7.6	6.2	5.8	6.5
	农村	6.8	6.6	7.2	8.2	6.5	6.1	7.2
生均图书册数（册）	城市	15.7	16.4	23.6	19.0	1.2	1.6	1.6
	县镇	10.6	12.1	16.9	13.4	15.4	15.9	16.2
	农村	15.5	13.5	16.3	15.6	15.5	16.7	16.3
生均实习设备值（万元）	城市	0.05	0.03	0.03	0.01	0.01	0.00	0.00
	县镇	0.01	0.01	0.01	0.00	0.01	0.01	0.01
	农村	0.03	0.03	0.04	0.04	0.04	0.04	0.42

续表

生均指标	城乡	2006 年	2007 年	2008 年	2009 年	2010 年	2011 年	2012 年
生均计算机台数（台）	城市	0.09	0.08	0.08	0.09	0.09	0.07	0.07
	县镇	0.05	0.05	0.06	0.05	0.03	0.02	0.02
	农村	0.05	0.05	0.06	0.05	0.05	0.05	0.05
生均固定资产（万元）	城市	0.76	0.51	0.70	0.32	0.11	0.09	0.08
	县镇	0.29	0.37	0.43	0.46	0.03	0.03	0.33
	农村	0.33	0.31	0.37	0.46	0.04	0.05	0.57

资料来源：根据教育部发展规划司编：《中国教育统计年鉴》（2006～2012 年），人民教育出版社 2006～2012 年历年版。

通过比较表 8-10 中的数据可以发现，除生均图书册数、生均实习设备值两项指标外，2006～2012 年，我国农村中等职业学校办学条件整体上远低于城市学校，突出表现在生均占地面积和生均校舍建筑面积上。如 2012 年城市学校生均占地面积为 65.1 平方米，远高于农村学校的 23 平方米，二者相差近 3 倍；在生均校舍建筑面积上，城市学校生均高达 30.2 平方米，不仅超过国家规定的生均 22 平方米的标准，更是远远高于农村学校的 7.2 平方米。相较于全国其他地方，西部地区的农村中等职业学校办学条件下降严重。如 2010 年 A 市的统计数据表明，重庆市城乡中等职业学校的硬件设配在生均教学用计算机、生均教学仪器设备值这两个指标上，生均拥有量显现出比较显著的差异（p < 0.05），尤其是渝东南地区由于历史原因和基础薄弱，部分物力资源滞后于其他区域的发展[1]。统计数据表明，我国农村中等职业教育办学条件不仅远低于城市职校，而且近年均呈现不同程度的下降。与《标准》相比，原先办学条件不达标的学校，现在更难达标。虽然国家自 2005 年以来屡次提出要在办学经费、项目支持等方面对农村倾斜，但数据显示 2006～2012 年农村地区的中等职业学校办学条件问题依旧突出。

4. 社会力量参与职业教育办学积极性低

《教育规划纲要》强调要"加快建立健全政府主导、行业指导、企业参与"的职业教育办学机制。但是，课题组调查发现，中等职业教育中的民办学校整体比例非常低。

（1）全国中等职业学校中民办学校比例低。

从全国中等职业教育民办学校数量来看，我国民办职校的比例相对较低，如

---

[1] 朱德全、杨鸿：《城乡职业教育均很发展问题表征与统筹保障——以 A 市为例》，载《教育研究》2012 年第 3 期，第 56 页。

2005 年民办中等职业学校仅占全国中等职业学校总数的13.94%。如图 8 – 18 所示，2005～2010 年，民办中职学校的比例一直处于上升趋势，2010 年达到最高值22.51%；此后开始不断下降，截至 2012 年年末，这一比例减少为19.51%，较 2005 年仅提高了 5.64%。随着我国中等职业学校数量的整体减少，民办中职学校的数量和比例均有所下滑。

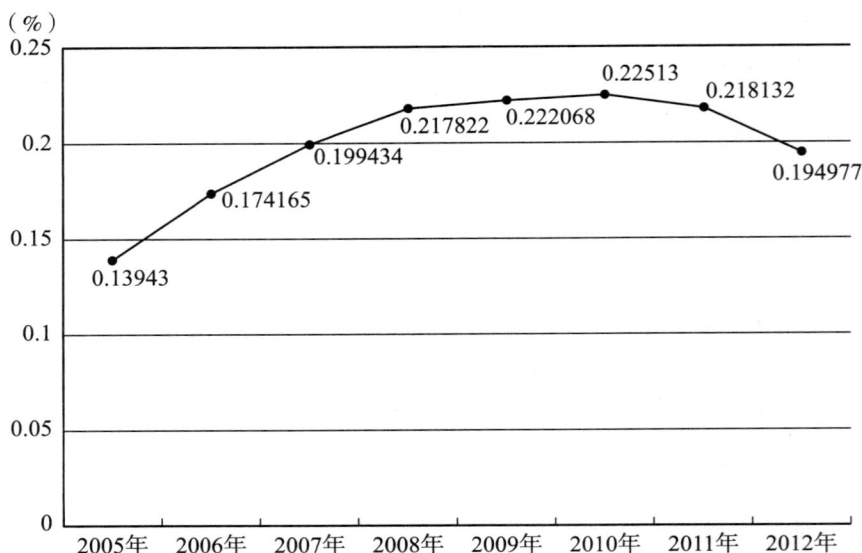

图 8 – 18　民办中等职业学校数量占中职学校总数的比例

资料来源：根据教育部发展规划司编：《中国教育统计年鉴》（2006～2012 年），人民教育出版社 2006～2012 年历年版。

（2）民办中等职业学校分布上，东部和西部地区比例相当，中部地区比例最高。

从区域分布来看，民办中等职业学校的在地区分布上存在明显的区域差异。中部地区的民办中等职业学校比例最高（见表 8 – 11）。

表 8 – 11　　我国东中西部地区民办学校分布（不含技工学校）　单位：%

区域	2005 年	2006 年	2007 年	2008 年	2009 年	2010 年	2011 年	2012 年
全国	17.37	21.66	24.99	27.54	28.24	28.75	28.09	25.29
东部地区	16.80	19.87	22.72	24.04	24.33	24.91	24.09	23.44
中部地区	19.79	25.13	29.68	32.26	33.34	34.20	29.61	28.80
西部地区	15.80	20.74	23.04	27.43	28.25	28.26	24.67	24.10

资料来源：根据教育部发展规划司编：《中国教育统计年鉴》（2006～2012 年），人民教育出版社 2006～2012 年历年版。

以 2012 年的数据为例，中部地区民办职校占该地区职业学校总数的 28.80%，位居全国第一，西部地区居于次席（24.10%），经济相对发达的东部地区民办职业学校反而比例不高，分别只有 23.44%。分析认为，民办中等职业学校发展的地区差异的反常，主要原因在于：①东部地区中等职业学校数量规模相对较大。②东部地区公共财政收入多，政府对中等职业教育的重视程度远高于中西部地区。公办中等职业学校的发展态势较好，挤压了民办职业学校的生存空间。③东部高等教育录取规模大，学生选择读高校的意愿大于中西部地区，也一定程度上制约了民办职校的发展。

（3）农村地区民办职业初中比例低于全国民办中职学校平均水平。

如表 8 - 11 数据显示，西部地区民办中等职业学校比例较东部地区要高，但实地调查却发现，西部地区的民办学校分布上存在严重的省际间、城乡间不均衡问题，如西部 C 省 2010 年共有中等职业学校 407 所，其中，民办 54 所，民办学校比例为 13.27%，远不及西部地区的平均水平，而且 54 所民办校绝大部分集中在市级地区。调查中发现，民办中等职业学校普遍都会遭遇办学资金不足的问题。国家历年都提出对民办学校在政策上予以倾斜、优惠。但是这些仅仅是表现在学校土地使用收益、学校免收相应税费等方面。民办中等职业学校还面临许多问题，如中等职业学校得到政府的教育经费投入偏少、城市费附加等都与民办学校无缘、民办学校教师无法获得培训等。当然这不仅仅是农村的问题，城市民办中等职业学校同样身陷这一困境。B 省 QDN 处于 B 省的农村地区，经济欠发达，国家对于该州的中等职业学校办学支持力度很大。2011 年该州共有民办校 7 所，学生 2 082 人，教师 145 人。但是这 7 所民办职业学校中仅有 2 所学校能够按照国家中等职业教育标准开展正常的教学活动，其他 5 所学校的办学条件均存在不同不达标的问题。第一，学校没有独立的教学和办公场所，没有实训基地。第二，学生没有教学和辅导，进校就在工厂或企业进行实习。

5. 中等职业教育规划不合理，与地区经济发展、产业结构不配套

因中等职业教育具有明显的"以市场为导向"的特点，所以，其专业设置需要紧密联系地区经济发展结构。国务院《关于大力发展职业教育的决定》和教育部《关于充分发挥行业指导作用推进职业教育改革发展的意见》等相关文件多次强调职业教育发展要密切联系社会主义市场经济体制的改革与发展，要适应各地区产业结构发展的需求，要适应各行业发展的需求。

课题组调研发现，多数受访地区尤其是农村地区的中等职业教育脱离地区经济发展实际情况，忽视与本地区产业发展的联系，盲目开设热门专业。不仅导致专业招生困难，而且学生的就业也很棘手。毕业生大多到沿海城市务工，就业无法保障。这种现象在西部地区更为明显。如作为大城市与大农村并存的典型地区，A 市的中等职业教育明显呈城乡二元的特点。2004 年，A 市开始实施职业教育"一体两翼"战略布局，加大了 A 市东北和东南地区职业教育的发展力度，这与该市"一圈两翼"的经济格局是一致的。然而，目前因其东北、东南地区的中等职业学校数量少、办学质量不高，结果给 A 市推进新型工业化、城镇化和农业现代化进程带来了不小的人力资源障碍。虽然 A 市职业教育的"一体两翼"布局基本形成，但其布局与支柱产业、优势产业和区域经济发展相适应的特点没能得到充分的体现。

（四）城乡中等职业教育人才培养和评价体制机制存在的问题

针对中等职业教育的招生、升学、就业、人才培养体系、课程改革，国家出台了大量的政策，旨在促进中等职业教育的发展。正是由于国家和地方政府的日益重视，近年来，我国中等职业教育得到了良好发展。但是，因为许多政策未能落实到位，中等职业教育在人才培养体制机制上还存在较多问题。

1. 中等职业学校招生形势不乐观，农村地区和西部地区中职学校入学率低

为大力发展中等职业教育，我国从中央到地方出台了一系列相关政策文件。如国务院《关于大力发展职业教育的决定》提出我国中等职业教育"到 2010 年，招生规模要达到 800 万人，与普通高中招生规模大体相当。'十一五'期间，为社会输送 2 500 多万名中等职业学校毕业生"；2002 年《关于大力推进职业教育改革与发展的决定》提出了"要以中等职业教育为重点，保持中等职业教育与普通高中教育的比例大体相当"的发展目标；V 省《关于加快中等职业教育发展的意见》甚至要求各区县"确保中等职业教育年招生数占高中段招生总数的 50% 以上，促进普教职教协调发展。"

由于学龄人口的自然减员和高等学校扩招政策的影响，我国中等职业学校招生人数增长率不断下滑，从 2005 年的 15.86% 的增长率降低到 2012 年的 −7.34%（见表 8 − 12），整个招生规模的变化呈一定的波动状（见图 8 − 19），说明我国中等职业学校生源存在"不稳定性"。

表 8 − 12　　　　　　　我国中等职业学校招生情况

年份	2005	2006	2007	2008	2009	2010	2011	2012
招生数（万人）	655.66	747.82	810.02	812.11	868.52	870.42	813.87	754.13
增长率（%）	15.80	14.06	8.32	0.26	6.95	0.22	− 6.50	− 7.34

资料来源：教育部网站：《全国教育事业发展统计公报（2005～2012 年）》，http://www.moe.edu.cn/publicfiles/business/htmlfiles/moe/moe_335/index.html，数据包含技工学校。

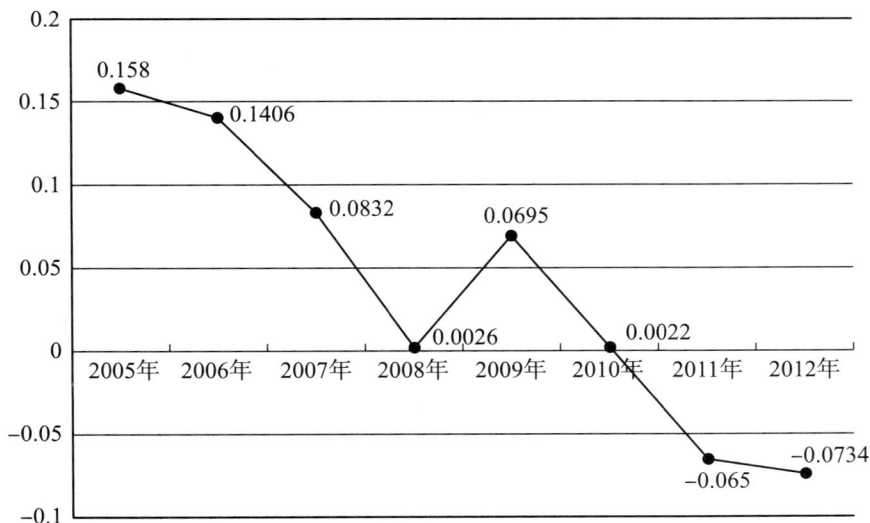

图 8 - 19　全国中等职业学校招生数增长率情况

资料来源：根据教育部发展规划司编：《中国教育统计年鉴》（2006～2012 年），人民教育出版社 2006～2012 年历年版数据整理。

从区域比较来看，中部地区的招生情况与整个中等职业学校的招生状况基本一致，但是中西部地区的招生"波动性"要远大于东部地区。从 2011 年三大区域的招生人数增长的波动幅度可知，东部地区波动幅度为 16.31%、中部地区为 22.50%、西部部地区为 35.17%，表明西部地区的生源更不稳定，需要教育管理部门加大招生的统筹规划工作（见表 8 - 13）。

表 8 - 13　各区域中等职业学校招生增长率（不含技工学校）

区域	2006 年	2007 年	2008 年	2009 年	2010 年	2011 年
全国	14.10%	6.27%	-0.18%	9.46%	-0.05%	-8.64%
东部地区	7.59%	0.75%	0.21%	10.12%	1.92%	-8.72%
中部地区	14.46%	7.67%	-3.89%	9.06%	-7.40%	-8.04%
西部地区	25.99%	13.51%	3.48%	8.95%	4.96%	-9.08%

资料来源：根据教育部发展规划司编：《中国教育统计年鉴》（2006～2012 年），人民教育出版社 2006～2012 年历年版数据整理。

如图 8 - 20 所示，西部 C 省为例，2008～2012 年，职业高中仅在 2009 年完成招生指标，其他四年均未完成招生计划，其中 2011 年、2012 年招生完成率仅有 60% 左右。

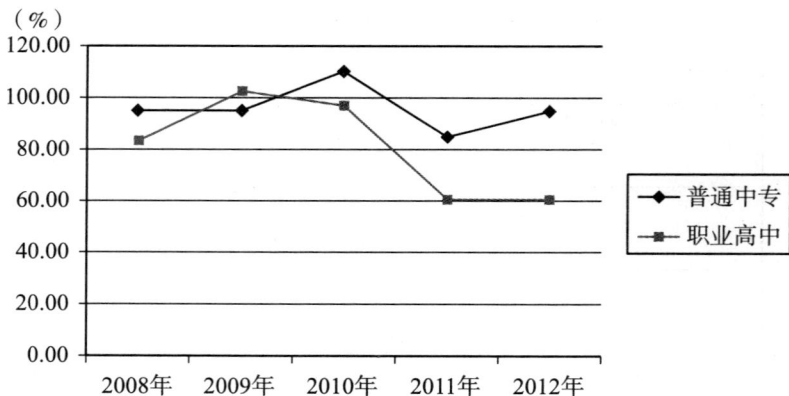

图 8 – 20　C 省中职学校招生完成率情况

资料来源：根据 C 省教育厅主编：《C 省教育统计年鉴（2008～2012）》数据整理，未出版公开发行。

　　从城乡比较来看，在整个中等职业学校招生规模下滑的影响下，农村地区职业学校招生面临的压力更大、招生更加困难。如课题组所调查的 A 市 LP 县的职业学校生源严重不足，区域内招生竞争激烈，学校 2/3 的生源要靠"抢"，农村地区职业学校间的这种无序竞争导致招生更为困难，"买卖生源"的现象死灰复燃。该县的部分职校校长反映："有些规模小的学校为了生存，必须招到一定数量的学生才能获得政府的办学经费，没有学生的话，就可能面临撤并，所以就通过与部分中学老师做交易，拉学生就读"。2007 年 7 月，A 市出台《A 市职业教育条例》，其中就明确规定禁止职业学校"买卖生源"，最高处以 10 万元的罚款，情节严重要入刑。但在整个农村地区职业教育招生不景气的背景下，部分学校还是铤而走险，进行"买卖生源"。不仅是 A 地区，全国农村地区许多职校都存在招生困难的问题。因为中等职业学校目前在农村地区的认同度依旧不高，加上高校扩招，大部分父母更希望子女考大学。农村许多职校的办学条件较差，吸引力低也是重要原因。如 H 省 GH 职业高中 2012 年仅招收到 35 名学生。这突出反映了农村地区职业学校招生和地区生源的"不稳定性"。

2. 西部地区和农村地区中职学校学生流失严重

　　近两年我国中等职业学校招生人数不断下降，部分地区中职学校招生越来越困难，尤其是西部地区和农村地区的中职学校。农村地区中职学校不仅要面临招生的困境，而且也面临严峻的学生流失问题。

　　由表 8 – 14 数据可以看出，该校 2008～2011 级的学生流失人数不断增加，流失率（即某届招生人数与该届学生毕业时人数之差除以该届招生人数）不断攀升，流失率分别为 19.11%、25.43%、27.54%、29.06%，其中，2008 级的学生中有近三分之一的学生流失。

表 8 – 14　　　P 省 AK 市某农村中等职业学校学生流失情况

入学年	毕业年	招生数	毕业生数	流失数	流失率
2005 年	2008 年	539 人	436 人	103 人	19.11%
2006 年	2009 年	578 人	431 人	147 人	25.43%
2007 年	2010 年	621 人	450 人	171 人	27.54%
2008 年	2011 年	843 人	598 人	245 人	29.06%

资料来源：引自魏冠丽：《中职生流失现象的调查与分析》，陕西师范大学 2012 级硕士学位论文，第 12 页。

上述现象在西部其他地区也较为明显。如在 B 省 QDN 地区，职业学校流失率与毕业率失衡同样十分严重，部分中等职业学校流失率高达 20%。调查发现，农村地区的中职学校学生流失的主要原因是：（1）学校办学质量不高。农村地区的多数职业学校办学条件难以到达《中等职业学校设置标准（2010）》的要求。操作性、实践性较强的专业缺乏实践机会，理论教学比例过高。（2）缺乏相关职业证书的认证资格，农村地区多数中职学校不具备颁发学校所开设的专业的职业资格证书。一部分学生选择到城区等经济发达地区的中职学校就读。（3）就业现状和学生家庭因素。中职学校毕业生整体就业情况比其他学段好，但城乡的差距较大。农村地区的中职学校毕业生就业率低，且就业质量不高，造成学生求学的愿望不强，但学生个人和家庭都有较大的就业养家压力，因此，辍学外出打工和自己创业是学生流失的重要原因之一[1]。

3. 专业设置不合理，农村职校尤其严重

关于中等职业教育学生培养模式、课程体系改革等问题，教育部等七个部门在《关于进一步加强职业教育工作的若干意见》明确指出要"深化办学模式和人才培养模式改革，根据社会需求设置专业、开发培训项目，推进精品专业或特色专业、精品课程和精品教材的建设，不断更新教学内容，增强职业教育的针对性和适应性"，对中职教育的课程、专业设置提出了总体要求。据教育部数据统计，2012 年全国中等职业学校中加工制造类、信息技术类、财经商贸类、医药卫生类四类专业人数分别占在校生总数的 17.39%、20.95%、10.93% 和 9.63%，共计 58.90%，其他 15 大类专业总共仅占 42.10%（见图8 – 21）[2]。

---

[1] 杨东平主编：《中国教育发展报告（2011）》，社会科学出版社 2011 年版，第 210 页。
[2] 中华人民共和国教育部网站．http：//www.moe.cn/publicfiles/business/htmlfiles/moe/s7567/201308/156515.html.

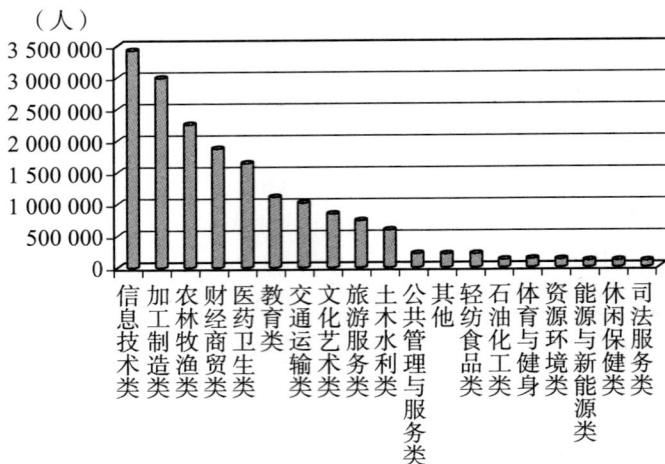

图 8 - 21　2012 年全国中等业教育专业人数分布

资料来源：教育部发展规划司编：《中国教育统计年鉴（2012 年)》，人民教育出版社 2012 年版，第 86 页。

　　因中等职业教育的发展离不开地区产业的发展，所以，中等职业教育必须做到与地区的经济相适应才能获得可持续发展。农村地区和民族地区的中等职业教育更是需要立足地区实情。然而，A 市、J 省 ES、DJK 等地区中等职业学校发展中却存在过度追求"热门"专业的现象①。如 A 市 2011 年仅加工制造类、信息

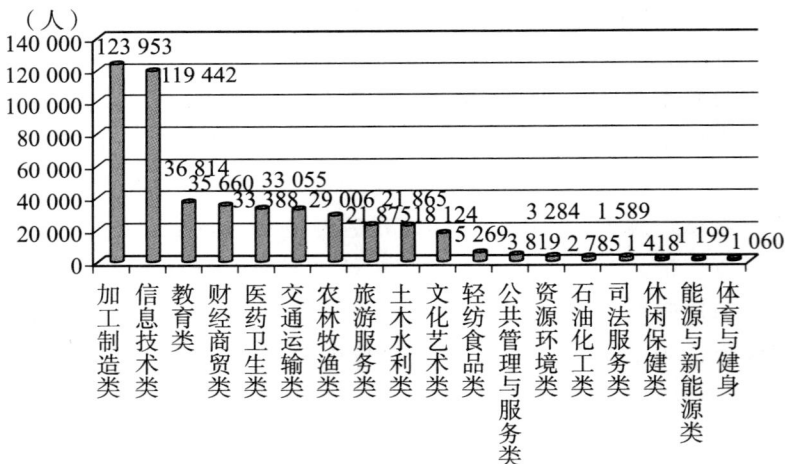

图 8 - 22　2011 年 A 市中等职业学校分专业在校生数

资料来源：根据 A 市教委主编：《A 市教育统计年鉴（2011)》数据整理，未公开发行。

---

① 罗荣：整合职业教育资源打造职业教育品牌，http://www.djkzx.com/article.aspx? id = 392.

构建城乡一体化的教育体制机制研究

技术类两大类专业人数就占所有专业在校生总数的 48.67% （见图 8 - 22）；J 省 DHK 全市 7 所中等职业学校中的 6 所学校都开设数控、模具、机械加工、机床专业，但整个 DHK 市每年初中毕业生仅有 3 000 人，即使是 100% 的进入中等职业学校就读，也难以满足专业招生的需求。由此可见，职业学校专业设置过于重复，职业教育资源浪费严重。

4. 学生培养质量不高，毕业生"双证率"偏低

职业资格证书是表明劳动者具有从事某一职业必备的学识和技能的证明。1991 年 10 月 17 日，国务院发布的《关于大力发展职业技术教育的决定》指出："凡进行技术等级考核的工种，逐步实行'双证书'（即毕业证书、等级证书或岗位合格证书）制度，并把技术等级证书或岗位合格证书，作为择优录用和上岗确定工资待遇的重要依据"。目前，我国职业教育正在逐步推进实行"双证书制度"，即毕业证和职业资格证。职业资格证书的获得率也是衡量学校人才培养质量的重要标准。如图 8 - 23 所示，2005 ~ 2012 年，我国中等职业学校毕业生获得职业资格证书的比例一直在提高，从 2005 年的 53.40% 提高到 2012 年的 62.84%，提高近 10%，但比例依旧不高。2012 年，全国中职学校毕业生获得职业资格证书比例不足 63%，意味着将近 40% 的学生毕业时未获得职业资格证书。

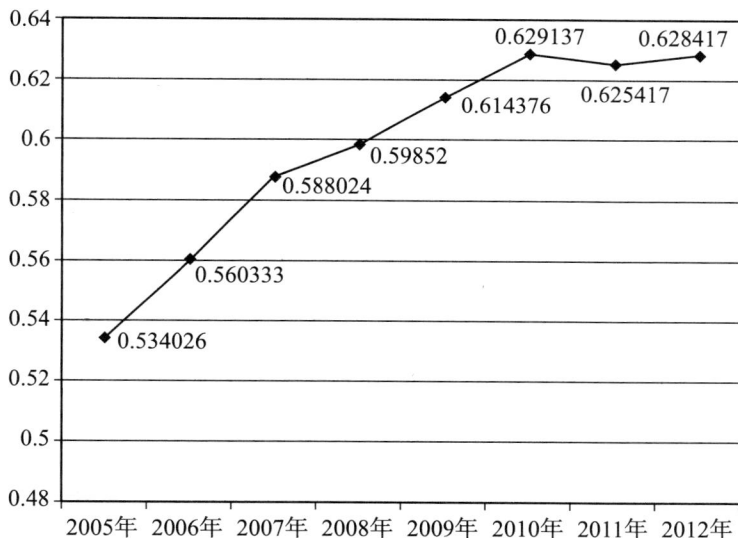

图 8 - 23　我国中等职业学校毕业生获证率情况

资料来源：根据教育部发展规划司编：《中国教育统计年鉴》（2005 ~ 2012 年），人民教育出版社 2005 ~ 2012 年历年版。

从不同区域来看（见表 8 - 15），截至 2012 年，职业教育发达的东部地区毕业生获得职业资格证书的比例为 64.93%，中部地区最低，只有 61.90%。这意味着近40%的学生毕业时未能获得本专业职业资格证书。西部地区中等职业学校毕业生获证率的提高速度在三个地区中最快，六年提高近12%。相比其他两个地区，东部地区中职毕业生中获得职业资格证书的学生比例整体领先于全国平均水平，这与东部地区中等职业教育更重视职业证书获取和学生技能培养密切相关。中部地区和西部地区中等职业教育获证比例也在不断提高，尤以西部地区最为明显，这表明中西部地区正逐渐强化"双证书制度"，更加注重学生技能的提高。

表8－15　2005～2012年全国各地区中职学校毕业生获得职业资格证书率

区域	2005 年	2006 年	2007 年	2008 年	2009 年	2010 年	2011 年	2012 年
全国	53.40%	56.03%	58.80%	59.85%	61.44%	62.91%	62.54%	62.84%
东部地区	54.19%	57.65%	61.30%	61.71%	63.10%	65.40%	62.53%	64.93%
中部地区	52.55%	52.77%	56.28%	58.11%	60.63%	59.85%	61.76%	61.90%
西部地区	52.84%	56.95%	57.30%	58.76%	59.47%	62.80%	63.55%	64.22%

资料来源：根据教育部发展规划司编：《中国教育统计年鉴》（2005～2012年），人民教育出版社2005～2012年历年版。

5. 中高职学生培养渠道不畅通

关于中等职业教育的培养体系，国务院《关于大力推进职业教育改革与发展的决定》提出"应加强中等职业教育与高等职业教育，职业教育与普通教育、成人教育的衔接与沟通，建立人才成长'立桥桥'"。A市《关于大力发展职业技术教育的决定》也提出"构建技能人才成长'立交桥'。完善从初级工到高级技师纵向贯通的技能人才培养链条，打通中职、高职、应用型本科、专业学位研究生相衔接的职业技术教育通道"。从国家到地方政府都意识到中等职业教育应当与高等职业教育及其他类型教育保持衔接畅通，防止中职教育走向"单一的技能教育"。W省《关于支持中等职业教育发展若干政策意见》提出"逐步扩大高等职业学校面向中等职业学校毕业生单独招生规模、扩大示范性高职院校开展独立组织考试录取中等职业学校毕业生的改革试点"等多样化政策。课题组访谈发现，中职学校毕业生获得继续升学的机会小。如2011年Y省某省级示范高职院校7 000名在校学生，仅有2%来自中职毕业生[1]。教育部2006年制定的中职升学比例仅为5%，中职学生升学机会被严格限制。虽然A市、V省等多个省市计划将中职毕业生升学比例提高到30%～60%，但升学形式是"对口招生"，学生的流动性、选择性都是被限制的。

---

[1]　中国新闻网，http://www.chinanews.com/edu/2011/03－02/2878592_2.shtml。

三、构建城乡一体化中等职业教育体制机制的对策建议

促进城乡中等职业教育的一体化发展必须突破现有的体制机制障碍，课题组在深入调查和研究的基础上提出如下建议。

（一）创新教师管理体制，优化教师队伍

1. 建立以高职院校为主的中职教师培养体系

高职学校较一般性的大学在中等职业教育师资的培养上更具优势。第一，它更具针对性。第二，高职学校培养规模大。一般性大学培养师资的时候理论课程比例过大。中等职业学校教师虽需要基础的教育理论，但更强调实践能力、技术技能。高等职业学校可以在这些方面与中等职业学校有效对接，建立中职教师培养体系。第三，高职院校拥有的实训基地、合作企业等办学资源更适宜培养"双师型"教师。

2. 改革教师人事制度，吸收高素质人才任教

中等职业学校教师的人事编制规模相对较小。改制后留校的教师本身并没有接受过系统的职业教育，自身素养跟不上职业教育发展，但却占据了学校过多的人事编制。学校急需的"双师型"教师，却由于人事编制的限制而无法引进。结合地区发展的实际需求，研究建议可采取如下措施：第一，给予中等职业学校一定比例的"双师型"教师编制并对农村地区职校实施倾斜。第二，实施中等职业学校教师退出机制，可采取转岗、转编等形式，释放部分岗位编制引进人才。

（二）完善城乡中等职业教育经费保障机制

1. 督促各省尽快出台中职教育生均教育经费标准

调查发现，城市职校的生均经费标准普遍高于农村职校，城乡差距较为明显。虽早在1996年颁布的《职业教育法》中就要求各地区应制定本地区的职业教育生均经费标准，但截至2011年年底，全国仅有10个省份出台了相应的标准①。因此，有必要以省域内平均生均经费水平为标准，建立省域内统一的生均教育经费拨付制度，保障农村地区（尤其是贫困地区）的职业教育经费来源。虽然城乡物价水平有差异，但考虑到农村地区职校缺乏财政性经费之外的经费来

---

① 中国教育新闻网，http://www.jyb.cn/zyjy/zyjyxw/201306/t20130617_542107.html。

源，所以，统一经费拨付标准并不会因拨付标准过高而造成经费浪费的问题。

2. 构建国家、省（市）、区（县）的三级财政预算制度

目前，地方政府难以落实30%的城市"教育费附加"用于发展职业教育的要求，地方政府对农村职业教育的重视程度也不高，农村中等职业学校办学完全依赖中央财政支持。课题组建议应完善国家、省（市）、（区）县的三级财政预算制度，明确各级政府对农村职业教育的办学责任，建立经费的共同负担机制及相应的经费负担比例。

3. 加强中职教育经费使用的监管力度

为保障中职教育经费的使用得当，可从如下三方面着手：第一，强化对地方中职教育免学费补助金、贫困生补助金等配套资金的审计。第二，强化对各地"教育费附加"用于中职教育的审计。第三，制定科学可行的教育经费"投入—产出"效益评价指标体系。

（三）转变农村职业教育服务模式，关注农民技能培训

1. 转变农村职业教育培训角色，关注农民技能培训

国家提出农村各级教育要培育"有文化、懂技术、会经营"的新型农民。然而当前农村职业教育主要以职业高中为主，缺乏针对农民的技能培训。建议建立县镇一级的"技能培训中心"或者在当地的职业高中定期开设"技能培训班"，循环提供相应的技能培训服务。转变县级的职业教育培训中心职能，建立"职业教育"与"职业培训"相结合的服务模式。

2. 农村地区建立"培训中心＋职业高中"的职教体系

与城市地区相比，农村职业教育办学形式单一，缺乏健全的职业教育办学体系，其中的关键因素是农村地区职业教育的需求本身就比较单一。课题组建议应立足农村实情因地制宜，在保留职业高中的基础上，兴办各类"培训中心"。

（四）整合城乡中等职业教育资源，优化城乡中等职业教育办学结构

1. 加快调整城乡职业教育资源配置结构

农村地区存在大量需要接受职业培训的剩余劳动力，仅有的职业教育培训中心完全无法满足培训需求。政府应统筹规划城乡职业教育办学资源，将城市地区规模较小、发展后劲不足的职业学校整体迁往农村地区，丰富农村职业教育的办学形式。这样一来可以解决城市职业教育资源的浪费问题，二来可以加强农村职业教育办学力量。同时应加大对职业教育设备的投资力度，将经济落后区域的职业教育基础设施建设纳入政府投资范畴。应对农村职业教育实行倾斜政策，统筹兼顾，实行城乡职业教育一体化建设。主要通过补偿性原则来实现，即强调教育资源配置要"雪中送炭"而不是"锦上添花",要向贫困地区职业学校和薄弱职业学校倾斜。

2. 建立城乡职业教育资源共享机制

关于新时期我国城乡职业教育一体化发展的任务,《教育规划纲要》用两个"强化"进行了明确:要"强化"各级政府统筹职业教育发展的责任,健全区域职业教育培训网络;要"强化"职业教育资源的统筹协调和综合利用,推进城乡、区域合作①。因此,实行职业教育资源共享,是政府转变投入方式,进而实现城乡职业教育一体化发展的一项重要举措。教育资源一般包括硬件物质资源、软件信息资源和智慧性人力资源。在物质资源方面,可实行城乡职校联合办学,由城市优质职业院校与农村区县职业学校联合办学,共同享用双方的教育资源。政府也可出面筹建共享性集约型职业教育实训基地,使资源利用最大化。在教育信息资源方面,可以利用信息资源的可复制性、可同时使用性以及再生增值性的特点,构建城乡职业学校信息服务平台,开发城乡职业学校招生、就业服务信息网络,实行招生、就业信息资源共享;开发职业技能网络实训室,搭建城乡职业学校实践教学信息技术平台实施职教远程教育。在师资方面,城乡职业院校之间可实行专业教师的流动制度,进行短期教师区域流动教学。这种职业教育教师岗位流动制度不仅有利于教师资源的共享,也有助于教师教学能力的提升,更能推动农村职业教育的发展。

(五)建立以企业为主体的"集团化"职业教育办学长效机制

《教育规划纲要》明确指出,要健全政府主导、社会参与、办学主体多元化、办学形式多样化、充满生机活力的办学体制。各类职业学校、行业、企业、政府等共生单元构成了当前我国中等职业教育的共生系统。但长期以来政府、社会与学校等共生单元间的合作缺乏有力的载体。要打破当前中等职业教育办学主体单一的状况,就必须建立行业、企业、政府共同参与的多元化办学体制(见图8-24)。

该体制是在政府统筹的前提下,依托区域内或行业内优质职业教育资源尤其是核心企业和规模职校,以专业为纽带,职业学校与行业、企业共同组建职业教育集团。这种体制打破了原有行业界限和资源配置无序的藩篱,既促进了职业教育与经济社会的紧密结合,又充分发挥了政府统筹和行业参与的积极性,将职业教育共生系统中政府、行业、企业、职业学校等共生单元整合成利益共同体,使

---

① 王忠厚,朱德全:《城乡统筹背景下职业教育信息资源共享研究》,载《电化教育研究》2011年第1期,第77~80页。

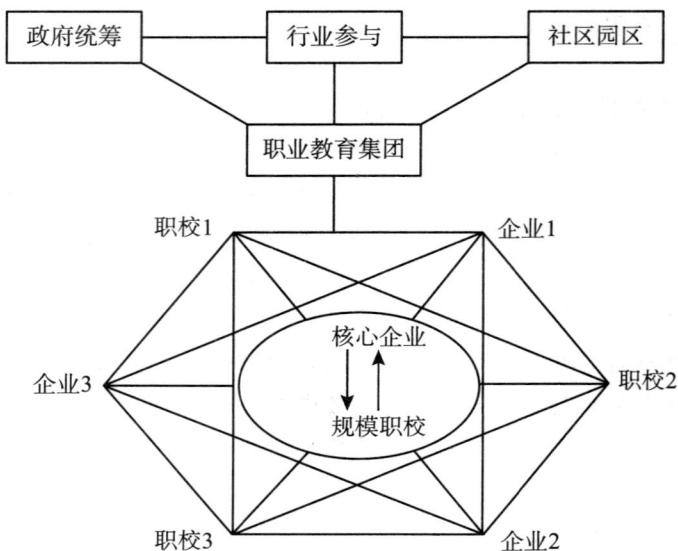

图 8 – 24　主体多元化办学机制

资料来源：王忠厚，朱德全：《城乡统筹背景下职业教育信息资源共享研究》，载《电化教育研究》2011 年第 1 期。

其在追求各自利益最大化的同时确保职业教育集团的整体利益。该体制能有效减少职业教育共生系统中的不均衡性和非对称性，使诸多共生单元在横向、纵向、区域上实现耦合，并真正实现对称互惠。

（六）明确民办中职学校"合理回报"标准，鼓励社会力量投资办学

2004 年国家颁布的《中华人民共和国民办教育促进法实施条例》（以下简称《民办教育促进法》）虽然对各类民办学校有了相对明确、规范的认识和管理，但是民办中等职业学校的合法利益没有得到切实保障。尽管《民办教育促进法》确定了"合理回报"机制，投资人可以自愿选择是否要求获得"合理回报"，但此类收益往往受到诸多体制的束缚，也没有相应的标准可供参考，实际操作难度大。本书建议应充分发挥"合理回报"机制的激励作用，鼓励企业、个人参与中等职业教育办学。

第一，制定合理回报机制可操作条例，这里主要是针对中等职业教育体系的民办学校。根据接受"合理回报"民办学校的类别，区别对待，即对普通中专、职业高中、成人中专、技工学校等不同类别的中职学校制定不同的"回报"标准。如技工学校学历教育相对较少，短期的、技能型的培训相对较多，学校自身盈利能力比较强，合理回报标准可以相对降低。

第二，制定城乡有别的合理回报标准。对在农村地区办学的学校，应该提高其合理回报标准，具体以所在地经济发达程度、中等职业教育发展程度等为衡量标准。如对于经济欠发达，中等职业教育落后地区举办的民办学校，应该给予比其他地区更高的"合理回报"。这样才可以引导社会力量到农村地区办学。

第三，强化对民办中等职业学校学的管理。农村地区的中等职业学校要求获得"合理回报"的关键问题是办学成本。投资者为了尽可能多地获得"合理回报"，有可能通过牺牲教学质量来降低办学成本，所以对要求获得"合理回报"的中职学校进行严格管理，保证其正常的办学质量。

（七）创新中等职业教育专业管理和扶持机制

1. 建立"自下而上"和"自上而下"相结合的专业审批制度

调查发现，部分地区专业审批的管理过于死板，急需专业无法及时开设和招生，而一些专业的开设在中等职业教育中过于重复甚至已经泛滥。为了解决这个问题，建议教育管理部门实施"自下而上"和"自上而下"相结合的专业审批管理制度。专业更新既要发挥主管部门的管理作用，也应发挥基层学校的创新作用，研究建议：首先，将专业审批权力统一收归教育管理部门，并将审批权适当下放到市一级的教育管理部门。其次，学校上报的新型专业要及时予以确认更新。再次，建立专业设置的审批标准。最后，严格实施专业年度评估制度，对不宜继续开设某一专业的学校，坚决取消其专业设置资格。

2. 建立学科（专业）扶持机制

鉴于目前中等职业教育专业设置存在片面追求"热门"专业导致的职业教育资源浪费、人才培养供需不平衡的问题，建议建立"学科（专业）扶持制度"。在选择扶持专业、给予经费支持等方面应坚持如下三点原则：第一，依据近三年专业发展状况（报考率、在校生数、就业率等）确定扶持对象。第二，建立学科（专业）发展专项资金，给予所扶持专业以经费支持。第三，结合学校、地区因素选择需扶持的专业。

（八）构建中职教育"立体化"人才培养机制

我国尚未形成独立的职业教育体系，中高职教育依旧是各自为政，培养衔接渠道不畅通，这严重制约了职业教育人才培养的可持续发展。完善中高职衔接体系，创新中等职业教育升学体制极为必要。本书认为，构建中职与高职教育、职业教育与普通教育之间的"立体化"人才培养模式需要从以下方面着手：第一，实施中职学校毕业生自主考试的升学机制，实施职业教育的"高考"。第二，建立独立的职业教育"学历学位制度"，构建完善的职业教育学位体系。第三，探索职业教育与普通教育之间 H 型办学机制，即制定职业教育与普通教育相互流通的机制。如中职学生可通过"申请—面试"的方式转入普通教育学习。

（九） 构建城乡中等职业教育均衡发展评价指标体系

为了促进城乡中等职业教育又好又快发展，本书建议应构建城乡中等职业教育均衡发展评价指标体系（见表 8 - 16）。

表 8 - 16　　　城乡中等职业教育均衡发展评价指标体系

一级指标	二级指标	三级指标
背景指标	人口	中等职业学校学生数占总人口的比例
		中等职业学校农村户籍学生占学生总数的比例
	经济	地区人均 GDP 水平
		学生家庭年均收入
	社会	城市化率
投入指标	办学体制	城乡中等职业学校占普通高中学校数之比
		城乡中等职业学校数量之比
		城乡民办中等职业学校数量之比
		城乡中等职业学校办学条件达标率之比
		中等职业学校学生人数与校外对口企业需要毕业生数之比
		城乡中等职业学校与企业或其他职业学校共享资产数之比
	人事调配制度	城乡中等职业学校"双师型"教师数之比
		城乡学校专任教师生师比之比
		城乡中等职业学校教师学历达标率之比
		城乡省市级专业带头人或骨干教师数之比
		城乡高级专业技术职务教师数之比
		城乡校外教师（兼职）占专任教师之比
		城乡受过职业技能培训的教师数之比
	经费投入体制	城乡生均预算内教育经费占预算内教育经费总量之比
		城乡教育费附加用于中等职业教育之比

第九章

构建城乡一体化继续教育
体制机制研究

《教育规划纲要》在其"继续教育"一章明确提出"加快发展继续教育"、"建立健全继续教育体制机制"和"构建灵活开放的终身教育体系"三点要求。其中，"加快发展继续教育"要求"更新继续教育观念，加大投入力度，以加强人力资源能力建设为核心，大力发展非学历继续教育，稳步发展学历继续教育"；"建立健全继续教育体制机制"要求"将继续教育纳入区域、行业总体发展规划。行业主管部门或协会负责制定行业继续教育规划和组织实施办法。加快继续教育法制建设。健全继续教育激励机制，推进继续教育与工作考核、岗位聘任（聘用）、职务（职称）评聘、职业注册等人事管理制度的衔接。鼓励个人多种形式接受继续教育，支持用人单位为从业人员接受继续教育提供条件。加强继续教育监管和评估"；"构建灵活开放的终身教育体系"要求"发展和规范教育培训服务，统筹扩大继续教育资源。鼓励学校、科研院所、企业等相关组织开展继续教育。加强城乡社区教育机构和网络建设，开发社区教育资源"，"健全宽进严出的学习制度，办好开放大学，改革和完善高等教育自学考试制度。建立继续教育学分积累与转换制度，实现不同类型学习成果的互认和衔接"。本章以"城乡继续教育①体制机制"为主线，基于大量教育统计数据和实地调研，主要探讨了城乡继续教育师资队伍建设、经费投入、硬件资源配置、学生培养的状况及其体制机

---

① 本章中的"继续教育"主要包括农村实用技术培训、农村劳动力转移培训、农村青年创业培训、农民工在职培训等。

制存在的问题，提出了构建城乡一体化继续教育体制机制的对策建议。

一、我国城乡继续教育的基本状况

本部分主要对农村继续教育的人事调配、经费投入、办学规模以及人才培养状况进行梳理和分析。

（一）城乡继续教育人事调配状况

1. 农村继续教育教职工和专任教师配置状况

农村成人文化技术培训学校是农村继续教育的重要力量。然而，统计数据显示，2007～2012 年全国农村成人文化技术培训学校师资规模不断减小。其中，2007～2012 年，专任教师比例虽由 45.97% 提高到 51.53%，但教职工总数却由 223 665 人减少到 170 322 人，减幅达 23.85%，专任教师数也由 102 823 人减少到 87 761 人，减幅达 14.65%（见图 9 - 1）。

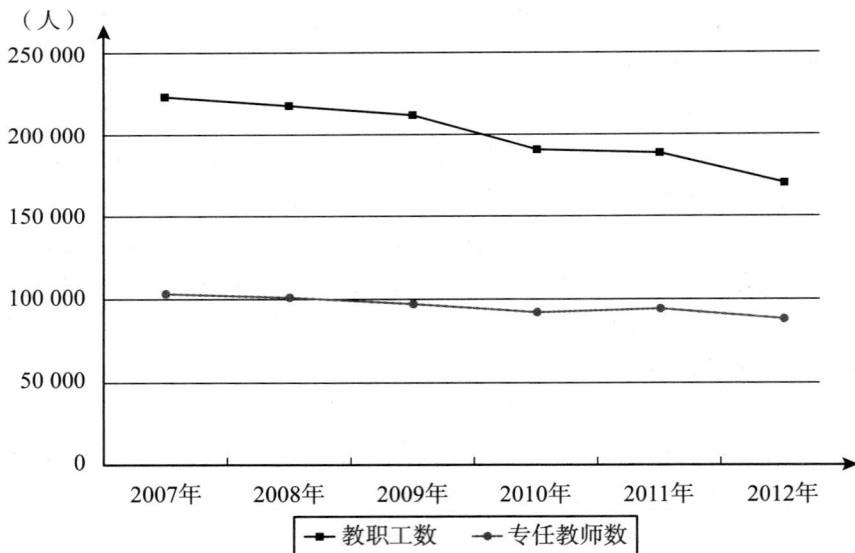

图 9 - 1 农村成人文化技术培训学校师资状况

资料来源：教育部发展规划司编：《中国教育统计年鉴》（2007～2012 年），人民教育出版社 2007～2012 年历年版。

2. 农村继续教育兼职教师占比情况

继续教育在我国起步较晚，体系也不健全，其突出表现在多数继续教育学校缺乏足够的教师，尤其是专职教师。从图 9 - 2 可知，2007 ~ 2012 年，农村成人文化技术培训学校教师中将近一半的教师是兼职教师，其中，2011 年兼职教师比例最小，但也占总数的 49.01%，而其他年份均在 50% 及以上。

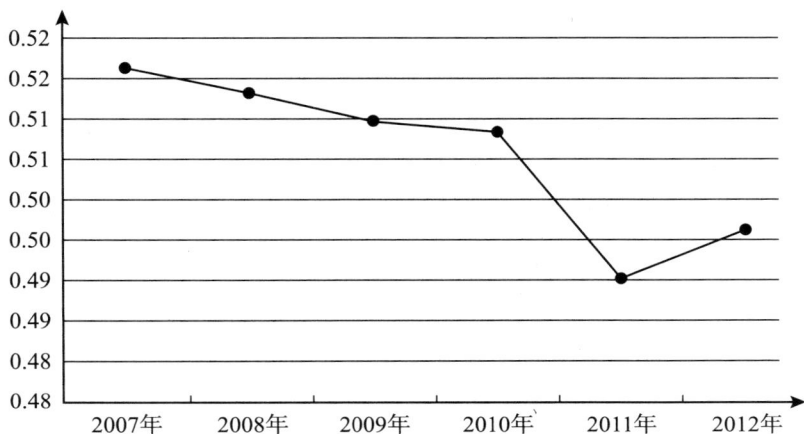

图 9 - 2 农村成人文化技术培训学校兼职教师状况

资料来源：教育部发展规划司编：《中国教育统计年鉴》（2007 ~ 2012 年），人民教育出版社 2007 ~ 2012 年历年版。

（二）我国农村继续教育主要项目经费投入状况

20 世纪 80 年代以来，我国先后实施了一系列以提高农民科技文化素质、培养农民职业技能、帮助农民创业致富为目的的农民培训项目，这也是当前我国农村实施继续教育的重要途径，即"项目式培训"，如 1999 年农业部、财政部、团中央共同启动的"跨世纪青年农民科技培训工程"。根据培训对象的不同，农民培训项目可以划分为三大类：一是农业从业人员培训；二是农民工培训，即对转向非农或城市劳动力开展培训；三是基层农技推广人员培训。本书主要以"阳光工程"、"农业技术推广改革与建设示范县项目"、"雨露计划"为例分析近几年来农民培训经费投入情况。

1. "阳光工程"经费投入状况

《中共中央、国务院关于促进农民增加收入若干政策的意见》明确要求做好农村劳动力转移培训阳光工程，简称"阳光工程"。该项目是由政府提供财政支持，用于在劳动力主要输出地区、贫困地区和革命老区开展农村劳动力转移的职业技能培训示范项目。该农民培训的专项资金主要用于农民从业技能和综合素质培训，如农业专项技术培训、农业职业技能培训和农业创业培训。2011 ~ 2013

年，中央财政经费投入"阳光工程"的资金总量基本稳定，分别为 108 800 万元、108 800 万元、108 783 万元。虽然三年来中央财政投入"阳光工程"的资金总量没有增加，但人均补贴标准却有所提高。其中，2012 年创业培训人均补贴标准数额比 2011 年提高了 500 元，2013 年农业专项技术培训人均补贴标准由 100 元上调为 150 元。

2. 农业技术推广与培训项目经费投入状况

2007 年以来，农业技术推广与培训的经费投入整体呈持续增长趋势，其中，2009～2011 年增长最为显著，2011 年以后有所下降（见图 9 – 3）。农业部办公厅、财政部办公厅印发的《2012 年基层农业技术推广体系改革与建设实施指导意见》强调各地方政府应持续加大对农业技术推广、农民科技培训、农业技术人员知识更新培训等工作的支持力度，而财政支持是最重要的保障。根据农业部统计数据显示，2012 年该项目的经费投入不增反减。

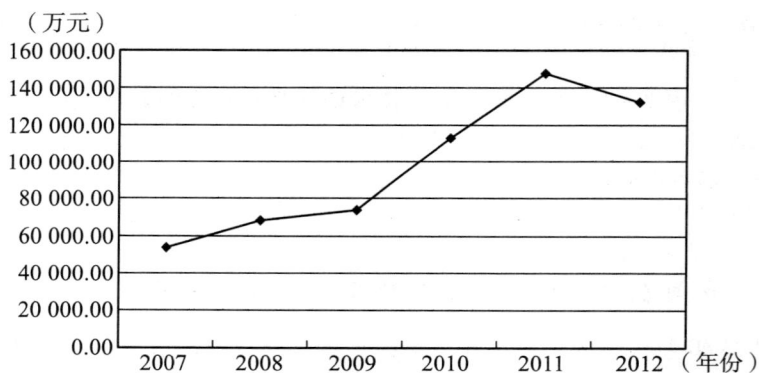

图 9 – 3　农业技术推广与培训经费投入状况

资料来源：中华人民共和国农业部统计资料，http://www.ny3721.com/url/2805/。

3."雨露计划"经费投入状况

"雨露计划"是 2006 年国务院扶贫办为提高贫困人口素质，增加贫困人口收入，加快扶贫开发和贫困地区社会主义新农村建设在贫困地区实施的一项资助计划。该计划是一个以提高扶贫对象自我发展能力、促进就业为核心，通过资助、引导农村贫困家庭劳动力接受职业教育和各类技能培训、培养贫困村产业发展带头人等途径，扶持和帮助贫困人口增加就业发展机会和提高劳动收入的专项扶贫工程。"雨露计划"经费以政府投入为主，社会力量参与为辅，参加该计划的学员不仅学费全免，且有生活补助。课题组在 C 市 S 县的实地调查也证实，参加"雨露计划"的培训学员，其经费均来自政府财政，学费已经实行全免，此外每个学员按月补助 250 元生活费。

（三）农村继续教育办学和硬件资源配置发展状况

1. 农村继续教育学校发展状况

通过对 2007～2012 年全国成人非学历教育学校（不包括成人小学）的数量进行统计分析，可以看出我国的农村成人文化技术学校和职工技术培训学校的办学数量呈持续减少的趋势。其中，农村成人文化技术学校数量从 2007 年的153 303 所减少到 2012 年的 100 009 所，累计减少 53 294 所，减幅 34.76%（见图 9－4）；全国职工技术培训学校由 2007 年的 3 719 所减少到 2011 年的 3 049所，累计减少 670 所，减幅 18.02%。

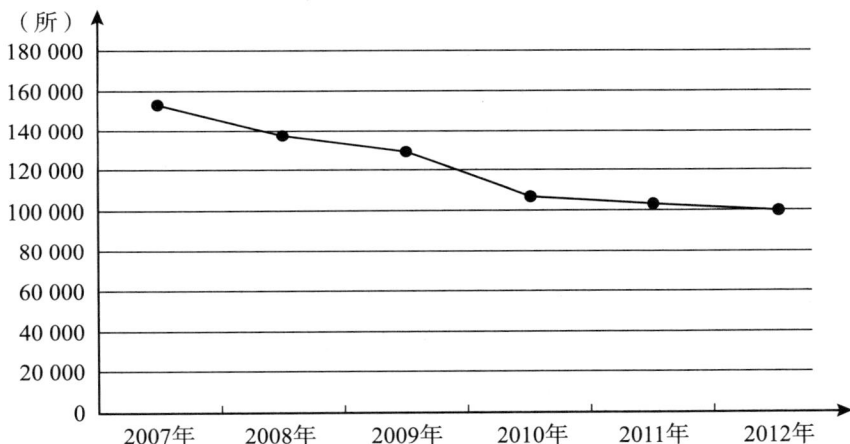

图 9－4　农村成人文化技术学校校数发展情况

资料来源：教育部发展规划司编：《中国教育统计年鉴》（2007～2012 年），人民教育出版社 2007～2012 年历年版。

2. 农村继续教育学校办学条件发展状况

农村继续教育虽不是学历教育，但对于农村剩余劳动力技能培训却具有重要作用。学校办学条件对教育质量具有重要影响，通过对农村继续学校的关键硬件配置指标进行分析，可以了解农村继续教育发展的状况。

第一，从校均占地面积和校均建筑面积来看：2007～2010 年农村继续教育学校在此两项指标上处于缓慢上升的趋势，2010～2012 年则处于快速下降的趋势。其中，"校均占地面积" 由 2007 年的 630.93 平方米提高到 2010 年的836.86 平方米，而后又降低到 2012 年的 594.75 平方米；"校均建筑面积" 也由2007 年的 169.86 平方米提高到 2010 年的 244.52 平方米，而后减少到 2012 年的167.83 平方米（见图 9－5）。

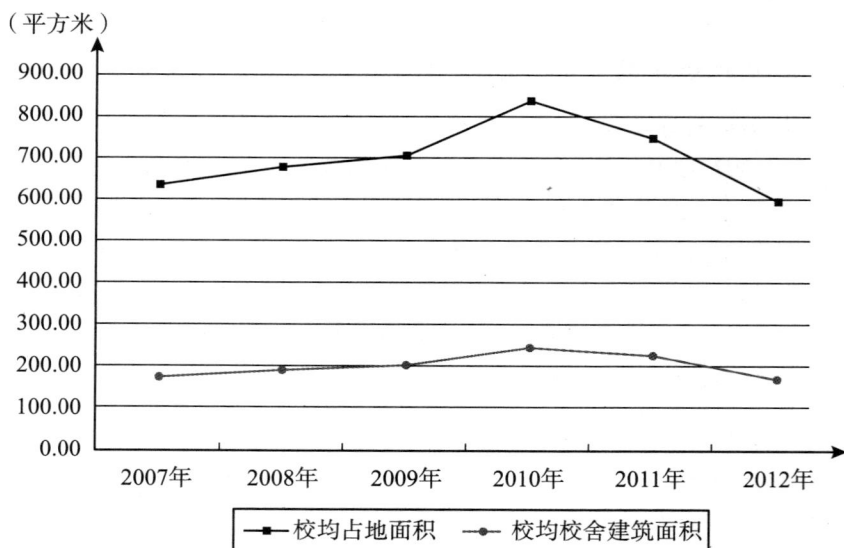

图 9 - 5　农村成人文化技术学校校均占地面积和校舍建筑面积发展情况

资料来源：教育部发展规划司编：《中国教育统计年鉴》（2007～2012 年），人民教育出版社 2007～2012 年历年版。

第二，从学校拥有教学用计算机台数看：农村成人文化技术学校拥有计算机台数变化起伏很大，2007～2008 年，计算机台数快速增加，2008～2010 年开始快速下降，2010～2012 年又快速增加（见图 9 - 6），说明农村继续教育学校部分硬件资产增长的稳定性不够。

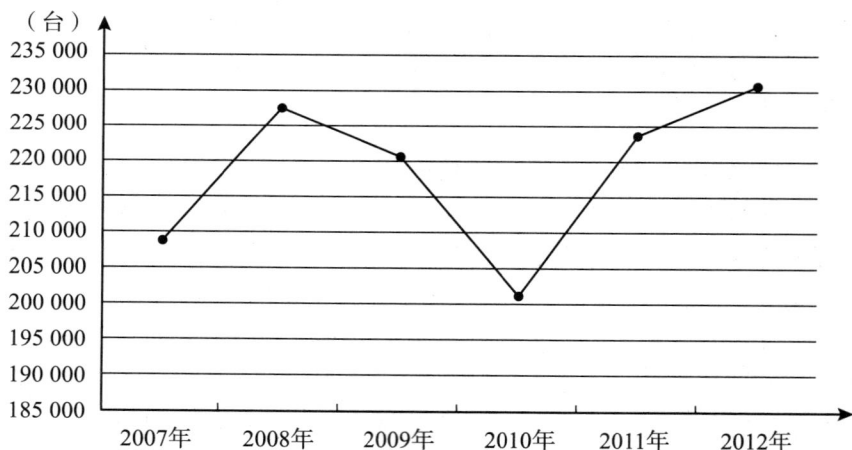

图 9 - 6　农村成人文化技术学校拥有教学用计算机发展情况

资料来源：教育部发展规划司编：《中国教育统计年鉴》（2007～2012 年），人民教育出版社 2007～2012 年历年版。

构建城乡一体化的教育体制机制研究

第三，从学校拥有图书册数来看：2007～2008 年，农村成人文化技术学校拥有图书由 39 960 438 册增加到 47 248 231 册，此后一直处于波动起伏的发展状态（见图 9－7）。

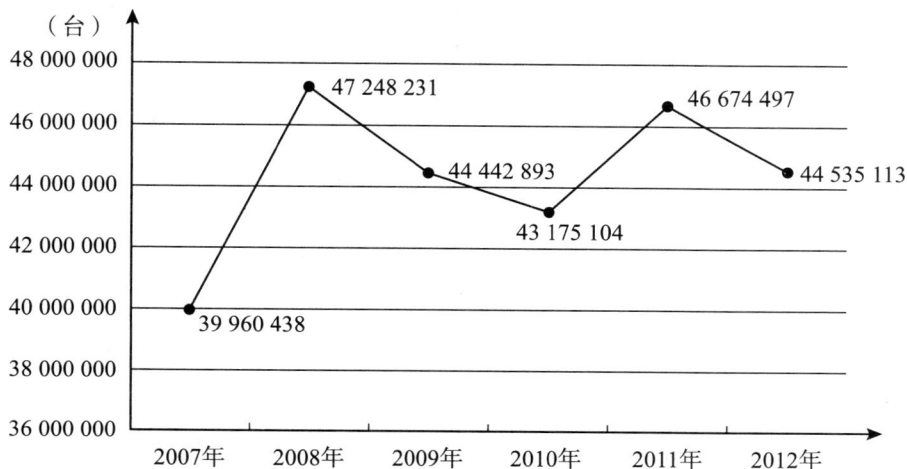

图 9－7　农村成人文化技术学校拥有图书发展情况

资料来源：教育部发展规划司编：《中国教育统计年鉴》（2007～2012 年），人民教育出版社 2007～2012 年历年版。

（四）农村继续教育人才培养与质量评价状况

1. 农村继续教育学生培训状况

从图 9－8 可知，我国继续教育培训人数以农村成人文化技术培训学校为主，以职业技术培训和其他培训机构为辅。但从整体培训人数来看，除职业技术培训学校外，其他各类继续教育培训结业人数呈"缓慢下降"趋势。其中，农村成人文化技术培训学校结业生数由 2007 年的 46 703 495 人次降低到 2012 年的 35 631 908 人次，减少 10 000 万余人次。其他机构培训结业人数则由 2007 年的 10 681 633 人次减少到 2012 年的 9 655 082 人次。

然而，从省级层面来看，部分省份的培训人数有大幅度的增加。以 A 市为例，2008 年的培训人数为 537 020 人，2012 年的培训人数达到了 1 134 312 人，增长了近一倍。其中，农村劳动者的培训数也从 2008 年的 203 683 人增加到 2012 年的 351 251 人。[①] 职业技术培训就培训时间来说主要是以"短期"为主。2011 年教育统计数据显示，培训时间在半年以内的有 41 806 032 人，占总培训

---

① 根据 A 市社会劳动部门统计数据整理而来。

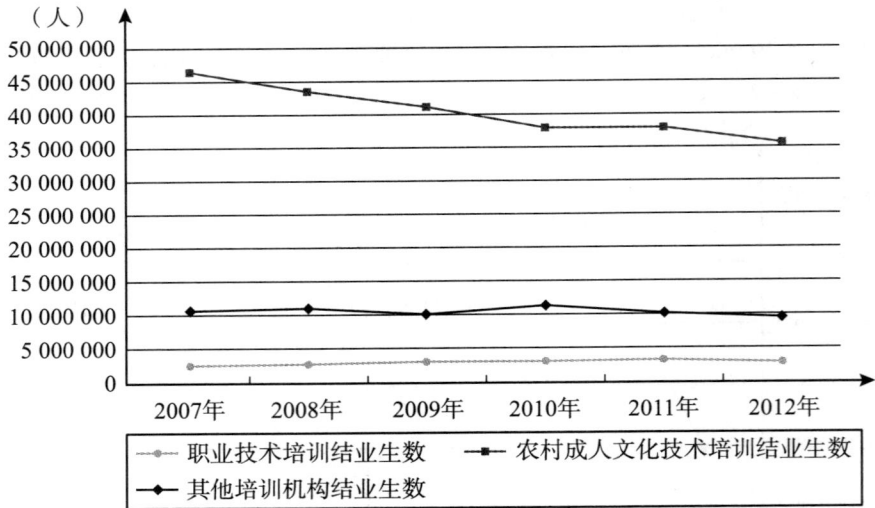

图 9 - 8   全国各类继续教育培训生数情况

资料来源：教育部发展规划司编：《中国教育统计年鉴》（2007～2012 年），人民教育出版社 2007～2012 年历年版。

人数的 81.3%；培训时间在一个月以下的人数有 33 392 698 人，占总培训人数的 64.9%。

2. 农村实用技术培训人数呈递减趋势

《教育部关于实施农村实用技术培训计划的意见》明确提出，"2005～2007年，要在现有培训规模的基础上，努力扩大培训规模。全国农村实用技术培训人数逐年增长 1 500 万人以上，农民培训率逐年增长 5 个百分点以上，争取到 2007年农村劳动力实用技术培训人数达到 1 亿人次"。然而，在具体的实施过程当中，培训的人数远远落后于预设目标，且每年培训人数呈下降趋势。如图 9 - 9所示，2006 年的培训总数为 4 520.58 万人，2009 年培训人数下降到 4 130.67 万人，比 2006 年减少了 389.91 万人。2006 年的工作总结虽对培训指标（6 000 万人）作出了调整，但直至 2009 年都未达到。这四年之间，每年的培训人数不仅没有增加，反而逐渐减少。

3. 农村劳动力转移培训人数逐年略有增加

《2003～2010 年全国农民工培训规划》（以下简称《规划》）强调指出，要加快农村富余劳动力转移就业，关键在于加强农民工培训，并提出了逐步扩大培训规模的培训目标。如图 9 - 10 所示，2004～2009 年，农村劳动力转移培训人数呈上升趋势，但增幅总体并不明显。从 2004 年的 3 198 万人增加到 2009 年的 4 249.31 万人，比 2006 年增加了仅 1 051.31 万人，但仍未达到《规划》中

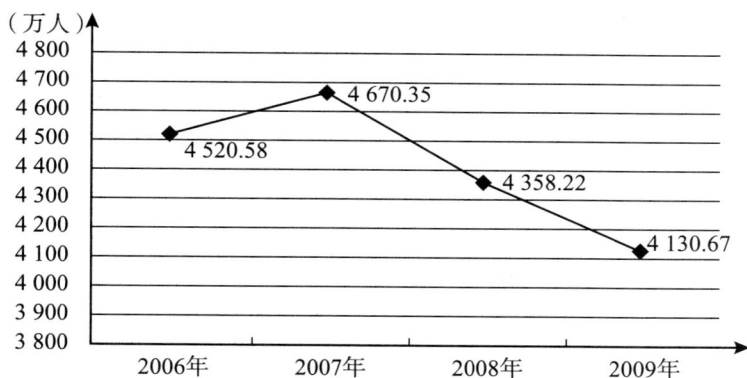

图 9 - 9　农村实用技术培训人数情况

资料来源：此数据主要来源于教育部发展规划的统计数据，http：//www. moe. gov. cn/publicfiles/business/htmlfiles/moe/A03/。

6 000 万人次培训数的目标。其中，转移后（已进城务工的农民）的培训人数所占比例很小。2008 年和 2009 年，转移后培训人数分别为 700.27 万次、791.62 万人次，仅占总培训数的 17.73% 和 18.81%。

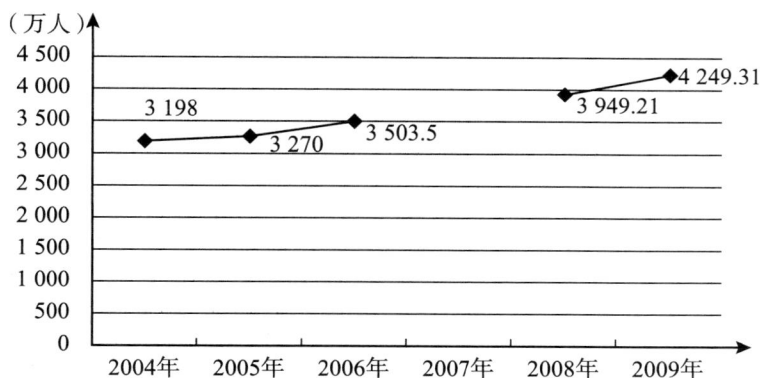

图 9 - 10　农村转移劳动力培训人数

资料来源：此数据主要来源于教育部发展规划的统计数据，2007 年无此统计。

二、城乡继续教育体制机制存在的突出问题

（一）农村继续教育人事调配体制机制存在的问题

师资问题是教育活动的核心问题之一，优良的师资对教育目的的实现起着至 *415*

关重要的作用。农村继续教育呈现的很多问题其根源都是师资问题。农村继续教育的师资不仅数量配置不足，而且还存在结构不合理、准入不规范等问题。

1. 农村继续教育师资配置不合理

有关继续教育师资的配置要求，原国家教委 1995 年 8 月 1 日颁布实施的《示范性乡（镇）成人文化技术学校规程》第十一条规定，"学校专职教师要按当地总人口的万分之二的比例配备，举办脱产班和'3 + 1'分流职业初中班，应适当增配专职教师，按每班 2 ~ 3 名配备"。然而，当前我国大部分乡镇成人学校是按当地总人口的万分之一至万分之一点五的比例配备教师，甚至有的乡镇连这个比例也达不到。随着农村劳动力转移的加快，需要培训的群体日益庞大，需要更多的专业教师以保障培训的质量。然而，当前农村继续教育学校的师资配备已经远远不能满足当前的社会发展需求。如农村成人文化技术学校的师资配置极不合理，其生师比由 2007 年的 91.25：1 提高到 2012 年的 189.31：1，意味着每一名农村继续教育教师要负担 189 的学生，比 2007 年整整增加了 98 人（见图 9 - 11）。毫无疑问，如此高的生师比无法保障农村继续教育的教学质量。

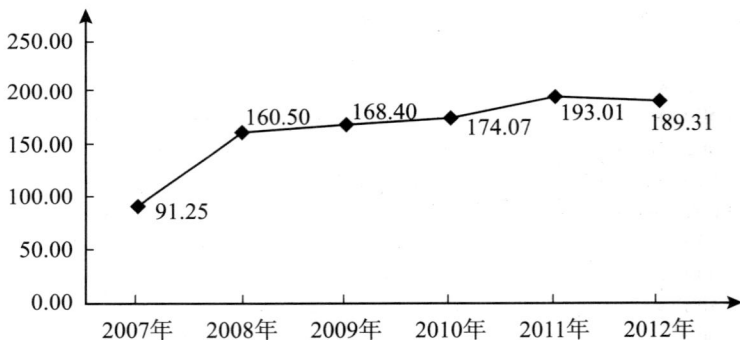

图 9 - 11　农村成人文化技术培训学校生师比情况

资料来源：此数据主要来源于教育部发展规划的统计数据。

2. 农村继续教育师资队伍不稳定

从表 9 - 1 可以看出，农村文化技术培训学校教师队伍人数逐年减少，且"兼职教师"的数量要多于"专任教师数"，"兼职教师"数占教师总数的比例一直维持在 50% 左右。课题组在调研中发现，部分地区继续教育学校存在"空壳"办学的情况，即当有上级巡查，就从中小学或政府部门抽调人员充数应付，实际情况是根本就没有专职和兼职教师，也不开展教学活动。有些学校虽然有兼职教师，但却形同虚设，有些兼职教师甚至都没有进过学校大门，开展教学活动更是一种奢谈。

表 9 - 1 　　　　　　　　农村文化技术培训学校师资状况

年份	教职工数	专任教师数	兼职教师数
2007 年	223 665	102 823	238 820
2008 年	218 263	100 725	230 212
2009 年	212 637	96 967	221 131
2010 年	190 160	91 966	196 711
2011 年	188 523	94 474	181 180
2012 年	170 322	87 761	167 771

3. 农村继续教育师资结构区域差距大

师资队伍结构可以反映出师资队伍建设的合理性及发展的持续性。不合理的师资结构凸显出前期发展规划的不合理，从而影响到功能的发挥，所以，农村继续教育学校师资结构是否合理可以反映出师资规划的优势或不足。相关文件对农村继续教育专职和兼职教师比例没有明确的规定，也是造成各地区实际比例差距很大的原因之一。以农村成人技术培训学校为例，当前农村继续教育专职和兼职教师比例存在的问题主要有两方面，一是学校教师队伍中专任教师数量配置地区差异大，如 HN 省全省只有 15 名专任教师，而 U 省则有 23 055 名；二是专任教师与兼职教师比地区差距大，如 2012 年全国农村成人文化技术培训学校专任教师与兼职教师比为 1:1.91，但从东中西部样本省份来看，S 省是 1.50:1，而 HN 省则是 1:49.87（见表 9 - 2）。虽然我国目前对继续教育体系中专职和兼职教师的合理比例没有做出统一的规范，但继续教育领域的专家一般认为 1:8 较为合适[①]。如果参照这个比例以及国外成人教育机构专职与兼职教师的构成比例，我们可以清晰地看到我国的专职和兼职教师比例不合理的状况尤为突出。

表 9 - 2 　　　　2012 年四省市农村成人文化技术培训学校教师数量

省市	教职工数	专任教师数	兼职教师数	专任教师与兼职教师比
全国	170 322	87 761	167 771	1:1.91
S 省	15 518	12 729	8 503	1.50:1
U 省	15 335	10 393	23 055	1:1.45
N 省	789	411	2 927	1:7.14
HN 省	763	15	748	1:49.87

资料来源：教育部发展规划司编：《中国教育统计年鉴》（2012 年），人民教育出版社 2012 年版，第 455 页。

[①] 霍玉文：《乡镇成人文化技术学校师资队伍专业化建设刍议》，载《成人教育》2005 年第 8 期。

4. 农村继续教育师资队伍整体状况不适应实际需求

课题组通过对《中国统计年鉴》、《中国教育统计年鉴》的数据进行分析，并结合对 A 市 BB 区、SZ 县以及 O 省 YJS 市等农村继续教育教师的调研，发现农村继续教育师资队伍整体状况存在以下三个方面的问题。

第一，知识结构与能力结构不合理并存。课题组实地调查发现，农村继续教育教师大多来自普通中小学的文化课教师，他们中有相当一部分是原来的民办教师，且年龄偏大，普遍存在知识陈旧、缺乏成人教育专业知识的问题。原本他们从事的是中小学的教育教学工作，其能力结构中缺乏实际操作和示范能力，而农村继续教育教学有很强的实践性和直观性，要求教师具备较强的实践和协调能力。

第二，"双师型"教师的比例远低于相关要求。《教育规划纲要》指出，在新的形势下，建设一支高水平、高素质的"双师型"教师队伍是职业教育发展的关键，要建立健全职业教育教师培养培训制度，努力优化"双师型"教师队伍结构，使职业教育真正成为面向人人，面向未来的教育。《国家级农村职业教育和成人教育示范县工作要求》（试行）对队伍建设更提出了要求：职业学校教师队伍数量充足、结构合理、专兼结合、相对稳定；职教生师比不超过 20∶1，"双师型"教师占专任教师比例不低于 60%。但调查发现，成人中专学校中"双师型"教师仅占专任教师总数的 27%，而西方发达国家这一比例一般为 50% 以上①。

第三，教师年龄"断层"和老龄化现象严重。调研发现，我国继续教育教师队伍出现的年龄"断层"和高职称教师年龄老化现象比较严重，骨干教师的新老交替形势严峻，骨干教师不仅数量少而且年龄偏大，名师更是屈指可数；中青年教师少，老年教师多。如《中国教育统计年鉴》2010 年的数据显示，在我国农村成人技术培训学校专任教师中，30 岁以下、31～50 岁、50 岁以上教师所占比例分别为 22.2%、30.20%、48.6%，基本印证了课题组的调研发现。

5. 农村继续教育教师准入制度不规范

合理、有效的教师准入制度是增强教师队伍活力的重要途径和优化师资队伍的基本举措。1993 年颁布的《中华人民共和国教师法》中第三章关于教师资格和任用的规定指出，取得成人教育教师资格，应当按照成人教育的层次、类别，分别具备高等、中等学校毕业及其以上学历。相对于中小学教师资格和任用方面的规定，对成人教育教师的资格和任用的规定显得比较笼统模糊。此后，国家教

---

① 教育部：《国家级农村职业教育和成人教育示范县工作要求》（试行），http：//www. ybedu. netweb2/ show. aspx？cid = 20&id = 7928。

委也相继颁布了一些文件，对农村成人教育教师资格进行规范，如 1995 年国家教委颁布的《示范性乡（镇）成人文化技术学校规程》规定，示范性乡（镇）成人文化技术学校的专职教师中具有大专以上学历的应占 60% 以上；2005 年《教育部关于实施农村实用技术培训计划的意见》指出，成人教育教师必须具备教师资格或中级以上技术等级证书。但总体来看，这些相关的规程和意见并没有对农村成人教育教师的资格和任用做出详细的规定和限制，这容易导致农村成人教育教师入职资格标准的弱化执行，甚至被忽视。此外，农村成人教育教师的工作评估体系还不完善，且这一职业本身的吸引力不强，新引进或补充的教师良莠不齐。如课题组通过对 D 省 NC 市某县人社局关于农村继续教育师资引进方面的调查，了解到该县农村继续教育的师资引进并没有严格的标准和规范，凡是具备大专学历（应届毕业生）、获得相应的职业资格认证（中级技工）就可应聘专任继续教育教师岗位；虽然有兼职教师，但由于投入资金短缺，并没有聘用过特级教师、名师或高校的专家和学者；刚从学校出来的应届毕业生掌握有比较前沿的理论知识，但动手能力不强，缺乏教学经验，而从普通教育学校聘请来的老教师只能从事基础教学，从企业聘请来的技术人员多是技术过时的老师傅。由这些能力结构不合理的应届毕业生和老教师教授理论课和由知识结构有待提升的老师傅进行实操指导，其结果是不能有效地落实农村继续教育的职能定位和目标，从而影响培养质量。

6. 农村继续教育教师专业发展机制不健全

教师专业发展是提升教师职业能力、适应新形势下的教学任务的重要途径。国家于 2002 年颁布的《教育部关于进一步加强农村成人教育的若干意见》规定要加强成人文化技术学校的师资和校长的培养、培训工作。为了更好地规划农村富余劳动力、农民工的就业与再就业，2010 年国务院办公厅颁布了《关于进一步做好农民工培训工作的指导意见》，指出要加强农民工培训专兼职师资队伍建设。但据课题组在 O 省 YJS 市等地对农村继续教育教师的访谈中得知，农村继续教育教师的专业发展现状不容乐观。

第一，教师负担过重，工学矛盾突出。首先是来自经济上的压力。如调研发现，因"经济因素"不愿参加在职培训者占 50.5%，教师尤为反感的是收费培训。其次是继续教育课程改革的压力。继续教育课程改革要求教师在角色定位、知识能力、教学方法和手段等方面都要再学习、再提高，而大部分教师明显不适应这样的严峻挑战，心理压力较大。最后是来自工作岗位的压力。农村继续教育编制比较紧，教学资源相对不足，教师往往一人承担多门课程，任务重、压力大、学习时间紧。如课题组实地调研数发现，认为在职培训最佳方式为脱产学习的教师比率占 54%，认为在职培训最佳上课时间安排在正常上课时间的教师占

46.8%，绝大部分教师反对把在职培训安排在双休日。工学矛盾制约着继续教育教师在职培训模式和方式，直接关系到农村继续教育的实施和实际效果。

第二，培训效果不好，学员参训积极性不强。课题组有关继续教育教师在职培训评价的调研显示，认为培训内容"不需要"的比率为34.2%，对培训方式感到"满意"的比率仅为27.3%，57.8%的教师更喜欢学科案例分析、公开课探讨等培训模式，54.3%的老师认为培训内容陈旧、形式单一而僵化，缺乏层次性和针对性。

第三，激励机制不健全，监管力度不到位。通过对《中华人民共和国职业教育法》及相关的《关于开展农村职成教师资培训试点工作的通知》文件的解读，可以看出我国虽已充分认识到农村继续教育师资培训的重大意义，但关于教师培训却没有明确的制度和政策，而只是提出参加培训是教师的义务和权利，对参加培训者的待遇也没有作出明文规定。虽然也指出要把教师参加继续教育的情况与教师的考核、聘任、晋职、职（执）业资格注册挂钩，但在具体操作中，教师在培训中取得的成绩或证书很少被作为重要的参照依据，导致培训学习氛围难以形成。由于最近几年继续教育培训总结性评价以开卷的形式进行，受训学员只要参加培训，达到一定的出勤率且完成培训作业就能拿到相应的结业证，这进一步降低了农村继续教育教师参加在职培训的主动性和积极性。

第四，重视学历教育，忽视能力提升。从教师参加在职培训的动机态度来看，"很愿意"的教师比率只占16.5%，而"不愿意"的教师比率高达27.5%，这反映出农村继续教师对职业培训的参训热情不高、认识不到位。访谈中了解到，继续教育教师认为学历达标了，就意味着我是合格教师了，参加在职培训对自己可有可无。在学校领导是否重视教师在职培训的调查中，"一般"或"不重视"的比率占42.4%，说明校领导对教师在职培训认识也不足。如一些学校负责人认为，教师在职培训投入增加了单位的负担和个人的经济压力，是一种消费性投资。

（二）农村继续教育经费投入体制机制存在的问题

农村继续教育经费投入体制机制包括经费管理机构部门及其职责以及各部门之间的关系。具体来说，主要包括经费的来源、分配、监管及评价方式等。从体制机制这一层面看，农村继续教育经费投入主要存在以下几个问题。

1. 农村继续教育经费短缺，"供需"矛盾突出

目前，农民培训经费的来源主要是政府投入，为提高农民素质、增加农民收入，政府每年都在加大对农民培训的经费投入力度，但由于我国是农业大国，有大量的农村剩余劳动力需要培训，目前的经费还是不能满足广大农民的培训需

求。以国家财政投入力度最大的"阳光工程"为例，"2004～2006年，中央财政共安排阳光工程专项资金12.5亿元，省级财政配套资金达10亿元，但相对于1.2亿离土又离乡的农民工群体而言，这些资金无异于杯水车薪。如果再包括离土不离乡的农村劳动力，农民工的数量则达到2亿，相较于这一数字，上述经费投入真是寥寥无几。"[①] 同时，地方政府配套经费落实难度大，无法保障农民培训，这种情况在中西部贫困地区更为严重。据西部地区A市人社局一位负责人反映，"A市目前的情况是农民培训经费大部分靠中央财政投入，市级的补助资金不是很多，县级政府特别是国家级、省级贫困县根本拿不出农民培训配套资金，致使贫困县农民培训经费更加紧缺"。如A市S县扶贫办每年有农民培训经费40多万，农村劳动力有24万多，人均扶贫培训经费不足两元；S省Y县是国家级贫困县，每年中央、省级财政投入农民培训经费总额为400万～500万元，该县有总人口110万，其中农村劳动力为57万，400万～500万农民培训经费均摊到每个农民身上则不足90元。因此，缺乏稳定的经费投入是当前制约农村继续教育发展的关键因素。

2. 农村继续教育经费来源单一，成本分担配套机制不健全

虽然我国已出台了一系列有关农民培训经费多元化投入的政策，比如，2003年颁发的《国务院关于进一步加强农村教育工作的决定》规定了政府、用人单位、培训机构、农民本人投入农民培训经费的职责；2011年农业部关于印发《全国农民教育培训"十二五"发展规划》的通知要求建立起以政府为主导，社会、企业和个人共同资助的多元化投入机制；甘肃省出台的《甘肃省农民教育培训条例》规定县级以上人民政府、企事业单位应安排一定比例农民培训经费，并鼓励社会团体、其他社会组织及个人参与资助。但是课题组在实地调研中发现，我国农民培训成本分担机制并没有真正建立起来，部分地区也没有将农民培训经费纳入财政预算。

调研发现，目前，中央政府是以项目的形式对农民培训进行投入，而地方政府则拿出相应配套资金。以农民工培训为例，其培训资金来源渠道包括"农村劳动力技能就业计划"的就业补助资金支出、"阳光工程"的财政专项资金支出和"雨露计划"的扶贫资金支出。不仅中央财政有投入，地方财政也有配套经费[②]，农民培训经费主要来自于政府财政投入。到目前为止，全国只有少数省市出台了把农民培训经费纳入地方财政预算的政策，如R市、GS省等，而大多数省市的农民教育培训经费仍无保障，贫困地区尤其严重。如S省某县人社局负责

---

①② 侍建昊：《发达国家农民工教育政策对我国农民工培训的启示》，载《继续教育研究》2012年第8期，第186～189页。

人表示，农民工培训是没有经费投入的，参加培训的农民工需要自掏腰包，在省级财政资金到位的情况下，参训农民工能够得到一部分培训费补贴，但如果财政资金不能到位，那么农民工培训经费便没有保障；H 省某市扶贫办负责人也谈到，"把培训经费纳入地方财政一般都是经济条件好的地区，像我们这样的地区是没有能力把培训经费纳入地方财政的，贫困区县就更不可能了。"

此外，我国出台的相关政策文件虽对企事业单位开展农民培训作出了规定，如农业部、劳动保障部、教育部、科技部等部门联合发布的《2003～2010 年全国农民工培训规划》规定用人单位开展农民工培训所需经费从职工培训经费中列支，2010 年出台的《关于进一步做好农民工培训工作的指导意见》规定在岗农民工培训费用从职工培训经费中列支。但是，调研发现，企事业单位对农民培训投入的积极性不高。如 A 市人社局负责人表示，政府虽对农民工岗前、在岗培训给予财政补贴，但农民工所在的企事业单位基本不投资培训，都是依靠财政拨款，只有在技术含量高、财政补助资金不够的情况下，企事业单位才会投入一点资金。

3. 农村继续教育经费分配不合理

农村继续教育经费分配情况可以从宏观和微观两个层面进行分析。宏观层面是指农村地区贫困县与非贫困县的经费分配情况，而微观层面针对的则是参训农民，指的是参训农民人均补贴标准情况。

宏观上，政府在对农民培训经费的分配上没有考虑贫富差距。如据农技推广体系改革与建设示范县的中央补助资金分配显示，J 省 2011 年共从中央财政获得 3 200 万元，32 个县（县级市）均得到 100 万元补助资金。《2010 年基层农技推广体系改革与建设示范县项目实施指导意见》规定每个示范县中央财政安排 100 万元，并要求各地要合理确定权重，科学分配农业县补助资金。据课题组调查所知，该省 32 个县经济发展水平差异很大，其中部分区县属省级贫困县，但 J 省在安排中央财政补助资金时并没有考虑区县的实际情况，贫困地区与非贫困地区所得中央财政补贴资金数额没有差别。

微观上，人均实际补贴标准不合理。虽然，《国务院办公厅关于进一步做好农民工培训工作的指导意见》规定"农民工培训人均标准的制定应依据农民工所学技能的难易程度、时间、成本的不同进行调整，以同一工种补贴标准相同并允许各市县根据自身情况确定具体的补贴标准为原则"，但是，课题组调研却发现，多数地区并未按照工种、等级、地域等制定补贴标准。如在与 A 市人社局的访谈中了解到，该市农民培训人均补贴标准为 600 元，根据市场需求特别紧缺的工种按照学费 100% 给予补贴，一般紧缺的工种按照 80% 给予补贴，这能体现出一定的灵活性，但农民工岗前培训与在岗培训的补贴标准都是

600元，所有工种、不同地域的培训补贴基本没差异。此外，不同管理部门对同一类型培训的补贴标准不一致。如调研发现，A市各县人社局的农民工创业培训的经费补贴标准是1 500元，而另外一个部门是2 000元。这种情况使得大量学员以经费补贴的多少来选择培训部门，从而导致各部门之间竞相争夺生源的混乱局面。

4. 农村继续教育师资队伍建设经费保障不到位

为保障继续教育师资建设的经费，我国出台了一系列相关政策文件：1987年的《国家教育委员会、农牧渔业部、财政部乡（镇）农民文化技术学校暂行规定》指出，"乡（镇）农民文化技术学校的办学经费，由乡（镇）从农村教育事业费附加中提取一定的比例和采用集体自筹、收取学费、勤工俭学收入补贴等办法解决。为各业务部门举办的培训班，所需经费可由各业务部门提供。县（市）教育部门对办学有成绩的学校可给予适当奖励"；1991年的《国家教委关于大力发展乡（镇）、村农民文化技术学校的意见》提出乡（镇）、村农民文化技术学校的办学经费，由农村教育事业费附加中提取一定比例和采用集体自筹、收取学费等办法解决；2002年的《国务院关于大力推进职业教育改革与发展的决定》规定，城市教育费附加安排用于职业教育的比例不低于15%，已经普及九年义务教育的地区不低于20%，主要用于职业学校实验实习设备的更新和办学条件的改善……各级人民政府在安排使用农村科技开发经费、技术推广经费和扶贫资金时，要安排一部分农村劳动力培训经费；安排农业基础设施建设投资时，要安排一部分农村职业学校和成人学校的建设经费。虽然可从上述文件中看出国家对农村成人和职业教育的重视但其用词大部分均限于"一定比例"等，这就导致用于农村成人教育的经费有了相当大的浮动范围，投入可多可少，甚至可以理解为可有可无。课题组在调研中发现，经费短缺是农村继续教育发展的桎梏，由此导致了农村成人教育教师工资待遇的微薄和教师继续教育与相关培训的缺失。如在对A市某县教师进修学校教师的访谈中，我们了解到农村继续教育教师人均月收入2 483元，兼职教师14人，他们的月均收入1 500元，最多的1 800元，最少的960元。在O省YC市、D省NC市、A市BB区和SZ县、P省XY市和SL市以及GS省TS市的访谈中，各职业中学、农村成人文化技术学校、农业广播电视学校等学校的领导均反映，教师工作待遇低、培训经费缺乏已严重影响了教师的工作热情、专业发展、教师队伍的稳定以及兼职教师作用的发挥，进而影响农村继续教育质量的提升。

5. 农村继续教育经费管理监督机制不完善

第一，经费管理分散、难以统筹。虽然，2011年出台的《关于进一步做好农民工培训工作的指导意见》与《2010年基层农技推广体系改革与建设示范县项目实施指导意见》等文件都要求"农民培训经费应统筹使用",但是,目前我国农民培训经费并未做到统筹使用,而是分散在各个部门。据课题组了解,A市承担农民培训项目的机构有农委、扶贫办、教委、建委、总工会、团委、统战部等9个部门,且这些部门各自管理一部分农民培训经费,同时,各个区县也有相应的区县农委、人社局等,可见城乡农民培训经费多头管理的现象很突出。与A市类似,其他省市也存在此类问题,如S省Y县各部门农民工培训经费总额有400万~500万元,这些资金主要拨给县财政部门、人力资源和社会保障局、就业局、扶贫办、移民局、妇联、残联等部门,各自管理部分经费。

第二,经费拨付程序繁冗。目前农民培训经费主要有两种方式,一是培训机构、培训学校凭学员相关资料、相关发票以及培训总结到相应政府部门报账;二是学费先由农民垫付,然后凭缴费发票、结业证书、等级证书到相应部门报账。但无论采用哪一种方式都存在报账程序烦琐这一问题。从横向来看,负责报账审核的政府部门就多达9个;纵向来看,报账要经过县级人社局、财政局,市级人社局、财政局的审核。由于培训机构往往要承担多个部门组织的培训项目,因此,培训结束之后先要到县级组织农民培训项目的各部门报账,然后由县级政府各部门再报送县级财政局,再由县级财政局审核通过之后报送市级政府部门,最后由市级财政局将经费划拨给培训机构或农民。部分地区甚至存在农民参加培训后无法找到具体部门报账的现象,根本原因就在于单一培训存在政出多门的问题。

第三,部门内经费使用监督机制缺乏。政府部门对本部门的农民培训经费使用缺乏日常监管,导致农民培训审核时间较长,经费下拨不及时。据A市某县职教中心负责人反映,"政府部门的日常监察内容为学员出勤情况和培训过程,在培训任务完成之后,政府部门才对学校的农民培训经费使用情况进行审核,在培训过程中政府部门并不重视这一工作。"其另一县职教中心负责人表示,培训机构在每期培训之后最快也要两个月才能拿到政府培训补贴经费,最慢甚至要等到半年之后才能拿到经费。而对农民个人来说,申报经费则需要花费更长的时间。

(三) 城乡继续教育学校办学与硬件资源配置体制机制存在的问题

1. 城乡继续教育办学秩序混乱,缺乏明确的法律法规保障

因我国至今还没有专门的继续教育法,结果导致继续教育在办学方面出现了诸多问题。

第一,办学准入制度不明晰,办学质量监管和评价权限不明确,施教机构多且乱,很多机构办学观念不端正等。如在西部某高校继续教育学院的访谈中,某

负责人说道："现在继续教育的培训机构数量众多，五花八门，办学质量根本达不到要求。有的甚至只是以盈利为目的，是'以学养学'的空壳子。它们通常与一些高校协商，把招来的学生送入高校培训，自己就从中牟取利益"。

第二，继续教育的领导和管理"政出多门"，缺乏明确的责任单位。教委、人社局、农业部、各个行业协会和工会等都在组织和管理继续教育的培训和实施。如某区教委人事科科长在访谈中谈到，教委只是分管教育行业的继续教育学校，而职业技术培训学校则划分到人社局。教委分管的继续教育也只是限于宏观上指导，具体的实施安排是在教师进修学校；某职业学校负责人谈道："一年中，我们最多的时候接收了十三个部门下达的培训项目。"在 S 省 Y 县的访谈中了解到，学员结业后证书的认证有的是学校，有的是教委，有的又是人社局。机构责任不明、管理混乱，严重地影响了继续教育的社会认可度。

第三，继续教育没有法律的规范和保障，办学容易受地区经济的影响。如在 A 市的各个区县中，经济繁荣的 FL 区、WZ 区等申报阳光工程培训的机构多，各培训机构依据自身的优势去竞标；而在贫困的区县，如 XS 县、YY 县、WX 县等能承办起国家项目的就只有那么一两所。WX 县职教中心的负责人谈道："WX 县的阳光工程培训基地就只有职教中心这一所学校。历年来都是这一所，其他的办学机构根本就没有能力来承办国家项目"。贫困区县由于自身的经济能力有限，大多办学机构自身资源配套设施相当薄弱，没有能力开展大规模的培训。

2. 农民实际参与继续教育积极性不高

据国务院研究室 2006 年发布的《中国农村劳动力调研报告》显示，农村劳动力中接受短期培训占 20%，接受过初级职业技术培训或教育的占 3.4%，接受过中等职业教育的占 0.13%，没有接受过技术培训的高达 76.4%。本课题组在调研中发现，招生难成为乡镇培训机构办学最大的问题。企业内"学徒制"的工作模式，使大量农村劳动人群未接受过任何培训就走上了工作岗位。

近年来政府组织的各种农民培训，如"阳光工程"、"雨露计划"、"农村劳动力转移培训"等，在办学生源上常是政府通过行政命令或各种"优惠"政策来实现，农民很少自觉来参加培训。在职业培训学校的访谈中了解到，劳动力转移培训每期下达的培训指标都无法完成。其原因主要包括：一是农民的经济收入低导致难以支付培训费用。如 H 省 S 市扶贫办负责人谈道："农民参加培训的意愿很高，但由于培训费用问题，实际参加的人就很少。"二是有些地方农民文化水平低导致认识不到位。据国家统计局统计数据显示，2011 年，不识字或识字很少的农民占 1.5%，小学文水平占 14.4%，初中文化程度占 61.1%，高中或中专文化程度占 17.7%，大专以上文化程度占 5.3%。农民文化层次低，对培训的重要性不能深入全面地理解。如西南大学培训学院负责人谈道："很多农民因为怕耽误他们的农活而不来培训。"

3. 农村继续教育学校办学条件差，难以满足培训需求

当前，我国继续教育主要还是以各类培训为主，如农民工培训、职工培训等。由于此类培训更关注技能，因而对硬件的要求一般要比文化培训更高。然而，以农村文化技术培训学校为例进行分析发现，其基础条件远远满足不了培训需求。

第一，农村继续教育学校生均占地面积和生均校舍建筑面积过小。由图 9 - 12 可知，农村文化技术培训学校生均占地面积从 2007 年的 2.07 平方米增加到 2010 年的 2.37 平方米，再降低到 2012 年的 1.67 平方米；生均校舍建筑面积从 2007 年的 0.56 平方米提高到 2010 年的 0.68 平方米，再降低到 2012 年的 0.47 平方米。由此可知，我国农村继续教育学校的占地面积和校舍面积都难以满足培训需求。

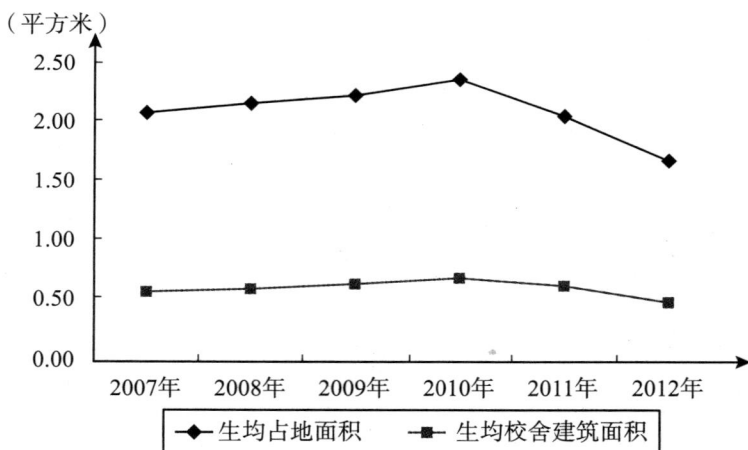

图 9 - 12　农村文化技术培训学校占地面积和校舍建筑面积

资料来源：教育部发展规划司编：《中国教育统计年鉴》（2007～2012 年），人民教育出版社 2007～2012 年历年版。

第二，农村继续教育学校教学用计算机台数严重不足。虽然 2007～2012 年农村文化技术培训学校每千人拥有计算机台数一直处于上升趋势，但是其生均水平还是很低，即使是生均数最高的 2012 年，每千人拥有的计算机台数也仅有 6 台（见图 9 - 13）。

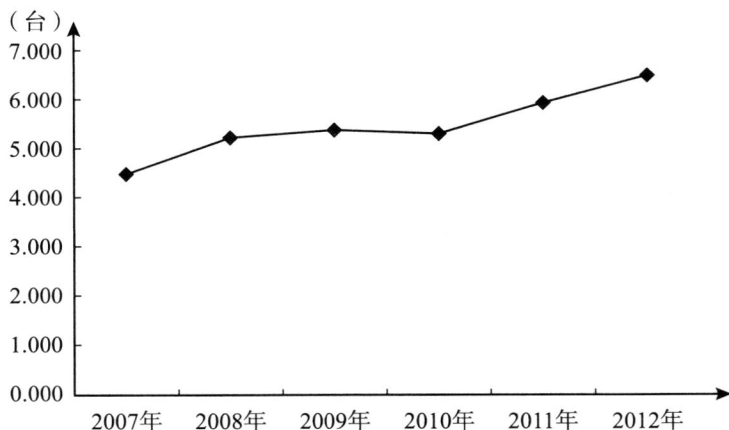

图 9 - 13　农村文化技术培训学校每千人拥有计算机台数

资料来源：教育部发展规划司编：《中国教育统计年鉴》（2007～2012 年），人民教育出版社 2007～2012 年历年版。

第三，农村继续教育学校生均图书册数严重不足。农村文化技术学校生均图书册数从 2007 年的 0.86 册提高到 2012 年的 1.25 册，尽管一直在提高，但其水平很低，生均数最高的 2012 年也仅有生均 1.25 册图书（见图 9 - 14）。

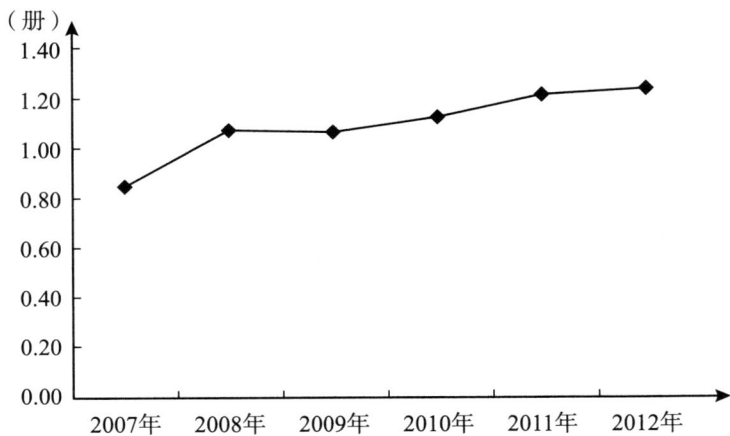

图 9 - 14　农村文化技术培训学校生均图书册数

资料来源：教育部发展规划司编：《中国教育统计年鉴》（2007～2012 年），人民教育出版社 2007～2012 年历年版。

第四，农村继续教育学校生均教学仪器设备值偏低。技能培训中，操作实践必不可少，不能单纯进行文化理论知识培训。一个学校教学仪器设备值的高低，可以反映该校提供学生实践操作机会的保障水平。如图 9 - 15 数据所示，农村文

427

化技术培训学校生均教学仪器设备值变化起伏较大，但生均水平较低，水平较高的 2012 年生均教学仪器设备值也仅为 79.57 元。

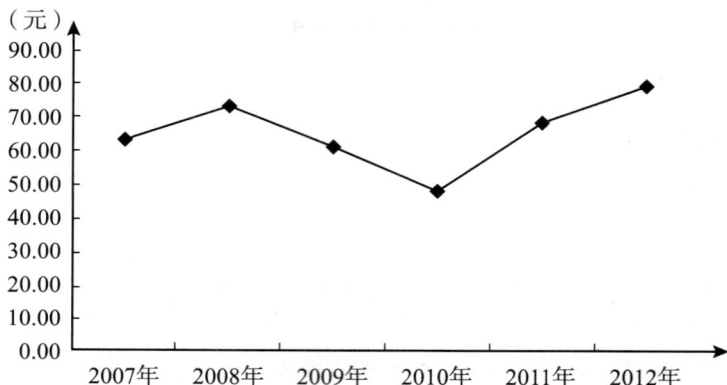

图 9－15　农村文化技术培训学校生均教学仪器设备值

资料来源：教育部发展规划司编：《中国教育统计年鉴》（2007～2012 年），人民教育出版社 2007～2012 年历年版。

（四）城乡继续教育人才培养与质量评价体制机制存在的问题

中共十八大强调："努力办好人民满意的教育。完善终身教育体系，建设学习型社会"。在中国，广大的农村（特别是脱离正规教育后的大量农村劳动力）是接受教育的"弱势群体"。近年来，政府越来越重视对这部分人群的教育工作，在人才培养上取得了重大突破。但是，在培养过程中，也存在一些体制机制问题，如省级间区域限制性的封闭式培训模式导致大量农民培训得不到保证，培养的人才流动性过大；"一刀切"式的人才培养；培养目标的制定缺乏科学性；缺乏科学合理的课程编制制度；缺乏统一有效的质量监管机构等。

1. 农村继续教育培训人数不稳定

因我国尚未制定专门的继续教育法，因此，在人才培养规模上具有极大的不稳定性，易受到当年的行政计划、资金、培养需要、场地等因素的影响。课题组在调研中发现，许多承担继续教育的办学机构都处于一种"以学养学"的生存状态，政府对这类机构仅进行宏观上的管理，而没有实质的具体扶持。在访谈中，有教育管理部门人员就此说道"没有给钱，就不好管理"，由此可以看出我国目前的继续教育学校的生存状况。办学机构为了生存自然会想办法多招生，如此易导致生源质量和培训质量却缺乏应有的保障，结果出现了很多只适合到实践基地培训的项目也放到高校来培训的现象。如从 SWU 培训学院《2006～2012 年扶贫开发农民创业培训年度统计汇总表》（见表 9 - 3）可以看出这种不稳定的现象，2006～2012 年，培养人数最低年份仅有学员 78 人，而最高年份则达到 2 579 人；办班期数最低的年份仅为 1 期，而最高年份则办了高达 19 期。足见继续教育对人才的培养缺乏真正意义上的稳定性。

表 9 - 3　　　　SWU 培训学院 2006～2012 年扶贫开发农民
创业培训年度统计汇总表

年度	办班数（期）	培训数（人）	备注
2006	3	195	
2007	1	78	
2008	1	120	
2009	8	1 028	
2010	19	2 579	
2011	无	无	
2012	13	2 247	统计至 2012 年 11 月

资料来源：本数据来自 SWU 培训学院年度数据统计，"无"代表无此统计。

2. 区域间封闭性培训模式导致大量农民得不到培训

调研发现，各省市间对农民的培训呈现一种封闭状态。因中央是根据各省市农民人数投入培训经费，所以，农民接受培训须回到原户籍地。据 2011 年农民工数量统计分析显示，25 278 万人的农民工中有 15 863 万人属于跨省务工。这意味着有 62.7% 的农民工很难拥有培训机会。农民工具有很强的流动性，且流动方向主要从中西部向东部流动。据 2011 年农民工在输入地与输出地分布显示（见图 9 - 16），广东、浙江、山东、江苏东部四省吸纳了近半数的跨省农民工，成为全国农民工主要输入地；而农民工输出地则主要分布在四川、重庆、云南、陕西等中西部地区。由于省际间封闭性的培训模式，大量农民工在户籍地参加培训后纷纷到沿海发达地区务工，中西部继续教育后劳动力的保有率较低。

3. 培训专业设置缺乏针对性，与市场需求脱节

第一，专业培训对个体的需求满足度低。课题组访谈得知，政府组织的培训在人才培养上大多数存在"一刀切"的现象。如《L 省人民政府办公厅关于印发 2006 年 L 省农村劳动力转移培训阳光工程工作意见的通知》规定："培训对象必须具有农村户口、年龄在 16 周岁以上。培训时间一般为 15～90 天。培训内容以制造业、服务业、建筑业等行业为重点"。可见，在劳动力转移培训中，真正的培训服务主体并非是单个的农民，而是以需要转移就业的"企业岗位"为

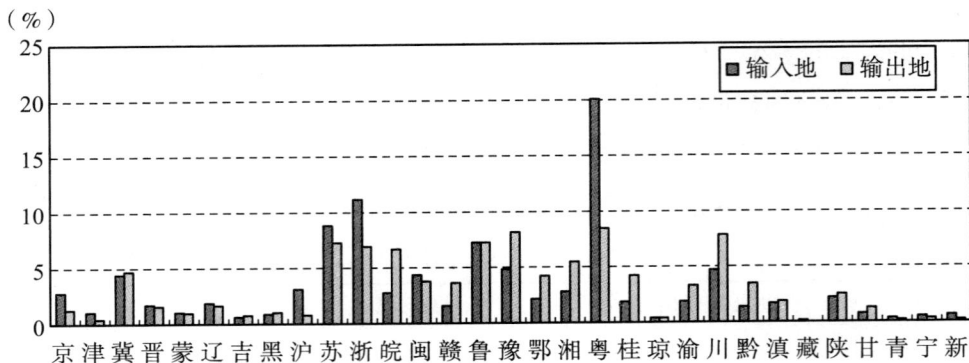

图 9 - 16   2011 年我国农民工输入地和输出情况

资料来源：根据国家统计局数据整理。

服务对象。因此，培训中的培训年龄、培训时限、培训内容等都是以岗位需要来设置，缺乏针对学员主体需求的差异化培养，缺乏对更细化的学员主体特征进行综合考量（如个人文化水平、已有技术能力等），而对培训展开更为灵活的实施。正如调研中某人事与社会保障处处长所谈到的："政府为了便于管理，不顾学生个人差异（文化水平、自身技能熟练程度等）而进行统一粗化的课程设置，只顾培训过程，而不顾培训效果，只要学时达标、学分修满即结业。这无疑导致基础好有能力提前结业的学生浪费修学时间，而基础差的学生在规定的学时内无法完全掌握技能也能顺利结业。"这种机械的教学与管理制度及僵化的学习方式难以保证培训质量，忽视了参加培训对象的个体性。

第二，专业内容更新慢。在培训实施过程中，培训的课程内容过于陈旧，缺乏针对性和实用性。这主要源于以下两个因素：一是培训机构在培训内容选择上的投机心理。中央对培训机构的财政补贴标准不分具体内容的成本差异而一律补贴 600 元，这无疑导致不少培训机构为求得利益最大化而专门开设成本偏低的课程专业，这类专业市场需求率自然较低，很难满足新兴市场更丰富和及时的需求；二是培训机构市场灵敏度不高。如在中西部地区的农村劳动力转移培训中，培训人员主要是输送到沿海发达地区，但培训机构却因远离用工企业前线很难及时掌握一线需求，培训的内容与市场需求脱节。

第三，课程设置模式不合理。政府一般采取自上而下的设置模式，培训机构开设的课程是从政府设立的课程目录库中选取。这些课程目录名为专家通过大量调查后收录，实则多为政府相关负责人随意设置且年更新率甚低。访谈中，一位培训机构的负责人谈道："想开的专业开不了（目录库中没有收录，就没有经费），开的专业又不适应市场的需求"。一些办学单位更是以盈利为目的，开设大量成本较低的课程内容，使得培训的实用性大打折扣。

4. 农村继续教育培训方式单一

目前绝大多数培训学校主要还是以"课堂授课"和"理论学习"为主，与学员希望更多"实践操作"和"现场实训"的诉求相矛盾。课题组有关农民工培训方式的抽样调查结果显示，"课堂授课"高达 52.3%，现场实训仅占 29.2%，广播电视学习占 6.3%，互联网学习占 3.1%，其他方式占 9.1%。而调研中发现，农民工却更期望通过现场实训的方式展开学习（57.1%），但这一方式却因为成本因素很难得到保证。在全国实施的"阳光工程"中，各省市所推行的"雨露计划"等农村转移劳动力培训的课程开设仍然仅重视实用技能，如车焊钳工、机械维修、电子装配等，而对农民科技文化素养等更多发展性的因素缺乏精细考量和设计。事实上，农民要真正实现持续性的深度劳动力转移，不仅要解决转移过程中的生存性因素，还需要解决发展性因素，不仅要能够转移，更要获得有持续性的后续发展能力。

5. 农民实际接受职业技能培训比例低，参与积极性不高

中国当下的继续教育尚处于"要我学"的状态，普通公众对参与继续教育的积极性偏低，且多怀有冷漠和排斥的态度，农村尤甚。如据国务院研究室发布的《中国农村劳动力调研报告》（2012 年）显示，农村劳动力中接受短期培训的占 20%，接受过初级职业技术培训或教育的占 3.4%，接受过中等职业教育的占 0.13%，而没有接受过技术培训的则高达 76.4%。课题组在调研中发现，乡镇培训机构可持续性生源缺乏成为办学最大的困难。企业内"学徒制"的工作模式，使大量农村劳动人群再也不用先接受任何培训方式就可以直接走进企业，这无疑为地方性的继续教育培训机构带来了生存性挑战。此外，农民的文化水平层次偏低和固有的轻理论重经验思维也是影响其参与培训积极性的重要原因：（1）农民基础性知识的获得与教育不足导致很多实用新型技术难以掌握。据国家统计局 2011 年数据统计现显示，农民识字率占 1.5%，小学文化程度占 14.4%，初中文化程度占 61.1%，高中或中专文化程度占 17.7%，大专以上文化程度占 5.3%。可见，农民的主体是仅具有初中文化程度的社会公民，他们的农业技术更多来自传统的经验判断，而非真正建立于农业科技基础上的新型实用农业技术。《中国农村扶贫开发纲要（2001～2010 年)》强调："要完善'雨露计划'，对农村贫困劳动力开展实用技术培训以促进就业，开设机械制造、电子产品维修、计算机应用操作等培训课程"。农民普遍因基础性知识的薄弱而很难学会相关技术，故对培训产生排斥。（2）农民对培训的认识不到位。反智主义的传统在农村仍然具有深厚的群体性认同，被社会渐次"污名化"了的专家事实上进一步使这种认同在村落中被确证，相比于各种农村新型技术而言，他们更天然地相信自己和自己群体的传统性农业经验具有先天的合理性。当然，这一方面与农民的先天保守性和抗风险能力弱有关系，另一方面，也与农村农业继续教育培训方式、内容、结构、效果还不具有真正的吸引力有关系。由此，我们也就不难理解为何调研中一位培训学院的院长的困惑："很多农民不愿参加培训，有的甚至认为几十天培训耽误他的农活"。

6. 城乡继续教育培训缺乏完善的质量监督和评价机制

教育部早在 2004 年关于印发《农村劳动力转移培训计划》的通知中就明确强调要"建立督导和表彰奖励机制。各省（自治区、直辖市）要加强督导评估，把农村劳动力转移培训情况列入考核教育行政部门和职成学校工作的重要内容"。然而，课题组在调研中却发现，农民的培训仍然缺乏一个有效的质量监管与评测机构，在督导和表彰奖励机制上缺乏规范性。现实中，农民培训存在"多头管理"乱象。如 B 省在关于印发《2007 年 B 省农村劳动力转移培训阳光工程实施方案》的通知中强调要"加大督察力度。各级阳光办要建立督察制度，成立督察小组，强化督察工作。"然而，在调研中，一位人社处负责人却谈道："关于农民劳动力培训的监管形式是谁的项目由谁监管，如农委的项目只能由农委派人去监管，不可能派人社局的人去。各部门又没有一个独立的监管机构，监管就成了一种形式。"考核与评价是质量检测的重要手段，然而培训机构对参训人员基本上不存在考核评价。参训人员只要在校出勤率达标、修够学时，就给予结业证书。培训机构的培训是否真正有效，究竟需要做哪些改进、学员是否学到技能、技能水平究竟如何等都缺乏科学评估和量化的实测结果，政府缺乏有效的监管评价机制，对培训缺乏科学合理的动态监测和全程评督，自然在政策改进和项目跟进上缺乏真正的有效性。

三、构建城乡一体化继续教育体制机制的对策建议

（一）加快继续教育立法，为规范和保障继续教育提供法律法规保障

加快立法，使农民继续教育得到法律保障，使相关人员在办学中真正做到"有法可依"，完善继续教育（特别是非学历继续教育）体系建设。继续教育无论是在办学的资质、规模，经费的来源、分配还是教师配置、质量，人才培养标准等方面都应有一个统一的、全国性的法律规定，因而难以保证继续教育在组织过程中有条不紊地进行。为此，有必要加快继续教育立法，确保通过有序的和高质量的农民工继续教育培训提高农民工的素质和农村劳动力水平与转移能力。

（二）构建城乡一体化继续教育人事调配体制机制的对策建议

提升农村继续教育的效果，需要多方因素协同发挥作用，优化教师队伍建设是其中最关键的措施之一。针对城乡继续教育人事调配体制机制存在的突出问题，本书建议应从完善农村继续教育教师编制、教师准入、教师培训进修等方面推进城乡一体化继续教育体制机制的构建。

1. 制定农村继续教育教师编制标准，建立区域教师共享机制

第一，独立设置和扩大农村继续教育师资编制。农村继续教育教师的编制从普通中小学教师编制中独立出来是农村继续教育教师专业化道路的前提①。它有利于建立和完善乡镇职成学校教师岗位责任制，也有利于落实岗位工资和结构工资制，增强教师的职业归属感和积极性。同时，农村继续教育师资队伍的编制应根据农村社会经济和农村成人教育发展的实际需求适度扩大。第二，成立培训教师师资库，建立师资资源共享机制。各级教育部门要建立市级、县级培训教师师资库，实现对教师的动态管理与资源共享，在区域内实现继续教育教师资源的协调统筹。第三，建立退休教师下乡机制，充分发挥各市县退休老教师的作用。相关的教育部门可以建立一个退休教师下乡机制，将这部分有志于为农村教育事业做贡献的退休教师组织起来，送到各个农村学校，给农村学校的教师传授专业知识和教学经验。这也能够解决教师培训所遇到的一些问题。

2. 建立农村继续教育教师准入制度，加强队伍建设

教师的质量是决定教学（培训）质量的关键，继续教育师资水平直接影响继续教育的成效。第一，在继续教育师资队伍建设上，要求各地严把入口关，建立选人用人的有效机制，配齐配强教研人员。第二，建立教师继续教育从教资格认定制度。在教师继续教育师资资格认定上，我国应加快步伐，借鉴《教师法》中教师的资格和任用制度的规定，规范农村继续教育教师聘用。同时，广泛吸收国外的经验，对从事继续教育（培训）的授课教师实行严格的遴选，列出基本的任教标准，进行专项业务考核，考核合格者发给继续教育教师资格证书，持证上岗。

3. 完善继续教育教师培训进修制度

第一，加强继续教育教师培训的制度保障。在继续教育师资队伍建设上，国家和地方还应出台相应的规章制度，提高对教师进修培训的重视，增加对教师培训的投入，保障教师进修的专项资金，维护教师培训的权利。同时还应提高教师

---

① 孙诚：《我国乡镇成人文化技术学校的发展现状与若干建议（下）》，载《成人教育》2008 年 11 期，第 12～15 页。

的培训意识，改变教师的培训观念。各继续教育学校和机构要大力加强培训者的省级培训和高层次培训，加快培训者队伍的培训步伐，多给培训者提供培训信息，创造外出学习、参观的机会，促进培训者自身综合素质的提高。第二，创新培训模式，引入市场机制。与企业共享资源，学院的教育资源和师资力量与企业的场地、设备、高级工程师、高级技师实现相互补充、相互配合。在师资使用上，高职院校师资发挥专业理论培训的长处，企业专业技术人员发挥应用技能培训上的长处，两类师资力量相互配合，二者相得益彰。在教师管理方面，打破传统的教师管理模式，建立校企合作共同建设高水平"双师型"教师队伍的新模式，满足继续教育职业培训高质量的要求。第三，充分利用各普通高校、高职、中职院校雄厚的师资资源，发挥这些学校在继续教育教师培训中的作用。

（三）构建城乡一体化继续教育经费投入体制机制的对策建议

1. 加大农村继续教育经费投入力度，落实政府、企业、个人多元投入机制

继续教育经费的来源主体主要有各级政府、企业、个人，为了保障继续教育经费的有效落实，首先，各级政府应该将继续教育经费纳入财政预算，并随着经济社会发展逐年增长，明确规定中央和地方政府继续教育经费投入中所承担的比例，确定中央政府财政拨款的数额以及各区县具体配套资金；其次，明确企业、产业部门、雇主对继续教育经费所承担的义务，按规定足额提取职工继续教育经费，农民培训经费从职工继续教育经费中列支；最后，积极倡导民间团体、个人投资教育，个人投资方面实行"基本培训免费，中等培训有保障，高端培训自费"的原则。

2. 健全并完善农村继续教育经费投入分配机制

政府应加大对农村地区农民培训的投入，做到突出重点，并适度向贫困地区倾斜；应按照区域、工种、等级建立区域内统一的人均补贴标准；省级财政部门也应该会同农委、人社局、扶贫办等部门按照区域、工种、等级制定省内统一的人均补贴标准，并使其按照市场、物价水平的变化动态调整。例如，Z 省 2011年制定了全省统一的农村劳动力培训转移就业分类补贴标准，该标准中的补贴内容包括培训补助、鉴定补助、职业介绍补助，要求人均补贴（除职业介绍补助外）具体数额根据工种、区域、技能级别的差异而不同。

3. 完善农村继续教育经费管理和监督机制

首先，成立中央继续教育专门管理部门，统筹管理全国继续教育经费，负责经费预算、拨款、监管等。其次，各县成立以县长为组长的继续教育统筹协调领导小组，负责全县的农民培训经费预算、规划、管理等，明确县农委、扶贫办等机构部门各自的培训任务；各政府部门应加强农民培训经费的日常监管，继续教

育统筹领导小组对农民培训经费使用情况进行不定期抽查，农民培训中期所有不定期抽查结果都计入阶段验收成绩，为培训机构完成培训任务之后申报培训经费提供依据。此外，加强社会的监督，县级农业主管部门、人力资源和社会保障部等负责农民培训项目的政府机关应通过官方网站向社会公布培训项目信息，包括培训任务、经费总量、人均补贴标准等，同时通过电视、报刊等其他媒体加强宣传，接受社会监督。

为解决农民培训经费报账程序烦琐、经费下拨到培训机构或者个人不及时等问题，财政部门应先预拨部分经费，待培训结束并经审核合格之后拨付其余经费。例如，E省出台的《E省贫困村劳动力转移就业培训实施细则》中关于培训费补贴方式的经费申报程序就采用了这样的做法。健全培训补贴资金与培训成本、培训质量、就业效果挂钩的绩效评估机制。一要科学制定评估指标。国家制定全国统一的农民培训评估文件，科学制定指标体系以及评分标准。资金与就业挂钩的评估要根据项目情况灵活制定评估标准，就业培训要统计就业率以及工资水平，例如，可以采用电话或者网络了解农民就业情况。微型企业创业培训、农村使用技术培训等项目可以考虑收入增长情况。二要明确各评估部门职责。对评估人员进行专门培训，安排专门人员负责农民培训评估标准的修订、奖惩制度的建立、评估实施等工作，每年进行一次年度经费评估，并根据评估结果对培训机构进行奖励或惩罚。县级继续教育统筹领导小组负责评估人员负责数据的收集、整理等工作并协助县级继续教育统筹领导小组做好评估工作。

（四）构建城乡一体化继续教育办学与硬件资源配置体制机制的对策建议

1. 建立城乡继续教育独立的监管与评价机构

为保障培训质量，需要建立一个独立的监管与评价机构，使培训机构在同一个评价标准下培养人才。其一，严格规范办学资格，对各单位的办学申请做严格的审查，以保证办学的硬件设施合于标准。其二，在办学质量上进行严格的监督与管理，对培训机构需做定期和不定期的检查，规范其考核评价制度，严格审定职业资格，以保证培训质量。

2. 建立全国统一的继续教育发证机关，提高证书社会认可度

统一全国的继续教育考核，均由一个机关考核、发证，全国有效。继续教育无论是学历证书还是非学历证书应像驾驶证一样，由统一的单位考核、签发，全国通用。这样的证书由培训学校把名单上报给上级管理部门，管理部门统一交由国家规定的发证机关签发，这样可使落后地区和农村地区在获得的证书上与城市具有同等效力，充分调动村、乡、镇广大技术人员和农民参加继续教育的积

435

极性。

（五）构建城乡一体化继续教育人才培养与质量评价体制机制的对策建议

1. 省市间建立"开放式"培训模式

改进以区域户籍地为本的农民劳动转移培训体系，建立一个开放、网状的交互式培训模式，实现跨地域培训专项转移支付的疏通，可以考虑用"教育券"等转移支付凭证实现区域性的培训成本区域间转移。

2. 落实并完善"市、县、镇（乡）"三级培训模式，分层次、有重点培养学员

建立一个完善的"市、县（区）、镇（乡）"三级培训系统，真正实现"就近培训"和"按需培训"。依托乡镇学校，在中心学校建立一个"基础培训班"，建立一个县区级的"强化培训班"，建立一个市级的"提高培训班"，兼顾农民技能学习与综合素质的培养，形成一个"分层次"、"分阶段"、"逐级提高相互联系"的教育培训体系，使培训出来的农民能实现三重目标：（1）能用科学的农业技术发展自己的农业，能运用先进的管理理念、销售策略经营自己的农产品，走上一条科技致富之路；（2）能真正融入城市，保证拥有熟练的技能降低失业风险，实现收入来源稳定并不断提高的目标；（3）能拥有较为先进的思想观念、文明的城市礼仪，与城里人平等和谐相处，提升自我认同感。

3. 采取灵活多样的培养模式，做到因材施教

政府在培训管理中，应充分尊重学生的个人差异，采取灵活多样的培养模式。培训时间、内容、方式等依据学员的个人情况做不同的设定。学员的学时因学员的学习进度而定，只要完成规定的学业，不论学时长短都可以参加结业考试，考试通过即可结业。该培养模式以"学年"为单位（便于统一规划统计和评价），期间学生可以随时学习，年终没有结业的学生归入下一年培养计划中。

4. 完善企业、学校合力培养人才的体制机制

以"校企合作"来制定人才培养方案是一种理想的培养模式，本书认为，政府应积极建立与企业合力办学的培养模式，实现资源整合，提高培训质量，这需要从三个方面予以考虑：（1）可利用企业市场需求的灵敏性、充裕的资金、可自我提供的就业机会等优势来办学，使办学机构真正服务企业，面向市场；（2）培训学校可聘请企业内的专业技术人员作为专任教师，保证教学内容的专业性；（3）培训机构的课程设置应具有针对性和实用性，办学质量得到提高，办学信度才可能顺势增加。鉴于企业教育与职业教育合作出现的种种弊端，继续教育与企业合作需要考虑以下途径：由政府出台相应政策，对合作的企业，政府应在其税收上给予相应减免或提供其他优惠政策，以激发企业参与的积极性，同时，明确企业、学校、政府三者的权责关系，要求学校、企业和政府签订三方保证书，赋予各主体相互之间真正的压力。

5. 形成科学合理的课程编制制度

课程的编制应实现"自上而下"的管理与"自下而上"的治理相结合，建立国家、地方二级课程编制制度，以"地方课程"编制为主。课程编制内容需要根据市场的变化及时调整，可采取如下途径：（1）由国家召集专家通过全国大范围的市场调研确定国家级课程；（2）各省市以国家性课程作为参考，结合自身的实际情况设置可选择、可灵活更新的地方性课程，并积极向下赋权，通过培训机构与行业企业之间的内部互动，进而围绕周边产业布局开设对口性的地方性课程；（3）各培训机构应根据自身的资源优势在省政府规定开设的各类课程中选择最优课程对农民展开培训。课程目标是课程编制的关键，因此，政府在制定培养计划时必须要科学合理。如在培养指标上，政府相关部门（或委托研究机构）应先期展开市场调查与培训人数的人口普查，在经过周密的分析后方可制定培训指标，指标设定的科学性、评估的有效性是改进培训的核心。

6. 放宽培训年龄限制，使"4050"等就业弱势群体实现劳动力转移培训

相关部门应更多地放宽年龄限制，让"4050"这一部分劳动人群有更多实现劳动力转移的机会。政府在对年龄放宽限制的同时，必须开设适应型的针对性课程，以达到培训目的，从而帮助这批真正的弱者，实现再次就业，减轻家庭负担，缓减社会压力，同时也为国家创造更多富余财富。

参 考 文 献

[1] Alderman, H., Kim, J. & Orazem, P. F. Design, evaluation, and sustainability of private schools for the poor: the Pakistan urban and rural fellowship school experiments. Economics of Education Review, 2011, 22: 265 – 274.

[2] Archer, M. S. Social origins of educational systems, London: Sage, 1979.

[3] Barbieri, A. F. & Carr, D. L. . Gender-specific out-migration, deforestation and urbanization in the Ecuadorian Amazon. Global and Planetary Change, 2012 (47): 99 – 110.

[4] Bezemer, D. & Headey, D. Agriculture, development, and urban bias. World Development, 2008, 36 (8): 1342 – 1364.

[5] Charnes A, Cooper W W, Rhodes E. Measuring the efficiency of decision making units. European journal of operational research, 1978, 2 (6): 429 – 444.

[6] Chotisukan, S. The role of education in rural-urban migration: A case study in Chiangmal, Thailand. Doctoral dissertation. Hilo: University of Hawaii, 1994.

[7] David Miller. Principles of Social Justice, Cambridge, London: Harvard University Press, 1999.

[8] Epstein, T. S. . Development—There is another way: A rural-urban partnership development paradigm. World Development, 2001, 29 (8): 1443 – 1454.

[9] Eriksson, L. , & Forsberg, A. The part played by popular education in local development processes in suburban and rural areas of Sweden. International Journal of Lifelong Education, 2013, 29 (3): 323 – 341.

[10] Gibbs, R. M. , Swaim, P. L. & Teixeira, R. Rural education and training in the new economy: The myth of the rural skills gap. Ames: The Iowa State University Press. 1998.

[11] Guha-Khasnobis, B. , & James, K. S. Urbanization and the South Asian Enigma: A case study of India. World institute for Development Economics Research

Working Paper. 2013: 37.

[12] Haimes, Y. Y. , C. Schneiter. Covey's Seven Habits and the Systems Approach. IEEE Transactions on Systems, Man, and Cybernetics, 1996, 26 (4): 483 – 487.

[13] Halsey, A. H. Education, economy, and society: A reader in the sociology of education, Michigan, MI: Free Press of Glencoe, 1961.

[14] Hirofumi Uzawa. On a two-sector model of economic growth. The Review of Economic Studies, 1961, 29 (1): 40 – 47.

[15] Hirschi, T. Causes of delinquency, Berkeley, California: University of California Press, 1969.

[16] Hobbes, T. Leviathan. Part1 and Part2. Indianapolis: Bobbs-Merrill, 1958.

[17] Johnson, R. B. & Onwuegbuzie, A. Mixed Methods Research: A Research Paradigm whose Time has Come. Educational Researcher, 2004, 33 (7): 12 – 26.

[18] Kochar, A. Urban influences on rural schooling in India. Journal of Development Economics, 2004, 74: 113 – 136.

[19] Malmquist S. Index numbers and indifference surfaces. Trabajos de Estadística y de Investigación Operativa, 1953, 4 (2): 209 – 242.

[20] Managerialism and Education, www. vusst. hr/ENCYCLOPAEDIA/Managerialism. htm.

[21] Narasaiah, M. L. . Urbanization and education. New Delhi: Discovery Publishing House. 2006.

[22] Paul Mosley. et al. Growth and development from an evolutionary perspective. Oxford: Basil Blackwell, 1997.

[23] Pink, W. & Noblit, G. International handbook of urban education (Vol. 19). Dordrecht, The Netherland: Springer. 2007.

[24] Sher, J. P. Education's ugly duckling: Rural schools in urban nations. Phi Delta Kappan, 1983, 65 (4): 257 – 62.

[25] Susan Finley, Li Ling & Morgan A. Parker. School days in China, Journal of Qualitative Studies in Education, 2012, 25 (2): 177 – 182.

[26] Udehn, L. The Limits of Public Choice: A Sociological Critique of the Economic Theory of Politics, London: Routledge, 1996.

[27] Ulubasoglu, M. A. & Cardak, B. A. International comparisons of rural-urban educational attainment: Data and determinants. European Economic Review,

2006，51：1828－1857.

［28］Ulubasoglu，M. A. & Cardak，B. A. Urbanization and education. New Delhi：Discovery Publishing House. 2006.

［29］UNESCO International Research and Training Centre for Rural Education（INRULED），Education for Rural Transformation—Towards a Policy Framework. Sep. 2001.

［30］United States Department of Agriculture，Economic Research Service（2003）. Rural development research report：Rural education at a glance.

［31］USDA United States Department of Agriculture，Economic research service，Measuring rurality：What is rural? http：//www. ers. usda. gov/Briefing/Rurality/WhatisRural/.

［32］Van Galen，J. & Noblit，G. . Late to class：Social class and schooling in the new Economy. Albany，NY：SUNY Press. 2013.

［33］Viadero，Debra. Mixed Methods. Research Examined Researchers See Pros and Cons of Mixed Methods' Studies. Education Week，2005，24（20）：20.

［34］安晓敏，邬志辉：《教育公平研究：多学科的观点》，载《上海教育科研》2007 年第 10 期，第 22～25 页。

［35］敖春美：《西部民族地区农村幼儿教师专业发展现状、问题及对策——以 G 省农村幼儿教师为例》，载《延安职业技术学院学报》2011 年第 4 期，第 40～42 页。

［36］蔡明兰：《教师流动：问题与破解——基于安徽省城乡教师流动意愿的调查分析》，载《教育研究》2011 年第 2 期，第 95 页。

［37］蔡迎旗，冯晓霞：《我国幼儿教育财政体制的沿革与创新下》，载《学前教育研究》2006 年第 2 期，第 35～38 页。

［38］曹佳颖：《我国城市实施农民工子女义务教育政策的研究》，西安交通大学，2011 年。

［39］曾婧：《公共治理视野下中国高等教育评估制度改革创新研究》，中南民族大学，2011 年。

［40］曾湘泉：《劳动经济学》，复旦大学出版社 2005 年版，第 227～230 页。

［41］陈恩伦：《高等教育政策法规》，重庆出版社 2006 年版。

［42］陈光庭：《城乡一体化——中国特色的城镇化道路》，载《中国特色北京特点城市发展研讨会专辑》，2008 年，第 42～51 页。

［43］陈怀川：《农民工子女城市生活不良适应的社会学分析》，载《兰州学

刊》2006 年第 5 期，第 163~164 页。

［44］陈朗平，付卫东，刘俊贵：《免费义务教育政策下教育财政公平性研究》，载《教育研究》2010 年第 12 期，第 8~13 页。

［45］成刚，袁佩琦：《构建公共教育支出绩效评价指标体系的研究》，载《继续教育研究》2007 年第 6 期，第 149~151 页。

［46］城市普通中小学校校舍建设标准，http：//tzs. ndrc. gov. cn/tzfg/zhxfg/W020090203382329910338. pdf。

［47］程建荣，白中军：《区域幼儿教师队伍建设的困境与出路》，载《中国教育学刊》2010 年第 8 期，第 23~26 页。

［48］褚宏启，杨海燕：《教育公平的原则及其政策含义》，载《教育研究》2008 年第 1 期，第 10~16 页。

［49］褚宏启：《城乡教育一体化：体系重构与制度创新》，载《教育研究》2009 年第 11 期，第 3~10 页。

［50］褚宏启：《构建教育现代化指标体系的思考》，载《中国高等教育》2013 年第 11 期，第 14~17 页。

［51］褚宏启：《教育公平与教育效率：教育改革与发展的双重目标》，载《教育研究》2008 年第 6 期，第 7~13 页。

［52］褚宏启：《教育制度改革与城乡教育一体化——打破城乡教育二元结构的制度瓶颈》，载《教育研究》2010 年第 11 期，第 3~11 页。

［53］邓卓明：《论教育在城乡统筹发展中的作用》，载《重庆大学学报（社会科学版）》2008 年第 3 期，第 11~13 页。

［54］丁蓓：《我国义务教育均衡发展督导评估政策的演变与走向》，载《教学与管理》2013 年第 10 期，第 3~5 页。

［55］丁小浩，梁彦：《中国高等教育入学机会均等化程度的变化》，载《高等教育研究》2010 年第 2 期，第 1~5 页。

［56］丁小浩等：《中国城镇居民各级教育收益率及其变化研究：2002~2009 年》，载《北京大学教育评论》2012 年第 10 期，第 73~84 页。

［57］董田甜：《城乡教育资源均衡配置发展策略——基于综合战略政策分析》，载《教育学术月刊》2010 年第 5 期，第 13~15 页。

［58］杜育红：《中国义务教育财政研究》，北京师范大学出版社 2009 年版，第 18 页。

［59］凡勇昆，邬志辉：《社会转型背景下农村教育发展新走向》，载《中国教育学刊》2014 年第 5 期，第 28~32 页。

［60］凡勇昆，邬志辉：《我国农村教育效益的理论内涵与指标体系研究》，

载《教育与经济》2012 年第 2 期，第 13～16 页。

[61] 范先佐：《论教育资源的合理配置与教育体制改革的关系》，载《教育与经济》1997 年第 3 期，第 7～15 页。

[62] 范先佐：《教育公平与制度保障——进程务工人员子女接受义务教育的现状分析》，载《教育发展研究》2007 年第 12A 期，第 5～9 页。

[63] 方慈：《关于我国高等教育体制内涵、外延与改革的理论思考》，载《江苏高教》1998 年第 2 期，第 8～10 页。

[64] 甘伦知：《教育与经济增长的研究》，西南财经大学，2008 年。

[65] 高书国：《"后普及教育时代"的典型特征——知识社会发达国家和地区教育发展的新趋势》，载《教育理论与实践》2006 年第 6 期，第 13～16 页。

[66] 高书国：《中国城乡教育转型模式》，北京师范大学出版社 2006 年版。

[67] 顾益康，许勇军：《城乡一体化评估指标体系研究》，载《浙江社会科学》2004 年第 6 期，第 95～100 页。

[68] 关于进一步做好进城务工就业农民子女义务教育工作意见的通知，http：//www. gov. cn/zwgk/2005－08/14/content_22464. html。

[69] 关于普及小学教育若干问题的决定，http：//cpc. people. com. cn/GB/64162/64165/74856/74954/5107120. html.

[70] 郭剑雄：《农业人力资本转移条件下的二元经济发展——刘易斯—费景汉—拉尼斯模型的扩展研究》，载《陕西师范大学学报（哲学社会科学版）》2009 年第 1 期，第 93～102 页。

[71] 郭维平：《发达地区学前教育办学体制与管理模式的改革和发展》，载《中国教育学刊》2007 年第 5 期，第 20～23 页。

[72] 郭俞宏，薛海平：《我国义务教育生产效率实证分析：基于 DEA 方法》，载《上海教育科研》2011 年第 3 期，第 24～27 页。

[73] 国家教委教育体制专题调研组：《社会主义市场经济与教育体制改革》，载《教育研究》1994 年第 1 期，第 3～12 页。

[74] 国家中长期教育改革和发展规划纲要（2010～2020 年），http：//www. gov. cn/jrzg/2010－07/29/content_1667143. html。

[75] 国务院：《国务院关于解决农民工问题的若干意见》，http：//www. gov. cn/jrzg/2006－03/27/content_237644. html。

[76] 国务院办公厅关于做好农民进城务工就业管理和服务工作的通知，http：//www. gov. cn/zwgk/2005－08/12/content_21839. html。

[77] 国务院关于基础教育改革与发展的决定，http：//www. edu. cn/20010907/3000665. html。

［78］国务院关于解决农民工问题的若干意见，http：//www. gov. cn/jrzg/2006 – 03/27/content_237644. html。

［79］韩仁月，常世旺：《中国教育支出效率的地区差异：要素集聚与转移支付依赖》，载《财经论丛》2009 年第 6 期，第 19 ~ 24 页。

［80］韩淑萍：《我国教育均衡背景下教师流动问题的研究述评》，载《教育导刊》2009 年第 1 期，第 10 页。

［81］韩小雨等：《中小学教师编制标准和编制管理制度研究——基于全国及部分省区现行相关政策的分析》，载《教育发展研究》2010 年第 8 期，第 15 ~ 19 页。

［82］韩玉梅，李玲：《城乡中小学教师流动体制机制研究——基于博弈论视角的模型建构》，载《教育政策观察》第 4 辑，第 102 ~ 118 页。

［83］郝文武：《教育资源配置及其研究管见》，载《上海教育科研》1995 年第 7 期，第 21 ~ 22 页。

［84］郝文武：《论城镇化进程中的农村学校布局问题》，载《教育研究》2011 年第 3 期，第 31 ~ 35 页。

［85］胡敏，卢振家：《基于 DEA 模型的教育财政支出效率研究——以广东省为例》，载《肇庆学院学报》2010 年第 1 期，第 9 ~ 13 页。

［86］胡群英：《共同体：人的类存在的基本方式及其现代意义》，载《甘肃理论学刊》2010 年第 1 期，第 73 ~ 76 页。

［87］胡小勇，刘琳，胡铁生：《跨区域优质教育资源协同共建与有效应用的机制与途径》，载《中国电化教育》2010 年第 3 期，第 67 ~ 71 页。

［88］胡咏梅，杜育红：《中国西部农村小学教育生产函数的实证研究》，载《教育研究》2009 年第 7 期，第 58 ~ 67 页。

［89］胡咏梅，杜育红：《中国西部农村小学资源配置效率评估》，载《教育与经济》2008 年第 1 期，第 1 ~ 6 页。

［90］黄娟娟：《"基本普及学前教育"战略目标分析及其实施》，载《教育发展研究》2011 年第 24 期，第 7 ~ 13 页。

［91］姜晓萍，黄静：《构建城乡基础教育均衡发展的制度体系：以成都试验区为例》，载《中国行政管理》2013 年第 6 期，第 27 ~ 31 页。

［92］焦中明，陈富：《江西省义务教育发展成就、问题及对策——基于 2000 ~ 2009 年关键数据的实证分析》，载《教育学术月刊》2011 年第 2 期，29 ~ 33 页。

［93］教育部：《关于进一步做好小学升入初中免试就近入学工作的实施意见》，http：//politics. people. com. cn/n/2014/0126/c1001 – 24235532. html。

［94］教育部：《关于推进中小学教育质量综合评价改革的意见》，http：//www. moe. gov. cn/publicfiles/business/htmlfiles/moe/s7054/201306/153185. html。

［95］教育部：《关于印发教育部副部长杜占元在教育信息化重点工作推进会议上讲话的通知》，http：//www. moe. edu. cn/publicfiles/business/htmlfiles/moe/s7062/201305/151729. html。

［96］教育部：《国家级农村职业教育和成人教育示范县工作要求》（试行）http：//www. ybedu. netweb2/show. aspx？cid = 20&id = 7928。

［97］教育部等六部门：《关于进一步做好进城务工就业农民子女义务教育工作的意见》，http：//www. gov. cn/ztzl/nmg/content_412440. htm。

［98］教育部发布《初中理科教学仪器配备标准》等四个教育行业标准，http：//www. jys. edu. cn/zonghexinxi/2006927123526. asp。

［99］教育部网站：《2011 年全国教育事业发展统计公报》，http：//www. moe. edu. cn/publicfiles/business/htmlfiles/moe/moe_633/201208/141305. html。

［100］教育对重庆经济发展贡献研究课题组：《教育对经济发展的贡献测度：重庆的证据》，载《改革》2009 年第 5 期，第 81 ~ 87 页。

［101］靳玉乐，赵永勤：《校本课程发展背景下的课程领导：理念与策略》，载《课程·教材·教法》2004 年第 2 期，第 8 ~ 12 页。

［102］劳凯声：《公共教育体制改革中的伦理问题》，载《教育研究》2005 年第 2 期，第 3 ~ 11 页。

［103］雷万鹏，钟宇平：《中国高等教育需求中的城乡差异——人力资本与社会资本理论的视角》，载《北京大学教育评论》2005 年第 3 期，第 48 ~ 57 页。

［104］雷万鹏：《寻求义务教育均衡发展的新机制——基于湖北省的实证研究》，载《教育研究与实验》2006 年第 2 期，第 11 ~ 16 页。

［105］李欢欢：《试论城乡学前教育均衡发展中存在的问题与对策》，载《基础教育研究》2012 年第 13 期，第 7 ~ 10 页。

［106］李玲，单新涛：《美国"城市化"进程中师资培养计划个案研究及启示》，载《比较教育研究》2010 年第 9 期，第 82 ~ 86 页。

［107］李玲，何怀金，韩玉梅等：《县（区）域内城乡一体化教育资源配置模型构建与实证分析》，载《教育与经济》2012 年第 1 期，第 9 ~ 13 页。

［108］李玲，何霖俐，张辉蓉等：《云计算基础教育质量监测与评价平台的设计与实现》，载《中国电化教育》2013 年第 5 期，第 113 ~ 116 页。

［109］李玲，宋乃庆，龚春燕等：《城乡教育一体化：理论、指标与测算》，载《教育研究》2012 年第 2 期，第 41 ~ 48 页。

［110］李玲，杨舒涵，韩玉梅，赵怡然：《城乡义务教育学校标准化建设优

化研究——基于学龄人口变化趋势预测》，载《教育研究与实验》2012 年第 4 期，第 20 ~ 24 页。

［111］李玲、闫德明、黄宸：《我国农村义务教育经费配置效率研究——基于 DEA 和 Malmquist 指数的实证分析》，载《教育与经济》2014 年第 3 期，第 3 ~ 8 页。

［112］李玲：《论艺术取向教育研究方法》，载《教育研究》2011 年第 12 期，第 11 ~ 15 页。

［113］李玲：《论质性研究伦理审查的文化适应性》，载《比较教育研究》2009 年第 6 期，第 7 ~ 11 页。

［114］李敏，万正维：《城乡教育一体化进程中的文化建设初探》，载《成都大学学报（教育科学版）》2007 年第 4 期，第 9 ~ 11 页。

［115］李祥云：《税费改革前后义务教育投入地区差异及其变化的实证分析》，载《教育研究》2009 年第 10 期，第 6 ~ 9 页。

［116］李兴洲：《职业教育有效推进城乡统筹发展的理论研究》，载《教育学报》2009 年第 5 期，第 115 ~ 120 页。

［117］李志峰，关媛媛：《为留守儿童，今年新建四百所寄宿制学校》，载《重庆日报》2010 年 9 月 21 日。

［118］李志杰：《我国城乡一体化评价体系设计及实证分析——基于时间序列数据和截面数据的综合考察》，载《经济与管理研究》2009 年第 12 期，第 95 ~ 101 页。

［119］厉以贤：《社区教育、社区发展、教育体制改革》，载《教育研究》1994 年第 1 期，第 13 ~ 16 页。

［120］栗玉香：《论义务教育财政绩效管理的目标与指标》，载《上海教育科研》2004 年第 12 期，第 21 ~ 25 页。

［121］廖其发：《关于我国农村义务教育阶段学生辍学问题的研究》，载《国家教育行政学院学报》2004 年第 2 期，第 26 ~ 37 页。

［122］廖泉文：《我国劳动力市场的理论与实践》，山东人民出版社 2000 年版，第 26 ~ 27 页。

［123］刘芳，武向荣，曾天山等：《教师流动促进学校均衡发展》，载《中国教育报》2012 年 8 月 27 日。

［124］刘锦：《陕西首届免费师范生调查：人下去了心能留多久》，载《陕西日报》2011 年 11 月 16 日。

［125］刘强：《学前教育城乡均衡发展的理论与实践》，南京大学出版社 2011 年版。

［126］刘焱，史瑾，裘指挥：《"国十条"颁布后学前教育发展的现状与问题》，载《教育发展研究》2011 年第 24 期，第 1～6 页。

［127］刘义兵：《论扫盲和扫盲后继续教育的监测与评估》，载《西南师范大学学报（哲学社会科学版）》1999 年第 2 期，第 76～80 页。

［128］刘展宏等：《城乡系统的特征分析及其发展目标》，载《山东财政学院学报》2008 年第 1 期，第 60～63 页。

［129］刘占兰：《农村学前教育是未来十年发展的重点》，载《学前教育研究》2010 年第 12 期，第 3～6 页。

［130］刘祯干：《特岗教师的生存状态研究》，华东师范大学，硕士学位论文 2011 年，第 36～37 页。

［131］流动儿童少年就学暂行办法，http：//www. people. com. cn/item/flf-gk/gwyfg/1998/206002199801. html。

［132］柳丽娜，朱家存：《中小学教师编制城乡统筹研究》，载《教育与经济》2009 年第 4 期，第 39～42 页。

［133］罗仁福等：《贫困农村学前教育现状调查》，载《学前教育研究》2009 年第 1 期，第 7～10 页。

［134］罗荣：整合职业教育资源打造职业教育品牌，http：//www. djkzx. com/article. aspx? id＝392。

［135］罗英智，维亚威. Y 省农村学前教育发展现状与策略，http：//www. cnsece. com/article/4774. html。

［136］吕炜，王伟同：《我国公共教育支出绩效考评指标体系构建研究——基于绩效内涵和教育支出过程特性的构建思路》，载《财政研究》2007 年第 8 期，第 24～29 页。

［137］马国贤：《教育支出绩效指标难题的破解路径》，载《华中师范大学学报（人文社会科学版）》2008 年第 5 期，第 110～114 页。

［138］马建堂：《"十二五"时期我国经济社会发展的国内环境》，载《人民日报》2010 年 11 月 9 日第 7 版。

［139］梅俊宇：《推进城乡学前教育均衡策略》，载《经济管理者》2010 年第 22 期，第 217 页。

［140］牛利华，邬志辉：《利益补偿：实现教育平等的阶段性尝试》，载《教育科学》2003 年第 4 期，第 16～17 页。

［141］庞丽娟：《促进高等教育均衡发展》，载《教育研究》2004 年第 4 期，第 15～16 页。

［142］庞丽娟：《中国教育改革 30 年：学前教育卷》，北京师范大学出版社

2009 年版，第 64 页。

［143］彭智勇：《直辖十年重庆教育改革发展的主要成就》，载《决策导刊》2007 年第 11 期，第 17～20 页。

［144］全国人大教科文委员会：《着力解决影响职业教育发展的体制机制问题》，载《求是》2009 年第 14 期，第 44～46 页。

［145］史继红：《刘易斯二元经济理论与我国二元经济结构转化的相关性分析》载《特区经济》2007 年第 9 期，第 278～280 页。

［146］侍建昊：《发达国家农民工教育政策对我国农民工培训的启示》，载《继续教育研究》2012 年第 8 期，第 186～189 页。

［147］司晓宏：《优化教育资源配置，促进西部农村义务教育优质发展》，载《教育研究》2009 年第 6 期，第 17～21 页。

［148］宋乃庆，程广文：《用科学发展观审视基础教育课程改革》，载《中国教育学刊》2008 年第 7 期，第 1～7 页。

［149］宋乃庆，杨欣，李玲：《以教育信息化保障城乡教育一体化》，载《电化教育研究》2013 年第 2 期，第 32～36 页。

［150］宋映泉：《供给、质量与公平——来自 3 省 25 县学前调研的证据》，中国教育财政研究前沿系列学术研讨会论文，2010 年。

［151］孙诚：《我国乡镇成人文化技术学校的发展现状与若干建议（下）》，载《成人教育》2008 年 11 期，第 12～15 页。

［152］孙绵涛，康翠萍：《教育机制理论的新诠释》，载《教育研究》2006 年第 2 期，第 22～28 页。

［153］孙绵涛：《The Concept of Tizhi（System）in Chinese Education（中国教育体制论）》，辽宁人民出版社 2004 年版。

［154］孙绵涛：《教育体制理论的新诠释》，载《教育研究》2004 年第 12 期，第 17～22 页。

［155］孙绵涛：《我国城乡教育一体化体制改革与机制创新研究》，载《教育理论与实践》2011 年第 8 期，第 16～19 页。

［156］孙绵涛：《中国教育体制改革若干重大理论问题的探讨》，载《华南师范大学学报（社会科学版）》2010 年第 1 期，第 27～33 页。

［157］孙素英：《区域义务教育均衡发展影响因素》，载《中国教育学刊》2012 年第 6 期，第 7～11 页。

［158］孙志军，杜育红：《中国义务教育财政制度改革：进展、问题与建议》，载《华中师范大学学报（人文社会科学版）》2010 年第 1 期，第 113～119 页。

[159] 谭炳才：《城乡一体化的制度盲点》，载《南方日报》2008 年 10 月 22 日。

[160] 汤寒峰：困难家庭孩子上幼儿园不再缴费，http：//www. cqwb. com. cn/cqwb/html/2011 – 11/29/content_293662. htm。

[161] 田志磊，张雪：《中国学前教育财政投入的问题与改革》，载《北京师范大学学报（社会科学版）》2011 年第 5 期，第 17～22 页。

[162] 王标，宋乃庆：《西南地区农村义务教育三级课程实施现状、问题与对策》，载《西南大学学报（社会科学版）》2012 年第 7 期，第 54～55 页。

[163] 王广州：《中国人口预测软件培训手册》，http：//www. cpdrc. org. cn/zyxm/cc. pdf，2002 – 09。

[164] 王化敏，周亚君：《幼儿教育经费的十年回顾及改革建议》，http：//www. youjiao. com/e/20091120/4b8bd52f67eb9. shtml。

[165] 王建生：《我国基础教育教材多样化建设的思考》，载《基础教育课程》2009 年第 3 期，第 49～57 页。

[166] 王克勤：《论城乡教育一体化》，载《普教研究》1995 年第 1 期，第 6～8 页。

[167] 王启智：《论中国现行办学体制下民办中小学的规范与发展》，华中师范大学，2001 年，第 4 页。

[168] 王庆环：《教师发展的春天来了——教育规划纲要颁布两年来教师队伍建设发展综述》，载《光明日报》2012 年 9 月 7 日第 6 版。

[169] 王欣：《从系统的观点看我国高等教育体制改革》，载《高等教育研究》1994 年第 2 期，第 35～39 页。

[170] 王雁：《城乡二元结构与农村学前教育》，载《幼儿教育·教育科学版》2007 年第 4 期，第 25～27 页。

[171] 王长乐：《试论"教育体制决定教育"的局限性》，载《南京师大学报（社会科学版）》2000 年第 1 期，第 16～21 页。

[172] 王志方：《从人力资本角度分析大学教师工资状况》，载《建材高教理论与实践》1999 年第 4 期，第 42～43 页。

[173] 王忠厚，朱德全：《城乡统筹背景下职业教育信息资源共享研究》，载《电化教育研究》2011 年第 1 期，第 77～80 页。

[174] 王宗萍等：《我国农民工随迁子女状况研究——基于 2005 年全国 1% 人口抽样调查数据的分析》，载《中国软科学》2010 年第 9 期，第 16～24 页。

[175] 魏真：《建立我国公共教育财政政策评估机制势在必行》，载《2008

年中国教育经济学年会会议论文集》，第4页。

[176] 邬志辉：《城镇化背景下我国义务教育发展面临的挑战与改革议题》，载《城乡教育一体化发展的国际经验与本土实践"国际学术研讨会论文集》，2013年9月28~29日。

[177] 邬志辉：《关于农村教育三个理论问题的探讨》，载《理论月刊》2009年第9期，第5~10页。

[178] 邬志辉：《区域内城乡一体化义务教育教师一体化流动机制研究》，载《中国农村教育评论》，北京师范大学出版社2013年版，第3~40页。

[179] 邬志辉：《中国农村职业教育的战略转型》，载《社会科学战线》2012年第5期，第194~199页。

[180] 吴霞飞：《B省农村幼儿师资现状调查与展望——以ZY农村幼儿教师为例》，载《继续教育研究》2012年第5期，第90~92页。

[181] 习勇生：《A市幼儿教育城乡统筹发展研究》，西南大学，2011年。

[182] 新华网：《教育部将明确推进义务教育均衡发展的目标任务》，http：//news.xinhuanet.com/edu/2011－02/23/c_121114308.htm。

[183] 熊才平，朱爱芝，黄萍萍：《教育信息资源"区域共建共享"开发应用模式研究》，载《开放教育研究》2010年第1期，第40~44页。

[184] 熊才平：《以信息技术促进基础教育信息资源配置城乡一体化研究》，载《中国电化教育》2006年第3期，第17~20页。

[185] 徐辉：《国外农村教育发展与改革的历史经验及启示》，载《西南师范大学学报（人文社会科学版）》2005年第6期，第96~101页。

[186] 徐玉珍：《论国家课程的校本化实施》，载《教育研究》2008年第2期，第53~60页。

[187] 许伟光：《农村小学综合实践活动课程实施现状与对策》，东北师范大学，2009年。

[188] 闫红梅：《统筹城乡发展下的农民继续教育问题研究》，载《继续教育研究》2008年第7期，第4~6页。

[189] 杨斌，温涛：《中国各地区农村义务教育资源配置效率评价》，载《农业经济问题》2009年第1期，第29~37页。

[190] 杨东平：《教育公平与政府责任》，载《中国党政干部论坛》2012年第9期，第11~13页。

[191] 杨东平：《新型城镇化道路对教育的挑战》，载《教育发展研究》2013年第5期，时评。

[192] 杨东平主编：《中国教育发展报告（2011）》，社会科学出版社2011

年版，第 210 页。

　　[193] 杨莉君，曹莉：《中部地区农村学前教育事业发展存在的问题及解决对策》，载《学前教育研究》2011 年第 6 期，第 21 ~ 26 页。

　　[194] 杨舒涵，李玲，韩玉梅：《县（区）域内城乡义务教育学校标准化建设风险预警机制研究——基于西部 A 省 Y 县的调研》，载《教育发展研究》2012 年第 7 期，第 7 ~ 12 页。

　　[195] 杨挺，习勇生：《失衡与制衡：教育政策时滞问题分析》，载《国家教育行政学院学报》2010 年第 1 期，第 27 ~ 31 页。

　　[196] 杨雪虹：《构建科学的继续教育评估指标体系》，载《中国成人教育》2001 年第 12 期，第 33 ~ 34 页。

　　[197] 叶澜：《教育研究方法论》，上海教育出版社 1999 年版。

　　[198] 易海华，刘济远：《"特岗教师"如何更好地落地生根？》，载《湖南第一师范学院学报》2010 年第 3 期，第 14 页。

　　[199] 尹建丽：《从 A 县实践看义务教育集中核算制度的问题及出路》，广西师范学院，2012 年。

　　[200] 于丽丽，周海忠：《教辅出版数字化转型的内容困境与突破》，载《出版参考》2011 年第 10 期，第 12 页。

　　[201] 俞启定：《统筹城乡发展战略指导下的职业教育改革》，载《教育研究》2012 年第 4 期，第 70 ~ 76 页。

　　[202] 袁振国：《缩小差距——中国教育政策的重大命题》，载《北京师范大学学报（社会科学版）》2005 年第 3 期，第 5 ~ 15 页。

　　[203] 约翰·罗尔斯：《正义论》，中国社会科学出版社 1988 年版。

　　[204] 翟博，孙百才：《中国基础教育均衡发展实证研究报告》，载《教育研究》2012 年第 5 期，第 22 ~ 30 页。

　　[205] 翟博：《教育均衡发展——理论、指标及测算方法》，载《教育研究》2006 年第 3 期，第 16 ~ 28 页。

　　[206] 翟博：《均衡发展：我国义务教育发展的战略选择》，载《教育研究》2010 年第 1 期，第 3 ~ 8 页。

　　[207] 翟博：《中国基础教育均衡发展实证分析》，载《教育研究》2007 年第 7 期，第 22 ~ 30 页。

　　[208] 张春铭：《数字看变化　图说新亮点　聚焦教育规划纲要实施一周年》，载《中国教育报》2011 年 8 月 5 日。

　　[209] 张军兴：《三元钱的尴尬——对 XS 县实施"营养改善计划"的调查》，载《重庆日报（农村版）》2013 年 1 月 3 日。

[210] 张淑翠：《我国城乡一体化义务教育投入绩效分析》，载《湖北经济学院学报》2012 年第 10 期，第 123～127 页。

[211] 张素蓉：《教育资源的合理配置及有效利用是缩小基础教育质量城乡差异的根本保证》，载《教育与经济》1997 年第 1 期，第 25～29 页。

[212] 张彤华：《我国教育财政法律制度的理论基础与体系构建》，载《太原城市职业技术学院学报》2013 年第 4 期，第 6～9 页。

[213] 张学敏，贺能坤：《民族地区农村初中学生辍学现象透析——基于 XZ 省 A 县的调查》，载《广西师范大学学报（哲学社会科学版）》2010 年第 5 期，第 1～4 页。

[214] 张学敏：《合理配置资源，促进城乡义务教育均衡发展——基于重庆市的调查与思考》，载《新课程研究（教育管理）》2007 年第 1 期，第 4～7 页。

[215] 张以瑾，柴葳.庞丽娟代表访谈：优化学前教育财政投入结构的建议，http：//www. jyb. cn/china/gnxw/201303/t20130317_531228. html。

[216] 赵连华：《论高等教育的观念创新与体制创新》，载《高等教育研究（成都）》2007 年第 1 期，第 10～11 页。

[217] 赵文哲：《财政分权与前沿技术进步、技术效率关系研究》，载《管理世界》2008 年第 7 期，第 34～44 页。

[218] 郑子莹：《"特岗计划"政策的现实考察与分析》，载《当代教育论坛（综合研究）》2011 年第 3 期，第 63～65 页。

[219] 中共中央、国务院关于深化教育改革全面推进素质教育的决定，http：//www. law - lib. com/law/law_view. asp? id = 69684。

[220] 中共中央关于教育体制改革的决定，http：//old. hnedu. cn//web/0/200506/21115244281. htmI。

[221] 中国教育部：《2010 年全国教育事业发展统计公报》，载《中国教育报》2011 年 7 月 6 日第 2 版.

[222] 中国教育部：《2012 年全国教育事业发展统计公报》，http：//www. moe. gov. cn/publicfiles/business/htmlfiles/moe/moe_633/201308/155798. html。

[223] 中国教育部：《国家中长期教育改革和发展规划纲要实施一周年纪实》，http：//www. gov. cn/jrzg/2011 - 07/28/content_1915674. html。

[224] 中国教育装备采购网：《小学文科教学仪器配备标准》，http：//www. caigou. com. cn/News/Detail/2063. shtml。

[225] 中国教育装备网：《小学数学科学教学仪器配备标准》，http：//www. ceiea. com/html/200903/20090321090504y4dx. shtml。

[226] 中国社会科学院城市发展与环境研究所：《2010 年城市蓝皮书》，社

会科学文献出版社 2010 年版，第 12 页。

［227］中国网．国家中长期教育改革和发展规划纲要（2010～2020 年）［EB/OL］．http：//www. china. com. cn/policy/txt/2010 － 03/01/content _ 19492625 _ 3. htm. 2010 － 03 － 01/2013 － 10 － 10。

［228］中国新闻网：《人大代表张放平：全面启动农村教师周转宿舍建设》，http：//www. chinanews. com/edu/2011/03 － 11/2900136. shtml。

［229］中国新闻网：《中央财政 7 年补助逾 52 万名农村特岗教师》，http-tp：//www. chinanews. com/edu/2013/01 － 05/4460440. shtml。

［230］中国学前教育发展战略研究课题组：《中国学前教育战略研究》，教育科学出版社 2010 年版。

［231］中华人民共和国信息公开条例，http：//www. gov. cn/zwgk/2008 － 04/30/content_958477. html。

［232］中华人民共和国义务教育法，http：//www. edu. cn/2006030/3176577. html。

［233］中新网：《朱永新：义务教育标准化别只重视校园建设》，http：//www. edu. cn/lhlj_12647/20140305/t20140305_1082076. shtml。

［234］钟秉林，赵应生，洪煜等：《农村义务教育学校公用经费支出实证研究》，载《中国教育学刊》2012 年第 8 期，第 1～8 页。

［235］钟秉林等：《农村义务教育学校公用经费支出实证研究——基于对我国 9 个省份 107 所农村学校的调查分析》，载《中国教育学刊》2012 年第 8 期，第 1～8 页。

［236］周加来：《城市化·城镇化·农村城市化·城乡一体化——城市化概念辨析》，载《中国农村经济》2001 年第 5 期，第 51～53 页。

［237］周兢：《国际学前教育公共经费投入趋势的比较研究》，载《全球教育展望》2009 年第 11 期，第 65～72 页。

［238］周雪光，艾云：《多重逻辑下的制度变迁：一个分析框架》，载《中国社会科学》2010 年第 4 期，第 132～150 页。

［239］周燕，李冬燕：《农村幼儿教师专业发展与生存状态研究——广州市农村幼儿教师专业发展与生存状态的调查报告》，载《教育导刊》2001 年第 11 期，第 5～9 页。

［240］周谊：《国际视野下的中国职业技术教育》，载《比较教育研究》2005 年第 9 期，第 64～69 页。

［241］朱德全，杨鸿：《职业教育城乡均衡发展问题表征与统筹保障——以重庆市为例》，载《教育研究》2012 年第 3 期，第 57～65 页。

［242］朱丽娜：《进城农民工子女城市适应状况调查——以武汉市为例》，华中师范大学，2008 年。

［243］朱颖：《城乡一体化评价指标体系研究》，载《农村经济与科技》2008 年第 7 期，第 51～53 页。

后　记

　　从 2011 年 1 月 15 日开题至今，课题组全体成员，以高度的责任感和热情投入研究工作，我们几乎没有周末、没有节假日。通过这个课题研究，我和我的博士生们学到了太多太多，她们找到了理想的工作，我本人也顺利地实现了东西方学术研究范式的转换。

　　特别值得感谢的是西南大学宋乃庆教授，从对课题的宏观把握到微观指导付出了巨大艰辛！没有他的支持与帮助，课题组那么多的实地调研都无法进行。还有很多其他帮助，不胜枚举。衷心感谢他对新人的培养与悉心指导！感谢西南大学社科处处长郑家福教授、吴淑爱主任的鼎力支持！感谢西南大学教育学部各位领导和同事们的帮助和支持！感谢朱德全部长，作为我国高水平职业教育研究专家，为"构建城乡一体化职业教育体制机制研究"子课题完成了高水平的论文，衷心感谢他和他学生们的帮助与支持！感谢张学敏教授和陈恩伦教授给予的帮助与支持！

　　感谢华东师范大学丁钢教授，我最为敬仰的师长，感谢他对课题的高水平指导和帮助！感谢沈阳师范大学的孙绵涛教授！感谢他作为国内外教育体制机制研究最有影响力的专家学者给予课题的悉心指导和帮助！感谢华中师范大学范先佐教授！作为我国教育经济的资深专家，他不辞劳苦，多次百忙之中莅临指导，使我们这个团队在教育经费投入和资源配置的研究领域中逐渐成长。感谢北京师范大学杜育红教授百忙之中的高水平悉心指导！感谢中央教育科学研究院高宝立教授、浙江师范大学杨天平教授、西北师范大学王鉴教授，感谢你们的指导和帮助！感谢华中师范大学的雷万鹏教授、华中科技大学的张应强教授，感谢他们在课题申报和答辩时给予悉心指导和鼎力相助。

　　感谢原北京师范大学褚宏启教授和东北师范大学邬志辉教授的指导，他们作为我国城乡一体化教育研究最优秀的专家，不辞劳苦莅临西南大学，毫无保留地指导课题，对他们的为学为人，我高度敬佩！感谢中国社会科学院博士后李涛为本课题研究提出的宝贵指导意见！

感谢我母校多伦多大学（University of Toronto）Ruth Hayhoe（许美德）教授和 Julia Pan（潘乃容）博士在课题申报和执行过程中的鼓励、支持和鼎力帮助！

感谢重庆市教委苏习跃处长、成都市教育局戴辉处长、贵州省教育厅邹联光副厅长、云南省教育厅、浙江省教育厅、广西壮族自治区教育厅、山西省教育厅、甘肃省教育厅、山东省教育厅等相关部门的指导与配合。感谢我国几十个区县教育局相关领导、学校校长、教师、学生和家长对调研工作的高度配合和支持。

感谢我的博士生杨舒涵（课题申报、办学与硬件资源配置体制机制）、韩玉梅（课题申报、文献梳理英语翻译）、黄媛媛（学前教育体制机制）、闫德明（经费投入体制机制）、卢锦珍（人事调配体制机制）、何霖俐（人才培养与质量评价体制机制）、周兴平（职业教育体制机制）、周安毅、陶蕾、陈宣霖、李伟、杨顺光、黄宸、龚爽、何璇、胡妍、高雪为本书各部分所做的大量工作。感谢郑家福教授的学生江超、侯甜、刘云、唐雪娇对城乡继续教育体制机制研究所做的大量工作。感谢美国哈佛大学的赵怡然同学，感谢晏阳初班的郝盼盼、白倩、李婷、王丽丹、潘士美、张静等同学。没有你们的支持和帮助，这个研究项目就不会完成。

感谢我的父母、爱人和女儿，对你们我欠得太多，是你们的奉献、宽容和爱才让我顺利完成了这个光荣而又艰巨的任务。

教育部哲学社会科学研究重大课题攻关项目
成果出版列表

书　名	首席专家
《马克思主义基础理论若干重大问题研究》	陈先达
《马克思主义理论学科体系建构与建设研究》	张雷声
《马克思主义整体性研究》	逄锦聚
《改革开放以来马克思主义在中国的发展》	顾钰民
《新时期　新探索　新征程 ——当代资本主义国家共产党的理论与实践研究》	聂运麟
《当代中国人精神生活研究》	童世骏
《弘扬与培育民族精神研究》	杨叔子
《当代科学哲学的发展趋势》	郭贵春
《服务型政府建设规律研究》	朱光磊
《地方政府改革与深化行政管理体制改革研究》	沈荣华
《面向知识表示与推理的自然语言逻辑》	鞠实儿
《当代宗教冲突与对话研究》	张志刚
《马克思主义文艺理论中国化研究》	朱立元
《历史题材文学创作重大问题研究》	童庆炳
《现代中西高校公共艺术教育比较研究》	曾繁仁
《西方文论中国化与中国文论建设》	王一川
《中华民族音乐文化的国际传播与推广》	王耀华
《楚地出土戰國簡册［十四種］》	陳　偉
《近代中国的知识与制度转型》	桑　兵
《中国抗战在世界反法西斯战争中的历史地位》	胡德坤
《京津冀都市圈的崛起与中国经济发展》	周立群
《金融市场全球化下的中国监管体系研究》	曹凤岐
《中国市场经济发展研究》	刘　伟
《全球经济调整中的中国经济增长与宏观调控体系研究》	黄　达
《中国特大都市圈与世界制造业中心研究》	李廉水
《中国产业竞争力研究》	赵彦云
《东北老工业基地资源型城市发展可持续产业问题研究》	宋冬林
《转型时期消费需求升级与产业发展研究》	臧旭恒

书　名	首席专家
《中国金融国际化中的风险防范与金融安全研究》	刘锡良
《全球新型金融危机与中国的外汇储备战略》	陈雨露
《中国民营经济制度创新与发展》	李维安
《中国现代服务经济理论与发展战略研究》	陈　宪
《中国转型期的社会风险及公共危机管理研究》	丁烈云
《人文社会科学研究成果评价体系研究》	刘大椿
《中国工业化、城镇化进程中的农村土地问题研究》	曲福田
《东北老工业基地改造与振兴研究》	程　伟
《全面建设小康社会进程中的我国就业发展战略研究》	曾湘泉
《自主创新战略与国际竞争力研究》	吴贵生
《转轨经济中的反行政性垄断与促进竞争政策研究》	于良春
《面向公共服务的电子政务管理体系研究》	孙宝文
《产权理论比较与中国产权制度变革》	黄少安
《中国企业集团成长与重组研究》	蓝海林
《我国资源、环境、人口与经济承载能力研究》	邱　东
《"病有所医"——目标、路径与战略选择》	高建民
《税收对国民收入分配调控作用研究》	郭庆旺
《多党合作与中国共产党执政能力建设研究》	周淑真
《规范收入分配秩序研究》	杨灿明
《中国加入区域经济一体化研究》	黄卫平
《金融体制改革和货币问题研究》	王广谦
《人民币均衡汇率问题研究》	姜波克
《我国土地制度与社会经济协调发展研究》	黄祖辉
《南水北调工程与中部地区经济社会可持续发展研究》	杨云彦
《产业集聚与区域经济协调发展研究》	王　珺
《我国民法典体系问题研究》	王利明
《中国司法制度的基础理论问题研究》	陈光中
《多元化纠纷解决机制与和谐社会的构建》	范　愉
《中国和平发展的重大前沿国际法律问题研究》	曾令良
《中国法制现代化的理论与实践》	徐显明
《农村土地问题立法研究》	陈小君
《知识产权制度变革与发展研究》	吴汉东

书　名	首席专家
《中国能源安全若干法律与政策问题研究》	黄　进
《城乡统筹视角下我国城乡双向商贸流通体系研究》	任保平
《产权强度、土地流转与农民权益保护》	罗必良
《矿产资源有偿使用制度与生态补偿机制》	李国平
《巨灾风险管理制度创新研究》	卓　志
《中国与全球油气资源重点区域合作研究》	王　震
《可持续发展的中国新型农村社会养老保险制度研究》	邓大松
《生活质量的指标构建与现状评价》	周长城
《中国公民人文素质研究》	石亚军
《城市化进程中的重大社会问题及其对策研究》	李　强
《中国农村与农民问题前沿研究》	徐　勇
《西部开发中的人口流动与族际交往研究》	马　戎
《现代农业发展战略研究》	周应恒
《综合交通运输体系研究——认知与建构》	荣朝和
《中国独生子女问题研究》	风笑天
《我国粮食安全保障体系研究》	胡小平
《城市新移民问题及其对策研究》	周大鸣
《新农村建设与城镇化推进中农村教育布局调整研究》	史宁中
《农村公共产品供给与农村和谐社会建设》	王国华
《中国大城市户籍制度改革研究》	彭希哲
《中国边疆治理研究》	周　平
《边疆多民族地区构建社会主义和谐社会研究》	张先亮
《新疆民族文化、民族心理与社会长治久安》	高静文
《中国大众媒介的传播效果与公信力研究》	喻国明
《媒介素养：理念、认知、参与》	陆　晔
《创新型国家的知识信息服务体系研究》	胡昌平
《数字信息资源规划、管理与利用研究》	马费成
《新闻传媒发展与建构和谐社会关系研究》	罗以澄
《数字传播技术与媒体产业发展研究》	黄升民
《互联网等新媒体对社会舆论影响与利用研究》	谢新洲
《网络舆论监测与安全研究》	黄永林
《中国文化产业发展战略论》	胡惠林

书　名	首席专家
《教育投入、资源配置与人力资本收益》	闵维方
《创新人才与教育创新研究》	林崇德
《中国农村教育发展指标体系研究》	袁桂林
《高校思想政治理论课程建设研究》	顾海良
《网络思想政治教育研究》	张再兴
《高校招生考试制度改革研究》	刘海峰
《基础教育改革与中国教育学理论重建研究》	叶　澜
《公共财政框架下公共教育财政制度研究》	王善迈
《农民工子女问题研究》	袁振国
《当代大学生诚信制度建设及加强大学生思想政治工作研究》	黄蓉生
《从失衡走向平衡：素质教育课程评价体系研究》	钟启泉　崔允漷
《构建城乡一体化的教育体制机制研究》	李　玲
《高校思想政治理论课教育教学质量监测体系研究》	张耀灿
《处境不利儿童的心理发展现状与教育对策研究》	申继亮
《学习过程与机制研究》	莫　雷
《青少年心理健康素质调查研究》	沈德立
《灾后中小学生心理疏导研究》	林崇德
《民族地区教育优先发展研究》	张诗亚
《WTO主要成员贸易政策体系与对策研究》	张汉林
《中国和平发展的国际环境分析》	叶自成
《冷战时期美国重大外交政策案例研究》	沈志华
*《中国政治文明与宪法建设》	谢庆奎
*《非传统安全合作与中俄关系》	冯绍雷
*《中国的中亚区域经济与能源合作战略研究》	安尼瓦尔·阿木提
......	

*为即将出版图书